MW00737174

Historia del mundo actual (1945-1995)

1. Memoria de medio siglo

.

Fernando García de Cortázar
José María Lorenzo Espinosa:

Historia del mundo actual (1945-1995)
1. Memoria de medio siglo

El Libro de Bolsillo
Alianza Editorial
Madrid

Primera edición en «El Libro de Bolsillo»: 1996 (marzo)
Primera reimpresión en «El Libro de Bolsillo»: 1996 (abril)
Segunda reimpresión en «El Libro de Bolsillo»: 1996 (abril)

© Fernando García de Cortázar y José María Lorenzo Espinosa
© Alianza Editorial, S. A., Madrid, 1996
    Calle Juan Ignacio Luca de Tena, 15; 28027 Madrid; teléf. 393 88 88
    ISBN: 84-206-0785-1 (Tomo 1)
    ISBN: 84-206-9845-8 (O.C.)
    Depósito legal: M. 11.701/1996
    Impreso en Fernández Ciudad, S. L.
    Printed in Spain

Una historia para todos

Hasta fechas recientes, las Facultades de Historia y sus planes de estudios habían dado escasas muestras de entusiasmo por lo que llamamos historia actual o historia del presente, a pesar del convencimiento de que una interpretación del mundo y de la sociedad se corresponden necesariamente con una visión histórica. Muchos creen que ninguna otra especialidad de las Ciencias Sociales ofrece una captación garantizada y total de los tiempos como lo puede hacer la Historia. Esto es válido lo mismo para el tiempo pasado que para los hechos y las estructuras actuales. A pesar de todo, sólo en algunos escalones de la iniciativa académica se venía reconociendo alguna inquietud por incorporar el presente a la formación universitaria. Se consideraba y trataba a la historia del presente como algo incompleto, desordenado o demasiado complejo para poder formar parte de la educación universitaria, con las mismas garantías que otras disciplinas. No obstante, después de la puesta en marcha de los nuevos planes de estudios en la Universidad, contamos ya con una asignatura y una especiacilidad que se ocupa expresamente de los hechos y los acontecimientos de la historia actual, cuyos contenidos se reconocen por fin como parte necesaria de la formación de los historiadores.

Sin duda debemos felicitarnos por esta incorporación que representa un acierto, por muy aislado que debamos considerarlo, y que modifica siquiera levemente los rancios pronunciamientos anteriores de las autoridades académicas. Con seguridad los estudiantes de historia agradecerán, también, esta miniapertura del sistema hacia fronteras que ya no podían ignorarse por más tiempo. La Historia avanzaba en distintas direcciones, pero la cronología permanecía anclada en un pasado cada vez más lejano. Esta renovación que supone incorporar a los textos y a las aulas fechas tan cruciales como las que van de 1945 a 1995, es una novedad que deberá ser correspondida con la formación de un nuevo grupo de historiadores. Los actualistas vendrán a sumarse a sus compañeros medievalistas, contemporanistas, prehistoriadores... etc., con nuevas posibilidades, criterios más amplios y campos en los que ganar o recuperar terreno. La Historia adquiere un nuevo rostro, se enriquece con media centuria, crece hasta las puertas de un siglo XXI donde tendrá que acometer nuevas modificaciones, aprender de sus propias palabras y tratar de sobrevivir cada vez entre mayores dificultades. Y, en definitiva, seguir avanzando y renovándose.

Pero al mismo tiempo, la Historia actual tiene otras perspecticas y ambiciones. Por un lado abre un campo que sobrepasa con creces el interés académico o estudiantil dirigiéndose a un público más amplio e igualmente interesado en conocer los datos y acontecimientos universales más recientes, ordenados con criterio histórico y sometidos al principio causa-efecto, a la comparación metódica y al juicio político. De modo semejante, la Historia del Mundo Actual llama especialmente a algunas puertas hasta ahora esquivas, como han podido ser la del periodismo y los periodistas. La Historia actual se convierte en un sustrato necesario de los contenidos de las Ciencias de la Información y trata de evitar que el prisma de esta profesión refleje sólo el plazo corto o el acontecimiento semanal, huérfanos de proyección y conocimiento del pasado. Con ese fin, esta obra utiliza una forma de acercamiento y divulgación sencilla y coherente, consciente de que el conocimiento histórico no debe ser patrimonio exclusivo de unos pocos ni recado de especialistas, sino contenido de formación de cualquier ciudadano que se enfrenta hoy a la interpretación del mundo en medio de una salva de datos ambiguos y desordenados. Teniendo en cuenta estos supuestos, la Historia del Mundo Actual aspira a ser, más que cualquier otra especilidad con las que convive ahora, una historia para todos.

El esfuerzo de este libro y su ánimo están inspirados en la obra y en la verdad de algunos grandes hombres (desgraciadamente no muchos) de los cuales nuestra generación ha recibido un precioso legado. La historia de la humanidad es el relato de la lucha social por dominar y aprovechar la naturaleza, en la que unos han sido más aventajados que otros. Esta distorsión ha introducido en la sociedad humana el concepto de dominio sobre lo natural, pero también ha provocado el dramático factor de las desigualdades artificiales. El empeño por corregirlas que el «homo sapiens», es decir el hombre racional, ha asumido como propio desde que es consciente de su malignidad, constituye el gran motor de nuestra civilización. Lograrlo es todavía la formidable esperanza del tiempo presente y el reto de los que, con Bertrand Russell, creen en un mundo:

«...en el cual el espíritu creativo esté vivo, en el que la vida sea una aventura llena de gozo y esperanza, fundada más en el impulso de construir que en el deseo de retener lo que poseemos o de apropiarse de lo que los demás poseen. Un mundo en el que el afecto pueda ser desplegado libremente, en el que el amor esté purgado del instinto de dominación, en el que la crueldad y la envidia hayan sido disipadas por la felicidad y por el desarrollo sin trabas de todos los instintos, que constituyen la vida y la llenan de placeres intelectuales.»

Un mundo, quizá posible en el futuro, al que desde el pasado dedicamos estas páginas.

Los hechos y acontecimientos que componen la crónica del presente se suceden hoy sin que al hombre moderno le sea fácil distinguir entre ellos, los que merecen la calificación de históricos. El colosal desarrollo de los medios y técnicas de comunicación social hace posible que día a día, minuto a minuto, la historia del mundo pase ante nuestros ojos y oídos con una profusión y ritmo inalcanzables e inconcebibles hace sólo unas décadas. Además, esta misma forma de conocer los datos nos llega ya bajo la poderosa influencia del medio que los selecciona, y frecuentemente los manipula, dándoles una forma en la que está omnipresente la propia intención de la fuente.

Se admite de modo general que esta mediación tiene notables repercusiones en la formación de la opinión pública, y que ha llegado a constituir uno de los elementos fundamentales en la vida política y social de todas las naciones desarrolladas o no, en Oriente y Occidente. La información ha creado un universo cultural propio, con un bagaje intelectual y filosófico basado en el ritmo vital de la sociedad y bajo el imperio de la noticia. Algo que se opone en apariencia a los modelos historiográficos dominantes en los últimos años, que trabajan sobre estructuras y cambios de estructuras más que sobre acontecimientos. Sin embargo, no podemos ignorar, por lo dicho anteriormente, que en estos momentos son el dato temporal y la secuencia fugaz recogidas periódicamente (es decir, en forma periodística), los mayores protagonistas y los vehículos sustanciales de la historia actual. Frente a ellos, otras ciencias y disciplinas se comportan como meros comparsas auxiliares de los que se espera colaboración, asesoramiento... y, en el mejor de los casos, juicios que, si bien se reputan como «autoridades», son engullidos en el vértigo y la voracidad del medio informativo.

De este modo, el informatismo diario fulmina sin descanso en la pira de la actualidad y de forma harto irreverente, lo que para la Historia constituye el entramado superficial de su estudio: los hechos y los personajes históricos. El peligro de un espejismo cultural es notorio, amenazando al consumidor de noticias con prácticas metonímicas que lo llevan a confundir la forma con el fondo. Mientras tanto, el conocimiento de lo que está realmente pasando, esa «otra» historia que impregna la estructura social, que permanece más allá de lo fungible diario, tiene prohibido su acceso a la actualidad, con el chantaje de la falta de proyección en el tiempo y espacio.

Contra esta mediatización, que crea una intervención particular en el conocimiento cotidiano, la Historia debe buscar su lugar y sus efectos complementarios, sin dejar para una próxima generación con mejor o peor perspectiva la selección y el juicio sobre los hechos actuales. Se trata de reivindicar algo que, más tarde o más pronto, le pertenecerá: la tarea de poner en clave objetiva su propia materia prima. Por qué esperar entonces a que otras preferencias y criterios, o la desidia de la conservación, mutilen irreparablemente lo que sucede ante nuestra generación.

En cuanto a este texto, nuestro propósito no ha sido el de construir una historia de opiniones al modo anglosajón, aunque las haya por docenas. Tampoco hemos aspirado a la manualidad cronológica que, sin embargo, es tratada con respeto. El objetivo de esta historia del presente es, en cierto modo, sugerir más que completar. Animar al lector a extraer conclusiones y criterios tanto a favor como en contra de lo que lee, integrar como en el teatro de participación, al espectador en la obra. Por este motivo, sólo se subrayan los acontecimientos y sus ejes históricos cuando, en opinión de los autores, son relevantes dentro del contexto espacial o temporal en que suceden. Por las mismas razones, se ha tratado de escribir un texto racional en el que lo que pasa se justifica por lo que ha sucedido antes. Y en el que se trata de entender ideológicamente las actitudes humanas y los hechos históricos.

Por último, al firmar el prólogo de esta nueva *Historia del mundo actual,* queremos agradecer la buena acogida que han tenido las ediciones anteriores y, al mismo tiempo, reconocer la colaboración recibida de Maite Minguito de la Universidad de Deusto, para la confección de la obra.

LOS AUTORES

El mundo de postguerra

El planeta muerte

La Segunda Guerra Mundial se extiende entre el 1 de septiembre de 1939, cuando Alemania ataca a Polonia, y el 10 de agosto de 1945, en que, tras la explosión de dos bombas atómicas sobre Hiroshima y Nagasaki, Japón se rinde a los Estados Unidos. Meses antes, el 8 de mayo del mismo año, se había producido la capitulación alemana ante los aliados occidentales y al día siguiente ante la Unión Soviética. Para algunos, esta guerra en su sentido más amplio incluiría también el conflicto chino-japonés que se inicia en 1937. Para otros, incluso la guerra española de 1936 a 1939, por la participación e interés internacional que suscitó, merece incluirse entre los acontecimientos bélicos relacionados con la gran conflagración.

Haciendo abstracción de estos supuestos, algo absoluta-

mente admitido por todos es la caracterización mundial
del conflicto. Esta particularidad le distingue de la también
llamada Primera Guerra Mundial, que aunque de hecho
fue una guerra internacional en la que participaron naciones de varias latitudes, en realidad no sobrepasó los límites del viejo continente. Sus componentes, número de tropas, víctimas y países implicados fueron además mucho
menores.

En la guerra mundial de los años cuarenta la intervención directa o indirecta de la mayoría de las naciones le
imprimió su auténtico sentido. Los bloques enfrentados
se dividieron en «aliados», con Estados Unidos, Gran
Bretaña, Francia, Bélgica, Holanda, Polonia, Checoslovaquia, Noruega, Yugoslavia y Grecia, más sus colonias y
otras ayudas colaterales como la Commonwealth. Frente a
ellos, el «Eje» lo formaban ocho naciones: Alemania, Japón, Italia, Austria, Rumanía, Hungría, Bulgaria y Finlandia, sumadas a las minorías étnicas alemanas en los países
europeos. La URSS, aunque conservando sus peculiares
opciones, se sumaría al bando aliado al igual que China.

El escenario de la guerra fue también por primera vez
mundial. Europa y Asia acusaron los mayores efectos.
Pero las operaciones militares alcanzaron también a África y Oceanía, e incluso se registraron algunas acciones navales en Sudamérica.

La entidad y la dimensión de las alianzas que acabamos
de señalar ayudan a entender la proporción cuantiosa de
los daños que causó la guerra. La repercusión de éstos
puede ser examinada en diversos campos: la pérdida de
vidas, las destrucciones económicas, las correcciones fronterizas, los desplazamientos de población o las consecuencias políticas y sociales del desastre.

El enfrentamiento armado y el expansionismo territorial se llevarían a cabo envueltos en un velo de significación ideológica según el cual desde el Eje se luchaba por

un orden nuevo que sustituyera al corrupto sistema liberal y detuviera el peligro comunista. Desde el campo aliado occidental se puso el énfasis en la defensa de valores políticos como la libertad y la igualdad, que había hecho suyos la revolución burguesa. En cuanto a la URSS, además de defenderse de la agresión nazi, sus aspiraciones en la contienda se centraban en consolidar su existencia, acabar con el fascismo y afirmarse frente al acoso del capitalismo.

Esta ideologización, impregnada de «nobles» aspiraciones, no impidió de ninguna manera el comportamiento bárbaro y sin contemplaciones de casi todos los contendientes, que infligieron sobre todo a Europa un descalabro histórico. La puesta en escena de los más refinados y mortíferos sistemas de destrucción, el ataque y acoso a la población civil, o la supeditación más absoluta del orden de retaguardia a los planes de los Estados Mayores militares, calificaron el conflicto por encima de cualquier intención teórica. Los acuerdos de las convenciones de Ginebra o La Haya que incluían para el caso de guerra el respeto a la población civil, a los prisioneros o a los habitantes de los países ocupados, fueron violados sistemáticamente entre 1939 y 1945, de forma muy señalada por los ejércitos del Eje, pero también por sus enemigos.

A pesar de las pavorosas cifras de muertos o heridos que se derivaron de semejante comportamiento, éstas pudieron haber sido incluso mayores si no hubiera coincidido la guerra con un encomiable esfuerzo médico-sanitario, y con descubrimientos decisivos como la penicilina (desarrollada desde 1942), que llegaron a tiempo de poner algún remedio a tanta pérdida.

Antes de consignar las estadísticas de la mortalidad, queremos destacar el aspecto que más ha llamado la atención y preocupado a los historiadores que se han dedicado al dramático recuento de bajas. Por primera vez, en la larga crónica de los enfrentamientos militares, la lista de muertos y heridos civiles supera a la de soldados en la casi totalidad de las naciones. Este desequilibrio es la consecuencia más horrorosa de lo que se ha calificado como «guerra total», en la que desaparecen códigos de honor y éticas de tiempos pasados, para dejar paso a la fría eficacia profesional en manos de los ejércitos y sus estrategas, en especial del arma aérea. Lo mismo los agresores nazis, que las bombas norteamericanas y británicas, o las divisiones estalinianas, se emplearon como máquinas dantescas de matar (a veces en manos de auténticos criminales de guerra), ante cuyos resultados difícilmente podríamos justificar la lírica ideológica de sus dirigentes políticos.

Muertos, heridos, desaparecidos

Las cifras de muertos de esta guerra, no deberíamos cansarnos de repetirlo, son verdaderamente indescriptibles. Los campos de la actual Europa desarrollada, las prósperas llanuras del Báltico, la cuenca danubiana o las estepas rusas, están sembradas de cementerios y dolor, repletas de blancas cruces anónimas. Y el dramático recuerdo se encuentra bien a la vista del viajero para mostrar lo que nunca jamás debe volver a repetirse. Otras fosas comunes, muchas en paradero desconocido, llevan decenas de años ocultando la vergüenza universal de aquella guerra. Cementerios militares de las Ardenas, monumentos funerarios en Leningrado, campos de recuerdo de Varsovia, ciudades y pueblos mártires...

Más de 55 millones de muertos, según algunos, con cerca de 35 millones de heridos. O quizá, «sólo» 50 millones según otros. Los muertos de esta guerra son tan difíciles de contar como de imaginar para el hombre moderno, cuya experiencia directa de masas no va más allá de 20, 30 o 100.000 personas. Se ha dicho que entender esta mortandad constituye un auténtico reto para la inteligencia humana.

Las cifras varían, y además es poco probable que se llegue a un acuerdo sobre ellas. Pero todas coinciden en la misma tendencia o proporción. Los que optan por 56 millones de muertos, asignan la categoría de «civil» a no menos de 30 millones. Mientras los que prefieren rebajar a 40 millones las bajas, señalan a más de veinte como no soldados entre ellas.

Por países, la Unión Soviética sufrió la mayor sangría con 13 millones de soldados y siete de civiles, que otras fuentes separan en 10 y 10 respectivamente. Alemania contabilizó entre 5 y 7 millones de muertos, según las diversas versiones, de los que más de dos fueron civiles. Siguieron a estas cifras las de Polonia, con cerca de 6 millones que representaban el 20 por 100 de su censo poblacional. Japón perdió algo más de 2 millones de personas, igual que Yugoslavia. Con cifras mucho menores aparecen Estados Unidos (250.000 bajas militares), Gran Bretaña (410.000, de los que unos 60.000 fueron civiles) y Francia, que sufrió 500.000 muertos militares y 350.000 civiles. Si contabilizamos el caso de China y su enfrentamiento a Japón desde 1937, debemos añadir varios millones más que según los distintos autores podían oscilar entre los 13 y los 21 millones de muertos.

La repercusión emocional de estas desapariciones se ha conservado en especial en países como la URSS, donde las nuevas generaciones se han educado en el recuerdo a los héroes y mártires de la Gran Guerra Patria (nombre con que los soviéticos denominan a la Segunda Guerra Mundial), y en el homenaje permanente en cementerios, memoriales y tumbas del soldado desconocido. También en los países de la Europa occidental se ha buscado mantener viva la llama de este recuerdo, pero con mucho menos énfasis y resultados limitados a la vieja generación, a los ex combatientes, resistentes, etc. Por lo general, en el mundo capitalista y en los países que como Alemania, Italia o Japón tenían más que perder con el recuerdo, los dirigentes políticos han dedicado más tiempo a predicar la nueva correlación de fuerzas que a atizar la nostalgia de las antiguas. Salvo el homenaje universal, que se renueva cada agosto en memoria de las víctimas atómicas en Japón cuya fuerza y sentido se avivan gracias al desarrollo del movimiento antinuclear, la evocación fúnebre no ha sido práctica habitual ni del gusto oficial de las sociedades occidentales.

La enormidad de las cifras que acabamos de señalar requiere una explicación cuyo núcleo sustancial descansa en la forma en que se utilizaron las modernas máquinas guerreras, desde el cielo, la tierra y el mar. A comienzos de 1941, la aviación alemana, que ya había experimentado sus nuevos métodos en la guerra civil española, atacó la población inglesa de Coventry inaugurando el sistema de torbellinos de aviones que descargan toneladas de bombas a cada paso. Los angloamericanos perfeccionaron el modelo en sus posteriores ataques a Alemania, poniendo en acción de una sola vez oleadas de 800 aparatos que portaban en abundancia ingenios explosivos de más de 10 toneladas. Algunos de estos *raids* se hicieron tristemente célebres e incluso el de Coventry pasó a designar con el verbo «coventrizar» la forma de reducir a escombros toda una aglomeración urbana indefensa. Otros ataques aéreos, como el de Dresde (febrero de 1945) con 50.000 muertos, o 200.000 en algunas versiones; el de Berlín (mayo de 1944) con otras 30.000 víctimas al menos, sólo cedieron en horror a los ataques atómicos a Hiroshima (6 de agosto de 1945), que supuso 78.000 muertos en el acto, 25.000 en las horas y días siguientes y 68.000 heridos graves. O a Nagasaki, con 40.000 muertos y 60.000 heridos.

Racismo, campos y deportaciones

Junto a las acciones militares sobre núcleos civiles, fueron las deportaciones en masa y los internamientos en campos de concentración los hechos que más contribuyeron a incrementar las bajas de los europeos no combatientes. El caso de los campos de prisioneros nazis es el más conocido, sobre todo por la especial vesania con que se condujeron guardianes y autoridades. En ellos se llevaría a cabo el siniestro intento de acabar sumariamente con toda una raza, la judía, que habitaba dispersa por diferentes naciones europeas. Algunos cálculos sitúan en no menos de seis millones los muertos por esta persecución, entre los cuales una mayoría fueron ancianos, mujeres y niños. Los nombres de algunos campos como Dachau, Auschwitz, Mauthausen, Treblinka, etc., han quedado unidos para siempre al más monstruoso episodio de la historia del racismo.

Con los judíos experimentaron los horrores de los campos otras nacionalidades, razas o minorías étnicas (eslavos, latinos, gitanos...), y en especial los opositores políticos al régimen de Hitler (comunistas, anarquistas, socialistas, republicanos españoles, demócratas de diverso signo...). La noticia y realidad de los campos de concentración, sólo conocidas en su verdadera dimensión al llegar los aliados a suelo alemán, hicieron enmudecer de horror a la humanidad y de incredulidad a muchos alemanes, incapaces de asumir como nación la autoría de semejante atrocidad. Todo el espanto que estaba produciendo la guerra quedó rebasado con creces al descubrirse aquella locura. Los campos y su historia, junto a otros episodios trágicos como los bombardeos, quema de pequeñas ciudades como la checoslovaca Lídice, asesinatos en masa de oficiales como los polacos de Katyn, bombas atómicas, etc., se han convertido en el más dramático emblema de esta guerra.

El capítulo de las deportaciones o movimientos de población, aunque no alcanzó los límites sangrientos de los supuestos anteriores, constituye también uno de los efectos sociales más conmocionantes de la guerra de 1939-1945. Durante la contienda y la inmediata postguerra el espacio territorial que une a la Unión Soviética con las vecinas naciones, Polonia, Checoslovaquia, Hungría y Rumanía, fue reorganizado con el fin de crear un área de seguridad que protegiera a la URSS de futuras agresiones centroeuropeas. La reordenación se realizaría mediante la permuta y adquisición de territorios, a la vez que se expulsaba de ellos a sus antiguos moradores. Éstos componían grupos étnicos de diferente entidad que vivían en Europa oriental y en los Balcanes, sin haberse integrado en las sociedades circundantes, por lo que su aislamiento respecto al resto nacional creaba situaciones históricas de inestabilidad. Una de estas contingencias, atribuida al grupo alemán más numeroso, el de los «sudetes» checoslovacos, había servido de pretexto a Hitler para la conocida anexión territorial de una parte de este país.

No sólo los sudetes fueron «removidos»; también en el interior de las fronteras soviéticas un incalculable contingente de pobladores sería enviado a colonizar tierras siberianas durante la guerra ante el avance alemán. Con posterioridad algunas nacionalidades, que como los tártaros habían contemporizado con el enemigo, fueron tratadas del mismo modo, desapareciendo en las zonas de trabajo del Este.

Durante los años de guerra y los primeros de paz un total de 50 millones de europeos sufrieron estos movimientos y deportaciones, viéndose obligados a dejar sus hogares y trasladarse a nuevos e inciertos destinos. De esta cifra, no menos de diez millones corresponderían al traslado soviético desde 1941, con fábricas y utillaje industrial al otro lado de los Urales para preservar éstos de la invasión nazi.

Pero en conjunto fueron los alemanes asentados en otras naciones quienes en mayor medida se verían obligados a repatriarse. Alemania Occidental, incluso antes de constituirse como tal, recibió una avalancha migratoria de más de diez millones de personas llegadas de varios países del Este. La Europa de la postguerra fue también la Europa de los refugiados que se extendieron en masa, grupos o individuos bajo condiciones precarias de subsistencia, en aquellos lugares que se mostraron dispuestos a recibirlos.

Economía y destrucción

Por lo que atañe a los estragos materiales y económicos, pese a su menor dramatismo, puede decirse que no cedieron en nada a las pérdidas humanas, especialmente en la Europa central y oriental. Mientras en Asia la lucha se centraba en áreas más restringidas como la región china de Manchuria, el sur del Japón o Malasia, evitándose así una destrucción generalizada, la parte europea que fue escenario de las hostilidades resultaba irreconocible en su mayor parte al final de la guerra.

Se hicieron estimaciones que sobrepasaban el billón y medio de dólares como coste de las destrucciones económicas y materiales provocadas en esta contienda. Tras de las cuales, el panorama agrícola, industrial y financiero era de un caos absoluto. Una de las peores inflaciones que recuerda la historia monetaria se cebaba en los precios al consumo, como consecuencia del exagerado volumen de efectivo que habían girado los países en liza. Al mismo tiempo el derrumbe de la capacidad industrial y de su utilización productiva se situaba en un 50 por 100 de la de preguerra.

Polonia y las repúblicas del Báltico habían sido víctimas de un saqueo militar sistemático y despiadado, siendo

además escenario de duros encuentros o de la permanente instalación del frente. Los alemanes nada más entrar en
<u>Polonia</u> se adueñaron por completo de su economía, su-
peditándola de modo brutal a sus necesidades bélicas.
<u>Para legalizar la invasión, los polacos fueron desposeídos
en 1942 de su nacionalidad,</u> con lo que, declarados apátridas en su propio país, no disponían ni de recursos jurídicos
para oponerse a la confiscación de sus bienes. Después de
esta cínica expropiación, los nazis respondieron con sangre
y fuego a los intentos de resistencia o sublevación, como
fue en particular la insurrección de Varsovia en el verano
de 1944. <u>Tras la guerra, la capital polaca hubo de ser diseñada y reconstruida de nueva planta, pudiéndose conservar del anterior trazado</u> apenas media docena de calles.

Otras grandes ciudades que fueron escenario también
de estos levantamientos quedaron sumariamente arruinadas y sus habitantes masacrados. El saqueo alemán y las
posteriores anexiones rusas colocaron a este país, en 1945,
en una situación preindustrial en la que sólo disponía de
la cuarta parte de su anterior potencial fabril. La total carencia de recursos productivos o financieros se completó
con la aparición consiguiente de la calamidad del hambre.

La <u>Unión Soviética</u> sufriría una opresión semejante.
<u>Desde 1941, el ejército y la población de las repúblicas en
retirada llevaron</u> a cabo una estrategia de «tierra quema-
da», destruyendo todo aquello que pudiera ser útil al enemigo. La llegada de los soldados alemanes a un país des-
poseído y sin recursos que sirvieran de botín no hizo sino
exasperar el pillaje y la explotación de los pocos bienes
que se habían salvado. <u>Instalaciones y diques fluviales,
vías de comunicación y más de 7.000 kilómetros de ferrocarriles fueron destruidos o quedaron inservibles.</u>

La devastación afectó de manera grave a los centros urbanos, entre los cuales fue necesario acometer obras de reconstrucción en más de 70.000 aglomeraciones al termi-

nar la guerra. Fue, sin embargo, el campo soviético el que padeció las mayores calamidades y el que más tardaría en recuperarse. La pérdida de mano de obra, la muerte del ganado, la ruina de cosechas y plantaciones, o el deterioro del suelo, colocaron a la agricultura del país en una situación insostenible. En las zonas de mayor incidencia se producía además el 52 por 100 de los cereales, el 84 por 100 del azúcar y alimentaban directamente al 45 por 100 de la población. Fueron necesarios sacrificios y padecimientos de enorme proporción para equilibrar esta situación que aparecía en vías de solución en los primeros años de la siguiente década.

URSS datos de pérdida

El traslado de las industrias, en especial las de carácter militar, hacia el Este se reveló como una solución acertada. En breve plazo serían desmontadas y conducidas a la retaguardia de los Urales más de 1.500 empresas, entre las que destacaban arsenales, industrias mecánicas, aeronáuticas, etc. Ello hizo posible mantener el esfuerzo productivo en un escenario alejado del alcance del enemigo y, con posterioridad, realizar la plena industrialización de aquellas zonas aprovechando la infraestructura trasladada.

traslado industrias de otros países

La magnitud de la catástrofe económica y material fue también notable en el resto de Europa. Además de Rusia o Polonia, grandes zonas de Alemania, Holanda, Bélgica, Italia, Yugoslavia o Grecia acusarían los efectos de la devastación. En estos países, muy pocas ciudades de alguna entidad urbana o interés industrial se libraron de sufrir daños en distinta medida. Aunque Varsovia era la capital europea más destruida, otras como Berlín no le iban muy a la zaga. Centros fabriles como Milán o Turín, Lyon, Leningrado, Kíev, Dusseldorf, Dresde, Francfort, Colonia, etc., junto a las zonas costeras del norte de Francia, presentaban las huellas de los más brutales ataques y bombardeos de la historia europea.

resto de Europa

En la parte meridional del continente, los saqueos alemanes arruinaron la industria yugoslava y las tierras de cultivo. Italia, salvo las pérdidas urbanas, quedó mejor parada. Entre los aliados sería Francia la más perjudicada, al ser escenario de las peores batallas. En especial, los nudos de comunicación y sobre todo los puentes que la unían a Centroeuropa quedaron inservibles. En total no menos de 6.000 puentes franceses quedaron volados o inutilizados. Mientras tanto, los principales puertos —Tolón, Calais, Boulogne, Burdeos o Dunkerque— permanecían bloqueados o gravemente dañados. Los canales franceses, de importancia sustancial para sus comunicaciones internas e internacionales, fueron también inutilizados en su totalidad en la zona norte. Los centros urbanos galos padecieron la destrucción de al menos dos millones de casas.

Holanda, por su parte, se había convertido tras la guerra en un país semisumergido, con todas las tierras al sur del Zuiderzee bajo el agua y todos los puentes fluviales que la unían a Bélgica en ruinas. Los canales belgas y holandeses no pudieron ser utilizados antes de seis meses.

Alemania, que sufrió los peores ataques en la parte final del conflicto, parecía un paisaje lunar en el que se mezclaban los cráteres de las bombas con los hierros retorcidos de casas, ferrocarriles y puentes. En su parte occidental fueron destruidos 740 de los 958 puentes que mantenían la comunicación con otros países y entre los *länder* regionales. El tendido ferroviario de la futura Alemania Oriental había desaparecido por completo, junto a todo el parque de transportes.

En general, el impacto sobre las vías de comunicación sería el principal obstáculo para tratar de normalizar la vida europea, mayor incluso que las propias pérdidas humanas o la destrucción de viviendas. Los ejércitos ocupantes, con sus secciones de ingenieros y zapadores, tuvieron que trabajar de firme para restablecer puentes flotantes, arreglar carreteras y desbloquear canales durante los meses inmediatos al final de la guerra.

Beneficios y beneficiados

A pesar del panorama de destrucción y calamidades que acabamos de describir y del tópico que asegura que en todas las guerras modernas, por su alto potencial destructivo, todo el mundo pierde algo, no sería difícil encontrar en medio de tanta desgracia grupos de personas o países que individualmente o en conjunto y gracias a la calamidad ajena, mejoraron sus posiciones, desarrollaron sus industrias o agricultura y, en general, acumularon ingentes beneficios.

Durante el conflicto de los años cuarenta y no obstante la implicación universal que hemos afirmado, no todas las naciones figuraban en el capítulo de perjudicadas en la hora del recuento. Los Estados que se mantuvieron al margen, los que sólo intervinieron de forma indirecta, o los que aun aportando tropas y pertrechos estuvieron alejados del teatro sangriento, pudieron hacer su balance bélico con menos dolor y más provecho que la desafortunada Europa.

En este grupo, las naciones de América Latina, tradicionales exportadoras de productos agrícolas, terminaron la guerra con favorables saldos en sus balanzas comerciales y en posición acreedora en relación a titulares como Gran Bretaña, Francia... En 1945, Gran Bretaña debía a Argentina un monto de 126 millones de libras esterlinas, para cuya liquidación hubo de ceder a este país las compañías de ferrocarril, de construcción eléctrica y otros negocios que ostentaba el capital británico en Sudamérica.

Dos países norteamericanos, Estados Unidos y Canadá, cambiaron por completo el sentido de su historia durante la guerra mundial. Los USA en lo político-social y Canadá en lo económico. Este último era, a finales de los años treinta, una potencia agrícola sin especial vocación industrial, desalentada sin duda por la vecindad de la poderosa máquina estadounidense. En los años del conflicto, sin embargo, transformaría el signo de su economía como consecuencia del impresionante aumento de la demanda de manufacturas industriales, textiles o de elaboraciones alimenticias, realizada sobre todo desde Inglaterra.

La presión del mercado produjo en Canadá una acelerada revolución industrial que puso en pie, en un corto espacio de tiempo y con la asistencia técnica de ingleses y americanos, una importante industria del aluminio mientras desarrollaba producciones como níquel, cromo.., o doblaba sus anteriores cifras en la fabricación de hierro y acero. En 1943, antes de finalizar la guerra, la renta procurada por el sector industrial era ya superior en tres veces al producto agrícola.

Para Estados Unidos, más adelantado en sus planes de modernización y con un potencial fabril de importancia mundial, a pesar de su aislamiento relativo respecto a Europa, la guerra supondría la transformación definitiva en el país hegemónico de las décadas posteriores. Bajo el estímulo de la contienda y mediante una movilización nacional y laboral sin precedentes, la producción industrial se dobló entre 1939 y 1945, fechas en las que se cierra por completo la crisis socioeconómica inducida por la quiebra de 1929. La renta nacional se disparó superando el límite de preguerra en un 75 por 100, mientras los salarios, gracias al clima de prosperidad, a los beneficios empresariales y al pleno empleo, se doblaban también entre 1940 y 1944.

La industria americana experimentó una transformación decisiva y definitiva para su posterior proyección mundial. En especial, la aeronáutica, que luego contaría con la inestimable ayuda de los científicos europeos emigrados, se colocó a la cabeza del desarrollo y de la aplicación de los más avanzados descubrimientos industriales. Pero también el textil, la química o la moderna industria alimentaria, hicieron grandes progresos en un mercado libre de toda competencia exterior.

La voluntad intervencionista, justificada durante la guerra por la defensa de los valores occidentales y en la postguerra por el fervor anticomunista, haría posible que en las conciencias americanas se produjera un cambio sustancial y una toma de conciencia providencialista, según la cual Estados Unidos estaban en posesión de un especial destino histórico. Frente al avance socialista, al que se niega cualquier intención positiva, se populariza la imagen de un país defensor de la democracia y la libertad.

Se afirma esta reconversión espiritual del pueblo americano al mismo tiempo que sus políticos, hombres de negocios y financieros llevan a cabo una más disimulada revolución monetaria y económica. Con el diseño de un plan de ayuda y reconstrucción para el continente arruinado, sobre el respaldo de la economía y la moneda USA, sientan las bases de la influencia norteamericana sobre el área occidental. La creación de este nuevo orden monetario, del que más adelante hablaremos, es uno de los hechos estructurales de mayor alcance y de propósitos más ambiciosos en la historia económica contemporánea. Gracias a él, y al apoyo incondicional e ineludible que recibió de los Estados europeos, quedó afirmada en los decenios posteriores la concluyente hegemonía económica, militar, social y cultural de la joven nación que no hacía doscientos años había sido colonizada por los excedentes humanos del viejo continente.

De una manera menos directa, pero igualmente sustancial, las colonias dependientes de los imperios europeos (Gran Bretaña, Francia, Holanda, Bélgica...) tienen también motivos para recordar los efectos de la Segunda Guerra Mundial con más agrado que sus antiguos colonos.

Como luego veremos, todo el proceso de emancipación
mundial, que arranca precisamente del período de postguerra, está influido y no puede entenderse en su totalidad sin tener en cuenta el debilitamiento de las metrópolis y el auge de los nacionalismos como consecuencia de
las vicisitudes y resultado final del conflicto.

Europa: de la nada al milagro

Si las pérdidas humanas y los daños materiales producidos por la guerra mundial desafían cualquier esfuerzo de
nuestra imaginación, no menos asombro causa la rápida
recuperación de los países europeos más afectados. En
unos pocos años, naciones como Alemania, Inglaterra,
Francia o la misma URSS, se presentaban a los observadores francamente recuperadas y en plena producción económica. Sólo gracias a este hecho sorprendente, los años
cincuenta de nuestro siglo han podido ser calificados de
«milagro económico» en muchas zonas europeas.

Sin embargo, la verdadera fase de recuperación del
continente no debe datarse antes de 1948, puesto que los
primeros años de postguerra fueron de absoluta penuria
económica y productiva en la mayoría de los países. Además, 1947 fue el peor año de la década para la agricultura,
cerrándose con la pérdida de la cosecha un período de increíbles dificultades.

En esas fechas, la posición favorable de Estados Unidos
hizo posible la puesta en marcha de un sistema de abastecimiento de artículos básicos que, de hecho, impidió que
el hambre acabara con los supervivientes de la catástrofe.
De este modo, mientras alemanes, polacos, franceses o rusos desescombraban sus calles y trataban con suerte desigual de arrancar a una tierra martirizada el alimento indispensable, la ayuda americana se popularizaba en la ham-

brienta Europa occidental tratando de sustituir cañones por mantequilla.

Los Estados Unidos eran, en efecto, junto a Canadá y en menor medida algunas naciones sudamericanas, el único país con capacidad y disposición económica y logística para intentar remediar las necesidades más acuciantes de la empobrecida Europa. Por este motivo, no es extraño que aunque el organismo encargado de materializar la ayuda, la United Nations Relief and Rehabilitation Administration (UNRRA), estaba bajo control oficial de las Naciones Unidas, fuera de hecho una plataforma para llevar a cabo un cambio de imagen del ejército americano, en especial entre alemanes, franceses e italianos.

Pero la ayuda alimenticia no sólo servía a este fin, ya que también fue muy útil para la colocación de un elevado contingente de excedentes agrícolas, procedentes del enorme desarrollo que habían alcanzado las producciones estadounidenses por impulso de la demanda europea. El envío hacia las hambrientas ciudades del continente de esta sobreproducción impidió el derrumbe de la agricultura americana, que pudo vender al gobierno sus bienes de salida más difícil.

Los habitantes de países como Alemania, Inglaterra, Francia o Italia fueron los más beneficiados del programa, que incluso llegaría, aunque en menor cantidad, a la Unión Soviética. Entre 1945 y 1948 se ha calculado un total de casi 16 millones de dólares, en préstamos y ayudas gratuitas, los contabilizados por la UNRRA, de los cuales no menos de 11 millones llegarían a Europa.

Las ayudas ofrecidas a los países derrotados eran gratuitas pero no desinteresadas. A cambio de recibirlas, los gobiernos destinatarios debían garantizar la puesta en funcionamiento de un modelo de política económica y social integrado, que estuviera ajustado al dominante en el

mundo occidental. Entre otras cosas éste fue el motivo
por el que, tras la guerra, en los Estados europeos occidentales se afianzó un sistema de mercado intervenido. En
él convivían tendencias librecambistas, sobre todo en materia de relaciones internacionales, con teorías keynesianas
de intervención.

El papel del Estado como indicador y corrector de la
política económica se había afianzado durante la crisis de
los años treinta con un objetivo muy concreto: la elevación
de la renta nacional y la generación de empleo. Durante el
conflicto, el intervencionismo estatal adquirió nuevas jus-
tificaciones y una mayor dimensión, reforzada por la necesidad de establecer una economía de guerra que tuviera la
facultad de supeditar lo privado a lo público. Durante el
período de reconstrucción posterior los gobiernos, aprovechando la situación de emergencia y lanzando cruzadas
contra el paro, la inflación o el mercado negro, incidieron
en su modelo intervencionista.

Por estos motivos, a pesar de que en Bretton Woods y
en otras reuniones se diseñaba un tipo de integración mul-
tilateral con disciplina monetaria pero con apoyo a la liberalización de intercambios, como luego veremos, cada
país, fronteras adentro libre de compromisos, gozaba de
la posibilidad de revitalizar la gestión del aparato estatal.

Así, Gran Bretaña, tras la victoria laborista de 1945,
tomaba la delantera poniendo en marcha el programa
nacionalizador del partido. El Banco de Inglaterra, las
industrias del carbón, hierro y acero, el transporte o la
industria eléctrica, pasaron a ser controlados por el sector público, con la complacencia del electorado, que
aceptaba la consideración vital y estratégica de estas ramas de la economía. Pero no sólo en la Inglaterra del laborismo o en los países en que la socialdemocracia obtuvo el poder, también en la Francia del primer gobierno
de concentración formado por el general De Gaulle, y en

Italia con dirección democristiana, se siguieron tendencias semejantes.

En este panorama intervencionista, comenzaría a tomar cuerpo legal y consistente el Estado benefactor o Estado providencia, que había resumido la propaganda
electoral laborista británica en el eslogan «seguridad desde la cuna hasta la sepultura». Nada podía tener más aliciente para el inseguro y atemorizado ciudadano de postguerra que esta protección vitalicia que prometía el partido en el gobierno.

Este intervencionismo social y económico del Estado
habría de caracterizar el desarrollo económico europeo
durante el ciclo benéfico siguiente a la postguerra. Su validez y necesidad no serían cuestionadas hasta la llegada
de una nueva crisis, al filo de los ochenta, que provocaría
demandas de mayor libertad económica y más flexibilidad
en el papel paternalista jugado por la Administración.

El orden monetario americano

Después de la guerra mundial la relación financiera internacional y el orden de los intercambios comerciales sufrieron cambios apreciables. La necesidad de estas modificaciones no estuvo, sin embargo, determinada sólo por
el conflicto. De hecho, mucho antes, durante la crisis eco-
nómico-social de los años treinta, ya se había planteado la
necesidad de buscar una alternativa a la rigidez monetaria
perfilando una nueva disciplina que ayudara a revitalizar
los deprimidos mercados internacionales. La dura crisis
sufrida por el capitalismo obligaba entonces a una readaptación general de las relaciones económicas con el objetivo
de salvar al sistema a través de un incremento de la demanda mundial, la reactivación de mercados y la creación de
nuevas áreas de consumo. Para ello, se consideraba im-

prescindible establecer estímulos financieros y diseñar un
orden monetario más dinámico y estable al mismo tiempo.

El patrón oro (convertibilidad de las monedas en su con-
travalor aurífero para liquidar las transacciones) había sido
abandonado poco a poco y recibió un golpe definitivo durante la depresión. En su lugar, se practicaba un sistema de
pagos bilateral y cerrado que por su estrechez no hacía sino
agravar la tremenda recesión del decaído comercio internacional. Estos motivos impulsaron en plena guerra a plantearse con seriedad el futuro monetario y financiero de las
naciones desarrolladas. La solución finalmente adoptada
estaba en embrión desde 1936, en los acuerdos firmados
por EEUU, Inglaterra y Francia, que habrían de servir de
precedente al modelo de paridades establecido en 1944.

En julio de ese año, reunidos en Bretton Woods (EEUU)
representantes de 44 países, proceden a instituir las reglas
de intercambio, directrices de comercio, los organismos
pertinentes y el nuevo orden monetario occidental que
presidirán durante los decenios siguientes el transcurso de
las economías de los países no socialistas.

Las modificaciones más importantes introducidas en
Bretton Woods se referían a la consideración del dólar
como moneda patrón internacional, en igualdad de garantías con el oro. La divisa americana pasaba además a constituirse como valor de reserva convertible en oro, gracias a
la facilidad teórica que para esta transformación le proporcionaba la hegemonía económica y las propias reservas
auríferas de Estados Unidos.

Las consecuencias de estas decisiones para el orden económico mundial fueron la penetración financiera sin precedentes del dólar en los sistemas occidentales y la afirmación
paulatina de esta divisa frente al patrón oro, al que de hecho
fue sustituyendo en la práctica. Al mismo tiempo, la circulación fiduciaria norteamericana se expandió de manera gigantesca, con la constante financiación, préstamo, compras

e inversiones en los países aliados. La bolsa de dólares en el exterior, creada de esta forma, llegaría a límites alarmantes entre 1948 y 1968 en vísperas de la crisis monetaria, al pasar de 6.400 a 35.700 millones. De éstos, una importante cantidad (los eurodólares) estaban en poder de extranjeros mientras que las reservas de oro USA, que en teoría respondían del buen fin de las emisiones de papel, disminuían notablemente, como tendremos ocasión de ver más adelante.

Otro apartado importante de las reuniones de Bretton Woods fue el de la creación de dos instituciones encargadas de asegurar el buen fin de los acuerdos. Por un lado, el Fondo Monetario Internacional (FMI) se constituyó con el propósito de fomentar la cooperación comercial y monetaria entre sus socios mediante el establecimiento obligado de paridades en las valutas respectivas. Eran dos aspectos claves para facilitar la recuperación de las naciones arruinadas en la guerra, puesto que aseguraban el mantenimiento de la división internacional del trabajo capitalista, haciendo posible el desarrollo de las exportaciones, la elevación de la renta y el pleno empleo en el bastión de Europa occidental.

Un impulso favorable para una mejor relación en los intercambios surgió de las tendencias integradoras, ya en 1947, con el General Agreement on Tarifs and Trade (GATT), acuerdo de desarme arancelario encaminado a impedir las prácticas autárquicas y preludio del posterior ciclo de unificación de las economías occidentales.

En relación con estos objetivos, se fundaba el otro organismo de las conferencias: el Banco Mundial, cuyo nombre completo es: Banco Internacional para la Reconstrucción y el Desarrollo (BIRD). Las funciones del Banco debían ser las de coordinar los préstamos e inversiones privadas dirigiéndolas hacia proyectos útiles, evitando la dispersión de recursos. Las fuentes y recursos financieros del Banco eran empréstitos internacionales de libre suscripción y fondos de capital aportados por los propios Estados socios. Con ellos otorgaba créditos para la reconstrucción, a largo plazo y bajo interés, con el objetivo de contribuir a la recuperación económica y al desarrollo comercial de los Estados miembros.

Sin embargo, lo mismo el Banco que la posterior ayuda facilitada a través de la UNRRA, resultaban insuficientes para las necesidades que demandaba la deprimida realidad europea de postguerra. Este aspecto, junto al aumento del descontento popular en los países ocupados (Alemania e Italia) por la estragada situación social y los avances políticos de los partidos socialistas y comunistas en Europa, hicieron que los Estados Unidos decidieran intervenir de modo más intenso en los planes de reconstrucción.

El Plan Marshall y la doctrina Truman

La recuperación de postguerra, por tanto, no puede desligarse de la intervención económica y política que para ello pusieron en marcha Estados Unidos. Pero para que la nación americana cambiase sus opciones anteriores y se apagaran las todavía persistentes voces aislacionistas de fechas pretéritas, fue necesaria la confluencia de distintos intereses y la formulación y propagación de una ideología universalista del papel USA en el mundo.

Por una parte, la impresionante capacidad productiva que habían desarrollado los EEUU, junto a la internacionalización de su economía y finanzas, que la guerra había facilitado, impulsaban al complejo industrial y bancario de este país a presionar por una política económica de vocación expansionista. Por otra, la configuración de un sistema ideológico en defensa de las libertades y de la democracia burguesa, colocaban de inmediato a los dirigentes americanos frente al avance del credo comunista. En estas condiciones, el abandono de la debilitada Europa a su «propia suerte» equivalía, para los políticos yanquis, a dejarla en manos de las presiones populares y bajo la «amenaza» de los movimientos socializantes.

La realidad económica y los hechos políticos de la inmediata postguerra hicieron inevitable para la administración americana la toma de decisiones trascendentales sobre el futuro del mundo. Poco a poco, la actividad de la UNRRA quedó relegada en favor de un mayor protagonismo USA. La ayuda directa es cada vez más frecuente, sobre todo a países como Gran Bretaña o Italia, pero por sus características bilaterales y su irregularidad, se revela insuficiente por sí sola para llevar a cabo el enorme esfuerzo que requiere la recuperación total de Europa.

Junto a esta ayuda insuficiente, no planificada ni integral, se sopesan los acuciantes problemas políticos planteados por el ascenso de las opciones comunistas en los países liberados. En Francia, el Partido Comunista, con un 28 por 100 de los votos, se convierte en la primera fuerza electoral. Mientras que en Italia, entre socialistas y comunistas suman más del 40 por 100 de los sufragios en las primeras elecciones de postguerra.

Pero el supuesto más temible para las pretensiones políticas americanas se produjo en 1947 en una zona europea de las más próximas a la influencia sovietizante. En Grecia la situación de tensión y enfrentamiento civil, en la que la guerrilla popular había realizado importantes avances, parecía favorecer la tendencia a la toma del poder por los partidos comunistas. Al mismo tiempo, las tensiones en la frontera ruso-turca amenazaban con una intervención militar soviética. La proximidad geográfica y la implicación de la URSS en estas áreas, inclinaban a pensar en la formación de un bloque favorable en su flanco suroeste

de indudable importancia estratégica para el dominio del
Mediterráneo.

Estas consideraciones fueron decisivas para que Washington accediera a las peticiones de ayuda económica y
militar formuladas por los partidos moderados griego y
turco. La respuesta americana llegaría en forma de una
concesión de ayuda por el Congreso de 400 millones de
dólares, después de que el 12 de marzo de 1947 el presidente Truman se dirigiera a los congresistas con una alocución en la que se expusieron los principales elementos
de la doctrina que lleva su nombre.

En su discurso, el inquilino de la Casa Blanca formularía las líneas esenciales que justificarán el intervencionismo americano en el exterior hasta nuestros días. El enfrentamiento entre la URSS y los EEUU se presentaba
como un combate ideológico entre la libertad y el totalitarismo. La doctrina Truman, que justifica desde entonces
la política exterior USA, se adelantaba así en unos meses
al Plan Marshall, del que, sin embargo, no puede disociarse y con el que forma las dos caras de una misma vocación
política.

Si la doctrina Truman resultaba válida para cualquier
lugar del globo y para un período indefinido de tiempo,
el Plan Marshall era un programa concreto de ayuda a los
países europeos, hasta que lograran afianzar su reconstrucción económica y social. No obstante, esta intención
suponía también el deseo de recomposición política bajo
el molde y la homologación americana. Y este elemento
se iba a convertir en factor de la estrategia internacional
USA, incluso por encima de cualquier otra consideración, una vez que desaparecieron los factores desestabilizadores como la pobreza, el desempleo, la escasez, el
hambre, etc.

El proyecto que se pondría en marcha en la primavera
de 1948 fue dado a conocer por el general Marshall, secre-

tario de Estado, en un discurso en la Universidad de Harvard. En su intervención expresaba la conveniencia de dar un salto cualitativo en la ayuda americana a Europa, no limitándose a la mera ayuda subsidiaria, sino tratando de recomponer la misma estructura económica y financiera de las naciones arruinadas. La justificación del Plan descansaba y era tributaria, por tanto, de su precedente la doctrina Truman, con la que formaría un bloque ideológico de contención y evitación de «graves problemas económicos, sociales y políticos».

El propósito del European Recovery Plan, nombre oficial del Marshall, no podía ser más ambicioso en sus pretensiones. Trataba de llegar al establecimiento de una economía europea «sana», de manera que permitiera la vuelta a las condiciones políticas y sociales en las cuales «puedan existir instituciones libres». Es decir, la vertiente más sentida del programa Truman. A pesar de esta identificación y de su constitución como frente económico de la ideología Truman, el Plan Marshall, con una vigencia menor en el espacio y en el tiempo, ha tenido, sin embargo, mayor popularidad y más suerte historiográfica. Desde el mismo instante de su anuncio se convertiría en el hecho más trascendental de la postguerra europea, dando una respuesta sólida a los temores de los partidos moderados ante el posible giro procomunista de la vida política.

La aplicación del Plan tendría, en efecto, notables consecuencias en la sociedad europea, una de las cuales fue la marginación de los partidos que aspiraban a un cambio revolucionario como medio para solucionar los problemas económicos y sociales del continente.

De otro lado, el conjunto de medidas económicas y financieras que formaron parte del Plan, constituyeron un momento excepcional en las relaciones históricas entre Europa y Estados Unidos. En él se mezclarían ideales altruistas, de los que se hizo partícipe al pueblo americano, con intereses políticos y grandes beneficios privados menos confesables. El deseo de ayudar a unas naciones destruidas y asoladas por la guerra y el hambre, corrió parejo con el intento de crear un clima social estable y próspero que sirviera de dique de contención a los movimientos comunistas.

A pesar de esto, la oferta del Marshall incluiría inicialmente a los países de la esfera soviética, que bajo la presión de Moscú rechazaron participar en la conferencia celebrada en julio de 1947 en París, para coordinar la ayuda ofrecida. En esta reunión, de la que también estuvo ausente España por las características fascistas de su sistema político, se acordó constituir la OECE (Organización Europea de Cooperación Económica), para llevar a cabo la coordinación y control del Plan y que hoy subsiste transformada en la OCDE.

Durante los años que en sentido amplio pueden considerarse de duración de la ayuda americana, entre 1948 y 1961, el importe total de las entregas, préstamos y donaciones sobrepasó los 30.000 millones de dólares. Esta colosal cantidad no fue, sin embargo, repartida por igual. Como podemos ver en el cuadro que incluimos. Inglaterra fue la mayor beneficiada, seguida de Francia y Alemania. Otras peculiaridades del Plan y de la ayuda americana en general, fueron la inclusión de Yugoslavia después de la ruptura entre Stalin y Tito y las cantidades prestadas a España desde la década de los cincuenta por el Export-Import Bank, a pesar de su régimen político.

Otros países no europeos recibieron en fechas posteriores la ayuda financiera norteamericana siguiendo siempre las intenciones de la doctrina Truman y del Plan Marshall. Entre ellos pueden citarse: Australia, Japón, Vietnam, Filipinas, Israel, diversos Estados iberoamericanos, etc.

Préstamos y ayudas americanas a Europa (1946-1961)

PAÍSES	IMPORTE (MILLONES DE DÓLARES)
Gran Bretaña	7.668,2
Francia	5.186,7
Alemania Occidental	4.047,7
Italia	3.447,1
Grecia	1.738,1
Yugoslavia	1.586,0
Turquía	1.391,6
Holanda	1.228,5
España	1.183,9
Austria	1.170,9
Bélgica	741,9
Noruega	349,9
Dinamarca	303,3
Suecia	108,9
Portugal	78,9
TOTAL	30.231,6

Del cuadro de ayudas se concluye, no obstante, que han sido cuatro países (Gran Bretaña, Francia, Alemania e Italia) los que en mayor medida fueron apoyados por los préstamos USA. Ellos solos recibieron casi 20.400 millones de dólares en esas fechas, lo que supone más del 67 por 100 del total. Para muchos esta desproporción explica de modo contundente las diferencias económicas entre estos cuatro grandes europeos y el resto de sus vecinos menores y también sus inquebrantables fidelidades proyanquis.

La aportación europea

El Plan Marshall fue, por tanto, el catalizador financiero de la recuperación europea. Asimismo, estableció las bases de la relación de intercambios entre los europeos y

de la interdependencia entre Europa occidental y los
EEUU, y consolidó el poderío americano en el plano económico al permitir seguir trabajando a la industria desarrollada en los años de guerra.

Pero, además de esta aportación exterior, las economías
europeas contaban con otros elementos imprescindibles
para asegurar un rápido avance. El primero de ellos fue la
relativa buena conservación de la planta industrial anterior,
que además había fortalecido su capacidad productiva de
forma espectacular para atender las necesidades bélicas.
En el caso de Alemania y de su cuenca fabril, solamente de
un 15 a un 20 por 100 había resultado con daños irreparables. Lo mismo sucedía en otros países como Francia o Italia. E incluso en Inglaterra, la conservación fue aún mejor
dado su relativo alejamiento de los principales teatros de
lucha. Además de esto, la existencia de nuevos inventos,
innovaciones y aplicaciones productivas desarrolladas con
éxito en los programas de fabricación, facilitaron el paso a
un nuevo sistema industrial con mayor capacidad. Por otro
lado, se renovaría el protagonismo tradicional de las clases
empresariales en los países que habían estado a la cabeza
de la revolución industrial y se crearon iniciativas patrona-
les de nuevo cuño movilizadas por el aliciente de la financiación americana y ante las perspectivas de beneficios que
presentaba la reconstrucción.

Se dispuso también de abundancia de mano de obra.
En algunos países, por la desmovilización y desmilitarización general. En otros, como sería el caso alemán occidental, por la incorporación de los inmigrantes forzosos y de
refugiados de otras naciones. En la URSS, por el contingente de prisioneros que fueron destinados a trabajos forzados en obras públicas. Y en casi todos, por la irrupción
de la mano laboral femenina en la industria que, con tanto éxito, había sido experimentada durante la guerra.

Esta masa laboral habría de ser incrementada con posterioridad por los emigrantes latinos y norteafricanos. En conjunto resultaba además mucho menos conflictiva y costosa que la de preguerra. Sobre sus duras jornadas de trabajo descansa también el milagro económico.

Con la confluencia de estos elementos favorables, los principales países de la Europa occidental pronto recuperaron el ritmo de producción, y aunque el viejo continente no pudo volver a presumir de ser el eje económico y financiero del planeta, ni de mantener el cetro de la primacía industrial, puede decirse que una mayoría de sus Estados realizaron progresos «milagrosos» en el orden material durante las décadas posteriores.

Una prueba inequívoca de este avance la dan los índices de producción industrial, en los países del bloque occidental, en <u>los años del *boom* económico</u>:

Índices de producción industrial
(Base 1958= 100)

PAÍSES	1938	1948	1959	1967
EEUU	33	78	113	168
Alemania Occidental	53	27	107	158
Francia	52	55	101	155
Italia	43	44	112	212
Holanda	47	53	110	182
Bélgica	64	78	104	153
Gran Bretaña	67	74	105	133
Austria	39	36	106	151
Japón	58	22	120	347

El Marshall ruso

Antes hemos apuntado algunos datos sobre las pérdidas materiales de la Unión Soviética que ahora debemos completar. La catástrofe demográfica ya descrita resultó

de proporciones tan inmensas que hasta 1954, casi quince
años después, no se lograría recuperar la cifra de 195 millones de habitantes, que correspondía al nivel poblacional de 1941. Los daños directos fueron evaluados en 2,6
billones de rublos, divididos en 1,9 por gastos militares y
679 mil millones por los bienes destruidos. De un total de
1,5 billones de dólares estimados como pérdidas bélicas
globales, la URSS reclamó como reparaciones un 50 por
100. Cantidad que fue aceptada por los aliados durante
las conferencias preparatorias del período de paz.

Las destrucciones en suelo ruso afectaron a más de
1.700 ciudades, 70.000 pueblos, 32.000 fábricas, 84.000 escuelas... No menos de 65.000 kilómetros de vías de comunicación fueron dañadas o quedaron inservibles. Mientras
la situación de la vivienda era catastrófica, con casi 20 millones de personas sin hogar, la producción agrícola e industrial de 1945 sólo llegaba al 60 por 100 de la de 1940.

La repercusión moral de estas pérdidas y destrucciones
entre los soviéticos tuvo una dimensión notable. Del mismo
modo que la estrategia ideológica occidental trató de asimi-
lar el totalitarismo fascista a la rigidez y las prohibiciones del
modelo ruso-estalinista, en la URSS las agresiones nazis y su
afán expansivo, junto a la situación de postguerra, se identi-
ficaron con las apetencias del capitalismo representado por
el bloque occidental. Las generaciones soviéticas, desde entonces, han sido educadas en el odio a la guerra y en el temor
a la agresión capitalista. De este modo, se podía justificar la
creación de un bloque opuesto de naciones socialistas, el
mantenimiento de un clima de guerra fría o la presión armamentística sobre las inversiones presupuestarias.

En estas condiciones, las tareas de reconstrucción y el
posterior intento de crear unas mejores condiciones materiales tuvieron que contar con el pesado eslabón de un
ejército y una industria militar desproporcionada. Esta
carga ha gravado en todo momento las posibilidades rea-

les de desarrollo soviético, incluso en los mejores años de
la recuperación económica.

Para el período de postguerra, la planificación de la
economía se realizó a través del IV Plan Quinquenal
(1946-1950), que tenía como objetivo fundamental alcanzar las cifras productivas de los años de preguerra. El aislamiento financiero a que estuvo sometida la URSS tras su
rechazo del Marshall, y el conjunto de calamidades y destrucciones, no impidieron la obtención, en líneas generales, de las metas del IV Plan. Para ello se contaba, sobre
todo, con una mayor experiencia planificadora, con el gigantesco esfuerzo del pueblo soviético y con el cobro de
las reparaciones de guerra. Desde los territorios alemanes
ocupados, además de materias primas y una parte sustancial de la producción, se llevaron a la URSS fábricas desmontadas, maquinaria y utillaje en diversa proporción.

En 1950, cuando se consideraba finalizado el período
del Plan, el índice de la producción industrial ha pasado
del 100 de 1941 a 171. Se ha recuperado con amplitud el
bache de postguerra, y las producciones de carbón y acero, que intervienen con gran peso en la determinación del
índice, se han disparado en relación a la década anterior.
Del mismo modo, la fabricación de maquinaria y material
industrial, junto a los productos químicos, se colocaban a
la cabeza del moderno desarrollo soviético.

Algunos hechos se han constituido en verdadero símbolo de esta notable recuperación. Entre ellos debe ser
mencionada la apertura del gigantesco canal Volga-Don
(1952), o la puesta en funcionamiento de la primera central nuclear en 1949. El adelanto científico estuvo representado también en la producción de bombas atómicas
desde 1949 y en la de hidrógeno en 1953. Pero sobre
todo, lo que dio relevancia internacional a los avances soviéticos en estos años fue el espectacular desarrollo de la
investigación espacial, que desde 1957, con la colocación

en órbita terrestre del primer satélite artificial, conocería señalados éxitos.

Si las magnitudes alcanzadas por la industria y el progreso en el dominio del espacio son otros tantos galardones obtenidos por el Estado soviético, en cambio, los resultados del sector agrícola no merecen tal consideración. Por el contrario, el Plan no consiguió colmar su previsión en el campo. Los productos agrícolas no llegaron a las cantidades de períodos anteriores salvo en lana y algodón. Y ello a pesar de las duras condiciones sociales y laborales que fueron impuestas al campesinado.

El sacrificio de los trabajadores del campo nada tenía que envidiar al que padecían sus compañeros del sistema capitalista. Vieron reducidas sus cuotas de consumo y aumentadas las entregas obligatorias al Estado, así como el conjunto de sus impuestos. El descenso de los precios agrícolas frente a la subida de los industriales condujo al deterioro del poder adquisitivo campesino siguiendo los mismos impulsos incontrolados de los mercados occidentales. Finalmente, una reforma monetaria en 1947 terminó por arruinar las economías más débiles y enflaqueció los ya exangües ahorros de este sector.

El empobrecimiento rural provocaría la emigración de importantes contingentes hacia los mejor pagados puestos de la industria, creando de inmediato problemas de superpoblación urbana, vivienda, educación o sanidad, que el Estado tenía que resolver conforme a sus principios socialistas. El avituallamiento a las grandes urbes se convirtió en otro de los nudos no resueltos por la planificación. A pesar de la desaparición oficial del racionamiento en 1947, la existencia de un mercado negro para muchos productos básicos constituía una lacra y una denuncia constante de algunos fracasos de esta programación. En el lado positivo, pueden reseñarse para el sector agrícola el importante impulso adquirido por las concentraciones de cultivos y por la colectivización de trabajos, con un gran aumento del número de cooperativas (koljoses) existentes.

En términos generales, se debe subrayar también la recuperación del poder adquisitivo y del nivel de vida de los obreros industriales y mineros, aunque para ello fueran necesarios ingresos suplementarios proporcionados por largas jornadas de trabajo, estimuladas con las llamadas patrióticas y con la emulación socialista.

A pesar de las lagunas indicadas, el IV Plan Quinquenal representó para la URSS lo que el ERP para Europa. Gracias a él y a la dedicación preferente al sector industrial de los recursos salvados de la guerra, la patria del socialismo pudo sumarse al carro económico de la superpotencia americana aunque a costa de ingentes sacrificios populares.

Una de las tendencias consolidadas durante el período del Plan fue el desplazamiento progresivo del centro de gravedad económico hacia el Este, en razón de sus ventajas estratégicas. En las actuales repúblicas islámicas de la URSS, y en algunas ciudades siberianas, se puso en marcha una importante planta industrial con especialización en industria siderúrgica y construcciones mecánicas. La explotación hullera y la fabricación de acero adquiere tal relieve en los Urales, o en las plantas de Siberia, que desde 1950 más de la mitad de la producción soviética de estas especialidades corresponde a las nuevas cuencas. Al mismo tiempo, se intensifica la producción petrolífera en los recientes pozos al este de los Urales, en cuyo entorno surgirá un nuevo modelo de sociedad, agrupada por sus características económicas.

La autocracia en rojo

Después de la guerra, el prestigio político de la URSS en todo Occidente llegaría a superar incluso las simpatías que intelectuales y obreros habían mostrado en los años

veinte por la joven revolución leninista. La supervivencia
ante el despiadado ataque alemán primero, y la ofensiva
victoriosa sobre Centroeuropa del Ejército Rojo, habían
afianzado entre los comunistas de todo el mundo la consideración del liderazgo de los soviéticos.

La figura de Stalin, reforzada por los mismos motivos y
considerado el auténtico artífice de la victoria, era objeto
de admiración por los militantes comunistas y por los sectores progresistas de Occidente y de veneración entre los
habitantes de las repúblicas soviéticas. Una inteligente habilidad política le había permitido en los años de conflicto crear un amplio consenso nacional en torno a su jefatura. Maniobrando entre la exaltación patriótica y la tolerancia con la Iglesia, Stalin supo aprovechar los éxitos
militares y la propia capacidad de resistencia del pueblo
ruso para fortalecer su posición interna y en el concierto
internacional.

En mayo de 1943, dentro de una estrategia de apaci-
guamiento del fervor revolucionario mundial y para favorecer sus relaciones con los aliados, decretaba la disolución de la Komintern (Internacional Comunista), al
mismo tiempo que se acercaba a los movimientos nacionalistas en el interior de la Federación. Para efectuar este
cambio contaría con el favor de la iglesia ortodoxa y con
la simpatía del ejército, en cuyo seno restableció honores y
liturgias del pasado. La relación jerárquica militar reco-
brada, las condecoraciones y premios de regusto zarista o
el tono clasista del trato recuperado entre tropa y oficiali-
dad, hicieron desaparecer las esencias del ejército popular
que había hecho la revolución. En 1943, también sustituyó La Internacional como himno nacional, mientras se va
profundizando en la exaltación personalista y en el liderazgo del aparato del partido frente al colectivismo anterior.

La biografía política de Stalin, sus tendencias autocráticas —que le hicieron merecedor del apelativo de «zar rojo»—, no pueden entenderse sin conocer su capacidad de maniobra política y su habilidad palaciega inmisericorde para conspirar. El modo como obtuvo, desde un manifiesto segundo plano, la sucesión de Lenin frente a elementos de mayor valía como era, entre otros, Trotski, la inculpación en el atentado mortal a este último, o las numerosas acusaciones, ya históricas, de purgas y represión política que cubren y empañan su mandato, son otras tantas muestras de una personalidad discutida como pocas y cuya revisión historiográfica está pendiente en la propia URSS.

No debe extrañar, si atendemos a estas cuestiones, ninguna de las piruetas y evoluciones político-estratégicas que se le atribuyen. Desde el sorprendente pacto con Hitler en el verano de 1939, que abrió a la Wehrmacht el camino de Polonia, a las purgas de políticos, intelectuales o militares de prestigio al terminar la guerra, sin olvidar la liquidación, sin contemplaciones, de los rebrotes nacionalistas en la URSS que antes habían sido alentados ante la presencia alemana. El esquema de reconstrucción contaría lógicamente con las directrices personales de Stalin apoyándose en algunas líneas sencillas y duras: control férreo del partido y el ejército, persecución de cualquier atisbo de liberalismo o disidencia y mantenimiento a ultranza de la planificación decretada.

Para llevar a cabo estos objetivos, Stalin contaría con una disciplinada y fiel policía a cuyo frente puso a Beria, quizá uno de los pocos dirigentes del sistema que podía competir con él en materia de inescrupulosidad política. Pero sobre todo, tuvo a su favor todo el apoyo incondicional de las fuerzas armadas, mantenidas en situación tensa y siempre mimadas por el régimen, debido a la evolución de la situación internacional y la guerra fría. El sostenimiento de este potencial bélico preparado para intervenir en Europa y la ayuda prestada a los movimientos de libe-

ración de otros países, fueron los componentes fundamentales de la política exterior de la URSS durante los
años en que se ponía en pie el enorme complejo industrial
soviético. Todo ello debe de atribuirse a la gestión implacable de Stalin y al sacrificio de toda una generación de
soviéticos.

El régimen iría adquiriendo un talante cada vez más férreo y consolidándose en el culto al dictador, convertido
en cabeza indiscutible de la revolución mundial y en depositario de las esperanzas y el futuro de millones de seres
humanos. El centralismo democrático, que Lenin había
sintetizado como fórmula de actuación en el partido, olvidó el segundo término de la definición para permanecer o
acentuar en exclusiva su centralismo. Los órganos electores o consultivos del partido dejaron de reunirse y de ser
oídos. La minoría que se agrupaba en torno a Stalin, do-
minando el aparato, controlaba también los principales
puestos del gobierno y el Estado. El Politburó permaneció al margen de las grandes decisiones y el pleno asambleario del Comité Central del PCUS, que debía reunirse
cada cuatro meses, no volvería a hacerlo desde febrero de
1947. La dirección política del país quedó en manos del
Consejo de Ministros, elegido y presidido por Stalin, que
en 1946 había sustituido al menos manejable Consejo de
Comisarios del Pueblo.

El aspecto político más decepcionante y dramático de
la gestión estalinista, sin embargo, fue sin duda el referen-
te a las conocidas purgas políticas, realizadas entre anteriores colaboradores y entre líderes del movimiento comunista internacional caídos en desgracia por oponerse a
las directrices del Kremlin. Las depuraciones en el partido
y en la administración se mezclaron con los procesos secretos, sin ninguna clase de garantías, contra miembros
díscolos de partidos comunistas de todo el mundo. Expedientes, expulsiones, apartamientos, denuncias, calumnias

y algún «accidente» criminal, provocarían en estos años las primeras crisis en muchos militantes que hasta entonces habían sido fervientes estalinistas.

La existencia de campos de prisioneros, en los que se trataba por igual a enemigos, adversarios, fascistas, espías o disidentes del régimen, minaron gravemente el prestigio de la URSS empañando muchas de sus victorias en la guerra o en la paz. Según cálculos notablemente diversos, entre 3 y 10 millones de personas pasaron por los campos de trabajo, en los que se recluyeron no sólo los enemigos declarados del socialismo, sino, sobre todo, revolucionarios y patriotas que se habían opuesto a la desviación estalinista. La pena de muerte, que había sido abolida en 1947, se restableció en 1950, al mismo tiempo que la represión sobre el segmento intelectual de la población alcanzaba dimensiones excepcionales.

A pesar de todo esto, la figura de Stalin mantuvo su popularidad hasta después de su muerte. Los esfuerzos de los disidentes y las voces aisladas de la oposición apenas conseguían traspasar el pequeño círculo de los iniciados, mientras que la mayoría del pueblo aceptaba por buenos los sacrificios sociales que se le imponían como necesarios para efectuar la reconstrucción acelerada del país.

Poco antes de su muerte, en el XIX Congreso del Partido, celebrado en octubre de 1952, la gestión del régimen sería presentada por los hombres llamados a sucederle y a atacar su memoria, en términos muy favorables para Stalin. Malenkov hizo un balance positivo de la evolución del país en los aspectos meramente macroeconómicos. La producción industrial había crecido un 72 por 100 desde el final de la guerra. La productividad laboral aumentó en un 50 por 100 y la renta nacional en un 60 por 100. Pero al igual que en los discursos triunfalistas de los gobernantes del sistema capitalista, quedaban al margen consideraciones claves como: reparto, disfrute real y desigualdades

sociales. Aspectos odiosos en el campo adversario pero
inexcusables en un supuesto modelo socialista, que tenía
como principal objetivo la desaparición de la explotación
y la desigualdad humana.

En el mismo congreso, el informe político presentado
por Kruschev ponía de relieve la consolidación del aparato alrededor de nombres desconocidos, mucho más jóvenes y que constituían la generación del relevo estaliniano. La gerontocracia del partido (Molotov, Mikoyan,
Kaganovich, Vorochilov...) había sido desplazada y en su
lugar se confirmaba el ascenso de hombres como: Malenkov, Suslov, el propio Kruschev... El informe no podía
ser más optimista respecto a la salud de la militancia comunista. Una afiliación de más de 6,88 millones, con una
excelente juventud, puesto que las tres cuartas partes tenían menos de cuarenta y cinco años, parecía asegurar el
paso generacional.

Entre éstos, no obstante, había variado la calidad social
de los primeros años. Las clases «objetivamente» revolucionarias, campesinos y obreros, eran ya una minoría frente a las capas de funcionarios, empleados de servicios o
administrativos que acaparaban el partido. La mayor parte de la afiliación era además posterior a la guerra mundial
y ponía en escena una práctica de oportunismo político
nunca abandonada después. El partido se aseguraba el
control del Estado a través de la colocación de más de
200.000 miembros, como empleados de la función pública (el «apparatchik»), mostrando una tendencia a la fosilización y acomodo que habría de conducir a la corrupción,
la burocracia y el estancamiento de la revolución. Desde
aquellos años, la «nomenklatura» soviética se ha desarrollado como un modelo corporativo, haciendo inútiles los
esfuerzos para romper la faja de hierro de sus privilegios,
sin tener nada que envidiar a los corruptos sistemas liberales del campo adversario.

La guerra fría y el telón de acero

Desde los primeros años de postguerra la lucha por la hegemonía política entre los grandes produjo una acelerada degradación de las relaciones internacionales que hasta entonces garantizaban el mantenimiento de la paz y la estabilidad mundiales. La penetración comunista en Europa y Asia, pero también hechos más episódicos como la muerte del presidente Roosevelt en abril de 1945 y el recambio Truman, contribuyeron, sin duda, al agravamiento de diferencias y al enfriamiento del trato diplomático. La simpatía personal que el mandatario norteamericano fallecido sentía por la URSS, y en especial por Iósif Stalin, fueron sustituidas por la animosidad y la intemperancia política del agrio presidente Truman.

El primer desacuerdo serio tuvo lugar en la fracasada conferencia de Moscú (marzo-abril de 1947), en la que no se pudo llegar a redactar o acordar la redacción de los tratados de paz con Alemania y Austria. Esta divergencia, fuente de importantes discordias posteriores, fue seguida de presiones norteamericanas para la exclusión de los comunistas en los gobiernos de coalición italiano y francés. Poco después los soviéticos devolvían la pelota al rechazar el Plan Marshall, presentándolo como estrategia de la penetración americana en Europa y coaccionando a los países de su área en el mismo sentido. Las presiones moscovitas consiguieron que Polonia y Checoslovaquia retirasen sus candidaturas, e incluso que Finlandia abandonase la misma pretensión para evitar enemistarse con vecino tan poderoso. Además, los partidos comunistas occidentales participaron de la misma estrategia de rechazo, criticando el imperialismo encubierto del Marshall.

Otros lugares del mundo no eran ajenos a este aumento de la tensión política internacional. En los países del sudeste asiático, en especial, y en la gigantesca China, estaban a punto de estallar los conflictos más graves de la época, determinados también por el enfrentamiento entre las mismas posiciones políticas que en Europa enfrentaban a rusos y americanos. Se había iniciado una larga fase de conflictos localizados y de animosidad latente entre las dos grandes potencias, algunas de cuyas fases más duras luego veremos. Este período, que sería conocido como el de la «guerra fría», cubre entre otros sucesos la cuestión alemana, la guerra de Corea y, en general, la amenaza constante de una conflagración atómica desde que en septiembre de 1949 la Unión Soviética empezaba a ensayar con éxito sus ingenios nucleares.

No es sencillo determinar culpabilidades en una guerra que nunca se declaró y que no pasó del terreno de las amenazas o los desplantes cargados de tensión, pero debemos aceptar que era lo menos que podía suceder, dada la claridad con que se enfrentaban los modelos ideológicos, el alejamiento mutuo y una frialdad de trato, tras de la que pendía la amenaza mortífera de las bombas «A».

La prevención anticomunista formaba parte del discurso político occidental desde antes de empezar la guerra mundial. Uno de los líderes más incisivos en este aspecto fue el premier británico Winston Churchill, quien no ahorraría esfuerzos para denunciar las ambiciones estalinistas. La total falta de acuerdos en los meses siguientes al conflicto y el avance del ejército rojo hasta el corazón de Europa, alarmaron pronto a los estadistas ingleses y norteamericanos. Estos últimos, tras la desaparición física de Roosevelt, se unirían al coro de temores que desencadenó el propio Churchill en su discurso de Fulton de 1946.

En este clima de tirantez, el llamado «golpe de Praga» de febrero de 1948 que llevó a los comunistas checos al poder, desencadenó lo que luego se conocería como el problema alemán. La consolidación del PC de Checoslovaquia en el gobierno suponía un desequilibrio del *statu quo* de postguerra, después de lo cual los aliados decidieron adoptar medidas para afianzar su situación en Alemania Occidental. La decisión aliada sobre su área alemana de ocupación, cuyos pormenores luego veremos, venía a ser una forma de oficializar el enfrentamiento latente con los rusos, que había tenido algunos precedentes cargados de malos presagios desde 1946.

En marzo de ese año, Churchill había lanzado su famosa idea de la caída de un telón de acero *(iron curtain)* desde Stettin en el Báltico hasta Trieste en el Adriático. Al mismo tiempo, el embajador americano en Moscú, un anticomunista visceral, envenenaba las relaciones entre los dos aliados con continuas advertencias sobre la necesidad de frenar a los rusos. Éstos, por su lado, aunque no llevaran la iniciativa en el rechazo, tampoco se quedaban atrás en la contundencia de sus iniciativas enfriadoras. A cada paso aliado respondían con otro en la misma dirección. Así, después de la firma del Tratado de Bruselas en 1947, constituían una Oficina Internacional de Información (Kominform) que desde el lado occidental se verá como una continuación de la extinta Komintern.

La creación de estos organismos (Tratado de Bruselas y Kominform) en los que se agruparon los países que luego compondrían los dos bloques opuestos, señalan el punto de separación oficial y de ruptura de la alianza creada durante la guerra. Era la institucionalización de las desavenencias y el auténtico comienzo de la guerra fría. Este término fue acuñado en 1947 por el periodista americano Swope para un discurso senatorial. Pronto hizo fortuna y se popularizó gracias a una serie de artículos de Walter Lippmann. A comienzo de los años cincuenta el concepto estaba lo suficientemente extendido como para que a través de él pudiera designarse todo el complejo de relaciones políticas, enfrentamiento y lucha por la hegemonía internacional de los dos bloques liderados por EEUU y la URSS.

La repercusión del clima de guerra latente entre la
opinión mundial y, en especial, entre los ciudadanos soviéticos y americanos como principales amenazados, con-
tribuirá desde entonces a justificar una permanente militarización de la sociedad. Desde estos supuestos, la desviación de los recursos económicos nacionales hacia las
inversiones bélicas y la modernización del aparato militar
llegarían a límites alarmantes a finales del siglo xx.

Alemania entre bloques

Las consecuencias políticas de la Segunda Guerra
Mundial fueron de diferente proporción y diversa duración. Mientras que algunas pueden darse por concluidas,
otras permanecen todavía en el mundo actual como problemas aplazados cuya envergadura y acritud se renueva
de modo cíclico.

Entre las alternativas sociopolíticas derivadas de la
confrontación, la primera y quizá más significativa desde
el punto de vista histórico haya sido la derrota ideológica
de los fascismos europeos, acompasada a una similar debacle militar. En esta perspectiva, la idea fuerte propaga-
da en los países capitalistas ha sido la repetición del eslogan de la victoria de la democracia sobre el totalitarismo.
Mientras que en la URSS y países afines se ponía el énfasis en el triunfo del sovietismo, entendido como realización histórica del socialismo contra la agresión nazi-fas-
cista.

Desde la perspectiva de la forma del Estado, la guerra
sentenció también la defección de varias monarquías europeas que no pudieron resistir el empuje de movimientos
populares republicanos en las naciones en que era decisivo el peso político de los partidos socialista o comunista.
Éste fue el supuesto de las dinastías en Yugoslavia, Ruma-

nía, Bulgaria o Italia, mientras se conservaba en el poder la casa real griega gracias a la intervención aliada.

Otro de los efectos políticos de largo alcance fue la formación de naciones satélites en el Este europeo o el del incremento de la supeditación a los EEUU en el Oeste, del que hemos hablado antes. Junto a esto, la declaración de neutralidad en los casos de Austria o Finlandia abría una perspectiva distinta para aquellos que por su localización en áreas específicas de posible conflicto optaron por una tercera vía respetada por ambas potencias.

Entre los arriba citados, no cabe duda de que el elemento más duradero y de mayor repercusión en la política internacional posterior ha sido el de la configuración, en el plano europeo y luego mundial, de dos bloques liderados por rusos y americanos. Esta división internacional en zonas de influencia, ratificada en Yalta, en las que las superpotencias trataron de imponer sus principales postulados ideológicos, tuvo un especial relieve y una delimitación más clara en suelo europeo. Sobrevendría esta relevancia partiendo de las divergencias y desacuerdos aparecidos en el momento de decidir el destino de Alemania, su función política, su configuración económica y social e incluso sus límites territoriales.

El caso alemán fue la piedra de toque y el centro de discordia de postguerra, a pesar de que en las conferencias de Teherán (1943), Yalta o Potsdam (1945) los aliados demostraron ser expertos en lo que A. Fontaine llamaría «el arte de disponer de los demás». El acuerdo sobre el reparto del capital político del mundo en diversas áreas de influencia incluía una especial atención al problema alemán, sobre el que los tres grandes no tuvieron excesivas diferencias a la hora de especular sobre su control, desarme y manipulación económica.

Sin embargo, la aplicación de los acuerdos se fue retrasando y enconando a medida que iban floreciendo las tensiones antes mencionadas. Los occidentales estaban interesados al principio, igual que los rusos, en impedir un rearme de Alemania que pudiera servir para futuras agresiones. Pero el crecimiento de la «amenaza» soviética y el deseo de mantener a los alemanes bajo la planificación occidental variaron este punto de vista de forma significativa. Una nación empobrecida, sin recursos industriales e inerme podía representar una invitación apetitosa a la voracidad soviética, según empezaron a creer los occidentales desde el rechazo ruso al Marshall.

Estados Unidos y su más firme aliado, Gran Bretaña, trataron entonces de justificar su cambio de actitud bajo el pretexto de una inminente agresión soviética a la parte ocupada por los aliados. Sólo Francia, personificada en la figura de George Bidault, con mejor memoria histórica, se mostraba reticente a aceptar las tesis occidentales y seguiría desconfiando de una Alemania unificada y rearmada durante mucho tiempo.

Por parte de la Unión Soviética, los argumentos manejados se asemejaban a los americanos, pero vistos desde sus propios intereses. En cualquier caso, el criterio de una solución global y no separada para Alemania, que Stalin había expuesto en las conferencias aliadas, era el que se daba como oficialmente aceptado.

Entre 1945 y 1948, el estatus de nueva territorialidad y de ocupación no sufrió variación sustancial alguna. Los acuerdos de Potsdam (julio-agosto de 1945), última reunión de los aliados en relativa concordia, adoptaron la modificación de fronteras en favor de Polonia y la Unión Soviética, que corrieron sus demarcaciones hasta la línea de los ríos Oder-Neisse. Con el resto alemán se formaron cuatro zonas de ocupación según la posición de las tropas el último día de la guerra, y con este mismo modelo cuatripartito se dividió la capital, Berlín.

Mientras permanecía sin resolverse el estatus ocupacio-

nal y ni siquiera se redactaba un tratado de paz que sustituyera al armisticio y rendición de 1945, se procedía a una
campaña de desnazificación. En ella el elemento central
estuvo constituido por los procesos de Nuremberg, en los
que se juzgó y condenó a los principales dirigentes hitle-
rianos. En octubre de 1946 se dictaron una docena de penas de muerte contra éstos, mientras otros cargaban con
diversas sentencias de cárcel. Al mismo tiempo, gran número de miembros del partido y de las SS eran fusilados o
sufrían otras condenas acusados de crímenes y delitos de
guerra. La campaña de desarraigo del nacionalsocialismo
alcanzó también a los colaboracionistas y se completó con
prohibiciones civiles o políticas, depuraciones en la enseñanza y con la puesta en marcha de un nuevo sistema de
convivencia social de trazado angloamericano. Finalmente, ante la imposibilidad real de encausar a no menos de
dos millones de personas, que de un modo u otro estuvieron implicadas en el régimen anterior, los procesos cesaron una vez que se hubo juzgado a los principales dirigentes del partido o del ejército.

Dos Estados para un país

La zona alemana bajo control occidental contaría desde
el principio de la separación real con un potencial demográfico muy superior al de la zona oriental. Mientras que la
futura Alemania Democrática no llegaba a los 18 millones
de habitantes, en la occidental se sobrepasaban los 47. Estas cifras, además, seguirían separándose gracias al incesante goteo de fugitivos y refugiados procedentes de la parte oriental. En la zona bajo control soviético, a pesar de
que se restableció la pluralidad de partidos, el Partido Comunista de Alemania que dirigía Walter Ulbricht terminó
por prevalecer y adueñarse del poder. Para ello se integra-

ba en 1946 con los socialistas en el Partido Socialista Unificado. Y en 1950, con la formación de un Frente Nacional ganaban las elecciones sumando el 97 por 100 de los votos emitidos. En aquel período el PC de la zona oriental contabilizaba dos millones de miembros. El resto de las opciones políticas legalizadas (cristiano-demócratas, liberales...) quedaron completamente relegadas tras estas elecciones.

Al mismo tiempo, en la parte occidental la hegemonía política y electoral correspondía a los socialdemócratas del SPD, a los cristiano-demócratas de la CDU y a los liberales del FDP. En esta zona, desde 1946, los norteamericanos se deciden por afianzar paso a paso un modelo político plural que asegure la contención del socialismo y al mismo tiempo sirva de foco de atracción a los disidentes de la zona soviética. Esta estrategia suponía abandonar cada vez más las pretensiones de reunificación que se fueron complicando con la evolución de las tensiones entre los dos grandes.

Los acontecimientos que provocaron la definitiva ruptura y la división territorial alemana se desencadenan en 1948. En febrero el golpe de Praga provoca la reestructuración política de la zona aliada, en la que se unifican las áreas ocupadas bajo un mando conjunto. Al mismo tiempo se toma la decisión de incluir a esta parte alemana en el Plan Marshall y en junio de 1948 se adopta una reforma monetaria que separa decididamente las economías de ambas zonas.

La modificación monetaria fue tomada como una auténtica provocación por Moscú, que protestaría exigiendo el respeto a los acuerdos de unificación y adoptaría una grave decisión: el bloqueo terrestre de Berlín, que se hallaba incluido en el sector oriental. Fue sin duda el momento de mayor tirantez desde el final de la guerra. Durante todo un año Berlín hubo de ser abastecido por el primer puente aéreo de la historia. Por aire llegaron provisiones, combustible y ropas a la sitiada y atemorizada población alemana, juguete de las decisiones e intereses de las grandes potencias.

La estrategia resistente del puente aéreo y los titubeos soviéticos, que además se hallaban ocupados en otros lugares del globo, confirmaron a los americanos en su decisión de crear una Alemania dividida. Esta opción adquirió carácter definitivo el 8 de mayo de 1949 (un mes después de constituirse la OTAN), con la creación de un Consejo Parlamentario que a su vez constituyó la República Federal, cuya capital estaría en Bonn. En septiembre, Konrad Adenauer sería elegido primer canciller por el Bundestag, iniciando el difícil pero provechoso camino hacia una extraordinaria recuperación nacional. El nombre de este político aparecerá unido al de la nueva Alemania Federal durante los años de postguerra y a él se rendirá tributo siempre que se haga referencia al nuevo estatus de la zona occidental alemana.

El bloqueo de Berlín, que había consumado el proceso separatista en lugar de derrotarlo, fue abandonado días después al mismo tiempo que se configuraba en la parte oriental un Congreso del Pueblo Alemán con mayoría del Partido Socialista Unificado. El 7 de octubre de 1949 entraba en vigor una constitución en lo que se llamaría República Democrática Alemana.

De este modo, quedaba diseñado en pleno centro de Europa uno de los focos de tensión más característicos de nuestra época. El abismo negro dejado por Hitler parecía extender su amenazadora sombra con la instalación frente a frente de las puntas de lanza de los dos bloques políticos. A partir de entonces fueron frecuentes las alarmas de confrontación, que han tenido como origen esta precaria solución dada al problema alemán.

La división había sido impuesta por un conjunto de presiones ejercidas por las potencias ocupantes (rusos, americanos, franceses y británicos), pero con la casi total ausencia de los propios alemanes. Éstos fueron convertidos en

comparsas de una situación dramática, obligados por una
política de hechos consumados a soportar una intensa presión bélica sobre su futuro. De esta forma, convertida en
blanco seguro de una hipotética confrontación entre el
Este y el Oeste, Alemania sigue pagando las consecuencias
de haber provocado y perdido la más cruel guerra de todos
los tiempos. No obstante, cada vez resultó más claro que
esta solución se había vuelto extemporánea en exceso y
constituyó sin duda una invitación a la desavenencia y al
enfrentamiento antes que una duradera salida pacífica.

Organizaciones y organismos

Del mismo modo que al finalizar la primera guerra europea se pensó constituir un organismo internacional que
impidiera la repetición de conflictos semejantes, en la guerra de 1939-1945 los intereses pacifistas tomaron de nuevo el escenario internacional. La anterior Sociedad de Naciones, que había probado hasta la desesperación su inutilidad para concertar la paz, sería entonces sustituida por
las Naciones Unidas (ONU).

El ideario, que luego recogería este organismo, aparece
ya esbozado en la Carta Atlántica de 1941, primer acuerdo de colaboración que firmaron los aliados occidentales
contra la Alemania hitleriana. Con posterioridad y hasta el
final del conflicto, serían 47 naciones las que se sumaron a
esta alianza. Una vez vencida Alemania y con las operaciones contra Japón en curso favorable, el 26 de junio de
1945 la Conferencia de San Francisco adoptaría un documento constitutivo denominado Carta de las Naciones
Unidas.

En este estatuto la nueva organización se definía como
institución pacífica al servicio de la armonía entre los pueblos y partidaria del diálogo y la mediación política. En su

artículo segundo, además, prohibía expresamente a sus miembros el empleo de la fuerza o la amenaza militar en la solución de conflictos. Sin embargo, en la mayoría de los casos, la ONU desde su existencia cosecharía abundantes decepciones, no pasando de ser una caja de resonancia para la defensa de los ideales de paz y libertad que habían prevalecido después de la guerra.

En el tiempo transcurrido desde entonces, el mundo apenas ha tenido momentos de paz total, aunque las confrontaciones hayan sido muy localizadas y la clase de armas utilizadas fueran las denominadas «convencionales». La amenaza y la tensión bélicas han constituido el manjar cotidiano de la humanidad, a pesar de que el temido enfrentamiento directo entre los dos grandes no ha tenido lugar. Esto probaría, en opinión de muchos, la ineficacia de la ONU para llevar a cabo el ideario de su carta fundacional.

Sin embargo, en la misma proporción en que los grandes y aun los medios marginaban a la ONU y actuaban de forma unilateral en función de sus intereses nacionales o de bloque, los países del llamado Tercer Mundo adoptarían una actitud más positiva. Conocedores del efecto propagandístico y del reconocimiento teórico que sus causas obtenían en este foro, las naciones recién descolonizadas y los países impedidos en su desarrollo acudirían con frecuencia al arbitraje de las Naciones Unidas. En ocasiones este recurso era el correlato obligado, aunque no pocas veces inútil, de una cierta independencia respecto a las dos superpotencias.

La rivalidad entre los EEUU y la URSS y el clima de tensión internacional gravitarían desde muy pronto sobre las actividades generales de la ONU, que se vería obligada a constituir una fuerza militar (los cascos azules) al objeto de imponer el cumplimiento de algunos acuerdos de paz. Pero el trabajo de este mini-ejército internacional sólo a duras penas sería aceptado por la mayoría de los implicados, y sus acciones, no por casualidad, alcanzarían exclusivamente a pequeños o debilitados países.

De otro lado, es obligado reconocer que, a pesar de un cúmulo de dificultades, el papel de la ONU, con una cierta revitalización a finales de los ochenta, se ha visto reforzado con la pertenencia mayoritaria y el reconocimiento explícito de todos los países. A falta de mejor alternativa tiene asegurada su existencia a medio plazo, a pesar de que su constitución y funcionamiento la hacen presa fácil de los intereses políticos de los bloques. De hecho, su supervivencia hasta nuestros días se ha apoyado en un consumado pragmatismo y en una limitada capacidad de plegamiento a los intereses generales de los grandes bloques. Incluso, hasta fechas muy recientes, su labor ha estado notablemente desprestigiada por el entorpecimiento y el desprecio con que sus propios miembros trataban a las resoluciones de mayor gravedad.

El reparto de poderes en la ONU refleja, en efecto, el resultado de la guerra mundial y se corresponde con el orden mundial acordado por los aliados en Yalta, Teherán o Potsdam. Su órgano fáctico es el Consejo de Seguridad, compuesto inicialmente por la URSS, EEUU, China, Francia e Inglaterra, que gozan en exclusiva del derecho a veto sobre los acuerdos adoptados. En fechas posteriores se amplió el Consejo en diez miembros más, renovables cada dos años pero sin opción al veto.

Junto al Consejo, la figura del secretario general recae habitualmente en una personalidad política independiente escogida por consenso del Consejo y que no pertenece a ninguno de los cinco grandes. Su actividad como coordinador y promotor de iniciativas de paz o diálogo quedaría no pocas veces desairada por la obstinada defensa de intereses particulares que han llevado a cabo los países hegemónicos.

El órgano máximo y soberano en teoría de la ONU es la Asamblea General. En ella se discuten los problemas políticos, sociales y económicos que afectan al mundo sin limitación alguna. La Asamblea puede aprobar resoluciones, efectuar condenas y recomendaciones por simple mayoría de votos. Pero sus acuerdos no tienen validez ejecutiva ni vinculan a sus miembros. Al adoptar la forma de recomendaciones, las decisiones asamblearias, en su mayor parte, no pasan de constituir juicios políticos o arbitrajes, que el Consejo o los propios afectados ignoran con frecuencia. No obstante, el efecto propagandístico y la repercusión mundial que tiene el foro unitario es sumamente apreciado por los países asociados, que tratan por todos los medios de no verse implicados en las condenas políticas de la ONU o de sus organismos adjuntos.

De cualquier modo, a pesar de la poca firmeza y efectividad de sus funciones, la ONU ha participado en ocasiones de extrema gravedad como órgano internacional, ejerciendo mediaciones importantes y realizando labores de prestigio. Entre sus propósitos figuraría siempre la tendencia a reafirmar sus ideales fundacionales en torno a un texto de suma importancia de la historia del mundo actual: la Declaración Universal de los Derechos Humanos. Este documento, de innegable relevancia en nuestra sociedad, fue aprobado por la Asamblea General de la ONU en diciembre de 1948. En él se recogen los derechos civiles y políticos fundamentales que atañen a personas y naciones, tales como la vida, la libertad, la intimidad, las garantías procesales, la condena y prohibición de la tortura, de la esclavitud, el derecho de reunión, asociación, huelga, autodeterminación, etc. Desde su promulgación, la Declaración, aunque sólo ha sido ratificada por una parte de los Estados miembros, ha servido de documento base de numerosas reivindicaciones políticas y civiles en todos los países del Este o el Oeste.

La asociación en serio

El asociacionismo internacional deja de ser un arabesco bien intencionado al tomar cuerpo en dos organismos de carácter «defensivo», pensados como órganos más adecuados a la necesidad de maniobra de los bloques políticos: la OTAN y el Pacto de Varsovia.

La Alianza Atlántica, y su derivado militar la Organización del Atlántico Norte (OTAN), fue constituida el 4 de abril de 1949 por doce países (EEUU, Canadá, Inglaterra, Francia, Holanda, Luxemburgo, Bélgica, Italia, Portugal, Noruega, Dinamarca e Islandia). Suponía la integración formal del bloque occidental en torno a los Estados Unidos a petición de Francia y Gran Bretaña como consecuencia de la guerra fría y de la creciente agitación antisoviética en las cancillerías europeas.

La OTAN se define como una alianza defensiva que compromete a sus miembros a la prestación de ayuda militar o de cualquier género, en caso de agresión de terceros, dentro de unos límites fijados. El articulado fundacional, no obstante, alude a los ideales pacifistas de las Naciones Unidas, sustentados sobre los principios de democracia, libertad y derechos humanos. Pero lo que da la clave de la opción aliancista es precisamente aquello que la separa de la ONU y expresa con claridad el procedimiento a seguir en caso de conflicto. El artículo 5.° del Tratado considera un ataque a todos los signatarios cualquier agresión a una o varias naciones miembros y legitima mediante la apelación al derecho a la defensa propia, recogida también por la ONU, el empleo de la respuesta armada.

A pesar de que, conforme a la redacción del articulado, el Tratado no afecta a la soberanía nacional de los miembros, el hecho de que sean los Estados Unidos quienes cuenten casi en exclusiva con la mayor capacidad de inter-

vención bélica, coloca bajo su inevitable liderazgo a toda
la organización. Esta superioridad norteamericana, en lo
atómico y en las fuerzas navales, ha tenido como consecuencia la creación del llamado paraguas protector bajo el
que se cobijan las naciones más débiles de la Alianza. En
algunos supuestos, como la República Federal Alemana,
esta circunstancia ha servido para poder obviar en una
fracción importante los cuantiosos gastos de defensa a que
obligaría el permanente armamentismo actual. Pero a
cambio, los países «protegidos» han dejado en manos de
los USA sus derechos defensivos y el desarrollo de la mayor capacidad militar del mundo occidental, que nunca
han pretendido contestar.

En 1950, en plena guerra de Corea, la Alianza diseñaría
sus funciones en tiempo de paz, al nombrar un Comité
militar permanente y ponerlo bajo el mando unificado del
general Eisenhower. A partir de esa fecha, el desenvolvimiento de la OTAN, mediante la instalación de bases militares en Europa y Asia, suponía un desarrollo estratégico
preventivo que iba más allá de los propósitos defensivos
del Tratado. En 1952, además, la entrada en la Alianza de
Grecia y Turquía con la presencia de bases americanas en
sus territorios, colocaba una amenaza tangible frente a la
vecina URSS. Este envoltorio militar de su territorio iba a
impulsar una iniciativa similar en el campo socialista.

Al mismo tiempo, la guerra de Corea estaba teniendo
como consecuencia otro despliegue defensivo similar dirigido por los EEUU en el Extremo Oriente. Un sistema de
alianzas político-militares, que utilizaba el modelo de la
OTAN, fue acordado entre Japón y los Estados Unidos en
septiembre de 1951. Mientras que la protección USA se
extendía por el Pacífico con el ANZUS (Tratado entre
Australia, Nueva Zelanda y EEUU), en 1954 se constituía
la SEATO (Tratado de Defensa Colectiva para el Sudeste
Asiático), con la participación de los países del ANZUS,

junto a Filipinas, Pakistán y Tailandia. Mediante la SEA-
TO quedaba completado el cerco a los comunistas (URSS
y China) por el flanco sur del Pacífico.

Junto a esta proliferación de pactos y tratados, la
OTAN buscaría reforzar sus posiciones estratégicas en
Europa, con la integración en su alianza defensiva de países como Alemania o Italia. Las reticencias francesas a un
rearme alemán serían vencidas sólo con fuertes presiones
americanas y con la formación de la UEO (Unión Europea Occidental), integrada por los países del Benelux,
Gran Bretaña, Francia, Italia y Alemania, con un mando
militar conjunto. A través de este medio Alemania pudo
integrarse en la OTAN, conforme a los acuerdos de París
de mayo de 1955.

La incorporación de Alemania a la OTAN, que venía a
significar su rearme militar con algunas limitaciones, pareció ser la gota que provocó la inmediata constitución (14
de mayo del mismo año) del Pacto de Varsovia. Los firmantes del Pacto (URSS, Polonia, Hungría, Checoslovaquia, Alemania Oriental, Rumanía, Bulgaria y Albania)
justificaron su decisión precisamente por la situación alarmante creada con el agrupamiento militar de la UEO y
con el previsto rearme alemán.

La reunión de Varsovia definió el Pacto como un «tratado de amistad, cooperación y asistencia mutua», proce-
diendo también a la formación de una estructura militar
integrada bajo el mando del mariscal soviético Koniev. La
preocupación del Kremlin por presentar el Pacto como
una respuesta a la escalada militar y al aumento de la tensión provocada por los EEUU, hizo que los artículos del
acuerdo resultaran muy similares a los de la Alianza Atlántica. Son destacables los puntos comunes como el reconocimiento de la labor de la ONU, cuando precisamente la creación de alianzas marginales era una prueba
de su relegación, o el reconocimiento al derecho de de-

fensa individual y colectiva, en el que se considera la agresión a un miembro motivo de respuesta armada de todo el Pacto.

El papel jugado por el grupo de Varsovia ha tenido algunos puntos de diferencia con el de la OTAN. El Pacto ha sido empleado, de manera significada, para impedir las disidencias nacionales graves en el seno del bloque socialista. Intervenciones en Hungría (1956) o Checoslovaquia (1968) han sido justificadas como necesarias a pesar de no tratarse de agresiones externas.

Respecto a la actitud y a las relaciones entre la OTAN y el Pacto, como representantes de los bloques enfrentados desde la guerra fría, han evolucionado hacia una situación de mutua disuasión basada en la amenaza de una capacidad destructiva cada vez mayor. El perfeccionamiento nuclear y el despliegue de misiles o tropa convencional ha provocado un convencimiento general de una segura mutua destrucción en caso de guerra. Este factor ha jugado en el mantenimiento de tensas relaciones, pero sin rupturas definitivas, hasta que finalmente desde mediados los años ochenta surgiría el planteamiento de posibilidades para un desarme nuclear moderado.

La guerra caliente: Corea 1950-1953

La repercusión internacional y la importancia histórica que adquirió la guerra coreana de comienzo de los cincuenta, descansan en el carácter que tuvo de válvula de escape de la tensión acumulada entre los grandes desde el final de la contienda mundial. La guerra de Corea fue, en efecto, una de las primeras localizadas y controladas de todo un rosario de enfrentamientos entre los bloques, que se convirtió en el símbolo de la constante guerra fría. Ante un mundo apenas repuesto del descalabro reciente y con la amenaza de una posible conflagración atómica mucho más destructora, los acontecimientos coreanos, producidos de forma inmediata a la victoria comunista en China, constituyeron una prueba definitiva.

Pero los hechos llevaron a la conclusión de que, a pesar de mantenerse con firmeza las respectivas posiciones, ningún bloque deseaba apurar al límite las casi seguras perspectivas de mutua destrucción. Desde este punto de vista, Corea fue, para los analistas políticos, un avance del modo de enfrentarse entre el Este y el Oeste durante las décadas posteriores. Un modo que determinará las distintas zonas de influencia, que alejará la batalla de las respectivas metrópolis y que señalará los contornos precisos de los que no se debe pasar en ningún caso.

La península de Corea, con unos 219.000 km² y casi 20,5 millones de habitantes en el momento del conflicto, había sido dividida en dos zonas tras la rendición japonesa, según lo acordado en Potsdam. En el norte los ocupantes se rindieron a los soviéticos y en el sur a los norteamericanos. Después de la separación de 1945, en cada zona ambas potencias protegieron la creación de gobiernos autónomos que actuaron según los patrones políticos defendidos por ellas. Mientras en el sur se constituía un sistema presidencialista, con graves lagunas democráticas, en el que los comunistas protagonizaban los principales actos contra el régimen, en el norte la Unión Soviética entregaría el poder a un gobierno provisional encabezado por el Partido Comunista, que impidió la formación de grupos de oposición.

Cualquier otro país de Extremo Oriente hubiera sido, con seguridad, encrucijada apropiada para contrastar las capacidades ofensivas de los bloques. Pero en el caso coreano, la proximidad espacial y temporal de la victoria comunista en China (octubre de 1949) iba a ser determinante para acelerar los planes del norte en sus pretensiones de unificar la península por la fuerza.

Los comunistas habían entendido como una provocación la proclamación en agosto de 1948 de una República en el sur, con capital en Seúl, después de que tres años de infructuosas negociaciones no condujeran a ningún acuerdo sobre la proyectada unificación. Un mes después se constituía en el norte otra República Popular y se consideraban liquidadas las posibilidades de llegar a un entendimiento. El norte, más poblado y con más riquezas mineras e industriales que el sur, tras un período de preparación bélica y contando con el apoyo moral y material del nuevo régimen chino, lanzó un ataque en el verano de 1950.

El 25 de junio los norcoreanos atravesaban el paralelo 38 que dividía al país y en menos de tres meses alcanzaban casi la totalidad del territorio. Mientras la ONU, con ausencia de la URSS, condenaba la agresión, los soldados comunistas desbordaban al ejército del sur, cuyos restos quedan acorralados en una pequeña parcela del sudeste coreano. Sin embargo, las Naciones Unidas patrocinarán la reacción occidental y en septiembre una maniobra de MacArthur, que dirige un conglomerado internacional de cascos azules, sorprende a los norcoreanos y recupera Seúl.

En las semanas siguientes las tropas de la ONU, con amplia participación norteamericana, hacen retroceder a los norcoreanos y a su vez atraviesan el paralelo 38, amenazando la frontera china. En este punto (noviembre de 1950) entra en guerra el ejército chino que recupera el terreno e incluso toma de nuevo Seúl, que volvería a ser recuperado tres meses después.

Las diferentes alternativas de la guerra y la decidida intervención china dieron el auténtico carácter a este conflicto, en especial cuando MacArthur radicalizó sus pretensiones y trató de implicar a su gobierno en una escalada atómica. Sus delirantes propuestas de atacar a las principales ciudades chinas con todo el potencial nuclear

americano, no obstante, provocaría su destitución, poniendo de relieve las intenciones limitadas de la administración Truman en el enfrentamiento. Desde este relevo
(abril de 1951) hasta las primeras conversaciones de paz
en julio, ambos contendientes parecen aceptar el *statu quo*
anterior. Durante dos largos años se mantuvieron negociaciones, con el patrocinio de la ONU y participación china,
que finalmente determinaron las líneas de separación, la
devolución de prisioneros y la firma de un armisticio el 27
de julio de 1953.

1953
armist.

El mundo descolonizado

El planeta libertad

Es posible que una de las consecuencias de efectos más duraderos y estables de la Segunda Guerra Mundial haya sido el movimiento de independencia de los países de Asia y África, que en el período anterior habían sido colonias de Europa. En efecto, en los años centrales de la década de los cuarenta, se completa una proceso histórico de liberación en países que, como la India, China, parte del mundo islámico y Oceanía, habían dependido de modo distinto de las grandes potencias.

La descolonización de postguerra no era un acontecimiento nuevo ni inesperado. Por el contrario, correspondía a un largo ciclo de forcejeo y reivindicaciones entre las metrópolis y las colonias, cuya formulación más seria y radical se puede datar desde comienzos del siglo XX. En el

origen de este proceso debemos situar en primer lugar la
toma de conciencia, en cada país, de la necesidad de romper los lazos coloniales para llevar a cabo un desarrollo autónomo y más beneficioso de sus recursos. Diversos grupos sociales, elites autóctonas y partidos políticos cons-
truidos a semejanza de los metropolitanos, asumieron la
demanda anticolonial como premisa ineludible para llevar
a cabo una misma acción liberadora en el seno de las sociedades indígenas. En este caso, no fue raro que a la lucha nacionalista se unieran peticiones de justicia y distribución social de la riqueza, que la explotación colonial
impedía o negaba en sus aspectos fundamentales.

Del lado colonialista, y en un marco general de degradación y cansancio del modelo clásico, la propia situación
de postguerra en países como Gran Bretaña, Francia, Holanda o Bélgica, facilitaría de modo notable las tendencias
internas que pedían aflojar las riendas imperiales. La sustitución de la hegemonía internacional, con la llegada de
los EEUU y la URSS al primer plano, favoreció también el
recambio del antiguo esquema de explotación en las colonias, haciendo que las viejas potencias retirasen sus tropas
y su lugar fuera ocupado por una intervención neocolonial de nuevo cuño.

El primer paso en esta causa lo darían las naciones asiáticas, en los años de entreguerras. Japón, cuyo orgullo independentista y nacionalismo iba a degenerar en imperiales apetencias, China, India, Indochina o Indonesia, pusieron el pie en esta página de la historia por delante de los
pueblos árabes e islamizados. Cada uno por su lado, con el
apoyo o rechazo de los grandes, pero formando parte de
un gigantesco proyecto de expulsión del poder europeo,
culmina hacia 1955 la obra de emancipación nacional.

La Conferencia de Bandung de ese año simboliza a la
vez este «despertar» de los pueblos orientales sometidos,
al que pronto empezarán a sumarse los países africanos

del área negra, y supone un intento de agrupar al contingente de «no alineados», frente al anterior poder colonial. La historiografía contemporánea ha elegido para designar este convulso proceso términos acertados. «La rebelión de Asia» (acuñado por Victor Bérard en 1904), o el «Despertar de Asia» (título de un artículo de Lenin de 1913), expresan de manera gráfica y sintética los aspectos sustanciales de esta causa.

El punto de partida histórico fue la exultante victoria japonesa de 1905 contra Rusia, después de haberse librado de la dependencia occidental y haber desarrollado, casi en solitario, una potencialidad económica, industrial y militar capaz de humillar a los hasta entonces todopoderosos europeos.

De modo paradójico, sería el mismo imperialismo japonés dirigido hacia las zonas vecinas de China el que habría de terminar por despertar al otro gran coloso asiático. La lucha de liberación llevada a cabo por los chinos contra los japoneses, en la que se mezclaron deseos y afanes nacionalistas con principios revolucionarios aprendidos en el ejemplo ruso de 1917, iba a generar durante los años cuarenta el nacimiento de un modelo nacional de república socialista, de grandes repercusiones en su área y en el expectante universo social.

La emancipación y sus modelos

El continente asiático padeció la intervención extranjera de modo diverso. Un área que ocupa toda la parte sur y suroriental fue ocupada por las naciones europeas desarrolladas, en especial Gran Bretaña, Francia y Holanda, que desde su implantación no cejaron en el empeño de aprovechar y expoliar las cuantiosas riquezas de la zona. Los ingleses colonizaron la India, Ceilán, Malasia, Borneo

y Birmania, y entre franceses y holandeses, Vietnam, Indonesia, Laos y Camboya. Americanos y españoles estuvieron también en el archipiélago filipino.

Una segunda zona de mayor penetración europea, por
su situación geográfica, la constituyen Siberia y el Asia
central, como plataforma natural de la expansión rusa y
soviética. Repúblicas integradas en la URSS, como Kazajstán, Uzbekistán, Azerbaiyán, Turkmenistán, etc., junto
a otros países de influencia soviética, como Mongolia o
Afganistán, forman parte del *hinterland* histórico ruso-so-
viético.

Un tercer bloque asiático, compuesto por Japón, China
y Corea, presentó frente a los anteriores una menor presencia colonial de Occidente. Aunque no por eso ha dejado de adoptar muchas de sus fórmulas culturales, ideológicas, políticas y económicas desde comienzos del presente siglo.

Finalmente, hay un Asia islámica en Irán, Irak, Oriente
Próximo y Medio, que aun perteneciendo al complejo y
bullicioso mundo musulmán ha atravesado por las mismas experiencias de dominio y explotación occidental
que sus hermanos de las orillas del Pacífico o el Índico. En
esta zona, en la que se incluyen conflictos de la envergadura del que enfrenta a árabes y judíos o problemas sociorre-
ligiosos más modernos como el del fundamentalismo, se
ha concentrado desde el final de la guerra mundial una
potencialidad económica desorbitada, gracias a sus dispo-
nibilidades petrolíferas, que no ha sido correspondida de
igual manera por el desarrollo económico y social, ni por
una distribución justa de la riqueza generada.

De acuerdo con esta situación geopolítica, la implantación diferente del colonialismo, las influencias recibidas por los movimientos de liberación y la actitud de las
metrópolis, el procedimiento de independencia adquirió rasgos diferentes según los países. Se emplearon fór-

mulas que iban desde el levantamiento armado (Vietnam, Indonesia...) hasta las movilizaciones y presiones *estrat.* pacifistas de grandes masas, con huelgas de hambre colectivas, resistencia y desobediencia civil, manifestaciones o concentraciones no violentas, etc. (India, Birmania). No faltó tampoco la decisión descolonizadora del ocupante, en Filipinas o Ceilán. O la tolerancia y flexibilidad británicas, frente a la intransigencia del orgullo colonial francés.

El modelo británico, que en algunos momentos alcanzó inhibiciones exasperantes tolerando luchas sangrientas y crueles enfrentamientos en el subcontinente indio, se preocupó sin embargo de mantener en general la iniciativa y el control de las negociaciones. La precaria situación económica y financiera de postguerra, junto a la victoria electoral de los laboristas en 1945 y de su programa emancipador, hicieron posible el abandono de las colonias y el mantenimiento posterior de excelentes relaciones políticas y económicas, en el marco de la Commonwealth. Los supuestos de la India, que luego veremos, o Australia constituyen pruebas concretas de esta disposición británica que suponía el final de un legendario imperio.

En el caso contrario se sitúan Francia y Holanda, empeñadas en seguir utilizando los recursos extraídos del Lejano Oriente, o del norte de África, en su propio beneficio. La negativa y una intervención rigurosa de estos países dio lugar a penosas guerras de independencia, como las de Indochina (luego Vietnam), Indonesia o Argelia, que finalmente se saldaron con la derrota de la metrópoli y su salida incondicional de los territorios ocupados. La derrota franco-holandesa en el flanco sudoriental de Asia daría paso a la intervención norteamericana, alarmada por el triunfo comunista en China y en el contexto de la guerra fría entre los bloques.

India y Pakistán: la primera independencia

Desde la consolidación del dominio británico en el subcontinente indio durante la segunda mitad del siglo XVIII, éste había sido la más esplendorosa joya de la corona imperial. En ningún otro lugar del extenso complejo colonial se reflejaban mejor las esencias del espíritu aventurero inglés, de su orgullo nacional y del afán mercantil que les distinguiera por todo el mundo. Como sucede en toda obra imperial, la épica histórica y literaria había oscurecido defectos y atropellos con heroísmos y generosidades, mientras los largos años de mutua influencia habían creado lazos que muchos creían indisolubles.

Si estas consideraciones pueden predicarse, en general, de todos los territorios de la administración imperial, en el caso de la India resultaban tanto más significativas. La cultura o la filosofía existencial hindú y el islamismo ejercían una fascinación ilimitada entre las clases intelectuales. Al proverbial esnobismo y curiosidad británicos, fuente de interés por todo lo exótico, se unirían en esta ocasión las considerables ventajas económicas que reportaba la explotación de una vasta riqueza.

Estas motivaciones hacen más destacable, si cabe, el espectacular derrumbe y abandono inglés en la India acompañando a una generalizada retirada imperial tras la Segunda Guerra Mundial. Puede decirse, no obstante, que el orgullo nacional inglés no padeció en demasía cuando se presentó la ocasión. La capacidad de resistencia y adaptación británica había sido puesta a prueba por el cerco y las bombas alemanas en los duros años de contienda. De éstos saldría una nación no humillada, pero sí más realista y sabiendo que debía la victoria a sus aliados americanos y canadienses, o a la ayuda de las propias colonias. Las ingentes deudas financieras y morales que esta situación ha-

excess, outrage

bía producido no invitaban a la sociedad inglesa a mantener anteriores soberbias dominadoras.

Desde el final de la guerra, además, los movimientos nacionalistas en el imperio conocerían un incremento notable de sus posiciones reivindicativas. En Egipto, Israel o la propia India, las fuerzas de ocupación se ven ya impotentes para controlar la situación, cuando en julio de 1945 el Partido Laborista inglés gana sorprendentemente las elecciones con un programa de reconstrucción nacional, de giro social y cambio en la política colonial.

La coincidencia de una metrópoli debilitada y endeudada con sus propias colonias y el pujante ascenso del impulso nacionalista, favorecieron sin duda la decisión británica de una progresiva retirada militar, bajo la condición de mantener y aun desarrollar los lazos económicos. De este modo, al final de la guerra mundial las más importantes colonias inglesas van a conseguir su independencia, tras largos años de forcejeo anticolonial y no sin duelos y divisiones territoriales. Entre ellas estaría la gigantesca India.

Demografía, razas y religiones

En 1945 la población calculada para el subcontinente era de algo más de 400 millones de personas, distribuidas de forma regular por los más de cuatro millones de km² de superficie. Desde los tiempos históricos las condiciones socioeconómicas de la India se habían agravado dependiendo siempre de la inestabilidad de las cosechas y a causa de las altas tasas de natalidad incontrolada. La independencia apenas lograría mejorar este agravamiento. Por el contrario, en las primeras décadas de libertad los nacimientos, que habían manifestado una relativa moderación en el período colonial, aumentaron hasta situarse en un

38,4 por 1.000 anual, lo que terminaría obligando al gobierno federal a imponer medidas antinatalistas.

Otro rasgo demográfico del país lo constituye la elevada mortalidad, especialmente entre la población infantil,
que en los años sesenta todavía era de un 140 por 1.000.
La corta esperanza de vida de los hindúes es otra de las
particularidades calamitosas que distinguen a la India de
los países desarrollados, aunque ésta haya pasado de 32
años en 1930 a los 45/50 de las últimas décadas.

Las superconcentraciones de población caracterizan
también la distribución del hábitat. La estructura de su
densidad media resulta de una irregularidad notable, con
coeficientes de los más altos del mundo en las capitales y
zonas húmedas de los deltas, frente a dilatados espacios
desérticos. El desequilibrio demográfico varía entre los
más de 1.000 habitantes por km^2 de la llanura del Ganges
(Bengala), y los 25 del alto Himalaya o los solamente dos
del desierto del Thar.

Junto a esta desproporción provocada por las condiciones agrícolas, los hábitos religiosos culturales o la influencia de la colonización, llama también la atención la diversidad étnica, lingüística y religiosa del mundo indio. Más
de una docena de diferentes grupos raciales, con subdivi-
siones regionales, pueblan el subcontinente, se expresan
en no menos de 1.500 lenguas o dialectos y practican todo
el mosaico de religiones conocidas en Asia.

Gandhi y el pacifismo imposible

Las dificultades políticas que se derivan de estos complejos factores han formado parte de la turbulenta historia hindú y de los intentos de mantener la unidad desde
el primer momento del surgimiento de los movimientos
independentistas. El Congreso Nacional Indio, movi-

miento asambleario nacionalista fundado en 1885, sería *1885, Fundó Congr.* el primero que trataría de llevar a cabo esta utopía territorial. Desde el fin de la Primera Guerra Mundial, los dirigentes políticos del Congreso, con su líder Gandhi al frente, desarrollaron una importante campaña de agitación de masas, con mítines de concienciación anticolonial, manifestaciones o huelgas. El 26 de enero de 1930, en pleno fervor nacionalista, se proclama día para la celebración de la reivindicación independentista. Al mismo tiempo se recrudecen los enfrentamientos pacíficos o violentos con el gobierno colonial, que cuenta con el apoyo de los grandes propietarios, los príncipes feudales de numerosos territorios y los políticos más conservadores del Congreso.

A pesar de su ascendencia entre las masas hindúes, el Congreso no monopoliza las aspiraciones separatistas del subcontinente. Desde 1940, la Liga Musulmana, fundada en 1905 para defender los intereses de este numeroso grupo religioso (más de 1/5 del total indio), reclama la creación de un Estado musulmán separado. A pesar de su inferioridad demográfica relativa, los indios islámicos son mayoría en la zona noroeste y en la parte oriental de Bengala, lugares donde la Liga alcanzará la hegemonía política. La propaganda musulmana, desde estas bases, consigue desarrollar y popularizar una conciencia de etnia y ser aceptada por Inglaterra como interlocutor.

Pronto se divulga el nombre de Pakistán para designar los territorios demandados por los musulmanes. El líder nacionalista Jinnah, considerado padre del actual Pakistán, encabezará el triunfo electoral en las legislativas de 1945, que afianza la Liga entre los musulmanes, mientras el Congreso hace lo propio entre los hindúes. Estas elecciones pondrían de relieve la fuerte radicalización de las posturas nacionalistas encontradas. El Congreso era muy superior en número de votos totales, pero la Liga monopolizaba el favor musulmán teniendo el control político absoluto en los territorios del futuro Pakistán.

La presión nacionalista se veía acompañada, a comienzo de 1946, por levantamientos populares de confusos orígenes, en los que además participó un importante contingente de tropas navales acantonadas en Bombay. Las características autónomas y radicales de estos motines, producidos al margen de los movimientos nacionales, decantaron las posiciones de las partes y desembocaron en la decisión británica de abrir conversaciones para negociar la independencia. La misión británica, que llegaba a un país repleto de inquietudes y tensiones amenazantes, se apresura a cumplir el mandato del gobierno laborista. En mayo de 1946, una vez acordada la independencia, el único escollo resultante es el interés por conservar la unidad del bloque hindú-musulmán. Las declaraciones de las partes confirmaban este supuesto, mientras se trazaba un plan de unión federativa. Sin embargo, en los meses posteriores las dificultades para llevar a cabo la negociación unitaria tuvieron un dramático reflejo en los choques sangrientos y matanzas entre ambas comunidades.

Los acontecimientos superaron a la administración colonial decidida a retirarse con el menor costo posible. Ante la actitud de inhibición, adoptada por las autoridades de ocupación, la ansiada independencia sólo llegaría envuelta en atroces enfrentamientos entre musulmanes, hindúes y grupos religiosos «sikhs», que se cobraron cientos de miles de víctimas. La única intervención inglesa fue precisamente la más pragmática al aceptar el hecho consumado de la división del país. En junio de 1947 lord Mountbatten, último virrey de la India, presentaba el plan británico de partición territorial e independencia. Las dos naciones, India y Pakistán, quedaban incluidas en el estatuto de la Commonwealth, formando dos Estados nacionales de características tan diversas e intereses tan enfrentados que desde entonces sólo han conocido situaciones de rivalidad y lucha.

El 15 de agosto de 1947, Nehru se convertía en el primer jefe de gobierno de un Estado variopinto, aglutinado en torno a un modelo político mayoritario pero en el que quedaban incluidos 50 millones de musulmanes y otras minorías importantes. Al mismo tiempo Pakistán, bajo el liderazgo de Jinnah, iniciaba su difícil andadura cobijando una población de musulmanes que contaba con un 20 por 100 de hindúes. Como consecuencia de estas inclusiones y divisiones religiosas, al proclamarse la independencia se produjeron gigantescos movimientos y éxodos migratorios, en los que más de 17 millones de personas se vieron obligadas a cambiar de país. Estas deportaciones, realizadas en las peores condiciones imaginables y bajo la persecución e intolerancia religiosas, se cobraron al menos 500.000 bajas.

Uno de los hechos más dolorosos, en medio de toda esta sangría fue la muerte de Mahatma Gandhi. Víctima de la intransigencia religiosa, el líder nacionalista fue asesinado por un fanático hindú cuya secta le reprochaba su excesiva tolerancia con las posiciones musulmanas. La dramática muerte de este indio universal ocurrida el 30 de enero de 1948, alma de la resistencia y padre de la independencia de su país, constituía un símbolo de la trágica suerte que esperaba a la India y a muchos de sus habitantes que apenas pudieron disfrutar de la libertad ansiada.

La partición del subcontinente concedía al Estado indio un total de más de 3.272 millones de km², poblados por unos 350 millones de habitantes. Pakistán se convertía a su vez en una nación de 947.941 km², dividida en dos zonas separadas entre ellas por más de 1.700 kilómetros, de difícil comunicación e imposible unidad, que sólo tenían en común la pertenencia a una misma creencia religiosa. La población pakistaní contaba con algo más de sesenta millones de personas a finales de los años cuarenta.

Las tensiones provocadas por estas desproporciones religiosas se reflejarían de forma apremiante en los principados territoriales, incluidos en la Unión India. Estas zonas bajo el control político y religioso de los príncipes, en número aproximado a quinientos, hubieron de ser controladas tras la liberalización para evitar tensiones particularistas y una atomización excesiva del nuevo Estado.

La presión de la Unión consiguió la adhesión «voluntaria» de todos los príncipes salvo los de Yunagat, Hiderabad y Cachemira. Estos dos últimos se convierten en focos de grave disensión en los años inmediatos, provocando la primera guerra indo-pakistaní, con encuentros y escaramuzas en Cachemira. El armisticio logrado el 1 de enero de 1949, con la mediación de la ONU, resolvía la partición, de este principado después de que el de Hiderabad hubiera sido incorporado por la fuerza a la India, a finales de 1948.

El día después

El subcontinente indio se ha presentado no pocas veces como ejemplo de sociedad subdesarrollada y dependiente, con increíbles dificultades para salir del atraso y entrar en la modernidad. Los esfuerzos del progreso y las innovaciones económicas han sido impotentes para modificar de manera apreciable los baremos de pobreza y las pésimas condiciones de la sociedad en esta región de Asia. La situación de postración y desigualdad, sólo aliviada por contenidos espirituales y religiosos fatalistas, constituye uno de esos nudos dramáticos que la humanidad con toda su capacidad no consigue desatar. A los ojos de los occidentales la desgracia de millones de seres humanos, soportando condiciones ínfimas de subsistencia y en los que se ceban el hambre y las enfermedades, sigue siendo una

prueba contundente del fracaso histórico de la aventura
colonial europea.

Cuando los británicos abandonaban la India, con ellos
lo hacía el influjo de la Europa avanzada, pero también el
egoísmo y la rapiña de los sin escrúpulos. Atrás quedaron,
después de largas décadas de dominio, más de un 70 por
100 de habitantes, viviendo en las condiciones más miserables, sólo comparables a las que en Occidente se padecían durante los peores años medievales de hambres y epidemias.

La sociedad formada en el caldo de la colonización acusa un empobrecimiento galopante, con un sector industrial
atrofiado o inexistente, una agricultura omnipresente y
atrasada dependiente de las condiciones climáticas y un
monstruoso sector terciario en el que se incluirían millones
de mendigos, «parias» (palabra que ha pasado a designar
en Occidente la más ínfima indigencia) y servidores en condiciones de esclavitud extrema. La colonización dejaba una
importante infraestructura (ferrocarriles, puertos) y el complejo político-administrativo funcionando, pero también
una industria artesanal arruinada, o de dimensiones mi-
núsculas para las necesidades del país. Mientras la metrópoli había podido colocar sus manufacturas en condiciones
ventajosas ahogando los avances indígenas, el cobro de impuestos y tributos o la exportación de la mejor producción
agrícola constituyeron los ejes del modelo colonial inglés.

El censo laboral en la industria, que apenas sobrepasaba el 5 por 100 del total activo en el momento de la independencia, era el único sector asimilable a las condiciones
occidentales de trabajo. A pesar de lo cual, de los casi tres
millones de obreros, más de 1,2 millones eran ferroviarios
y mineros, encargados de las más penosas labores, de origen campesino sin cualificar y sin peso político alguno en
la vida del país.

Las clases urbanas vivían en las peores condiciones que

haya podido crear el urbanismo en toda su historia. En los
años cuarenta el hacinamiento y la promiscuidad se ponían de manifiesto en todas las grandes ciudades, facilitando la propagación de epidemias y enfermedades, de las
que la India ostenta el más triste récord anotado por la
medicina: durante la gripe mundial de los años 1919-1920
perecieron más de 13 millones de personas.

Grandes ciudades como Calcuta, Bombay, Karachi o
Madrás conocían niveles de pobreza superiores al 75 por
100 del censo poblacional. Un promedio de seis a ocho
personas por habitación es normal entre los indios que viven en estas aglomeraciones, al tiempo que la mortalidad
infantil con casi el 600 por 1.000 era la más alta del mundo. Los campamentos de trabajo, los miles de emigrantes
que recorren los caminos y se amontonan en los suburbios
de cualquier ciudad, duermen en sus calles y mendigan en
sus aceras, son el paisaje habitual del hábitat urbano en la
India.

A pesar de la escasa homogeneidad y conciencia social
de estas capas urbanas, o de los obreros del sector industrial citados, las penosas condiciones de vida y trabajo, los
bajos salarios y la presión colonial contribuyeron a la formación de sindicatos desde el final de la Primera Guerra
Mundial. Los primeros partidos obreros aparecen en Bengala hacia 1926, bajo la influencia de las ideas socialistas,
uniéndose al movimiento de independencia. Los líderes
políticos del Congreso militan, alientan y dirigen estas
agrupaciones sindicales, sumándolas al esfuerzo contra la
presencia británica.

En general la intervención colonial, atenta en exclusiva
a desarrollar los elementos y vínculos que favorecían una
explotación ventajosa del territorio, no haría sino profundizar en estas pésimas condiciones socioeconómicas, tan
necesitadas de drásticas reformas. La propiedad agraria
mantenida durante la ocupación favorecía la consolida-

ción y formación de grandes latifundios. En Pakistán entre el 60 y el 80 por 100 del suelo cultivable estaba en manos de unos pocos terratenientes semifeudales, que arriendan sus tierras, cobran tributos, reciben servicios y practican toda una serie de coacciones extraeconómicas. La Liga Musulmana trataría de poner en marcha un plan de reformas de difícil aplicación por la resistencia encarnizada de los grandes propietarios. En la actual Bangladesh (Pakistán Oriental), a pesar de la gravedad de la miseria campesina, de los habituales períodos de hambre y catástrofes demográficas, los resultados reformadores han sido escasos o nulos.

Los problemas económicos y sociales en la Unión India son también descomunales. El peso del sector agrícola sobre el producto nacional es abrumador con más del 60 por 100 de la población dependiente del campo. Las condiciones de explotación, el atraso en el empleo de maquinaria agrícola, los métodos equivocados de cultivo o la falta de abonos en cantidades importantes, tienen como consecuencia la obtención de bajos rendimientos y una permanente quiebra alimentaria

Después de conseguida la independencia, la política económica diseñada por el partido en el poder aplicó una estrategia mixta de planificación pública e iniciativa privada. El Plan Quinquenal, de 1951 a 1956, favoreció la inversión en el sector primario y planteó la necesidad acuciante de una reforma agraria, ambiciosa pero ilusoria ante las presiones de la oposición terrateniente. A pesar de ello se conseguiría mejorar el sistema de regadíos e incrementar de forma notable el producto agrícola. No obstante la presión demográfica, que hacía aumentar la población en unos diez millones de personas cada año, amenazaba constantemente con devorar cualquier avance en esta parcela.

En sus relaciones internacionales, el Estado indio maniobraría dentro de la no-alineación tratando de hallar un

equilibrio para las influencias soviéticas y norteamericanas, mientras se mostraba hostil con sus poderosos vecinos los chinos y en permanente tensión con Pakistán.

La Liga Árabe

El conjunto de naciones que hoy componen el mundo
árabe atravesó una profunda crisis entre los siglos XIX y
XX, coincidiendo con el ciclo histórico de ascenso del europeísmo y de su dominio colonial, mientras se degradaba
el imperio turco. De igual modo que Asia o África negra,
la franja islamizada del Mediterráneo, el Medio y Cercano
Oriente, fueron víctimas del expansionismo de poderosas
naciones como Francia, Gran Bretaña o los Países Bajos,
hasta la Primera Guerra Mundial.

Desde esa fecha y de forma paralela al movimiento surgido en los países asiáticos, el despertar de la conciencia e
identidad político-cultural del mundo musulmán iba a tener como consecuencia el logro de la independencia y la
formación de los actuales Estados árabes del norte de
África y Asia. Las expresiones «mundo árabe», o «mundo
musulmán», aunque no sean coincidentes de forma estricta, suelen utilizarse de modo habitual y reconocido para
designar la misma realidad geopolítica. Es además un concepto de enorme raigambre en la historia de las civilizacio-
nes y con una larga vigencia en la historia universal. Las
raíces, origen, ascenso y consolidación de la poderosa religión mahometana, llenan una porción sustancial de la
crónica de la humanidad desde la Edad Media. Sin embargo, la capacidad movilizadora y el potencial religioso
que prestaban a los islámicos una fuerza universal e iden-
tificativa inigualable, no siempre fueron utilizados con
provecho. Las diferencias étnicas, los intereses tribales y,
más recientemente, las divergencias nacionales y estatales,

han impedido en la mayoría de las ocasiones la alineación de estos pueblos en el mismo campo.

En los años veinte de nuestro siglo el impacto sobre el Islam de las nuevas ideologías contemporáneas (en especial nacionalismo y socialismo), tuvo como consecuencia, de igual modo que en otras áreas coloniales, la aparición de grupos sociales y políticos interesados en romper los lazos que les ataban a los imperios. La impronta europea introducida por el mismo colonialismo, con sus nociones de modernidad y su bagaje cultural científico-crítico, habría de causar también en las clases dirigentes un efecto notable. Desde la «joven» Turquía hasta la adaptación modernizante del sha de Persia, pasando por el proyecto nasserista que vinculaba y adaptaba al planeta árabe el espíritu y los avances occidentales, varias generaciones de musulmanes fueron movilizadas en una nueva guerra santa. La que habría de conducir a la renovación y afirmación de su identidad en la historia contemporánea.

Los países árabes y las regiones islámicas están situados en una amplia zona geográfica ocupando el cinturón tropical que une Europa, Asia y África. El norte, centro y este de África con el suroeste asiático y el extremo oriental mediterráneo, además de Indonesia o la propia península arábiga, son las zonas fundamentales de su extensión. Esta amplia faja territorial cobija naciones de mayoría musulmana (Egipto, Arabia Saudí, Pakistán, Indonesia, Turquía, Irán, Sudán, el complejo del Magreb...), y otras en las que su presencia es importante o tan solo testimonial (India, Etiopía, Bulgaria, Yugoslavia...). Como en el caso de la India, antes de la Segunda Guerra Mundial, las presiones nacionalistas habían modificado de forma importante la relación colonial. Los Estados bajo administración europea habían evolucionado hacia formas autonómicas controladas por la metrópoli, y en algunos casos, como Egipto en 1923, accederían a una independencia de facto.

Al terminar la guerra el proceso se acelera convirtiendo los antiguos dominios europeos en una cascada de Estados independientes. Líbano, en 1943, y Siria, en 1944, se sacuden el mandato francés precediendo a la constitución de la Liga Árabe, el 22 de marzo de 1945. Este organismo internacional, formalizado en El Cairo con la connivencia británica, agruparía a los principales países del cinturón árabe (Egipto, Arabia Saudí, Yemen, Irak, Jordania, Siria y Líbano) con el objetivo de contribuir a presentar la unidad e independencia de los países de origen musulmán. Los vínculos de solidaridad establecidos en el Oriente Próximo en torno a las motivaciones étnico-religiosas encontraron cobijo en los ideales de la Liga, aunque se alternaran los momentos de gestos fraternales con períodos de graves divisiones internas.

Desde su fundación, la Liga se ocuparía de manera prioritaria de la resolución del problema palestino, mediante la oposición a la creación del Estado judío y la defensa de los derechos árabes, al mismo tiempo que trataba de alentar la lucha nacionalista en el norte de África.

En una primera oleada, que se alarga hasta los primeros años cincuenta, obtuvieron la independencia: Irak e Indonesia (1945), Jordania (1946), Palestina-Israel (1947) y Libia (1951). Los casos de Irán y Egipto tenían la particularidad de haber conservado sus estatus de independencia formal, bajo la administración británica, con sendos tratados de seguridad. Egipto, que fue escenario de duros enfrentamientos entre alemanes, italianos y aliados durante la guerra, consiguió la retirada de las tropas inglesas en 1946 de todo el territorio, salvo del canal de Suez. Irán, por su parte, ocupado por los rusos y británicos desde 1941, obtuvo la independencia en diciembre de 1946. Durante la guerra el sha que se había declarado pro-alemán, fue obligado a abdicar en su hijo Muhammad Reza Pahlewi. Este mantendría el cetro imperial hasta la revolución islámica de 1979, gracias a su alianza con los occidentales. Los intereses británicos en la explotación de los ricos yacimientos de petróleo persas fueron respetados y colocados bajo la administración de la poderosa Anglo-Iranian Oil Co. A finales de la década de los cuarenta, Irán iniciaría un acercamiento a los EEUU expresado en firma de un tratado militar.

En general, han sido los factores económicos, más que una revitalización religiosa o cultural, los que han animado el despertar árabe de la segunda mitad del siglo XX. Todos los Estados que componen el mundo islámico, gracias a las cuantiosas riquezas que encierran sus llanuras desérticas (petroleo, gas, fosfatos...), concitaron el interés y la codicia de las naciones coloniales, desde que se hubieron desarrollado de modo favorable las condiciones técnicas de su explotación. El mercado de los hidrocarburos, incrementado de, forma gigantesca desde el final de la guerra mundial, ha marcado la evolución de las economías de muchos países, pero en el supuesto árabe representa un caso especial, si tenemos en cuenta su caracter de productor-exportador de primera fila y el volumen de divisas que aporta a sus balanzas comerciales.

Desde los pequeños gigantes como Kuwait y otros emiratos del golfo, hasta los poderosos Irán, Irak, Libia, Argelia e incluso Egipto, la comercialización de hidrocarburos, en especial crudo petrolífero, ha convulsionado y acelerado muchos de los procesos políticos de esta zona del planeta, que hasta los años treinta permanecía sumida en una profunda decadencia.

El anterior predominio de la agricultura pasaría a un segundo plano una vez que la independencia y los contratos con las compañías occidentales para la explotación del subsuelo procuraron un considerable ahorro de divisas a los nuevos Estados. Gracias a estos recursos se llevarían a cabo diversos intentos de industrialización, algunos pla-

nes faraónicos de irrigación y esfuerzos en la mecanización agrícola. Con ellos se elevaría la renta nacional y au-
mentaría también el peso económico y la influencia política del mundo árabe.

No obstante la conmoción socioeconómica que supuso
para los países islámicos la explotación de sus riquezas
presenta importantes efectos negativos, y en general tampoco ha servido para impedir las graves bolsas de pobreza y desigualdad imperantes desde tiempos remotos. El
choque petrolífero ha perjudicado el normal desenvolvimiento de otros recursos (agricultura, manufacturas industriales...), que han sido semiabandonados. Los jeques
propietarios de pozos se han enriquecido y entregado con
frecuencia a dispendios mayúsculos, sin que el aumento
de sus rentas tuviera un reflejo efectivo en la mejora de las
sociedades árabes. Salvo algunos ejemplos aislados, la mayoría de los países petrolíferos están bajo el poder político-religioso de grupos oligárquicos rurales, que acaparan
más del 50 por 100 de la renta agrícola y todos los ingresos del crudo. Mientras tanto el peso demográfico se hace
insoportable y agravaba las lacras del desempleo, la emigración, la mendicidad o la infracultura. Los países con
mayor población (Irak, Irán, Turquía, Arabia...) tienen
rentas per cápita de las más bajas del mundo.

El sistema político de los países islámicos tiene un aspecto formal de monarquía o república parlamentaria,
pero en la mayoría de los casos el poder está bajo el control de los príncipes del petróleo, aliados a la clase política profesional. Las masas de jóvenes desempleados que se
agolpan en las ciudades, acusan en su sensibilidad política
las enormes diferencias de disfrute de la riqueza nacional
y se han convertido en factor de inestabilidad crónica, con
reflejo en la mentalidad de las fuerzas armadas, que aspiran cada vez más a intervenir en la dirección de los países.

Como en cualquier nación del Tercer Mundo, en los

Estados más poblados (Egipto, Argelia, Irán, Irak...), las condiciones vitales de las grandes urbes están presididas por los fenómenos de la precariedad alimenticia, las enfermedades y plagas contagiosas, el analfabetismo y el fanatismo religioso. Por su parte, los campesinos, que tienen aún menos protagonismo sociopolítico, no tienen mejores perspectivas que los habitantes de las ciudades. El latifundismo y los bajos salarios les empujan a la emigración o a aceptar cualquier empleo. El Estado, con escasos recursos financieros y menos autonomía está bajo la influencia directa de los jeques, y sus ingresos se dilapidan en el boato administrativo o en cuantiosos gastos de defensa, que además son ridiculizados en cada intervención israelí.

A pesar de estos aspectos sociales y políticos negativos, es una realidad innegable el resurgir islámico desde la Segunda Guerra Mundial. La consecución de la independencia y la afirmación de la unidad, en el marco de organismos como la Liga, junto a la potenciación paulatina del papel árabe en los foros internacionales ha supuesto un gran salto para el anteriormente deprimido y ocupado mundo musulmán.

Israel: la tierra conseguida

En términos generales el proceso descolonizador en África y Oriente Próximo o Medio se realizó sin costosas dificultades o gravosas intervenciones militares metropolitanas, salvo casos como la guerra de Argelia o el conflicto de Suez, de los que nos ocuparemos más adelante. Los Estados árabes que obtuvieron su independencia real en la década de los cuarenta no conocieron variaciones sustanciales, ni objeciones sobre su dominio territorial que merezcan ser anotadas. Sólo una excepción confirma la regla general. Se trata de la que constituye el hecho de la funda-

ción del Estado judío de Israel, la bíblica tierra prometida,
que por fin pudieron obtener los errantes israelitas en
1947, tras la retirada británica de su mandato en Palestina.

israel

La creación de este Estado, con la relegación de la mayoría árabe que en él habitaba hacía siglos, fue una buena
muestra de lo que se puede entender como una pésima
manera de hacer política internacional. El recurso de salir
de un problema, creando al mismo tiempo otro más grave, fue una estrategia utilizada por las grandes potencias y
la ONU en los inicios de la postguerra, sin reparar en las
graves y duraderas consecuencias de semejantes dictáme-
nes. De este modo, el enfrentamiento creado en 1947-
1948 por la partición del territorio palestino, dando así satisfacción en parte a la reinvindicación histórica del pueblo
errante, pero desatendiendo a la vez los intereses y las voces árabes, se convertiría desde entonces en motivo de
cruel sufrimiento para las numerosas personas de aquella
zona y en causa de preocupación constante para la política internacional.

Las raíces del enfrentamiento entre judíos y árabes por
el solar palestino se localizan en los primeros movimientos
de inmigración tolerados por los británicos desde 1920, y
que van asentando lentamente en la actual Israel a nuevas
generaciones judías animadas por las organizaciones sionistas, con la promesa bíblica eternamente renovada en el
exilio. Si el censo de 1922 repartía a la población palestina entre 700.000 musulmanes, 82.000 judíos y 62.000 cristianos, desde 1948, con la instalación progresiva de más
de 800.000 hebreos, la nueva proporción demográfica iba
a ser fuente de situaciones de difícil solución. Esta masiva
afluencia de judíos haría que en 1952 el censo total se hubiera doblado, y en 1963 triplicado, contabilizándose en
más de un millón las personas inmigradas desde los años
cuarenta.

p.b.
del
estado
y datos
actuales
-mas
judíos
ahora

La población autóctona palestina acusaría este huracán

migratorio de manera negativa, dadas sus condiciones de clara inferioridad económica y cultural, para adaptarse al ritmo impuesto por los recién llegados. Las formas de explotación económica instaladas por éstos rompieron el tradicional atraso de la región, provocando además la crisis de la agricultura palestina y la proletarización o emigración de los pequeños propietarios. Antes de la Segunda Guerra Mundial las explotaciones agrarias de propiedad judía ya se habían incrementado poderosamente en perjuicio del campesinado árabe.

En general la emigración judía, que era de una alta calidad media y estaba compuesta por profesionales, técnicos e intelectuales capacitados, fue determinante para la formación del futuro Estado. Durante la persecución nazi, esta calidad incluso se vio incrementada de modo notable al buscar refugio en Palestina un importante contingente de universitarios, científicos, profesores y artistas. En los años que van entre el ascenso de Hitler al poder (1933) y el comienzo de la guerra mundial, más de 200.000 judíos de origen alemán, austríaco y de otros países ocupados por los nazis formaron parte de esta valiosa aportación.

Los británicos habían obtenido en 1918 un mandato sobre Palestina, después de que accediendo a las demandas sionistas hubieran prometido apoyar la formación de un hogar nacional judío en aquella tierra. No obstante, las alianzas anglo-arábigas y los fuertes intereses británicos en el rico subsuelo oriental, hacían imposible la relegación total de la causa palestina. Por esta razón, el informe, conocido como «Libro Blanco», proponía el control e incluso la contención de la masa de emigrantes judíos, fijando el número de israelíes en 1/3 del total de la población, al mismo tiempo que prohibía nuevas adquisiciones de tierras por parte de los judíos.

La aplicación de las prescripciones del Libro serían contestadas por los sionistas entre los que, por otra parte,

se radicalizaban las posiciones nacionalistas y antibritáni-
cas. Si la guerra mundial y la solidaridad internacional ante
la persecución nazi significaron un aplazamiento de estas
tensiones, nada más finalizadas las hostilidades la persistencia inglesa en la actitud antimigratoria desataría el odio
y las acciones terroristas de los grupos sionistas, como el
Irgún dirigido por el futuro primer ministro Begin.

Sobre Gran Bretaña confluían entonces las calamidades de postguerra, la sangría de los atentados en suelo palestino y las presiones norteamericanas favorables a la causa judía. En 1947 el gobierno de Su Majestad anuncia la
decisión de abandonar el mandato y traspasar a la ONU
sus responsabilidades. La Asamblea General de este organismo, reunida en abril, mostrará sus simpatías por la
suerte del pueblo judío influida por la corriente de opinión que acababa de conocer las atrocidades del holocausto. Se designaría un comité delegado que propone la
partición del Estado en dos comunidades, en medio de las
protestas y amenazas árabes y con la expresa oposición de
la administración británica.

Pero el plan es apoyado por los Estados Unidos, debido a que la partición mejoraba la zona judía proyectada en
anteriores planes, y a este apoyo se uniría sin vacilaciones
la URSS. Por fin, el 29 de noviembre de 1947 se acordaba
la división territorial en un asamblea en la que votaron la
resolución afirmativamente 33 miembros, otros 13 la rechazaron y 10 más (con Gran Bretaña al frente) se abstu-
vieron. El acuerdo atribuía a los palestinos la franja de
Gaza, la zona al oeste del Jordán con centro en Jerusalén,
que se internacionalizaba, y una porción al norte fronteriza con el Líbano. En total 11.383 km², es decir, el 44 por
100 del territorio. Los judíos administrarían el resto, que
sumaba unos 14.500 km², el 56 por 100 del total, con la
franja mediterránea y los puertos de Jaifa y Jaffa, la mayor
parte del Neguev y el norte del Jordán, junto a Siria.

El 14 de mayo Ben Gurión, considerado el padre del nuevo Estado judío, proclamaba la independencia en Tel Aviv, ante la imposibilidad de hacerlo en Jerusalén, rodeado del júbilo de sus correligionarios y en medio de los preparativos bélicos de los árabes. Aunque esta primera repartición territorial iba a ser modificada por los enfrentamientos posteriores, es cierto que mientras para los sionistas lo conseguido era suficiente y tenía un inapreciable valor más allá de lo simbólico, para la Liga Árabe la creación de una nación judía en territorio palestino resultaba una agresión y significaba la declaración de guerra.

Las guerras palestinas

A partir de entonces el Estado israelí tuvo una única preocupación: defender de cualquier modo la tierra recuperada, mientras del otro lado la Liga se negaba a reconocer el estatus otorgado y trataría en sucesivas guerras de derrotar a los judíos. Israel nace por tanto en un estado de guerra latente y se va a desarrollar como una nación militar que no ha conocido la paz completa desde su existencia, rodeada de poderosos adversarios decididos a rectificar lo que consideran una de las peores y más injustas resoluciones adoptadas por la ONU

Por lo tanto, la primera iniciativa oficial del nuevo Estado fue la de proclamar una alerta permanente y tratar de armarse frente a la más que presumible acción árabe. Se daría prioridad a la compra de armas y a la profesionalización militar de las organizaciones paramilitares de la resistencia antibritánica. Desde semanas antes de la proclamación de independencia, los israelitas disponían de una fuerza equipada y bien disciplinada, en posesión de elevados recursos humanos y de una moral de combate apreciable con la que habrían de enfrentarse al ataque árabe.

La misma noche del 14 de mayo de 1948 las fuerzas musulmanas formadas por varias divisiones procedentes de Siria, Líbano, Irak, Egipto y Jordania, con la aportación de Arabia Saudí, atacaban al Estado recién nacido. Las zonas de penetración, desde el norte, sur y este, junto a la mayor capacidad ofensiva del bloque árabe, hacían pensar en una irremisible derrota judía. Sin embargo, la mayoría de efectivos humanos y materiales del lado atacante sería contrapesada por una clamorosa desorganización, y por la incapacidad del mando militar para dirigir correctamente una guerra moderna. Los únicos avances apreciables del lado árabe correspondieron a las tropas egipcias y jordanas, que fueron no obstante frenadas por las escasas fuerzas judías.

Después de varias semanas de hostilidades, la Asamblea de la ONU acordó un alto el fuego aceptado por Israel y la Liga Árabe que se haría efectivo desde el 11 de junio de 1948. Aunque con posterioridad se reanudarían los enfrentamientos, especialmente entre jordanos y egipcios contra los israelíes, las operaciones siguieron siendo favorables a los judíos. El final de esta primera guerra entre árabes y hebreos, de algo menos de seis meses de duración, que abría todo un muestrario de mini-guerras palestinas, fue decisivo en la consolidación del Estado judío.

A pesar de las bajas sufridas (5.000 muertos y más de 15.000 heridos), la ampliación territorial obtenida por Israel, de unos 3.000 km² y sobre todo la afirmación militar y moral frente al adversario, favorecieron la instalación de la nación hebrea. En lo que respecta a la causa árabe, la pérdida de más territorio palestino tras la derrota militar de sus ejércitos se sumaría al daño sufrido por el orgullo nacional y a las dramáticas bajas humanas (más de 30.000 soldados entre muertos y heridos).

La economía del desierto

Una parte considerable del Estado judío, más de 10.000 km², está compuesta por el desierto de Neguev, situado en la parte sur y limitando con el Sinaí egipcio y una pequeña salida al mar Rojo. De esta enorme parcela, en apariencia yerma, el nuevo Estado pronto empezaría a sacar provechoso rendimiento. Se pusieron en explotación yacimientos de fosfato, cobre, yeso, gas y uranio, cuya producción vendría a paliar sólo en parte el grave déficit de materias primas energéticas de los judíos. El aprovechamiento minero del Neguev fue completado por un ambicioso plan de irrigación mediante el trasvase de las aguas del Yarkón, río que al verter sus aguas al Jordán se convirtió en otra fuente de reclamación y conflicto entre los árabes y los colonos israelíes asentados en el Neguev.

Para poner en pie la economía israelí en medio de la hostilidad de los países de su entorno fue necesario una ingente ayuda internacional, representada por los préstamos y donaciones obtenidos por el movimiento sionista en los países que, como EEUU o Inglaterra, pronto se convirtieron en valedores de la nueva nación. Sin embargo, la dedicación de elevadas sumas al mantenimiento de un permanente sistema defensivo-atacante de elevada cualificación, gravaría el presupuesto del Estado, desequilibrando su balanza comercial y obligando a un constante y progresivo endeudamiento. Las tierras cultivables son escasas (unos 5.000 km²) y las puestas en regadío aún mucho menores (1.700 km²). En ellas se producen fundamentalmente agrios, cereales o frutos, con otras especialidades como algodón, legumbres, etc. Aunque algunos capítulos exportadores son apreciables, en conjunto resultan insuficientes para garantizar la atención a las ingentes sumas que requiere la especial situación geopolítica de Israel. En el sector agrícola se desarrollaría un modelo de explotación re-

volucionario que se ha hecho justamente famoso en todo
el mundo: el «kibbutz» es una colectividad campesina formada por trabajadores y sus familias, que se rige por normas comunitarias democráticas y socializantes. Otras formas organizativas del trabajo campesino son las integradas
por cooperativas agrícolas y villas de trabajadores.

El sector industrial israelí, que muy pronto comenzaría
a diversificar sus producciones, se caracteriza por la escasa dimensión laboral de las empresas. Casi la mitad de las
industrias tienen menos de 10 empleados, mientras no llegan a 350 las sociedades que dan trabajo a más de 100
obreros. Las manufacturas alimentarias y textiles proporcionan el mayor contingente de la renta industrial.

El Estado de Israel ha recibido desde su creación cuantiosos préstamos y donativos sustanciosos, en especial de
la próspera comunidad judía internacional o de los países
y bancos en los que la opinión hebrea es mayoritaria o decisiva. Sin embargo, las dificultades que se derivan de su
especial situación geopolítica han impedido un aprovechamiento racional de estas inversiones. Rodeado de enemigos y manteniendo una situación militar represiva en
los territorios palestinos ocupados, con intervenciones
drásticas que se han ganado la animosidad de la opinión
internacional, Israel ve cómo los ingentes gastos de defensa gravan onerosamente sus presupuestos. De otro modo,
la casi absoluta carencia de productos energéticos contribuye al mantenimiento de elevados déficit en su balanza
comercial, sólo cubiertos con la llegada de capitales y el
progresivo endeudamiento mencionado.

China: revolución y guerra

La rica historia contemporánea del pueblo chino, que
no podemos detallar aquí, presenta no obstante algunos
puntos culminantes de obligada cita por su aportación fi-

nal a la obra de independencia y revolución que el Partido Comunista, con su líder Mao Tsé-tung, culminaría en octubre de 1949.

El primero de ellos lo constituye la caída de la dinastía manchú entre 1911 y 1925, que durante siglos había sometido a China a un régimen de dependencia feudal, en el más estricto sentido del concepto. La alianza entre nacionalistas y comunistas, a pesar de sus matices, altibajos y final ruptura, haría posible la victoria definitiva sobre la odiosa dinastía, y el ascenso vertiginoso hacia el poder del Kuomintang. Este partido, creado en 1905, enarbolaba no sólo la bandera nacionalista, sino en especial los intereses de la burguesía comercial y de los terratenientes, que constituían la base social más influyente en el movimiento.

El programa del Kuomintang, cuya cúspide estuvo monopolizada la mayor parte de su historia por el que fuera generalísimo Chiang-Kai-shek, perseguía la creación de un Estado chino independiente bajo las fórmulas democrático-occidentales, centralizado y unido, cuyo consenso político estuviera sustentado y ligado al desarrollo estable de los estamentos burgueses y de propietarios medios.

El Partido Comunista Chino, fundado en 1921 gracias al trabajo de células intelectuales y grupos de obreros en la clandestinidad, se aprovechará del descontento campesino y de las penosas condiciones sociales de las clases industriales de ciudades como Hankeu o Shanghai. En las todavía escasas industrias trabajaban en los años veinte no menos de dos millones de obreros, con características comunes y condiciones de explotación excesivas, que pronto suscitaron movimientos de protesta, huelgas y adhesiones a los revolucionarios socialistas, que a su vez se inspiraban en el éxito ruso.

Los errores y excesos cometidos por el Kuomintang en materia socioeconómica, y en forma especial en su concepción de las explotaciones campesinas, iban a provocar un imparable ascenso del prestigio y la fuerza popular del PCCh. En 1923, teniendo en cuenta esta circunstancia, el Kuomintang, con su cabeza visible al frente, el fundador Sun-Yat-sen, pacta con los comunistas una estrategia de colaboración independentista, gracias a la cual en 1925, cuando muere el líder nacionalista, está reconquistada casi toda China.

No obstante, la desaparición del conciliador Sun-Yat-sen y el relevo asumido por Chiang-Kai-shek, de arraigadas convicciones anticomunistas, provocaría la ruptura de la colaboración. Aspectos fundamentales en la vida china, como la cuestión agraria o el reparto del poder político-social, separan a los nacionalistas y al PCCh, y terminarán siendo la causa de la ilegalización y persecución de los militantes comunistas.

Esta ruptura se produce en un momento de importancia esencial para la actual historia china, cuando están evolucionando las condiciones sociales hacia una formulación de la doctrina que, bajo Mao, ensamblará las reivindicaciones nacionales con las demandas populares. Muy pronto esta amalgama será la ideología conductora de una gran parte de los chinos en una nueva guerra de independencia, contra Japón, y en la guerra civil que le siguió.

Del lado nacionalista formarán los propietarios, grandes comerciantes, industriales y financieros que aspiran a sustituir la presencia europea y alcanzar los grandes beneficios que las concesiones comerciales han desarrollado en las costas y ciudades principales. Estarán también el contingente de capas medias y pequeños propietarios, junto a los empleados y funcionarios, enardecidos por la propaganda nacionalista y por las promesas de un futuro superior para la raza amarilla. Los terratenientes y otros propietarios agrícolas, que temen las reformas agrarias prometidas por el PCCh, serán también incondicionales del Kuomintang.

En el lado opuesto, la clase obrera de las zonas industriales, las grandes masas de campesinos desposeídos y los intelectuales progresistas, se esforzarán, entre la indiferencia, atraso e ignorancia de la mayoría, por llevar a cabo la tarea del cambio revolucionario.

Desde el ascenso al poder de Chiang hasta la invasión japonesa de 1937, una sucesión de duras campañas de exterminio reducirán al PCCh a su mínima expresión. El episodio, tantas veces magnificado, de la «Larga Marcha» entre 1935 y 1936 no fue otra cosa que la retirada y acoso de las fuerzas comunistas entre calamidades y derrotas, hasta lograr ponerse a salvo en la provincia de Shensi apenas unos 20.000 de ellos. Con estos precarios elementos de partida, sin embargo, la resistencia de los supervivientes, el carisma y la capacidad teórico-práctica de su líder Mao harían posible la recuperación y renovación de la influencia comunista, desde estas bases del norte.

Cuando en 1937 se restablece la colaboración entre el Kuomintang y el PCCh, para detener la irrupción japonesa, la capacidad de adaptación de los comunistas y el programa político elaborado por Mao constituyen ya la mejor arma y la que con más futuro cuenta de todo el espectro político chino. En el proyecto maoísta, conocido como «Nueva Democracia», el elemento campesino, sus condiciones, necesidades y reivindicaciones ocupan un lugar predominante. Frente a la corrupción y formas autocráticas que irán caracterizando a la gestión personalista del nacionalista Chiang, el maoísmo trabajará entre las bases campesinas llevando a cabo, de forma simultánea, la guerra y la revolución. El modo pedagógico como se realizan ambas servirá para popularizar a los militantes comunistas. En las zonas recuperadas y controladas por el ejército rojo, que pronto se conocerá entre los agricultores como «ejército de liberación del pueblo», se aplican las reformas y enseñanzas socioeconómicas extraídas de las teorías maoístas. Muy pronto un cuerpo doctrinal homogéneo adaptará el marxismo-leninismo a la realidad china y su divulgación traspasará las fronteras chinas, conociéndose en Occidente por el nombre de su fundador.

El maoísmo propondrá la alianza estratégica de las clases interesadas en la independencia y en la revolución social, con el fin de salir del atraso feudal y modernizar el país. Defenderá una reforma agraria en consonancia con las necesidades de incrementar sustancialmente la producción del campo y tendrá en cuenta las proposiciones fundamentales del primer Kuomintang, que Chiang había abandonado. Entre éstas, la nacionalización de los intereses extranjeros, la gran banca y las mayores empresas industriales, llamarán la atención y atraerán la simpatía de los círculos independentistas más puros y más alejados de la dictadura personal y de la corrupción del régimen de Nankín. En esta ciudad del este de China el generalísimo, rodeado de hombres de negocios y empresarios industriales, se aislaba cada vez más de las necesidades y problemas cotidianos. Las únicas reformas que podían denominarse modernas habían sido aplicadas en las finanzas, la banca o el comercio en beneficio de la camarilla presidencial, mientras el interior y el norte campesino seguían en manos de las antiguas estructuras de explotación y desigualdad.

Los intereses de los grandes propietarios agrarios, en aquella república de especuladores, prevalecían sobre las iniciativas más dinámicas, ahogando cualquier posibilidad pacífica de reforma. Las voces opositoras fueron acalladas con la implantación de un Estado policial y un clima de terror, en el que se prohibían las publicaciones y actividades antigubernamentales. De forma sistemática se depuraron los medios liberales o reformistas, se encarcelaría a obreros y se perseguiría a intelectuales. A medida que se profundiza en este modelo totalitario, las restablecidas relaciones con el PCCh se degradan y se abandona el ímpetu en la lucha antijaponesa. La ayuda que recibe el régimen de Chiang de los Estados Unidos, para hacer frente al invasor, se despilfarra y sirve para fomentar escandalosos episodios de corrupción administrativa.

El ejército nacionalista, desmoralizado, mal equipado y peor abastecido, protagoniza casos de pillaje y violencia contra su propio pueblo. Por el contrario, los soldados comunistas, con su mejor comportamiento, se ganan la adhesión y colaboración de grandes núcleos de población, en especial del campesinado.

La cima de los despropósitos la alcanza Chiang cuando, atemorizado por el avance comunista, reserva sus mejores fuerzas y material bélico para la futura guerra civil, adoptando con los japoneses actitudes tolerantes y abandonistas. La guerra contra el invasor queda entonces en manos del ejército rojo y del pequeño núcleo de expedicionarios norteamericanos. El desprestigio político, la perversión administrativa y la debilidad entre los partidarios de Chiang es tal que a comienzos de 1945 la China oficial se reduce a una corte dictatorial en descomposición, rodeada del rechazo popular y a merced de la amenaza maoísta.

La guerra civil hasta 1949

La derrota japonesa a manos de los americanos y el alineamiento de éstos favorable al gobierno nacionalista, salvaría en última instancia al régimen de Chiang-Kai-shek. La elección USA, como la que años después iba a realizar en Vietnam del Sur, favoreció a la alternativa no-comunista como única salida que podía identificarse con los intereses americanos. Gracias al apoyo de los Estados Unidos el gobierno nacionalista podría recuperarse y plantear una seria resistencia al avance de los guerrilleros maoístas.

Tras la retirada japonesa las tropas comunistas ocuparán una parte de la región norte, en la que estaba incluida la zona más industrializada del país y algunas de las regiones de mejor aprovechamiento agrícola. Por otra parte, la requisa del material de guerra japonés y las unidades gubernamentales que desertan pasándose a su bando, hacen posible el equipamiento y consolidación del ejército de Mao, que hasta entonces había preferido las formaciones guerrilleras a la constitución de un ejército regular.

Los partidarios de Chiang-Kai-shek contaron desde el primer día de la independencia con la ayuda económica y militar americana, representada por un importante apoyo logístico, que incluyó el traslado de tropas a la zona ocupada por los comunistas, y por sustanciosas remesas financieras. Pero además del subsidio yanqui, Chiang se mantendrá gracias al apoyo de los sectores más conservadores, bajo cuya influencia mantiene la misma inercia e ineficacia reformadora del período anterior. Las necesarias modificaciones socioeconómicas, que hubieran podido evitar la guerra, jamás serán tenidas en cuenta.

Los ideales nacionalistas dejarán paso a la realidad de una lenta pero firme penetración de los intereses norteamericanos. En medio del caos económico y financiero, con una inflación galopante, bancarrota monetaria y grandioso déficit comercial, el gobierno entregará las mejores concesiones a las empresas extranjeras, permitirá la instalación de bases aeronavales y el control de las grandes empresas.

La última fase de la revolución china retoma entonces el carácter antiextranjero con que se había iniciado y cuyos elementos formaban parte del programa inicial del Kuomintang. La intervención USA, por tanto, iba a servir para acelerar la descomposición del régimen y aumentar el número de nacionalistas que lo abandonaban, mientras se sumía cada vez más en la corruptela y la venalidad.

Derrota militar, derrota social

En la guerra civil china, las tropas del Kuomintang fueron de victoria en victoria hasta la derrota final. Con el aparato administrativo y propagandístico en su poder, gozando del favor de los medios de comunicación occidentales, el contundente triunfo del ejército popular llegaría en medio de la incredulidad de una opinión mal informada y que sólo conocía las acciones favorables del ejército del gobierno.

Sin embargo, el punto de partida no pudo resultar más propicio al régimen al contar con la ayuda proporcionada por las tropas del general MacArthur. A los pocos días de la derrota del Japón aviones norteamericanos trasladaron al norte y este del inmenso país a varios centenares de miles de soldados, con el objetivo de disputar a los comunistas las zonas dejadas libres por los japoneses. Al mismo tiempo los marines tomaban posesión de los principales enclaves portuarios a su alcance, en nombre del gobierno nacionalista de Chiang-Kai-shek.

Esta situación de ventaja inicial contribuiría a que Chiang rechazara las propuestas comunistas de formación de un gobierno de coalición, que Mao le había formulado en octubre de 1945. Durante casi un año se mantuvieron los contactos, intentos de acuerdo y firmeza de las posiciones antagónicas. Finalmente, tras algunas escaramuzas y conflictos aislados que la mediación americana no consiguió evitar, estallarían abiertamente las hostilidades. El ejército rojo, en mayo de 1946, avanzó sobre las posiciones nacionalistas en Manchuria, logrando sus primeros éxitos. De hecho, sería en esta importante región china donde se concentraron la mayor parte de los enfrentamientos y donde el bando maoísta infligiría a los gubernamentales sus derrotas más espectaculares y determinantes.

En la guerra intervinieron no menos de cuatro millones

de hombres enrolados de forma desproporcionada en ambos bandos. Mientras la China oficial contaba con tres millones de soldados, el ejército popular sólo sumaba un millón. Pero ni esta superioridad numérica, ni la ayuda americana, o la posesión de la mayor zona del país con abundancia de recursos económicos y demográficos, habrían de ser suficientes para equilibrar los errores y defectos de bulto del régimen de Chiang.

Por un lado, la dispersión de las bases de apoyo en un territorio en el que la menor distancia logística se cuenta por miles de kilómetros. Por otro, el cansancio y la desmoralización nacionalista. Finalmente, la impopularidad que la guerra y los métodos bélicos del bando gubernamental alcanzaban entre el campesinado. Éstos fueron sin duda los principales elementos de la derrota vista desde la perspectiva gubernamental.

A pesar de todo, una vez declarada la guerra y durante el invierno y primavera de 1947, la iniciativa militar y estratégica correspondería a los generales nacionalistas. La retirada comunista a sus bases y la reconversión de su táctica militar abierta en ataques esporádicos de la guerrilla, dejaron el campo libre a la expansión de las tropas de Chiang, sin que pudieran no obstante asestar ningún golpe definitivo. Los intentos de los soldados nacionalistas, tratando de aniquilar al enemigo mediante grandes ofensivas y métodos de lucha clásica, no obtuvieron sino éxitos parciales nunca bien aprovechados, pero jamás lograrían doblegar la tenaz resistencia comunista ni su arraigo entre la población campesina.

Por el contrario, al final de la primavera los maoístas contraatacaban, y en el verano de 1947 lograban recuperar la China central, amenazando a las ciudades más importantes del campo adversario. La persistencia del ejército de Chiang, que además acentuó su desafortunada intromisión en los planes militares, en la repetición de ataques frontales sólo obtenía recuperaciones de terreno deshabitado, con escaso valor estratégico y que previamente habían abandonado los guerrilleros. Esta táctica de ataque y retirada, empleada con éxito notable por los comunistas, terminó por desmoralizar y desbaratar las principales líneas de contención del enemigo.

En los primeros meses de 1947, el Kuomintang ya había visto debilitarse sus efectivos en la importante Manchuria, lugar en el que después de reagruparse los comunistas habían lanzado una ofensiva decisiva. Lin-Piao, que mandaba las operaciones maoístas, ordenaba en el otoño-invierno un ataque general buscando una victoria de prestigio, que fuera suficiente al mismo tiempo para determinar la caída del régimen.

Los estrategas del ejército rojo probaron, en campo abierto y en lucha regular, una adaptación prodigiosa a la forma tradicional de batallar. Los 600.000 hombres reunidos por Lin-Piao infligirían a los nacionalistas una derrota contundente en la ciudad de Nudken, que tomaban en noviembre de 1948. Las pérdidas humanas, materiales y políticas del Kuomintang en Manchuria fueron decisivas para el final del conflicto. Divisiones enteras desertaron o fueron hechas prisioneras. Ingente material de guerra americano sería conquistado, mientras en el campo nacionalista se acentuaron los abandonos, sonaron todas las alarmas y aumentaron las ganancias en río revuelto.

Desde la caída de Nudken hasta la toma de Cantón, el 15 de octubre de 1949, que supuso el final de la guerra civil, menos de un año certificaba la superioridad adquirida en el terreno militar por las tropas populares y el magisterio de sus generales, que causaría admiración entre los especialistas occidentales. Unos días antes de que acabara la victoriosa y celérica campaña, el 1.º de octubre de 1949, Mao Tsé-tung anunciaba en Pekín el nacimiento de la República Popular China. El dictador nacionalista, seguido

de sus partidarios, se refugiaba en la cercana isla de Formosa (Taiwán), donde instalaría un miniestado autocrático gracias al permanente apoyo de los Estados Unidos.

Francia o la terquedad colonial

A la contumacia y obstinación colonial francesas, derivadas de una anacrónica interpretación de sus intereses
económicos en ultramar, se deben la mayor parte de las dificultades que tuvieron para lograr su independencia regiones como Indochina o la dramática lucha por la libertad en Estados como Argelia.

El Estado francés, que se había adherido a la Carta
Atlántica, que era miembro de las Naciones Unidas y de
su Consejo de Seguridad, y que enarbolaba el orgullo de
haber sido cuna de la más celebrada revolución por las
libertades, se empeñaba comenzada la segunda mitad
del siglo xx en superar extraños récords coloniales y en
establecer marcas de permanencia en desprestigiados roles imperiales. Aunque tales empeños fueran superados
por los portugueses, en cuanto a duración, y por los
americanos en cuanto a intromisión, la resistencia gala al
abandono de sus posesiones constituye un especial fenómeno de reticencia en un período y en un entorno que
habían demostrado una decidida vocación descolonizadora.

En 1945 Francia, que no podía precisamente presumir
de su estatus internacional ni de su peso político en las
grandes decisiones mundiales, conservaba no obstante un
inmenso poder territorial reconocido de facto por las
grandes potencias. En Asia y África, países y regiones
como Indochina, Argelia, Túnez, Marruecos, Malí, Mauritania, Chad, Guinea, etc., permanecían incluidos bajo
diferentes supuestos político-administrativos en el marco

colonial francés, que acabaría por esfumarse durante la década de los cincuenta.

Las guerras de Indochina (luego dividida en Vietnam del Norte y del Sur, Laos y Camboya) o de Argelia, entre 1954 y 1962, señalarán los límites de esta reticencia francesa al abandono colonial, producida entre graves desacuerdos internos, crisis nacionales y de gobiernos, grandes pérdidas humanas y finalmente el desprestigio de la derrota.

De Indochina a Vietnam

Después de la revolución china y la independencia de Indonesia, la guerra en la península de Indochina iba a suponer el punto final de la colonización del sureste asiático. Durante la lucha por su libertad, el pueblo vietnamita se iba a convertir en los años cincuenta y sesenta en el mejor símbolo de la resistencia anticolonial. En ella se mezclaron la reivindicación nacionalista y el espíritu revolucionario alentado por el éxito de la vecina China. El líder vietnamita Ho-Chi-Minh, cofundador del Partido Comunista Francés y creador del de Indochina en 1930, se pondría al frente de la guerrilla que luchó contra los japoneses primero, contra los franceses después y contra los americanos finalmente, en un largo periplo que se extiende de 1941 a 1973.

Los enfrentamientos entre la tropa francesa de ocupación y la guerrilla vietnamita se mantuvieron en un estado latente hasta 1950, después de que en 1945 hubiera sido proclamada en las montañas del norte la República Democrática de Vietnam. Desde 1950 hasta 1953 las continuas ofensivas y el constante hostigamiento comunista hacían retroceder a las tropas coloniales hasta sus posiciones del sur. China y la URSS, que habían reconocido a la joven república en 1950, contribuyeron con su ayuda militar y económica al mantenimiento de las tropas guerrilleras y al acorralamiento de los franceses en torno a la ciudadela fortificada de Dien Bien Phu. En ese momento tomaron cuerpo los temores norteamericanos sobre el efecto dominó de la expansión comunista en el sureste asiático.

La batalla de Dien Bien Phu fue el episodio más espectacular de la guerra de Indochina y del que estuvo pendiente durante semanas la opinión internacional. Antes de que el general Giap, que mandaba las tropas norvietnamitas, dispusiera el asalto final, los franceses tantearon las posibilidades de una intervención USA, incluso con la desmesurada idea del lanzamiento de una bomba atómica sobre los atacantes. Finalmente, abandonados en su terca resistencia, los franceses capitularon en mayo de 1954, acordándose el inicio de conversaciones de paz. En la conferencia sobre Indochina, celebrada en Ginebra, tomarían parte Vietnam, Francia, Camboya, Laos, y una representación del futuro gobierno de Vietnam del Sur, reconocida por los aliados, China y la URSS.

El 21 de julio de 1954 se firmaron los acuerdos de Ginebra, por los que se dividía la península respetando las anteriores demarcaciones de la administración francesa, pero con la separación de Vietnam en dos Estados: el norte, bajo el liderazgo del Partido Comunista y con el apoyo chino-soviético, y el sur, donde tras una fase de agitación política y sangrientos disturbios, el presidente Diem cambiaría en 1955 la influencia francesa por la alianza con los EEUU.

La reunificación, que había sido prevista en los acuerdos de Ginebra y que debía concretarse mediante la celebración de un referéndum en todo el país, no pudo realizarse por la oposición del gobierno del sur que alegaba la inviabilidad de unas elecciones libres en el norte comunista. Sin embargo, fue la gestión política de Diem la que degeneró hacia un sistema dictatorial, después de haber eliminado a sus opositores principales. En Vietnam del Sur se instalaría un estado policial y militarista, que contaba con la ayuda material e ideológica de los norteamericanos. Como consecuencia de estos esquemas de partida y de su evolución posterior, los dos Vietnam se transformaron en zonas de influencia y tensión de las grandes potencias, que en los años sesenta los utilizaron como sangriento escenario donde confrontar sus posiciones y capacidades militares.

En el norte, el gobierno de Ho-Chi-Minh nacionalizaría las empresas francesas y expropiaría los grandes latifundios, entre graves protestas de los afectados. Mientras, en el sur el campesinado padecía los sinsabores de un recrudecimiento de la propiedad privada, y se rebelaba contra la dictadura política. Al mismo tiempo se ampliaba el descontento de los sectores nacionalistas y budistas, que rechazaban la gestión gubernamental cada vez más controlada y enfeudada a los intereses políticos norteamericanos.

La impopularidad del régimen del presidente Diem iba «in crescendo» a finales de los cincuenta, cuando el III Congreso del Partido Vietnamita de los Trabajadores (septiembre de 1960) adoptó el acuerdo de llevar a cabo la reunificación prevista en Ginebra, mediante el uso de la fuerza militar. Esta decisión y la subsiguiente creación de un Frente de Liberación Nacional serían el punto de partida de la guerra del Vietnam en la década de los sesenta.

Argelia, liberada

Cuando en 1954 comenzó la batalla por la independencia de Argelia los franceses habían sobrepasado el siglo de su presencia colonial en el Magreb, tras haber arrebatado a los turcos sus posesiones. Desde 1846, Argelia había sido incluida en la estructura administrativa francesa como un departamento más. Este hecho habría de favorecer el espejismo político de considerarla parte integrante de la metrópoli, aunque estuviera separada de ella por un brazo de mar de varios cientos de kilómetros y otro tramo apreciable de cultura, costumbres, religión o desarrollo económico.

En 1954 esta región norteafricana, que los franceses consideraban suya, contaba con más de ocho millones y medio de musulmanes y con cerca de un millón de colonos de origen galo. La comparación entre ambas comunidades constituía un claro ejemplo de la sangrante situación colonial. Un 75 por 100 de los argelinos autóctonos se dedicaba a la agricultura, en condiciones miserables o dependientes, mientras el 90 por 100 del censo indígena era analfabeto. Los europeos, por su parte, poseían más de la cuarta parte de las mejores tierras, situadas en la zona costera. Monopolizaban la industria, los negocios petrolíferos y el beneficioso comercio exterior.

Esto no significa que el contingente de «pied-noir» (nombre coloquial que designaba a los franco-argelinos) fuera homogéneo. Por el contrario presentaba una acusada estratificación, en la que no faltaba una mayoría de emigrantes pobres o una clase media al servicio de la minoría dirigente.

La tierra, según el orden colonial, era francesa por simple derecho de ocupación. Pero los argelinos para alcanzar este mismo estatus ciudadano se veían obligados a cumplir algunas condiciones difícilmente alcanzables. De este modo, el pueblo autóctono, en una peculiar situación administrativo-colonial, carecía de conciencia e identidad propia hasta que la revolución produjo el efecto de amalgamar nacionalismo, islamismo y reivindicación social bajo las siglas de un Frente de Liberación Nacional (FLN).

Las reivindicaciones argelinas, puestas de relieve durante la Segunda Guerra Mundial, habían sido atenuadas por Francia al conceder en septiembre de 1947 un estatuto a la colonia mediante el que se confiaba mantener el control político, a cambio de introducir una asamblea legislativa en la que los colonos tenían todo el poder. Sin embargo, a pesar de que el estatuto fue considerado por los franco-argelinos como una concesión peligrosa e innecesaria, no sirvió como es lógico para frenar las apetencias de emancipación, que ya habían arraigado sólidamente entre las clases medias nativas. El líder del nacionalismo moderado, Ferhat Abbas, se colocaría al frente de las ambiciones argelinas, aunque pronto tuviera que competir con una rama más radical, el Partido del Pueblo Argelino, del que habrían de salir los principales líderes del FLN, a cuyo frente se colocaron Ben Bella, Bumedián, etc.

La orden de insurrección dada por el FLN, para el 1.º de noviembre de 1954, no fue seguida masivamente aunque sí contestada con fuertes medidas de represión. A pesar del relativo fracaso, el levantamiento se popularizó entre los árabes gracias al apoyo de países como Egipto, y organizaciones como la Liga Árabe, dentro del más general movimiento de los países no alineados. La actividad nacionalista se manifestará en los meses siguientes mediante acciones aisladas pero sistemáticas. Atentados, bombas, enfrentamientos civiles o incursiones esporádicas de guerrillas hostigaron desde entonces a los soldados y colonos franceses.

El gobierno francés de Mendès-France trazaría un plan de pacificación con el que los franco-argelinos discreparían, en su deseo de mantener actitudes más firmes y duras con los miembros del FLN. En 1956, con los socialistas en el Elíseo y con una opinión pública dividida y dolorida por el reciente descalabro indochino, se incrementa espectacularmente la escalada represiva. Los acontecimientos entraron en un callejón sin salida, mientras la llamada «batalla de Argel» mostraba a los asombrados ojos de un mundo que se proclamaba anticolonial la firme vo-

luntad de independencia de los argelinos y la torpe ineficacia francesa para hallar una solución negociada.

Ni siquiera el contingente de tropas, compuestas por
unos 400.000 soldados en los peores momentos del conflicto, fue capaz de controlar la insurrección con los recursos que se suponen convencionales. La intervención atípi-
ca del ejército, empleando los peores métodos policíacos
de represión, hizo tristemente célebre el concepto de
«guerra sucia». Campos de prisioneros, prácticas de tortura, masacres a población civil que no pudieron ser ocultadas, conocerían su culminación cuando en febrero de
1958 la aviación francesa se ensañó con una pequeña ciudad tunecina, sospechosa de servir de santuario de terroristas argelinos.

El recuerdo de las agresiones nazis y la evocación de
otras poblaciones masacradas conmocionaron a los ciudadanos franceses. Socialistas en desacuerdo con la gestión
de su gobierno, intelectuales, demócratas, progresistas,
comunistas, etc., se agruparían en un movimiento de protesta pública contra los métodos de la ocupación.

Por su lado, el FLN intentaría aprovechar las divisiones
internas en la metrópoli, lanzando ofensivas cada vez más
duras y aterradoras que alcanzaban incluso al propio suelo francés. A lo largo de 1958 se profundizaba la crisis política con el fuego cruzado de las presiones populares y el
deseo de la derecha gran-nacionalista de mantener a cualquier precio la soberanía francesa sobre Argelia. En mayo
los generales Salan y Massu, que ostentan el mando del
ejército colonial, protagonizan un intento de secesión,
apoyados por la extrema derecha y una parte del gaullismo. La crisis abierta, que amenaza con la separación de la
colonia, provoca la caída del gobierno. El presidente de la
República, Coty, llama entonces al general De Gaulle,
como hombre fuerte que cuenta con las simpatías de los
sublevados, a quien entrega el gobierno.

La presencia en el poder del héroe de la guerra mundial despertaría el recelo de los grupos anticoloniales y la esperanza de los intereses de la derecha; sin embargo, su actitud pronto desengañaría a éstos. Con su peculiar y personalísimo estilo, De Gaulle actuó de forma justamente contraria a lo esperado. Su programa de salvación nacional, ambicioso en cuanto al futuro de Francia, incluiría la concesión de la independencia a la colonia norteafricana. El general asumiría uno de esos momentos históricos que caracterizan a las naciones y a los hombres de Estado, planeando poner fin a la guerra, favorecer la libertad argelina y enderezar el destino francés hacia una «nueva grandeza». No cabe duda de que, además de la inclinación particular de tan singular personaje, la opinión internacional, las simpatías por el movimiento argelino o la necesidad de mantener unas buenas relaciones con el naciente poder árabe, fueron elementos de peso en el curso de la pragmática del general. Sin embargo, el plan gaullista de una confederación francófona con lazos neocoloniales y sin presencia militar de la metrópoli, en la cual Argelia participaría como miembro soberano federado, provocaría la desilusión de los colonos, de los mandos militares y de la extrema derecha francesa.

Las ofertas de paz al FLN y el referéndum de enero de 1961, celebrado en Francia y Argelia con resultado favorable a las tesis de De Gaulle, condujeron a la rebelión abierta de los generales colonialistas y a la formación de una organización clandestina: la Organización Armada Secreta (OAS), que contaría con fuertes apoyos en la metrópoli. Durante las semanas siguientes al referéndum se viven momentos de crisis y amenaza de golpe de estado. Las calles de París conocen horas angustiosas, no vividas desde la ocupación alemana. Se decreta el estado de sitio y los tanques protegen los edificios oficiales y administrativos. Sin embargo, en abril fracasa definitivamente el golpe militar, después de que la orden de sublevación lanzada por la OAS fuera ignorada por las tropas.

De Gaulle no retrocede en sus planes de abandono de la colonia. Después de poner el gobierno en manos de Pompidou, ordena una dura represión contra los militares golpistas y contra la OAS, que atentaría contra él en diferentes ocasiones. Al mismo tiempo libera a algunos líderes del FLN, entre los que estaba Ben Bella, y retira una parte sustancial del contingente de tropas. El último tramo de la ocupación sería, no obstante, el más penoso. Entre enero y febrero de 1962 se producen más de 1.300 atentados con un saldo de 5.000 muertos, de los que son autores y víctimas argelinos y franceses. Finalmente en marzo de 1962, tras las negociaciones de Evian entre Francia y el FLN, Argelia alcanza la independencia, mediante el acuerdo de respeto a los intereses franceses en la ex colonia. La OAS seguiría actuando hasta 1963, con atentados y acciones sangrientas, en Argelia y la propia Francia, en medio de la huida masiva de los colonos.

De otro lado, las graves complicaciones creadas a Francia por la insurrección argelina habrían de servir para facilitar la descolonización de los Estados vecinos de Túnez y Marruecos. El primero alcanzaría la independencia total en 1956, aunque los franceses conservaron la base naval de Bizerta hasta 1963, y Marruecos logró la emancipación en 1956, de Francia y luego de España. En ambos casos, a pesar de la existencia de una guerrilla nacionalista, no se produjeron acontecimientos de especial gravedad.

Bandung 1955: la conspiración de los débiles

El 18 de abril de 1955, en Bandung, al oeste de Java, la antigua colonia holandesa, se reunieron delegados de 29 países afroasiáticos y representantes de movimientos de liberación, convocados con un orden del día que recogía los problemas de los países recién descolonizados y de los que estaban en vías de serlo. En la conferencia se darían cita representantes de todas las creencias, razas y religiones, en nombre de más de 1.400 millones de personas —es decir, el 60 por 100 de la humanidad—, pero que sólo disfrutaban del 15 por 100 de la riqueza mundial.

Las grandes potencias, que fueron claramente marginadas, no dejaron de manifestar su recelo y disgusto por el cariz que podía tomar esta «no alineación» política de tan importante conjunto de naciones. En efecto, las suspicacias de los grandes correspondían a informes fidedignos sobre lo que se proyectaba en la reunión. La mezcla de razas, credos o intereses políticos tan dispares como los reunidos en Bandung no impedirían el triunfo momentáneo de nuevas orientaciones que amenazaban con modificar las relaciones internacionales establecidas tras la guerra.

El intento de Bandung, sin embargo, correspondía a una realidad internacional que no podía simplificarse en los dos bloques políticos formados por la separación ideológica y por los sucesos de la guerra fría. Nuevas divisiones sociopolíticas y socioeconómicas se imponían en la correlación de fuerzas existente. Entre ellas el concepto de países subdesarrollados o «pobres» destacaba como punto de unión entre Estados de diferente caracterización política, pero con los mismos problemas de modernización y marginación. La necesidad de independencia y progreso se reveló como posible aglutinante de una unanimidad de pensamiento frente a la hegemonía neocolonial de los bloques. Y ellos ayudaron a definir lo que podía llegar a ser una política de bloque en discordia. En este sentido, la presencia de países como la India, que estaba llevando a cabo una interesante lucha para salir del subdesarrollo mediante una política económica de carácter mixto, o China, con un modelo socialista más avanzado y contra

cuya asistencia presionarían hasta el último momento los
Estados Unidos, señalarían la orientación general de la
conferencia.

La conciencia de pertenecer a un sector marginado respecto a las grandes decisiones internacionales favoreció el
acuerdo de principio, mediante el cual los asistentes rele-
garon sus propios contenciosos bilaterales, aceptando un
programa general adecuado a las aspiraciones de aquel
Tercer Mundo. Las exigencias más sentidas de la conferencia se expresaron en la petición de una completa y total descolonización, de una mayor libertad y protagonismo de los países pobres en las relaciones internacionales,
y en un programa de ayuda urgente al desarrollo que sustituyera a la carrera armamentística de los bloques.

Se denunció la agresión histórica de los euroamericanos
a los Estados asiáticos y africanos, recordándose que las
primeras bombas atómicas se habían empleado (quizá no
por casualidad) contra un país de raza amarilla, con el
consentimiento tácito de la URSS. Se dignificó y realzó el
papel internacional de la joven República China, que no
empleaba su capacidad y potencial para agredir, sino para
ayudar a sus vecinos.

Junto a China, que estuvo representada por Chu-En-
Lai, los otros triunfadores de Bandung fueron el Egipto
de Nasser, que reafirmaría su liderazgo entre los árabes, y
la Unión India, que bajo la égida de Nehru estaba inmersa en la gran aventura de la independencia, la autosubsis-
tencia y la industrialización. Sería el presidente indio, precisamente, el que con mayor énfasis defendió la tesis de
una tercera fuerza, capaz de favorecer con su negativa a la
alineación, una política de coexistencia y paz mundial. Las
esperanzas suscitadas por esta reunión, y el valor carismático de algunos de los líderes asistentes (los citados Nehru, Nasser, Chu-En-Lai), confirmaron la preocupación de
Washington o Moscú, que no pudieron controlar en un

primer momento las imprevisibles reacciones del grupo de Bandung.

El comunicado final de la conferencia, de fecha 24 de abril de 1955, es sin duda uno de los documentos históricos de nuestra época. Sus planteamientos suponen una revisión de apreciables proporciones del papel de continentes como Asia o África, hasta entonces desterrados, en los que se afirman las posibilidades de aprovechamiento del enorme potencial humano y económico de los reunidos, encaminadas a un mejor desarrollo de la cooperación mundial. Este concepto de cooperación sería examinado en dos grandes bloques, el económico y el cultural, estrechamente relacionados con la pobreza y atraso del Tercer Mundo. Otro apartado de grave significación se ocuparía de reafirmar el derecho a la autodeterminación de los pueblos y a denunciar los problemas que la colonización había suscitado o dejado pendientes.

El documento se identificaba con la Carta de las Naciones Unidas, pero sabedor de sus dificultades reales para ser llevado a la práctica, reclamaba una mayor universalización y un mejor cumplimiento de sus contenidos. Finalmente establecía diez principios fundacionales, entre los que destacaban el respeto a los derechos humanos, a la soberanía nacional y el derecho a la igualdad, junto al rechazo del empleo de la fuerza y el armamentismo de las grandes potencias.

Este movimiento de no alineados se mantendría entre no pocas dificultades y presiones. Pero su resonancia mundial fue y sigue siendo indiscutible. Al año siguiente de Bandung, un grupo de sociólogos franceses creaba el concepto «Tercer Mundo», al que luego nos referiremos, que sería pronto popularizado para designar esta compleja realidad de naciones y Estados, descolonizados en el siglo XX o en pleno proceso de emancipación.

En septiembre de 1961, esta opción adquiría un tinte

político más definido gracias a los esfuerzos del líder yugoslavo Tito, al firmarse en Belgrado un compromiso de
«no alineación», con la participación de 25 países. En
aquella ocasión, gracias a la intensa actividad diplomática
de los Tito, Nasser, Nehru..., se fortalecieron los lazos y
contactos entre los tercermundistas. En 1964 una nueva
reunión agrupaba en El Cairo a 47 Estados, que adoptarían un programa de revitalización de la colaboración y de
la paz internacional. En septiembre de 1970, una nueva
conferencia en Lusaka (Zambia) cuenta con la asistencia
de 54 miembros, que centran sus discusiones en la cooperación económica y en los problemas sudafricanos e israelíes.

Desde la reunión de Lusaka las nuevas conferencias
(Argel, 1973; Colombo, 1976; La Habana, 1979) van a ceder cada vez más en sus ambiciones políticas. La penosa
realidad económica, las condiciones de dependencia y
subdesarrollo de las que apenas pueden salir los Estados
tercermundistas y la presión de los bloques, reducen la
eficacia de la no alineación. Desaparecidos los grandes líderes, los actuales políticos del mundo subdesarrollado
han relegado las líneas esenciales de su ideario, acuciados
por la crisis económica y por el gigantesco aumento de la
deuda externa, de lo que nos ocuparemos más adelante.

El mundo socialista

La cuna europea

Hasta el mismo pórtico de la historia actual, la cultura y la civilización europeas han suministrado los principales elementos que, todavía hoy, componen el pensamiento y el horizonte político dominantes en la mayor parte de las naciones. Si en nuestro continente se desarrollaron las bases sociales y económicas que habrían de abastecer el núcleo ideológico del sistema capitalista, en el mismo lugar, y partiendo del embrión interno de las luchas sociales, se configuró también la doctrina socialista oponente. El socialismo en sus dos versiones (utópico y científico), junto a las primeras organizaciones políticas y sindicales que lo asumieron de forma eficaz, tiene su origen por tanto en el solar europeo.

El viejo continente habría de ser además el que viera el

primer y más poderoso intento de llevar a la práctica las
enseñanzas teórico-prácticas de Marx, Engels... En 1917,
en el extremo oriental donde Rusia casi hace asiática a Europa, se produjo la primera revolución de características
socialistas en la historia contemporánea. Después de ella,
y con el patrocinio directo del Estado en que había triunfado, se constituirían durante el período de postguerra un
conjunto de naciones con las mismas connotaciones políticas e ideológicas.

En estos Estados fronterizos con la URSS y que constituyen el entorno geopolítico del gran país de los soviets, se
realizará desde finales de la década de los cuarenta, tras
una convulsiva fase de toma del poder por los partidos comunistas, el ensayo de transformación política y social
más ambicioso de la reciente historia europea: la construcción del socialismo.

Cuando se han cumplido más de setenta años de la revolución rusa, y de cuarenta de la constitución del bloque
socialista, la crisis política de finales de la década de los
ochenta recupera las tensiones cíclicas latentes en estos
países. Dentro de una estabilidad global del sistema, que
muy pocos pondrían en duda, los años de postguerra
igual que los más recientes se han caracterizado en la Europa socialista por un juego de tensiones interno que aún
son mal conocidas entre nosotros.

Socialismo e integración

El rechazo soviético al Plan Marshall estuvo acompañado de la creación de un organismo de cooperación económica, influido por el plan americano pero con menos posibilidades y ambición. El Consejo de Ayuda Económica
(CAME), que en Occidente se conoce por sus siglas inglesas (COMECON), fue creado en enero de 1949 dentro

del marco político de la constitución del bloque opuesto a la planificación capitalista occidental.

En sus orígenes, el CAME responde también a la actitud discordante de Yugoslavia que había aceptado la ayuda financiera occidental en contra de las recomendaciones soviéticas. Constituido por cinco Estados europeos del bloque socialista (Hungría, Polonia, Checoslovaquia, Rumanía y Bulgaria) y por la propia URSS, el organismo se proponía un desarrollo económico proporcionado entre sus miembros, gracias a un modelo de relaciones de intercambio con las mismas bases de reparto y división existentes en el lado occidental. Siguiendo este mismo ejemplo, la URSS asumía el papel dirigente y hegemónico, tal como los americanos lo hacían en el otro lado. La constitución del COMECON conoció alteraciones. Albania, que había entrado poco después de su formación, lo abandonaría en 1968 coincidiendo con la crisis chino-soviética. Mongolia ingresó en 1962 y Cuba en 1973. Como observadores figuraron también Yugoslavia, Vietnam y Corea del Norte.

Desde el primer momento el Consejo se trazaría un plan que condujera a la plena industrialización de los países miembros, bajo la fórmula y objetivos de los planes quinquenales copiados de los que estaban en vigor en la URSS. Al mismo tiempo se daba una notable importancia al desarrollo de los intercambios comerciales entre las naciones del bloque. Fue en este campo donde se notaron de forma espectacular los efectos de la formación del CAME. Las balanzas comerciales de la Europa oriental acusaron una completa transformación. Los intercambios con los occidentales descendieron en los seis primeros años de funcionamiento del Consejo de un 48 a un 14 por 100, pasando a ser realizados con absoluta prioridad entre países miembros.

La URSS, gracias a su mayor potencial económico y a su capacidad de penetración en el mercado mutuo, fue la primera beneficiada por el desarrollo de este intercambio entre los países del Este. Gracias a él pudo canalizar una mayor atracción de materias primas y reservas equilibrando de forma apreciable su balanza de pagos. En 1962, confirmando las buenas perspectivas que ofreció el CAME desde sus orígenes, el organismo recibía el espaldarazo oficial de boca del propio Kruschev, que lo calificaría de instrumento idóneo para favorecer la integración de la economía del bloque sobre la base de una división internacional socialista del trabajo.

A pesar de las indudables realizaciones económicas logradas, las propias tensiones internas del bloque, en especial de las fuerzas centrífugas en las nacionalidades insatisfechas, y el papel hegemónico jugado por la URSS, han impedido mayores avances y una mejor integración económica.

Durante el período estalinista, el CAME llevaría una vida lánguida sólo encaminada a sustituir la relación económica con Occidente, pero desde 1954, entra en una fase de mayor especialización de sus miembros gracias a una mejor definición de la distribución regional de las economías. Desde finales de los cincuenta se inician algunos espectaculares programas de colaboración económica dentro del bloque: construcción de un oleoducto entre Alemania Oriental, Checoslovaquia y la URSS; se realizan elevadas inversiones en la prospección y explotación minera polaca y en el gas rumano; se concretan diversos acuerdos comerciales que favorecen la distribución de productos básicos, etc.

Las mayores dificultades del bloque para la integración total, igual que sucedería en la Europa occidental, van a provenir de las políticas agrícolas, del aislamiento monetario y financiero, o de la necesidad de completar el marco de intercambios acudiendo a los mercados occidentales, cada vez en mayor medida. No obstante, el CAME, en sus primeros decenios, justificó sobradamente su constitución con éxitos apreciables en la coordinación comercial, el desarrollo de un sistema de pagos interestatal y la proyección de ambiciosas empresas comunes.

A pesar de estos aspectos positivos, no se conseguiría eliminar por completo algunas tendencias autárquicas nacionales, y el mantenimiento de bolsas de rigidez comercial, así como la existencia de precios políticos subvencionados y no formados por el propio mercado, favorecieron el desarrollo de una producción de calidad escasa.

El «bloque»

El cordón político sanitario, que el resultado de la guerra mundial y el posterior período de tensión formarían alrededor de las fronteras soviéticas, es también conocido con otros nombres. Desde Occidente es frecuente la denominación acusadora de «países satélites», aunque generalmente predominan apelativos con menor sentido peyorativo como «Europa del Este», «Estados socialistas». Entre ellos, lo más común es hablar de «democracias populares», por oposición a las democracias burguesas. También se les designa, junto a la URSS, China, Cuba, etc., con el concepto de países de socialismo real.

El bloque está formado por ocho naciones (Alemania Oriental o República Democrática Alemana, Polonia, Hungría, Checoslovaquia, Bulgaria, Rumanía, Yugoslavia y Albania) que ocupan un total de 1.275.000 km², y estaban poblados por más de 100 millones de habitantes al término de la Segunda Guerra Mundial. A pesar de la aparente homogeneidad política que otorga al bloque el fenómeno político de un gobierno bajo administración exclusiva de partidos comunistas, o de alianzas de partidos con predominio comunista, en realidad las características básicas de sus Estados conocen apreciables diferencias. Desde la diversa variedad y riqueza de sus economías, con naciones industrializadas y otras apenas en vías de desarrollo, hasta la singularidad étnica, racial, cultural o religiosa, el bloque era y es un conjunto de pueblos o pluralidades de difícil armonización y precario compromiso político.

En el corto espacio que media entre 1945 y 1948, en la mayoría de estos países se produjo un fulgurante ascenso de los partidos marxistas, aprovechando bien la presencia del ejército rojo o el enorme prestigio de los militantes de los PC, bien arropados por la aureola de vencedor que exhibía la Unión Soviética. Los comunistas que habían popularizado durante los años de lucha los aspectos sociales de sus programas y habían combatido generosamente al invasor alemán, no iban a desperdiciar la ocasión que les brindaron los convulsos años de postguerra. Eliminando a sus peores adversarios en algunos casos, obteniendo victorias electorales en otros, pero siempre marchando delante en los programas de reforma, hicieron posible la constitución de frentes de resistencia nacionales en los que obtenían la hegemonía suficiente para dominar las decisiones políticas.

La particular posición geopolítica del bloque, formando una barrera natural entre Centroeuropa y la URSS, sería determinante para señalar el futuro inmediato de los regímenes constituidos al terminar la guerra. La versión que admite el famoso reparto de influencias entre los aliados durante las conferencias de Teherán, Yalta y Potsdam, indica también la aquiescencia anglo-norteamericana a la creación de este cordón ante la Unión Soviética. Los argumentos defendidos por Stalin y su ministro Molotov a favor de impedir un futuro avance alemán sobre Rusia, con esta oposición permanente, encontraron el beneplácito de Roosevelt y Churchill, más preocupados entonces por asegurar la paz que por impedir la penetración comunista en Europa oriental.

Sin embargo, el establecimiento de este nuevo orden, que contaba con un acuerdo de principio entre los grandes y correspondería al supuesto reparto político del mundo, no se realizó sin algunas dificultades mejor o peor solventadas según los casos. Los mayores problemas se localizaron en Polonia y Checoslovaquia, debido a sus mayores semejanzas con el área occidental europea y a su localización estratégica clave. El nivel económico en estos Estados era superior al resto del bloque, e incluso sus características culturales y religiosas les hacían diferentes. En Polonia, a un arraigado sentimiento de hostilidad histórica a los rusos se uniría en el período postrevolucionario una acentuada divergencia basada en la religiosidad tradicional de los polacos. La ocupación rusa del territorio durante la guerra fue determinante en el curso de las negociaciones para la formación de un gobierno de concentración. En éste, que contaba con representación de seis partidos, los comunistas y socialistas ocuparían los puestos de mayor relieve. En la fase siguiente la agitación política promovida por sindicatos marxistas y las presiones de los partidos de izquierda conducirán a la toma de poder por la coalición de socialistas y comunistas, que en 1948 constituirán el Partido Obrero Unificado.

En Checoslovaquia, el reformista Benes al frente del Estado se esforzaría por mantener el normal desarrollo de las formas democráticas y parlamentarias. El socialdemócrata Fierlinger preside el primer gobierno de coalición constituido tras la liberación el 9 de mayo de 1945, en el que forman varios miembros del PC. Las elecciones de mayo de 1946 dan la victoria a una conjunción de comunistas y socialdemócratas con más del 50 por 100 de los sufragios. El líder comunista Gottwald pasaría a formar gobierno, poco antes de que Checoslovaquia, bajo fuertes presiones soviéticas, rechazara el Plan Marshall, y a cambio obtuviera ayuda financiera de la URSS.

A partir de esta posición gubernamental, se empieza a gestar el proceso que conducirá a la toma del poder por el Partido Comunista, y que en Occidente se conocería como «el golpe de Praga». Los miembros del gobierno no comunistas, de acuerdo con el presidente Benes, presentan su dimisión tratando de crear una crisis de gabinete que haga girar el curso del crecimiento socialista en el país. La reacción de socialdemócratas y comunistas consistiría en recurrir al apoyo de movilizaciones populares o sindicalistas, bajo la consigna de huelga general con marchas y concentraciones sobre Praga. Entre agitaciones políticas y algún que otro episodio oscuro y dramático, como la muerte-suicidio de un antiguo ministro de la oposición, Benes renuncia y Gottwald es elegido presidente de la República. El Partido Socialista y el Comunista se unifican y dominarán ampliamente el Frente Nacional en el que participan junto a socialistas nacionales, populistas y los pequeños partidos eslovacos.

Las dificultades fueron menores en Yugoslavia y Albania a pesar de estar más alejados geográficamente de la URSS. El Partido Comunista yugoslavo, bajo la dirección del mariscal Tito, se distinguió durante la guerra mundial pasando a dominar un Comité de Liberación Nacional en el que participaron otros grupos de la resistencia y miembros del gobierno en el exilio. Las elecciones celebradas el 11 de noviembre de 1945 darían la victoria al Partido Comunista con un 90 por 100 de votos favorables. Después de la proclamación de la Constitución, que ponía el acento en el carácter federal del sistema, Tito fue el primer jefe de un gobierno comunista monocolor, mientras los disidentes eran declarados fuera de la ley y perseguidos.

En Albania, tras la retirada nazi, el Partido Comunista albanés controlaría la situación a través de un Frente Democrático. El gobierno provisional, presidido por Hodja, preparó las elecciones de diciembre de 1945, que fueron ganadas por el PC con un abrumador 93 por 100 de papeletas a su favor. En enero de 1946 se proclamaba la República, que se regiría por una Constitución inspirada en la yugoslava.

Bulgaria, Hungría y Rumanía, que habían participado en la guerra junto a Alemania, conocieron en los tres primeros años de postguerra un incremento notable de la influencia socialista. La presencia de las tropas soviéticas y la vigilancia de observadores rusos en los procesos de recuperación política fueron factores decisivos para asegurar una transición semiforzada a regímenes favorables a Moscú. En Hungría, los militantes del PC pasarían de los 2.000 de finales de la guerra a los más de millón y medio de 1948. En Rumanía, la evolución de la nómina comunista fue de 1.000 a 900.000 en el mismo período. Y en Bulgaria, los 10.000 militantes de 1945 eran más de 460.000 tres años después.

En Hungría, la debilidad del partido tendría como consecuencia una acumulación de dificultades para acceder al poder. Contando con el favor de la opinión pública, de la concienciación pro-occidental y de una tradicional aversión a todo lo ruso, el partido de los pequeños propietarios y burguesía nacionalista derrotaría con claridad a socialistas y comunistas en las elecciones de noviembre de 1945. Después de proclamarse la República en febrero de 1946, los comunistas obtienen en una nueva convocatoria el 22 por 100 de los votos. Esta derrota conduce a la unión con los socialistas en 1948 formando el Partido de los Trabajadores húngaros.

Los acontecimientos que culminarían con la dimisión del primer ministro Nagy, miembro del partido de los pequeños propietarios, y la toma del poder político por los socialistas y comunistas, no son suficientemente conocidos. Las fuentes occidentales aceptan la versión según la cual la presencia militar soviética y el control del aparato policial por un ministro comunista determinaron el desenlace. La dimisión de Nagy, la desaparición de Kovacs, jefe del Partido Propietario, y otras depuraciones políticas, en todo caso dejaron el campo libre al control del Estado por los comunistas.

El modelo soviético

Las modificaciones políticas y el ascenso de los partidos comunistas se realizaron en la Europa oriental al mismo tiempo que se llevaban a cabo algunas medidas decisivas para la transformación social y económica del anterior sistema capitalista. La situación inicial, en estos países en los que se había desarrollado una parte sustancial de la guerra, no podía ser más desastrosa. A las pérdidas humanas, como hemos visto para otras naciones implicadas, se añadían las agrícolas, el desmantelamiento industrial y la destrucción de comunicaciones o medios de transporte. La desvalorización de las monedas, las pérdidas de reservas financieras y el endeudamiento eran también considerables en 1945. En los Estados derrotados junto al Eje, la situación se agravaba además por la obligación de satisfacer onerosas reparaciones de guerra, que en todo caso servirían para ayudar a la reconstrucción en otros países como la URSS, Polonia, Yugoslavia...

Las coaliciones gubernamentales adoptarían radicales medidas de confiscación y nacionalización de bienes propiedad de numerosas familias y grandes propietarios colaboracionistas o huidos del país. Se facilitó la reforma agraria con medidas tendentes a potenciar la pequeña propiedad, que tuvieron espectaculares resultados en Polonia (redistribución de más de seis millones de hectáreas) o en Hungría (otros tres millones). La reforma fue menor en Bulgaria o Rumanía, pero igualmente considerable en Alemania Oriental, donde unas 50.000 familias accedieron a la propiedad de más de 3,2 millones de hectáreas cultivables, procedentes de la confiscación de latifundios superiores a 100 hectáreas.

La reforma de la propiedad de los medios de producción en otros sectores como industria, minería, banca o seguros se abordaría según los casos en términos y proporciones variables. Mientras en Checoslovaquia para 1947 el estado controlaba el 70 por 100 del sector secundario y el 50 por 100 del comercio exterior, en Hungría el ciclo nacionalizador encontró mayores resistencias y se extendió hasta 1948. Polonia, por su parte, registraba las mayores vacilaciones dejando algunos sectores para la libre iniciativa, hasta que a finales de 1948 el Estado asume el control de la mayor parte de la economía.

En líneas generales la política económica tuvo que contar en los primeros años con la variedad de fuerzas e intereses coligados. No obstante, desde la llegada al poder de los comunistas, se generaliza el modelo soviético de planificación quinquenal que, dado el abrumador peso de la economía pública, se convertía de hecho en el motor del desarrollo. Las decisiones inversoras, la redistribución de la renta o los objetivos eran de obligado cumplimiento para las empresas del sector público, lo que equivale a decir para un porcentaje que podía ir del 50 por 100 al 80 por 100, según los sectores y los países. Los sectores preferentes, siguiendo el ejemplo ruso, fueron la industria básica y la construcción, que recibieron del 35 al 45 por 100 de las inversiones. En ellos, gracias al enorme esfuerzo financiero y a las restricciones en otros segmentos económicos, se alcanzarían apreciables cifras de producción.

Pero la revolución se aplicó con mayor énfasis en la
reestructuración de la sociedad anterior. Las clases dirigentes del período burgués (nobleza, empresarios, clero,
grandes propietarios...) perdieron su peso económico y
político. Las clases medias, pequeños burgueses y empresarios liberales hubieron de pasar por una dura fase de
readaptación, mientras en el estamento intelectual se ope-
raban frecuentes divisiones. Tradicional cantera de la clase política, los intelectuales y profesionales de la abogacía,
la enseñanza, la administración, etc., vieron cómo obreros
y militantes comunistas, junto a otros revolucionarios, co-
paban los puestos clave en el nuevo Estado.

El campesinado no propietario favorecido por la reforma agraria, sin embargo, tendría que soportar la relegación de su sector económico ante las inversiones priorita-
rias en la industria. En cuanto al proletariado industrial y
a la gran mayoría de las clases urbanas constituyeron desde el comienzo el mejor sostén de los nuevos regímenes,
por su mayor concienciación política y un mejor potencial
revolucionario desarrollado bajo la propaganda marxista
de épocas anteriores.

Alemania: dificultades reprimidas

Desde la separación de las dos Alemanias en 1949, la
trayectoria política y social de la zona comunista no estuvo exenta de dificultades y problemas graves, entre los
cuales los de mayor relevancia fueron las protestas sociales de 1953, que fueron cortadas de raíz con la intervención militar de las tropas soviéticas acantonadas en el país.

La RDA había ingresado en el CAME en septiembre de
1950, y desde 1951 pondría en marcha un ambicioso plan
quinquenal de inspiración soviética según el cual hacia
1955 se deberían superar holgadamente los resultados

productivos de preguerra. El plan contaría con ayuda directa de la URSS, en forma de maquinaria y asesoramiento técnico, que de este modo devolvía una parte de las confiscaciones materiales de postguerra.

Durante el período del plan se llevó a cabo una intensa colectivización del campo y de la pequeña industria, que adquirió la forma laboral de cooperativas de producción. Sin embargo, no se pudieron controlar las rigideces del abastecimiento de algunos artículos y las exigencias patriótico-productivas desalentaron a muchos especialistas que se exiliaron tras los cantos de sirena de la vecina Alemania Occidental. La actuación política del PC, incluida la gestión estaliniana del secretario general, Walter Ulbricht, provocaría una tensa situación al intentar sofocar los restos de las ideologías anteriores. El sentimiento de inseguridad y la labor de agitación de la Iglesia fueron muy señalados durante este período.

Pero el detonante que hizo saltar la crisis en forma de rebelión social generalizada, con los obreros industriales al frente, fue la reiterada exigencia de una mayor productividad impuesta a través de una normativa laboral endurecida. En 1953, al disgusto por las condiciones de los obreros se unió una desafortunada rebaja de salarios, lo que suponía una flagrante contradicción en una república de trabajadores. El sector de la construcción en Berlín Este se declaró en huelga el 16 de junio de 1953 y miles de obreros se manifestaron contra la situación laboral. En unas pocas horas, otras 250 poblaciones seguían el ejemplo de la capital y la protesta adquiría proporciones de insurrección, al crearse órganos locales de poder autónomo que exigieron dimisiones y elecciones democráticas.

La inmediata intervención del ejército soviético, que contuvo la revuelta y obligó al gobierno de Ulbricht a moderar sus pretensiones suavizando la normativa de trabajo y elevando los salarios, redujo el conflicto en los días siguientes. Aprendida la lección, los dirigentes del partido y los líderes sindicales establecieron un cambio de directrices en la programación económica. Se atendió mejor la producción de alimentos y bienes de consumo y se priorizó la consecución de un mejor reparto de la riqueza con el fin de elevar el bienestar social, evitar las fugas hacia Occidente y colocar a la RDA entre los más desarrollados de Europa.

A finales de los años cincuenta, este consenso general, junto a la capacidad de disciplina, trabajo y responsabilidad de los alemanes orientales, habían conseguido que el Estado socialista figurase entre los países más industrializados, e incluso se proyectaban metas tan ambiciosas como la superación de la propia Alemania Federal.

Yugoslavia contra Stalin

Un problema que parecía resuelto en el bloque occidental, cual era la convivencia en un estatus de integración internacional que permitiera, sin embargo, la soberanía de cada Estado y el desarrollo por separado de las peculiaridades nacionales, culturales o religiosas, en la zona oriental se constituyó en motivo de tensión permanente.

La separación radical de los bloques, con aquella caída algo más que imaginaria de un telón de acero, y la influencia asfixiante de la URSS sobre algunas zonas bajo su padrinazgo, iba a provocar la primera y hasta ahora más grave disensión. A pesar de algunos intentos satisfactorios de cohesión estatal, como los proporcionados por el Kominform, el CAME, y los acuerdos bilaterales entre miembros del bloque, las relaciones de la URSS y Yugoslavia se degradaron entre 1947 y 1948, hasta llegar a una práctica ruptura.

Las personalidades de Stalin y Tito contribuyeron de *Stalin* forma poderosa a descentrar las diferencias, convirtiendo *vs* lo que era un inicial punto de vista en una cuestión de Estado, que acabaría afectando a todo el mundo socialista en los peores momentos de la guerra fría. En cualquier caso el problema de fondo, y que afectaba por igual a otros integrantes del bloque, estaba localizado en las pretensiones directivas moscovitas y en las aspiraciones de mantener las mayores parcelas de soberanía posible, por parte yugoslava. Las veleidades autonomistas de Tito se reflejaron en el proyecto de una federación balcánica que elaboró con el líder búlgaro Dimitrov, otro de los históricos del movimiento comunista internacional. Además, la presencia en Belgrado de asesores soviéticos constituía un constante motivo de fricción, al intentar éstos imponer los criterios y la autoridad del Kremlin.

La controversia adquirió resonancia mundial cuando se produjo un enfriamiento de relaciones, con retirada de la ayuda rusa y acusaciones al régimen yugoslavo de desviaciones prooccidentales. El asunto pasó a la Kominform tomando la forma de encausamiento al régimen de Tito. Los intentos de mediación y diversas conversaciones no hicieron más que reafirmar las posiciones personales, con acusaciones y medidas de censura por ambas partes. Yugoslavia sería finalmente separada del concierto socialista oficial con inculpaciones de antisovietismo, dictadura burocrática y alimentar la disensión en el bloque. Otras acusaciones que afectaban a la ortodoxia marxista apuntaron a la imprudente rapidez con que se habían realizado algunas nacionalizaciones o a una excesiva tolerancia con los propietarios agrícolas.

Una vez producida la descalificación de Tito y sus camaradas, la Oficina Internacional comunista instaría al pueblo yugoslavo a enfrentarse al régimen. Sin embargo, los sentimientos nacionalistas y el deseo de mantener el

Estado fuera del alcance de la injerencia moscovita hicieron posible un agrupamiento favorable al líder balcánico.
El V Congreso del partido, celebrado poco después, puso
de relieve un aumento de la popularidad y el carisma de
Tito. Los militantes y funcionarios que se habían manifestado en favor de las tesis soviéticas serían depurados, así
como los elementos militares menos favorables. El modelo yugoslavo pasó desde entonces a constituirse en un elemento de discordancia notable entre las naciones socialistas, manteniendo relaciones y recibiendo ayuda de Occidente, aunque manteniendo las principales conquistas
revolucionarias.

El síndrome de Tito

La controversia yugoslava iba a tener notables repercusiones en el movimiento comunista internacional y en la
cohesión del bloque socialista europeo en particular. En
primer lugar, la economía yugoslava hubo de ser reorien-
tada al interrumpirse las relaciones comerciales con los
demás Estados del bloque oriental, excepto Albania, y hacia 1950 casi un 60 por 100 de su comercio se hacía con
Gran Bretaña, Estados Unidos, Alemania...
   En el interior la política económica yugoslava, tratando
de prestigiar su ortodoxia marxista, fue más rigurosa que
en la propia URSS. Pero al mismo tiempo se mantenían
las aspiraciones de construir un socialismo propio y con
independencia política respecto a las grandes potencias.
   En el seno del conjunto socialista, el «titismo» jugaría
un relevante papel en el momento de ajustar disidencias,
depurar biografías políticas y acentuar la dependencia de
Moscú. En numerosas ocasiones se utilizaría el expedien-
te de relacionar con Tito, o de acusar de agentes del titismo para justificar condenas morales y físicas, a disidentes

del estalinismo. Hasta la muerte del líder soviético, se intensificó esta guerra abierta entre socialistas, creando un clima de fricción y enfrentamiento en el que cayeron muchos militantes acusados de sectarismo o antisovietismo. Menudearon los procesos políticos, que tuvieron enorme resonancia por las escasas garantías jurídicas y por las escandalosas o absurdas autoinculpaciones de muchos afectados.

El efecto negativo de esta persecución se dejó sentir en la propia militancia de base de los partidos comunistas, lo mismo en el bloque que en Occidente. La reducción de efectivos fue de consideración en naciones como Checoslovaquia o Hungría, que mantenían gruesas nóminas de afiliación. Las posiciones contra el titismo sirvieron también para modificar importantes cláusulas constitucionales, intentando reforzar el centralismo y las prerrogativas de las policías políticas.

El plano cultural y religioso no se vería menos deteriorado. La imposición oficial de la normativa estética llamada «realismo socialista» sirvió para repudiar, condenar y prohibir las tendencias más modernas desarrolladas en Occidente, que fueron calificadas de decadentes y antisocialistas. La vida religiosa se vio alterada con el enfrentamiento entre socialismo y catolicismo, reflejado en la ruptura de relaciones con Roma, estatalización de bienes eclesiásticos, cierre de seminarios, conventos o iglesias y control laico de la enseñanza. Sin embargo, en los países en que la militancia religiosa estaba más extendida, se respetaron bajo ciertas restricciones la práctica y los cultos privados. Con el resto de creencias (protestantes, ortodoxos, musulmanes...) que no se habían distinguido por un especial anticomunismo, casi no existieron fricciones serias. En general, desde el punto de vista sociocultural, la reacción contra el cisma yugoslavo iba a suponer un reforzamiento del dirigismo intelectual, un

control político mayor de la vida científica y la atrofia de
las iniciativas académicas o artísticas, fuera de los cauces
oficiales.

La crisis soviética

El periplo de adaptación del bloque al modelo socialista presentaría diferentes matices de aceptación o rechazo,
según sea el grado de desarrollo político, económico o social en cada Estado. Si en Yugoslavia o Albania, como se
ha dicho, los problemas fueron menos aparentes, en Alemania Oriental, Bulgaria o Rumanía se resolvieron mejor,
y en Checoslovaquia tardarían en incubarse. En cambio
serían Polonia y Hungría los primeros en plantear una resistencia nacionalista a la presencia de la URSS y sus fórmulas sociopolíticas.

Las tensiones polacas datan de la gestión del jefe del
partido Gomulka, que tratando de adecuar las posibilidades socialistas a las peculiaridades nacionales, avanzaría
un modelo de inspiración propia, atajado de forma inmediata por el sector del PC más próximo a las directrices
moscovitas. Con la expulsión del líder polaco y su posterior encarcelamiento se inicia una fase de estalinismo
duro, creándose graves conflictos de orden religioso y expedientes de depuración en el ejército y el partido.

La muerte de Stalin y el relevo del estilo soviético señalan el comienzo de una etapa de mejores expectativas y
mayor desasosiego entre las clases populares, en especial
los católicos polacos. A pesar del alto porcentaje confesional en el país, habrían de ser, sin embargo, las degradadas
condiciones socioeconómicas o las nuevas normas laborales y antisalariales las que alumbraron las graves protestas
del verano de 1956. Una manifestación de obreros fue reprimida en Poznan por la policía y el ejército, que causa-

rían varias decenas de muertes, cuando pedían mejores sueldos y menos presión productivista. La respuesta popular se centraría en acciones hostiles a la presencia rusa y ataques a sus representaciones o soldados.

En medio de la conmoción política producida por estos sucesos y bajo la presión soviética, se llegaría a una solución de compromiso mediante la cual Gomulka volvía al poder encabezando un proyecto de comunismo nacional, aceptado a regañadientes por los nuevos dirigentes de Moscú.

En Hungría, los acontecimientos fueron mucho más graves y de mayores repercusiones internacionales. Después de la llegada al poder del Partido Comunista, como hemos visto, su alianza con los elementos militares contribuyó al afianzamiento del estalinismo reflejado en la industrialización a ultranza y la colectivización forzosa del campo. Bajo la dictadura de Rakosi, Hungría desarrolló las mismas tendencias ideológicas que la URSS y atravesó por idénticas dificultades en sus relaciones con la Iglesia, los militantes disidentes o los estamentos intelectuales.

Tras la desaparición de Iósif Stalin y la apertura del ciclo antiestalinista. Rakosi, después de un período de reformas, volvería a retomar un comportamiento autoritario. La nueva actitud no fue bien acogida en la URSS, viéndose obligado a facilitar el relevo en el mando. La revisión de la política dictatorial anterior y las nuevas orientaciones económicas favorables al incremento de los bienes de consumo y a la flexibilización de las colectivizaciones despertaron, no sin motivo, expectativas de una liberalización del régimen. La actitud decidida de escritores y artistas radicalizaría los ánimos en contra de la odiada dictadura y en favor del modelo Nagy.

En octubre de 1956, en plena euforia aperturista, se producen manifestaciones de apoyo a la causa polaca de Gomulka que se considera paralela y similar a la de Nagy.

El movimiento popular deriva hacia peticiones de retirada de las tropas rusas, exigencias de cambio de gobierno y ataques físicos a personas o instituciones oficiales. Fueron quemados edificios y linchados algunos miembros de la policía secreta, mientras el gobierno solicitaba la intervención militar de la URSS. Sin embargo, ésta se habría de producir, en un primer momento, para lograr un consenso mediante el que Nagy fue nombrado presidente del gobierno y Kadar secretario del partido.

No obstante, el levantamiento supera el acuerdo y el nuevo gobierno se ve arrastrado por las movilizaciones populares, en las que se mezclan elementos socialistas radicales con reivindicaciones nacionalistas. Un sector del ejército húngaro se pronuncia a favor de la insurrección, cuando la rebelión alcanza los principales núcleos industriales y adquiere la forma de levantamiento revolucionario dirigido por comités populares.

El 24 de octubre, Nagy reasume el control de la situación y acepta las reivindicaciones de los manifestantes. Tratará de frenar la intervención soviética declarando la neutralidad del país y su salida del Pacto de Varsovia. La situación toma impronta internacional por la petición de ayuda a la ONU realizada en términos patéticos por el premier húngaro, que no recibe respuesta. En los primeros días de noviembre los tanques rusos ocupan Budapest, después de duras escaramuzas, imponiendo un relevo gubernamental. Meses después Nagy sería ejecutado en la clandestinidad, junto a otros dirigentes de la revuelta, dentro del más puro estilo estaliniano.

Mientras tanto, Occidente conocía, entre la incredulidad y la impotencia, las noticias del levantamiento. Los aliados y sus organismos (ONU incluida), con las manos atadas y presos en sus propias contradicciones, se limitaron a azuzar a la opinión contra la Unión Soviética y a desentenderse en el fondo de la suerte final de los húngaros.

to urge, incite, egg on

La «revolución» magiar se saldó con unos 3.000 muertos y 15.000 heridos, y también con el éxodo de unas 200.000 personas, que de un modo u otro habían participado en ella. El nuevo gobierno que presidió Janos Kadar reorganizaría el partido y el ejército, tras de lo cual se abrió un largo periplo de tranquilidad, confirmada en 1960 por una amnistía política que afectó a los implicados de octubre. Sin embargo, habría que esperar a la apertura política de finales de los ochenta, como luego veremos, para que hubiera un reconocimiento oficial de la auténtica dimensión del levantamiento.

Economía y planificación

Desde el afianzamiento en el poder de los partidos comunistas, los países del Este de Europa optaron abiertamente por un modelo económico de planificación. Checoslovaquia, Hungría y Bulgaria comenzarían a aplicar planes quinquenales, inspirados en los de la URSS, en los años 1949 y 1950. Las características más destacadas de los planes eran el control absoluto por parte del Estado y la dependencia internacional de la Unión Soviética.

Se realizaron elevadas inversiones y se fijaron altos objetivos de crecimiento. La industria pesada se vería más favorecida en todos los Estados, pero en particular en aquellos en que apenas existía una tradición fabril anterior. Hungría, Albania o Bulgaria, naciones poco industrializadas, conocieron un apreciable crecimiento del producto bruto del sector, gracias a la dedicación de importantes sumas a este capítulo. En todos los países del bloque, la producción a comienzo de los años cincuenta doblaba o triplicaba, según los casos, a la obtenida antes de la guerra. La renta industrial, desde 1953, era ya entre el 50 y el 75 por 100 del PNB.

Las condiciones sociales mejoraron, gracias a un aumento de los ingresos medios y a una mayor oferta de productos. Para incentivar el salto industrializador se utilizaron métodos importados de la URSS, tales como premios a la productividad y llamamientos sociopatrióticos a la responsabilidad de los trabajadores. Al mismo tiempo se endurecía la legislación laboral, se perseguía el absentismo y se castigaban con duras penas los casos de negligencia o sabotaje industrial. Este conjunto de medidas provocó un incremento importante de la productividad (en más del 50 por 100 en algunos casos), pero la casi nula competencia y las rigideces de la planificación hicieron decrecer la calidad de los productos y disminuir la oferta de bienes de consumo.

La planificación socialista encontró mayores dificultades en el sector agrícola. Los ambiciosos objetivos de los planes quinquenales no se cumplieron en ningún caso y a duras penas recuperaron las posiciones de preguerra. La oposición campesina a los proyectos colectivistas de los gobiernos sería parte determinante del fracaso, haciendo muy costosa la penetración del sector público en la agricultura. Esta situación contribuyó a mantener a los centros urbanos mal abastecidos y al restablecimiento del racionamiento de alimentos, durante los años cincuenta. Salvo la URSS, ningún Estado socialista decretó la nacionalización del suelo. A cambio se desarrolló un modelo de confiscación y apropiación de grandes latifundios, generalmente de terratenientes huidos o condenados, que serviría para poner en marcha una reforma agraria de limitadas ambiciones y resultados.

La URSS después de Stalin

Hasta el más reciente intento liberalizador del premier Gorbachov, la muerte de Stalin, los sucesos que constituyen la crónica de la disputa por su herencia y la fase de reformas posterior son sin duda los acontecimientos más relevantes y que han despertado mayor interés de toda la actual historia soviética. La *troika* de políticos que trataría de asumir el mando tras la desaparición del hombre que fuera venerado como un zar la componían tres hombres de diferente valía, distinta perspectiva política y varia intención. El primero de ellos, e inicialmente llamado a ocupar el más alto cargo del país, era Malenkov, que había sido secretario personal de Stalin y era vicepresidente del Gobierno y secretario adjunto del Comité Central del PCUS.

Al asumir el mando, Malenkov se decidió por sustituir la autocracia estaliniana por una dirección colegiada, en la que Beria controlaba la cartera de interior y Molotov se encargaba del fundamental cometido de las relaciones exteriores. Junto a estos principales dirigentes fueron confirmados en el aparato Bulganin como ministro de Defensa y Nikita Kruschev, que sería nombrado primer secretario del Comité Central del partido.

Esta solución colegiada, que finalmente malogró la carrera política de hombres como Malenkov o Beria, carecía de cualquier alternativa viable tras la desaparición de Stalin. Un hombre cuya personalidad política, con los matices que ya hemos expuesto, llena por sí misma una dilatada fase de la historia rusa y mundial. Como dijera el poeta Evtuchenko, los hombres se habían hecho a la idea de que Stalin pensara por ellos, y sin él se sentían perdidos. Por esta razón, en medio del estupor y desconcierto populares por la pérdida, nadie parecía capacitado ni en condiciones de asumir el riesgo de una sustitución individual.

Los nuevos dirigentes se centraron entonces en controlar la transición asegurando la continuidad del régimen, mediante una serie de reformas formales. O en evitar que una caída brusca del autoritarismo provocara reacciones desestabilizadoras. En los meses que duró la gestión de

Malenkov se pusieron en marcha algunas medidas que
prometían una cierta revisión del modelo estalinista. Se
trataría de mejorar la calidad de vida cotidiana mediante
la disponibilidad de más productos de consumo y la apertura de una fase de mayor tolerancia política y social. La
nueva orientación estuvo encaminada también a mejorar
las condiciones económicas, los servicios y la deprimida
situación del sector agrícola.

Sin embargo, algunas medidas, como la reducción drástica de los precios al consumo en diferentes artículos básicos, que perseguían mejorar la imagen del régimen, produjeron el efecto contrario. El abaratamiento de algunas
especialidades agrarias (carne, patatas, verduras...), sin ser
correspondido con un similar aumento de la oferta de estos productos, condujo directamente al desabastecimiento, la ocultación y el estraperlo de productos de primera
necesidad. Era el fracaso clásico de todo racionamiento
con precios tasados que no cuenta con un ofrecimiento
suficiente de mercancías.

Otros errores políticos y de orientación económica fueron incluidos en la nómina de inculpaciones a Malenkov,
que pronto se vio rodeado de la hostilidad popular y ace-
chado por sus rivales en el Kremlim. Mientras éstos pre-
paraban su caída, habría de ser un tercero en discordia el
que recogiera, desde un inicial segundo plano, el testigo
sucesorio.

Kruschev, que en el último período sólo figuraba entre
los candidatos remotos de la generación de posibles delfines, no obstante empezó muy pronto a consolidar sus aspiraciones a la dirección soviética. Sus actitudes críticas
respecto a la evolución de la agricultura, los abastecimientos y el consumo social, destapadas tras la desaparición de
Stalin, encontraron el favor del Comité Central del partido, a cuya cúspide se encaramó con la aceptación de la
troika moscovita. Los principales nudos de tensión en el

campo se centraban en los salarios bajos, inversión escasa, precios agrícolas artificiales y elevados impuestos y entregas de producto obligatorias, que desalentaban la actividad campesina.

De este modo, las reformas proyectadas por Malenkov, bien intencionadas pero precipitadas y ambiciosas, se volvieron contra él ayudadas por las maniobras políticas que el futuro primer ministro patrocinaría desde el partido. En febrero de 1955, cuando se ve obligado a presentar la dimisión bajo la acusación de pretender profundizar en la megalomanía industrial de Stalin desatendiendo el sector agrícola y el de bienes de consumo, la labor de «pasillos» realizada por sus opositores había logrado un amplio consenso contra su gestión. La derrota de Malenkov ofrece las mismas circunstancias políticas que una peculiar lucha de camarillas dentro de un partido, en el mismo estilo en que se practica en Occidente. Se emplearon para madurarla las técnicas de desprestigio público, los ataques personales y todo género de manipulaciones informativas encaminadas a justificar, ante la opinión y el partido, tan drástico relevo.

El golpe de gracia se lo asestaría personalmente el propio Kruschev cuando, erigiéndose en guardián de la ortodoxia leninista, consiguió en el Soviet Supremo (enero de 1955) la condena de los errores de Malenkov. A continuación se produce uno de los hechos habituales en las purgas políticas soviéticas que las diferencia de las occidentales: en febrero Malenkov realizaba ese «harakiri» político que es la autocrítica, en el que reconocía abierta pero forzadamente su falta de capacidad e inexperiencia. En 1955, Malenkov dejaba el campo libre, era expulsado del Comité Central del PCUS y relegado a un exilio «dorado», pero infamante para sus ambiciones políticas, como director de una central eléctrica.

Peor suerte, sin embargo, le había correspondido al que

fuera todopoderoso jefe de la policía, el georgiano Beria.
Después de haber sido utilizado como hombre duro de la
nomenklatura durante el período estalinista, sería acusado
por su responsabilidad en la represión política y en el terror policial, siendo ejecutado de forma sumarísima en diciembre de 1953, apenas unos meses después de muerto
su padrino político.

[nota manuscrita en margen: Beria fue ejecutado (1953)]

Kruschev y el XX Congreso

Durante el breve interregno de Malenkov, el grupo dirigente, con leves excepciones, se mostraría de acuerdo en
la necesidad de llevar a cabo algunas reformas político-sociales liberalizadoras, de modo que pudieran oxigenarse
las tensiones acumuladas durante la dictadura personal de
Stalin.

Una vez desaparecido Beria, que encarnaba oficialmente el continuismo, se trató de profundizar en el nuevo
rumbo. Después de una apreciable depuración en el Estado y el partido de los elementos más conservadores, acusados de diferentes reponsabilidades políticas, abusos de
poder o antisovietismo encubierto, se concedió una amnistía política. Aunque esta amnistía no contemplaba la
totalidad de los casos, fue entendida como el punto de
partida de un nuevo clima en el que definitivamente habían desaparecido las «purgas», los juicios, los fusilamien-
tos secretos, etc. Una reforma administrativa de importantes consecuencias separó el Ministerio de Justicia de la policía política, que quedó constituida como organismo
independiente afecto a la seguridad del Estado (la KGB).
Otro peldaño sobresaliente en la nueva tendencia fueron
las rehabilitaciones públicas de algunos perseguidos políticos en el período anterior. Entre ellas es de significar la
del reconocimiento de inocencia de los médicos judíos de

[nota manuscrita en margen: reformas de estalinismo]

Moscú, que habían sido inculpados de un complot de «batas blancas» para asesinar a dirigentes del Kremlin.

La sensación de liberalización alcanzaría también a las actividades intelectuales y culturales. Los escritores pasaron al ataque lanzando sus contenidas críticas contra la administración educativa y cultural, o poniendo en tela de juicio la anacrónica estética del realismo socialista. Incluso algunas publicaciones se atrevieron a abordar difíciles temas sociales, como la situación campesina. Pero en términos generales la estructura política, la jerarquización socialista y el liderazgo del partido no fueron cuestionados nunca en público.

Otro de los aspectos de grave importancia, y de rara unanimidad entre los soviéticos, era el de la política internacional respecto al bloque comunista y a los adversarios occidentales. En este plano, Kruschev había jugado excelentemente sus bazas. No sólo dominaba al partido y sus decisiones políticas; también se había ganado la confianza del poder militar con sus promesas armamentistas y había popularizado sus teorías sobre la coexistencia vigilante en sus abundantes viajes por el país. Por primera vez en la Unión Soviética, se trataría con éxito de crear un estado de opinión pública generalizado, mediante la utilización de la prensa del partido, la radio o los viajes propagandísticos. Gracias a estos elementos, Kruschev no sólo consiguió desembarazarse de Malenkov y Molotov, sino que vio reconocida su hegemonía entre otros posibles candidatos de segunda fila, como Bulganin, Kaganovich, Vorochilov... Inmerso en una carrera de revisión antiestalinista, Kruschev protagoniza un gran golpe de efecto en mayo de 1955, al visitar Belgrado y firmar una espectacular reconciliación con Tito.

En los meses siguientes el estalinismo se batía en retirada y, aunque la figura personal del anterior jefe del Estado no era todavía atacada, todo parecía indicar que las preparaciones del XX Congreso del Partido iban encaminadas en esa dirección. Las sesiones tuvieron lugar entre el 14 y el 25 de febrero de 1956, sirviendo para propulsar de modo definitivo al nuevo líder comunista, que se apoyaría en una severa crítica a sus antecesores inmediatos en el poder, de manera especial a Stalin.

Las bases ideológico-tácticas de Kruschev, como luego ha venido siendo habitual entre los dirigentes moscovitas que se han disputado la sucesión, trataban de recuperar algunos de los elementos más positivos del leninismo y de enfrentarlos a gestiones anteriores, que quedaban explícitamente calificadas de anticomunistas. El discurso del 24 de febrero pronunciado por el primer secretario general, que a pesar de llevar la calificación de secreto pronto fue filtrado a los servicios de inteligencia americanos y hecho público sin desmentido soviético alguno, constituyó una ofensiva sin precedentes al culto estalinista. Oponiendo la figura de Lenin a la trayectoria de Stalin, Kruschev denunció agriamente la degeneración de la anterior administración, la incapacidad de Stalin y la falsedad de sus méritos durante la guerra mundial. Puso el acento en la acusación de hostigamiento a los viejos militantes, la intolerancia política y las deportaciones masivas.

Respecto a las relaciones internacionales, Kruschev atacaría duramente el militarismo y la cultura bélica creada por inspiración de Stalin. Citando a Lenin, afirmaría que la guerra no era inevitable y terminaría haciendo un elogio de los beneficios de la coexistencia pacífica. No se olvidó de condenar el papel intransigente y personalista del dictador en el caso yugoslavo, denunciando la manipulación de la información respecto a los socialistas mal avenidos con los intereses del Kremlin.

Los aspectos más sobresalientes de este discurso constituyen una pieza histórica de primera magnitud para entender la problemática interna y el tenso desarrollo político de la Unión Soviética, desde la Segunda Guerra Mundial hasta nuestros días. Puede considerarse no sólo el comienzo de la era Kruschev, sino también la primera victoria parcial del sector más aperturista del PCUS, cuyo eco se alarga hasta el más reciente período de reformas de los años ochenta.

Nuevo estilo en la Plaza Roja

Los aspectos socioeconómicos del Congreso recogieron la evidencia del semifracaso del V Plan quinquenal en el sector agrícola, que se habría visto afectado por graves estrangulamientos entre 1952 y 1953, últimos años del gobierno de Stalin. Se afirmaba, en cambio, el progreso industrial con un 85 por 100 de incremento productivo en el período del plan, aunque con menos aumento de lo previsto en el capítulo de la productividad laboral. Finalmente se recogía una impresión optimista del futuro, gracias a la elevación general de la renta en un 70 por 100, por encima de las previsiones.

Con estos puntos de partida, el lanzamiento del VI Plan (1956-1960) tuvo que tener en cuenta una mayor dedicación a mejorar las condiciones de consumo, el abastecimiento de las grandes ciudades y la situación de obreros y campesinos. La construcción del socialismo, que desde entonces se admitió menos fácil de lo previsto, habría de hacerse sin relegar los grandes objetivos macroeconómicos pero sin desatender la renta social y el disfrute popular de los beneficios.

Por estas razones se modificaron las cláusulas estalinianas en el mundo del trabajo, reduciendo el horario a siete horas, aumentando los salarios en un 30 por 100 y la renta de los koljosianos en otro 40 por 100. Se impulsó la construcción de viviendas, tratando de incluir entre los

objetivos del plan la lamentable situación del hábitat en
las grandes ciudades industriales. Los horizontes para el
incremento de la producción industrial (65 por 100), la
productividad, el consumo o la renta (60 por 100), mantuvieron las triunfalistas perspectivas anteriores, contando con el apoyo de todos los delegados asistentes al Congreso.

Después de su triunfo personal en la asamblea del
PCUS, Kruschev puso en práctica el proyecto de marginación del estalinismo mediante atrevidas reformas. Se ha
dicho que la envergadura de la operación era tal que pasaría a convertirse de un objetivo político en un estilo de gobierno, que no abandonaría al sovietismo durante todo el
mandato de Kruschev. La estrategia se definió por un
acercamiento a las células regionales y locales del partido,
es decir, la militancia más dinámica, en detrimento de los
privilegios y prerrogativas de la burocracia estatal. Mientras se utilizaban los órganos de comunicación para solicitar el apoyo de la opinión ciudadana, se trataba de implantar una descentralización y depuración administrativas, que perseguían debilitar el aparato y someterlo a un
mejor control del partido.

La reforma de la enseñanza, la revitalización de las actividades sindicales y de los soviets de base o la sensación
de mayor libertad pública, fueron reconocidas por los
medios occidentales, que seguían con interés y falsa complacencia toda la revisión antiestalinista. Algunos pasos
firmes que probaban la nueva voluntad política del
Kremlin fueron los procesos de rehabilitación, continuación de los del período de Malenkov. El reconocimiento
de derechos a los pueblos deportados, la mejora de las
condiciones penales y de las garantías procesales, o las reformas en la judicatura y en la reglamentación de los conflictos laborales, fueron medidas paralelas al esfuerzo por
atraerse al sector intelectual disidente. Una mayor tole-

rancia en el mundo literario, sin embargo, no impidió la relegación del Nobel Pasternak, que fue excluido de la Unión de Escritores.

1958-1964. Esplendor y fracaso

Durante su mandato político, Kruschev conoció momentos de oposición, acoso e incertidumbre, en uno de los cuales sus adversarios consiguieron derribarle. En diferentes ocasiones para frenar estos intentos utilizó el recurso de la huida hacia adelante, de modo especial en su espectacular y poco meditado sistema de relaciones internacionales. La ruptura con China y el acercamiento a Occidente pueden dar una idea falsa de la auténtica realidad de este comportamiento, en el que las tensiones con la administración Kennedy (Berlín, Cuba...) tenían toda la apariencia de asideros circunstanciales y peligrosos, para solucionar comprometidas situaciones internas.

Sin embargo, en los años centrales de su gestión le correspondió vivir una de las mejores épocas del desarrollo contemporáneo de la Unión Soviética. La que coincide con un *boom* económico y social de similares dimensiones en los Estados capitalistas y en el resto del bloque oriental europeo. Sin que podamos estar a salvo de la desconfianza que a los observadores occidentales siempre les han ofrecido las estadísticas soviéticas, todas las opiniones coinciden en señalar un considerable incremento de la riqueza material en la URSS en el lustro central del mandato que nos ocupa.

Los esfuerzos llevados a cabo para difundir en el campo la misma emulación productiva que antiguamente se había propagado en la industria, contaron incluso con la presencia activa del propio Kruschev, que recorría pueblos, granjas y koljoses para estimular una revolución productiva que, según las previsiones oficiales, pretendía igualar las gigantescas producciones americanas en el sector. Se reconocen sustanciales avances en este aspecto, pero sin llegar a los objetivos desmesurados de la planificación. La voluntad política que empujaba al afán emulador perjudicó la ancestral independencia campesina, con la creación o transformación de las explotaciones en granjas estatales, llamadas a cumplir al límite las cifras productivas programadas.

A pesar de todo, el VI Plan quinquenal pomposamente lanzado en el XX Congreso y en el que se incluían proyectos de envergadura, como la creación de nuevas bases industriales siberianas, hubo de abandonarse por las tensiones inversoras y financieras creadas entre los distintos ministerios encargados. La crisis planificadora se extendió por casi tres años hasta la aprobación de un programa recambio, esta vez setenal. El XXI Congreso del partido, que había sido reunido con la calificación de extraordinario para el examen del nuevo plan, se entusiasmó con pretensiones que iban desde las habituales elevaciones productivas hasta la superación de los Estados Unidos, como premisa para alcanzar el socialismo.

Desde esta perspectiva, el plan constituye el mejor reflejo del cambio de estrategia en la lucha por la hegemonía mundial. Se abandona la ideología belicista, que aspiraba a derrotar al capitalismo mediante la fuerza de las armas o de la insurrección revolucionaria, y se tratará de derribarlo con sus propios métodos, el desarrollismo produccionista y la evidencia de las virtudes socioeconómicas de la planificación socialista. La significación e importancia que este cambio supone para la situación internacional y la apertura de una fase de distensión, quedaría confirmada con los viajes y entrevistas protagonizados por el premier soviético. En pleno ciclo de lanzamiento de su imagen, Kruschev visitará Estados Unidos, del 15 al 28 de septiembre de 1959. Es también el comienzo de una recuperación del personalismo, como modelo inevitable en los liderazgos del mundo socialista.

El momento de esplendor soviético, con sus programas de modernización económica y sus éxitos en la investigación espacial, es vivido por la opinión internacional, en efecto, como la prueba que confirmaría las excelencias del modelo del Este. Cuando Kruschev y Eisenhower se reúnen en Washington, para reafirmar en público los principios de la coexistencia pacífica, en la URSS han sido desterrados y condenados los métodos estalinistas, se han hecho avances en la tolerancia cultural y se viven momentos de euforia económica y productiva.

El período de Kruschev se caracterizó también por la consolidación de los principales logros soviéticos anteriores en materia educativa, formación profesional, igualdad de sexos y extensión de la sanidad. Todas las fuentes occidentales reconocen en estos campos de la vida social pasos gigantescos y ejemplares, que desterraron del horizonte ruso las lacras más dramáticas del antiguo régimen. Incluso, a pesar del mantenimiento de la hegemonía gran-rusa dentro de la federación de repúblicas, los resultados obtenidos por la aplicación del modelo socialista en las regiones más atrasadas de la URSS constituyen también una de las páginas más positivas de la reciente historia de este país.

Sin embargo, a pesar de toda una serie de pronunciamientos favorables, de la recuperación de imagen y de la paulatina consolidación de la coyuntura económica, el derrumbe de Kruschev, constantemente minado por sus adversarios, se habría de producir en medio de una crisis del modelo planificador. Las pretensiones del VI Plan, a pesar de rozar la utopía en algunos capítulos, no eran inalcanzables en sí mismas. Los crecimientos previstos iban del 8,6 por 100 anual para la industria al 6,5 para la productividad o al 9 por 100 para el total de la renta nacional. Sólo

la agricultura parecía incapaz de llegar al 7 por 100 acumulativo anual, que le exigía la planificación deseosa de
autoabastecer todas las necesidades de consumo del pueblo soviético. En los proyectos destacaba el interés personal de Kruschev por alcanzar un desarrollo semejante a
los EEUU en las ramas de la industria química, electricidad o en la incipiente industria tecnológica.

Algunas de las pretensiones del plan asombran aún después del tiempo transcurrido. Así, por ejemplo, se pensaba edificar 660 millones de m² en viviendas (en los siete
años), producir 90 millones de toneladas de acero, extraer
600 millones de toneladas de carbón y 230 de petróleo
cada año, y se creía en disposición de llegar a obtener cifras espectaculares en la producción agrícola (180 millones de toneladas de cereales en 1965), o en los textiles, cal-
zado, etc. En cuanto a la vertiente social del plan, además
de la construcción de viviendas citada, se habían previsto
importantes rebajas de los precios al consumo y descensos
sustanciosos de la presión fiscal.

La marcha de la producción era tan favorable en los
primeros años que el líder soviético no dudaría en elevar
oficialmente las perspectivas planificadoras, en el marco
del XXII Congreso del PCUS, celebrado en 1961. Las declaraciones optimistas de los dirigentes socialistas, que todavía saboreaban el éxito de su ventaja en la carrera espacial (*Sputnik,* 1957; *Lunik,* 1959; vuelos tripulados en
1961), crearon un espejismo político peligroso cuya primera víctima habría de ser el mismo Kruschev.

Retiro incruento para una época

Mientras se lanzaba la corrección del plan en plena euforia, los adversarios futuros afirmaban sus puestos en el
partido y el aparato. Hombres como Brezhnev, Kossyguin

o Podgorny entre otros, se acercan a la cumbre encarama- *enemigo*
dos en el carro triunfalista del premier y en pleno retroce- *de*
so del conservadurismo estaliniano, que abandona sus úl- *Krusche*
timas posiciones. Los puntos del orden del día del Congreso diseñados para dar brillo y apoyo a la gestión
política de Kruschev, han sido preparados cuidadosamen-
te por estos nuevos dirigentes. La paz internacional y el
desarrollo nacional, una estrategia de defensa disuasoria
por delante de la americana, el mantenimiento de la unidad del bloque socialista, el progreso social y económico
del pueblo, junto al definitivo repudio de las prácticas de
represión política, constituirán la tramoya principal de la
asamblea. Como se ha escrito, de ninguna forma mejor
podía impresionar a Occidente el que había sido hasta
hace poco atrasado país de campesinos analfabetos.

Sin embargo, el escenario de esplendor del Congreso
no podía eludir el recuerdo de algunas permanencias
drásticas y dolorosas. Desde 1960 se apreciaba un endurecimiento de las condiciones represivas, en especial del régimen judicial y penitenciario, con una aplicación inusitada de la pena de muerte a los delitos sociales o económicos, de hasta 160 ejecuciones entre 1961 y 1962. También
sufrió un retroceso la tolerancia religiosa y se cortaron las
«veleidades» intelectuales, cuando pusieron en solfa crítica algunos pasajes de la historia soviética, casos del mencionado Pasternak o el más espectacular Solzhenitsyn con
su denuncia de los campos estalinistas. La rigidez filosófi-
ca y estética del régimen se simbolizó incluso en el cierre
de exposiciones de pintura abstracta, con la implicación
directa y más que anecdótica del mismo Kruschev.

Mientras se acumulaban las tensiones políticas, culturales o religiosas, las previsiones económicas empezaron a *1963*
derrumbarse hacia 1963 con el grave descenso registrado *prob.*
en la producción agrícola. El fracaso productivo fue inme- *econ.*
diatamente aprovechado por los adversarios del inquilino

del Kremlin, que lo achacaron entre otras cosas a la nefasta política desarrollada en las nuevas explotaciones. En efecto, el ambicioso proyecto de «tierras vírgenes» en Kazajstán cosechó resultados decepcionantes con una drástica caída de los rendimientos, al mismo tiempo que fracasaba la planificación agrícola en su eslabón más débil: la coordinación entre demanda y producción.

El rigor de la centralización, las directrices a menudo obtusas de la burocracia del plan o la escasa disciplina productiva, provocarían desajustes notables y discordia permanente en sectores vitales como la distribución financiera e inversora, los transportes, en producciones diversas de bienes de consumo, etc. El plan que, en ausencia del mercado y del precio competencial fijado en las oscilaciones capitalistas, se convertiría en *deus ex machina* de la política económica, fue finalmente el peor enemigo del régimen y de su máximo responsable.

A pesar de una inmediata reacción, Kruschev ya no podría detener la avalancha sociopolítica que se le venía encima. Algunas medidas correctoras introducidas sobre la marcha no impidieron el empeoramiento de las condiciones agrícolas, sometidas a la inercia de una industrialización preferente. El descontento popular, manipulado por sus adversarios, se dirigió con claridad hacia la figura del secretario general y primer ministro. Se divulgaron contra él acusaciones clásicas en anteriores «purgas», como culto a la personalidad, nepotismo, amiguismo, etc., que fueron añadidas a las más severas críticas hechas a sus errores políticos y económicos.

En octubre de 1964 cuajaron todas las posiciones adversas a la continuidad de Kruschev. Es acusado en el Comité Central de concentración de poderes, pretensiones disparatadas, incumplimiento de promesas y desafortunada gestión interna y externa. Denuncias que constituían en realidad la capa más superficial del fracaso en los progra-

mas sociales y económicos. El 14 de octubre es relevado
de sus cargos y se designa a Brezhnev, como primer secretario del partido, y a Kossyguin, presidente del Consejo.

La era de Kruschev llegaba a su fin en medio de la sorpresa de los medios occidentales, para quienes simbolizaba toda una fase llena de esperanzas y progresos, después
del oscuro periplo estalinista. En medio de la decepción
política y personal que habría de producirle su relegación,
Kruschev, sin embargo, fue uno de los primeros beneficiados de un retiro incruento, que los nuevos modos por él
protagonizados habían instituido en la URSS.

El mundo iberoamericano

Descubrimiento después del descubrimiento

Los elementos que mejor caracterizan al mundo iberoamericano son una potencial posesión de riquezas nunca bien explotadas o de las que se han aprovechado siempre intereses ajenos, un componente demográfico auténticamente explosivo y un círculo negro de subdesarrollo, imposible de traspasar en las actuales condiciones políticas. Desde que a mediados del siglo XVI los europeos atlánticos empezaron a colonizar las costas sudamericanas, hasta los atisbos revolucionarios más actuales, sólo desde la toma de conciencia bolivariana podemos empezar a recoger los primeros indicios de lo que puede significar un nuevo descubrimiento de América.

Habría de ser, en efecto, la rebelión de las burguesías criollas las que de norte a sur asumieran en nombre de todos el control y la explotación de las riquezas continentales. De este modo, cuando terminó la secular tarea de expulsar a los europeos, en la Cuba de 1898, los americanos del centro y el sur tenían también perfilado su propio modelo de autogestión. Sin embargo, algo tan importante como el «coloso del Norte» se iba a interponer entre la utopía y el presente. Como habría de decir el presidente mexicano Díaz, no es bueno estar tan lejos de Dios y tan cerca de los Estados Unidos. Tal vez por eso las míticas riquezas han seguido vedadas al galopante vómito demográfico, mientras el atraso, la desigualdad y la pobreza adquirían naturaleza propia en las rosas republicanas más allá del Río Grande.

La historia de la economía en estos países no es otra cosa que una crónica de despropósitos, mala fortuna o delincuencias, muy pocas veces acompañados de éxitos y beneficio social. Los intentos convulsos de industrialización, sin inversiones planificadas, sin el concurso eficiente de técnica o mano de obra cualificada, han estado siempre en manos del capitalismo exterior, en especial norteamericano. La penuria agraria y el escaso rendimiento agrícola de proporciones históricas deviene como consecuencia de la estructura latifundista y degradada de la propiedad, la falta de inversiones o la cómoda exportación del producto, aunque a bajo precio. Allí donde las fuerzas progresistas han intentado algo parecido a una reforma agraria, la contestación de los terratenientes y de los grandes inversores extranjeros ha sido siempre todo lo violenta y aplastante que exigía la defensa de sus inconfesables intereses.

Además, desde las primeras décadas del siglo presente la región latinoamericana constituyó una de las piezas fundamentales de la estrategia inversora de Estados Unidos. La proximidad geográfica, la subdivisión territorial y la debilidad social y política favorecían la posibilidad de

convertirla en suministradora de materias primas y alimentos complementarios que necesitaba la dinámica sociedad yanqui. Después de la Segunda Guerra Mundial, la
penetración norteamericana se incrementó todavía más y
su interés en mantener la relación de dependencia aumentó gracias a la explotación de nuevas riquezas.

Iberoamérica empezaría a abastecer a los USA de las
principales materias y combustibles que hacían posible el
mantenimiento del poderoso ritmo de su economía. Hierro, cobre, plomo, molibdeno, bauxitas, flúor, hidrocarburos, café, frutas, tabaco y un largo etcétera, forman desde entonces el núcleo de aprecio político-económico del
Pentágono por esta zona, y de la exacerbación del ferviente anticomunismo con el que los americanos «distinguen»
a sus vecinos inferiores.

Estos, además de a los exigentes hombres del norte, se
verían obligados a soportarse a sí mismos cada vez en mayores cantidades. La vorágine demográfica que, no por
casualidad, acompaña siempre a la dependencia, a la desigualdad o a la incultura, se cebará en el continente con
dimensiones asiáticas. Los 60 millones de 1900, eran ya
más de 90 veinte años después y llegaban a 140 a mitad
de siglo. A medida que aumentaba la participación iberoamericana en el total de la población mundial y su riqueza se estancaba o era aprovechada por terceros, el
coeficiente de pobreza y subdesarrollo avanzaba dramáticamente. En este periplo se distinguían cuatro naciones
«hegemónicas», que sumaban en cada una de ellas todo
el complejo de dificultades que hemos predicado del total. México, Colombia, Argentina o Brasil, con sus proyectos y frustraciones a cuestas, pueden explicar por sí
solas todo el moderno drama sudamericano. Cobijan a
no menos del 70 por 100 de todos los habitantes del subcontinente y aunque, con toda probabilidad, poseen los
recursos suficientes para romper con la mayoría de las

penurias históricas que arrastran, son también el mejor ejemplo de la desilusión y la fatalidad reinantes en el mundo iberoamericano.

La oportunidad y el fracaso

La ocasión que brindaría la Segunda Guerra Mundial a algunos de estos países, gracias a la debilidad económica y financiera de las viejas potencias, no pudo ser aprovechada por la rápida intervención del águila norteamericana. A pesar de ello, los años de postguerra serían fechas de afirmación nacional-populista en los lugares que pudieron acceder a la propiedad de las grandes compañías extranjeras, que entraron en dificultades como consecuencia de la guerra. Gran Bretaña y Francia hubieron de expatriar sus inversiones o vender sus negocios, para poder atender a la deuda creada durante la contienda. En Brasil, Argentina, Bolivia, México, etc., se pone en marcha un ciclo de nacionalizaciones y expropiaciones que alcanzan alguna entidad en los años de desconcierto euroamericano de postguerra. Ferrocarriles, sobre todo, pero también minas, compañías de electricidad y aguas, teléfonos o plantaciones pasaron a propiedad indígena en un momento de interesante recuperación de la soberanía económica.

Sin embargo, esta fase esperanzadora habría de durar poco y el intento de patrimonializar la riqueza en favor de los propios Estados sudamericanos se vino abajo lentamente bajo la presión conjunta del intervencionismo de Truman y el Plan Marshall. Si desde 1823, con la doctrina formulada por otro presidente americano, Monroe, el continente americano había sido declarado coto privado de los propios americanos, en 1947 el Tratado de Río para la cooperación militar interamericana, firmado por 19 na-

ciones del área, establecía las bases definitivas para consolidar la influencia de Washington.

Desde 1949, las naciones del sur empezaron a recibir
ayuda técnico-financiera tan poco desinteresada y en tales proporciones, que el control de la economía en las
principales de ellas tuvo que pasar por las decisiones de
los centros de negocios del norte. La capacidad económica desequilibró a favor de los USA la relación inversora y comercial, de modo que en los años cincuenta se
afirmaría un modelo de explotación particular. Las inversiones y la ayuda americana se localizaron de forma
abrumadora en aquellos sectores primarios cuya explotación convenía a la neometrópoli, en especial extraccio-
nes petrolíferas, minería o latifundios agrícolas. El mismo criterio centralizador se siguió con la distribución
nacional, consolidándose en los países que ofrecían alicientes petromineros o frutales, y contaban además con
mano de obra dócil, barata y abundante. Panamá, México, Cuba, Perú, Chile, Brasil o Venezuela, entre otros,
disfrutaron de las «oportunidades» que ofrecía la ideología Truman, y vieron alejarse el espectro «subversivo»
del socialismo.

No obstante, muy pocas veces una doctrina tan «des-
prendida» ha conocido incumplimientos de semejante
magnitud. Los bellos párrafos que pueden leerse en la declaración de enero de 1949 del presidente Truman al Congreso, que prometen ayuda para la libertad, cooperación,
incremento de la riqueza y el nivel de vida, fueron clamo-
rosamente marginados. En su lugar se cumplieron con
creces las demás advertencias del discurso, que señalaban
la necesidad de controlar el desarrollo y garantizar la inversión.

De este modo los americanos llevaron a la práctica en la
zona uno de los paradigmas de neocolonialismo más provechoso que conoce la historia actual. Una intervención

de manos limpias, en la que los *marines* sólo aparecen esporádicamente, no cometen crueldades innecesarias y se retiran cuanto antes después de limpiar el terreno. Aunque no se inventaba nada nuevo, al menos se trataba de guardar las formas y de resolver las dificultades, implicando a los sectores nacionales interesados y con el menor gasto de imagen posible .

La evolución política hasta 1959

A finales de los años cincuenta se produjo un acontecimiento en la isla de Cuba que, a causa de las implicaciones globales y particulares de las grandes potencias y sus ideologías respectivas, impulsó a los sudamericanos y su problemática mucho más allá del cerco fronterizo en que les mantenían el neocolonialismo y las oligarquías nacionales. Un movimiento guerrillero, en el que participaron elementos de la pequeña burguesía, clases medias nacionalistas e importantes núcleos de apoyo campesino y urbano, acabaría instaurando en 1959-1960 un régimen anticapitalista con claras derivaciones posteriores hacia el marxismo.

Desde aquella fecha los movimientos de resistencia popular, las guerrillas, el sindicalismo, el papel de los Estados Unidos, los pronunciamientos militares, la subversión y su «contra», el controvertido apoyo soviético o los problemas generales del subdesarrollo iberoamericano han sido permanente actualidad internacional.

La difícil trayectoria de las 20 naciones que componen la llamada América Latina o Iberoamérica, términos que son discutidos por su connotación seudoimperial pero que corresponden de facto a una realidad histórica y facilitan la diferenciación cultural respecto al resto americano, puede entenderse no obstante desde algunos elementos políticos comunes. El subdesarrollo y la dependencia a que hemos hecho referencia, junto al grave problema demográfico, han creado en esta región constantes tensiones sociales y conflictos de gravedad política notable, que se reflejan con exactitud en la inestabilidad crónica de sus gobiernos, sean éstos electivos o militares.

La intervención golpista de los ejércitos en la vida política es una realidad sistemática y nada anacrónica en la casi totalidad de las naciones del subcontinente, que sólo en fechas muy recientes parece estar en vías de superación. Junto a ella la cobertura internacional está garantizada por un organismo de intervención creado con el patronazgo de los Estados Unidos. Se trata de la Organización de Estados Americanos (OEA), constituida en 1948 con el fin expreso de favorecer la coordinación política interamericana. Las fechas de su nacimiento en plena guerra fría, y las más o menos solapadas intenciones de sus fundadores, convirtieron a la OEA en un instrumento apropiado para el control de la zona por los estadounidenses y como plataforma de lucha contra los movimientos revolucionarios.

En el origen de la OEA podemos ver reflejado el período de inestabilidad política y social que seguiría a la guerra mundial. Al finalizar el conflicto cesó bruscamente la demanda europea y se acentuó la penetración norteamericana en el mercado. Este hecho tuvo consecuencias de notoria importancia política, al tener que depender muchos países de un único comprador y de unos pocos productos especializados para la exportación. Este monocultivo de las balanzas comerciales acentuaba la rigidez de los ingresos y prestaba a estas naciones una especial sensibilidad en cuanto al papel hegemónico de USA en la zona.

Las coyunturas depresivas fueron frecuentes en estrecha relación con las oscilaciones de los precios del mercado mundial, de los recortes o controles comerciales y de la marcha de las relaciones bilaterales. Para un país dependiente de muy pocos compradores, como son los sudamericanos, resulta bastante difícil en un momento dado ampliar su cartera de clientes o desviar el curso tradicional de sus balanzas de comercio. Mientras que para un Estado consumidor de productos de diversa procedencia, como son los USA, es más sencillo presionar con boicots, cercos arancelarios o restricciones al consumo, que nunca son tan dramáticas para él como para el país vendedor.

Estos ciclos, hábilmente manejados por el Departamento de Estado norteamericano, podían provocar el aislamiento económico de las repúblicas, obligar al cierre de empresas, elevar el desempleo en una sociedad ya en condiciones muy precarias y crear graves situaciones de inestabilidad social, que al ser responsabilidad del gobierno de turno provocaban su declive o la intervención golpista.

La injerencia castrense por lo general adquiría la forma de dictadura política, en que los mandos militares se encargaban de dirigir el rumbo del Estado, con la promesa de devolverlo a los civiles en cuanto la economía estuviera enderezada. La densidad de los golpes o cuartelazos latinoamericanos es uno de los elementos más caracterizados de la vida política del continente. Su número se cifra por centenares en el presente siglo y es rara la república que no cuente entre sus gobiernos alguno de composición castrense. El promedio de militarización de las repúblicas varía desde las seis de los años veinte, hasta las 10 de 1939 o 13 de 1964. Desde la depresión de los años treinta hasta finales de la década de los cincuenta, 56 militares habían sido presidentes de las repúblicas iberoamericanas.

La intervención militar ha sido siempre contradictoria y difícil de definir desde los bandos en liza. A pesar de haberse pronunciado en ocasiones contra auténticos dictadores civiles, por lo general no han sabido desprenderse a tiempo del poder en favor de los políticos o de la soberanía popular, sino que han pretendido seguir los pasos de los derrocados. Sin poderse desembarazar de un tinte nacionalista y de grandes dosis de demagogia populista, los generales tampoco se han enfrentado con decisión a la hegemonía norteamericana, ni han facilitado el acceso a la vida pública de las grandes bolsas de marginados. Por el contrario, su actuación ha estado bajo la influencia de un acusado sentido de casta, creyéndose con el derecho y el deber de decidir por los demás, mientras creaban un poder incontrolado dentro del mismo poder de la nación.

Además de estas características, las nuevas generaciones de militares sudamericanos profesaban la ideología norteamericana de defensa de las libertades burguesas y aversión al comunismo. El recrudecimiento de las condiciones sociales y los movimientos anticapitalistas del continente encontraron, a partir de los años treinta, un ejército cada vez más próximo al ideario defendido por la OEA bajo la influencia del modelo americano, que pretendía mantener a Iberoamérica a salvo de la propaganda marxista. Por estos motivos, en términos generales puede asegurarse que salvo contadas excepciones el ejército ha sido siempre un elemento intervencionista favorable al mantenimiento de las precarias condiciones de desarrollo y retardador del progreso social.

Populismo y repúblicas bananeras

La situación antes descrita no podía tener otras consecuencias que el desarrollo de movimientos contradictorios que, aunque defendían un proyecto de afirmación nacional, se diferenciaban por el grado de enfrentamiento a la situación de dependencia y por la perspectiva reformadora global.

Los acontecimientos políticos de la década posterior a la guerra mundial son pródigos en intervenciones e intentos de imponer los diferentes modelos políticos, tanto más precarios cuanto más se alejaban de los intereses norteamericanos. Entre 1943 y 1946 hay distintos golpes de estado en Argentina, Bolivia, Ecuador o Perú que suponen la llegada al poder de elementos militares y de clases medias, cuya ideología nacional-socialista se distinguirá en las medidas nacionalizantes y populistas programadas. Desde el ferrocarril a las eléctricas, pasando por la institución de la seguridad social y otras reformas sociolaborales, los nuevos Estados titubean entre las necesidades nacionales y la inmensa presión americana.

Pero con la reafirmación USA tras la guerra, estos atisbos de dictadura popular van siendo sustituidos por golpes palaciegos incruentos de la mano de las diferentes embajadas yanquis. Se detienen las estatalizaciones y las reformas sociales, se marginan a los partidos socialistas o comunistas, y en países como México se institucionaliza la «revolución» que, por lo mismo, deja de ser tal. Detrás de los nuevos golpistas están también los intereses de los latifundios, amenazados de confiscación, y en especial la poderosa influencia de gigantes como la United Fruit Co., o la ITT, con propiedades considerables en Centroamérica.

El derrocamiento del régimen reformador de Guatemala en 1954 es uno de los ejemplos más caracterizados de desestabilización de un sistema opuesto a los intereses económicos extranjeros en la Latinoamérica de postguerra. Al ser elegido presidente, en noviembre de 1950, el coronel Arbenz se propuso llevar a cabo las reformas necesarias para transformar las lamentables condiciones socioculturales del país (83 dólares de renta por cápita, 40 por 100 de la población activa desempleada, 70 por 100 de analfabetismo y control socioeconómico aplastante de la minoría blanca). En 1952 anunciaba un programa limitado de expropiaciones agrarias, que afectaba a los grandes terratenientes y a la United Fruit, que fue obligada a entregar más de 150.000 hectáreas cultivables. Estas decisiones junto al mantenimiento de una política internacional independiente y al reconocimiento en el país de la influencia de los comunistas y sindicalistas, provocarían una campaña de desprestigio del régimen guatemalteco, que sería presentado por la prensa yanqui como caballo de Troya del socialismo.

Una vez que estuvo orquestada esta campaña, Estados Unidos trató de obtener la condena de Guatemala en la Conferencia Panamericana, celebrada en Caracas en marzo de 1954, después de lo cual se embargaban los envíos de armas al gobierno Arbenz, que procedían de la Europa del Este. No obstante, el control de los envíos fue la excusa para una operación de mayor envergadura: la invasión de Guatemala por exiliados entrenados y armados por la CIA. En junio de 1954, el presidente Arbenz dimitía y aceptaba el camino del exilio, mientras su sucesor Castillo Armas devolvía las tierras nacionalizadas, perseguía al Partido Comunista y reprimía a los sindicatos.

La posición norteamericana en el conflicto y su intervención indirecta a través de sus servicios de inteligencia, señalarían el comienzo de una forma de intromisión en Iberoamérica, repetido en el futuro cuantas veces fue necesario. La injerencia yanqui por un lado acentuó los sentimientos nacional-populistas, y por otro reforzó el convencimiento entre las fuerzas socialistas y progresistas de la necesidad de una revolución para modificar la situación económica. Finalmente, confirmó a los grandes latifundistas y a los concesionarios extranjeros, en la conveniencia de consolidar la presencia activa de los americanos en la zona, como factor favorable a sus propios intereses. Los Estados instituidos de este modo y bajo la protección norteamericana adquieren la forma de dictaduras agrarias mantenidas con duras medidas de excepción y con presidentes o parlamentos títeres, que han hecho verdadero honor al calificativo de «repúblicas bananeras».

Sin embargo, contra esta apropiación exterior se formarían frentes nacionales que incluyeron a las clases medias y a los obreros organizados. Desde los años veinte hay agitaciones populares, huelgas y guerrillas que tratan de derrocar a los gobiernos pro-yanquis enfrentándose a las tropas norteamericanas, en lugares como Nicaragua, Haití, Colombia, etc. En los años cincuenta en una isla del Caribe cuajará este modelo de emancipación, que recoge toda la experiencia revolucionaria anterior.

Tres países «libres» y una isla revolucionaria

El marco general de dependencia que hemos apuntado no constituye un todo homogéneo en el cono sur americano. Por el contrario, las naciones con mayor peso territorial, demográfico o económico han mantenido un forcejeo histórico para aligerar o eliminar la influencia del coloso yanqui, desde el mismo momento de su aparición. Entre ellas destacan tres ejemplos característicos de las dificultades que presentó una «convivencia» alimentada con los factores de inestabilidad antes descritos y cuya trayectoria histórica más actual conviene examinar. El resultado de esta resistencia a la penetración USA, en algunos casos dramática, permite separar a estos Estados del estudio conjunto sudamericano y tratarlo bajo el prisma de una relativa libertad de condiciones frente al omnipresente vecino americano. Junto a ellos, la Cuba revolucionaria ha pasado a las páginas de la crónica internacional como el símbolo arriesgado de la contestación del más débil, gracias al aprovechamiento de un conjunto de circunstancias históricas difíciles de repetir.

La revolución se institucionaliza

México es el único Estado iberoamericano de Norteamérica. Pero esta localización meramente geográfica no contribuye en nada a eliminar (en todo caso las agravaría si creemos a Porfirio Díaz) las considerables diferencias con EEUU o Canadá, de los que le separan no sólo los elementos culturales o raciales, sino sobre todo un abismo de condiciones sociales y económicas de comprometida superación. Con algo menos de dos millones de km², estaba poblado a finales de los años cuarenta por más de 25,1 millones de personas. Mantenía una balanza exterior equilibrada gracias a las exportaciones de crudo, pero soportaba duras tasas de mortalidad (más del 20 por 1.000 de media) y un ritmo demográfico explosivo (45 por 1.000), lo que significaba casi el doble de los países desarrollados.

No obstante, México era el único país latinoamericano que había experimentado una profunda fase de reformas sociales y económicas, durante las décadas anteriores. Al período conocido como «la revolución mexicana», seguiría durante los años veinte un ciclo de estabilización política, aplicación de reformas agrarias y proyección de planes de industrialización. A la llegada al poder del presidente Cárdenas en nombre del Partido Revolucionario, se constituyó un Frente Popular con participación socialista y comunista, que se encargará de acelerar el ritmo de la reforma campesina. A finales de los años treinta se nacionalizan los ferrocarriles y las compañías de petróleo, explotados hasta entonces por compañías angloamericanas.

El aprovechamiento de la riqueza petrolífera por parte

mexicana en el momento de la nacionalización apenas alcanzaba al 5 por 100 del total de los ingresos. Mientras el 85 por 100 del crudo era suministrado a Estados Unidos, para su refino, los mexicanos se veían obligados a importar todos los derivados. Estas cifras ayudan a comprender el verdadero carácter que adquirió la decisión nacionalizadora de Cárdenas, al ser la primera vez que se asumía en un país latinoamericano la soberanía sobre los pozos.

Con la muerte de Lázaro Cárdenas finaliza, sin embargo, el período de transformaciones sociales y económicas. Sus sucesores: Manuel Ávila (1940-1946) y Miguel Alemán (1946-1952) detuvieron el proceso reformista, después de que incluso el nombre del partido reflejara el triunfo del ala más moderada de la revolución. El nuevo Partido Revolucionario Institucional (actual PRI) simboliza desde entonces en sus propias siglas la contradicción vergonzante de una revolución claudicante, encauzada y controlada (institucional), es decir, nada revolucionaria.

La política económica seguida por los gobiernos postcardenistas consistió en un abandono de las reformas sociales y una dedicación prioritaria a los planes de industrialización, para lo cual contaron con la financiación de los Estados Unidos. Las contrapartidas en el orden interno fueron una mayor apertura a las inversiones americanas, la creación de un sector industrial dependiente, el estancamiento agrícola y un acelerado proceso de urbanismo hipertrofiado, origen de numerosos problemas sociales.

La vida política fue acaparada por el PRI, reduciéndose el anterior influjo de los partidos de izquierda tradicionales, mientras en el exterior se afianzaba la alianza con los EEUU y se adoptaba una posición neutralista, en la que se mantuvieron relaciones con el Este y un cierto protagonismo entre los no alineados. Las consecuencias de esta estabilidad política fueron el desarrollo de los méto-

dos económicos capitalistas y la creación de importantes
núcleos de descontentos que habrían de estallar en esporádicos levantamientos a finales de los sesenta.

Dictaduras izquierdistas

Brasil es el país más extenso de América del Sur, con
8,5 millones de km², que a finales de los años cuarenta habitaban 51 millones de personas, de las que más del 70
por 100 vivían en los núcleos urbanos y con preferencia
junto a la costa atlántica. Las características demográficas
incluían los peores factores de degradación tercermundistas, representados por la corta esperanza de vida brasileña, que en la década de los cincuenta no llegaba a los cuarenta años.

Sus expectativas de independencia económica residían
en la posibilidad de industrializar la explotación de las inmensas riquezas, conocidas o por descubrir, que encerraba en su amplia superficie. Desde 1930, en que Getulio
Vargas se encaramó al poder después de un golpe militar,
el régimen brasileño de claras resonancias fascistas (eliminación de la oposición, prohibición de partidos, control
de la prensa y poderes dictatoriales de Vargas), asumió el
papel de motor directo de la economía.

En el sector agrícola se potenció la diversificación de
los cultivos para evitar la excesiva dependencia del café
(40 por 100 de los ingresos en divisas) aunque sin empren-
der medidas de reforma que inquietaran a los latifundistas. Se proyectaron complejos industriales de alguna entidad, como las acerías de Volta Redonda, y se acometieron
planes de obras públicas importantes (carreteras, ferrocarril, centrales eléctricas...). La mejora en la situación del
empleo subsiguiente se completó con medidas como jornada de ocho horas, salarios mínimos obligatorios, vaca-

ciones, protección laboral, etc. El carácter populista de esta política económico-laboral atrajo hacia el régimen el favor de muchos trabajadores, a pesar de que se mantuvieron las estructuras de propiedad y las fuertes medidas de control político-social.

Vargas, que durante la guerra mundial, a pesar de su declarada germanofilia terminó por declarar la guerra al Eje bajo presiones norteamericanas, no pudo sin embargo sujetar el descontento político entre intelectuales, estudiantes, capas liberales, etc. En 1945 dejaba el poder en manos civiles, que reformaban la Constitución y legalizaban los partidos. Establecido el turno electoral, no obstante, Getulio Vargas volvería a la política de forma espectacular al ganar las elecciones de 1950 y hacerse de nuevo con el poder: en esta ocasión con el favor democrático de las urnas y el apoyo de los comunistas.

Su nueva posición política le condujo a una acentuación del populismo anterior, cada vez más parecido al justicialismo peronista, en el que las medidas favorables a los obreros en medio de la inflación y los problemas de la modernización del país, le enfrentaban cada vez más a la burguesía y a los intereses extranjeros. El boicot desde 1951 a las compras de café por Estados Unidos, que adujo para ello el alto precio de origen, provocaría una difícil situación a las finanzas brasileñas. El presidente y su ministro de Trabajo, João Goulart (que hubo de dimitir), fueron acusados de demagogos y corruptos, en medio de un alza incontenible de los precios y salarios.

El favor estadounidense se volvió también contra Vargas, disgustado por la creación del monopolio estatal petrolífero Petrobraz, que resultaba amenazante para las inversiones exteriores. A pesar de ello continuaría la financiación americana de los proyectos brasileños, de modo que el plan quinquenal diseñado para promover la industria básica en 1951 contaba con créditos y asesoría estadounidenses. A cambio, en 1952, ambos Estados firmarían un tratado de ayuda mutua, en el que se incluían facilidades para la obtención de materias primas por los USA y sustanciosos envíos bélicos para Brasil.

La favorable perspectiva internacional no impidió un endeudamiento galopante del sistema, difícil de equilibrar por la crisis cafetera. En medio de estos obstáculos. Vargas reafirma su política social populista y, ante la presión conservadora y la crítica pública, cede a la tentación de actos delictivo-dictatoriales. Un atentado fallido contra el periodista Lacerda, promovido por el jefe de la seguridad presidencial, colma la paciencia del ejército, que le conmina a la dimisión. El 24 de agosto de 1954, después de pronunciar por radio un testamento político en el que denunciaba «a las fuerzas e intereses contrarios al pueblo», se suicidó.

La teatralidad patética de este final y la emoción popular por el líder acosado hasta el suicidio, facilitarían la continuidad del «getulismo» en el relevo a favor de sus discípulos políticos: el nuevo presidente Kubitschek y el vicepresidente Goulart, que ganaron las elecciones de 1955. Con ellos, que contaron con el apoyo de la izquierda, se afirmó el interés por un desarrollo nacional que favoreciera la industrialización brasileña y la consolidación de unas relaciones internacionales independientes, fuera del alcance exclusivo de los norteamericanos. Este deseo no impidió, sin embargo, la alineación de Brasil junto a los EEUU en los proyectos anticomunistas sudamericanos, surgidos tras la alarma que causó la revolución castrista.

La gestión de Kubitscheck, que se extendió hasta octubre de 1960, se iba a caracterizar sobre todo por el ciclo desarrollista que favoreció la afirmación de la nueva burguesía industrial. Los planes para favorecer el despegue de la construcción naval, obras públicas, químicas, electrodomésticos, papeleras, industria mecánica o automovilística, conocieron un protagonismo notable en la segunda mitad de los cincuenta. En 1960, la fundación de Brasilia —un proyecto discutido y ambicioso— en el interior del inmenso país simbolizaba toda una época económica en que parecía posible y se empezaba a hablar de un «milagro brasileño».

El Brasil de las décadas de los cuarenta y cincuenta se debatió entre corrientes políticas convulsas a favor de las dictaduras o del populismo, según los modelos en boga y las necesidades de su aplicación nacional. Haciendo honor a su potencial demográfico y económico, trataría de hacerse oír por el gigante americano desde una posición no meramente dependiente. Para ello, sus gobernantes se vieron obligados a apoyarse en los intereses populares y alentar el nacionalismo latente en las clases medias o en la incipiente burguesía industrial. Pero, como contrapartida, tuvieron que enfrentarse a las viejas oligarquías aliadas de los norteamericanos y a los sectores más reaccionarios del ejército, que no les perdonaron sus actitudes proclives a la demagogia. En este caldo confuso, la indecisión y las rectificaciones dieron el tono global de la época, sin que nadie se atreviera a promover auténticas reformas de fondo o a atacar con decisión las desiguales estructuras sociales del país. Los terratenientes y grandes comerciantes conservaron intacto su poder en medio de la agitación populista, con lo que pudieron aprovechar las ocasiones favorables para enderezar la situación, cuando a finales de los 60 se abrieron las puertas de su turno.

La magia popular peronista

El recorrido político-social y económico que acabamos de seguir para Brasil, encuentra una semejanza nada sorprendente en la nación argentina. La república sudameri-

cana de Argentina ocupa una superficie bastante menor
con sus pocos más de 2,779 millones de km², para una población de 20,3 millones en 1959, pero por sus restantes
condiciones y su situación geopolítica pasará por fases de
notable coincidencia con Brasil, durante la década de
postguerra.

En los años treinta los militares argentinos habían inau-
gurado con un golpe de Estado la serie de pronunciamientos con que la tropa de aquel país distinguía a sus conciudadanos hasta los tiempos recientes. Aquélla, como se ha
escrito, fue una primera intervención difusa y ambigua en
la que los partidarios de una renovación nacionalburguesa
competían con los generales partidarios de los intereses
agrarios exportadores de la vieja oligarquía. En los años
treinta y al comienzo de la guerra mundial la corriente nacionalista civil o militar había evolucionado hacia fórmulas
prefascistas aunque fueron equilibrados por el neutralismo
activo del gobierno y por el populismo de una parte considerable de los intelectuales y obreros argentinos.

La actitud de la Administración facilitó un apreciable
incremento de las ventas a los aliados, en especial a la
Gran Bretaña, cuyos intereses económicos en Argentina
se habían ramificado por el ferrocarril, las eléctricas y
otros rentables negocios, en la década anterior. Pero esta
coyuntura favorable beneficiaba sólo a los grandes propietarios agrarios, sin que ayudara a consolidarse un semejante desarrollo industrial deseado por los grupos nacionalistas y la derecha urbana.

Las tensiones entre ambos grupos se encarnarían en un
grupo de jóvenes coroneles, de los cuales pronto destaca-
ría Domingo Perón, que admiraban al fascismo italiano y
simpatizaban con las apetencias y el modelo hegemónico
alemán. El 4 de junio de 1943, aprovechando el descontento originado por la escasez y el alza de precios, un «movimiento de coroneles» derrocaba al gobierno de Ramón

Castillo y se hacía con el poder. Desde el primer momento las proclamas y las intenciones de los sublevados evidencian un estilo netamente fascista con aspiraciones imperialistas en la zona sur del continente, amplia represión política y exaltación nacional.

La política económica que propugnan los golpistas obedece al mismo perfil, con decisiones autárquicas de industrialización, control de precios, fomento de los recursos argentinos y medidas salariales para integrar a los trabajadores. Junto a la renovación económica, el levantamiento se propuso la reforma moral y política de la nación, en el más puro estilo nazi, sin detenerse en reprimir a extranjeros sospechosos o no, a judíos, y oposición política democrática o de izquierdas. A la cabeza de esta mixtura de fascismo, nazismo y franquismo, como ha sido calificada, pronto llegaría el coronel Perón aupado por la presión del grupo más agresivo del ejército.

Perón, que desde su puesto de ministro de Trabajo en el período anterior se había ganado la confianza de los trabajadores por sus medidas de protección social y laboral al mismo tiempo que se enfrentaba a los propietarios terratenientes, asumió la presidencia en 1946 gracias a su triunfo electoral de aquel año obtenido con el fervor popular.

Sin embargo, los años finales de la década contemplaron un empeoramiento de las condiciones económicas. El drástico descenso de los precios del mercado internacional en los principales rubros exportadores argentinos (carne y cereales) provocaría la necesidad de medidas extremas. El gobierno peronista trazó un plan de estabilización con reducción de gastos presupuestarios, incremento de las fabricaciones industriales y mejora de los incentivos a la inversión extranjera. En buena medida, el plan venía a ser una cura de humildad para el orgullo nacionalista, que se vería obligado a reconocer la ayuda norteamericana frente a anteriores veleidades independentistas.

Al mismo tiempo la recesión se cebó en las clases menos protegidas, que vieron reducirse sus rentas salariales a medida que la inflación alcanzaba tasas por encima del 39 por 100, siendo necesario aumentar la censura y la intervención policial contra los intelectuales y grupos de oposición. De otro lado, Perón no tardaría en perder dos apoyos vitales. El de la Iglesia, con quien se enfrentó por razones de enseñanza y protagonismo ideológico, después de instituir el divorcio y el matrimonio civil. Y el del ejército, al que recortó su presupuesto y se mostraba incómodo con la demagogia social peronista. Durante el verano de 1955, la conjunción de dificultades económicas, presiones de la oligarquía y animosidad de Iglesia y ejército se concretaron en un levantamiento militar que terminó con la defenestración del general y su posterior exilio a España.

El final del régimen de Perón significaría la revancha de los grupos políticos de oposición, de los grandes propietarios y de los intereses extranjeros, a los que el justicialismo peronista, sin condenar abiertamente, había llegado a incomodar. El peronismo, a pesar de su corto y convulso periplo en el poder, ha sido sin discusión uno de los movimientos sociopolíticos de mayor envergadura e influencia de la historia contemporánea argentina. Sus fuertes connotaciones fascistas, aminoradas a medida que afirmaba su alianza con las clases industriales y se veía obligado a contar con el reconocimiento internacional, no impidieron que la oferta de una «tercera vía» entre capitalismo y comunismo fuera transmitida en clave de independencia económica, justicia social y nacionalismo. El modelo peronista fue además un producto ideológico de exportación, aceptado en no pocas repúblicas sudamericanas que padecían los mismos problemas de relación dependiente con el coloso yanqui.

Pero el triunfo histórico del justicialismo, en su vertiente sindical, lo constituyó sin duda el acierto en el tratamiento sociolaboral de las masas argentinas. Su encuadramiento en sindicatos obligatorios, totalmente dirigidos por el gobierno, no mermaría una adhesión obtenida con concesiones y repuntes demagógicos pero sumamente eficaz. Perón contó en todo momento con el apoyo activo de los trabajadores, cuya presión incluso facilitó su excarcelación en octubre de 1945, después de lo cual ganaría con holgura las elecciones.

En la estrategia social y nacional del peronismo desempeñó un audaz y afortunado papel la mujer del dictador, Eva Duarte, con la que se casó después de que ésta probara sus excelentes dotes de agitadora de masas en la campaña por su liberación. Personaje legendario, polémico y controvertido de la historia de Argentina, Evita se convirtió en el símbolo emocional de las necesidades y sufrimientos de las clases desprotegidas, y en la coartada más eficaz de un régimen que, mientras aseguraba apoyarse en los «descamisados», consolidaba importantes fortunas personales y ayudaba a la formación de una nueva clase reaccionaria.

... Y la historia le absolvió

En julio de 1953, una pequeña partida de exiliados cubanos dirigida por el abogado Fidel Castro fracasaba en el intento de tomar al asalto el cuartel santiaguero de Moncada. Algunos componentes del grupo murieron en la acción, mientras otros, como el propio Castro, eran sentenciados a distintas penas de prisión. Ante el tribunal encargado de juzgarle, y en previsión de una más que probable condena, Castro se defendió con un rotundo y profético «la historia me absolverá...» .

La pequeña isla de Cuba (114.524 km² y 5,4 millones de habitantes en 1949) ha desempeñado en la historia contemporánea del continente americano un protagonismo que sobrepasa en principio al que podía suponérsele, dado su escaso peso específico en el área. Ya a finales del siglo pasado la guerra de independencia contra España, que contó con la colaboración interesada de los EEUU, alcanzaría en la metrópoli una repercusión tan grave como para iniciar un período de renovación y quiebra, de extraordinaria importancia en la historia española. Medio siglo después el movimiento revolucionario que culminaba con la llegada de Castro al poder, supondría la extensión al mundo occidental del ideario socialista hasta entonces constreñido al Este europeo o al continente asiático.

Entre ambos acontecimientos que marcan las coordenadas más destacadas de la actual historia cubana, el modelo político y socioeconómico de la isla verde estuvo señalado por la influencia norteamericana y por la penetración de los intereses económicos de la misma nacionalidad. La riqueza fundamental cubana, la exportación del azúcar de caña, cayó muy pronto, tras la salida de los españoles, en manos de los inversores del norte, mientras el comercio interior y la enseñanza religiosa permanecía en manos de los antiguos colonos.

El nacionalismo en Cuba no tenía la misma proporción que en otros lugares de América Latina, pero serviría después de la independencia para resistir la tentación anexionista de los cercanos EEUU. Durante los años veinte las excelentes cosechas azucareras permitieron un período de esplendor, hasta que la depresión mundial provocó un espectacular descenso de la demanda. La gestión del presidente Machado (1925-1933) se hizo insostenible a medida que la crisis se agudizaba y la administración se corrompía o apoyaba con exceso los intereses de las grandes empresas. Partidos políticos, clases medias, estudiantes y militares descontentos formaron el bloque de oposición que en el verano de 1933 provocaron la salida del gobierno.

El golpe, uno de los más surrealistas de toda la historia americana, fue realizado por una coalición de soldados y estudiantes, entre los que descollaba el sargento Batista, quien tras depurar al ejército asumió el poder. La era Batista (1934-1958) tuvo unos comienzos esperanzadores para la joven república. Se mantuvieron las distancias con los USA, se promulgó una constitución liberal y se autorizaron las organizaciones obreras y las actividades del Partido Comunista. La constitución de 1940 normalizaría el régimen, estableciendo el sufragio universal y el sistema parlamentario.

Batista

En política económica Batista se decidió por acciones intervencionistas en la industria azucarera y por poner límites a la inversión exterior. La diversificación de las exportaciones, en especial de níquel durante la guerra mundial, y el aumento del precio del azúcar permitió a la economía cubana recuperarse del anterior período de crisis. El conflicto fue también la ocasión para estrechar las relaciones con los Estados Unidos e incrementar la presencia militar yanqui en la isla.

Sin embargo, la creciente prosperidad y la llegada de nuevas inversiones USA provocarían el relajo y la corrupción de la administración, en la que apareció implicado el mismo presidente. La creciente impopularidad de Batista le hizo perder las elecciones de 1944, pero sus sucesores no mejoraron en absoluto el panorama y la degradación institucional.

A pesar de ello, la imagen exterior de Cuba era espléndida y mientras tanto seguían afluyendo las divisas por las ventas de azúcar o por el turismo de la vecina Norteamérica. Pero la riqueza propia o ajena no impedía la enorme separación de beneficiados. Junto a las playas y las ciudades de vida opulenta, una multitud de campesinos y obreros desposeídos alimentaba el descontento de un sector mayoritario. En 1952 Batista utiliza la situación social y las

acusaciones contra el gobierno para, con un repetido golpe militar, asumir de nuevo el poder.

En esta segunda oportunidad, el ahora coronel Batista
trataría de seguir el camino de los populismos del área con
acercamiento a algunas reivindicaciones sociales, mientras
afirmaba una gestión personalista en el poder. La nueva
Constitución (1952) y la promesa de elecciones fueron
otros tantos señuelos para entretener a la oposición, mientras Batista aumentaba su fortuna y poder personales. La
connivencia con los norteamericanos es cada vez más extrema y durante la segunda gestión del coronel llega a su
cima la penetración USA en la vida caribeña. El 47 por
100 de los campos cultivables pertenecen a empresas estadounidenses, y las minas o escasas industrias son también
propiedad yanqui. Mientras el analfabetismo alcanza al 40
por 100 de la población y la posibilidad de trabajar para
los agricultores temporeros se reduce a los tres meses de la
«zafra», La Habana es conocida mundialmente como el
prostíbulo de los EEUU. Remanso de juego y diversión
para la alta burguesía americana, la capital de la isla cae
bajo la colonización económica y cultural USA, desper-
tando el rechazo de la pequeña burguesía, las clases medias y los intelectuales nativos.

Fidel Castro, hijo de un hacendado cubano de origen
gallego, era un abogado candidato a concejal en La Habana, cuando Batista con su segundo golpe frustraría las
elecciones. En su ideario político se mezclaban los sentimientos nacional-populistas con algunos postulados bási-
camente socialdemócratas. Aspiraba, como la mayoría de
los cubanos patriotas conscientes, a una total independencia económica, mediante el desarrollo y diversificación de
la riqueza de la isla. Aunque aceptaba el juego político
electoral, desconfiaba profundamente de los partidos corruptos cubanos o del oscilante y ambiguo Partido Comunista. Después del golpe de Batista, su sentido de la acción

política se radicaliza, organizando a su vez un intento armado de derrocar al dictador.

El fracaso del asalto al Moncada pudo haber costado la vida a Castro y a sus compañeros de aventura, pero gracias a diferentes presiones y al deseo de Batista de no empeorar su credibilidad, la sentencia se redujo a quince años de presidio, de los que una amnistía les sacó a los dieciocho meses. Una vez exiliado en México, Castro continuaba su conspiración con un nombre que recordaba el fallido primer intento: el «Movimiento 26 de Julio» que pronto contaría con recursos y hombres entrenados para un nuevo y más ambicioso ataque.

De este modo, en diciembre de 1956 desembarcaban en Cuba 84 miembros reclutados en diversos países, que no obstante fueron diezmados apenas llegados a la costa. Solamente 12 supervivientes, entre los cuales el mismo Castro, su hermano Raúl y Ernesto Guevara, lograban ponerse a salvo en Sierra Maestra, al sur de la isla. Desde allí, utilizando la táctica de guerrillas y contando con la ayuda de los campesinos, sostuvieron una campaña de dos años contra las tropas de Batista. Durante ese tiempo el grupo fue recibiendo la aportación de voluntarios y el reconocimiento paulatino de los otros grupos opositores, entre los cuales estaba el PC cubano.

A finales de 1958, Fidel daba la orden de avanzar sobre la capital al ejército guerrillero, que confluyó desde tres puntos distintos sobre La Habana sin encontrar oposición. Batista huiría en la mañana del año nuevo de 1959, tres días antes de la llegada de la columna que mandaba el Che Guevara. La expectación y simpatía que la revolución había despertado entre la opinión americana sirvió para popularizar a los rebeldes en todo el mundo. Fidel Castro se convirtió en primer ministro y pronto tomó las primeras medidas sociales y económicas, recibidas con entusiasmo por la mayoría de los cubanos. La reforma agraria a

costa de las grandes haciendas, la reducción de alquileres,
o la congelación de precios y el cierre de los casinos, junto a los procesos implacables contra los partidarios y la
policía de Batista, dieron el tono del programa castrista en
el primer año revolucionario y empezaron a dividir a la
opinión internacional respecto al régimen cubano.

La contrarrevolución económica

El pragmatismo liberal americano cree que un desarrollo
proporcionado del sistema capitalista, inspirado en el propio ejemplo histórico de Estados Unidos, es suficiente para
detener el avance del comunismo en el mundo. Evitando
las bolsas de pobreza generalizadas, el mantenimiento de
elevadas tasas de desigualdad, y favoreciendo el despegue
económico, según esta versión desaparece el caldo de cultivo social en el que se incuban las ideas revolucionarias.

El equipo ministerial del que se rodeó John Kennedy
en los años de su gestión, alarmado por el caso cubano,
aunque sin bajar la guardia militar ante el posible avance
del adversario comunista, optaría por planificar el desarrollo de las economías sudamericanas, de modo que una
elevación general de las rentas hiciera inmune a los latinoamericanos a la propaganda revolucionaria. De acuerdo con estas previsiones, en 1961 se firmaba en Uruguay
la denominada Carta de Punta del Este, entre los EEUU y
los países iberoamericanos, salvo Cuba. En la Carta se
aceptaban las tesis fundamentales de una Alianza para el
Progreso, en los términos que acabamos de señalar. Este
programa de ayudas económico-financieras se convirtió
desde su puesta en marcha en el más ambicioso desde el
Marshall de los años cuarenta.

La Alianza sobreviviría a la administración Kennedy,
pero, envuelta en la crisis de los setenta, se puede conside-

rar fracasada hacia 1974. De hecho significó un aumento descomunal de las inversiones USA en el sur del continente, puesto que los 13.500 millones de dólares registrados a nombre de entidades USA en 1960 se habían convertido a finales de los ochenta en 130.000 millones. Pero las condiciones políticas exigidas y la imposición de un modelo económico obligado terminaron por asfixiar las posibilidades de un auténtico desarrollo autónomo que los más acérrimos defensores de la Alianza prometían.

No hubo un avance socioeconómico en los sectores marginados y potencialmente revolucionarios, sino enriquecimiento de minorías dirigentes y traspaso de sustanciosos beneficios a las multinacionales USA. Tampoco se dio, salvo casos aislados, un desarrollo apreciable y diversificado en los distintos sectores económicos, ni por tanto se aminoró el abismo con los países desarrollados. El Consejo de las Américas, constituido por iniciativa de David Rockefeller en 1965, se encargaría además de modular la política financiera estadounidense y de exigir al gobierno las garantías político-militares suficientes para salvaguardar los capitales privados del programa. De este modo se consolidaron los escalones del capital americano en la zona, mejorando sus posibilidades de explotación de las riquezas y recursos del continente.

Entre algunas de las condiciones impuestas y que produjeron efectos desfavorables al progreso que supuestamente se pretendía, estaba la de consignar destinos obligados a los préstamos concedidos. De este modo, una gran parte de las cantidades concedidas entre 1961 y 1974 servirá exclusivamente para pago de intereses y rescate de la deuda anterior. Pero la suma más importante, del orden del 50 por 100, fue empleada en crear bases productivas inadecuadas y obsoletas, compradas a multinacionales norteamericanas, que finalmente fueron las mayores beneficiarias.

El programa de la Alianza, además, serviría para crear una corriente de optimismo financiero basado en el papel garante de la Administración USA para la devolución de préstamos. Como consecuencia el monto de la deuda externa y su peso en las economías sudamericanas se incrementó hasta límites insostenibles en los años posteriores.

El mundo en desarrollo

Hombres, mercancías y ciencia

Los principales indicadores económicos y las variahles demográficas señalaron en la década de los cincuenta un importante cambio de tendencia, que hizo posible no sólo la recuperación de la economía mundial sino el comienzo de una etapa de desarrollo sin precedentes en la historia anterior. La prosperidad de los países occidentales, en especial el grupo capitalista europeo y los Estados Unidos, Canadá, etc., se consolidó bajo dos supuestos. En primer lugar, la afirmación del modelo de libre mercado y empresa, diseñado conforme a los principios capitalistas del beneficio como motor de la economía. Y en segundo término, la extensión del consumo a la mayoría de la sociedad, a través del pleno empleo y la inundación de los mercados con productos de diversa índole y factura consumista.

Desde entonces la ecuación consumo igual a beneficio y su correlato mercado igual a empresa, formarían parte de la cultura económica del mundo occidental. Los problemas que los ciclos depresivos del mercado siguieron creando, o los que traían consigo las reclamaciones de mayor participación social de los obreros, se trataron de integrar en una fórmula sin fin que respondía a cada tirón social con una ampliación de la productividad y el mercado.

Dentro de este esquema general, el liderazgo americano se mantuvo incontestado a pesar de que el fenómeno de la integración europea pudo en el sueño de alguno inquietar su hegemonía. Pero el impulso comunitario no terminaría de adquirir la fuerza de despegue suficiente como para romper con la atracción gravitatoria de Estados Unidos, a la que estaba unida por fuertes lazos económicos y militares.

El protagonismo social pasó a ser una disputa entre los anteriores beneficiados y nuevas capas medias y de obreros cualificados, que pudieron acceder a una etapa de prosperidad limitada, favorecida por las concepciones del desarrollismo, para el que la extensión y popularidad del consumo es cuestión vital. Símbolos del proceso lo constituyeron en esta década de los cincuenta y posteriores, el automóvil, la televisión, los electrodomésticos, el turismo..., es decir, todos los objetos mercantilizados que se convertirían en signos de un utópico capitalismo popular, situado entre el señuelo de los alicientes superficiales del sistema y su propio peligro de constricción a la vuelta de cada crisis.

La prosperidad económica pronto hizo olvidar las penurias y escaseces de épocas pretéritas asentándose en los pilares de un comercio internacional vivificado y disciplinado por el orden monetario de Bretton Woods. La tasa anual de intercambios comerciales crecería durante los cincuenta a un ritmo superior al 6 por 100, lo que supondría un enorme tirón para la recuperación productiva en la mayoría de los casos. Entre 1950 y 1960 el crecimiento del producto nacional bruto sumaba elevaciones medias del 7,5 por 100 en Alemania Occidental, del 6 por 100 en Italia, del 5,1 por 100 en Suiza, del 5 por 100 en Holanda, 4,5 por 100 en Francia... Estados Unidos, Canadá o Gran Bretaña, avanzando a un ritmo menor superaban también las tasas de ciclos anteriores. En términos generales los países pertenecientes a la OCDE, es decir casi todo el bloque no socialista, elevarían su producto económico nacional en un 42 por 100, lo que representaba hasta entonces el período más sostenido de crecimiento económico registrado desde la revolución industrial.

En Europa occidental, el crecimiento de la prosperidad mantuvo una tasa más elevada que el de la población. El continente se encaminó entonces hacia un modelo de sociedad envejecida y opulenta, en la que la necesidad de importar mano de obra se haría cada vez más patente. Este fenómeno, unido al de la facilidad para obtener materias primas y recursos energéticos a bajo precio, indujo a los europeos a cambiar la estructura básica de su economía haciéndola depender de la importación de crudo procedente del mundo árabe. En los años cincuenta, más del 80 por 100 de los hidrocarburos consumidos en Europa occidental llegaban por la vía del canal de Suez. Esta dependencia sería fuente de importantes tensiones y enfrentamientos, como tendremos ocasión de ver.

El área socialista vería, asimismo, consolidadas sus economías durante estos años, gracias a un similar impulso industrializador y a los intercambios internacionales, desarrollados con preferencia entre los Estados del bloque comunista. La recuperación china, con el milagro japonés, fueron los dos aspectos más destacados de la general prosperidad de los grandes en la región asiática. Los países socialistas, tras la muerte de Stalin y bajo el influjo de la

experiencia china, dedicarían mayor atención a la agricultura procurando restablecer la calidad de los abastecimientos básicos. Las consecuencias de este cambio de
orientación se reflejaron en un aumento espectacular de la
producción agrícola y en una mejora sustancial del bienestar campesino. Entre 1953 y 1958, el sector agrícola incrementó su producto en más de un 50 por 100, equilibrando un tanto el atraso respecto a los occidentales.

agric.
en los
países
comunish

A pesar de estas consideraciones, lo mismo en Oriente
que en Occidente, el impulso industrializador era imparable y conseguiría convertir a este sector en símbolo del definitivo triunfo de la modernidad. Una de las consecuencias inmediatas de este proceso fue el reforzamiento de las
corrientes migratorias que se dirigían a la ciudad, buscando un trabajo en las nuevas fábricas. Los años cincuenta se
convirtieron entonces en los de la revolución urbana.

Los movimientos de población por motivos laborales
sustituyeron a las deportaciones o exilios político-sociales
de períodos anteriores. Entre 1946 y 1961 la Europa desarrollada ya ha detenido su tradicional saldo negativo migratorio y gana población laboral a costa de los éxodos
mediterráneos. Durante los años de desarrollo, alrededor
de nueve millones de personas de escasa o nula cualificación asumen los trabajos más penosos de la CEE. Sus lugares de origen son las áreas subdesarrolladas del «mezzogiorno» italiano, Grecia, Yugoslavia, el sur español y portugués, Turquía, o el norte de África, que cuentan con un
mayor potencial demográfico y un menor grado de desarrollo de la oferta laboral. Hacia 1970 había ya en Alemania Federal más de tres millones de emigrantes, en Francia más de 2,7 millones, en Suiza cerca de uno, y otras cantidades menores en Bélgica, Holanda, Gran Bretaña, etc.

El impulso urbanístico, en cuya construcción trabaja-
rán una mayoría de estos emigrantes, no se detendrá en
períodos posteriores. El crecimiento desproporcionado

de las ciudades y sus cinturones industriales, la ocupación masiva de espacios vitales, eran fenómenos conocidos en épocas históricas pasadas, pero nunca hasta los años cincuenta-sesenta alcanzaría las características sociales y culturales actuales. Esta concentración urbana y la difusión de un modo de vida propio e inseparable del hacinamiento ciudadano, han originado un relevo en el hábitat social. El grado de urbanización, es decir la proporción de ciudades y pobladores urbanos sobre el campo y sus habitantes es, en algunos casos, superior al 75 por 100.

El espacio urbanístico además aumenta de forma incesante. A principio de siglo, sólo un 10 por 100 de la población mundial vivía en ciudades. En 1940 era ya el 25 por 100 y entre 1950 y 1970 esta relación se acercaba al 37 por 100, para superar en los setenta el 40 por 100. Siguiendo un ritmo semejante, se alcanzará la paridad antes de fin de siglo. Los continentes con mayor porcentaje demográfico urbano son América del Norte, Australia y Oceanía, seguidos por Europa. Por regiones destacan los porcentajes japoneses, los de Europa occidental, Canadá o Estados Unidos, aunque por detrás de los territorios de más reciente colonización como Australia, Nueva Zelanda...

La década de los cincuenta conoció, en el campo de la ciencia y la investigación técnica, un desarrollo muy favorable. Uno de los avances considerados entonces positivo fue el de la experimentación para la aplicación pacífica de los descubrimientos atómicos, que despertó la esperanza en un cercano mundo feliz repleto de posibilidades energéticas. Junto al comienzo de la era nuclear, los avances en la conquista del cosmos definieron el entusiasmo por el progreso investigador de la época, que luego recibió fuertes rechazos. A finales de los cincuenta los soviéticos realizaban con éxito sus primeras salidas al espacio y se ponían en marcha centrales nucleares en varias naciones del globo.

Al mismo tiempo, el impulso científico-militar que había recibido durante la guerra una fuerte presión se iba a traducir en las principales potencias en un avance desigual. Esta diferencia facilitó la prepotencia de los dos grandes, frente a la sumisión y recelo del resto que carecían de la capacidad económica y militar para poder evitar un enfeudamiento progresivo a cualquiera de ellos.

La vida apresurada

Desde mediados del siglo presente, al mismo tiempo que los Estados subdesarrollados se esforzaban por salir del atraso y la precariedad heredados del largo periplo colonial, en los países adelantados se llevaba a cabo una modificación radical de los comportamientos y las costumbres cotidianas. La carrera industrialista, con diferente éxito y en distintas fechas según los lugares, homogeneizó el horizonte que habían señalado los primeros en tomar la salida: Gran Bretaña, Francia, Estados Unidos, Alemania... La experiencia adquirida en estas naciones y el poder económico que les había proporcionado el desarrollo del maquinismo y la industrialización, indujeron a todos los demás a imitarles como forma de recuperar el abismo existente en el reparto de la renta mundial.

En esta competición la creación de mundos desiguales (Primero, Segundo, Tercero...) no iba a impedir, sin embargo, que los roles de comportamiento, las ideologías de clase o las modas sociales traspasando las fronteras se asemejaran hasta crear una estandarización universal. La aplicación a la producción de técnicas racionales de abaratamiento condujo a una extensión del consumo, en el mundo desarrollado, que se ha constituido en protagonista de la vida cotidiana. Al mismo tiempo que se fortalecían los mercados interiores el salario real de los trabajadores avanzaba permitiendo a esta clase acceder a la compra de nuevos objetos. La civilización de las mercaderías, que Taine ya había vislumbrado en la Exposición Universal de 1855, y que nosotros conocemos como sociedad de consumo, toma cuerpo a partir de los años sesenta de nuestro siglo, gracias al aumento inusitado de la oferta de productos y a un paralelo crecimiento de la demanda de consumo fungible.

Diferentes revoluciones pacíficas referidas a este fenómeno socioeconómico han pasado a designar la historia actual de grandes masas de compradores: desde la revolución del automóvil hasta la de las comunicaciones (radio, teléfono, televisión) o la blanca de los electrodomésticos, pasando por la más actual del ocio (turismo, viajes, cultura agregada...) constituyen elementos sustanciales de las sociedades adelantadas.

La transformación experimentada en los métodos de trabajo y en las mismas relaciones de producción, por causa de la penetración a gran escala de este modelo consumista, protagoniza también los nuevos rumbos histórico-políticos. El maquinismo, en su afán de intensificar al máximo sus posibilidades industriales, ha llegado a modificar de forma notable los tipos de comportamiento laboral de la clase obrera, a la que ahora, aunque se le paga mejor, se le exige más cualificación y disciplina social. La creación de un estamento medio entre los trabajadores, con fuertes implicaciones personales y familiares en el fenómeno consumista y con elevadas expectativas de emulación clasista, ha impuesto su carácter a los movimientos sindicales en Occidente aplazando las antiguas aspiraciones revolucionarias.

Como contrapartida, este deseo de emulación social a través del consumo ha creado en las nuevas generaciones de postguerra factores de desequilibrio emocional. Como se ha dicho, el anterior esfuerzo muscular y su secuela de accidentes físicos han sido reemplazados en el trabajo por una tensión psíquica que transmite la fatiga laboral a la

mente. La misma «racionalización» de métodos y tiempos
que ha triunfado en las cadenas fabriles se ha transferido
a la vida colidiana. El coche, la prisa, el vértigo de la comunicación..., devoran el tiempo siempre escaso del hombre moderno, que acaba por caer en esa variante de frustración mental (estrés o *surmenage*) en cualquiera de sus
vertientes laboral, social o política.

Esta modelización generalizada ha tenido consecuencias sociales notables. Desde los años cincuenta, los intelectuales, escritores o pensadores críticos han luchado de
diversas maneras contra la deshumanización social impuesta por el produccionismo. Cada nueva generación es
calificada de «rebelde» por el énfasis que pone, durante
los años de adolescencia, en rechazar el modelo socioeconómico establecido y el modo de vida de sus padres. Al
rechazo de la ideología económica dominante, se acompaña una similar aversión por el comportamiento moral y religioso de los mayores, que se considera una estructura dependiente del mismo modo consumista. No obstante, la
moderación y estandarización llegaría también, como hemos dicho, a las formas políticas y sociales de oposición y
estos jóvenes, al no encontrar acomodo entre las alternativas existentes o carecer de capacidad creadora de otras
nuevas, terminan por integrarse tras un período de contestación. Movimientos de espectacular vitalidad como los
hippies, provos, anarquistas blancos, estudiantes del 68,
etc., en la década de los sesenta, son algunos ejemplos significados de este proceso, que luego volveremos a citar.

Europa se integra

En enero de 1986, casi a punto de conmemorarse el
treinta aniversario de la fundación de la CEE, ésta ampliaba el número de sus socios a doce con la integración for-

mal de dos nuevos miembros: España y Portugal. El tiem- *España*
po transcurrido desde aquel 25 de marzo de 1957, en que *y Port.*
los seis (Bélgica, Holanda, Luxemburgo, Italia, Francia y *+ CEE*
Alemania) firmaban los Tratados de Roma que ponían en
marcha la institución, ha sido pródigo en pasos europeos,
firmes para unos, vacilantes para otros, pero finalmente
pasos encaminados a un objetivo, el de la plena unificación económica y política de los Estados europeos.

El movimiento europeísta y el ideario de unidad de los
pueblos que componen el viejo continente tiene raíces históricas tan profundas como pueden ser las de un mismo
tronco político, cultural, espiritual o religioso, cuyo origen
habría de remontarnos, cuando menos, a la Edad Media.
Sin embargo, este criterio más o menos intelectual y dis-
perso no pudo cuajar en una realidad institucional, hasta
que la situación de postguerra y una misma visión de intereses de futuro en común tomaron cuerpo en los dirigentes europeos hacia la segunda mitad de los años cincuenta.

Resulta evidente incluso ahora, más de treinta años después de la primera piedra de esta contemporánea catedral
europeísta, que el intento integrador con toda su carga de
gloria a cuestas no iba a resultar nada fácil, dada la falta de
homogeneidad real entre los Estados del oeste de Europa
(por no hablar del otro extremo) y en especial por la diversidad de motivaciones económicas que los movía. Esta
especial dificultad no se les ocultaba a los promotores de
la integración que planificaron una unidad en etapas mediante las que, tras la adecuación de los modelos económicos, sociales y laborales, se pudiera alcanzar la deseada
unidad política.

Las aspiraciones del Tratado de Roma, no obstante, res-
ponderían a necesidades mucho más concretas y menos
utópicas, derivadas de las graves consecuencias de la guerra mundial. Por un lado, la necesidad de integrar a Alemania en un conjunto homogéneo que impidiera un futu-

ro deslizamiento hacia otro conflicto. Por otro, el deseo de
acabar con los agresivos nacionalismos heredados del XIX
y a los que se veía como principal fuente de hostilidad entre los europeos. Finalmente, la exigencia de mantener un
equilibrio y una potencialidad económico-política, frente
a los colosos americano y ruso, mediante el aprovechamiento racional y en escala de los recursos del continente.

Sin embargo, no falta quien considere que las posibilidades o futuribles político-sociales carecen de interés ante
el más cercano y aprovechable mercado integrado. De hecho, los pasos básicos y sustanciales, los que mejor caracterizan el proyecto europeo, son los relativos a la estructura económica y productiva. Su virtualidad política, en
cambio, está por desarrollar, a pesar del paso dado en
1992 para la libre circulación comunitaria de hombres y
mercancías.

El primer organismo que se puede citar como embrión
del MEC es la Organización Europea de Cooperación Económica (OECE), constituida en 1948 para encargarse de la
formalización del Plan Marshall. Después de la OECE
(transformada en 1961 en OCDE), primer órgano de colaboración europea, una idea de unidad limitada a tres socios
(Bélgica, Holanda y Luxemburgo) tomaba cuerpo en la forma de acuerdos monetarios y aduaneros. Se trataba del Benelux, que en una primera etapa unificaba o suprimía aranceles, para pasar en 1949 a la eliminación de restricciones
comerciales y trabas monetarias. Gracias a estas iniciativas,
en 1957, cuando se constituye el MEC, el Benelux había
conseguido ya un considerable grado de liberalización de
intercambios. Este ensayo ha pasado a la historia como precedente y experimento de integración que facilitó el posterior rodaje comunitario. Al firmarse el Tratado de Roma, el
organismo que así nacía copiaba las estructuras arancelarias
y los pasos dados por los tres pequeños países que se habían
adelantado a la futura Europa unida.

En plena consolidación del programa Benelux, nacería otro organismo de capital interés para la venidera integración. La Comunidad Europea del Carbón y del Acero (CECA) fue constituida con carácter sectorial por el Tratado de París de 1951, como un ambicioso proyecto que hiciera posible la evitación de conflictos en el área industrial franco-alemana y preparara el camino hacia objetivos ulteriores más importantes. Con la CECA se ponían bajo administración conjunta las principales decisiones sobre producción carbonífera y de fabricación siderúrgica en Alemania y Francia. La iniciativa partió del gobierno francés, cuyo encargado de Exteriores, Robert Schuman, apadrinó el proyecto, en su deseo de controlar el potencial industrial germano y de recuperar el protagonismo galo en lo internacional. La CECA fue propuesta a todos los europeos del área Marshall, y aunque Gran Bretaña no aceptó participar, contaría con la adhesión de Italia y el Benelux que poco después habrían de firmar en Roma el acuerdo de Mercado Común.

Los buenos resultados obtenidos por el Benelux y por la CECA en sus primeros años, dentro del panorama internacional de bloques y guerra fría, animaron a los dirigentes europeos a tomar iniciativas regionales de conjunto. El proyecto de un ejército común (la Comunidad Europea de Defensa) fracasaría no obstante por la oposición francesa, pero sería corregido con la integración de Alemania e Italia en la UEO, de la que ya hemos hablado. Casi inmediatamente se redactan informes y memorias estudiando diversas posibilidades de asociación. En 1955, los seis de la CECA encargan a un comité dirigido por Spaak la redacción de un texto definitivo, que servirá de base para la firma del 25 de marzo de 1957, en Roma.

Nacía así la Comunidad Económica Europea, dentro de un marco ideológico de unificación, pero todavía con ambiciones limitadas en una primera fase a la libre circu-

lación de productos agrícolas e industriales y al establecimiento de un cerco arancelario común frente a terceros.
El tono discordante, en esta fase de la historia europea común, lo daría de nuevo Inglaterra que ya se había excusa-
do de participar en la CECA. La negativa británica encubría la defensa de su propio mercado internacional (la
Commonwealth) y la representación de los intereses estadounidenses en el continente, que podían verse afectados
por el poderío supranacional conjunto de los europeos. A
cambio, Gran Bretaña propuso un área de libre comercio
más amplia, en la que sin duda la libra podría conservar
mejor su hegemonía. De este modo se creaba, en 1959, la
Asociación Europea de Libre Comercio (EFTA, en sus siglas inglesas) de la que formaron parte los países ligados al
comercio de la esterlina, Noruega, Islandia, Portugal, Suecia y Dinamarca, además de Austria, Suiza y la propia
Gran Bretaña.

La década conservadora

El planteamiento de guerra fría entre los bloques y el
endurecimiento de las condiciones políticas en la Europa
del Este tuvieron efectos de considerable importancia en
la evolución de la vida política occidental y muy especialmente en las democracias europeas. El avance y popularidad de los programas de izquierda en Estados como Gran
Bretaña, Francia o Italia, fueron frenados en seco por el
retorno triunfal de las opciones conservadoras, que se
pronunciaban con menos ambigüedad respecto a los problemas internacionales.

Mientras en Alemania la coalición cristiano-demócrata
(CDU-CSU), que lidera Adenauer, mantiene sin dificultades la mayoría parlamentaria, y en Italia los democristianos, con De Gasperi, aventajan a comunistas y socialistas,

en Bélgica las derechas (CVP y PSC) ganan las elecciones de 1950. Es el punto de partida de la recuperación conservadora y el asentamiento político de las mayorías actuales. En 1951, serán los «tories» británicos los que releven al laborismo fracasado, y en el 53 los republicanos norteamericanos, con Eisenhower, se instalan en la Casa Blanca, en un mandato que se extenderá hasta la victoria de Kennedy en 1960.

El panorama político francés era algo más complicado. A pesar de la potencia de los gaullistas y de los comunistas, cada uno por su lado, ninguno podía competir con la coalición gubernamental formada por el resto de partidos centristas. Diversos gobiernos presididos por republicanos independientes (Pinay), radicales (Mendès-France), democristianos (Pflimlin) e incluso socialistas (Mollet) pusieron de manifiesto su incapacidad para lograr la estabilidad de la IV República o solucionar dignamente los graves enredos coloniales. Sin embargo, las diversas coaliciones no dejaron de acusar las expectativas internacionales y se deslizaron cada vez más hacia la derecha, acompañando a la tendencia occidental de la época.

En el área nórdica y en Suiza es también patente el avance de los partidos de derecha. En Dinamarca los socialistas tuvieron que ceder el gabinete a una coalición de liberales y conservadores (1950), mientras en Suecia, si bien la socialdemocracia mantuvo el poder, los avances de liberales, conservadores y del Partido Agrario, empezaron a ser notables desde mediados los cincuenta.

De modo general, el sistema político occidental trataría de salvar el período de inestabilidad de postguerra aplicando el mismo patrón que tan buenos resultados estaba dando al sistema capitalista en Estados Unidos. Se consolidaría una tendencia al dominio de los grandes partidos, que relegaba al resto de agrupaciones a la minoría parlamentaria y al mero testimonialismo. Esta estabilidad, en

un marco de concurrencia política aceptado y consagrado
en sendas constituciones bajo consenso, evitaba la presencia de conflictos políticos serios y ponía fuera de la ley
cualquier iniciativa de subversión del modelo.

Como contrapartida se registraba una especialización y
profesionalización de la vida política, que redundaba en la
apatía social como característica de las sociedades occidentales. El sistema se estabiliza pero paga el precio de un
aislamiento acentuado, según el cual el ciudadano se de-
sentiende de las expectativas políticas cotidianas. El bajo
rendimiento de la clase política se refleja en la escasa militancia de los partidos, en la extensión y defensa de una
cultura desideologizada, o en el descrédito de la vida política de la que los ciudadanos esperan y creen siempre lo
peor.

El aspecto más llamativo de esta situación, en un sistema que argumenta hasta la náusea con las virtudes de la
participación y de la democracia, resultan ser los escandalosos porcentajes de abstencionistas e indecisos, que pueden ir del 30 por 100 al 50 por 100 del censo electoral. El
peor agravante de este núcleo incierto es su maleabilidad
política, de la que se aprovechan con frecuencia los políticos en liza, por turno riguroso, de lo que se derivan vaive-
nes, ascensos y caídas poco explicables desde otros supuestos.

Este sistema sociopolítico occidental sobresale también
por una peculiar indigencia de grandes proyectos y elevados ideales, que se estiman pertenecientes a otra época, y
han sido sustituidos en el discurso político de derecha e
izquierda por sucedáneos como seguridad, bienestar,
consumo, felicidad individual, etc. No es de extrañar,
dada la fatalidad con que se acepta el sistema y la incredulidad con que se contemplan los programas electorales,
una popularización y aun sublimación de la evasión política; en la que destacan, sobre todo en los Estados euro-

peos, rebrotes de tipo nacionalista ante el fracaso histórico de otras promesas políticas y a pesar de que la integración económica internacional sea un hecho prácticamente irreversible.

En este contexto occidental, que evoluciona de hecho al unísono, podemos encontrar algunas excepciones de segunda fila. En el flanco sur europeo, dos dictaduras pragmáticas (franquismo y salazarismo), en España y Portugal, supieron conjugar un peculiar sistema político, cada vez más integrado mediante un sistema de relaciones económicas y comerciales con el resto del mundo «libre».

Hasta mediada la década de los setenta, este pragmatismo político-económico, que contaba con la aquiescencia y protección de naciones de peso como Estados Unidos o Gran Bretaña, ofrecería las mismas tendencias de desarrollo industrial capitalista, que en el caso español recogieron aceptables éxitos desde los años sesenta. Mientras tanto, la homologación política y la participación en las instituciones europeas les estaba vedado a ambos en razón al mantenimiento de duras condiciones represivas con la oposición política y sindical.

Francia y la nueva grandeza

La primera incursión del general De Gaulle en el gobierno de su país acabaría con su dimisión como jefe del ejecutivo en 1946, después de un período de graves disensiones institucionales con los principales partidos de la coalición gubernamental. Tras su retirada, el general fundó el RPF (Rassemblement du Peuple Français), una formación política con la que poder llevar a la práctica el ideario de una Francia recuperada en su protagonismo mundial, dirigida por un sistema presidencialista y marginando el negativo sistema de multipartidos.

Entre esa fecha y la segunda vuelta de De Gaulle en 1958, la trayectoria de la IV República había estado marcada por dos factores contrapuestos. Por un lado, la recuperación económica del país, con la ayuda americana y los planes de desarrollo, el esfuerzo denodado del pueblo y la colaboración sin precedentes de partidos y sindicatos, constituía un prodigio sólo comparable a la similar recuperación observada en Alemania. En los primeros años de la década de los cincuenta el producto nacional superaba con creces las cifras de preguerra, mientras que el índice de producción industrial era, en 1954, superior en un 50 por 100 al de 1939.

Sin embargo, en este marco de prosperidad las dificultades políticas que hemos mencionado y el añadido de las pretensiones colonialistas iban a provocar constantes desajustes en la vida pública e institucional francesa. A pesar de la facilidad con que se solucionaron los casos de Túnez o Marruecos, entre otros, el empecinamiento en Indochina y especialmente en Argelia provocaría los momentos de mayor tensión política registrados en el país vecino, desde el final de la guerra.

Las coaliciones en el poder carecían de la estabilidad y unidad de criterio político necesarias para mantenerse ante el acoso de importantes opciones del país: el gaullismo variopinto y el Partido Comunista. Entre 1946, fecha de la salida de De Gaulle, hasta su retorno en 1958, se alternaron en el gabinete 21 equipos diferentes, fruto de todas las combinaciones de salvación posibles.

Además, las costosas guerras coloniales terminarían por descomponer el favorable panorama económico anterior provocando altas tasas de inflación, carestías y desequilibrios monetarios, inducidos por el endeudamiento bélico. No obstante, habrían de ser los sucesos argelinos los que, en última instancia, provocaron el derrumbe de la IV República tras de lo cual la figura de De Gaulle emergió de nuevo, como recurso de última hora y con un programa de consenso nacional que habría de dar a Francia un aspecto político particular en los años sesenta.

La segunda y dilatada gestión del general debe ser explicada sobre todo desde la vertiente política, y en sus aspectos interior y exterior. Realmente el gaullismo, desde estas perspectivas, correspondía a un resto de las anteriores terceras vías, supuestamente equidistantes de capitalismo y socialismo, pero con el añadido de un afán de independencia de la *grandeur* nacional, frente a la abrumadora presencia estadounidense en Europa. Su rechazo político de los programas extremos (derecha e izquierda) y el énfasis en el desarrollo nacional autónomo, derivó al gaullismo hacia una versión europea de los populismos sudamericanos, en la que no faltó su presidente-general, su acercamiento a la URSS o el poner los puntos sobre las íes en cuanto a defensa y seguridad europeas. Con estos elementos, De Gaulle construyó un proyecto de integración nacional dirigido, de manera especial, a las clases medias francesas en pleno período desarrollista.

El carácter autoritario del nacionalismo gaullista no le impidió, sin embargo, mantener el mayor de los respetos hacia la democracia como institución política. Pero su tendencia al presidencialismo y sus frecuentes recursos a los referéndum, como vía de consulta al pueblo para marginar a la oposición, han permitido acusarle de «bonapartismo» político. Esta peculiar conducta habría de tener graves consecuencias por el vaciado ideológico que intentaría llevar a cabo entre las masas «democráticas». De modo que en el relevo generacional del 68, la V República era una nacional-tecnocracia sustentada en un conglomerado sociológico medio (empresarios, directivos, funcionarios y empleados de servicios, obreros neutros, comerciantes, pequeños industriales...) falto de respuesta y futuro políticos.

En la trayectoria del gaullismo es evidente, no obstante, una peculiar habilidad para sortear las crisis más agudas. Sus características intermedias le facultaban especialmente para encontrar siempre la salida con mayor consenso. Así fue durante la guerra mundial y la postguerra, y de manera clave en la crisis argelina. El cauto pragmatismo del general, sólo alterado en algunos aspectos de la política exterior, combinado con frecuentes amenazas encubiertas de retirada que recordaban al dictatorial «o yo o el caos», procuró estabilidad a la República. Los franceses decepcionados con los movedizos gabinetes del período anterior agradecieron la gestión personalista y la acataron entre 1958 y 1968. No obstante el aparente equilibrio proporcionado por la homogeneidad y el directivismo político gaullista quedaron en entredicho en Mayo, frente a la oleada de rechazo que el modelo social provocaba entre los jóvenes e intelectuales.

De Gaulle y el atlantismo

Nunca ha sido un secreto historiográfico el resentimiento personal del general De Gaulle hacia las decisiones aliadas sobre el destino de los demás tomadas en Yalta o Potsdam. La ausencia de Francia en estas reuniones y el escaso reconocimiento internacional que le prestaban Stalin o Roosevelt, hicieron mella en el orgullo nacional francés que el general encarnaba como nadie en su época. La opinión francesa siempre desconfió de la formación en bloques políticos de postguerra y sobre todo del escaso peso que su nación podría ejercer en un atlantismo hegemonizado por Estados Unidos.

Una de las primeras decisiones, de marcado acento independiente, con que De Gaulle estrenó en 1959 su reciente presidencia fue la retirada de las unidades navales del mando mediterráneo de la OTAN. La insignificancia estratégica de la medida se compensaba, sin embargo, con su carácter simbólico y enfrentado a los USA, quienes se habían negado a reconocer el rango histórico-militar, que según la nueva administración francesa les correspondía. A partir de estas primeras escaramuzas, el gobierno francés directamente inspirado por el presidente de la República, elaboró toda una ideología de rechazo del programa defensivo europeo, tal como lo entendían los americanos y sus aliados.

Los principales componentes críticos de esta teoría ponían el énfasis en la no dependencia nuclear respecto a Norteamérica, en la necesidad de un mayor desarrollo de la «force de frappe» francesa y en la relativización del manipulado «peligro soviético». A partir de estos elementos, la política exterior francesa se estirará hacia una zona de independencia y mayor neutralidad favorecida por los nuevos aires de deshielo. Al abandono de la participación francesa en la SEATO (la OTAN asiática) seguiría en 1966 el anuncio de la salida militar de la propia OTAN, lo que obligaría incluso al traslado de París a Bruselas de su cuartel general. Antes, en 1963, la negativa a firmar el acuerdo contra las pruebas nucleares y el doble rechazo a la entrada de Gran Bretaña (el más firme aliado yanqui) en el MEC, completaban la visión particular que de las relaciones internacionales tenía De Gaulle.

La independencia gaullista llegaría hasta la formulación de abiertas críticas contra la política intervencionista de Estados Unidos en Extremo Oriente y Sudamérica. En 1964 el reconocimiento de la China comunista, en 1965 la condena por las acciones yanquis en Santo Domingo y en 1966 el rechazo público de la escalada USA en Vietnam dieron particular acritud a las relaciones franco-americanas de la década.

Estas espectaculares intervenciones convirtieron a De Gaulle en un interlocutor inesperado para las aspiraciones

soviéticas, en pleno lanzamiento de sus planes de coexistencia con Occidente. <u>En junio de 1966, el presidente</u>
De Gaulle en Rusia 1966 <u>francés era recibido en Moscú con extrema cordialidad y</u>
<u>meses después Kossyguin le devolvía la visita en la capital</u>
<u>francesa.</u> Por un momento la escena internacional adqui-
rió el peculiar tono decimonónico, majestuoso y grandilocuente, que el general ponía en su vida pública, creando la
ilusión de un verdadero renacimiento europeo. No cabe
duda de que el intento más sofisticado en este aspecto lo
constituiría la firma del tratado de cooperación franco-
alemán, de 22 de enero de 1963, que sirvió para desatar la
preocupación americana y para que el general pusiera una
guinda europeísta a su escasa vocación atlántica.

, Pero la aspiración fundamental del gaullismo se relacio-
naría siempre con la recuperación del poder histórico
francés, dentro de un proyecto europeo confederal, pero
no supranacional, del que desconfiaba como auténtica solución para los problemas del continente. Gracias al período de prosperidad y estabilidad política internas, De
Gaulle pudo continuar y acrecentar algunos proyectos encaminados a construir la «nueva grandeza», que iba a des-
cansar en la creación de unas fuerzas armadas con capacidad nuclear. De este modo, <u>en febrero de 1960, Francia se</u>
capi. n-clar <u>iniciaba en el club atómico con su primera experiencia en</u>
<u>el Sahara argelino, después de lo cual durante la visita de</u>
<u>Kennedy a París (1963) rehusaba participar en una fuerza</u>
<u>atómica multilateral.</u> La carrera armamentística gaullista
<u>culminaría en 1968 con la fabricación de la bomba «H» y</u>
<u>la creación de un arsenal</u> naval con capacidad nuclear.

Las piezas maestras del sueño presidencial de grandeza
se basaban no obstante sobre bases poco sólidas. El co-
queteo con el Este correspondía más a una actitud antia-
mericana que a un verdadero programa de intenciones de
acercamiento ideológico, que además no impidió el alineamiento occidental decidido de Francia en las crisis de

la década (Berlín o Cuba). El entorno europeo, en especial inglés, pagaba el orgullo gaullista con recelo y mayor acercamiento a los americanos. Y el destello internacional francés no le serviría ni para conservar su influencia en la Argelia recién liberada, cuyos dirigentes políticos se inclinaban cada vez más a aceptar las tendencias socializantes en boga dentro del mundo árabe.

Finalmente el peso de estos factores habría de sumarse a la crisis francesa del 68, de la cual no pudo separarse la suerte del régimen y la del presidente en particular, como tendremos ocasión de ver.

Japón occidental

La Segunda Guerra Mundial y su resolución final fueron para Japón un cataclismo de hondas repercusiones históricas. Desde las pérdidas humanas y materiales, hasta el reconocimiento de haber recibido una derrota militar sin precedentes, todo un espectro de conmociones sociopolíticas afectaría a la vitalidad nacionalista de los japoneses, a partir de la fecha de la rendición en 1945 hasta la estabilización democrática de los años cincuenta.

En el momento del reconocimiento de su derrota, Japón era una nación al borde del abismo. La ruina material y moral se había enseñoreado del orgulloso imperio del sol naciente hasta extremos que sólo pueden ser apreciados conociendo la magnitud de los daños económicos que presentaba. El inmisericorde asalto de los *marines* a las posiciones japonesas, justificado por el especial odio que había despertado en el pueblo americano el ataque a Pearl Harbour y la crueldad del comportamiento bélico de los orientales, produjo consecuencias dramáticas en la vida japonesa. La inutilización total de la red ferroviaria, los dos millones de viviendas destruidas o la paralización de las actividades industriales y comerciales, acompañaban a los más de dos millones de muertos y desaparecidos.

El choque fue igualmente espectacular en la conciencia nacional de los japoneses, acostumbrados a imponer su incontestable presencia en el área más oriental de Asia. La mitificación racial, el rol divino del emperador y la seguridad de desempeñar la tarea histórica que la providencia les había asignado como pueblo, fueron los principales elementos ideológicos que sucumbieron con estrépito ante el mayor poder destructivo de los norteamericanos.

No obstante, esa misma aceptación de un destino providencial nacional iba a ser utilizado como recurso moral para hacer posible la penosa readaptación de postguerra. Como se ha escrito, la terrible prueba de pasar de la invulnerabilidad militar y de la teoría de pueblo escogido al reconocimiento de un poder extranjero en su propio territorio, fue resuelta gracias a una mezcla de fatalismo oriental y asunción de la derrota como otro designio más de la providencia histórica, en castigo por los errores cometidos. El cálculo occidental que defiende la pluralidad de alternativas y no acepta lo inevitable histórico, no tiene aplicación en el caso oriental y en su particular concepción sobre la implacabilidad del destino. Los dioses habían abandonado a Japón, y un nuevo pueblo más poderoso y con armas definitivas tenía el derecho a disponer de los japoneses.

Es posible que esta sucinta explicación histórico-psicológica, que así fue aceptada por las fuentes occidentales, sirva para entender por qué el período de ocupación yanqui, que se extiende desde 1945 a 1952, no fue contestado por ningún tipo de resistencia contra las tropas o la administración del general MacArthur. Durante esos siete años, y una vez que la profunda hostilidad de los americanos hacia los japoneses se hubo calmado bajo el impacto emocional de Hiroshima o Nagasaki, la tarea de desmontar las bases industriales, militares o ideológicas del archipiélago se pudo realizar sin oposición.

Del fascismo a la democracia

Los Estados Unidos aplicaron en Japón los mismos métodos que los aliados estaban imponiendo en la Alemania exnazi. El temor a un futuro rearme y militarización nipona aconsejó como tarea prioritaria el desmantelamiento material y jurídico de los «zaibatsu», es decir los grandes trusts. Al mismo tiempo que eran ilegalizadas grandes empresas, y condenados los anteriores propietarios responsables de la aventura imperial, se procedía a una meticulosa campaña de democratización del pueblo y de las instituciones.

El ejército y la maquinaria bélica fueron depurados y eliminados con mayor rigor que en la propia Alemania. El organismo occidental encargado, el Comando Supremo de las Fuerzas Aliadas (SCAP en sus siglas inglesas), a cuyo frente estaba el inevitable general MacArthur, tomó en sus manos las tareas de punición y reeducación políticas de las masas japonesas y de sus líderes significados. El tribunal militar internacional que procesó, recordando punto por punto a Nuremberg, a dignatarios, políticos y generales del régimen, aplicó diversas condenas a muerte y ordenó numerosos encarcelamientos. Fueron también numerosos los militares ejecutados como criminales de guerra, mientras el desmantelamiento del aparato del Estado afectaba a no menos de 200.000 personas.

La legislación industrial y laboral fue cambiada para asemejarla a la norteamericana, de modo que sirviera también de cauce para el proceso de reconversión occidentalista. Las leyes «antitrust» o las sindicales, copiadas de las

homónimas USA, acompañarán a una profunda intervención en el modelo y contenidos educativos de la población
estudiantil.

El complejo de disposiciones políticas y militares que
disolvieron el ejército y las organizaciones nacionalistas,
culminaron con la nueva Constitución promulgada en
1947, en la cual y según el modelo democrático-burgués
se garantizaban las libertades formales, los derechos individuales y la soberanía popular, después de que el emperador Hiro Hito fuera obligado a reconocer en público la
falacia de su ascendencia divina.

Además de las reformas políticas, durante el mandato
americano se realizaron importantes modificaciones en el
orden social y económico. Una apreciable reforma agraria extendió la propiedad de la tierra a no menos del 75
por 100 de los campesinos, mientras eran expropiados
en beneficio de sus aparceros la mayoría de los latifundistas. El tradicional papel de la mujer japonesa fue otro de
los elementos que sufriría una notable transformación
con la occidentalización de las leyes y las costumbres. La
Constitución concedió a las japonesas los principales derechos fundamentales, reconocidos en los países euroamericanos.

La estructura política se orientó hacia el sistema parlamentario occidental, en el cual el emperador conservaría
un mero papel honorífico sometido a los gobiernos y al
pueblo. Además de la consolidación de este modelo político, la renuncia expresa a la guerra y al rearme, consagradas
en la propia Constitución de 1947 (Art. 9.°), configuraron
el proyecto del Japón occidental que hoy conocemos.

En septiembre de 1951, cuando el primer ministro Yoshida en nombre de los 83 millones de japoneses de entonces firma el tratado de paz de San Francisco, con 49
miembros de la ONU, Japón ha iniciado el camino de una
diferente versión de su historia contemporánea. Atrás han

quedado «destinos» y «apetencias» y haciendo expresa dejación de reivindicaciones históricas se dispone a programar un desarrollo económico sin precedentes.

Los norteamericanos, por su lado, pudieron abandonar el período de ocupación (1952) tras algunas vacilaciones impuestas por la guerra fría y la proximidad del enfrentamiento de Corea. Cuando retiran la mayor parte de sus efectivos lo hacen, no obstante, después de quedar garantizada la victoria electoral de las fuerzas conservadoras y la marginación de los comunistas (1950); y cubiertos por un tratado bilateral de seguridad que permite la presencia de bases con suficientes prerrogativas (extraterritorialidad, libertad de desplazamiento, jurisdicción propia...) como para fiscalizar un desarrollo favorable de las condiciones políticas en el archipiélago.

La mayor potencia mundial

Una de las consecuencias más notables del resultado de la Segunda Guerra Mundial ha sido la confirmación de la hegemonía mundial de los Estados Unidos de América. Este poderoso país que suma más de 9.363 millones de km² y tenía a comienzo de la década de los cincuenta algo más de 152 millones de habitantes, ocupa desde entonces la cabecera internacional de la economía y el potencial bélico. Las anteriores potencias (Gran Bretaña. Francia o Alemania) quedaban, tras la guerra, a considerable distancia del gigante americano, y sólo la Unión Soviética de los años sesenta, o el Japón de una década más tarde, parecían acercarse algo a su capacidad económica.

En la segunda mitad del siglo XX, cuando más que nunca en la historia la categorización internacional se fija a través del producto y la renta nacionales, o del lugar ocupado en la elaboración de los productos industriales básicos, las cifras que presentaban Estados Unidos le situaba en un plano inalcanzable para el resto.

Las condiciones naturales y el sistema de colonización empleado para europeizar este mini-continente, unidos a las copiosas riquezas que encerraba el subsuelo americano, han hecho posible el surgimiento de una civilización de características heterogéneas, sin vetustas tradiciones culturales o políticas pero con una capacidad asombrosa para la adaptación y el dominio de las situaciones más complicadas.

En la historia estadounidense se pueden datar dos grandes oleadas de prosperidad, separadas por la grave cesura de la crisis de 1929, que determinó ya con claridad el papel de primera potencia que mantenían en las relaciones internacionales. En efecto, la multiplicación de la depresión a partir de la incidencia que tuvo en la Europa desarrollada la retirada de capitales americanos, demostró hasta qué punto la penetración USA en la economía mundial era ya un hecho avanzado.

Después de 1945, esta hegemonía no sólo seguía siendo una evidencia sino que ni siquiera podía ser puesta en entredicho por las catastróficas economías europeas de postguerra. La ayuda financiera establecida, durante y después de la guerra, colocó a los USA a la cabeza de los acreedores, aunque con escasas perspectivas de recuperar sus préstamos. Pero la dependencia económica creó lazos indisolubles, y sobre la base del nuevo sistema monetario los norteamericanos desarrollaron espectacularmente su capacidad productiva y sus ventas en el exterior.

El crecimiento del producto bruto americano no fue, sin embargo, considerable. De hecho resultaba inferior al que estaban experimentando, en los años cincuenta, los países europeos en plena recuperación, incluida la URSS. Pero una tasa media anual del 3 por 100 sobre una producción ya gigantesca era suficiente para mantener las enormes distancias con el resto del mundo, mientras la renta per cápita estadounidense, aunque encubriendo un desigual reparto, conservaba sus apreciables ventajas.

A pesar de contar con una agricultura altamente mecanizada y con unos rendimientos por unidad de los más altos del mundo, la verdadera potencia económica USA se localizaba en la industria y en el sector terciario. Por especialidades agrarias, los EEUU ocupan el primer lugar en la producción de maíz, agrios y soja, el segundo en trigo, y de los primeros en algodón, azúcar, mantequilla, carne, leche, etc.

La industria siderúrgica y transformadora es también la primera mundial, destacando las producciones en hierro y acero. La química, petroquímica, las fibras artificiales, caucho, plásticos, papel, etc., acompañan a la floreciente industria automovilística, que ha ocupado siempre el puesto de honor de esta manufactura, símbolo del desarrollo contemporáneo.

No obstante estas favorables consideraciones, el sector terciario se sitúa por encima del resto de la economía USA, en cuanto a su dinamismo y participación en la renta nacional. Desde que en 1950, el comercio y los servicios aportaron el 54 por 100 del PNB, por el 38 de la industria y el 7 de la agricultura, los Estados Unidos abrieron el camino a la nueva sociedad postindustrial, caracterizada por el predominio económico de las actividades terciarias y por el mayor peso específico de sectores como las finanzas, los seguros, hostelería, turismo...

Si el esplendor económico de los cincuenta y la hegemonía USA son, en principio, el resultado más sólido de la guerra mundial, el mismo triunfo militar y el bienestar económico americano han sido siempre relacionados con la gestión, fría pero equilibrada, del general-presidente Eisenhower. Desde que ganó las elecciones en 1952 hasta el término de su segundo mandato en 1960, las dos legislaturas que como máximo permite la Constitución USA, fueron sendos períodos de profundización en el sistema capitalista y en la sociedad del consumo. La política económica republicana favoreció entonces el desarrollo de la inversión y de los negocios privados, retirando en parte la anterior actitud intervencionista de los demócratas. Fueron años de renovación para el emprendedor espíritu del pionero americano, que ahora sin necesidad de enfrentarse a los «peligros del Oeste» y contando con el favor de la demanda mundial, supo reflejar la gran ocasión en los beneficios de sus empresas.

Durante los años cincuenta, y como corolario de la dominación económico-financiera, se produjo también una invasión cultural de las formas americanas en el viejo continente. La filosofía y el lenguaje, el orden político y los horizontes vitales se americanizaron. Los modelos cotidianos, desde alimentos y bebidas en conserva, hasta la vestimenta vulgar y allanada del americano del Oeste, pasando por la música, la arquitectura, la literatura y la pintura de la escuela de Nueva York o la invasión cinematográfica, tenían etiqueta «made in USA». La mayor parte de Europa recibió una avalancha del modo de vida americano, como en ningún otro momento de su historia. Mientras las reservas culturales de los tradicionales depositarios del espíritu europeo reaccionaban tarde o mal, las multinacionales yanquis del gusto y de la moda se instalaban en sus edificios y abrumaban sus calles.

El anticomunismo como programa

La justificación ideológica del intervencionismo USA, la necesidad de disputar a la Unión Soviética, y a sus discípulos comunistas, el terreno conquistado a los nazis, y en algunos sectores el convencimiento sincero de estar defendiendo la civilización de la libertad, condujeron a la sociedad USA en los años cincuenta a una de sus crisis políticas de mayor alcance social en este siglo. Los términos en que se dilucidó la controversia tuvieron importantes efectos divisores entre las clases dirigentes y la opinión pública, aunque finalmente fuera saldada con una carga no excesiva. No obstante, sus repercusiones en la cultura política americana y en su sector más reaccionario son todavía perceptibles, cuarenta años después de los hechos.

Lo que en el campo internacional se presentaba como decisión de oponerse por la fuerza al avance comunista, en el interior se caracterizó por la denuncia, control y marginación de los partidarios del socialismo, sus organizaciones y elementos simpatizantes. El tono de la persecución adquirió un espectacular relieve al ser utilizado por los republicanos como arma política contra los demócratas en el poder, que fueron acusados de emplear en diversos ministerios a personas filosoviéticas, sospechosas de espiar a favor de la URSS.

La histeria anticomunista se encarnaría en el senador republicano Joseph McCarthy, en los años más duros de la guerra fría tras el triunfo de la revolución china, el éxito de las pruebas atómicas rusas y el ataque comunista a Corea. La que fuera denominada «caza de brujas» separó a los americanos en patriotas y espías, según estuvieran o no en condiciones de probar de forma suficiente su americanismo. Este concepto encubría de hecho la defensa de los valores legendarios y del mito de la conquista del país, mientras repudiaba el pensamiento más evolucionado de las elites urbanas o de los intelectuales, artistas, escritores, que mostraran algún avance o repudio del provincianismo americano básico. La creación de un comité oficial para investigar las actividades «antiamericanas» supuso el reconocimiento legal de esta enfermedad social, y sirvió para que las acusaciones de traición o deslealtad alcanzaran al mundo político, a la Universidad, a la industria del cine, al teatro e incluso a ciertos militares.

La poca consistencia de la propaganda maccartista no fue obstáculo para su aceptación delirante por una sociedad educada en el peligro ruso, ni evitó la ejecución, en 1953, del matrimonio Rosenberg, acusados de espionaje. Al tomar el poder la administración republicana, el impulso «cazador» perdió fuerza y credibilidad, hasta que la cruzada del senador fue suspendida tras una intervención oficial del Senado. Eran tiempos de postestalinismo y deshielo, que iban a dar paso a un modelo distinto de correlación de fuerzas en lo internacional, mientras que en el interior de los USA otros problemas esperaban su turno.

La sociedad racista

Las tendencias economicistas de postguerra permitieron un desenvolvimiento sin precedentes del individualismo y reafirmaron la particular filosofía social de lucha por la vida, propia del *american way of life:* pero generaron también problemas de difícil resolución y contra los que se terminarían alzando las clases desprotegidas.

La cuestión racial, enquistada en Estados Unidos como uno de los nudos históricos de más complicada salida, comenzaría a engangrenarse coincidiendo con el período de mayor bienestar general a partir de la segunda mitad de los cincuenta. Una prosperidad mal repartida y la negación legalizada de la igualdad racial fueron los detonantes del estallido negro en el segundo mandato de Eisenhower y, sobre todo, en los años de la administración Kennedy-Johnson. La existencia secular de un numeroso colectivo de negros y el rechazo tradicional de la, sin embargo, mestizada sociedad americana han impedido alcanzar en Estados Unidos la integración histórica de las razas en escena. Este repudio social que durante casi doscientos años se concretó en el sistema esclavista, y posteriormente en la marginación económica, sociolaboral y política, ha sido el auténtico responsable de la refracción de los negros a una asimilación plena en las responsabilidades del pueblo americano.

Entre 1955 y finales de los sesenta, los disturbios raciales, las reivindicaciones sociales y el movimiento para el reconocimiento de los derechos civiles, dieron a conocer a la opinión internacional las diferencias y los odios internos del tejido social de la nación más rica del mundo. Desde entonces la proyección cultural y el misionerismo político americano empezarían a desprestigiarse en Occidente.

De los 162 millones de norteamericanos de 1955, no menos de 16 millones eran negros, a los que había que añadir otras minorías de origen hispano, asiático, indios autóctonos, etc. La distribución de la riqueza, de la cultura, de la cualificación profesional y de la renta, no por casualidad favorecían mucho menos a estas etnias que a sus conciudadanos blancos. De modo especial los afroamericanos, descendientes directos de los esclavos del siglo XIX, se veían obligados, dadas sus escasas posibilidades sociales, a aceptar las labores más penosas y peor pagadas. Nueve de cada diez negros pertenecían a la clase obrera, mientras el resto constituía una minoría ilustrada o aburguesada, pero que sufría la misma situación de rechazo sociorracial.

La mayoría de los esclavos y sus familias trataron de emigrar a las ciudades, desde el momento de la abolición, abandonando los campos de cultivos donde aún eran frecuentes las prácticas que recordaban las peores relaciones anteriores. Sin embargo, en los suburbios, en los que vivían hacinados en condiciones de auténtico *apartheid,* no gozaban de mejor calidad de vida. Casi la mitad de la po-

blación negra habitaba, en los años de desarrollo, en guetos destinados en exclusiva a ella y a otros contingentes
marginados.

El asiento de Rosa Parks

La resignación fatalista y el consuelo de una religiosidad extrema, mitigaban esta penosa situación, cuando
mediados los cincuenta una serie de circunstancias con-
fluyeron en la sociedad negra para provocar la puesta en
marcha de un poderoso movimiento de reivindicación. La
mayoría de los líderes que se colocaron al frente de éste:
King, Abernathy, Malcolm X, Carmichael, Jackson... habían sido educados en las ideas liberales y en las aspiraciones democráticas de las que Estados Unidos pretendían
ser defensores universales. De este modo, el tradicional
impulso liberador que defendía la clase política y que parecía afianzarse con el triunfo sobre la intolerancia y el racismo nazi, habría de ser un elemento con efecto de retorno en la sociedad americana.

Durante la guerra, además, la población negra americana se había incorporado a las tareas nacionales en
igualdad de esfuerzo laboral o militar que los blancos, a
pesar de alguna oposición radical. A cambio, y gracias al
enorme desarrollo de las actividades económicas, muchos afroamericanos entraron en el mercado de trabajo
en mejores condiciones que las que habían disfrutado las
generaciones anteriores. La participación igualitaria en
el esfuerzo, como sucedía en los países colonizados por
los europeos, prometía una mejor regulación de las
oportunidades con la llegada de la victoria. Del mismo
modo que Inglaterra, Holanda o Francia se vieron ante el
compromiso de liberar a árabes o asiáticos, los Estados
Unidos, tras la guerra, tuvieron que enfrentarse con los

problemas derivados del mantenimiento de esta colonización interior.

El punto de partida legal para este reconocimiento no aparecería, sin embargo, hasta 1954, cuando el Tribunal Supremo condenó la segregación racial en las escuelas y dictaminó su inconstitucionalidad. En los Estados del Sur, que experimentaban un rebrote racista consagrado en sus leyes, desde los años veinte, el desagrado de la oposición blanca fue considerable. Todo el sistema legislativo racista quedaba inutilizado por la decisión del Supremo, mientras los blancos afectados y las autoridades estatales o municipales formaban un bloque contra la integración, y siguieron aplicando las medidas y las costumbres raciales segregacionistas, o entorpeciendo por medios violentos la aplicación de las leyes igualitarias.

Un día de diciembre de 1955, la pequeña ciudad de Montgomery (Alabama), con un censo de 80.000 blancos y 50.000 negros, pasaría a la historia al protagonizar una de sus habitantes, Rosa Parks, la negativa a ceder su asiento a un hombre blanco, en un autobús público. La detención de la joven negra provocaría la solidaridad inmediata de la población afroamericana, alentada por los pastores baptistas Martin Luther King y Ralph Abernathy. Las compañías de autobuses sureñas obtenían más del 70 por 100 de sus ganancias de los negros, pero en los coches los blancos tenían preferencia «legal» sobre los asientos.

La decisión de boicotear a los autobuses por un día se convirtió en una gigantesca protesta nacional, con repercusiones políticas y notoriedad internacional sin precedentes en la historia actual norteamericana. El boicot se alargó durante 381 días, y fue acompañado de marchas, movilizaciones, sentadas, concentraciones, etc., hasta que en 1956 el Tribunal Supremo se reafirmó en su doctrina decretando la inconstitucionalidad de las segregaciones practicadas en el Sur.

Luther King, que obtuvo el premio Nobel de la Paz en 1964, pagaría con su propia vida el liderazgo asumido, cuando en 1968 caía asesinado por un fanático racista. La categoría humana de King, el carácter pacifista de sus reivindicaciones, su carisma político y la capacidad de movilización con que actuaba le han convertido en un símbolo de la lucha antirracista y de las aspiraciones de igualdad social de todos los hombres. El trabajo realizado por King, con el apoyo de la población negra y de multitud de blancos demócratas, alcanzó un reconocimiento importante en los años sesenta. Entre sus logros destacará la obtención de la garantía legal del derecho a voto de los negros, firmada por el presidente Johnson en 1965.

La transformación experimentada por la situación legal segregacionista en Estados Unidos, no obstante, no ha sido correspondida por una similar recuperación social y económica de los colectivos no blancos marginados. Esto es algo que compete a las estructuras más profundas del sistema y quedaba fuera del alcance y propósitos del movimiento ciudadano de los cincuenta-sesenta. Éste es uno de los motivos por el que esporádicamente se reproducen los disturbios y la violencia sociorracial en las ciudades norteamericanas, acompañando a los ciclos económicos depresivos.

La breve primavera del presidente

La gestión presidencial de John Kennedy, a pesar de su corta duración inferior a tres años, ha sido recogida por la historia como uno de los más intensos, sugerentes y representativos de todos los mandatos norteamericanos, desde el final de la guerra mundial. Las claves explicativas de la proyección internacional que alcanzó en su época, y con posterioridad el malogrado dignatario deben buscarse en el cambio de ritmo y estilo que imprimió a la pesada administración yanqui, y en el modo arriesgado y decidido con que planteó el diálogo-confrontación con la Unión Soviética. En este aspecto, si bien en ocasiones su estilo temerario puso al mundo al borde de irreparables consecuencias, no por eso dejó de atraerse la simpatía de los suyos y el respeto de sus adversarios, gracias a la toma de iniciativas que hasta entonces eran exclusivas de los dirigentes moscovitas. Éstos, por su parte, contribuyeron a dar mayor relieve a los sucesos internacionales de los años sesenta al acentuar el riesgo de sus frecuentes envites contra la Casa Blanca, tal vez pensando que un equipo joven e inexperto iba a retroceder ante apuestas de tal envergadura. No obstante, las actitudes americanas no quedaron a la zaga del arrojo del Kremlin y ello hizo posible la relevancia mundial de tan corta gestión.

A pesar de que su triunfo electoral fue uno de los más apurados de la larga historia sufragista americana, con sólo 120.000 votos de ventaja sobre su oponente Nixon, la tendencia que llevó a Kennedy a la Casa Blanca se había afianzado de modo firme en los últimos años de la administración republicana como consecuencia del deterioro de la política social de los conservadores. En efecto, el Estado benefactor que había sido construido sobre el nuevo ideal roosweltiano, continuado por Truman y aceptado sólo a medias por el relevo republicano, comenzaba a ser secuestrado de forma seria en los últimos años. El crecimiento de las bolsas de marginación y pobreza, la desidia, cuando no acoso administrativo contra los presupuestos sociales, y el crecimiento del desempleo a finales de los cincuenta, procuró a Kennedy los votos de los negros, el apoyo sindical y el favor de los progresistas de ambos lados. La necesidad política de demostrar que en el país más rico de la tierra había oportunidades para todos, y que su modo de vida era preferible al que podía ofrecer el comunismo, formaron de este modo parte sustancial del programa electoral y del mensaje demócrata desde el primer momento de la conquista del poder por la «Nueva Frontera».

La necesidad de reformas moderadas defendida por el candidato demócrata, sería suficiente para apagar la buena estrella que los republicanos habían monopolizado en las dos anteriores ocasiones. En la confrontación, sin embargo, pudo verse con claridad cómo el electorado americano se desentendía en su mayoría del verdadero sentido de las ofertas políticas, haciendo buena la moderna supremacía de la imagen sobre la palabra. Uno de los hechos estimados como decisivos para la victoria del senador católico fue, sin duda, su superioridad en el debate televisado durante la campaña. Era la primera vez que se utilizaba este medio en una confrontación directa, y Kennedy proyectó en él una imagen feliz, segura y dinámica, frente a un Nixon confuso y cansado.

Una nueva frontera

En el frente exterior Kennedy, como cualquier otro presidente norteamericano de su época, permaneció fiel al esquema providencialista que los Estados Unidos se habían trazado y atribuido desde la guerra mundial, y que su predecesor Truman había formulado en un abierto anticomunismo, por el que su nación estaba decidida a defender a cualquier precio el estatus internacional recibido en la postguerra. Sin embargo, desde que el poder militar soviético estuvo en condiciones de oponerse a la capacidad atómica americana, los nuevos elementos introducidos en las relaciones internacionales convirtieron a éstas en una macabra partida de póker, en la que lo que estaba en juego era algo tan serio como el destino y el futuro de la humanidad.

Desde este punto de vista, la era de las dos K (Kennedy-Kruschev) fue también la del comienzo del período de rearme nuclear, durante la que se crearon situaciones de auténtico peligro atómico desconocidas hasta entonces, y muy pocas veces igualadas después. Las graves crisis de Berlín y Cuba, pusieron a prueba los nervios de ambos presidentes y de sus colaboradores, mientras se cernía sobre un planeta ignorante y mal informado la amenaza del último holocausto. La rivalidad que enfrentaba a los dos colosos desde la última guerra, alcanzó el vértigo de la tensión y la escalada al competir en todos los campos posibles, desde el ideológico al armamentístico pasando por la disputa del espacio exterior.

La administración Kennedy, para tratar de recuperar el terreno perdido en las legislaturas anteriores, aplicó todos sus recursos jóvenes e impulsivos, embarcando a los americanos en una verdadera carrera por la supremacía mundial. No cabe duda de que esta actitud, representada en el programa de Nueva Frontera con que el senador de Massachusetts ganó las elecciones en 1960, correspondía en realidad a la recuperación y afirmación del ideario del Partido Demócrata. Con él se proponía rearmar al país de recursos espirituales para, gracias a su triunfante posición postbélica, afianzar en la sociedad americana el convencimiento de la superioridad mundial de los Estados Unidos, y de su derecho a arbitrar en los destinos políticos de los demás.

Algunas de las indecisiones e incluso desafortunados primeros pasos de Kennedy en la esfera internacional han sido disculpados por la envergadura de los problemas que heredó de sus antecesores, y por la inicial política de hechos consumados a que tuvo que plegarse. El propio Eisenhower, en su traspaso de poderes, en enero de 1961, reconoció explícitamente la «papeleta» que heredaba el nuevo presidente. Pocos días después, Kennedy en su alo-

cución al Congreso sobre el estado de la Unión se mostraba continuista en política exterior, pero advertía la posibilidad de un cambio de sentido en la marea.

La novedad consistía en abrir un portillo al acercamiento Este-Oeste, con mucho mayor énfasis que hasta entonces, pero iniciando al mismo tiempo una escalada armamentística también sin precedentes. La necesidad de contar con el aparato militar y de cortejar a la sólida oposición
republicana, llevaría al nuevo presidente a encargar al
conservador McNamara la secretaría de Defensa y a pro-
poner un desarrollo espectacular de la fabricación de armas atómicas.

Antes de retirarse, Eisenhower había subrayado el nuevo signo que estaba tomando una economía de guerra
permanente. No obstante, de forma paradójica, serían los
demócratas los que asumieron la responsabilidad histórica de acelerar y profundizar en este modelo de crecimiento en lugar de atajarlo. En los años sesenta la llamada «capacidad disuasoria» americana alcanzó una potencia varias veces superior a la que tenía durante el período de
guerra fría. En 1967 más de 1.000 cohetes intercontinen-
tales y medio centenar de submarinos con carga nuclear
habían puesto a los EEUU a la cabeza de la capacidad
atómica mundial, favoreciendo una sensación de seguridad e impunidad frente al hasta entonces temido poder
soviético.

Esta convicción generalizada en las altas esferas, y garantizada por tan elevado arsenal, sería fundamental en el
eje de la política exterior USA, encaminada al mantenimiento del estatus en las áreas de influencia resultantes
de la Segunda Guerra Mundial. Por este motivo los avances comunistas en Asia o en América Latina constituyeron los principales puntos de conflicto, junto con el eterno problema berlinés, del horizonte internacional de la
época.

Las crisis cubanas

Cuando Kennedy asume el gobierno, el castrismo era ya una de las cuestiones vitales para la seguridad yanqui. El avance del socialismo en la isla, con sus secuelas de expropiación, nacionalizaciones y perjuicio para los intereses norteamericanos, además de constituir un ataque directo al establecimiento USA en el sur del continente, amenazaba con exportar el ejemplo a otros Estados en condiciones similares. El bloqueo económico y la ruptura de relaciones, entre Cuba y los EEUU, junto al acercamiento a Moscú en 1960, fueron los principales puntos de inflexión en este conflicto. Tras de los cuales, la Agencia de Inteligencia (CIA) recibió el encargo de entrenar a los exiliados cubanos para un eventual desembarco en la isla. Confiando en el precedente de la favorable intervención contra Guatemala, de 1954, los directivos de la CIA diseñaron un ambicioso proyecto para intentar derrocar a Castro.

El presidente electo conocería los planes para la invasión días después de ganar los comicios, pero se abstuvo de intervenir entonces y en las semanas posteriores a su toma de posesión fue convencido de la irreversibilidad de los acontecimientos. Contra la opinión de algunos colaboradores, Kennedy autorizaba la operación y el apoyo logístico de los bombarderos americanos, que utilizaron suelo nicaragüense para su despegue.

Entre el 15 y el 17 de abril de 1961, la expedición formada por un contingente de más de 1.500 hombres, cubiertos por ocho bombarderos y abastecidos por un carguero, trata de establecer una cabeza de puente en Bahía Cochinos, al sur de la capital. Sin embargo, el ataque es rápidamente controlado por las tropas del gobierno que derriban algunos aviones, inutilizan el barco y dan muerte a unos 300 asaltantes.

Kennedy reacciona a tiempo y asumiendo la riendas del conflicto rechaza las sugerencias de un ataque directo americano, pero se ve obligado, sin embargo, a asumir en público la responsabilidad de una acción que su equipo no había preparado ni aconsejado. Los efectos internacionales del fracaso no pudieron ser más negativos para la recién estrenada administración: el presidente tuvo que comprometerse formalmente ante la URSS, que comunicó sus intenciones de defender la isla, a respetar la independencia cubana, mientras Fidel Castro veía aumentar su prestigio internacional en proporciones nunca conocidas antes.

No obstante, las promesas realizadas por Kennedy incluyeron una advertencia precautoria sobre cualquier intervención militar extranjera en Cuba. La prueba de fuego de este supuesto no tardaría en producirse con motivo de lo que se conoció como la crisis de los misiles, en octubre de 1962.

En el origen del conflicto debemos situar la permanente preparación para invadir la isla por parte de los exiliados cubanos y la constante amenaza que suponía la cobertura que recibían en suelo norteamericano. Por otro lado, el deslizamiento rápido del régimen cubano, en medio de la hostilidad creciente de los países de la zona hacia la protección soviética, acentuaba la dependencia defensiva entre Cuba y Moscú. Desde esta óptica, la única posibilidad de subsistencia ante una decisión agresora del coloso americano sólo podía encontrarse en la dotación del arsenal cubano con las mismas armas disuasorias que los grandes empleaban para equilibrar sus tensas relaciones.

En el verano de 1962, fotografías obtenidas por los aviones espías U-2 y los informes procedentes del interior de Cuba parecían indicar un importante acondicionamiento logístico en una zona al oeste de La Habana, que estaría justificado por los anteriores supuestos. En septiembre, la CIA tenía la seguridad de que se estaban instalando en Cuba armas estratégicas de medio alcance (unas doscientas millas) con capacidad nuclear, y comunicaba a la Administración su impresión sobre la magnitud de la potencial amenaza. El 16 de octubre Kennedy examinaba en su despacho las pruebas convincentes de la construcción en suelo cubano (a unos 140 kilómetros de las costas yanquis) de rampas de lanzamiento de cohetes tierra-tierra, que podían ser disparados contra los EEUU. Desde esa fecha y hasta finales del mismo mes el mundo vivió, quizá sin demasiada conciencia de peligro, el que para muchos ha podido ser el momento más próximo a una guerra nuclear directa entre las grandes potencias.

El presidente y sus colaboradores se constituyeron en comité de seguridad permanente, mientras estudiaban todas las alternativas posibles y trataban de sondear las verdaderas intenciones y posibles reacciones de Moscú. Entre las diferentes opciones, Kennedy apoyado por su hermano Robert, por el Consejo de Seguridad Nacional y tras consultar a diversos asesores se decidió por una intervención moderada que al mismo tiempo dejara una salida airosa a los soviéticos. Finalmente, el 22 de octubre se dirigía al país comunicando la situación y la adopción de un bloqueo de control para los buques rusos que se dirigían a la isla.

Inmediatamente una nota de Moscú reivindicaba el derecho cubano a la defensa de la revolución y, sin reconocer las instalaciones atómicas, enfatizaba en el carácter no agresor de la defensa caribeña. Al mismo tiempo denunciaba la intromisión americana y la violación de la soberanía de Cuba, mientras fuentes castristas calificaban de «acto de guerra» el bloqueo USA y se procedía a una movilización general en la isla.

La situación adquiere tintes dramáticos y moviliza a personalidades de todo el mundo. La mediación de la

ONU y de su Consejo de Seguridad, que sólo sirve de foro
para mutuas acusaciones y tribuna de las respectivas doctrinas, se revela una vez más inútil por la directa implicación de los grandes. Intervienen los líderes mundiales, religiosos, intelectuales... El filósofo Russell pide a Kruschev
que no se sienta provocado por la actitud americana,
mientras el Kremlin se muestra desasosegado y en espera
de que se le ofrezca una salida digna.

El día 24 el secretario general de las Naciones Unidas,
U-Thant, propone conversaciones con la suspensión previa de las actitudes y de las medidas tomadas, al mismo
tiempo que una flotilla soviética que se dirige al Caribe re-
trasa o desvía su marcha. Kruschev acepta la propuesta de
la ONU, y mientras Kennedy duda... la actividad diplomática se incrementa, sin que se modifiquen las posiciones básicas. La tensión alcanza su clímax con el derribo de
un U-2 (avion espía americano) sobre Cuba y con la oferta rusa de cambiar la retirada de los cohetes cubanos por
los que los EEUU tienen en Turquía.

Pero el día 28, tras un intercamhio de notas y comuni-
cados confidenciales entre Washington y Moscú, Kruschev parece convencido de haber llegado al límite y se
contenta con una nueva promesa de no invasión de la isla.
El Kremlin hace pública su decisión de retirar los misiles
y desmontar las instalaciones bajo control internacional,
subrayando la confianza que le merecen las garantías americanas de respeto a la independencia cubana.

Las valoraciones de la crisis de los misiles son, como es
lógico, distintas desde los diversos campos. Mientras en
Occidente la popularidad del presidente americano, al
que se considera triunfador en el conflicto, crece hasta límites exagerados, en el bloque socialista se estiman los
acontecimientos como prueba de la falta de escrúpulos internacionales de los nuevos inquilinos de la Casa Blanca;
pero se destaca finalmente la confirmación del estatus cu-

bano frente a la constante amenaza del norte. Los hechos posteriores parecen haber dado la razón a los pocos que destacaban el triunfo de fondo de Castro, que, tras el fracaso invasor de Bahía Cochinos y su práctica relegación durante la crisis, vería consolidada la presencia y la proyección de su régimen en todo el área latinoamericana.

Desde una óptica más actual y más general, la amenaza del 62 iba a constituir también la primera toma de conciencia global de una posibilidad seria de conflicto nuclear en suelo americano, después de que la anterior crisis berlinesa hubiera puesto sobre el tapete una similar coyuntura en Centroeuropa. Ambos acontecimientos, sin duda de gran significación para la historia de la guerra fría y la coexistencia, fueron también punto de partida de la toma de conciencia mundial sobre la realidad de una posible catástrofe nuclear. Desde estas fechas se produce una revitalización de los movimientos pacifistas, y una apreciable extensión de la ideología de desarme con la formación de grupos civiles antinucleares.

Berlín: de la anomalía al muro

En el período que va entre las dos crisis cubanas (abril 1961 y octubre 1962), la tensión entre las dos superpotencias volvería a experimentar un súbito agravamiento en torno a la eterna controversia berlinesa. Alemania, desde su división en la postguerra, parece haberse convertido, por activa o por pasiva, en cuestión de referencia principal en cualquier conflicto internacional en que aparezcan complicados los Estados Unidos y la URSS.

Siempre que rusos y americanos han estado enzarzados en amenazas o situaciones tensas, por muy distantes que éstas estuvieran de Europa, Alemania (Berlín, en especial) era señalada como posible objetivo compensador de ataque o contraataque por los estrategas de ambos bandos. Esta consideración, que se basa en la absoluta precariedad del estatus alemán de postguerra, no cabe duda que amenaza en primer lugar a los propios alemanes y evidencia hasta la saciedad la incapacidad y dependencia política manifiesta con que han sido dotados, probablemente en «venganza» eterna por sus actuaciones históricas anteriores.

La administración Eisenhower había visto romperse el clima de entendimiento con los soviéticos postestalinistas por la captura de un avión espía en cielo ruso, en mayo de 1960. No obstante, con el recambio electoral demócrata parecía abrirse una posibilidad de empezar de nuevo, según recogieron las primeras declaraciones oficiales de Kennedy y tal como se desprendía de la actitud más favorable de la diplomacia soviética ante el nuevo equipo americano. La posibilidad de una renovada fase de deshielo habría de confirmarse con la entrevista entre los dos K, en Viena, en junio siguiente.

Del borrador de aquella conversación salieron algunas declaraciones y pocos acuerdos decisivos, pero sirvió para consolidar las posiciones divergentes de ambos estadistas respecto a la cuestión berlinesa. Para los soviéticos, el aplazamiento indefinido de la retirada de tropas extranjeras, de la reunificación alemana y de la firma del tratado de paz, constituían elementos de permanente inestabilidad en una zona que consideraban vital para su propia seguridad. Para los norteamericanos, que veían afianzarse un sistema de tipo occidental en la Alemania Federal y que conocían las dificultades de la parte oriental, el mantenimiento de la anomalía berlinesa era innegociable. Deseaban mantener a toda costa el estatus de ciudad ocupada y la permanencia de las tropas aliadas en el corazón de la República Democrática, en espera de que los acontecimientos y la impaciencia de los berlineses reclamaran su intervención.

Los hechos parecían dar la razón a la estrategia de los aliados durante el verano de 1961. Las declaraciones de Kruschev apoyando al régimen comunista y la promesa-amenaza de firmar un tratado de paz por separado con la Alemania Oriental provocan una avalancha de huidas al Berlín oeste. Durante varias semanas una importante cifra de obreros cualificados, técnicos y profesionales se refugiaron en la zona occidental berlinesa. Entre el 1 y el 10 de agosto el total de fugas se eleva a 10.000, y el día anterior al cierre de la frontera el número de personas que la cruzan para quedarse en el «paraíso» capitalista asciende a 4.000.

La sangría amenazaba con convertirse en clamor y en desequilibrar el capital humano de la zona comunista, afectando seriamente al mantenimiento del ritmo de recuperación económica en que estaba inmersa la Alemania Democrática. Hasta que, finalmente, el día 13 de agosto se lleva a cabo el cierre del paso de las dos zonas, entre las protestas de los berlineses y la parálisis política de los aliados. Las autoridades alemanas occidentales incluso disuaden a los que se manifiestan tratando de impedir el cerco de alambre ante la puerta de Brandeburgo. Los americanos realizan un gesto simbólico enviando al vicepresidente Johnson para informarse sobre el terreno, pero aceptan el hecho consumado y ven cómo en los próximos días el cierre se convierte en un muro insalvable de cemento y ladrillo.

En las horas siguientes, mientras continúan las muestras de protesta popular junto al muro, se producen declaraciones políticas y diplomáticas que elevan la tensión, y Occidente se prepara para un nuevo bloqueo. Después de que París y Washington exijan garantías para los vuelos civiles y declaren «acto agresivo» cualquier interferencia en las comunicaciones con Berlín occidental, el Kremlin comienza a mentalizar a los suyos ante un posible ataque oc-

cidental a la RDA. El 29 de agosto, Kruschev anuncia la
reanudación de las pruebas nucleares y las relaciona con
los acontecimientos berlineses. Tras de lo cual reafirma la
prohibición de que los políticos de Alemania Occidental
viajen a Berlín.

Los aliados forman una piña alrededor del presidente
Kennedy, que recibe inmediatamente el fundamental apoyo del general De Gaulle. Y el 8 de septiembre responden
a la prohibición de vuelos con un claro rechazo, que tiene
una importante repercusión en la estrategia soviética.
Kruschev, reconociendo la firmeza occidental, se toma un
respiro y poco después decide aflojar la tensión. Se dirige
a los responsables de la OTAN proponiendo un arreglo
que incluya la negociación de vuelos civiles con la RDA.
Al mismo tiempo, insiste en la necesidad de terminar con
el régimen de ocupacion y en su deseo de sustituirlo por
un tratado bilateral, pero subraya que no hay plazo fijo
para este cambio, retirando su anterior ultimátum y dejando abierta una salida airosa.

El principal representante de la OTAN, el belga Spaak,
recomienda a los aliados que acepten la propuesta, a la vez
que la prensa moscovita trata de suavizar los términos del
enfrentamiento. En octubre, el XXII Congreso del Partido puede escuchar del propio premier soviético una versión en la que se reconocen muestras de buena voluntad
occidental para arreglar el asunto alemán.

El momento más álgido del conflicto parece superado
cuando Kennedy asegura que el único deseo aliado es
mantener una cabeza de puente en Berlín y no tener problemas de comunicaciones. Los soviéticos dan por zanja-
do el asunto, pero mantienen el muro y entorpecen esporádicamente las comunicaciones, al mismo tiempo que
anuncian una escalada en el rearme nuclear y siguen advirtiendo del peligro del aplazamiento del tratado de paz,
que ponga fin a las secuelas de la guerra.

Los berlineses occidentales, por su parte, siguen manifestándose contra el muro, cada vez con menos fe y menor audiencia internacional, mientras de vez en cuando algún oriental prófugo se juega la vida intentando pasar a la zona federal.

El miedo al átomo

Los temores a un final nuclear ganaron a la opinión internacional a partir de las tensiones entre la URSS y los EEUU que acabamos de describir. La discusión sobre la conveniencia o la moralidad de mantener al mundo bajo la tensión atómica formaría parte desde entonces de la preocupación cotidiana y del discurso dominante de todos los líderes de la Tierra. Presidentes, reyes, diplomáticos, primeros ministros, papas, premios Nobel, científicos, intelectuales, políticos y sindicalistas no pudieron eludir desde los años sesenta esta referencia final.

De modo distinto que en los conflictos convencionales, más extensos, sangrientos y frecuentes, en los que las dos superpotencias actuaban casi siempre por terceros interpuestos, lo que confería una especial peligrosidad a sus crisis directas era la posibilidad de una confrontación nuclear total. Las repercusiones y dimensión de este hipotético enfrentamiento cualesquiera que fueran, tendrían un alcance general y afectarían sin lugar a dudas a todo el bloque de alineados o dependientes. A partir de aquellas fechas, la teoría de una cierta destrucción mutua ha tenido un puesto relevante en las diferentes controversias, y a medida que se avanza en la capacidad estratégica y en la investigación armamentista, esta seguridad suicida se asienta cada vez más.

Como consecuencia de estas premisas, algunos aceptaron mayores avances en la escalada militar, pensando que era la mejor arma para una efectiva disuasión que alejaba *la lucha nuclear y el desate*

paradójicamente las posibilidades de guerra nuclear. Otros estiman que, dado este supuesto, resulta ilógico construir armas que nunca van a ser empleadas y consideran inconcebible que el mundo no sea capaz de utilizar mejores y más racionales argumentos para evitar su aniquilación. En otro plano se sitúan los pacifistas que critican el derroche de riqueza y energías, en un mundo por lo demás indigente, que no demostrará ser acreedor a una calificación humanizante mientras sea incapaz de renunciar al mantenimiento de una capacidad mortífera como la que se desarrolló desde la década de los sesenta. La decisión final va a estar desde entonces en poder de estas corrientes de pensamiento político.

Milagro en casa de los vencidos

Entre el período de recuperación económica de los años cincuenta y la recesión de 1973, uno de los elementos del modelo desarrollista occidental que más interés despertó fue el de la asombrosa recuperación y esplendor de los Estados que formaban el núcleo del Eje, derrotado en la guerra mundial. Durante más de veinte años (1950-1973) en el bloque de naciones incluidas en la OCDE, ninguna podía presentar incrementos tan importantes como los realizados por Japón, sobre todo, y en menor medida por Alemania e Italia.

el crece econ en los países Eje

La tasa de crecimiento medio del PIB para ese período que en la OCDE fue de un 4,9 por 100 anual acumulativo, se ha calculado en el caso de Japón en un 9,7 por 100, en un 6 por 100 en Alemania y en un 5,5 por 100 para Italia. En los tres supuestos estos porcentajes son altamente significativos y representan la fase de crecimiento sostenido más importante y extensa de su historia, al mismo tiempo que en el ejemplo japonés suponen casi el doble de la media de crecimiento de los demás países desarrollados. En el conjunto de los importantes avances económicos registrados en Occidente, estos Estados destacaban con espectacularidad en unos años en los que se empezó, más que nunca, a calificar el poder de las naciones por su capacidad productiva y por los avances industriales.

Otra característica notable en este desarrollo está representada por el incremento de la productividad media por habitante, muy similar e igualmente destacado en estas naciones, entre las cuales Japón volvía de nuevo a duplicar las cifras medias de la OCDE, dejando bastante atrás a potencias como Estados Unidos, Gran Bretaña, etc. La laboriosidad proverbial de japoneses y alemanes, formará desde entonces entre las notas peculiares con que son explicados los «milagros» económicos; aunque en el caso nipón, como luego diremos, encubrirá de hecho situaciones laborales, sindicales y profesionales rigurosas, que en Occidente han sido calificadas de injustas y desleales, desde el plano de la competitividad comercial.

Después de la Segunda Guerra Mundial, Japón había conservado en medio de su devastada situación lo mejor de su planta industrial anterior y la capacidad constructora de sus astilleros. Gracias a ello, a la inyección financiera USA y a la demanda que generó la guerra de Corea a comienzos de los cincuenta, el antiguo imperio empezó a recuperar a grandes pasos su posición de preguerra. La permanente inestabilidad del Extremo Oriente (China, Corea, Vietnam...) iba a ser decisiva para que los americanos consideraran al «portaaviones» japonés como elemento de primera magnitud en su estrategia «defensiva» de la zona. Gracias a esta estimación, reforzada por la consecución de la plena soberanía en 1952 y mantenida con una tenacidad encomiable, Japón sobrepasaba en la década sus mejores cifras productivas, y durante los años sesenta se colocaba silenciosamente por delante de la mayoría de los países occidentales.

En 1970, cuando se inaugura la Exposición Universal de Osaka después de que Tokio organizara unos espléndidos Juegos Olímpicos en 1964, los visitantes extranjeros pudieron contemplar entre incrédulos y admirados el impresionante avance de un país que casi no conocían. Suponía la confirmación del avance nipón, que desde las olimpiadas había empezado a prestigiar imparablemente la calidad de su imagen en el plano internacional.

La década de los sesenta sería de este modo decisiva para el definitivo lanzamiento de la economía japonesa. La adquisición e invención de tecnología avanzada, la recreación imaginativa a partir de patentes importadas y la pasmosa capacidad laboral de los orientales, habían puesto en pie una industria siderúrgica, naval, automovilística y electrónica de alta cualificación y grandes posibilidades. Japón estaba ya en condiciones de absorber una cuota sustancial de los mercados occidentales, al mismo tiempo que empezaba a desarrollar su propia demanda interna gracias a un incremento importante de la renta nacional.

A finales de 1969, los más de 103 millones de japoneses que poblaban el archipiélago envolvían esta prosperidad con una política exterior pragmática teñida de fuertes lazos americanistas (Tratado de Cooperación y Seguridad de 1960), intensidad de relaciones comerciales con la URSS y aproximación favorable a otros países del área. En el plano interior, la estabilidad política que garantizaba la Constitución sólo se vería turbada en algunas ocasiones aisladas, pero sin que las corrientes opositoras fueran suficientes para modificar el estatus implantado por MacArthur al final de la guerra. Los enfrentamientos entre socialistas y ultranacionalistas (con el asesinato del líder socialista Asanuma en 1960), o protestas contra las bases americanas y la guerra vietnamita (1968), no impidieron las victorias electorales del Partido Liberal Democrático, que mantuvo el poder con absoluta regularidad nipona.

El caso alemán presentaba similitudes políticas apreciables con el supuesto japonés. La necesidad americana de mantener otro «portaaviones» seco en Europa central, frente al modelo soviético instalado como un arco amenazante en la parte oriental, iba a determinar el apoyo incondicional USA del que ya hemos hablado. La estabilidad política de Alemania se convirtió en pieza sustancial de los planes de contención estadounidenses y a ello se aplicaron todas las emergencias y prioridades necesarias.

El reparto del poder político se haría, bajo estas previsiones, entre los partidos del espectro que ofrecían garantías de moderación para asegurar una evolución social favorable al conjunto del bloque occidental. Por este motivo, tras el desgaste de la gestión del democristiano Adenauer que había protagonizado la recuperación en los años más duros y colmado con su presencia toda la década de postguerra, las urnas favorecieron diversas coaliciones entre cristianos, socialistas y liberales. En 1961, Adenauer fue elegido canciller por cuarta vez aunque su partido había perdido la mayoría, pero dimitiría en 1963, entre las críticas de su propio partido, para dar paso a Ludwig Erhard que desde el ministerio de Economía había patroneado la Alemania del milagro.

Los bandazos políticos y electorales nunca afectaron a la estabilidad general y en cambio sirvieron para marginar, de modo definitivo, a las opciones más radicales. Los nacionalistas terminaron siendo un fenómeno residual de la nostalgia alemana, mientras que el Partido Comunista acosado desde el poder y la opinión pública perdió sus posibilidades ante el reformismo de la socialdemocracia. El SPD liderado por Willy Brandt, que había dado un giro sustancial a la derecha en el congreso de Bad Godes-

*gerd·
l=SPD
1969*

berg (1959) renunciando expresamente a los principios
marxistas, fue ampliando su base sociológica, y ganó las
elecciones de 1969 con la promesa de una gestión económica moderada y de una mejora de las relaciones con el
Este.

En el plano material, Alemania se benefició de su calidad de «escaparate» capitalista, con que los estrategas
americanos tentaban a los orientales. Además de la libertad formal de las estructuras burguesas, la zona occidental
germana adquirió muy pronto un tono de bienestar y prosperidad supuestamente provocador para los regímenes socialistas de detrás del «telón». El país había tenido que asumir gravísimos problemas iniciales entre los cuales las destrucciones, la acogida de refugiados o el reconocimiento
de la reparación de daños de guerra a terceros, fueron los
más señalados. Sin embargo, a mediados de los cincuenta
ya circulaba la frase «milagro económico», para designar la
prodigiosa recuperación alemana. Diversas medidas que
favorecieron el desarrollo de la pequeña y media empresa,
reformas sustanciales en la agricultura y el establecimiento
de un modelo comercial de intercambio abierto, se sumaron a los beneficios de la ayuda USA en un marco de estabilidad de precios-salarios y de colaboración de clases sociales.

En los años sesenta el crecimiento del producto y la
renta nacional favorecieron el desarrollo de un importante mercado interior, la absorción de toda la mano de obra
disponible y la atracción de emigrantes para una industria
en pleno avance. Sectores alemanes tan arraigados, como
los de bienes de equipo, el automóvil o la industria quími-
co-farmacéutica y petroquímica lograban afianzarse a escala mundial, junto a importantes ramas de la electrónica,
electrodomésticos y la tradicional competitividad de su si-
derometalurgia.

Pequeños ciclos recesivos a finales de los sesenta se superaron con holgura, gracias a un elevado ritmo de exportaciones industriales que pronto colocaron a la República Federal a la cabeza del Mercado Común. A finales de la década, Alemania se había convertido en un Estado capitalista desarrollado que ofrecía a sus competidores la imagen de una nación laboriosa e imaginativa a pleno rendimiento de sus posibilidades, con 61 millones de habitantes obsesionados por su estatus económico, por su seguridad y por sus niveles de consumo.

Las viejas pretensiones raciales e imperiales quedaban en el mal recuerdo de un pasado que los alemanes se esforzaban por ocultar y por hacerse perdonar. Incluso la potencialidad revolucionaria que los teóricos habían asignado a la clase obrera parecía fosilizada o detenida por el bienestar económico. Sin embargo, no era difícil que algunas tensiones subterráneas afloraran con asiduidad en la vida política o en las protestas generacionales. Una importante oposición de izquierdas se configuró en el campo extraparlamentario, nucleada en torno al movimiento estudiantil y juvenil que seguía las mismas pautas de otras áreas occidentales. El rechazo de la sociedad materialista, la denuncia de la incapacidad política para solucionar el contencioso con el Este y la división alemana o la crítica a la americanización del país, estuvieron presentes en los movimientos de finales de los sesenta y en sus derivaciones anarquistas de fechas posteriores.

Italia constituye el tercer supuesto milagroso en la recuperación económica de postguerra que participa de características muy semejantes a las examinadas en los casos japonés y alemán. La península transalpina ha sido desde la antigüedad eje histórico y cultural de Europa a través del que han pasado los intercambios civilizadores entre el norte, sur, este y oeste del mundo occidental. Pero desde el final de la contienda de los años cuarenta y el comienzo de la guerra fría, el solar latino se convirtió además en

zona estratégica de primera magnitud por su situación en
el Mediterráneo, frente a las costas norteafricanas y al socialismo del sur de Europa, muy cerca del conflictivo
nudo de Oriente Medio.

Italia sería, junto a Inglaterra, Alemania o Francia, una
de las naciones mimadas por el Plan Marshall como sabemos, y por sus características sociopolíticas (movimiento
obrero y sindical, potente partido comunista...) despertó
desde muy pronto la preocupación de los norteamericanos. De este modo, la recuperación económica vino de la
mano americana apoyándose en un importante intervencionismo estatal, que utilizó organismos del período mus-
soliniano como el Istituto per la Recostruzione Industria-
le (IRI) y otros como el Ente Nazionale Idrocarburi. Las
presiones sindicales alcanzaron fuertes alzas salariales,
compensadas como en otros casos con aumentos de la
productividad, ampliación de ventas y mayores exportaciones. Cuando en 1957, Italia participa en la creación del
Mercado Común, la poderosa industria del norte está en
franca recuperación y en la agricultura del «mezzogiorno»
se intentan programas de reforma.

La participación comunitaria fue el principio del
«boom» económico italiano. Gracias al desarme arancelario europeo la industria de Turín, Milán, etc., alcanzó un
ritmo expansivo sin precedentes que colocaba al país entre los Estados más desarrollados de Occidente. No obstante, este ciclo favorable, como sucede con regularidad
en el mundo mediterráneo, escondía graves desequilibrios
regionales con un Norte de abundancia y un Sur empan-
tanado en la pobreza, cuya única esperanza seguía siendo
el dudoso beneficio de la emigración. Las protestas sociales y los disturbios laborales del llamado «otoño caliente»
del 69 respondían a este modelo de crecimiento, cuyas desigualdades no supieron compensar los partidos en el gobierno.

Como en el caso alemán sería la figura de un democristiano quien casi monopolizara en los años de postguerra el
primer plano de las coaliciones gubernamentales. Alcide
de Gasperi, que llegó a formar hasta ocho gobiernos entre
1945 y 1953, presidió las inestables alianzas de su partido
con los socialdemócratas, republicanos y liberales, que caracterizaron la vida pública italiana en esos años. En una
fase posterior, el desplazamiento paulatino hacia la izquierda del electorado obligó a la DC a prescindir de sus
elementos más conservadores y realizar cada vez mayores
concesiones a su ala reformista. Finalmente, la tendencia
de centro-izquierda dominaría en la DC, permitiendo a
los socialistas de Nenni participar en la coalición gubernamental de 1963.

El mundo sacudido

La caída de Occidente

En el período que transcurre entre el final de los años sesenta hasta después de la guerra árabe-israelí de 1973, los países desarrollados acusaron un ciclo depresivo que se extendió desde el rechazo a los valores tradicionales del consumo y el produccionismo (crisis política), alcanzando después a las bases económico-financieras del sistema (crisis económica).

Los factores que se dieron cita en torno al fin de la década prodigiosa y que pusieron en aviso a muchos responsables occidentales, estaban inmersos en las mismas estructuras del modelo que, desde la postguerra, había sido aceptado por la generalidad de las naciones. Lo mismo en el Este que en el Oeste, en el mundo industrializado que en el atrasado Tercer Mundo, todas las naciones habían apostado por alcanzar un ritmo de crecimiento que les aproximara al horizonte de un salto cualitativo, a través del incremento de las riquezas. Este despegue, que había sido propuesto por Walt Rostow, uno de los ayudantes del presidente Kennedy, como etapa sustitutoria de la revolución socialista, se convertiría en el remedio ansiado de los pobres del mundo que envidiaban el desarrollo y el disfrute de los bienes en los países avanzados. Cada uno por su parte, lo mismo capitalismo que socialismo, aunque con diferentes métodos, habían sacralizado un patrón social sustentado en los valores materiales y con casi el único aliciente de recuperarse de las calamidades y estrecheces de la guerra-postguerra, por el acceso al consumismo.

Sin embargo, en esas mismas naciones adelantadas, en las que muchos empezaban a cuestionar los valores morales del bienestar sustentado en una explotación a escala planetaria, iban a surgir y desarrollarse en los años sesenta numerosas protestas sociopolíticas contra el proyecto de sociedad. Estos movimientos complejos y plurales se han constituido desde entonces en partícipes esenciales de la vida ideológica y política en los países desarrollados, de forma notable en Occidente. En ocasiones adquieren la forma de protesta masiva contra la orientación social que impone el mismo sistema capitalista; en otras reivindican derechos minoritarios o luchan contra la discriminación, el racismo, el militarismo, la contaminación, la acción de las multinacionales, etc.

La variada forma que adquiere la actividad de estos movimientos radica en la misma heterogeneidad de sus componentes y de sus plurales formulaciones. Participan en ellos obreros, intelectuales, profesionales y otras capas medias, la pequeña burguesía, los colectivos feministas, las asociaciones vecinales o de amas de casa, los consumidores como tal, las minorías nacionales o raciales, los anar-

quistas desmovilizados y un largo etcétera. Los partidos y
sindicatos, a veces, desbordados por la mayor flexibilidad
social de esta nueva izquierda, se mantienen al margen sin
un proyecto claro de aceptación o rechazo.

La militancia de estos nuevos grupos sociales es dispersa y coyuntural, pero está localizada casi siempre en los
núcleos urbanos y en las nuevas generaciones con tendencia a la automarginación respecto a la oposición clásica, a
la que con frecuencia se considera inoperante o asimilada
por el modelo de Estado que se rechaza. Los sociólogos
han advertido en estas capas urbanas una mayor formación técnica y cultural, mayores dosis de autonomía política y mucha más capacidad para la actividad social que en
las generaciones precedentes.

En los Estados Unidos desde mediados de los sesenta y
en Europa casi a finales, la formación de estos grupos alrededor de la toma de conciencia de intelectuales, universitarios, progresistas de diverso signo o teóricos de extrema izquierda, caracterizó la rebelión de la generación del
desarrollo. El impacto mundial de la crisis racial americana, de la escalada bélica en Vietnam, la derrota árabe de
1967, la solidaridad con los palestinos, el antifranquismo
español, la convulsión francesa de mayo de 1968, la represión estudiantil mexicana, el aplastamiento de la «primavera» en Praga, las revoluciones sudamericanas o la sentida muerte de Ernesto «Che» Guevara, fueron distintas
pruebas de que una misma corriente emocional unía a las
generaciones contestatarias en el eje principal de la vida
de Occidente.

La nueva vanguardia con un carácter reivindicativo de
mayor alcance trataría de abrirse camino entre los grupos
establecidos, para imprimir al forcejeo social los elementos de democracia directa que la profesionalización política y sindical le estaban hurtando. A pesar de que las líneas
esenciales de protesta y reivindicación se unían a la de-

manda de mayor libertad y participación democrática, no debemos ignorar las diferencias que existían entre movimientos casi agónicos (como el antifranquismo o el socialismo con rostro humano checoslovaco), debatiéndose entre negaciones irracionales o revueltas como la francesa, que apuntaban con más ambición a la esencia autoritaria del sistema, disfrutando de mayor capacidad de maniobra aunque con menos futuro.

El repudio a la sociedad opulenta se convirtió en la bandera teórica y práctica del nuevo movimiento, unido a la invocación pacifista. Desde la costa oeste californiana se extendió primero por los Estados Unidos y alcanzó luego a la Europa desarrollada. El rechazo se manifestaba de forma muy señalada en la crítica aguda al modo de creación y de reparto de la riqueza en el mundo actual. Además, estas posiciones teóricas derivaron en minoritarias pero sólidas muestras de automarginación reflejadas en una tendencia al aislamiento en comunas, el retorno a la naturaleza, el rechazo del maquinismo y la exaltación de un modo de vida primitivo, sencillo y sin competencia entre los hombres.

Sin embargo, los obreros y sus sindicatos no aceptaban en su mayor parte los planteamientos evasionistas de la nueva izquierda. Como artífices principales de la riqueza que eran, aspiraban al menos a tocarla con la punta de los dedos. Su tradicional modo de lucha les empujaba, además, a una reforma del sistema desde dentro, sin abandonarlo, mediante avances periódicos cuantitativos y sin cuestionar ni su existencia ni sus estructuras básicas.

El crecimiento: del infinito al cero

Apenas podían los gobiernos controlar el descontento de estos nuevos movimientos, que se sumaban a la oposición tradicional más moderada pero igualmente firme,

cuando empezaron a surgir las primeras advertencias de
nuevos problemas que ensombrecían el horizonte del
nunca bien disfrutado desarrollo económico.

En 1968, con un interés meramente «científico» y por
iniciativa del empresariado italiano, se había fundado el
llamado Club de Roma con el objetivo de ocuparse de
asuntos vitales para la subsistencia del sistema capitalista y
del mundo en general. Aspectos claves en el moderno desarrollo como el crecimiento demográfico, la óptima utilización y el agotamiento de los recursos naturales, o la degradación del medio ambiente, fueron los principales
puntos de estudio de esta fundación desde finales de los
años sesenta.

En 1972, el Club estaba en condiciones de emitir un primer y sonado diagnóstico que recibió el elocuente título de
«Los límites del crecimiento». Las conclusiones incluidas
en el informe, elaborado por relevantes científicos a los
que se consideraba «apolíticos e independientes», no pudieron ser más alarmantes. De ellas se resumía que de seguir el ritmo de crecimiento demográfico y la salvaje o de-
sordenada explotación de los recursos, junto al marasmo
industrial contaminante, el deterioro de la calidad de vida
llegaría a proporciones irreversibles antes de fin de siglo.

Las opiniones del Club, aunque fueron calificadas de
catastrofistas en los medios más reacios, nunca serían re-
batidas seriamente. Por el contrario, tuvieron un considerable efecto en las clases dirigentes y en las sociedades que
más habían avanzado en la autodestrucción ambiental.
Durante un largo período se debatirían las recomendaciones del informe en los medios de comunicación, en los gabinetes ministeriales o en los despachos de los grandes dirigentes. Como única alternativa a la más que posible
debacle, se empezó a especular con planificar un crecimiento cero, que en los próximos años pudiera aliviar la
situación.

En medio de las discusiones, no obstante, se empezaria a tomar conciencia del cambio de ritmo económico, la moderación se introdujo en los planes empresariales y se abrió un período de expectativas inciertas en el cual se observaba ya el final de los felices sesenta. Cuando apenas había tomado cuerpo esta preocupacion socioeconómica, estalló en la misma cara del bienestar occidental otra crisis menos especulativa y más real: la del aumento del precio del petróleo y otras materias primas o energéticas hacia 1973. Desde entonces los problemas económicos, la planificación monetaria, los planes de aprovechamiento de recursos, la lucha contra el desempleo o la inflación, etc., se ha engullido a las preocupaciones sociales y políticas.

1968. El marco histórico

El contexto histórico internacional del 68 empezaría a fraguarse algunos años antes, coincidiendo con importantes relevos y toma de decisiones en la esfera mundial. En los Estados Unidos, el sucesor de Kennedy, Lyndon Johnson, aprovechándose todavía del recuerdo del presidente caído en Dallas, ganaba las elecciones de noviembre de 1964, por mayoría abrumadora. Poco antes, en octubre, el premier ruso Kruschev fue cesado por sus compañeros del Kremlin, después de que en junio hubiera conseguido al fin consolidar la influencia soviética en Alemania Oriental con un tratado de defensa y amistad. La sorprendente desaparición del personalísimo líder abrió un período de interrogantes y de expectativas mundiales, que sólo empezarían a despejarse en torno al verano de 1968 con el brutal arrinconamiento de la experiencia aperturista checoslovaca.

La intervención americana en Vietnam que se había iniciado en 1961, con el envío del primer contingente importante de consejeros y unidades militares, se consolidaba e incrementaba desde el verano de 1964. Tras un ataque norvietnamita a los buques americanos en el golfo de Tonkín, Johnson, en plena campaña electoral, tomaría el compromiso decisivo de emplear todos los recursos y fuerzas disponibles contra el régimen comunista. Comienzan los bombardeos contra el norte, y en una primera fase los expedicionarios USA ascienden a 18.000 hombres. En abril de 1965, renovado su mandato, el presidente norteamericano decide doblar el número de efectivos y da órdenes a la infantería de entrar en combate. Se iniciaba así la fase final y también la más dura de la larga lucha vietnamita por su independencia y reunificación.

Al mismo tiempo que estos acontecimientos abrían en las dos superpotencias un período de transición, en la inmensa China, el tercero en discordia, que aún permanecía en gran parte inaccesible a la curiosidad occidental, se desataba en 1965 una convulsión política de orígenes y desarrollo confuso. La idealista «revolución cultural», nombre con el que se conocieron los acontecimientos chinos, causaría un enorme impacto entre la izquierda europea, manteniendo en vilo a la opinión internacional. Entre 1965 y 1969, Mao Tsé-tung, apoyándose en algunos elementos del régimen y contando con la ayuda del ejército y su principal dirigente Lin-Piao, lanzaría una ofensiva a derecha e izquierda, que tendría como consecuencia, según luego veremos, la consolidación de su liderazgo entre las nuevas generaciones.

Mientras esto sucede en los países que dirigen la política mundial, en Iberoamérica el ejemplo cubano que se va sentando ha hecho renacer las esperanzas de los grupos sociales más atrasados. Proliferan las guerrillas y el «foquismo», que, ha triunfado con Fidel y el «Che», es aplicado como estrategia desestabilizadora en dictaduras y repúblicas proyanquis. Cuando en noviembre de 1976 la

noticia de la muerte del «Che» recorre el mundo, la emoción entre la juventud idealista es intensa. Una aureola mí-
tica empieza a tejerse en torno a su figura que pronto adquiere connotaciones románticas y redentoras para los
países del Tercer Mundo que sueñan con mejorar sus condiciones.

[nota manuscrita: 1976 muerte de Che]

Entretanto algunos gobiernos hispanoamericanos (Argentina, México, etc.) tratan de recortar libertades y presupuestos sociales o educativos, en los Estados Unidos la
protesta racial adquiere sus características más violentas.
Los negros han empezado a organizarse en grupos armados (Panteras Negras) o radicales (Black Power) y protagonizan disturbios en numerosas ciudades. Cuando en
1968 es asesinado Luther King, el enfrentamiento alcanza
su cima, obligando a intervenir a la Guardia Nacional y
llevar a cabo la apresurada firma de la legislación sobre
derechos civiles, por los que había luchado el líder caído.

[nota manuscrita: derecho civil, racismo - Panteras Negras y Black power - asesinato de MLK]

Entre los jóvenes occidentales la rebeldía de los cincuenta comienza a tomar cuerpo organizativo con agrupaciones que contestan al sistema desde varios puntos de
vista, y que se distancian por igual del modelo capitalista y
del revisionismo burocrático socialista. El ideario trotskis-
ta conocería una fase de auge al recoger algunas escisiones
de la izquierda tradicional. De ese modo, mientras en
Francia se fundan las Juventudes Comunistas Revolucionarias, de Alain Krivine, entre los laboristas ingleses y la
nueva izquierda americana se siente también su influjo.

Pero el tono contestatario que más se identifica con la
época corresponde a los movimientos contraculturales y
estudiantiles, que tratan de encauzar sus protestas en grupos y asociaciones de nuevo cuño, recuperando así postulados anarquistas teñidos ahora de blanco. Las tendencias
pacifistas o revolucionarias se concretarán en un movimiento juvenil (los *hippies*), que pronto adquieren sus
propios métodos asociativos. El Partido de la Juventud en

[nota manuscrita: los hippies y ejemplos de sus fases políticas]

Estados Unidos (1967), los provos en Holanda (1966), la
berlinesa Comuna I (1967), o la Radical Student Alliance
británica (1966) entre otros muchos, cuentan con el precedente americano del Students for a Democratic Society
de 1962.

Los campus universitarios fueron objetivo favorito del
autoritarismo estatal y de la represión militar durante estos años. Las dictaduras y las democracias dictatoriales señalan a la juventud universitaria y alguno de sus precepto-
res como núcleos enemigos, repletos de comunistas y de
subversivos infiltrados. Los estados mayores del mundo
desatan una cruzada contra la inteligencia y la juventud no
asimilada, declarando la guerra interior a cualquier crítica
al sistema. La estrategia oficial aportará en su favor el bienestar alcanzado por obreros y clases medias, azuzando a
las mayorías silenciosas contra estudiantes e intelectuales
«que no saben lo que quieren», desde California a Pekín,
pasando por Madrid, Praga o México...

La matanza de estudiantes mejicanos en vísperas de las
olimpiadas de 1968, con 35 o 350 muertos (según las cifras sean o no oficiales), se ha convertido en el dramático
símbolo de esta resistencia al poder por parte de la cultura. Pero también fueron pisoteadas las aulas en Brasil, en
España, en el Mayo francés o en los Estados Unidos, donde primero Berkeley y luego Columbia padecieron brutales ataques de la policía, que se saldaron con varios muertos y numerosos heridos.

La sociedad denunciada

La crisis general de finales de los sesenta tuvo una notable repercusión en uno de los países que, paradójicamente, presentaba una mayor estabilidad política basada en
un gobierno firme y pragmático, con frecuentes concesio-

nes a las clases medias. El general De Gaulle, alineado entre los occidentales siempre que soplaban vientos internacionales revolucionarios, no se recataba en cambio a la hora de discutir a los yanquis su hegemonía mundial o en poner en solfa sus intromisiones en Asia o Iberoamérica, como hemos visto. Gracias a esta ambigüedad de estilo, el general y sus gobiernos podían contar con el apoyo populista de la silenciosa mediocridad, que por su amplitud y disciplina habían procurado a la V República diez años de sosiego y bienestar.

Sin embargo, esa misma seguridad proporcionaba una arrogancia de trato y un acusado autoritarismo en las relaciones laborales, sindicales y universitarias francesas. En la ocasión del 68, la conjunción del descontento intelectual, el revanchismo sindicalista, la reivindicación universitaria y el oportunismo de los líderes políticos, sirvió para enjuiciar globalmente el gaullismo y sentar las bases de su futura caída.

La versión del modelo desarrollista occidental, que el régimen francés y otros de su área defendían y aplicaban, se miraba orgullosa en el espejo del consenso nacional y de los resultados favorables que en las urnas le proporcionaba un electorado masificado y gris, entusiasta del presidencialismo y el carácter providencial de De Gaulle. La izquierda, una vez perdida su oportunidad durante la postguerra y la posterior aventura colonial, se había refugiado con timidez en la disciplina y el descontento sindical, pero sin atreverse a impulsar un programa alternativo fuerte que suponía destinado al fracaso electoral.

Los estudiantes, por su parte, participaban del mismo descontento de las izquierdas por la gestión autoritaria de los gabinetes gaullistas, pero carecían del grado de cohesión y organización de éstas. Como movimiento, los universitarios franceses apenas tenían memoria histórica ni autonomía para operar al margen de las grandes líneas po-

líticas del país. Sin embargo, de la Universidad habría de
partir el fogonazo del 68, en cuyo desarrollo y profundización tomaron parte sustancial los líderes estudiantiles.

El folklore historiográfico con que se ha querido «favorecer» a los sucesos de Mayo se ha empeñado en destacar
el protagonismo universitario o intelectual, relegando la
convulsión sociolaboral del período a un segundo plano
cuando no al olvido más injusto. Fueron en efecto los estudiantes, y en concreto los universitarios parisinos de
Nanterre, los que dieron el primer paso. Y los que supieron encarnar el aspecto imaginativo y romántico de esta
«revolución». De sus intervenciones y actitudes, nos han
quedado los destellos más espectaculares, originales y
ocurrentes de Mayo. Pero, sin que sirva de demérito alguno, no fueron los campus los depositarios exclusivos del
descontento ni de la verdadera oportunidad, si la hubo,
de modificar revolucionariamente las estructuras del poder político francés.

Esto no niega en absoluto el papel básico de la denuncia
intelectual contra el sistema. Como recordaba Marcuse por
aquellas fechas, la Universidad seguramente no puede hacer revolución alguna, pero debe jugar un papel de toma
de conciencia social y puede proporcionar a los obreros
las armas teóricas para instrumentar su descontento. En
estricta doctrina socialista, los estudiantes son un elemento periférico del sistema cuyo interés en cambiar las estructuras se supone que es sólo coyuntural.

Los partidos y los sindicatos, ya sean de obediencia
marxista o cristiana, recelan tradicionalmente del segmento universitario de quien creen conocer y disculpar sus limitaciones. A su vez, los estudiantes franceses rechazaban
el reformismo y el integracionismo de los sindicatos mayoritarios, a los que culpaban de la desmovilización ideológica de los obreros. Esta mutua desconfianza, aunque fuera
superada en múltiples ocasiones por la actitud espontánea

de las masas, fue uno de los elementos más caracterizados
del movimiento social del 68.

No obstante, la revuelta estudiantil sabría poner el
dedo en la llaga de sus propias circunstancias. La denuncia contra la Universidad burocrática e industrial, por parte de un estamento en el que más de un tercio estudiaba
carreras del «aire» (Literatura, Sociales, Políticas, Geografía, Historia...), ponía de relieve su crisis interna. A menos
que la imaginación se instalase en el poder (algo que obviamente no ha sucedido), aquellos descontentos de Mayo
y sus descendientes estaban abocados a un desempleo distinguido. La sociedad tecnificada exigía la adecuación de
la Universidad pública a sus necesidades, y demandaba
vocaciones industriales, no políticas o culturales.

No quiere decir esto que, entre los universitarios no se
diera el fenómeno general de «mayoría silenciosa». De hecho, la vanguardia estudiantil, entonces como ahora, estaba representada apenas por un minoritario 1, 12 por 100,
que había tomado conciencia y relacionaba la solución de
sus problemas con la reforma social necesaria. Por el contrario, más de la mitad se conformaba con obtener algunas ventajas académicas, mientras otro considerable grupo (más del 30 por 100) cifraban sus aspiraciones inmediatas en «aprobar los exámenes».

El final del recreo

Los hechos de Mayo en realidad dieron comienzo en su
vertiente universitaria en el mes de marzo, pero los sucesos que caracterizaron el 68 francés con las protestas callejeras, las huelgas laborales y la crisis política se localizan
entre el 3 y el 30 de mayo. Son las fechas que median desde el primer desalojo de la Sorbona por la policía y la manifestación derechista de los Campos Elíseos, consecutiva

al discurso de De Gaulle en el que pidió apoyo ante la «amenaza del comunismo totalitario».

La fase de preparación de Mayo puede retrotraerse al período de protestas contra las reformas universitarias del curso 1967, durante el cual ya se dieron a conocer algunos líderes estudiantiles que en 1968 se autoorganizan en un «Movimiento 22 de marzo», para convocar una protesta por la detención de un estudiante de la Universidad situada en la periferia parisina. Esta agitación, aunque sólo alcanza a una minoría, se centraba en un problema de envergadura internacional, cual era la escalada de la intervención americana en Vietnam contra la que protestaba el estudiante detenido. Daniel Cohn Bendit se convertiría en el portavoz del «Movimiento», en cuyo entorno se fraguaron durante el mes de abril algunas iniciativas antiimperialistas.

La oleada de protestas en aumento y el carácter extrauniversitario de las mismas influyeron en la decisión de expedientar a los dirigentes estudiantiles y de clausurar la facultad de Letras de Nanterre. Inmediatamente la agitación se traslada a la Sorbona, en pleno centro de la capital, lugar en el que se iban a examinar los expedientes de los ocho estudiantes encausados, entre los que se incluía Cohn Bendit.

En los primeros días de mayo, tras duros enfrentamientos entre policías y estudiantes en el Barrio Latino, junto a la Sorbona, el rector ordena el cierre de las facultades. La medida es contestada por el Sindicato Nacional de Enseñanza Superior y la Unión Nacional de Estudiantes Franceses, asociaciones mayoritarias en el sector, quienes deciden convocar una huelga general estudiantil. En ella se incluía una llamada a los trabajadores, que aunque fuera meramente solidaria iba a tener consecuencias imprevisibles.

Las manifestaciones de los días posteriores son especialmente violentas, con numerosos heridos, barricadas incendiadas, paralización del centro de París, múltiples detenciones y nutridas protestas. Hasta el día 8 el conflicto, aunque se radicaliza y ocupa la atención pública, se mantiene en los límites de dos ministerios: Educación e Interior. Pero a partir de esa fecha, los representantes obreros intervienen en las asambleas y responden a las llamadas de la UNEF, para reunirse y acordar estrategias comunes con los universitarios. De los contactos entre movimiento estudiantil y sindicatos (Confederación General del Trabajo-CGT, de tendencia comunista y la Confederación Francesa Democrática del Trabajo-CFDT, de ideario social-cristiano) surge una convocatoria de manifestación de apoyo y un comunicado conjunto en el que se denuncia la actuación policial.

Sin embargo, la noche del 10 de mayo se producen los incidentes más graves. El Barrio Latino se llena de barricadas y la policía inicia un asalto de inusitada brutalidad que contabiliza mas de mil heridos, entre los cuales 400 son calificados de graves.

La otra izquierda

La especial violencia del asalto, que nadie se explica cómo pudo saldarse sin muertos, conmueve a la opinión y facilita la plena incorporación de los sindicatos en la defensa de las reivindicaciones universitarias. Los dirigentes obreros deciden lanzar la consigna de huelga para el día 13. El seguimiento del paro es relativo, pero la gigantesca manifestación de toda la izquierda (estudiantes, sindicatos, partidos, líderes como Mitterrand, Guy Mollet, Mèndes-France, Rocard...) del lunes en París es un éxito aplastante. Desde ese momento, la revuelta adquiere un acento social y las fábricas sustituyen a las aulas. Las rei-

vindicaciones universitarias se eclipsan un tanto y son los
obreros y sus problemas sociolaborales los que afloran
con fuerza en el ímpetu de Mayo.

Como es lógico suponer, el movimiento de rechazo,
ahora localizado en fábricas y talleres, va a conocer proporciones verdaderamente alarmantes para el gobierno
francés. Incluso a medida que se extienden las huelgas y
las asambleas obreras, la V República debe enfrentarse al
reto de su propia continuidad bajo el modelo defendido
por el gaullismo.

En los días siguientes, de forma sorpresiva las protestas
laborales se extienden por las empresas principales del
país. Las centrales obreras no pueden controlar, en una
primera fase, el estallido huelguístico que se expande de
asamblea en asamblea como un movimiento autónomo.
El 17 de mayo, sin embargo, los sindicatos retoman la iniciativa y, haciendo una concesión a la marea protestaria, se
deciden a convocar una huelga general, que desembocará
en un paro total (más de seis a ocho millones de obreros y
empleados, según las versiones), días después.

La rapidez con que se propaga el descontento social y
laboral, la radicalidad de la protesta y las formas que toma
el movimiento, ahora de la mano de los trabajadores a los
que se suman algunos cuadros técnicos, sorprenden al gobierno y a la patronal. Inesperadamente el régimen se enfrenta a una crisis total, de muy diferente grado a la que
habían planteado los estudiantes. La forma en que se co-
nectaron ambos movimientos y el proceso de contagio,
con la fenomenal explosión de finales de mes, han desorientado también a numerosos analistas, que prefieren mi-
nimizar el aspecto social y laboral de Mayo para destacar
el más espectacular y conocido descontento estudiantil.

Sin embargo, desde esta perspectiva, aunque debamos
hablar de mimetismo y emulación, cobran validez las afir-
maciones de Marcuse y otros muchos que asignaban a la

rebeldía estudiantil sólo el papel del fuego aplicado a la pólvora. El paso de la posición de mera solidaridad antirrepresiva, como fue la inicial de los obreros, a la asunción directa de la protesta y al planteamiento de cuestiones laborales, profesionales o sociales, indicaba la existencia previa aunque soterrada de profundos desacuerdos políticos. El que los sucesos de Mayo se sitúen al final de un dilatado período de bienestar social y tranquilidad sindical ha desviado, sin embargo, no pocos análisis llevándoles a insistir en su exclusiva relevancia juvenil, e incluso nihilista.

No obstante, nadie que conozca la esencia del modelo capitalista y sepa distinguir su modo de establecer diferencias y de repartir la riqueza puede negar la permanente existencia de reivindicaciones y posiciones antagónicas en su seno. De ello se pueden derivar esporádicas fases revolucionarias, que adquieren su verdadero carácter sólo después de que se den las condiciones básicas necesarias. Éste fue el caso del 68 francés, desde que a mediados de mayo el movimiento obrero inició su turno.

A pesar de todo, el carácter que adoptaron las reivindicaciones sociales, casi siempre controladas por el cauce tradicional sindicalista, no pudieron romper la dinámica laboral clásica. Reclamaciones de mejores salarios, menos horas de trabajo, garantías de empleo y jubilación o facilidades sindicales componían el núcleo sustancial de las peticiones obreras. Las mismas que el gobierno admitió y reconoció en los acuerdos concluidos el 27, cuando la huelga general sobrepasaba su décimo día.

Las partes en litigio, gobierno, patronal y una representación plural de los trabajadores se separan ese día creyendo que las mejoras obtenidas (aumentos importantes de salarios, reducción horaria laboral, medidas sobre la formación profesional y el empleo, regulación de la actividad sindical en las empresas...) daban carpetazo a la crisis.

Pero, horas después, la importante fábrica de Renault en Boulogne-Billancourt (6.000 trabajadores) rechaza los acuerdos y vota por unanimidad continuar la huelga, arrastrando con su actitud al resto de las fábricas en conflicto.

Las cuarenta y ocho horas siguientes fueron decisivas para la historia actual de Francia, cuya evolución, debido a la indecisión de los líderes de la izquierda, dependería durante algunos momentos del azar o de cualquier avatar e incidente político. El sindicato de estudiantes (UNEF), ante el cariz netamente social que adquiría la crisis, convoca a la nueva izquierda, a los socialistas, a los radicales, a los cristianos, etc., a una manifestación gigante rematada con una concentración en la que se lanza la idea de un gobierno de salvación que presidiría Mendès-France. El Partido Comunista rechaza la sugerencia, en la que ha sido claramente marginado, y ofrece a Mitterrand la unión de la izquierda, al mismo tiempo que protagoniza otra demostración de varios cientos de miles de personas, pidiendo la dimisión de De Gaulle. El líder socialista a su vez se pronuncia por un gobierno provisional, que fuera aceptable para las asambleas de estudiantes y trabajadores, con capacidad para negociar y preparar una eventual sustitución de la V República.

La reacción gaullista

En el campo gubernamental, el día 29 se produce un acontecimiento sorprendente: el general De Gaulle suspende un consejo de ministros y desaparece de la capital. Durante su ausencia se entrevistará con el general Massu, en Baden Baden donde se encontraba el Cuartel General del ejército destacado en Alemania, especulándose con la posibilidad de una llamada a los militares para que terminen con la crisis. Serían, no obstante, los momentos más difíciles de la dilatada carrera política del general en los que estuvo a punto de abandonar. Sin embargo, el día 30, cuando la situación político-institucional parecía haber tocado fondo, el Estado se veía desbordado y las previsiones sobre el ejército eran cada vez más alarmantes, De Gaulle reaparece con una brevísima y decisiva alocución televisada.

En unos cortos párrafos anuncia su decisión de mantenerse en el poder, confirmar al primer ministro Pompidou y disolver la Asamblea, para convocar nuevas elecciones, después de un referéndum. Finalizaba con una llamada patética de gran efecto entre aquella mayoría que se reencontraba de nuevo con su líder. En ella solicitaba ayuda para no tener que enfrentarse solo a la «amenaza de dictadura del comunismo totalitario». El efecto de la intervención fue concluyente y provocó la primera manifestación multitudinaria a favor del gobierno. Los Campos Elíseos se llenaron de cientos de miles de parisinos que gritaban vivas a Francia y a De Gaulle, cantaban *La Marsellesa* y arremetían contra Mitterrand y las izquierdas.

El gobierno confirmado, los empresarios y la clase media de pequeños comerciantes, comenzaron a poner en práctica los acuerdos laborales y a medida que se iban produciendo las incorporaciones al trabajo se negociaron las aplicaciones sectoriales correspondientes. Con la misma celeridad con que se había propagado la protesta se desmoronaba la resistencia. Sin embargo, la huelga había terminado..., pero Mayo no. En los próximos días un nuevo gobierno, que sigue presidiendo Pompidou, empieza a preparar las elecciones prometidas en las que triunfarán el gaullismo y los independientes. El Partido Comunista pierde 39 diputados y la coalición de socialistas 61. Era el balance provisional de Mayo del 68, pero no el definitivo en el que finalmente tampoco se salvarían De Gaulle ni el gaullismo.

Vietnam... ¿por qué?

La guerra de Vietnam, o mejor la que se puede llamar segunda guerra vietnamita, se extiende entre 1964 y 1973. La primera fecha corresponde al inicio de las hostilidades entre Vietnam del Norte y el cuerpo expedicionario norteamericano, mientras 1973 es el año de la paz de París que supone el reconocimiento de la derrota y la retirada de los Estados Unidos.

El periodo entre el final de la guerra contra los franceses y 1964 constituyó en realidad un largo período de degradación del régimen dictatorial del presidente Diem, en el sur del dividido país. En 1955, después de la retirada gala, los Estados Unidos apoyaron la imposición de una República autoritaria controlada por el clan familiar de los Diem. Para su instalación fue necesario liquidar a la oposición política (socialistas, demócratas, minorías étnicas o religiosas) y por supuesto a los comunistas, con cuya etiqueta se justificó una represión generalizada.

La ayuda norteamericana (del orden de los 150-200 millones de dólares anuales) fue decisiva para apuntalar al impugnado sistema, cuya preocupación esencial era acabar con cualquier resquicio de oposición. Como consecuencia, los gastos policiales, militares o estratégicos se llevaban la mayor parte de los préstamos USA y del presupuesto estatal, mientras la mayoría del país carecía de perspectivas socioeconómicas sólidas. En el plano político, Diem se negaría reiteradamente a cumplir los acuerdos de Ginebra y rechazó cualquier posibilidad de someter la unificación del país a un referéndum.

A finales de 1960, lograban confluir las distintas fuerzas políticas antirrégimen en un Frente Nacional de Liberación del Sur, que poco después pone en pie unas Fuerzas Armadas de Liberación, organización que sería conocida en Occidente por Vietcong (comunistas vietnamitas). Estas iniciativas no eran ajenas a la actividad insurreccional que fluía desde el norte, cuyo gobierno y partido en el poder habían decidido, como sabemos, efectuar por la fuerza la reunificación del país. Desde 1959 estaban siendo enviados asesores y armas a la otra zona, mientras se establece la que sería conocida como «senda Ho-Chi-Minh» para facilitar la penetración guerrillera en el sur.

Los Estados Unidos, envueltos en la marea anticomunista, no son capaces de sopesar con claridad los elementos de interés en la zona, ni de ejercer la influencia necesaria para obligar a un cambio de rumbo al régimen de Diem. La oposición crece en el interior del país y es especialmente grave en las grandes ciudades. Los budistas protestan vivamente contra la prepotencia de los dirigentes católicos, y algunos de sus miembros se inmolan quemándose vivos en el centro de Saigón, tratando de llamar la atención internacional sobre la necia represión del régimen. Los sacrificios de los monjes vietnamitas obtienen el fruto deseado conmocionando a la opinión mundial, pero los americanos siguen sin discernir entre los elementos de la peligrosa situación. Su obstinación en confiarse a una escalada militar, provoca cada vez más respuestas populares y contragolpes policiales, en medio de la corrupción administrativa y el descontento de algunos generales. Finalmente, después de una caótica fase política, un golpe militar acabará con el gobierno y la vida de Diem, y sustituirá al clan familiar en noviembre de 1963.

Tras la muerte del dictador, se suceden distintos gobiernos títeres pero son los Estados Unidos, que controlan realmente los resortes fácticos del país, quienes adoptan las decisiones principales, encaminadas a detener la presión de la oposición. En el verano de 1964, utilizando el pretexto del incidente naval en el golfo de Tonkín a que anteriormente hemos aludido, los bombarderos destacados en la zona atacan abiertamente las posiciones del norte, confiando en una rápida victoria.

A partir de estos sucesos la escalada militar es vertiginosa. El presidente Johnson, cediendo a las exigencias de Saigón y a las presiones del Pentágono, elevará en menos de tres años el contingente expedicionario por encima de los 540.000 hombres. Comienza así una confrontación de proporciones desmesuradas, en la que el objetivo propuesto no es ya la defensa de especiales intereses económicos, sino el sostener a cualquier precio la apuesta internacional de un orden que se pretende liberal y demócrata, pero que va a desenmascarar y hacer despreciables ante el mundo los métodos para imponerlo.

La guerra del Vietnam es recordada todavía como una de las más brutales, entre las posteriores a 1945. Los ejércitos enfrentados, con más de dos millones de hombres en liza, lucharon en todos los terrenos sin un frente delimitado, y reeditando los condenables efectos de la guerra total. Bombardeos masivos y utilización de armas químicas, que causaron dramáticas mortandades, la destrucción de miles de hectáreas agrícolas o la deforestación de la rica selva vietnamita. Daños demográficos y ecológicos que tardarían decenios en recuperarse. Acciones mortales del Vietcong y represiones desenfrenadas del régimen de Saigón... Se trataba de una guerra nada convencional, especialmente bárbara con acosos a las retaguardias y con un eco internacional insospechado. Durante años, la conciencia mundial fue sacudida por la desigual pelea de un pequeño pueblo ante el gigante americano, que sin embargo, a la postre hubo de reconocer frente a un enemigo menor su primera derrota histórica.

Los esfuerzos pacifistas, y una importante presión interior en los mismos Estados Unidos, condujeron a Washington a tantear diferentes soluciones a la cuestión indochina. En 1968, tras una importante ofensiva fracasada, los estrategas del Pentágono se ven obligados a reconocer la inviabilidad de una victoria militar. Encajonado en la selva, hostigado constantemente por un enemigo invisible y despreciado por una gran parte de la opinión, el ejército USA recibió con alivio el inicio de las conversaciones de paz y la suspensión de los ataques aéreos al norte.

Pero, el cambio definitivo hacia la solución final no llegaría hasta el asentamiento de la nueva administración republicana, triunfadora en las elecciones de noviembre, con Nixon como candidato. La tesis de una «vietnamización» del conflicto, es decir de equipar a los del sur para que afrontaran la guerra por su cuenta, se abriría paso como único medio para que los americanos pudieran evitar una derrota segura. Era el principio del fin para una lucha en condiciones infernales (fango, enfermedades, selvas desconocidas, hostilidad civil...) en la que los estadounidenses habían hecho comprender a sus gobernantes que no deseaban morir por una causa tan poco noble, ni tan lejos de casa.

La doctrina Truman y la ideología de intervención universal se estrellaba de este modo contra su propia base, y recibía la contestación adecuada del pueblo americano. Nunca el prestigio de la política internacional de los EEUU estuvo tan bajo, desde sus victoriosas intervenciones en las dos guerras mundiales. Ni siquiera el enorme éxito de la conquista de la Luna, en 1969, pudo ser saboreado como se merecía por esta generación traumatizada a causa del drama asiático, y preocupada tan sólo por acabar cuanto antes con aquella pesadilla. A los miles de jóvenes que se manifestaban en todo el mundo contra la intervención USA en suelo vietnamita, las pretensiones americanas les parecían aborrecible imperialismo, nada conciliable con la prédica de libertad y deseos de paz en que habían sido educados.

En 1973, rodeado de una presión insostenible, Nixon, que acababa de renovar su mandato, acelera las conversa-

ciones de París. Conducidas por su consejero personal
Kissinger, quien junto al negociador vietnamita Le Duc
Tho obtuvo por ello el Nobel de la Paz, se cerraron con el
acuerdo de febrero de 1973. Mediante esta concordia se
procedía a la retirada completa de los marines y se preparaba el acto final de la guerra.

   Después de París, el presidente survietnamita Thieu se
quedaba «solo» con su flamante ejército de un millón de
hombres, asesorado y bien pertrechado por los americanos. Sin embargo, la ayuda cesó paulatinamente y a pesar
de que durante varios meses el sur trató de resistir a un
enemigo inferior en número, el 30 de abril de 1975 el ejército del norte y la guerrilla tomaban Saigón. Pocas semanas después se realizaba la reunificación del país bajo el
nombre de República Socialista de Vietnam. Esta unificación cerraba definitivamente el lapso abierto por la situación establecida tras la guerra mundial, y suponía para los
vietnamitas el fin de un largo ciclo de penalidades.

   El especial endurecimiento del conflicto debe contem-
plarse, una vez más, a la luz de la displicencia y crueldad
con que las grandes potencias miden siempre sus fuerzas
en terreno ajeno. De igual modo que en otras guerras de
nuestra época (Corea, Palestina, Golfo Pérsico...), el mundo se ha preguntado siempre... ¿por qué Vietnam? Qué
podía tener aquel pequeño país asiático para desatar todas
las furias contenidas desde 1945, y ser víctima de la perversión de tantas fuerzas extrañas. Ni su potencial demográfico, ni sus riquezas materiales hacían pensar en semejante enfrentamiento, en un sistema que pregonaba con
cinismo el deshielo y la coexistencia en el discurso de sus
dirigentes.

   La historia se ve obligada a concluir en la repetida tesis
de la víctima propiciatoria. Vietnam se encontró en los
años sesenta entre el fuego cruzado de los brutales intereses de las grandes potencias, muy poco dispuestas a acep-

tar cualquier modificación del estatus internacional, y el egoísmo de sus propios dirigentes enredados en una política de rapiña y acumulación de beneficios. No obstante, la relevancia que alcanzó la guerra tampoco puede separarse de alguno de sus elementos positivos, como el de la toma de conciencia solidaria de las fuerzas democráticas y progresistas en todo el mundo, que por primera vez trataron de frenar con éxito una intervención militar norteamericana, lejos de sus fronteras.

La decadencia americana

Antes de que mediara la década de los setenta, en el verano de 1974, el presidente de los EEUU, Richard Nixon, se veía obligado a dimitir de su cargo, envuelto en las graves acusaciones de espionaje político, que se conocieron como caso Watergate. La retirada presidencial hay que situarla al final de un largo proceso de irregularidades y errores políticos, producidos en una fase de agravamiento de la crisis interna, apenas equilibrada con algunos pequeños triunfos en el camino de la paz internacional.

Cuando, en noviembre de 1972, Nixon consigue la reelección presidencial por un amplio margen de votos sobre el candidato demócrata, son precisamente sus relaciones con el resto del mundo más que los aciertos internos, los que seducen al electorado, Un censo, que empieza a preocuparse por la alteración del ritmo productivo, o por el inquietante movimiento al alza de los indicadores de precios y desempleo, sucumbe, no obstante, con el histórico viaje de Nixon a China y luego a Moscú en 1972, que preludian la retirada del Vietnam y alardean de un próximo acuerdo armamentístico.

Los Estados Unidos de comienzo de los setenta son, por tanto, una nación en la que predomina el discurso pacifista, y a quien no importa pagar el precio de retiradas poco triunfales de los campos de batalla, a cambio de una época de tranquilidad internacional en la que poder afrontar los graves problemas económicos, que ya se anuncian en el horizonte de 1973. El péndulo americano parece decidido a inclinarse hacia el lado de su variante aislacionista, olvidando los tambores de Truman, de la mano del rechazo a la guerra y la apertura al Este.

Sin embargo, ninguna de las promesas de nuevo orden pacífico internacional que el presidente o su consejero Kissinger llevaban en la maleta, pudieron nada más que esbozarse. Un suceso sin precedentes en la historia política americana apartó a Nixon de la Casa Blanca antes de poder cumplir la mitad de su segundo mandato. El presidente apareció complicado en una pirámide conspiradora en la que un grupo de republicanos, entre los cuales había algunos miembros de la administración, había tratado de instalar micrófonos escuchas en el cuartel electoral demócrata. El conocimiento de las relaciones interpartido, de ciertas prácticas de bajeza política y otras manipulaciones terminaron por salpicar y desprestigiar a la Casa Blanca, cuyo titular fue conminado a presentar su renuncia. Fue el triste final de un político duro y flexible, al mismo tiempo, que durante largos años fue un *outsider* y que en su camino final se había creado más enemigos que partidarios.

El impacto sobre una sociedad que a menudo gusta de exhibir sus oropeles puritanos y se escandaliza con fingimiento público por los más extendidos vicios privados, no pudo ser más negativo para la suerte del republicanismo. Después de la vacilante sustitución de Nixon, hecha por su vicepresidente Ford, el candidato demócrata Carter obtuvo la mayoría justa para vencer en las elecciones de 1976. El nuevo presidente resultaba ser, sin embargo, uno de los políticos menos conocidos del país, razón por la que fue presentado como opuesto al estamento y al partido que se había colmado de oprobio con el asunto Watergate.

Pero esta «pureza» biográfica y una peculiar inexperiencia, junto al desconcierto que la profundización de la crisis produjo en un mundo acostumbrado a esperar del presidente que supiera estar a la altura de su potencial directivo, vinieron a crear a Carter más inconvenientes que ventajas. Nunca estuvo arropado por el partido ni por los sindicatos, y la opinión pública se limitó a contemplar por televisión la paulatina caída del prestigio americano en lugares como Latinoamérica, Irán...

No obstante, es preciso reconocer que algunas iniciativas en política internacional funcionaron, al menos en el grado previsto por los estrategas de Washington. La firma de Camp David, de la que más adelante hablaremos, fue un suceso positivo y espectacular visto desde la óptica de los intereses judío-americanos, aunque no contara con el apoyo total de los árabes y no fueran tenidas en cuenta las opciones palestinas. El acuerdo sobre el canal de Panamá, entre Carter y Torrijos, puso en franquicia la solución emancipadora para aquella concesión al mismo tiempo que servía a la pacificación centroamericana, en un momento previo a la explosión nicaragüense.

Aparte de esto, Washington propugnó una laboriosa campaña en defensa de los derechos humanos que muchas veces resultaba inconsecuente con los propios problemas internos americanos, y que terminó convirtiéndose en mera plataforma crítica contra el bloque socialista. Como consecuencia de ella, Carter se vería obligado a suspender las ayudas financieras y militares a algunos Estados del área sudamericana, en los que estos derechos no brillaban precisamente por su cumplimiento.

Pero hubo reversos de la moneda tan graves para Carter como la intervención soviética en Afganistán de 1980, contra la que obviamente los Estados Unidos carecían de mecanismos de respuesta, si exceptuamos el estúpido boicot a los Juegos Olímpicos moscovitas. Sin embargo, el

mayor descrédito habría de llegarle a la gestión demócrata por la vía de la revolución iraní, cuando fueron secuestrados sesenta funcionarios norteamericanos de la embajada de Teherán. Una vez más, como fuera en el caso de
Vietnam, la impotencia del país más poderoso de la Tierra
fue servida día a día a los televidentes americanos, sobre
los que provocó un efecto de revulsión nacionalista.

Los USA de finales de los setenta eran un país que sobrepasaba los 220 millones de habitantes, que aún mantenía un grado apreciable de prosperidad y, desde luego, seguía hegemonizando los principales resortes de la economía y las finanzas mundiales. La rebelión árabe y la subida
general de precios en las materias primas afectarán gravemente a esta posición, pero no más que a sus aliados occidentales entre los que nadie puede disputarle, ni de lejos,
la primacía política y económica.

Para esta sociedad poseedora de un orgullo fácil de ma-
nipular, ansiosa como cualquier otra de recibir mensajes
políticos de tono providencialista o matiz positivo, y que se
sabe centro neurálgico del bloque occidental, el aceptar un
largo período de decadencia como el que protagonizaron
los presidentes anteriores a Reagan, tenía que resultar una
prueba difícil de mantener por mucho tiempo. Sin que hubieran cambiado sustancialmente los factores de equilibrio
de la economía y política internacionales, era de esperar a
comienzo de los ochenta una reacción conservadora que
destapara las esencias sobre las que los americanos creen
fundadas su prosperidad y dominio desde la postguerra.

Vaticano II: pastor y nauta

El incuestionable ascendiente del poder espiritual y
temporal de la Iglesia católica en la sociedad occidental se
vería renovado y legitimado desde diferentes perspectivas

a partir de la década de los sesenta. En los países de mayor tradición religiosa (Irlanda, Polonia, España...) esta «revolución de las sotanas» encontró entusiastas seguidores en los sectores marginados política y socialmente. En núcleos y naciones católicas del Tercer Mundo, en especial América Latina, donde las condiciones de pobreza suponían un reto para el mensaje cristiano, el nuevo soplo adquirió un marcado carácter liberador y comprometió en él al sector más progresista de la Iglesia católica, o de sus ministros. En todo el mundo, pero con especial relieve en el área tercermundista, constituyó una de las páginas más interesantes de la historia actual por sus claras implicaciones en lo político y social.

Hasta la fecha de su muerte (1953) el largo pontificado del papa Pío XII se había identificado con una de las vertientes de la Iglesia y la religión más adormecida e inadecuada para enfrentar el desafío de los tiempos de renovación de postguerra. Además, la actitud contemporizadora del Vaticano y su silencio ante las barbaridades nazis durante la guerra, fueron uno de los aspectos más negativos del pontificado del papa Pacelli.

Por otra parte, un mundo que estaba empezando a confiar más en las soluciones técnicas y económicas, que en el alivio espiritual que proporciona la religión, y que al mismo tiempo que se materializaba no era capaz de resolver las bolsas desiguales del disfrute de esa misma materialidad, no podía por menos que alejarse de un discurso que como el del Vaticano permanecía anclado en las viejas claves trascendentalistas del pasado.

Sin embargo, debajo de la apariencia hierática que la misma figura del pontífice prestaba al discurso doctrinal, aguas subterráneas de cambio y renovación vivificaban algunos canales del cuerpo místico. Pensadores, teólogos y filósofos estaban saliendo de las celdas intelectuales de oficio y trataban de no perder el rumbo de los tiempos.

Los Rahner, Congar, Von Balthasar, Chénu o Chardin...,
entre otros, componían desde mediado el siglo los primeros compases de una sinfonía contestataria de gran ambición y largo metraje. Los veinte años del asténico Pío XII
terminaban entre la incertidumbre de los creyentes acostumbrados a su orden autoritario y estable, o la preocupación de los curiales por la cuestión sucesoria en medio del
forcejeo entre reformistas y continuistas. Cuando fue elegido para sucederle un cardenal de aspecto bonachón y
hechura escasamente profética, que se llamó Juan XXIII,
todos creyeron que se trataba del mejor modo de ganar
tiempo para una transición escalonada.

Sin embargo, el anuncio de enero de 1959 de la preparación de un Concilio, el primero y puede que único de
este siglo, produjo una inmensa conmoción entre los católicos de todo el mundo. El pronunciamiento papal llevó la
inquietud a los grupos conservadores pero suscitó también fundadas esperanzas entre el relevo progresista de la
Iglesia. En la marea organizativa conciliar, serían las posiciones avanzadas y renovadoras las que se hicieron oír con
más fuerza y formaron el bloque dominante en las sesiones y sus esquemas.

El Vaticano II, celebrado en cuatro fases entre octubre
de 1962 y las mismas fechas de 1965, conocería el deslizarse de un nuevo aliento bajo las nobles bóvedas de San Pedro. Tensiones, enfrentamientos y malestares, dieron paso
finalmente a una renovación que ganó rápidamente a las
estructuras eclesiásticas, para desembocar en lo que se conoció como *aggiornamento* del mensaje cristiano. Pero,
sobre todo, la apertura supondría un giro radical en los
principales perfiles sociopolíticos del Vaticano.

Junto a la preocupación y denuncia de las situaciones
injustas aparecieron elementos de comprensión hacia los
movimientos revolucionarios en los países tercermundistas. A la autocrítica social, se sumó el ofrecimiento de diá-

logo ecuménico a las demás iglesias y una sustancial mejora de las inamistosas relaciones que el anterior Papa mantenía con los países del Este.

En el período que duró el Concilio, hubo que lamentar la muerte de Juan XXIII, cuya figura en menos de cinco años se había popularizado, comunicando una imagen de pontificado más humano y próximo a la sociedad y a sus problemas, que la de su antecesor. Antes de morir, había completado su fructífera gestión con dos encíclicas, la *Mater et magistra* (1961) y la *Pacem in terris* (1963) que son verdaderas piezas históricas para la discusión del papel de la Iglesia en el mundo y para el enfoque cristiano de los problemas de la paz. A su muerte fue elegido Pablo VI; un aventajado sucesor que trazaría un magisterio por sendas de continuidad reformadora, y con el que se institucionalizó la renovación esperanzada alumbrada por el Vaticano II.

El nuevo Papa, a pesar de su talante angustiado y hamletiano, culminaba la tarea conciliar, y entre 1963 y 1978, fechas de su pontificado, realizaba una ingente labor apostólica sobre las firmes bases que surgieron de la magna reunión. Reforzaría los contactos ecuménicos, mientras mantenía las tendencias modernizantes en el seno de la Iglesia. Trataría de mantener el clima de tolerancia y respeto iniciado por el anterior Papa, en medio de múltiples adhesiones y alguna incomprensión. Sus encíclicas *Ecclesiam suam y Populorum progressio* señalan sin duda el punto culminante y tal vez el techo de la corriente progresista emergida de las aguas del Concilio.

Por otro lado, sus frecuentes viajes por el mundo, con intervenciones decisivas en los foros internacionales, abrieron una nueva perspectiva en las relaciones del más pequeño Estado del mundo, cuyo poder espiritual es incomparable con sus dimensiones físicas. En 1971, Roma confirmaba el acercamiento al bloque socialista, estable-

ciendo relaciones con Yugoslavia, al mismo tiempo que la
entrevista de Pablo VI con el patriarca Atenágoras afirmaba el compromiso de acercamiento a los cismáticos ortodoxos.

El ciclo del Vaticano II tuvo una repercusión histórica
en el papel del cristianismo y de sus militantes en la vida
occidental. El esfuerzo de comprensión de la realidad,
apoyado en el discurso teológico entonado por el Concilio, sirvió para que el ajado mensaje se vivificara en un renovado compromiso temporal. Como consecuencia de
ello se produjo una mayor implicación de sacerdotes y seglares cristianos en el entorno social y político. El movimiento de los sacerdotes obreros en Francia, la lucha sindical de los militantes cristianos en España, o el fenómeno
de los curas guerrilleros de Hispanoamérica, fueron otros
tantos episodios derivados de esta renovación que dieron
tonalidad católica a importantes acontecimientos de las
décadas de los sesenta-setenta.

Correspondiendo a esta voluntad generosa, el mundo
laico arrumbó definitivamente el acre anticlericalismo de
principio de siglo, y pudo verse codo a codo a los curas
(ahora sin sotana) y a los líderes sociales, comprometidos
en la misma promesa de renovación humanística por encima de credos y liturgias.

Fusiles y claveles

El paso crítico entre los años sesenta y los primeros setenta, sería también una fase decisiva para tres países del
Sur de Europa, en los que por causas distintas existía un
régimen político autoritario y sin libertades. El más antiguo de ellos era Portugal, que desde la década de los veinte estaba regido por un sistema de gobierno autoritario de
inspiración fascista, que adoptó la forma de sistema unita-

rio corporativo, bajo su primer ministro Oliveira Salazar.

Durante la guerra mundial, Portugal, que había normalizado sus relaciones con el franquismo en 1942, supo mantenerse neutral y beneficiarse de su comercio con los países enfrentados. Sus «peculiaridades» políticas (prohibición de partidos y sindicatos, censura...) no impidieron que fuera aceptado en el Plan Marshall, en la OCDE (1948), en la OTAN (1949) y finalmente en la ONU (1955). La tradicional amistad con la Gran Bretaña sería el mejor aval ante los aliados después de la derrota de los fascismos, y el portillo por donde Portugal se coló en el mundo occidental sin pagar la aduana de los necesarios cambios políticos y sociales.

Durante los años cincuenta, al mismo tiempo que se estrechaban los lazos con los EEUU con la instalación de bases militares en las Azores, Salazar confirmaba su sistema político, reprimiendo sin contemplaciones cualquier brote de sus opositores. Entre estos últimos, el general Humberto Delgado, que se enfrentó al régimen, sería eliminado con la complicidad de la policía española en 1965. La aparente estabilidad política del salazarismo simbolizada en la Unión Nacional, el único partido legalizado, era presentada siempre como muestra inequívoca de aceptación popular, pero encubría, no obstante, una realidad socioeconómica degradada y tercermundista.

Los intentos por industrializar y modernizar el país chocarían con los intereses coloniales y los grandes comerciantes semifeudales, arropados en torno a una poderosa banca ultramarina. Mientras los países de su entorno progresaban, durante los años sesenta, Portugal se aislaba cada vez más de la corriente europea del desarrollo. El mantenimiento de un imperio en África y Asia, a todas luces desmesurado para las verdaderas posibilidades de la metrópoli y en medio de los vientos descolonizadores, resultaba aún más patético en el marco de la pobreza económica y cultural de la mayoría de los portugueses. La agricultura seguía siendo en los años sesenta el sostén mayor de la economía, pero no proporcionaba a los trabajadores agrícolas sino miseria y decepción. En estas fechas, una prueba contundente del atraso del país lo proporcionaba el censo de analfabetos, que sobrepasaba el 40 por 100 de la población.

En estos años surgen también las primeras reivindicaciones serias de autonomía en las colonias. Las posesiones africanas (Angola, Mozambique y Guinea, sobre todo) conocen la formación de grupos armados independentistas, contra los que Portugal tiene que emplear más de 140.000 soldados y cerca del 40 por 100 del presupuesto estatal. A consecuencia del agravamiento de las condiciones sociales y de la situación en África, la oposición interna hace acto de presencia cada vez con más peso en la vida política del país. En 1961, la noticia del secuestro de un buque portugués y el intento de sublevación del coronel Galvao, dieron la vuelta al mundo. En 1968, muere Salazar después de más de treinta y cinco años de poder personal, y le sucede Marcelo Caetano, quien tratará en vano de perpetuar el régimen autoritario.

A comienzo de los años setenta, el ejército hace valer su protagonismo en la vida política portuguesa poniéndose a la cabeza de las tendencias reformistas. Un libro del general Spínola, defendiendo una solución negociada a la sangría colonial, causa sensación y alienta a los jóvenes oficiales que se han agrupado en un Movimiento de las Fuerzas Armadas. Este grupo acabará con la dictadura el 25 de abril de 1974, mediante un golpe incruento. La «revolución de los claveles», nombre que se popularizó cuando empezaron a verse los fusiles golpistas adornados con esta flor, liquidó el pasado portugués, devolviendo la libertad a las colonias y entregando el poder a los civiles. Las primeras elecciones parlamentarias democráticas se resolvieron en 1976, con una ventaja relativa del Partido Socialista que encabezaba Mário Soares.

Los años democráticos han visto en Portugal un recrudecimiento de la lucha política entre las diversas opciones que tienen acogida en el espectro civil. No obstante, algunos intentos de golpe militar (partidarios de Spínola en marzo de 1975, extrema izquierda en noviembre) han fracasado al no encontrar suficiente apoyo entre soldados y civiles. Una vez que Portugal se hubo sacudido el peso colonial, la democracia tuvo que enfrentarse a los graves problemas socioeconómicos incubados en los largos años de dictadura. La repatriación del contingente civil africano (unas 800.000 personas) añadió sus dificultades a la escasa industrialización, al negativo reparto de la riqueza agrícola o al desempleo que empezaba a ser acusado a finales de los setenta.

Dictaduras mediterráneas

En abril de 1974, cuando se está produciendo la «revolución de los claveles», dos Estados mediterráneos siguen los acontecimientos portugueses, con la inquietud y esperanza que les proporciona la similitud de situación y la semejanza de deseos de libertad. El primero de ellos, Grecia, había salido de la guerra mundial en una coyuntura precaria y en medio de una guerra civil. La intervención anglo-americana salvó a los partidos conservadores del triunfo de la guerrilla comunista, pero sirvió también para establecer las sólidas bases del intervencionismo yanqui en estas latitudes.

La ayuda financiera americana se encargará durante las décadas siguientes de poner en marcha planes de industrialización que resultaron un semifracaso. Grecia terminaría convirtiéndose en una reserva agrícola y turística de

la Europa desarrollada, que sólo podía contrarrestar los
déficit comerciales con el flujo de dólares que le proporcionaba su alineación occidental. Desde 1951 participa en
la OTAN y los Estados Unidos establecen bases militares
en territorio griego.

Grecia había conservado su forma monárquica, pero
bajo el modelo parlamentarista que imperaba en las demás realezas europeas. De hecho, los griegos habían mantenido un sistema abierto de participación política en el
que las preferencias electorales estuvieron bastante divididas. Por su parte, el monarca reinante, Pablo de Grecia, y
su hijo Constantino, que le sucede a su muerte en 1964, se
vieron envueltos en diferencias con los partidos en el poder. Éstas se agudizaron por el intervencionismo de Constantino en la vida política y en las decisiones militares.

En 1967, antes de la celebración de las elecciones de
mayo, se registraba un golpe de coroneles neofascistas que
impusieron un gobierno autoritario. En 1968, después de
un intento fracasado del rey para retomar el poder, los coroneles consiguen la aprobación de una nueva Constitución. Poco después Constantino, que se ha exiliado en
Roma, ve cómo su país es expulsado del Parlamento europeo y denunciado por la negación de los derechos humanos y políticos fundamentales. Poco a poco, va surgiendo
una oposición interior y exterior contra el régimen de los
coroneles, que sin embargo cuentan con el reconocimiento de la OTAN, por el inapreciable valor geoestratégico
que ocupa Grecia frente a la URSS.

Durante la gestión autoritaria, Grecia, de la misma forma que otros países mediterráneos, se aprovecharía del ciclo de bienestar europeo, de su carácter periférico y de su
consideración como reserva turística. No obstante, el descontento político era ya notable cuando el dictador Papa-
dopoulos, tras proclamar la república, se presentó como
candidato único a las elecciones presidenciales de 1973, al

mismo tiempo que liquidaba la monarquía en un referéndum. Todo fue en vano, sin embargo, para detener la oleada de protestas y el aumento del descontento.

La amenaza de crisis institucional, bajo la presión de anhelo de libertad, hizo intervenir entonces de nuevo al ejército. Esta vez fueron los generales quienes ocuparon el gabinete, sin que en su breve interregno supieran mejorar la gestión anterior. A finales de julio de 1974, los militares admitían su fracaso político después de haber sido humillados por Turquía en el conflicto chipriota, en el que Grecia se alineó al lado del grupo griego de la isla en su rebelión contra la población turca.

El retorno a la democracia se produjo con las elecciones de noviembre del mismo año, en las que el partido del antiguo líder radical Karamanlis obtuvo la mayoría de votos con un 54 por 100 del total. En diciembre los griegos volvían a refrendar su republicanismo al mismo tiempo que decidían su salida de la Organización del Atlántico Norte, a la que identificaban con las dictaduras anteriores.

En el otro extremo del mar Mediterráneo, España representó junto a Portugal, el caso de mayor persistencia de un régimen dictatorial emparentado con los desaparecidos fascismos europeos de los años treinta. El régimen del general Franco, establecido después de la guerra civil de 1936-1939, mantuvo sus peculiares estructuras políticas de prohibición y censura, prácticamente en los mismos términos durante cerca de cuarenta años.

El acusado aislamiento internacional de postguerra y las dificultades socioeconómicas de aquella primera hora serían superadas no obstante cuando los Estados Unidos empezaron a considerar al régimen español desde su perspectiva anticomunista, por encima de otras consideraciones de pureza política o social. En 1953, Madrid recibía las primeras ayudas financieras USA después de que años antes España hubiera sido excluida de los beneficios del

Plan Marshall, y en 1955 el franquismo ingresaba en la ONU, sin perder sus características dictatoriales.

La recuperación económica se iniciaba a finales de la década, después de que un nuevo equipo ministerial tomase la decisión de abrir las relaciones económicas con un mayor ritmo de intercambios comerciales. Se obtienen nuevos créditos americanos, se refuerza la imagen turística del país y se envían importantes contingentes de emigrantes a trabajar en la Europa desarrollada. En los años sesenta, algunas buenas cosechas, la entrada de divisas y las remesas de emigrantes iban a ser las bases de la transformación económica y social del país. Los planes de industrialización alcanzaron mejores resultados que en las otras dictaduras y colocaron a la España de las prohibiciones políticas entre las diez primeras naciones industriales.

Pero la homologación europea seguiría negándose a un régimen que mantenía con terquedad sus «principios fundamentales», nacidos al calor de la guerra y el odio de 1936. Las nuevas generaciones comenzaron a exigir junto al bienestar económico la equidad política y social. Estudiantes, obreros, intelectuales, cristianos de base, pequeña burguesía e incluso cuadros falangistas disidentes, empezaron a componer un bloque de oposición que aislaría lentamente al franquismo. A finales de los sesenta, cuando Europa ardía en crisis social, los problemas nacionalistas (en especial el vasco) y las reivindicaciones de libertad política y sindical constituían un ariete afilado que amenazaba seriamente al búnker del Movimiento.

El franquismo trataría de maniobrar en un estrecho margen de posibilidades: reforma Fraga de los sesenta, nuevas leyes sindicales, reforzamiento de la alianza americana, denuncias de surrealistas conspiraciones... En medio de un crecimiento del poder adquisitivo la carencia de libertad se hacía más degradante, cuando además era inevitable la comparación con la vecina Europa a la que el régimen opositaba oficialmente desde 1959.

Una Ley orgánica que pretendía corregir los defectos más abultados (1966) y la elección del sucesor de Franco (1969), fueron los dos últimos cartuchos políticos del régimen, cuyo futuro todos ligaban con acierto a la presencia física de Franco. Al morir éste en 1975, la incógnita sucesoria se desveló pronto en favor de una transición democrática que ya era clamor popular cuando Juan Carlos nombraba presidente del gobierno al hombre encargado de gestionarla. Adolfo Suárez consensuó con la oposición los pasos necesarios: referéndum, Cortes Constituyentes y finalmente aprobación de la Constitución española de 1978, la primera desde 1931, con la que se recuperaba la norma democrática interrumpida por la sublevación militar de 1936.

El mundo según la OPEP

La rebelión árabe

El sueño de la historia pareció despejarse después de
Mayo. Las clases dirigentes del Este y el Oeste, siguiendo
el ejemplo del gaullismo, llamaron en su ayuda a las mayorías silenciosas en todas las latitudes. Y en los casos en
que esas mayorías ofrecían fundadas sospechas, simplemente se ordenó avanzar a los tanques. Los estados mayores garantizaron los relevos. Los delfines tomaban su
vez (Pompidou) o se colocaban (Juan Carlos), después de
que Nixon fuera elegido presidente a tiempo (5 de noviembre de 1968) para disfrutar en directo del alunizaje
de Armstrong (21 de julio de 1969), que confirmaba la
recuperación americana sobre la URSS. La televisión
también retransmitía en «vivo» las impresionantes imágenes de la guerra en Asia (la primera guerra televisada),

produciendo el rechazo generalizado de la opinión y la afirmación del deseo del equipo de Nixon de acabar con aquella sangría.

La «nueva izquierda» no tardaría en saltar hecha añicos fragmentada en múltiples y dispersas direcciones. En ayuda de esta división, llegaría el conflicto ruso-chino, que había pasado de las palabras a los hechos en la disputa fronteriza del río Ussuri. El «revival» anarquista se refugió en desteñidos movimientos antibelicistas, feministas, ecologistas, de liberación sexual, ciudadanos, etc. La izquierda tradicional, que empezaba a serlo más que nunca, padeció, no sin protestar por ello, el castigo con que el voto mediocre se revolvió contra la imaginación revolucionaria... Y por un momento todo pareció recuperarse para satisfacción de los que habían temido por la estabilidad de aquel «mejor mundo de los posibles».

Los años setenta llegaron, por tanto, a un universo en pleno proceso de reequilibrio en el que no faltaban la consolidación de los laborismos (Gran Bretaña) o la socialdemocracia (Alemania Federal), que prestaron a la textura política del continente un aspecto de aparente moderación, gracias a una izquierda domesticada. Sólo el enquistamiento de la guerra vietnamita, que se albergaba en un callejón sin fondo para los norteamericanos, discordaba con espectacularidad en aquella sociedad que sin saberlo estaba acercándose al pórtico de una depresión, de efectos socioeconómicos imprevisibles.

A pesar de que en 1960, las necesidades energéticas mundiales eran cubiertas en más de un 60 por 100 por el consumo de carbón mineral, uno de cuyos principales productores era Europa, poco a poco los sesenta se fueron convirtiendo de modo casi imperceptible en la década del petróleo. Si mediado 1965 el consumo de crudo igualaba al de carbón, a finales de 1969 la proporción era ya favorable al oro negro en un 60 por 100, frente a un 30

por 100 y un 7 por 100 de su principal rival energético y
del gas natural.

Los precios del crudo, bajo el control de las empresas
petrolíferas americanas, mantenían entonces proporciones irresistibles frente a las continuas elevaciones de la
producción carbonífera. A finales de los sesenta, Gran
Bretaña había cerrado más de 700 minas de escasa rentabilidad, mientras en Alemania fueron casi 240 las explotaciones clausuradas. La producción mundial de petróleo pasó de los 1.000 millones de toneladas en 1960, a
2.500 en 1970. El chorro energético fluía desde los principales productores hasta las refinerías del Primer Mundo sin que beneficiara en la misma proporción a los Estados exportadores. Gracias a esta aportación, los países
desarrollados mantenían su estatus, hacían funcionar sus
fábricas y marchar sus automóviles cada vez más numerosos, que ya se habían convertido en símbolo externo
del apogeo económico occidental y de la popularización
de la riqueza.

En 1971, en una lista de veinte grandes multinacionales, las cuatro primeras (General Motors, Standard Oil,
Ford y Royal Dutch-Shell) pertenecían a los sectores del
automóvil o del petróleo, y entre el resto aparecían otras
siete similares. En 1979, en plena recesión económica,
esta tendencia se había reforzado de modo considerable
siendo ya catorce las grandes empresas del petróleo y
automóvil, que acaparaban la misma lista. Entre las nueve primeras, además, aparecían siete compañías petrolíferas.

Pero el riesgo asumido por los países desarrollados y no
productores al hacer depender sus economías del suministro de una única fuente energética, no fue advertido
hasta que los acontecimientos internacionales de la mano
de la rivalidad judeo-árabe tomaron un cariz irreversible.
En especial después del ataque egipcio en 1973 a las posi-

ciones israelíes en la orilla izquierda del canal de Suez, el petróleo iba a convertirse en protagonista indiscutible de la vida económica.

La Organización de Países Exportadores de Petróleo (OPEP) había sido fundada en 1960, por Irán, Irak, Kuwait, Arabia Saudí y Venezuela, para constituir un bloque de defensa de intereses encaminados a transformar la relación de beneficio del comercio del crudo, en favor de los productores. Sin embargo, los resultados alcanzados durante la década fueron escasos puesto que todavía en 1968 las multinacionales occidentales dominaban el 90 por 100 de la exportación y el comercio del crudo mundial. En ese año se constituyó, como una rama de la OPEP, una organización específicamente árabe (la OPAEP) que habría de tener una intervención decisiva en el estallido de la crisis de 1973. Poco a poco, bajo su inspiración, y mediante moderadas nacionalizaciones o tomas de participación en las principales compañías, los Estados árabes y otros productores mejoraron su posición de conjunto en la explotación del crudo. En 1970, no obstante, la participación árabe en la producción petrolífera sólo alcanzaba al 25 por 100 del total y no sería hasta los años ochenta cuando los Estados petroleros alcanzaron la mayoría de la propiedad de los pozos.

En torno a la guerra de 1973, como luego veremos, los musulmanes, que mantenían buenas relaciones con el mundo occidental y que habían rechazado las presiones para una total nacionalización de los pozos en poder de las compañías extranjeras, adoptan sin embargo una decisión de solidaridad radical con Egipto y el movimiento palestino. El 17 de octubre de 1973, once de ellos anuncian una reducción del 5 por 100 en el suministro de crudo, un incremento del 70 por 100 en el precio del barril y el embargo total a Estados Unidos y Holanda, para forzarles a un cambio de posición política respecto a Israel.

Revancha por Poitiers

Los efectos de estas medidas alcanzaron graves repercusiones en los países desarrollados de Occidente. El precio de las gasolinas se cuadruplicó en breve tiempo, y todos se vieron obligados a incorporar a sus planes económicos medidas de restricción energética y de consumo de
combustible. En unas pocas semanas la OPEP había cambiado la visión del mundo equilibrado hasta entonces conocido. El período de obtención de energía fácil y barata
había terminado y desde entonces los países productores
empezaron a imponer duras condiciones a los hasta entonces dominantes occidentales.

Los árabes, con estas subidas y restricciones, tomaban
de hecho el liderazgo de los países productores de materias
primas y mostraban al Tercer Mundo el camino a seguir
ante las arrogantes potencias industriales. La rebelión económica puso al Islam a la cabeza de la protesta mundial
contra la desigualdad regional, con mayor fuerza incluso
que el propio movimiento de no alineación. Era una doble
satisfacción con perspectivas impensables, en la que los occidentales empezaron a ver un deseo de revancha histórica.
Algunos Estados árabes multiplicaron sus ganancias de
manera espectacular. El más favorecido fue Arabia Saudí,
que elevó su producción de 3,5 millones de barriles-día en
1970, hasta 10 millones en 1980, mientras sus ingresos en
dólares pasaban de 1.200 a 101.000 millones, en las mismas fechas. Los jeques de los emiratos del Golfo se convirtieron en los hombres más ricos y más solicitados de la vida
internacional. El orgullo árabe se vio así compensado de
tantas frustraciones anteriores, sirviendo también para la
revitalización del fundamentalismo religioso que veremos
más adelante. La venganza por «lo de Poitiers», como dijera un representante musulmán, adquirió entonces el tono
viscoso y negruzco y el olor ácido del petróleo de Oriente.

La vida cotidiana empezó a escribirse con las claves económicas suministradas por la OPEP. Crisis, escasez, restricciones, ahorro, etc., se sumaron en el horizonte ciudadano de las regiones industrializadas para indicar un decisivo cambio de rumbo. El desarrollismo y su inseparable compañero, el despilfarro, habían muerto y nacía un período de austeridad, racionalización, reciclaje y aprovechamiento usurero de los recursos. La tradicional preocupación por equilibrar las balanzas comerciales se transformó en horror al déficit, que en el caso de los hidrocarburos alcanzaría destellos de pánico, a medida que una OPEP insaciable seguía elevando sus precios y pretensiones.

En los paradisíacos años de energía a precios irrisorios, el barril se pagaba a un precio aproximado de 1,5 dólares. En la primera fase de subida el precio se situó en 10 dólares, lo que significaba un incremento del gasto energético para los compradores, de más de 115.000 millones de dólares por año. No obstante, como la reacción de las economías capitalistas desarrolladas puso el énfasis en el acaparamiento, sin plantear con seriedad posibles alternativas, hubo una segunda convulsión alcista. Entre 1979 y 1978, el precio dólar-barril se incrementaba hasta 34.

Esta segunda elevación sería decisiva para rematar el ciclo encadenado de repercusiones sobre la industria. El sector más afectado, el del automóvil, entró en crisis a finales de los setenta evidenciando una clara incapacidad para adelantarse a un período de restricciones y austeridad. Con sus problemas, el automóvil contagió a todo el complejo de las industrias auxiliares, a la metalúrgica, etc. Los gigantes fabriles se vieron obligados a iniciar planes de emergencia y subsistencia. Nuevos diseños, racionalización de métodos, reducción drástica de plantillas y aplicaciones tecnológicas, fueron asumidas tras una fase de profunda recesión. El impacto más acusado se registraría

en las áreas con mayor dependencia del crudo árabe. En
Japón y la Comunidad Económica Europea, el giro provocado por la presión petrolera fue espectacular. Hubo
apresuramiento por romper las afinidades y los lazos,
ideológicos o comerciales, con Israel o por realizar interesadas proclamas favorables a los derechos palestinos. De
algún modo, durante los años setenta, el reconocimiento
de la Organización para la Liberación de Palestina, aunque fuera acusada de actos que en otras atribuciones eran
«terroristas», se convirtió en norma de obligado cumplimiento para los países importadores de petróleo. Se practicaba así una doble moral política en Estados dependientes del crudo, por la que se reconocía y mantenían relaciones con una organización presuntamente «terrorista»,
mientras en el plano interno (léase Alemania, Inglaterra,
Italia o España) se perseguía la misma presunción.

Este oportunismo político adquirió incluso categoría
universal cuando, en 1974, Arafat fue recibido en la Asamblea General de las Naciones Unidas con honores de jefe
de Estado, sin que las acusaciones realizadas por algunos
miembros fueran suficientes para contrarrestar el peso de
los países árabes. Las relaciones económicas primaban una
vez más sobre otras consideraciones y el pragmatismo político se instalaba en las cancillerías occidentales.

Monedas, precios y salarios: adiós a la calma

Otros países suministradores de materias primas se vieron obligados a seguir el ejemplo alcista provocado por la
OPEP, al ser afectados en sus propias importaciones. Sin
embargo, la escasa capacidad financiera en regiones como
Latinoamérica, Asia o África tendría como consecuencia
un aumento progresivo del endeudamiento externo de estos continentes respecto a los países del Primer Mundo.

El aumento de los precios en origen distorsionó toda la planificación económica del desarrollismo, basada desde el final de la guerra mundial en pilares como alimentos, energía y materias primas baratas, salarios estables y precios al consumo de comportamiento moderado. Este esquema diseñado sobre el modelo monetario de Bretton Woods, con la fijación de precios en un mercado mixto y reivindicaciones salariales pactadas en orden y concierto, se derrumbaría con estrépito cuando llegó el momento de resistirse al reparto de los efectos de la crisis.

El primer edificio que se hundió, incluso precediendo a las subidas petrolíferas, fue la inestable construcción monetaria de postguerra. La paridad y convertibilidad entre oro y dólar, valedera para los años en que se estaban recomponiendo las economías occidentales bajo la batuta de los Estados Unidos, empezó a ser denunciada a comienzos de los sesenta. El incremento de los eurodólares (monedas USA fuera de control americano) y la progresiva conversión del dólar en oro sustentada en primer lugar por el general De Gaulle, en términos poco favorables para el tesoro USA, terminaron por afectar gravemente a las reservas de metal de este país.

A pesar del acuerdo alcanzado entre Washington y los bancos centrales europeos y japoneses, para la no exigencia de la convertibilidad, la fisura francesa que apostó por el patrón oro crearía una situación de grave inestabilidad al billete verde. Además, el déficit acumulado por la guerra vietnamita y por la compulsiva tendencia compradora USA, inundó las finanzas internacionales de moneda americana. La consecuencia inmediata fue una fuerte especulación sobre el precio del oro que se disparó de 35 a 850 dólares la onza.

El punto culminante del proceso tiene lugar en torno a 1971, con la declaración de no convertibilidad entre dólar y oro, por parte de Nixon y las devaluaciones de 1971 y

1973, que finalmente iban a provocar el abandono de la estabilidad cambiaria y su sustitución por el sistema de libre flotación en el mercado. A partir de entonces, las diferentes propuestas para la creación de una moneda internacional común que sirva aceptablemente como referencia para las transacciones internacionales han conocido diversas alternativas. Una de las aceptadas en principio fue la de emitir los Derechos Especiales de Giro en 1968, bajo control del Fondo Monetario Internacional, que se han considerado un atisbo de verdadera moneda mundial, pero que no han pasado de su fase experimental y puramente contable.

Al margen de las complicaciones del sistema monetario, la repercusión más espectacular del momento crítico de 1973, debe señalarse en aspectos de la política económica e incluso de la vida cotidiana de los pueblos, como los precios al consumo o la tasa de inflación, junto a la evolución del empleo y los salarios. En esta perspectiva, la economía mundial posterior a 1973, se iba a caracterizar por elevaciones sustanciales de los precios, importantes tasas de paro, descomunal endeudamiento exterior del Tercer Mundo, inestabilidad monetaria, crisis bursátil, cierres empresariales y empobrecimiento de las clases medias y bajas en las zonas industriales.

La inflación se cebaría de modo especial en los países subdesarrollados, o en algunos hispanoamericanos (Argentina, Chile...) que registraban un mayor grado de dependencia internacional. Pero tampoco perdonó a las naciones del Primer Mundo, aunque con grado diverso de repercusión. En el grupo de la OCDE, algunos como Gran Bretaña, Italia, España o Japón serían de los más castigados por su especial dependencia energética. Otros vieron evolucionar también sus índices macroeconómicos de forma negativa, Desde 1971 los precios al consumo se dispararon en estos Estados, con máximos cercanos al 25 por 100 en algunos años, de forma que durante los setenta la tasa media de inflación se situaba en el 10 por 100 anual, para el conjunto del área industrializada.

La elevada proporción de estas subidas provocaría una notable tensión salarial, en cuya espiral sucumbieron gran número de empresas mal situadas, o sin suficiente dimensión para soportar el peso de la vorágine inflacionista. Las inversiones financieras en los distintos sectores de la producción se replegaron después de 1975, a pesar de que se mantenían las tendencias expansionistas en el consumo público o privado. Las precauciones empresariales se afinaron al límite y se desnivelaron en favor de la sustitución tecnológica. Se trataba de una retirada prudencial de capitales, en espera de una afirmación de expectativas y del reflujo de las reivindicaciones salariales.

Todo ello tendría como consecuencia un frenazo en el crecimiento de los PNB en la mayoría de los países avanzados. Así, por ejemplo, los Estados Unidos que habían sostenido un ritmo del 4 por 100 anual en la década anterior a 1973, en 1974 y 1975 registraban porcentajes negativos del 1,7 y del 1,8. Mientras, el conjunto de la CEE perdía más de tres puntos en 1974, sobre el crecimiento medio del período precedente: 1,7 frente a 4,6. Y Japón anotaba en 1974 el primer índice negativo de su PNB desde la postguerra, con menos 1,3 por 100.

Al mismo tiempo la población empleada registraba un dramático descenso, más acusado en los países con mayor índice de inflación. Lo mismo el Mercado Común que la OCDE habían más que doblado sus porcentajes de paro a finales de los setenta, iniciando de este modo una dura carrera de desazón social que no se detendría en los años posteriores. Las tasas de desempleo empezaban a ser graves en España ya en 1979, con un 9,3 por 100 (luego multiplicado por tres), y en Italia (7,5 por 100), Bélgica (8,7 por 100) o Canadá (7,5 por 100) por mencionar sólo algunas naciones de la lista industrial.

«Welfare State» y otros rumbos

La crisis constituyó una dura prueba para el Estado del bienestar construido para las necesidades de postguerra y al que se suponía asentado sobre las sólidas bases de un crecimiento indefinido. En la mayoría de los casos, las finanzas públicas hubieron de auxiliar a las empresas en crisis, subvencionar las reconversiones, atender el desempleo y arropar a un número cada vez mayor de clases pasivas. La emergencia trajo consigo también el retorno del pensamiento económico liberal, que pondría el énfasis en la quiebra del Estado bajo el peso insoportable de las excesivas cargas asumidas en el período de ascenso de las socialdemocracias en Europa.

La confrontación entre estatismo y neoliberalismo condujo a una economía más plural y menos intervenida, en la que los gobiernos controlados o inspirados por la nueva derecha optaron por soltar amarras con algunos compromisos sociales o económicos anteriores. Las tendencias reprivatizadoras fueron importantes en Gran Bretaña, Francia... Y el abandono de empresas subvencionadas o de negocios estatales ruinosos, siguió al proceso de reconversión en Italia, España... El tono general que adoptó la intervención del Estado, como consecuencia de la crisis, fue de una menor preocupación por las reivindicaciones sociales.

En el plano político sindical, la repercusión de la recesión de los setenta fue apreciable en el reflujo de la izquierda y del movimiento obrero al filo del final de la década. Retirada que se confirmaría en los ochenta con el retorno conservador o con renovados giros a la derecha de los partidos socialistas y socialdemócratas. Este reblandecimiento posicional, en el que fueron arrastrados también los partidos comunistas occidentales, sirvió para que se prolongara el efecto de la nueva izquierda del 68. Movimientos ciudadanos, ecologistas, antinucleares, feministas, de liberación sexual, pacifistas, etc., junto al rebrote de reivindicaciones nacionalistas o étnicas (Palestina, País Vasco, Irlanda, minorías raciales USA...) canalizaron desde entonces el descontento social y político, en su vertiente más radical.

Aunque la repercusión en Occidente de la convulsión de 1973 es quizá la más conocida y viene siendo la más tenida en cuenta por la historiografía, en otras áreas del planeta se registraron también efectos de importancia y notable espectacularidad. Por un lado, la crisis soviética de los años ochenta y su extensión al bloque socialista, no puede entenderse sin un aprecio de las consecuencias socioeconómicas del «crack» de los setenta. Junto a esto el impetuoso radicalismo árabe, representado en el resurgir del fundamentalismo (revolución en Irán, guerra civil libanesa, protestas magrebíes...) iniciado a finales de la década, está en íntima relación con el trasvase de la crisis al Tercer Mundo. En el mismo capítulo debemos entender la evolución del militarismo en Sudamérica, como cúpula de la tensión social y económica en el continente. Por el mismo efecto, debe analizarse la desaparición de las dictaduras europeas en el corte decisivo de los setenta. De modo parecido al rebrote democrático portugués de 1974, la caída de los coroneles griegos o la sucesion postfranquista en España están tintados de la necesidad de nuevos horizontes políticos para enmendar las respectivas situaciones críticas internas, influidas por una idéntica dependencia de los acontecimientos económicos internacionales.

Guerras palestinas II

Israel y los árabes siguieron enfrentándose, de todos los modos posibles, después de terminada la primera guerra palestina de los años cuarenta. La situación alcanzada en aquella ocasión y la permanente postración de los derechos palestinos, impidieron el mantenimiento de una paz duradera en la zona de Oriente Próximo. Diferentes coaliciones anti-judías, encabezadas por Egipto, Siria, Libia, etc., con el común denominador de la reclamación de la soberanía para los musulmanes, promovieron todo género de ataques al Estado hebreo, con algunos puntos de tensión máxima como serían las llamadas Guerra de los Seis Días, en 1967, y la del Yom Quippur, en 1973, a la que nos hemos referido en relación a la crisis petrolífera.

Sin embargo, y con anterioridad a estas confrontaciones, Egipto sería protagonista de una crisis bélica acerca de la soberanía sobre el canal de Suez, que iba a suponer el encumbramiento de este país a la cabeza de las reivindicaciones árabes y la relegación definitiva de las potencias europeas (Inglaterra y Francia) en la zona. Al mismo tiempo la escaramuza en torno a Suez, en la que entraron en juego las tropas israelíes, fue determinante en la vocación panarabista del líder egipcio Nasser. Éste, que había asumido el mando político en 1954 tras el derrocamiento de la monarquía de Faruk, emprendería desde entonces una política nacionalista de gran repercusión en el área.

Los restos de la ocupación británica en Egipto se reducían en los años cincuenta a asegurar el acceso a la zona del canal, en cuyo paso libre estaban también interesadas las demás potencias occidentales. En contra de esta apetencia, Nasser anunció en 1956 su intención de nacionalizar la Compañía del Canal, ante lo cual Francia y Gran Bretaña aliadas con Israel comenzaron a preparar una posible intervención. En octubre, tropas judías atacaban el Sinaí y tomaban la orilla este del mar Rojo enfrentándose a los egipcios en duros combates, con lo que quedaba cortada la navegación por Suez. Al mismo tiempo y tras un ultimátum aviones franco-británicos bombardean las líneas árabes en tanto que efectivos militares desembarcaban en Port Said.

Mientras los árabes forman una piña alrededor de Nasser y se disponen a una defensa sin condiciones, las protestas internacionales, las gestiones de la ONU y sobre todo las presiones norteamericanas, basadas en un acuerdo con la URSS, detienen la agresión. Se alcanza un armisticio, en el que se incluye la retirada de europeos y judíos de los territorios tomados y la ocupación del Sinaí por las tropas de la ONU. Los acontecimientos de Suez sellaron definitivamente la incapacidad europea para llevar a cabo iniciativas militares sin contar con los Estados Unidos.

En marzo de 1957 se reanudaba la circulación por el canal, en el que se afirmaba la soberanía egipcia. La posición árabe, en especial la de Nasser, resultaría notablemente favorecida por el desenlace del conflicto. Poco después se unificaban Egipto y Siria, constituyendo la República Árabe Unida (RAU) en un contexto de euforia musulmana y exaltación panarabista. Son los prolegómenos de la próxima guerra palestina.

La inestabilidad política de Oriente Próximo durante la década de los sesenta-setenta se configuró sobre el enfrentamiento tradicional árabe-judío. La cuestión del reparto territorial de 1947 y el mutuo rechazo entre las dos comunidades que viven en Palestina han mantenido en vilo desde entonces, no sólo a los Estados del área sino a todos los países que tienen algo que decir en el ámbito internacional. Junto a ellos, los que mantenían una dependencia energética del petróleo oriental, trataron por todos los medios de encontrar una avenencia sólida y duradera para este problema.

En este marco, la evolución política del mundo árabe presenta algunos rasgos de notable diversidad. El «bloque», en realidad funcionó como tal en contadas ocasiones, que fueron aprovechadas para lanzar los ataques más ambiciosos contra Israel, pero por lo general presentaba graves desacuerdos y enemistades irresolubles. Con el trasfondo común de etnias y religión, los Estados musulmanes presentaban distintos modelos sociopolíticos y muy diferente grado de entender la modernización de sus pueblos. El tributo a una historia y a un pasado común, los lazos culturales o lingüísticos y las tendencias nacionalistas, encubrían realidades políticas que iban desde las monarquías feudales (Arabia Saudí), hasta las repúblicas revolucionarias (RAU, Argelia...) o los programas moderados de europeización (Irán). Estas diferencias estallaban esporádicamente en guerras interárabes, como en el caso del Yemen o en golpes de Estado como el de Irak de 1958.

Las disensiones en el bloque musulmán, detrás de las que no era difícil encontrar los apoyos claros y los intentos hegemónicos dc Egipto, Arabia Saudí, etc., supusieron un respiro para el Estado judío durante buena parte de la década de los sesenta. Sirvieron además para desgastar la imagen y los intentos panarabistas del presidente egipcio, que fracasó en su intento de sumar Irak a la RAU y vería cómo, en 1961, se rompía el proyecto unitario por el abandono sirio.

Entre 1957 y 1967, por lo tanto, transcurren diez años sin provocaciones graves y sin confrontaciones serias en el área palestina. Los cascos azules patrullan las fronteras y llevan a cabo una eficaz labor de contención, pero la ONU no consigue que su resolución de 1947 sea aceptada por los árabes. Es, por tanto, una paz inestable y amenazada por una tensión latente, durante la cual los judíos han podido asentarse en su zona, desarrollar su economía y alcanzar un apreciable grado de potencia bélica. Fue también el período de surgimiento y desarrollo de las organizaciones palestinas de resistencia.

La resistencia en el desierto

Desde los años cincuenta se pueden encontrar grupos armados palestinos operando contra las fuerzas judías, de forma aislada y bajo la protección y organización de los países árabes limítrofes. Sin embargo, hasta la segunda mitad de los cincuenta no se produce la fundación de una organización con nombre propio, estructura autónoma y carácter específico palestino. Se trata de Al Fatah, el Movimiento para la Liberación de Palestina, creado en 1956 con sede en Damasco. Muy pronto este grupo aparece liderado por Yasser Arafat, el hombre que, suceda lo que suceda, debe ser considerado el auténtico padre de la lucha y del futuro Estado palestino. Durante una treintena de años al menos, ha representado y encabezado las reivindicaciones de su pueblo y constituido la referencia internacional obligada en este asunto, a pesar de que en ocasiones su jefatura haya sido contestada por otras facciones palestinas.

En 1964, Al Fatah protagoniza la creación de una Organización para la Liberación de Palestina (OLP), a cuya presidencia accede Arafat en 1969, después de haberse aprobado un acuerdo nacional entre las distintas fuerzas (1968), según el cual la OLP reclama todo el territorio palestino para constituir un Estado árabe independiente. El acuerdo contenía también el rechazo de la partición de 1947 y la negativa a reconocer el Estado de Israel, proclamando la lucha armada como única vía para conseguir la liberación de Palestina.

No obstante, la estabilidad interna de los palestinos se vería turbada por la presencia de otras dos organizaciones revolucionarias. El Frente Popular para la Liberación de Palestina (FPLP), constituido en 1967, se definía como marxista-leninista y actuaba bajo la influencia ideológica de los modelos guerrilleros maoístas y guevaristas.

Durante los años setenta <u>los enfrentamientos entre el</u>
<u>FPLP y Arafat fueron la nota dominante del panorama</u>
<u>político de la OLP</u>. Un grupo disidente del Frente, funda-
ría en 1969 otra organización armada, cuyos objetivos no
se limitaban a liberar Palestina o a implantar un Estado
socialista, sino que pretendía extender el marxismo a
todo el mundo árabe.

No cabe duda de que estas fuerzas, en su desigual enfrentamiento con el consolidado Estado judío, se vieron
afectadas de forma grave por sus diferencias políticas. Divergencias por otra parte inevitables en un pueblo como
el palestino, que acusaba las características propias de un
país dividido, en parte ocupado y en parte exiliado. Pero
sobre todo alzado en armas en una guerra de liberación y
juramentado en el odio común a Israel.

Varias son las circunstancias históricas que explican la
continuidad de la resistencia palestina en condiciones de
inferioridad y desfavorable posición política. Una de las
más determinantes ha sido la solidaridad, aunque intermi-
tente y desacompasada, de los demás países árabes que se
han debatido entre épocas de olvido o rechazo y otras de
remordimiento por esta desatención. Aunque no puede
negarse la existencia de una especial sensibilidad en torno
a la etnia o a la religión musulmana, esto no ha sido general ni constante en el caso palestino. Y tampoco ha impedido finalmente el enfrentamiento armado, cruel y fanático, entre los mismos Estados islámicos.

Por eso los largos años de resistencia palestina se deben
sobre todo a la voluntad política y a la combatividad, a veces desesperada, de este pueblo. De ella se han derivado
acciones violentas y radicales, que protagonizadas por los
fedayines han servido para despertar odios y simpatías.
Pero también hechos de resistencia civil y actos populares
de aprobación general. En otras ocasiones, la presencia de
los guerrilleros de la OLP en países como Jordania, Líba-

no o Siria ha llegado a resultar incómoda para los anfitrio-
nes, que tarde o temprano han buscado el modo de des-
hacerse de ellos.

Seis días de guerra

Desde mediados los sesenta las acciones de la OLP hostigando a los israelíes y sus posiciones acusaron un importante incremento gracias a la consolidación de los grupos
guerrilleros y a la cobertura proporcionada por el bloque
árabe con Egipto al frente. Desde este país, pero también
partiendo de Jordania o Siria, los fedayines o soldados palestinos acosaban constantemente los puestos civiles y militares judíos, junto a las fronteras.

La reacción judía consistió en acentuar sus precauciones defensivas, incrementar su potencial bélico e incluso
proyectar una estrategia de contragolpe contra los «san-
tuarios terroristas». La tensión se agudizó durante 1967,
después de varios incidentes fronterizos y de un combate
aéreo en el que los judíos derribaron algunos aviones sirios de fabricación soviética. Nuevas presiones musulmanas, la retirada de las tropa de la ONU y pronunciamientos favorables de la URSS, animarían a Nasser a tomar una
medida provocadora para los israelíes. A finales de mayo
cerraba el golfo de Aqaba, impidiendo así el paso libre al
mar de los judíos, tras de lo cual suscribía un pacto defensivo con Jordania al que se unió Irak.

En los días siguientes, el gobierno hebreo y la opinión
pública estaban convencidos de un inminente ataque árabe utilizando los mismos frentes de la primera guerra palestina. El primero de junio Moshé Dayan era nombrado
ministro de Defensa, y poco después ordenaba adelantarse a las probables operaciones enemigas atacando Egipto.
El avance judío no pudo ser más afortunado, el día 5 la

aviación de Nasser era destruida en sus aeródromos sin ni siquicra intentar despegar. Tres días después el ejército de Dayan ocupaba la península del Sinaí y la franja de Gaza, y en la sexta jornada de guerra derrotaba a Jordania y tomaba el Golán a los sirios.

El día 10 de junio se llegaba a un alto el fuego auspiciado por las Naciones Unidas y gracias a las presiones rusoamericanas. La Guerra de los Seis Días se daba por finalizada, con un aplastante éxito israelí reflejado en la conquista de todo el territorio palestino, la ocupación del Sinaí egipcio y la zona jordano-palestina, además de la unificación de la capital histórica, Jerusalén. Pero el éxito militar siguió sin ser acompañado por el reconocimiento político, y la situación interna se agravó al incluir ahora los territorios ocupados con más de un millón de palestinos viviendo en ellos. La ONU trató de aprovechar el momento para obtener un reconocimiento judío a cambio de la retirada a las posiciones anteriores.

De otro lado, las presiones ejercidas por el bloque árabe y por el bloque socialista, junto a las gestiones francobritánicas hicieron posible la conocida resolución 242 de 22 de noviembre de 1967, del Consejo de Seguridad de la ONU, en la que se exigía el cese de ataques y la devolución de territorios, a cambio del inicio de negociaciones y del reconocimiento del Estado israelí. Los países árabes, excepto Siria, aceptaron la resolución. Pero Tel Aviv en plena euforia bélica y aspirando a conservar parte de las conquistas la rechazaría, frustrando así los planes occidentales de una paz negociada y los deseos generales de apertura del canal.

La Guerra de los Seis Días fue también para Israel la confirmación de la necesidad de armarse y prepararse para una constante tensión bélica. Los organismos internacionales, los acuerdos implícitos o la intervención de las grandes potencias se demostró insuficiente para garanti-

zar la paz y acercar los intereses enfrentados. Las nuevas
fronteras ofrecían mejores condiciones de defensa estratégica, pero obligaban también a un mayor esfuerzo armamentístico. El entorno adverso convirtió a Israel en una
potencia militar, en un Estado en permanente alerta y
manteniendo un brutal orden policíaco en los territorios
ocupados.

Constituía el ejemplo más sangrante y contundente del
fracaso de las opciones pacíficas defendidas por la humanidad desde la Segunda Guerra Mundial. El pueblo que
más había padecido durante la guerra y que más motivos
tenía para protagonizar un pacifismo radical, fiaba su
suerte a la superioridad militar ante sus enemigos. Desde
entonces, basándose en esta filosofía de supervivencia
contestaría, o se adelantaría, sin contemplaciones a cualquier acción árabe, perdiendo con ello las simpatías de
una gran parte de la opinión mundial. A partir de 1967
cada éxito militar judío se tornaba en derrota política y
aumentaba el rechazo de la opinión internacional a los
métodos militaristas y a las cruentas acciones israelíes.

Asalto al Sinaí

Gracias a su capacidad bélica y a la fortuna de sus enfrentamientos con los árabes, Israel iniciaría la década de
los setenta con un dominio territorial sobre unos 65.000
km^2. Es decir, más de cuatro veces la zona que le corres-
pondiera en el reparto de la ONU de 1947. Sin embargo,
las intenciones judías respecto a la mayor parte del área
tomada a los árabes se encaminaban más a canjearlas en
una mesa negociadora que a un establecimiento permanente. Esto, no obstante, había dos puntos de ocupación
cuyas características religiosas o estratégicas hacían innegociable su devolución por los hebreos: la capital históri-

ca Jerusalén y los altos del Golán con la franja de Gaza,
que defendían las fronteras de Jordania y Egipto. Aspectos
determinantes de la apetencia territorial judía que iban
a justificar las actitudes negativas y los rechazos negociadores hebreos en no pocas oportunidades.

La situación de los palestinos en estas zonas ocupadas
empeoraba a medida que se afirmaba la determinación israelí de ocupación y se incrementaba la militarización del
Estado judío. Se iniciaron con rapidez asentamientos hebreos, mientras los árabes padecían expropiaciones y se
veían obligados a emigrar o a mantenerse en un estatus de
país invadido.

El comportamiento arrogante y cruel de los ocupantes
incrementó la hostilidad islámica hacia Israel y los EEUU,
su más decidido defensor. A cambio, se iniciaría una penetración soviética en el área, mediante el suministro de
armamento, asesoría militar y transferencias tecnológicas.
Egipto, Siria, Yemen o Irak se distinguieron en este acercamiento a Moscú y en el rechazo sin paliativos de la política internacional americana.

En años posteriores continuaron las escaramuzas entre
árabes y judíos, sobre todo junto al canal que siguió inutilizado, con el incomodo de los europeos obligados a retomar la vía sudafricana para el acceso a los yacimientos del
Pérsico o para sus transacciones comerciales con Asia meridional. Varias iniciativas de paz y repetidos planes negociadores fracasaron por causas diversas, generalmente imputables a los judíos, mientras Egipto llevaba a cabo el
rearme y la modernización de su aparato defensivo gracias
a los suministros rusos. La cuestión palestina se había
transformado, de este modo, en un enfrentamiento directo y casi exclusivo entre Egipto e Israel, del que quedaban
marginados los principales interesados.

Para los miembros de la OLP este desenfoque del conflicto iba a tener graves consecuencias a comienzos de los años setenta. En la misma medida en que eran excluidos de participar en cualquier plan o mediación pacífica, trataban de radicalizar sus acciones de manera agonística con el fin de llamar la atención internacional sobre la suerte que podían correr sus reivindicaciones negociadas por otros. Los ataques a Israel, atentados contra personas o intereses occidentales, secuestros de aviones y, sobre todo, el intento de asentarse en Jordania como poder militar, estuvieron en el origen de los enfrentamientos de septiembre de 1970 (Septiembre negro), en los que los refugiados palestinos fueron atacados brutalmente por el ejército del rey Hussein de Jordania. En este conflicto interno, la OLP se vería prácticamente abandonada por sus aliados, entre los cuales sólo Siria trató de intervenir en su favor, siendo, sin embargo, frenada por las presiones conjuntas soviético-americanas.

Los palestinos sufrieron cuantiosas pérdidas por la acción de las tropas jordanas, llegando a 10.000 los muertos y a 15.000 los heridos. Y aunque en la resolución final de la crisis, Arafat fuera considerado como representante de un Estado todavía inexistente, el ataque fratricida de Hussein y los titubeos en el bloque árabe perfilaban un futuro cada vez menos halagüeño para su causa. A esta perspectiva desfavorable vino a sumarse poco después la muerte repentina del presidente Nasser, el hombre que aglutinaba el movimiento panarabista y en el que confiaban fundadamente no pocos palestinos, para recuperar sus territorios y hacer efectivas sus aspiraciones.

La desaparición de Nasser y su sucesión por Annuar el Sadat, iban a tener como consecuencia profundas modificaciones en la posición internacional egipcia y en sus relaciones con Israel, los Estados Unidos y la URSS. Durante la primera fase de su gestión, Sadat, sin duda bajo la presión del carisma y la trayectoria nasseristas, trató de impulsar el proyecto de unión árabe diseñado por su antecesor, al mismo tiempo que buscaba discretamente un en-

tendimiento con Israel, que asegurase una paz duradera y
la reapertura del canal. Sus ofrecimientos de acuerdo en
este sentido, que contaban con precedentes protagonizados por el propio Nasser, fueron, no obstante, rechazados
por los hebreos.

Sus relaciones con Moscú también se agrietaron muy
pronto al no poder conseguir toda la ayuda militar solici-
tada, para hacer frente al continuo rearme judío, a partir
de lo cual decidió la salida de los asesores y técnicos rusos
de Egipto. Finalmente, en 1973, Sadat, impaciente y necesitado de algún acto espectacular que le prestigiara en el
mundo árabe, se decide a llevar a cabo un plan de ataque
contra la orilla del canal ocupada por Israel, en previsión
de una mayor desventaja futura de sus tropas. El día elegido para el asalto, el sábado 6 de octubre, celebración entre los judíos del Yom Quippur (fiesta de la reconciliación), daría nombre a esta nueva mini-guerra palestina.

Las operaciones militares favorecieron en un primer
momento a los soldados egipcios que cruzaron el canal
por sorpresa, tomaron la orilla en manos judías desde
1967 y avanzaron rápidamente por la península del Sinaí.
Al mismo tiempo entraban en combate sirios e israelíes en
las alturas del Golán y las grandes potencias intervenían
decididamente en el suministro de armas a los contendientes. Pero en los días siguientes, Israel contraatacaba
bombardeando las capitales árabes y recuperando parte
del terreno perdido, mientras Arabia Saudí, Irak o Marruecos enviaban tropas en ayuda de Siria.

El bloque árabe antijudío se mostraba plenamente re-
constituido tras el descalabro de 1967, pero seguía care-
ciendo del «punch» militar preciso para doblegar la mayor pericia bélica de los israelíes. Cuando la guerra empieza a torcer su rumbo y se muestra nuevamente favorable a
los hebreos, los Estados musulmanes optan por emplear
un último recurso de mucha mayor eficacia que sus torpes

y desunidas divisiones. El día 17 países árabes toman el acuerdo, antes mencionado, de reducir su producción de crudo, aumentar de forma drástica el precio del barril y llevar a cabo un embargo contra EEUU y Holanda, para presionar por un cambio de actitud israelí.

Las operaciones bélicas van disminuyendo a medida que la lucha comercial sustituye a la militar, ante los asombrados e inquietos ojos de un mundo que está a punto de volver una página decisiva en su reciente historia económica. Cuando se impone el armisticio el día 24, las pérdidas humanas y materiales son brutales, y la situación vuelve a entrar en el conocido impasse desesperante de anteriores treguas, en el que, no obstante, el nuevo elemento del boicot petrolífero se ha convertido en protagonista internacional del conflicto.

Tras esta guerra, el caso palestino por sus vinculaciones económicas entraría en unas coordenadas mundiales de las que nadie puede desentenderse. A través de elementos interpuestos (Israel, Egipto, Siria...), los grandes (EEUU, URSS) medían sus fuerzas y sus capacidades operativas de largo alcance como venían haciendo desde 1945. Junto a ellos, todo el conjunto de los países desarrollados, que dependen del suministro regular del oro líquido, están implicados en la inestabilidad del Oriente Medio. En medio, un pueblo víctima del caos político y de los intereses hegemónicos reproduce los ejemplos coreanos, africanos o vietnamitas... zarandeado por las presiones de los otros y sin apenas poder decidir sobre su situación.

La paz egipcia

Después de la guerra de 1973, la situación del país de las pirámides no había mejorado sustancialmente, aunque en algún modo su presidente Sadat había conseguido el propósito de encaramarse al liderazgo vacante de Nasser y adquirido un mayor margen de maniobra política en sus relaciones con los otros países árabes, con los EEUU y con los propios palestinos.

Egipto se acercaba, en los años setenta, a la cifra de 38 millones de habitantes, con un alto componente (44 por 100) de población urbana. Las altas tasas de natalidad (3 por 100 anual) propias del mundo islámico, apenas podían ser seguidas por el raquítico incremento del producto agrícola extraído de un área sumamente restringida para la superficie total del país y con técnicas atrasadas. Durante la gestión nacionalista de Nasser algunos proyectos de industrialización habían adquirido un tono favorable, pero no habían alcanzado las metas propuestas por los responsables económicos. A pesar de la planificación nasserista y de los programas de reforma agraria o estatalización de la industria, la falta de inversión adecuada y el monocultivo del algodón, fueron dos vicios que no pudieron ser superados en los años de independencia.

El sector secundario elevó su producto bruto aunque a costa del mantenimiento de elaboraciones anticuadas proporcionadas por un excesivo censo laboral y sin innovaciones tecnológicas apreciables: mientras una importante economía sumergida se refugiaba en el hipertrofiado segmento del pequeño comercio. Por otra parte, Egipto carecía de la riqueza petrolífera que distinguía a los otros árabes, aunque no se dejaba aventajar en elementos negativos como analfabetismo, retraso técnico y cultural, burocracia, corrupción... La revolución nasserista, que había hecho grandes esfuerzos para remediar los peores aspectos de esta situación, no había cosechado demasiados éxitos en el intento.

El presidente Sadat, en cuanto pudo, optaría por dar un giro considerable a la política económica egipcia. El paso más decidido se constató en la apertura del país a las inversiones y manufacturas extranjeras, pero al mismo tiempo que se procedía a desmantelar parte del programa nacionalizador anterior se tomaron medidas de carácter regresivo en lo social. Los grupos religiosos más radicales, como el fundamentalista Yihad, lo declararon enemigo del Islam, criticando su apertura occidentalista y la corrupción de costumbres que reinaba en El Cairo. En 1977, la retirada de las subvenciones a los productos alimenticios básicos seguida de importantes subidas de precios, fue contestada con sangrientos disturbios en las ciudades. Además, la inestabilidad crónica de la zona, entre otras causas, impediría la llegada de capitales en cantidad suficiente para un remodelado intensivo de la industria.

En estas condiciones, los escasos recursos económicos de que disponía no permitían a Egipto mantener el ritmo armamentista a que le obligaba su posición de liderazgo en el mundo árabe y su enfrentamiento a Israel. A pesar de la ayuda financiera de los países hermanos productores de petróleo y de la reanudación de ingresos por la apertura del canal en 1975, la balanza de pagos se deterioraba a pasos agigantados, sumiendo al país en el abismo de la deuda externa.

A finales de 1977, el gobierno egipcio, al borde de la catástrofe económica y social, destapó sus intenciones de desligarse del problema palestino aceptando una paz por separado con Israel. El presidente Sadat, sorprendiendo a propios y extraños, viaja a Jerusalén y extiende una mano abierta al gobierno judío de Menahem Begin, que la acepta sin condiciones sabedor del alivio que representa el vuelco egipcio. El norteamericano Carter, que había patroneado una parte sustancial de este cambio, oficiaba de anfitrión en su residencia de Camp David ante los dos mandatarios que firmarían un acuerdo histórico en septiembre de 1978. Mediante el tratado, Israel y Egipto esta-

blecían relaciones diplomáticas normales, los judíos se retiran del Sinaí y se concedería una autonomía limitada a
los palestinos que habitan en los territorios ocupados.

La paz de la que se esperaba un respiro considerable
para remediar la situación socioeconómica, supondría, sin
embargo, graves inconvenientes políticos y económicos
para Sadat. El repudio árabe fue general, llegando hasta la
ruptura de relaciones y el embargo económico por parte
de todos los Estados musulmanes, excepto Sudán y
Omán. Egipto fue marginado de la Liga Árabe, la organización con que se había identificado durante toda su historia moderna y se introdujo en la esfera de influencia del
mundo occidental. Casi al mismo tiempo se producían
otras graves disensiones en la Liga entre Siria, Libia, Yemen y Argelia por un lado y el resto árabe por otro.

En la década siguiente las graves diferencias entre los
musulmanes se profundizaron más todavía, adquiriendo
la forma de una cruel y larga guerra entre Irán e Irak, al
borde del Golfo Pérsico, y de enfrentamiento civil en Líbano, lugar donde se refugiaron numerosos palestinos
tras la paz egipcia. El propio presidente egipcio pagaba
con su vida, en 1981, lo arriesgado de su apuesta pacifista
antipalestina y, sobre todo, la represión que desató en
Egipto contra la oposición fundamentalista, que era acusada de promover las revueltas callejeras, como luego veremos.

Los otros mundos

Conciencia de África

Desiertos al norte, sabanas centrales, minas al sur, reservas de caza, infieles que convertir, esclavos para negociar, exóticas tribus y bárbaras costumbres. La imagen eurocéntrica de este continente siempre ha sido una simplificación importada por aventureros sin escrúpulos, hombres de negocios, turistas superficiales o misioneros de buena fe. Una porción de más de 30 millones de km², con una población que casi llega a los 400 millones de habitantes en los años setenta, víctimas de ignorancias, tópicos y olvidos.

La evolución demográfica de África, con enfrentamientos tribales y detestables razias esclavistas, ha tenido una trayectoria difícil. Si las confrontaciones bélicas por su escasa capacidad técnica han sido menos sangrientas que en otros lugares del planeta hasta tiempos recientes, la caza de hombres ha detraído de África no menos de 30 a 40 millones de seres humanos. Y una vez que se detuvo este monstruoso agravio histórico, otras dificultades poblacionales, enfermedades, plagas, o hambres asoladoras continuaron cebándose sobre los desiguales núcleos habitados. El atraso secular de grandes áreas, la permanencia de creencias irracionales y un infradesarrollo gigantesco, favorecido por las condiciones de explotación con que Europa la distinguió, han sido otros de los trágicos elementos de la crónica africana.

Tierra de promisión y ambición de imperio, fue el último reducto sin disputar en el que la voracidad colonialista fijó sus objetivos. Tierra también de futuro, pero con un pasado brutal y doliente, intentaría, sin embargo, rehacer su presente entre grandes obstáculos, a partir de la década de los sesenta. La que se llamó con más timidez que esperanza la década de África.

No obstante, la historia actual de África, la que trataría de confirmar la prodigiosa década, tiene un comienzo anterior titubeante en la modernidad, liderado por los movimientos árabes del norte entre la guerra mundial y la década de los sesenta, y seguido por la liberación de las naciones negras desde 1960. El derrumbe de los imperios (Inglaterra, Francia, Bélgica, Portugal...), del que ya nos hemos ocupado, fue mucho más reticente en el área negra del mundo, que en Asia o en los países islámicos. Incluso en la propia África, la descolonización del Magreb con la excepción argelina, fue un rosario de frutas maduras que caían una detrás de la otra al mismo tiempo que renacía y se proyectaba el nuevo poder árabe emergente.

En cambio las pretensiones de emancipación de las naciones del centro y sur de África, hubieron de esperar a que sazonasen mejor las semillas sembradas por los vientos revolucionarios de octubre y cultivadas en la catástrofe de la guerra mundial. Sólo después de estas fechas, por primera vez el mundo se halló en condiciones de tomar conciencia de la estremecedora historia de África y de la situación en que estaba, como consecuencia de una secular e inmisericorde expoliación. No obstante, desde entonces ni los movimientos emancipadores autóctonos, ni las denuncias en los foros internacionales o las ayudas de emergencia, han conseguido otra cosa que aliviar brevemente esta calamitosa condición.

El contacto entre el continente negro y las formas de civilización europeas, impuestas como punta de lanza de la colonización, tuvo efectos negativos para la cultura indígena. Por un lado, supondría la ruptura estrepitosa de importantes componentes étnicos y antropológicos. Pero por otro, acentuó el rechazo y la oposición a todo lo europeo por parte del sector indígena más radical. En general, el derrumbe de los elementos culturales propios produjo un enorme vacío, enjuagado sólo con relativo éxito en algunos casos.

El componente religioso y mágico-religioso siguió siendo fundamental en la concepción que la mayoría de los africanos tienen de la realidad y de la vida. Y, en muchas ocasiones, la fosilización de creencias sobrenaturales ha estado íntimamente unida al estancamiento económico y al retraso de estas sociedades, inducido por el propio interés de los colonos. Los antropólogos han encontrado, en pleno siglo XX, en estos pueblos campo de experimentación para sus estudios, al observar en muchos de ellos creencias y prácticas sociales que en nuestra civilización corresponderían a los tiempos prehistóricos.

Esta abismal separación cultural y un similar retraso técnico explican mejor que nada la cómoda y rentable colonización del continente, hasta el período de postguerra mundial. El desprecio histórico con que se trató a estos pueblos, reflejado sobre todo en el impresionante caudal

de hombres y mujeres negros esclavizados, tardará mucho
en ser reparado al ritmo actual. Puede decirse que los esfuerzos aislados y la labor sanitaria, cultural o misionera
de algunas iglesias y organizaciones occidentales benéficas, apenas pueden contrarrestar este agravio secular ni
competir con otras instituciones que siguen siendo mero
vehículo de integración para seguir favoreciendo un neocolonialismo paternalista.

África ha sido un continente encogido, mutilado en sus
posibilidades e impedido en sus opciones naturales. La
responsabilidad del mundo civilizado en sus penurias es
antológica. Y la rehabilitación de sus alternativas constituye una gran asignatura que la humanidad tiene pendiente.
Cuando todavía hoy el odio racial encubre los más bajos
egoísmos y se disfraza con ropajes de *apartheids y* otras
aberraciones, las conciencias libres se horrorizan al ver
destilarse en estas monstruosas segregaciones, toda la tragedia y los errores del pasado colonial.

Las nuevas naciones

A comienzo de la década de los sesenta las posesiones
coloniales europeas, a pesar del fuerte impulso emancipador del que nos hemos ocupado en el capítulo segundo,
seguían sumando una cantidad asombrosa de países y territorios. Sólo entre 1960 y 1970 unos cuarenta y cinco Estados consiguieron sacudirse el dominio franco-británico,
aunque muchos de ellos disfrutaban ya de avanzados esta-
tutos autonómicos. La mayoría de estas nuevas naciones
estaban localizadas en el continente negro.

Entre 1958 y 1962 se data un primer ciclo de esta emancipación tardía que abre el telón del último acto de la total libertad africana. En esas fechas se produce la formación de un gran movimiento autonomista en el norte de

África central, que aparece agrupado en una fallida Comunidad francesa. Supone el comienzo del desmoronamiento final del dominio franco, a pesar de los esfuerzos y las concesiones de la metrópoli, empeñada en salvar los lazos imperiales. En años anteriores, como hemos visto, han conseguido independizarse Túnez y Marruecos, mientras Argelia seguía enfrascada en una dura guerra de liberación.

En el resto de las colonias se ha ido formando una clase dirigente indígena que, a finales de los cincuenta, está dispuesta para tomar el relevo y gestionar la desvinculación. Inglaterra, que había mantenido un mayor respeto por algunas tradiciones africanas y se había distinguido por una acentuada descentralización imperial, tampoco se vio libre de la marea liberadora. Precisamente en la fecha en que Francia se ve obligada a conceder la independencia argelina (1962), que cierra este primer peldaño emancipador, las colonias británicas empiezan a subirse en bloque al mismo. En él habían puesto pie ya Guinea y Ghana, que se independizaron en 1959. Togo, Malí, Dahomey, Somalia, Níger, Alto Volta, Costa de Marfil, Chad, Senegal, Mauritania, Congo-Brazzaville, Gabón, La República Centroafricana, Madagascar y el Congo belga, que lo hicieron a lo largo de 1960.

En 1961, Tanganika conseguía ser reconocida por la ONU, mientras Camerún se constituye en una federación independiente y la colonia británica de Sierra Leona se convierte en Estado libre. Es también el año en que las tropas de la ONU intervienen en el Congo para mediar en la guerra civil, mientras que en la colonia portuguesa de Angola comienzan sus actividades los guerrilleros independentistas. Al año siguiente (1962), además de la ya citada Argelia, alcanzan la libertad Ruanda, Burundi, Uganda y Tanganika. Mientras que en 1963 lo hace Kenya y en 1964 se suman a éstos Zambia y Malawi, al mismo tiempo que de la unión de Tanganika y Zanzíbar surge Tanzania. Rhodesia, por su parte, se proclamó como Estado independiente en 1965, aunque por el carácter racista de su gobierno no fuera reconocido internacionalmente.

De esta forma, a finales de los sesenta podía decirse que la parte más nutrida del problema colonial africano estaba resuelta en favor de una decidida toma de participación de los propios pueblos autóctonos. Y ello sin que hubieran existido especiales problemas, en lo que respecta al área negra. Salvo las colonias portuguesas (Angola, Mozambique, Cabo Verde, Santo Tomé) y el Sahara español, todos los Estados que componen el entramado político africano habían visto desaparecer las anteriores administraciones europeas. Además de éstos, algún pequeño protectorado, como Seychelles, Comores o la negativa sudafricana a retirarse de Namibia, eran ya insuficientes para impedir hablar de un continente liberado, y sólo sería necesario esperar a que los oportunos cambios políticos en las metrópolis hicieran posible una retirada definitiva.

Los problemas de la libertad

La independencia del África negra fue tan rápida como improvisada e inexperta. El escaso esfuerzo educativo de la colonización se había centrado en el aprendizaje de técnicas y métodos que facilitaran la asimilación cultural de los pueblos indígenas. Apenas una minoría de dirigentes europeizados o evolucionados estaban en condiciones de tratar de modernizar los nuevos Estados en el momento de alcanzar la libertad. A cambio, los africanos, además de conservar algunas de sus más rechazables tradiciones, aprendieron de los colonos los peores y más inhumanos métodos militares, como tuvieron ocasión de probar al poco tiempo de quedarse solos. Junto a estos factores, muy pronto aparecieron las lacras del neocolonialismo. Los países independizados siguieron estando sujetos económicamente a las grandes potencias a las que se veían obligados a vender sus materias primas a bajo precio, para comprar luego los productos manufacturados con un alto valor añadido.

De este modo las ilusiones suscitadas por la década independentista, sólo fueron correspondidas en una pequeña parte por la evolución de los acontecimientos. En ocasiones, la desaparición de los europeos dio paso a una cruenta explosión de odios y artificiales uniones administrativas. En muchos casos los indígenas occidentalizados, fueran políticos, intelectuales o militares, se aplicaron a ocupar despóticamente los principales resortes del poder, y a imponer a sus compatriotas el amargo sabor de nuevas tiranías. La disputa sangrienta por las enormes riquezas del suelo sustituyó a la expoliación anterior, produciendo en África un período de renovadas tragedias y calamidades innumerables.

El desarrollo político de África en sus primeros años de libertad ofrece un saldo caótico, si lo medimos con los parámetros habituales en el mundo europeo. Para 1960 ya se habían registrado con éxito unos veinticinco golpes de Estado, con derrocamiento de gobiernos y dictaduras, mientras otra cifra semejante no consiguió su objetivo, siendo sus promotores detenidos y duramente reprimidos. Enfrentamientos civiles e intentos de secesión o independencia ensangrentaron a diversos Estados. Y fueron frecuentes los crímenes, atentados, persecuciones políticas, ejecuciones sumarias, masacres tribales, genocidios, etc.

Los líderes en el poder, reyezuelos, jefes tribales, militares..., trataron a sus enemigos con el mismo desprecio y mayor crueldad si cabe, que los colonos. Fueron prohibidos los grupos de oposición y en una mayoría de países (22 a finales de 1969) sólo se reconocía al partido único en

el poder, mientras que una docena de Estados «gozaba»
de regímenes militares. Las guerras africanas, y los asaltos
al poder en los distintos Estados, en los que no faltó la
ayuda y la intervención militar de las antiguas metrópolis,
contabilizaban en los años sesenta bajas por varios millones de personas.

Los analistas políticos de la época atribuyeron esta inusitada y desmesurada reacción bélica al error de haber
querido mantener las fronteras políticas y administrativas
del período colonial, trazadas poco menos que con un tiralíneas sobre el mapa. El desconocimiento de la realidad
étnica o tribal y la postura aberrante de la ONU que se negaba a cualquier otro modelo de emancipación que no
respetara las anteriores circunscripciones, fueron de hecho determinantes en casos dramáticos como el de Biafra,
el Congo, etc. No obstante, es imprescindible tener en
cuenta que por detrás de cualquier intento de alteración
de fronteras se situaba siempre la lucha por el disfrute de
los bienes económicos, promovida por las minorías dirigentes con el apoyo de las omnipresentes potencias occidentales.

Dos ejemplos significativos y de gran repercusión como
fueron las guerras civiles en el Congo ex belga y en la ex
colonia británica de Nigeria, ilustran a la perfección el clímax que acabamos de describir. El caso del Congo, de su
modelo colonizador, de su independencia en 1960 y de la
posterior lucha y división territorial, fue uno de los más
espectaculares de todo el proceso emancipador africano.

El conjunto del Congo belga, con más de 2,34 millones
de km², apenas acogía en 1960 a 14 millones de pobladores, pero estaba considerado una de las áreas de mayor riqueza minera de todo el África central. En Bélgica, el colonialismo «silencioso» de este Estado se presentaba
como una ocupación modelo según la cual la explotación
de las riquezas congoleñas se hacía en armonía, con la

complicidad o ignorancia de los indígenas, pero sin especial represión. Un alto porcentaje de nativos estaban asimilados o en vías de integración, viviendo en medios urbanos y trabajando en las empresas europeas. Algunas mejoras laborales y un acentuado paternalismo ponían al Congo, en los años cincuenta, a la cabeza de las explotaciones occidentales en África.

A cambio de ello las multinacionales (Société Générale de Bélgique, Unilever, Forminière y la Unión Minera del Alto Katanga, sobre todo) se beneficiaban de las suculentas riquezas congoleñas en un grado que se acercaba al 80 por 100. Monopolizaban las producciones de cobalto (63 por 100 mundial), de diamantes industriales (75 por 100), del cobre, del cinc...

Al mismo tiempo, las diferencias sociales que se basaban en la discriminacion salarial más absoluta, no cubrían ni siquiera las apariencias mínimas. Mientras las empresas coloniales y la prosperidad belga eran sustentadas y enriquecidas por el trabajo de las minas congoleñas, los nativos en el mejor de los casos padecían salarios de miseria o sobrevivían difícilmente en las explotaciones y entre las enfermedades del hábitat rural o urbano. Muy pronto una minoría indígena de «evolucionados», educada para completar los cuadros coloniales, tomaría conciencia de esta relación social y formaha el embrión de los primeros nacionalismos radicales.

Los primeros pasos independentistas se dan entre un conjunto de asociaciones nativas que mezclan las aspiraciones sociales, las reivindicaciones religiosas o culturales, o el simple odio a los colonos. Pero son los partidos políticos y los sindicatos, organizados a la «europea», los que se pondrán al frente de la movilización anticolonial. Las presiones moderadas y pacíficas de estos grupos, en medio de un contexto internacional emancipador, favorecieron sin duda la toma de decisiones descentralizadoras y

autonómicas, por parte de los gobiernos belgas durante la
década de los cincuenta. Pero la radicalización progresiva
del independentismo y la increíble crueldad colonial esta-
llarán en la matanza de Leopoldville (4 de enero de 1959),
en la que las tropas de ocupación masacraron una manifestación nacionalista, produciendo 49 muertos y cientos
de heridos.

Este acontecimiento, que hoy se conmemora en Zaire
como día de los mártires, conmociona las estructuras coloniales y acentúa las presiones internacionales. Como
consecuencia de la situación creada por esta intervención
y ante las numerosas protestas, Bélgica termina cediendo.
El rey Balduino, en nombre del gobierno, anuncia la decisión de independencia «sin prisas», en medio de un incremento de la presión emancipadora, y bajo la amenaza de
que el Congo tome el sangriento camino de la Argelia
francesa.

A continuación se producirá un confuso ciclo de tensiones políticas durante el cual la oleada nacionalista va en
aumento y las previsiones de los belgas son desbordadas
ampliamente. Se adelantará la fecha de independencia
para el 30 de junio de 1960, después de una llamada a las
urnas que dará la victoria, aunque por estrecho margen, al
Movimiento Nacional Congoleño que lidera Patricio Lumumba.

Este precario resultado electoral se reflejará muy pronto en las primeras disensiones internas. A los pocos días
de proclamada la independencia se producen graves disturbios antieuropeos que provocan la huida de los belgas
y la intervención de las tropas de esa nacionalidad. Las estructuras coloniales, que son las que en realidad soportan
la vida pública del Congo, se hunden estrepitosamente sin
que los grupos de Lumumba y Kasavubu, que capitanean
la coalición gubernamental, puedan hacer nada para im-
pedirlo. En medio del desconcierto, el gobierno belga y

los negocios cupríferos ponen en marcha un intento secesionista, alentando la sublevación de julio de 1960, mediante la cual Tshombe proclama la independencia de la región minera de Katanga.

De este modo, en menos de un mes de libertad, el nuevo Estado además de haber perdido sus bases administrativas ve en peligro su riqueza minera. La situación separatista agrava considerablemente las tensiones políticas. Kasavubu y Lumumba rompen sus relaciones y piden ayuda a los cascos azules de las Naciones Unidas. Entre 1960 y 1963 se producirá la guerra civil congoleña, que atrae la atención mundial y concita las pasiones e intereses de la opinión internacional en el escenario africano. El nacionalismo, representado por Lumumba y sus partidarios, se enfrentaría a las maniobras e intrigas de las compañías belgas, la hegemonía norteamericana, la mediatización de la ONU, e incluso a la confusa actuación de su propio secretario general.

El conflicto que incluyó el asesinato de Patricio Lumumba, la muerte en extraño accidente del secretario de la ONU, Hammarskjold, y la participación de tropas de diversos países, se saldaría mediante la reintegración de Katanga en el Estado, con el beneplácito de los intereses occidentales que se conformaban con la desaparición del radicalismo lumumbista. En 1965, Mobutu, otro militar golpista, asume el poder iniciando un período de moderadas nacionalizaciones económicas e imposición de un orden político «manu militari», contestado por nuevos intentos secesionistas fracasados. En 1971 el Congo cambiará su nombre por el de República del Zaire, y entrará en una fase de mayor estabilidad política una vez que estuvieron salvaguardados los intereses neocoloniales.

La dramática guerra de Nigeria, entre 1967 y 1970, tuvo como causa también un intento secesionista de la etnia de los ibos, la más europeizada del país que ocupaba además la región más rica del Estado. La zona que ocupaba esta tribu en la parte sur del país, conocida como Biafra, y junto al océano Atlántico, poseía ricos yacimientos petrolíferos y valiosas explotaciones de estaño y otros metales.

Esta antigua colonia británica, tenía algo más de 42,4 millones de habitantes en 1960 al estrenar independencia, entre los cuales los ibos se consideraban a sí mismos con mayor capacidad para dirigir el Estado, que el resto de las etnias nigerianas. En enero de 1966, un general de origen ibo aprovechará la crisis política sobrevenida tras la muerte del primer ministro, a manos de una protesta multitudinaria, para hacerse con el poder y tratar de ponerlo al servicio de los intereses tribales.

Pero la penetración de éstos en los principales puestos de la administración y la política, produciría el levantamiento de los musulmanes del norte y de una parte del ejército, que originaron una bárbara matanza de ibos. Después de esos disturbios, otro general, esta vez del norte, asumió el poder aunque con la oposición del ejército de Biafra, la región ocupada por los ibos.

Finalmente, y a pesar de la propuesta de convertir a Nigeria en una confederación de Estados autónomos, los militares biafreños proclamaron la independencia en mayo de 1967. Comenzaban así tres largos años de enfrentamientos sangrientos para los nigerianos de una u otra etnia. Mientras los ibos que trabajaban en el norte eran asesinados impunemente, los biafreños alcanzaban sus primeras victorias ante el ejército federal y se acercaban a la capital Lagos. Sin embargo, el gobierno, que obtuvo ayuda soviética y británica, reaccionaba poco después y en unos meses hacía retroceder a los secesionistas, a los que rodeó y cercó en una parcela interior tratando de doblegarlos por hambre.

Las ayudas recibidas por Biafra, entre las que se cuentan

las de la Banca Rothschild, la Francia gaullista o las compañías petrolíferas americanas, fueron, sin embargo, cada vez menores, contando con graves dificultades. El salvaje cerco a que fue sometida la región produjo, además, la muerte por hambre de más de un millón de niños, hasta el final de la guerra. Finalmente la resistencia biafreña hubo de ceder en enero de 1970, cuando los principales dirigentes huyeron y el ejército se rindió a las tropas federales.

Después de la guerra se abordaría un difícil período de reconstrucción, para el que se pudo contar con los ingresos proporcionados por el petróleo, en una coyuntura de precios favorables. No obstante se mantuvo la impronta militar del régimen nigeriano y se prolongaría, hasta 1978, el estado de emergencia declarado en 1966. En los años setenta se registraron otros dos golpes de Estado, lo que es una buena muestra de la inestabilidad política del país. Finalmente, tras levantarse el estado de guerra, se autorizaron los partidos políticos y se celebraron elecciones. En 1979 el Partido Nacional de Nigeria formaría un gabinete de coalición que era el primero civil desde 1966.

Australia, el Estado continente

Entre los más de 10 millones de islas que componen lo que llamamos Oceanía, muy pocas han atraído la atención de la historiografía occidental. Y éstas han sido precisamente las que como Australia o Nueva Zelanda no sólo son las mayores, sino que están pobladas en su mayor parte por gentes de origen europeo. De hecho las referencias históricas y documentales que se pueden manejar a este respecto corresponden a estos grupos y marginan de forma absoluta a las tribus y demás etnias autóctonas.

Algunos consideran que la propia Australia con más de 7.686 millones de km² debe tener una consideración con-

tinental por separado. En efecto, esta gran isla situada en
el hemisferio Sur entre los océanos Índico y Pacífico, aunque sea bastante menor que el más pequeño de los continentes reconocidos, merece este reconocimiento por sus
caracteres geofísicos diversos y plurales.

Sin embargo, a pesar de sus gigantescas proporciones
geográficas, Australia se diferencia de los continentes por
su débil densidad demográfica. En los años ochenta su
población sólo sobrepasaba los 15 millones de habitantes,
lo que daba un coeficiente por km^2 de 1,9 personas. Esta
población, que desde 1945 había recibido una aportación
migratoria de unos cuatro millones de unidades, se con-
centraba sobre todo en las costas sur y oeste.

Australia es un país de emigrantes. Sus caracteres históricos pertenecen a otras culturas no autóctonas, y el asentamiento actual de origen europeo proviene de los prisioneros ingleses que en 1788 fueron confinados en la isla
para cumplir sus condenas. En sucesivas oleadas se fueron
aclimatando nuevas generaciones de ingleses, en busca de
riqueza o trabajo. Fueron los descubrimientos de oro, entre 1851 y 1860, los que atrajeron el mayor contingente de
recién llegados, que entraron en conflicto con los primeros colonos ya instalados. A pesar de la inmensa búsqueda y explotación de algunos yacimientos, la agricultura ha
constituido siempre la riqueza económica de Australia.
Sus producciones más importantes son los cereales o la
lana, y durante muchos años Inglaterra se ha abastecido
de ellas.

Los lazos históricos y económicos con Gran Bretaña
apenas han sufrido altibajos desde que a principios de siglo la Federación Australiana alcanzó su estatus de independencia, dentro de la Commonwealth británica. Desde
entonces, la ex-colonia ha estado junto a la metrópoli en
las grandes ocasiones y dificultades. Abrazó su misma
causa en las dos guerras mundiales y adaptó su economía

y finanzas a la evolución inglesa en las dificultades de finales de los años sesenta. En la guerra del Pacífico, entre aliados y japoneses, Australia junto a Nueva Zelanda, jugaría un importante papel estratégico en el flanco sur oponiéndose a la expansión nipona. Una idea exacta del esfuerzo aportado por estos dos países, la da el hecho de que de una población conjunta que no alcanzaba los 10 millones, se movilizaron unos 900.000 soldados australianos y neozelandeses.

Después de 1945, la estrecha colaboración con Inglaterra y los Estados Unidos se profundizaba y concretaba en la participación en las alianzas políticas del área, protagonizadas por los americanos. Al mismo tiempo, y en la sintonía británica, el partido laborista ganaba las elecciones de postguerra, e iniciaba una política de industrialización y atracción de emigrantes con el fin de reforzar la instalación europea en la zona.

Los años cincuenta, en cambio, verían la llegada al poder de los liberales que habían acusado al Labour Party de excesiva tibieza ante el avance comunista en Asia sudoriental. Durante la gestión de la nueva administración se firmaron el ANZUS (tratado de defensa con EEUU y Nueva Zelanda) y en 1954 Australia entra en la SEATO, organismo de clara orientación anticomunista. Durante esta década los precios favorables del mercado internacional permiten un amplio desarrollo de las producciones de lanas australianas.

Los pactos con los Estados Unidos se hicieron tangibles durante la guerra de Vietnam, a la que Australia aportó varios batallones de infantería. En esas fechas la política internacional del país se desvincula poco a poco de Inglaterra y acentúa su acercamiento a los Estados Unidos.

En los años setenta, el Partido Liberal en el gobierno tuvo que asumir duras críticas a su gestión interna, con un alto índice de inflación, y a su alineación proamericana en

el caso vietnamita. En 1972, los laboristas retornaban al
poder al ganar las elecciones y abordaban importantes reformas sociales y sanitarias. No obstante el fracaso de su
política económica y la oposición del Parlamento a aprobar los presupuestos de 1975, desembocaban en una crisis política de complicada resolución. A finales de ese año,
una coalición de centroderecha ganaba los comicios y trataba de poner en marcha una estrategia de austeridad y recorte del gasto social.

El cambio de rumbo gubernamental desató las protestas ciudadanas, a cuyo frente se pusieron sindicatos y organizaciones aborígenes. En julio de 1976 se convocaba
la primera huelga general de la historia de Australia,
para protestar por la política económica del gabinete, y
en los años posteriores se mantendrían los desacuerdos
entre la coalición en el poder y las fuerzas sociales de diverso signo.

Sin embargo, a pesar de esta fase de protestas y enfrentamientos, en el período posterior las bases de la política
australiana adquirieron una estabilidad que, como en el
caso de Europa, se basa en la alternancia bipartidista. Las
nuevas generaciones de la isla-continente bajo la influencia de este equilibrio fatalista han perseguido el afianzamiento del pacifismo como fórmula política interna y externa, y se despreocupan en su mayoría por la evolución o
la necesidad de los cambios sociopolíticos.

Australia sigue dependiendo de sus potentes exportaciones agrícolas, aunque en los años de crisis haya desarrollado otras producciones como la minera (es la mayor
exportadora del mundo de hulla, bauxita o alúmina) y se
haya tratado de diversificar la oferta económica, en especial del lado de los servicios financieros y el desarrollo del
turismo. Sus necesidades energéticas están atendidas en
más de un 70 por 100 por sus propios recursos de petróleo y gas, pero aun así las graves fluctuaciones a la baja de

los precios a comienzo de los ochenta producirían un violento déficit en su balanza de pagos. No obstante, la recuperación registrada en el bloque occidental a finales de esta década ha vuelto a colocar a Australia entre las economías más saneadas del mundo, con una tasa de crecimiento apreciable (5 por 100 anual) y un índice de inflación (6 por 100) moderadamente controlado.

Sudáfrica apartada

El interés europeo por esta alejada región del hemisferio Sur ha descansado siempre en su posición estratégica para facilitar las comunicaciones marítimas con las llamadas Indias orientales. La región de El Cabo y los principales puntos colonizados de su entorno constituyen desde el siglo XVII objetivos importantes de Estados que, como Holanda o Gran Bretaña, habían depositado en el área del Índico algunas de sus mejores esperanzas imperiales.

Pero desde la segunda mitad del siglo XIX un interés propio, añadido a la mera ubicación geográfica, iba a suscitar y acrecentar las apetencias sudafricanas de las potencias occidentales. El descubrimiento de oro y diamantes vino a sumarse a la consolidación favorable de una agricultura laboriosa, y contribuyó a desatar las luchas por la posesión del territorio. Colonos holandeses, expedicionarios alemanes o tropas británicas chocaron entre sí a lo largo de las décadas que precedieron a las guerras mundiales de nuestro siglo. Finalmente en 1909, el Parlamento británico con la South Africa Act concedía la autonomía a este Estado, dentro del marco de alianzas de la Commonwealth. Gracias a la estabilidad de las relaciones entre Inglaterra y la mayoría gobernante de origen británico, Sudáfrica se sumaría al bando aliado contra Alemania en 1939, a pesar de la oposición de los colonos de origen holandés.

La estratificación racial, étnica y cultural de Sudáfrica es cuando menos tan copiosa y de efectos tan conmocionantes como sus abundantes riquezas minerales. Entre los blancos la división de «afrikanders» y anglófonos ha sido fuente histórica de tensiones políticas y desacuerdos con puntos álgidos como la guerra de los bóers. Desde mediado el presente siglo la mayor vitalidad demográfica de los «afrikanders» estaba favoreciendo una poderosa implantación política de este sector nacionalista, que desde 1948 obtenía ya ventaja parlamentaria y la primacía gubernamental.

A partir de esas fechas, pero sobre todo con la administración del primer ministro Verwoerd entre 1958 y 1961, año de la proclamación de independencia, se formulan los principales ángulos de la futura política racista. El *apartheid* es incorporado al programa del Partido Nacionalista, el NP que obtiene en 1961 por primera vez la mayoría electoral con el 52 por 100 de los votos, frente al 48 por 100 de las demás opciones blancas. Las tesis del desarrollo por separado, que defiende la política de *apartheid* suponen la primacía de la raza blanca y el derecho a la conservación de esta superioridad junto a las propiedades y beneficios materiales obtenidas gracias a ella. Ello tiene como consecuencia el reconocimiento para los no-blancos, de derechos limitados y controlados como educación o bienestar, pero dictados y diseñados por la minoría de origen europeo.

La inspiración racista del *apartheid* le obliga a mantener el principio de separación de razas como elemento irrenunciable. El deseo de impedir mediante la coerción legal la posible mezcla de colores y etnias, para preservar la superioridad blanca del contagio, conduce a poner el acento en la separación sexual. Desde 1949 están legalmente perseguidos los matrimonios o las relaciones sexuales mixtas, e instituida la obligación de llevar una identifica-

ción que precise el color de nacimiento. A partir de 1950
se establecieron, asimismo, diferentes áreas territoriales a
modo de guetos en que se recluían obligatoriamente negros, indios o mestizos.

Tratando de mitigar el escándalo internacional producido por estas disposiciones, el gobierno sudafricano permitió en los años sesenta la autonomía de algunas zonas
del interior, las más atrasadas y menos rentables. Las regiones así constituidas, denominadas «bantustanes», fueron ocho y gozaban de autonomía administrativa o cultural. En los años setenta algunos de estos territorios obtenían la independencia, dentro de un plan sudafricano
para que se reconocieran sus prácticas segregacionistas.
Pero estos enclaves en general carecen de los recursos necesarios y de la más mínima posibilidad de lograr ese «desarrollo» por separado que el *apartheid* promete como un
eufemismo.

Entre la población negra, sometida a una estricta reglamentación racial y obligada en gran número a vivir en los
bantustanes, surgirían diversos grupos de resistencia, entre ellos el Congreso Nacional Africano y el Congreso Pa-
nafricano se dieron a conocer con sus acciones en la década de los sesenta. El CNA y el CP fueron prohibidos en
1960 y sus líderes perseguidos o encarcelados. En 1962 ingresa en prisión Nelson Mandela abogado y dirigente del
Congreso, que se convertirá en el símbolo de la lucha y la
resistencia de los negros sudafricanos contra el racismo.
Tras la aparición de estas organizaciones las protestas, los
conflictos y enfrentamientos entre ambas comunidades
fueron en aumento. En 1976 la población negra del su-
burbio de Soweto protagonizó una serie de protestas y
huelgas que culminaron con la criminal intervención del
ejército y la policía sudafricanos, que se cobró 176 muertos y 1.139 heridos.

La República Sudafricana cuenta con una superficie de

poco más de 1.221 millones de km² en los que habitaban a finales de los ochenta unos 35 millones de personas. De ellas pertenecen a la raza blanca poco más de cinco, y del resto una mayoría absoluta, veinticinco, son negros desposeídos de derechos políticos y civiles, de igualdad legal y representación parlamentaria. En 1983 el régimen racista aceptó la participación electoral de indios y mestizos, y al año siguiente el gobierno incluye ministros no blancos entre sus miembros.

El único reconocimiento político hecho por el gobierno de Pretoria fueron las elecciones municipales, que los negros boicoteaban sistemáticamente desde 1983. El porcentaje de abstención llegaba al 80 por 100 y los que se atrevían a participar, dando así su aval al sistema racista, eran duramente perseguidos por su propia comunidad. Entre 1984 y 1987 se reactivaron las protestas, al mismo tiempo que arreciaban las huelgas de la minería en demanda de mejoras salariales y sociales. El clima de violencia en la República comprometió a todos los sectores sociales. Las iglesias anglicana y católica se enfrentaron al gobierno, sin que la condición jerárquica de hombres como Desmond Tutu y otros les haya librado de amenazas y persecuciones judiciales.

Los muertos y heridos, detenidos políticos, deportados o condenados a la pena capital en Sudáfrica suman cifras espectaculares. La tortura, los apaleamientos, la intervención policial y el encarcelamiento sin garantías, eran prácticas habituales del régimen mientras el movimiento *anti apartheid* se extendía, incluyendo a una minoría blanca progresista, y encontrando muestras de apoyo y solidaridad en el resto del mundo. En 1989 el presidente Botha, líder del Partido Nacionalista que gobierna desde 1948, mantenía el rigor dictatorial y segregacionista gracias a la tibieza vergonzante y al apoyo encubierto que le proporcionaban las grandes potencias.

A pesar de asumir en público las demandas de condena al régimen racista, los grandes (EEUU, el MEC, etc.) no acababan de ponerse de acuerdo en sus presiones para impedir la continuación de este escándalo en el fondo sur africano.

La revolución al sur del mundo

Hambre y protesta

A comienzo de los años cincuenta, el sociólogo brasileño Josué de Castro daba a conocer una obra sobre los problemas en el Tercer Mundo que produjo un enorme impacto entre las clases intelectuales y dirigentes de América Latina, de las que formaba parte el mismo autor. El título del libro, *Geografía del hambre,* adelantaba ya los aspectos críticos de De Castro, porque ponía el acento en una de las plagas apocalípticas contra la que la humanidad de postguerra había proclamado una cruzada, pero de la que se estaban obteniendo magros resultados.

El espíritu del Atlántico (1941) o la Carta de las Naciones Unidas (1945), por citar sólo dos de los documentos de intenciones producidos por los vencedores de la guerra, si bien es cierto que no olvidaban las «necesidades» vitales, tenían como función principal la evitación de conflictos de envergadura mundial como los padecidos durante el siglo. Es algo en lo que hay que reconocer algún éxito a las Naciones Unidas, o a los Estados que controlan sus decisiones. Sin embargo, una necesaria distribución del progreso económico social y el acceso universal en igualdad a la prosperidad, expresados también en la letra de estas intenciones como condición básica de la paz, parecían mucho más problemáticos de alcanzar.

Desde mediada la década de los años cincuenta, como hemos dicho, el movimiento afroasiático comenzaría a exigir con mayor autonomía y cargado de razones el cumplimiento de aquellas promesas de reparto o mejora de las condiciones de bienestar. Mientras tanto los lazos neocoloniales creados antes y después de la guerra mundial, empezaban a dar frutos que seguían siendo favorables a las metrópolis. El área latina del continente americano era una de las zonas en las que la dependencia económica y social de un sistema neocolonial era más evidente. Al mismo tiempo, dentro de la propia Sudamérica algunas regiones y países padecían mayores tasas de explotación y desigualdad, que les impedían no sólo su desarrollo sino cualquier atisbo de protesta o rebeldía.

El trabajo de Josué de Castro, en esas fechas, resultó un aldabonazo para la opinión internacional al situar en el centro de gravedad del problema tercermundista algo tan brutal y real como el hambre. La secuencia establecida por el profesor brasileño, cuyo propio país le sirvió de campo inigualable de observación, situaba al hambre en el comienzo y al final de la cadena del subdesarrollo en las naciones neocolonizadas, Estados que se veían obstaculizados por culpa de esta moderna forma de dominación, a la hora de obtener la autonomía suficiente y la capacidad técnica necesaria con que explotar sus espléndidos recursos. En estas circunstancias la revolución estaba servida.

Los actores y los elementos habían madurado durante los largos años de la independencia nominal, desde que el último gobernador o virrey europeo salió del continente para dejar su sitio a nuevas dominaciones.

Durante los años cuarenta y cincuenta de nuestro siglo, como hemos visto, diferentes soluciones trataron de reinventar un espacio nacional emancipado en la mayoría de los países sudamericanos. Alternativas populistas, izquierdistas o burguesas con diversa fortuna tuvieron una oportunidad que se malogró en la mayoría de los supuestos por errores propios o injerencias ajenas. De esta manera, cuando Castro y Guevara conquistan Cuba para la revolución, todas las clases sociales sudamericanas sienten que se abre un período de imprevisibles consecuencias. Una década convulsa y esperanzada, que se ha llamado el decenio guerrillero.

Dos, tres..., muchos Vietnam

El régimen castrista, la revolución cubana, ha cumplido ya treinta años. Es un largo ciclo en el que no han faltado problemas y dificultades, compartidos con otros modelos de parecida vocación socialista en todas las latitudes del globo. Con motivo de la celebración, cumplida en medio de una ofensiva autocrítica de las formas políticas y económicas en el bloque comunista, se han dividido las plumas entre los que piropean sin límite a los barbudos de Sierra Maestra y los que triplican, o más, el tamaño de la paja en ojo ajeno. En cualquier caso, un juicio sobre Cuba y su treintena socialista no debe nunca hacerse fuera de contexto o abusando de la comparación hasta el límite de oponer a la pequeña isla con los países europeos desarrollados, con los Estados Unidos o con la misma Unión Soviética. El método más apropiado debe ser la confrontación con otros Estados o regiones del área, de tamaños y economías similares. Los logros o las desventajas cubanas deben cuestionarse desde esta perspectiva y nunca desde la desmesura que supone su cotejo con naciones como Francia, Inglaterra, España, etc.

Al margen de esta cuestión, en la que la opinión se abre paso con dificultad, la importancia del caso cubano trasciende el análisis político-social para situarse directamente en el plano de la categoría histórica debido a la repercusión que su propuesta revolucionaria tuvo en el cono sudamericano durante los años sesenta-setenta.

Este aspecto, sin embargo, tampoco carece de defensores y detractores. Se ha escrito sobre la fascinación romántica, la revolución exportada, el ejemplo guerrillero o la expansión castrista. Pero en ningún caso el simple mimetismo o el interés del propio Castro en encender fuegos revolucionarios a su alrededor parecen explicar por sí solos y de modo convincente la ebullición contestataria de Iberoamérica. No parece creíble que la permanente convulsión sociopolítica de la región, en la que se mantiene con altibajos desde entonces, pueda ser achacable a la capacidad exportadora de ideologías del lagarto verde caribeño. Ni siquiera el carisma y la capacidad dialéctica del líder cubano, unidas al mito guevarista, darían juego suficiente para explicar la consistencia de las protestas si éstas no contaran con el terreno abonado antes por la precariedad y la desigualdad.

Fue una situación de auténtica desesperación social y de ausencia de perspectivas políticas para la izquierda en casi todo el continente, la que empujó a muchos líderes de la oposición a situar la revolución cubana en el epicentro de sus referencias estratégicas durante los años sesenta. Aunque fuera más como salida despechada y fruto de la impotencia, que como auténtica extensión del patrón socializante.

El perfil político del subcontinente en esas fechas, era realmente preocupante para los partidos progresistas. En él se mezclaban varias dictaduras con «democracias» de uso oligárquico o con situaciones de bipartidismo frustrante. Sólo una minoría de repúblicas mantenía un sistema que respetando la forma plural del Estado, en realidad constituía un espejismo político, puesto que la Constitución y la implantación de los partidos mayoritarios relegaban a la utopía cualquier cambio desde dentro.

En los primeros años castristas el volcán se agita, registrándose ya diversas intentonas revolucionarias en Nicaragua, Haití, Panamá y Santo Domingo que cosecharon otros tantos fracasos. Mientras tanto, las medidas tomadas en Cuba encaminándose a reformar la dependencia colonial frente a los EEUU, provocarían su hostilidad, el bloqueo comercial y posteriormente la ayuda americana a los exiliados, que fracasaron en el desembarco de 1961 que ya hemos relatado. Tras esta intentona, la ruptura de las relaciones entre La Habana y Washington inclina a Castro hacia el bloque socialista, agudizando y radicalizando sus iniciales reformas que adoptan cada vez más el tono de una verdadera revolución social.

Serían este aspecto del régimen cubano y la incapacidad política yanqui para evitar su deslizamiento pro-soviético los que determinaron movimientos similares entre las masas campesinas y los partidos de izquierda latinoamericanos. En naciones como Brasil, Venezuela, Perú o Colombia la agitación social es considerable al comienzo de los años sesenta. Los gobiernos afectados tratarán por todos los medios de oponerse al sarampión castrista, con medidas económicas correctoras y con la máxima represión política posible.

Los mayores enfrentamientos se suscitarán en torno a la reforma de la propiedad agraria, que agrupará en los Estados afectados a los intereses latifundistas, codo a codo con las compañías americanas y frente al bloque revolucionario-reformista. La necesidad de seguir explotando las riquezas iberoamericanas en provecho de las inversiones extranjeras, aconseja a las oligarquías el mantenimiento fosilizado de las relaciones políticas y el urgente aislamiento de las actitudes que predicaba el ejemplo cubano.

Mientras tanto el teórico del movimiento castrista, Ernesto «Che» Guevara, ha lanzado su proclama revolucionaria enmendando la plana a la estrategia global de la izquierda latinoamericana. El éxito cubano demuestra, en opinión del «Che», la posibilidad de derrotar al ejército regular y sobre todo el error de esperar a que maduren las condiciones, cuando la sazón revolucionaria se alcanza en el mismo proceso de lucha. Cuba con el «Che» se erige entonces en símbolo de contestación al capitalismo y se autoproclama vanguardia de la lucha antiimperialista. Son los primeros años de la euforia revolucionaria, en los que circula la consigna de «crear dos, tres..., muchos Vietnam», para romper la cadena yanqui por sus eslabones más débiles.

El «big stick» y el fracaso guerrillero

La emergencia revolucionaria causaría una elemental preocupación en Washington, que además de procurar y afianzar su tradicional ayuda a los grupos conservadores del continente, diseñó un plan de recuperación socioeconómica (Alianza para el Progreso) del que ya hemos hablado. Pero la Alianza, que fue promovida en vano durante la administración Kennedy, apenas adquirió la fuerza suficiente para frenar el descontento y la impopularidad yanqui en todo el cono Sur. Por el contrario, tras la muerte de este presidente, su sucesor daría vía libre a la aplica-

ción de medidas más rigurosas. El retorno de una política
de «big stick» (gran bastón) trató de alcanzar por la vía
militar, lo que las ayudas financieras y las promesas incum-
plidas no habían conseguido: el frenazo del movimiento
guerrillero.

La presencia estadounidense se vuelve cada vez menos
púdica a sabiendas de lo que se juega y actúa abiertamente sin titubeos en favor de dictaduras, golpes militares o
de los grupos políticos más reaccionarios. E incluso intro-
duce nuevos elementos de presión sobre los gobiernos
moderados, para obtener alianzas favorables. El caso de
Venezuela y del gobierno Betancourt es uno de los primeros supuestos en que la guerrilla se enfrentaría a un poder
que evoluciona hacia posiciones conservadoras y pro-
americanas, y al que no podrá vencer en las escaramuzas
militares.

Tras Venezuela, el foco guerrillero prende en Centroamérica. Guatemala, que a duras penas mantenía la estabilidad política después del golpe de 1954, conoce a finales de 1962 la formación de unas Fuerzas Armadas Revolucionarias que integran a los principales elementos
dispersos de la oposición, decididos a resolver por las armas la precaria situación socioeconómica del país. Sin
embargo, las FAR, que cosechan escasos éxitos frente a
unas tropas gubernamentales bien equipadas por los
EEUU, acaban por encenagarse en sus diferencias internas, en medio de discusiones ideológico-estratégicas, y
se retiran de los principales puntos de lucha. La evolución posterior del movimiento guerrillero se caracteriza-
rá por un mayor aislamiento popular y la comisión de espectaculares atentados contra el ejército, políticos norteamericanos, etc.

Por las mismas fechas (1962-1963) en Perú se constata
un apreciable movimiento popular, en las regiones agrarias de peores condiciones sociales. Los sindicatos campe-

sinos, dirigidos por abogados y estudiantes que se manifiestan pro-cubanos, lanzan diversas oleadas de huelgas en
contra de los grandes propietarios y de las relaciones semifeudales que éstos imponen. Las acciones nucleares del
movimiento son las ocupaciones masivas de latifundios,
que tratan de elevar la conciencia y la incorporación pacífica de los peruanos, sin que se descarte una evolución estratégica hacia la lucha guerrillera. Evolución que no llegará nunca, debido al desgaste de las movilizaciones, las
bajas que la policía y los «escuadrones de la muerte» hacen entre los sindicalistas y a la final intervención del ejército que reduce el movimiento. En 1965, nacido de esta
frustración, se organiza el MIR peruano abriendo tres focos rurales de lucha armada, que no obstante a finales del
mismo año son extinguidos por el ejército regular. Hasta
los años ochenta no se registraba un renacer importante
de la guerrilla rural, cuando el grupo Sendero Luminoso,
recogiendo la tradición foquista, se opondría a los distintos gobiernos peruanos.

Un tercer país en el que fracasará el intento guerrillero
de los sesenta es Colombia, que contaba con una larga tradición de luchas y violencia política en nuestro siglo. En
1948, el asesinato del líder liberal Jorge Eliécer Gaitán,
sirvió para desencadenar el llamado «bogotazo» que costó a la capital del país varios días de enfrentamientos, crímenes y saqueos y que además abrió el paso a una guerra
civil encubierta. El enfrentamiento, uno de los más horro-
rosos de la historia iberoamericana, se saldó en 1953 con
un balance de no menos de 200.000 muertos, y con la
toma del poder por el general Gustavo Rojas Pinilla, que
lograría pacificar el país.

Sin embargo, durante la década siguiente el Partido
Comunista mantiene la lucha armada frente al gobierno
dictatorial en algunas zonas liberadas del interior. Cuando las ocupaciones comunistas sean aplastadas por el

ejército en 1964, se producirá una reconversión y un repunte guerrillero en sentido clásico. Pero ya carece de
capacidad logística y además tiene que cargar con el
peso de los diez años de aislamiento táctico liquidados
con un fracaso. En 1966. La guerrilla sufre un golpe que
va más allá de lo simbólico. El cura guerrillero Camilo
Torres, que representa la opción revolucionaria de un
amplio sector del clero sudamericano, es abatido en un
enfrentamiento. Poco después los liberales, con Lleras
Restrepo, ganan las elecciones, y reconducen al país por
la senda reformista sin abandonar las firmes alianzas con
los norteamericanos. Las acciones guerrilleras disminu-
yen lentamente, hasta su posterior repunte a finales de
los setenta.

Otro de los líderes míticos del decenio guerrillero, el
propio Guevara, caería, como Torres, en un enfrentamiento en plena sierra boliviana en noviembre de 1967,
culminando de este modo consecuente una intensa vida
política en la que llevó a la práctica su teoría revolucionaria. La decisión del héroe de la guerra cubana enrolándo-
se en los grupos armados bolivianos respondía a sus propias tesis de poner al frente de la subversión a líderes con
capacidad de arrastre, para llevar a buen término la guerra
de guerrillas.

Bolivia, como otros Estados del área, se distinguió por
una acusada inestabilidad político-social, que en los años
sesenta puso al país al borde de la guerra civil. Diversas intervenciones militares y bandazos electorales aconsejaron
al gobierno de Paz Estensoro a tomar medidas de reforma
social y económica. Sin embargo, en 1964 se reproducen
los graves enfrentamientos entre mineros, estudiantes y
ejército, invitando al general Barrientos a derribar al gobierno democrático.

Desde esa fecha la dictadura de Barrientos, apoyada
por Washington, se aplicará a una dura campaña de re-

presión política y laboral, desmantelando las reformas anteriores, disolviendo centrales sindicales y persiguiendo a la izquierda con métodos resolutivos. Especialmente dura fue la represión contra los focos armados mineros, que se opusieron a la prohibición de sus organizaciones representativas.

En 1966, después de que Barrientos ganara unas elecciones denunciadas por la oposición, se recrudecen las actividades guerrilleras a las que se ha incorporado Guevara. No obstante, el vacío social con que los campesinos, contentados por el régimen mediante una seudorreforma agraria, recibieron las acciones revolucionarias, resultaría fatal para la suerte del «Che» y sus compañeros. Después de la derrota y muerte de éste, los restos guerrilleros son perseguidos y aniquilados en medio de la indiferencia de los partidos de izquierda, que no aprueban los métodos importados de Cuba.

La caída de Guevara va a representar, entre otras cosas, el hundimiento de la teoría del foco rural convertido en centro motor de la subversión. Como recambio de la estrategia fracasada, se plantean a partir de entonces mayores posibilidades para la guerrilla urbana, cuyas características difieren notablemente de los anteriores métodos y presentan a los gobiernos afectados graves problemas. En los años siguientes (1968 a 1971) este modelo de lucha se aplica en varios países, pero en especial será en Brasil y sobre todo en Uruguay donde alcanzará un desarrollo mayor.

En Brasil, el reformismo social y político a que antes hemos aludido, fue barrido en 1964 por un golpe militar en el que intervinieron, además de los inevitables servicios de inteligencia USA, la oposición derechista y elementos socialdemócratas. Tras el pronunciamiento, se repiten las conocidas medidas de represión política, contención obrera y el desmantelamiento de las reformas anteriores.

Se abre también una fase de mayor penetración del capital extranjero, endeudamiento gigante y desarrollo de las áreas urbanas e industriales. Pero sobre todo quedan marginadas las áreas rurales del norte y noroeste, en las que se incuba un grave descontento social al frente del cual pronto destaca la voz del obispo Helder Cámara, partidario de una reforma agraria radical.

No obstante, será en el marco urbano, como decimos, donde se producirán las acciones guerrilleras contestatarias. Durante los años 1968 y 1969 se suceden los atentados políticos, los asaltos a bancos y las emboscadas a policías y militares, en las principales capitales del país. En ese período es notorio el apoyo popular a las guerrillas, que reciben también explícitas manifestaciones de apoyo de sectores de la izquierda y el clero.

Pero todo es insuficiente para un régimen militar que se refuerza cada vez más y no vacila en el empleo de cualquier medida contrainsurgente. Las operaciones militares acaban con la vida de los principales líderes guerrilleros. La represión lleva a las cárceles a más de 10.000 personas y aparecen los temibles «escuadrones de la muerte». Mientras, el gobierno de hierro de los generales goza de la aceptación de las clases beneficiadas por el incuestionable desarrollo económico de estos años. De este modo en el Brasil de comienzos de los setenta, que disfruta de su «milagro» económico, pero donde hay todavía bolsas de pobreza y desolación que afectan a no menos de 40 millones de personas, puede darse por liquidado el decenio guerrillero.

Otro país en el que las acciones urbanas caracterizaron al movimiento insurgente fue el Uruguay de los años 1968 a 1971. Entre esas fechas, el grupo Tupamaros, creado por el abogado Raúl Sendic, puso en jaque al gobierno. La localización de los atentados en la capital Montevideo, una aglomeración urbana que acoge al 50 por 100 de la población uruguaya, facilitaba la operatividad de los tupamaros y creaba agudos problemas a la policía.

En medio de una crisis económica, inducida por la caída de los precios internacionales de las principales exportaciones de Uruguay (carne, trigo, lana...), la división política del país y el auge del movimiento huelguístico, los hombres de Sendic atrajeron la atención mundial y avivaron en el continente las moribundas esperanzas revolucionarias. La ofensiva guerrillera se incrementó en 1970 con secuestros de embajadores y de un miembro de la CIA encargado de la lucha antiterrorista, que luego sería muerto por los Tupamaros.

La respuesta del gobierno, que había derivado hacia formas dictatoriales de la mano de generales-presidentes, consistió en endurecer las condiciones políticas y acrecentar la ofensiva contra la subversión armada. El punto culminante de este proceso está representado en la llegada al poder de Bordaberry, que en 1972 decretó el estado de emergencia permanente y anuló las libertades políticas. La ofensiva militar contra los tupamaros llevaría a 5.000 de ellos a presidio, poco antes de que el presidente traspasara el poder a un Consejo compuesto por militares. Mientras Uruguay, que había sido ejemplo universal de convivencia política durante largos años, alcanzaba el deshonroso título de mayor número de presos per cápita del mundo (1 por 500), la guerrilla se agotaba entre la dureza represiva y la indiferencia generalizada.

Un último país en el que la lucha armada adquirió características urbanas en los años sesenta-setenta fue Argentina, donde en 1962 un golpe militar derrocaba al presidente Frondizi que había mantenido el poder durante cuatro años, gracias al apoyo del peronismo. Sin embargo, los grupos activistas argentinos aparecidos en la fase de gobiernos militares, carecían de la entidad y potencial ofensivo de las guerrillas actuantes en los países que acabamos de ver. Diversas agrupaciones, más o menos incontroladas, como los Montoneros, las FAR, las FAP o FAL y otras pertenecientes a grupos ultraderechistas, escuadrones, etc., componen el clima subversivo argentino. Ellos se responsabilizan de la comisión de numerosos atentados, entre los que son de destacar el que costó la vida al ex presidente Aramburu y a distintos dirigentes sindicales.

Chile: la otra vía

El balance político iberoamericano a la salida del ciclo guerrillero, no podía ser más desalentador para las esperanzas de cambio que había despertado la referencia castrista. La intervención de los militares en la vida política sudamericana era ya una sofocante realidad, y las operaciones contra la subversión incluyeron con frecuencia regular el acoso y supresión de la incómoda oposición política. Estados de la entidad de Brasil, Argentina, Perú, Bolivia, Colombia, Ecuador o Guatemala, entre otros, seguían en medio de dificultades históricas intensificando su tradicional dependencia de los Estados Unidos, bajo el férreo constitucionalismo de los generales.

Sólo dos países parecían escapar a este panorama descorazonador, con el mantenimiento de fórmulas políticas siquiera relativamente homologables con lo que en Occidente se entiende por sistema democrático. Nos referimos por un lado a Venezuela, que desde comienzo de los setenta, de la mano de mandatarios como Caldera o Andrés Pérez, realiza un interesante proceso de emancipación de los poderosos intereses norteamericanos. La denuncia del tratado comercial con los EEUU y las diversas medidas nacionalizadoras, pero sobre todo la que puso en manos del Estado la industria petrolífera en 1976, franquearon al gobierno las puertas de una notable riqueza potencial.

En Chile, donde hasta 1964 gobierna una coalición de liberales y conservadores, el partido demócrata cristiano (PDC) de Eduardo Frei ganaría las elecciones de ese año, convirtiéndose en el primer partido de esta obediencia que gobernaba en América Latina. Las reformas de Frei y su actitud independiente en política exterior, aunque fueron bien acogidas por un amplio sector de la clase media, serían rechazadas por la derecha y los sectores radicales de izquierda. En especial, la redistribución de latifundios se encontró con la oposición de la burguesía agraria, que forzó su desviación y produjo un apreciable descontento entre el campesinado.

A finales de su mandato, Frei trataba de compensar este malestar con algunas concesiones propias del más puro estilo nacional populista latinoamericano. Se «chilenizan» las minas de cobre en 1969, adquiriendo el Estado el 51 por 100 de las acciones a las empresas norteamericanas, y se amplían los derechos políticos básicos, pero nada detiene las divisiones internas de la Democracia Cristiana, ni el rechazo del electorado más progresista. En 1970, en medio de estas circunstancias, el candidato socialista Salvador Allende ganaba las elecciones. Se cerraba de este modo el gran periplo reformista que se extiende entre 1920 y 1970 caracterizando a Chile por encima de sus hermanas sudamericanas.

La distinción chilena en efecto había sido, en medio de la convulsión de esta zona que ya conocemos, un caso excepcional y una muestra evidente de que la paz civil era posible en la sociedad iberoamericana. Con los mismos problemas de subdesarrollo y dependencia económica, la estabilidad política chilena estuvo siempre fundada en el recurso exclusivo a los cauces civiles. De este modo, frente al inmovilismo reaccionario o a la opción radical de la guerrilla, la réplica chilena proponía una tercera vía caracterizada por un suave pero consolidado reformismo.

El pueblo desunido

El doctor Allende se había afianzado en los años sesenta como líder del Frente de Acción Popular (socialistas y comunistas), desde que en las elecciones de 1964 su candidatura obtuviera eerca de un millón de sufragios. La pluralidad política chilena y la existencia de tres bloques (el liberal-conservador, el demócrata-cristiano y el socialmarxista) parecía asegurar la continuación de una vida pública sosegada y normalizada en la historia de este país. Sin embargo, la victoria socialista de 1970 y el cambio de ritmo en el modelo reformista iban a tener consecuencias inesperadas e inéditas en la trayectoria política de Chile.

En aquella ocasión, la Unidad Popular encabezada por Allende obtuvo la mayoría relativa en las urnas al sumar poco más de un millón setenta mil votos (36 por 100), por un millón treinta y un mil del candidato de las derechas, mientras el partido del ex presidente Frei sólo llegaba a los oehocientos veinte mil. La profunda desunión del electorado, que era reflejo de una semejante división popular, habría de pesar severamente en la gestión presidencial. Allende se vio obligado a mantenerse siempre entre el Escila de la presión de las clases bajas que le habían apoyado, y el Caribdis del acoso político de la derecha.

Los votos populares correspondían en su mayor parte a los campesinos y trabajadores industriales, en especial a estos últimos. Pero el nuevo presidente contaba también con importantes sectores de la clase media y aun de la pequeña burguesía radical-nacionalista, descontenta con el gobierno anterior, con la dependencia socioeconómica de los americanos y con la prepotencia de los monopolios. Finalmente también votaron a Allende los intelectuales, muchos miembros de las capas profesionales y los estudiantes más progresistas. Este conglomerado de apoyos, manifiestamente dispar, iba a ser difícil de aglutinar tras los proyectos reformadores del presidente. Por su parte, un ejército de probada vocación profesional y abstencionista, se mantenía en una expectativa tensa aunque parecía garantizar el cumplimiento de la voluntad electoral chilena.

Entre la revolución y la reforma

El mandato de Allende, primer presidente socialista en la historia de Iberoamérica, no tuvo la oportunidad de cumplirse en su integridad. Ni en el tiempo de gobierno que le concedía la Constitución ni en la aplicación del programa con que había accedido a la Casa de la Moneda. El 11 de septiembre de 1973, un golpe militar del que surgiría un nuevo dictador sudamericano, acabó con el gobierno de la Unidad Popular y con la vida del presidente. El golpe, que fue recibido con regocijo secreto o público por muchos chilenos, sacudió, sin embargo, la conciencia política internacional. El drama chileno, cuyos intentos reformadores había seguido con angustia y esperanza medio mundo, conmovió vivamente a la opinión de todos los países. Las noticias de la brutal represión militar, del asesinato de obreros y estudiantes (las fuentes citan no menos de 10.000 víctimas) o de la muerte de Allende que se negó a abandonar el palacio presidencial, impresionaron por su contundencia en los cinco continentes.

La singladura dificultosa de la Unidad Popular acabaría aquel día de septiembre, envuelta en las descargas de fusilería, los *raids* de la fuerza aérea sobre Santiago y la desesperada resistencia de unos pocos. Era el fin de toda una teoría reformista radical que había propugnado un cambio imposible desde la legalidad, sin recurrir al método revolucionario guevarista. Allende se había enajenado en ese trayecto la animadversión de la derecha, de las clases medias, de un sector del catolicismo, de los terratenientes y de los militares..., inspirados en un profundo anticomunismo. Pero a la postre, su mayor enemigo resultaron ser los Estados Unidos, que representaban a los poderosos intereses en el negocio del cobre.

La total nacionalización de las minas chilenas llevada a cabo en 1972 con un método de indemnización en el que se descontaron los beneficios abusivos de años anteriores, la compra de la mayoría en la propiedad bancaria o en las industrias claves y la profundización en la reforma agraria, serían los pilares del cambio chileno que pusieron frente al gobierno a las clases más perjudicadas y a los USA.

De otro lado, las medidas agrarias llevadas a cabo en el cauce de la legalidad establecida por el anterior gobierno democristiano, si bien afectaron a los latifundistas, no sirvieron en cambio para satisfacer la sed de reforma de los más radicales. En este fuego cruzado, Allende, por su inestable situación parlamentaria, apenas podía maniobrar en la dirección asumida de una revolución pacifista. Por el contrario, las modificaciones que trabajosamente podían ser sacadas adelante se encontraban con el rechazo y el boicot de importantes sectores sociales.

El acaparamiento y la especulación produjeron graves situaciones de desabastecimiento. Huelgas de transportes promovidas por la derecha, manifestaciones de estudiantes católicos o atentados extremistas se mezclaron con las persistentes demandas de las clases más desprotegidas. En este clima de tensión y desasosiego ciudadano, entre amplias divisiones políticas, el ejército se atribuyó un papel providencialista sintiéndose llamado por las fuerzas sociales y políticas del centro y la derecha, que habían expresado su inquietud por el deslizamiento gubernamental hacia el marxismo. Pocos días antes del golpe, el gobierno de la Unidad Popular había sido declarado «ilegal» en el Parlamento acusado de transgredir la Constitución, en una moción que presentó la Democracia Cristiana y en la que se subrayaba el deber del ejército de preservar el orden constitucional.

El turno militar

Al periplo revolucionario sudamericano seguiría, casi como cumpliéndose una fatal legalidad cíclica, una fase de restauración de regímenes autoritarios de claro estilo neofascista y primordialmente inspirados en la intervención militar. El fracaso del decenio insurgente hay que anotarlo sin duda en el debe de ciertas precipitaciones teóricas y algunas malas adaptaciones del estilo cubano, pero también en el haber de la despejada intervención norteamericana.

Los *marines,* sin llegar a desembarcar, estuvieron rondando las costas sureñas dispuestos a dar el salto en cuanto se hubiera hecho precisa su asistencia en la contención antirrevolucionaria. Pero no fueron ellos los agentes del mantenimiento o recuperación de las condiciones sociopolíticas capitalistas, sino los mismos militares indígenas, convenientemente asesorados por especialistas yanquis y asumiendo la ideología de las clases hegemónicas. De forma distinta a lo que sucediera en el caso de la guerra civil en Cuba, que produjo una cierta desorientación en Washington, los intentos de subversión posteriores encontraron al Pentágono, a la CIA , a los grandes propietarios sudamericanos y a sus ejércitos bien alertas. Sin embargo, la estrategia aplicada consistía en un modelo de intervención de baja intensidad, en la cual se incluía el acoso a los regímenes incómodos, por cualquier medio económico, financiero o comercial.

Esto no impidió que la restauración del orden oligárquico o de los sectores políticos favorables a sus intereses se realizara sin contemplaciones, a sangre y fuego o sin ningún pudor democrático. Aunque se trataran de justificar siempre con el lenitivo del peligro marxista. Como nunca en su historia, y como en ningún otro lugar del mundo, la crónica latinoamericana de estos años es sobre todo un relato de la intromisión militar en lo civil.

Muy pocas naciones se libraron de esta dramática fisca-

lización, que en algunos países alcanzaba grado de permanencia inmemorial. Así, por ejemplo, Bolivia, que ostentaba por esta fecha con 200 golpes el triste récord del siglo,
padecería en tres ocasiones los pronunciamientos militares. El más estable de ellos fue el del coronel Hugo Bánzer, que se alargó hasta 1979. Sería reeditado en 1980, tras
un breve interregno civil protagonizado por Lidia Gueiler, la primera mujer presidenta del país, por el general
García Meza, que representaba sin disimulo a una asociación de militares y narcotraficantes.

El caso de Chile, que acabamos de relatar, es uno de los
más espectaculares por las características políticas del
país. El dictador Augusto Pinochet se mantiene al frente
de una Junta Militar, desde 1973 hasta finales de los
ochenta. Ecuador, donde el general Velasco Ibarra con el
apoyo del ejército tomó el poder en 1970, sólo recuperó la
soberanía civil después de diez años de esta intromisión.

El Salvador, en medio de grandes disturbios político-
sociales que desembocaron en una guerra civil en los años
ochenta, conocería entre 1972 y 1979 el dominio de dos
presidentes militares. Guatemala, por su parte, estuvo
toda la década de los setenta bajo la égida militar, siendo
dos generales y un coronel los que se turnarían en el mando. Y mientras en Haití los Duvalier se sucedían a sí mismos en una de las dictaduras más feroces de esta zona del
mundo, no siendo derrocados hasta mediados los ochenta, en Panamá el general Torrijos mantenía, desde posiciones nacionalistas de centro-izquierda, el control del país
hasta su muerte en 1981.

En Honduras, después del gobierno del general López
Arellano que se había alargado ocho años, su sucesor civil
apenas duró unos meses en el cargo. En 1972 sería destituido por el propio general, que a su vez cayó en 1975
ante un grupo de oficiales. En 1978 una junta militar se
haría con el poder político. En esas fechas, Nicaragua

cumplía las últimas operaciones de la guerra civil que enfrentaba al Frente Sandinista de Liberación Nacional con la dictadura de los Somoza y su Guardia Nacional, que habían ejercido el poder durante varias generaciones.

Mientras tanto se mantenía incombustible al frente de Paraguay, en medio de un corrupto y degradado sistema político, el decano de los dictadores americanos. El general Alfredo Stroessner, llamado el «tiranosaurio» por Roa Bastos, ocupaba el sillón presidencial desde 1954 junto a sus también «eternos» ministros hasta que fue derribado por un golpe en 1989. En la vecina Uruguay, tras la derrota tupamara, el ejército asumiría el poder obligando al presidente Bordaberry a disolver el parlamento. En 1976 el propio Bordaberry era cesado y el poder pasaba a un Consejo que controlaban los militares. Este control permaneció vigente hasta mediados los ochenta en que se realizan elecciones libres y el país recobra la soberanía civil.

En Perú, fueron militares de izquierda y de vocación nacionalista quienes derrocaron al presidente Belaúnde Terry en 1968. Desde esa fecha el general Velasco Alvarado rige los destinos del país, hasta que en 1975 es depuesto a su vez por otro golpe militar. En 1980 retornarían al poder los civiles de la mano del anterior mandatario Belaúnde, y mediada la década un nuevo presidente populista, el aprista Alan García, ganaría las elecciones generales.

La dictadura militar fue especialmente significada en Argentina. Desde 1971, y con la excepción del interregno-retorno del peronismo (1973-1976), el ejército se ocupó de la marcha de los asuntos nacionales. Primero durante el mandato del general Lanusse que desembocó en la vuelta de las libertades, pero sobre todo desde 1976 bajo el poder de la Junta Militar que encabezaba Videla, se ejerció un dominio particularmente autoritario y represivo en el que se incluyeron miles de detenidos, exiliados y «desaparecidos».

Otros dos grandes países, Brasil y Colombia, pueden ser incluidos en puestos destacados en esta lista de la historia militarista sudamericana. El Estado amazónico estuvo entre 1969 y 1974 bajo la dictadura del general Garrastazu, a quien sucedió su compañero de armas Geisel. El desarrollo económico y las presiones sociales favorecieron a finales de la década una apertura democrática supervisada por los militares, que contarían con otro general en la presidencia desde 1979. El proceso liberalizador desembocaba también durante los años ochenta en la celebración de elecciones generales y en el retorno de los civiles al poder.

Colombia, finalmente, padeció en la década de los setenta la sucesión de gobiernos conservadores como el de Pastrana Borrero, o de liberales como Turbay Ayala que gobernaron con los peores métodos dictatoriales. La guerrilla se recrudecería a finales de los setenta, a través de la actividad del grupo M-19, mientras el país seguía dominado por el poder económico y político de no más de 200 familias. La vida colombiana, especialmente torturada por atentados y crímenes políticos, se debatía a finales de los ochenta entre las conversaciones de paz con la guerrilla y las sangrientas acciones de la mafia o grupos parapoliciales.

Deuda y democracia

Durante los años de dictadura las naciones iberoamericanas se fueron cargando de tensión, odio y deuda exterior. En la medida que los gobiernos militares se sentían en la obligación de justificar su presencia política mediante el desarrollo económico y la elevación de la renta, sin contar con la voluntad popular, fueron adquiriendo cada vez mayores compromisos financieros. La banca internacional y los principales países capitalistas, interesados en colocar sus excedentes financieros en zonas de máximo rendimiento sin importarles las garantías de solvencia económica o estabilidad sociopolítica, respondieron a esta demanda con un volumen de créditos creciente que durante los ochenta alcanzó un tamaño sin precedentes en la historia mundial.

El conjunto de naciones que componen el cono de subdesarrollo americano, alcanzó de este modo el privilegio dudoso de ser la zona con mayores compromisos crediticios y la que ostentaba la mayor carga por intereses de deuda exterior. Las debilitadas economías del continente, a la salida del ciclo dictatorial apenas podían soportar la presión de la devolución anual de intereses. El problema de la deuda, la atención al gravamen que suponía e incluso la eventualidad de su no devolución, pasaron en los años ochenta a ocupar el primer plano de la actividad diplomática y el interés internacional.

Las cifras que se barajaban eran contundentes y no dejaban lugar a dudas respecto a la pesadumbre del problema. A finales de 1986, los débitos latinoamericanos sobrepasan los 415.000 millones de dólares, repartidos de modo desigual, como vemos en el siguiente cuadro:

Deuda Iberoamericana

PAÍSES MÁS ENDEUDADOS EN 1988	MILLONES DE DÓLARES
Argentina	59.600
Bolivia	5.700
Brasil	120.100
Chile	20.800
Colombia	17.200
Ecuador	11.000
México	107.400
Perú	19.000
Venezuela	35.000

Los Estados comprometidos atravesaban una grave situación debido a la contracción de sus principales exportaciones primarias y a la caída de los precios de sus productos en el mercado internacional. Por esta razón se veían obligados a transferir a los países ricos la mayor parte de sus ingresos, mediante entregas de capitales que suponían del orden de 40.000 millones de dólares al año. Desde 1986 al menos se registraba el hecho anómalo de una inversión del flujo de dinero, al recibir los grandes bancos más ingresos de los Estados pobres que los que proporcionaban a éstos. Entre 1982 y 1988 se calculaba en no menos de 235.000 millones de dólares la cantidad que por intereses de la deuda habían satisfecho los países latinoamericanos. En esas mismas fechas el total de débitos se había incrementado en unos 50.000 millones. Esta relación, en una región del mundo subdesarrollada y tan necesitada de inversiones, revelaba una aberración financiera insostenible.

Este proceso descabellado exigido por la obligación de atender a vencimientos de principal y pago de intereses, convertía a Iberoamérica en exportadora de capitales y suponía profundizar en el ritmo de descapitalización del continente. En ocasiones la imposibilidad de atender estos cumplimientos obligaba a continuas renegociaciones de la deuda cargando los balances nacionales con mayores créditos cada vez. Algunos mandatarios sudamericanos se pronunciaron en favor de una condonación, otros por la negativa a devolverla y los más por una solución negociada que no perjudicara gravemente a los acreedores ni estrangulara las economías afectadas.

Los dirigentes latinoamericanos ponían sobre el tapete la incuestionable dimensión del problema cuando señalaban la proporción de sus débitos con relación al monto de las exportaciones o al producto bruto nacional. Desde 1962 al menos, las ventas exteriores de estos países estaban detenidas en los niveles de la década anterior, mientras el endeudamiento aumentaba sin cesar. Hacia 1986, las exportaciones incluso sufrieron un descenso alarmante mientras aumentaban los pronunciamientos rechazando las imposiciones del Fondo Monetario Internacional y de los bancos occidentales.

El primer ministro cubano Castro patrocinó en 1985 durante la Conferencia de La Habana la adopción de posiciones radicales. La nutrida asistencia a esta conferencia representaba a los países con graves problemas económicos que exigieron el establecimiento de un nuevo orden monetario y proclamaron la imposibilidad de atender a sus deberes en las condiciones actuales. La postura sembraría la alarma en las cancillerías occidentales y en los centros financieros, especialmente en la banca americana que resultaba acreedora de más del 65 por 100 del total. Desde 1986, la banca estadounidense empezó a comprender la verdadera magnitud del problema y su más que probable agravamiento a corto plazo. Algunos bancos sufrieron graves pérdidas mientras otros dedicaban enormes sumas a cubrir el riesgo-país. Al mismo tiempo se producía una sustancial reducción del flujo de préstamos, que ponía en franquicia la inmediata bancarrota en los más endeudados.

En fechas posteriores surgieron otras tomas de posición pública como la del presidente peruano García, que pretendía remitir el pago a un 10 por 100 de las exportaciones de su país, o la venezolana, que solicitaría en 1989 un plazo de treinta años para pagar su deuda, y la decisión brasileña de reducir sus pagos anuales. Políticos y dirigentes latinoamericanos acusaban al FMI de injerencia en la vida económica y social de sus naciones, recuperando así los mejores momentos del populismo tradicional y creando serios problemas a las relaciones internacionales. El Fondo, por su parte, respondería agriamente a las solici-

tudes americanas reafirmando sus derechos crediticios,
criticando las políticas económicas de los deudores y, en
determinados casos, bloqueando cualquier género de
ayudas.

En algunos países como Argentina o Brasil se pondrían
en marcha durísimos planes económicos de austeridad y
estabilización, que empobrecían a amplias capas sociales y
provocaban estallidos como el venezolano de 1989. A finales de los ochenta, aunque no había una resolución positiva por parte de los países desarrollados, se habían
abierto algunas fisuras suavizando las posiciones acreedo-
ras. Mientras Japón o Estados Unidos no parecían muy
dispuestos a una flexibilización, en otros puntos surgieron
iniciativas unilaterales de perdón de pequeños créditos y,
durante 1989, volvieron a reiniciarse las negociaciones entre la banca mundial y los países afectados. El nuevo presidente norteamericano Bush se pronunciaba también por
una consideración política del problema de la deuda,
mientras crecía la cohesión entre los países deudores que
solicitaron una cumbre con las naciones industrializadas
para discutir la mejor solución.

Un futuro plural

Debatiéndose entre estos graves compromisos, el nudo
con que está trabado el futuro socioeconómico del área
iberoamericana seguía sin resolverse en una década en la
que el forcejeo entre militares y civiles por la recuperación
democrática colocaba a estas naciones diariamente en el
primer plano de la crónica internacional.

La larga marcha americana hacia la conquista de la pluralidad política y las fórmulas democráticas occidentales,
conocería una revitalización en torno al cambio de década, coincidiendo con el derrocamiento del dictador So-

moza en Nicaragua. En otros países se producían por aquellas fechas iniciativas de abandono del poder por los grupos y juntas militares, al aceptar el fracaso más absoluto en la gestión económica que habían protagonizado. Sin capacidad para resolver las graves diferencias sociales, o la magnitud del paro, la inflación y la deuda, los ejércitos empezaron a transferir los sillones gubernativos a través de ciclos electorales a los ciudadanos que mejor prometían encarar los problemas políticos y sociales en cada Estado.

En Brasil, después de más de veinte años de intervenir la vida pública, los generales deciden pasar en 1985 a un discreto segundo plano, dejando al presidente electo Neves (pronto sustituido por Sarney a causa de su fallecimiento) el legado de un período de desarrollo desigual, que no enmendó las profundas diferencias y que en cambio agravó el malestar social y la inflación.

Argentina se había adelantado a este traspaso en 1982, a causa de la fracasada aventura de las Malvinas, en la que la Junta Militar jugó sus últimas bazas tratando de encubrir con el peor de los nacionalismos sus errores económicos y su repugnante represión socio-política, que se había cobrado la vida de no menos de 30.000 argentinos. La inexorable derrota del ejército a manos del cuerpo expedicionario británico fue el revulsivo final que necesitaba el país para restaurar el poder civil.

El nuevo gobierno, integrado por miembros del Partido Radical de Raúl Alfonsín, se enfrentaría con escollos notables durante su mandato. Una economía derrumbada atravesada por una inflación monstruosa y graves tensiones sociolaborales protagonizadas por los sindicatos de mayoría peronista. En medio de crecientes dificultades, Alfonsín asumió la decisión un tanto salomónica de juzgar a los principales culpables de la nequicia anterior, mientras amnistiaba a otro numeroso grupo de responsables.

Contando con aprobaciones y críticas abundantes, en cualquier caso era la primera vez que en América Latina se procesaba al estamento castrense bajo acusaciones político-civiles. La implantación democrática hubo de hacerse, en esta década, con continuos sobresaltos, «ruido de sables» y pronunciamientos cuarteleros que iban siendo sorteados con difícil compromiso por el ejecutivo.

Chile, desde el *putsch* de 1973 se había convertido en el punto de atracción de todos los demócratas del mundo. La diáspora de exiliados había llevado por media Europa su protesta y su esperanza de rescate de libertad. Mientras en el interior del país poco a poco, el sector democristiano y las clases medias, ante la férrea intencion del dictador de perpetuarse en el poder, convirtieron su inicial contento por la caída de Allende en franca oposición a Pinochet.

No obstante, la gestión socioeconómica de la dictadura permitió un respiro a las clases altas al deshacer la parte más sustancial de todo el reformismo histórico chileno. El país recibió además el apoyo político y económico de unos Estados Unidos decididos a demostrar que la eficacia estaba del lado del orden autocrático y complacidos por el anticomunismo de la junta militar gobernante. En 1980, Pinochet, en medio de las protestas opositoras, consiguió ganar un referéndum constitucional, pero en 1988 otra nueva consulta popular respondió con un no al deseo de alargar su mandato.

En otros Estados del área también se registraban fuertes presiones populares para retornar al modelo democrático, correspondidas por el estamento militar con discretas y poco consistentes resistencias. Además de la derrota de Somoza, a la que siguió pronto una guerra civil desgarrada y de consecuencias imprevisibles para la paz en Centroamérica, Haití se complacía con la defección de la dinastía Duvalier, sometida a presiones internas y de los propios Estados Unidos. En Bolivia, el régimen de terror de García Meza y los traficantes era sustituido en 1982 por un nuevo ciclo político con la vuelta del presidente Siles Zuazo. A su vez Ecuador era escenario en 1979 del traspaso de poderes a una formación de partidos de izquierda.

En Uruguay, se produjo en 1984 la misma retirada de los militares, recobrándose la pluralidad política en medio del júbilo popular por el término de los doce años de sangrienta dictadura. Al año siguiente Julio Sanguinetti se convertía en presidente civil electo de los orientales. En Perú. Los generales, agobiados por el peso de los problemas socioeconómicos y convencidos de su propia impericia política, dejaban volver en 1980 al ex presidente Belaúnde, para dedicarse en exclusiva a la lucha contra la guerrilla de Sendero Luminoso. Los fracasos de la presidencia favorecieron el triunfo en 1985 del líder del APRA Alan García, a quien hemos citado a propósito de su actitud en el caso de la deuda externa.

El caso de México no tiene los tintes militaristas de los que acabamos de exponer, pero constituyó también a lo largo de 1988 un ejemplo de movilización popular progresista contra la semidictadura de un partido político. Lo que formalmente pasaba por una democracia, resultaba ser en el país azteca un control asfixiante y totalitario de un solo grupo, el Partido Revolucionario Institucional (PRI), hasta que una coalición liderada por el hijo del recordado Lázaro Cárdenas cuestionó seriamente este monopolio. La brecha abierta por la oposición mexicana en las elecciones del verano de 1988, al obtener la mitad de los escaños y la práctica igualdad de su candidato Cuauhtémoc Cárdenas con el discutido vencedor Salinas de Gortari, es el primer paso para un futuro de pluralidad en la vida política mexicana.

Otros supuestos del mismo talante cívico confirmaron durante los años ochenta la tendencia latinoamericana en

busca de la paz y del reparto del espacio democrático.
Para ello se contaría con la previa disposición de las tropas
a recluirse en sus cuarteles. En 1989, los iberoamericanos,
aún sin desaparecer por completo los focos de inestabilidad, se encontraban en un excelente momento político,
en el que lo mismo ejércitos que guerrilleros parecían estar dispuestos a dar una oportunidad a la gestión civil.
Esto no quiere decir que se hayan apagado todos los rescoldos del enfrentamiento institucional, ni que el retorno
civil no cuente con la dura vigilancia de los estados mayores. En ocasiones luctuosas la violencia militar demostra-
ba, a la menor oportunidad (Perú 1987, Argentina 1988 o
Venezuela 1989) su deseo de hacerse notar y mantener el
orden al grave precio de centenares de vidas. Además, en
algunos países como Argentina o Uruguay, donde los soldados se emplearon con más saña, las respectivas leyes de
amnistía para los delitos de la dictadura son contestadas
con energía por apreciables sectores sociales.

Por desgracia, junto a esto, las expectativas en el plano
económico eran muy poco favorables en los años finales
de los ochenta. Tras un periplo de ocho años de estancamiento, en 1988 el producto bruto latinoamericano apenas avanzó un 0,7 por 100 sobre el año anterior, con regis-
tros dramáticos en países como Panamá o Nicaragua,
constantemente hostigados por los EEUU, que vieron
descender el suyo particular en un 25 y un 9 por 100, respectivamente. La inflación desmesurada era otro de los
puntos negros presente en la región en toda la década de
los ochenta, durante la que se contabilizaban subidas de
precios astronómicas como el 8.200 por 100 de Bolivia en
1984. En 1988, Nicaragua con un 7.800 por 100. Perú con
más del 1.700 por 100, Brasil o Argentina, eran los países
más castigados por la erosión del poder adquisitivo de su
moneda.

Las «grandes» potencias (México, Argentina, Brasil o

Venezuela) ofrecían también a finales de 1988 un cuadro económico crítico de consecuencias difíciles de prever. En el país de los gauchos el PIB sólo había crecido un 0,5 por 100 mientras los precios al consumo lo hacían en un 370 por 100. En cuanto a Brasil, registraba un claro estancamiento productivo, junto a una inflación del 800 por 100, mientras que los mexicanos veían descender su renta per cápita. En Venezuela, nada más estrenar su nuevo mandato el presidente Carlos Andrés Pérez, la aplicación de las recomendaciones del FMI, en forma de drásticas elevaciones de precios, producía una inusitada reacción popular. Los alborotos y asaltos a tiendas o negocios serían contestados por el gobierno con un cruento saldo de centenares de muertos.

El informe anual para 1988 de la CEPAL (Comisión Económica para América Latina y el Caribe) subrayaba el octavo año consecutivo de resultados económicos negativos y llamaba la atención sobre la desinversión y la escasa maniobrabilidad de la política económica regional, sumamente afectadas ambas por la servidumbre de la deuda exterior. Además las Fuerzas Armadas y la policía, a pesar de su relativo apartamiento político, seguían detentando la parte más suculenta en los presupuestos nacionales, en proporciones que iban del 30 al 40 por 100 según los países.

Nada hacía confiar en que la crónica desigualdad e injusticia que caracteriza el desenvolvimiento histórico de la mayoría de las naciones latinoamericanas iba a poder ser aliviada a medio plazo. Y si algunas cifras de la macroeconomía de estos países parecen de ciencia ficción por su envergadura astronómica, lo mismo podemos decir de la realidad de los problemas sociales del continente, que se habían agudizado al límite en los años ochenta. Según un informe de la UNICEF, las familias iberoamericanas habían visto descender sus ingresos de forma notable (entre un 10 y un 25 por 100 desde 1980 y se habían recortado de forma drástica (de un 25 a un 50 por 100) los gastos sociales.

Entre todos los países tercermundistas, los americanos padecían condiciones de hambre y desnutrición sólo igualadas por las regiones más atrasadas de África, al mismo tiempo que se desatendían gravemente las inversiones en sanidad y educación. En estos capítulos, excepto los que contaban con regímenes políticos menos flexibles como los socialistas Cuba o Nicaragua, pero que aventajaban al resto en cuanto a proyección social y preocupación educativo-sanitaria, el retroceso era de proporciones irreconocibles.

El mundo se conserva

La salida occidental de la crisis

La segunda subida de los precios del petróleo durante 1979-1980 marcaría el punto más bajo de la inflexión económica padecida por los países occidentales durante la recesión de los años setenta. Esta nueva elevación del costo del barril de crudo iba a suponer la definitiva toma de conciencia de los que se habían quedado expectantes y rezagados ante la necesaria reconversión de sus economías. Para entonces la tasa de inflación en el mundo capitalista desarrollado se había doblado, en relación a 1970. Los porcentajes del desempleo sobre la población activa comenzaban una carrera dramática que ya superaba los veinte millones de parados y el aumento del producto bruto se reducía a la mínima expresión, pasando de un 5 por 100 anual acumulativo al cero.

La depresión de los años treinta se considera terminada
en torno a 1939, fecha un tanto simbólica y convencional
por cuanto se hace coincidir con el comienzo de la Segunda Guerra Mundial. Ello quiere decir que en un balance
general de aquel período podemos contabilizar diez años
de graves dificultades sociales y económicas saldados con
un costoso y dramático conflicto. La crisis de los años setenta, que en muchos países puede estimarse en vías de
superación hacia 1985 habría durado también otros diez
años al menos, pero no exigido ningún enfrentamiento
como el de los años cuarenta.

Aunque estas consideraciones deben matizarse para casos particulares dentro del bloque capitalista y en cada
país para los respectivos grupos sociales, lo cierto es que
en conjunto las grandes variables económicas (no las sociales) presentaban, mediada la década de los ochenta, un
aspecto mucho más saludable que años atrás. Las grandes
potencias siguieron armándose con energía y sin ninguna
avaricia presupuestaria; pero también dieron muestras de
que habían aprendido la lección. Preparar una guerra era
evidentemente mucho menos dramático y, sobre todo,
menos costoso que hacerla.

El complejo militar e industrial mantuvo su ritmo productivo, e incluso lo acrecentó en relación a ejercicios anteriores. Como consecuencia de ello algunos países, en
ambos bloques políticos, se verían en dificultades financieras al priorizar las inversiones públicas en esa dirección.
Pero en otros, la presión desencadenada por la demanda
bélica en las industrias auxiliares tradicionales y en las nuevas tecnologías favorecieron un tirón general de la economía. Por otro lado, la crisis encontró esta vez al capitalismo mucho mejor preparado que en la ocasión anterior.

El mercado mundial se encontraba en un punto de mejor y mayor integración, con relaciones de intercambio
asentadas y mucho más intensas que las existentes en

1929. Se trataba de un complejo irreversible que no podía sustituirse por tendencias autárquicas, como sucediera entonces. En los setenta, la caída de los intercambios fue mucho menos dura y en algunos casos nula, aunque sí se produjo una importante sustitución de importaciones, encaminada a seleccionar mejor el consumo y a reciclar las necesidades de los países desarrollados.

El Tercer Mundo padeció las consecuencias de esta reconversión del comercio internacional, teniendo que adaptarse sobre la marcha a las nuevas exigencias de los Estados compradores de materias primas. Pero las ventas de los países ricos se pudieron recuperar con cierta holgura gracias en parte a la paralela transformación tecnológica que se reflejó en sus ofertas. En esta recuperación jugó un papel decisivo la integración financiera mundial y su capacidad de reflejo en las decisiones económicas fundamentales, que ahora se transmitían y ejercían de manera instantánea entre los puntos más distantes. No es en absoluto desdeñable la actividad de algunos organismos internacionales en el mantenimiento de la calma financiera, y en la evitación de los pánicos que asolaron a los países desarrollados en la ocasión del 29. Lo mismo el Fondo Monetario, que el Banco Mundial, el GATT, la CEE, OCDE... se revelaron como institutos de control y manipulación de la crisis, gracias al abandono de un purismo doctrinal y a la aplicación en cada momento de las medidas correctoras apropiadas.

La cooperación internacional entre los Estados capitalistas se agrupó de forma disciplinada y solidaria en estos organismos, que no existían en los años treinta. Pero también presentó una vivaz coordinación directa entre los principales países desarrollados. Los siete «grandes» (EEUU, Japón, Alemania, Francia, Inglaterra, Canadá e Italia) pusieron en marcha desde 1976 un sistema de reuniones en la cumbre, en las que se examinaban los problemas socioeconómicos y se adoptaban recomendaciones importantes. Todos los aspectos de la crisis eran puestos sobre la mesa de estas cumbres informales, con efectos favorables para la superación de la recesión. Relaciones económicas internacionales, comercio, finanzas, energía, objetivos productivos, tecnología y formación, empleo, crecimiento..., es decir, todos los factores que intervenían en el núcleo crítico e incluso otros secundarios, sirvieron para aunar puntos de vista que en otra forma hubieran sido otras tantas divergencias graves.

Otro elemento que algunos, como el profesor Samuelson, consideran determinante para el enjuague de la recesión, es el de la caracterización mixta del actual mercado occidental. La intervención estatal, pese a las protestas de liberalismo de los que acordaron el orden económico de postguerra, no había cesado de crecer desde 1945. En la mayoría de los países capitalistas, las empresas públicas colmaban importantes parcelas del PNB, del orden del 20 al 50 por 100 según los casos. Y eran también responsables en una proporción muy alta de la formación bruta de capital. Esto supone la posesión en manos estatales de numerosos elementos de control y de un margen de maniobra altísimo. Algo que en los años veinte sólo podía estar en la imaginación de algunos visionarios.

Por otro lado, entre los economistas burgueses de postguerra, que habían abjurado del *laissez faire* decimonónico, se aceptaría sin ambages la necesidad de la intervención gubernamental. Ésta se había alcanzado en forma de planificación indicativa o con normas coyunturales de obligado cumplimiento, además de la que le correspondía al Estado como gran empresario por sus propias sociedades y negocios.

Gracias a esta estatalización de la vida económica en el mundo capitalista, pudo ser frenado en los peores momentos de la crisis el desánimo y la deserción de las empresas privadas. La actividad productiva, aunque se contrajo afectando sobre todo a las sociedades más necesitadas de renovación técnica o con menor capacidad mercantil, siguió manteniéndose en un elevado grado debido a la puesta en marcha de todos los resortes que acabamos de mencionar.

En estas condiciones, no cabía esperar otra evolución de la coyuntura que la que finalmente se produjo cuando las tensiones alcistas de los precios en origen se aminoraron y cuando las decisiones financieras, bajando el tipo de interés bancario, favorecieron de nuevo la inversión privada. La espectacular caída del valor del crudo por debajo de los veinte dólares barril, derivada de la guerra entre Irán e Irak y la indisciplina de los países de la OPEP, junto a los reajustes a la baja en la paridad del dólar, fueron factores sustanciales en la mejoría de las integradas economías occidentales.

Pero la crisis no iba a desaparecer de improviso, tal como había llegado, acompañando a la oscilación de precios. Por el contrario, a sus espaldas dejaba un reguero de calamidades y problemas, entre los que merece destacarse la estimación de su costo social, que también forma parte del conjunto de medidas que favorecieron su resolución. En páginas anteriores nos hemos referido al cuestionamiento del Estado benefactor por parte del pensamiento neoliberal. En esta disputa, los programas sociales de la mayoría de los gobiernos se vieron afectados de forma negativa. Pero, fundamentalmente, fueron las relaciones laborales las que salieron más dañadas en la etapa de decisiones encaminadas a sanear las economías occidentales. Los sindicatos y el movimiento obrero en general, acusaron un retroceso histórico que colocaría las condiciones de trabajo, contratación y negociación en su punto más bajo desde la guerra mundial.

Los gobiernos y la patronal se pusieron generalmente

de acuerdo en objetivos fundamentales como sujeción de la inflación, flexibilidad fiscal o congelaciones salariales. Mientras los sindicatos, arrastrados por el efecto psicológico y social de la crisis, cedieron en sus planes reivindicativos, viendo cómo se reducían el salario real, el poder adquisitivo y el empleo. Como consecuencia de ello, se pasaría de un sindicalismo de participación, activo y exigente, a otro de mantenimiento, más conservador y precario.

Países con una larga tradición sindical como Gran Bretaña o con movimientos laborales agresivos como los casos español e italiano, conocieron frecuentes derrotas de las estrategias obreras y, tras largos períodos de resistencia infructuosa, tuvieron que plegarse a los planes empresario-estatales de contención salarial, pérdida de empleo o reconversión industrial. De este modo, la carga combativa del viejo sindicalismo europeo se redujo durante la crisis, acercándose al modelo norteamericano, cuyas características generales tanto admiran los gobiernos del Mercado Común.

La regresión sindicalista, fundamental en Europa para la salida «pacífica» de la depresión, era también un aspecto notable de la recuperación y ascenso imparable de la economía japonesa. Aunque en este país la tradición reivindicativa laboral era prácticamente nula, durante la crisis de los setenta actuó bajo mínimos. De este modo las empresas niponas pudieron conseguir tasas de productividad y de competencia mercantil difícilmente igualables en Occidente, lo que generó fuertes protestas en los principales países afectados.

Datos y cifras de la recuperación

La depresión de los años setenta ha facilitado, entre otras cosas, algunos cambios en la estructura del poder económico mundial. A los dos bloques políticos, sociales y económicos presididos por las grandes superpotencias, se ha añadido el todavía emergente potencial del mundo árabe y el más lejano de los tercermundistas, productores de alimentos y materias primas. Ello quiere decir que los Estados más desarrollados han tenido que sacudirse las dificultades no sólo contando con sus propios recursos y con los mecanismos dc actuación que acabamos de citar, sino también con la realidad y expectativa de los hasta ahora marginados.

Sin embargo, es todavía pronto para poder asegurar que estos terceros en discordia hayan pasado de ejercer un papel meramente secundario. A pesar del creciente peso económico y político de un todavía hipotético tercer bloque, las grandes decisiones y las posibilidades de control de la situación estuvieron siempre en manos de los siete grandes en el bando occidental y de la Unión Soviética en el mundo comunista. Por estas razones, el conocimiento de los resultados alcanzados en las áreas de mayor peso económico es el mejor indicativo para analizar lo que hemos llamado salida occidental de la crisis.

Lo que pudiéramos calificar como el fondo de la recesión coincidió en los EEUU con los peores momentos del enfrentamiento entre el gobierno Carter y el naciente poder islámico iraní del imán Jomeini. Al finalizar los años setenta el incremento de los precios al consumo en el mercado USA se situaba por encima del 11 por 100, mientras el desempleo estimado no bajaba del 10 por 100. Nueve años después, el paro había descendido hasta el soportable límite de un 5 por 100 y el IPC se situaba en torno al 4 por 100.

Otros, como Italia, que en 1979 padecía una tasa de inflación del 14,8, después de un lustro de incluso mayores porcentajes alcistas, conseguía reducir en 1988 diez puntos de este índice. Gran Bretaña, que desde 1975 había sido una de las naciones más afectadas por las subidas de

precios, con años que sobrepasaron el 24 por 100, llegaba
a finales del 88 con una tasa del 5,5 por 100. Francia era
otro de los grandes que disfrutaba de una evolución beneficiosa en sus variables inflacionistas: del 10,8 por 100 señalado para 1979, pasaba a menos del 3 por 100 en 1988.
El caso alemán había constituido una excepción, ya que
sus porcentajes de aumento de precios no llegarían a alcanzar los dos temidos guarismos. De todos modos sus escasas elevaciones, entre el 4 y el 7 por 100 de la década anterior, se reducían a menos del 2 por 100 a finales del 88.

En cuanto a los datos sobre los avances del Producto
Nacional Bruto y la recuperación industrial, empezaron a
ser consistentes desde mediada la década. A finales de
1988 todos los países avanzados habían logrado superar el
ciclo negativo, situando sus crecimientos productivos por
encima del 4 por 100, mientras los índices industriales
afirmaban el final de la reconversión con elevaciones tales
como el 8 por 100 en Italia, el 5,3 por 100 en EEUU...

Las cifras sobre la población desempleada iban a conocer en las naciones industrializadas una evolución menos
favorable durante la década de los ochenta. La reactivación económica no lograría detener el desempleo entre los
trabajadores, ni reanudar la corriente inmigratoria de años
anteriores. Sólo serviría para llegar a una tasa de empleo
relativamente aceptable entre la mano de obra nativa, y no
en todos los casos. Países como Italia, Bélgica, España,
Francia, Alemania o Inglaterra, aunque con apreciables
diferencias entre ellos, presentaban, a finales de los ochenta, bolsas de parados entre el 20 y el 10 por 100 de la población activa.

Junto a los Estados Unidos, el país que con mayor claridad parecía haber vencido al período de recesión era Japón. A finales de 1988 ofrecía uno de los supuestos más
prodigiosos de recuperación y de salida favorables de la
crisis de los setenta. El índice de producción industrial se

elevaba por encima del 11,4 por 100, mientras el crecimiento del PNB se acercaba al 7 por 100. Esto significaba
una continua creación de empleos, que se había mantenido incluso durante los años de recesión. Su balanza comercial era sin discusión la más saneada del mundo capitalista, favorecida por la estabilidad del yen y por la calidad e innovación de sus fabricaciones, que en un elevado
número de casos carecían de competencia en Occidente.

La contención de los precios japoneses, que a mediados
de los setenta habían pasado por momentos comprometidos con un 24,5 por 100 de incremento en 1974, constituía un auténtico récord, al situarse su subida en torno al
1 por 100 en 1988. Gracias a esta baja presión, las exportaciones niponas creaban problemas en los mercados
mundiales a todos los países desarrollados. La capacidad
económica japonesa estaba apoyada en una organización
financiera con fuertes ramificaciones internacionales, de
modo que a finales de los ochenta, en un mundo endeudado, Japón era el primer acreedor universal.

A comienzo de 1989 podía decirse que, en general, el
bloque capitalista había recobrado el aspecto del período
desarrollista de los años sesenta. Las tasas de crecimiento
e inversión, estimuladas por la detención de la inflación,
permitían además formular pronósticos de una evolución
favorable en los años siguientes. No obstante, los responsables económicos se mostraban prudentes por la dificultad de entender el nuevo sistema económico y sus imprevisibles evoluciones. El mantenimiento del ciclo benéfico
con variables sociales de comprometido arreglo, como el
paro o la subvención a las cada vez más numerosas clases
pasivas, podían, junto a los repuntes inflacionistas, poner
en peligro las tasas de recuperación macroeconómica.

Otros datos en el mundo capitalista ofrecían también
un panorama de preocupación y gravedad a corto plazo.
Entre ellos el gigantesco déficit de la economía americana,

en sus variantes presupuestaria y comercial, que hacen de
su prosperidad un tigre de papel, como luego veremos. Y
que, dadas las características de su relación internacional,
resultan amenazantes para todos.

Gran parte de la estabilidad del complejo mundial capitalista se basa en la intervención comercial y financiera
de los Estados Unidos. Sus compras y ventas, además de
sus inversiones en terceros países, constituyen el nervio
principal del funcionamiento de la economía occidental,
del que dependen los grandes conjuntos como Japón, el
Mercado Común, el mundo árabe, e incluso, en una medida cada vez mayor, los países socialistas. Las repercusiones de los movimientos bolsísticos, financieros y de otros
sectores de la economía estadounidense señalan con
precisión inmediata el camino que siguen el resto de las
naciones occidentales. Desde este punto de vista, la integración de la economía mundial y la concentración financiera internacional bajo unos pocos liderazgos, han
adquirido después de la crisis un aspecto de peligrosa reducción, que constituye una de las principales preocupaciones en un mundo que, por otra parte, aspira cada vez
más a una gestión pluralista de sus recursos y riquezas.

La revolución conservadora

Este lema, antitético y contradictorio en sus términos, ha
sido citado con frecuencia para definir la gestión política,
social y económica del presidente americano Ronald Reagan, que ha gobernado su país entre 1981 y 1988. Si bien,
en razón a sus propios méritos, la misma divisa pudiera ser
exhibida por la primera ministra británica Margaret Thatcher, y algún que otro político occidental, el hombre que
mejor ha representado esta contraposición casi surrealista
no cabe duda de que es el mandatario estadounidense.

La reacción del modelo político conservador al filo del cambio de década vino encabalgada sobre programas electorales de modificación en la política económica de los gobiernos actuantes durante los años setenta. La evidente imposibilidad de sujetar los efectos de la recesión aplicando las fórmulas económicas de centro-izquierda fue criticada por los partidos del espectro de la derecha, que prometieron a sus votantes recetas neoliberales. Así las posiciones de socialdemócratas, liberales de izquierda o coaliciones más o menos populares, que habían mantenido el centro del poder durante los años difíciles, vieron cómo sus opciones desgastadas quedaban arrolladas en los comicios.

La pérdida de terreno político de las izquierdas fue apreciable en los principales Estados occidentales europeos, en los que el socialismo o la socialdemocracia tampoco supieron completar su apertura al Este ni obtener alguna cota sustancial de independencia respecto a la dependencia americana.

En Alemania Federal, el SPD con Brandt primero y después con Schmidt trató de mejorar sus relaciones con la Alemania comunista y acercarse a Moscú. Pero las sospechas de infiltración sobre colaboradores de Brandt, la profundización de los problemas económicos (el censo de parados se elevó a un millón en 1974) y la radicalización de los grupos extraparlamentarios terminaron por desajustar el equilibrio político alemán.

En los años ochenta los democristianos obtuvieron el favor electoral, relegando a la socialdemocracia a la oposición. En 1987 las urnas confirmaban el peso conservador, que los votantes identificaban con la recuperación económica y la estabilidad nacional. El canciller Kohl, a la cabeza de la CDU-CSU, repetía victoria, mientras el grupo de los Verdes obtenía interesantes pero minoritarios avances y el SPD no mejoraba resultados anteriores.

En Inglaterra, el laborismo consiguió gobernar con una mayoría cómoda desde 1974 a 1979. En estos cinco años el premier Wilson y su sucesor Callaghan hubieron de atender a problemas de Estado como la permanencia en el Mercado Común, el rebrote nacionalista en Irlanda, Escocia o Gales y en especial al duro acoso de la oposición conservadora. La crisis y las huelgas radicales, que habían derrocado en la primera mitad de los setenta al anterior gobierno derechista, serían enfocadas por los laboristas mediante pactos sindicales y sociales de largo alcance. No obstante, las centrales obreras se negarían a soportar el peso de la crisis sin contrapartidas de relieve, y a finales de la década lanzaban un invierno caliente con nuevas huelgas y presiones sobre el gobierno laborista.

En medio de este clima de inestabilidad social, el Partido Conservador con Thatcher al frente obtuvo por gran diferencia la victoria en las elecciones de mayo de 1979. El programa de los vencedores se apoyaba en una mezcla de intervencionismo, para controlar la inflación y reducir el gasto público, con una mayor permisividad fiscal e incentivos a la inversión o iniciativa privadas. En 1987, los «tories» conseguían su tercera victoria consecutiva, sin que pareciera afectarles la dura política social y laboral de la «dama de hierro» .

En la Francia postgaullista, los sucesores del general (Pompidou-Giscard-Chirac-Barre) estuvieron en el poder durante los años setenta, constantemente acosados por una izquierda que trataría de unirse bajo un programa común. Los efectos de la crisis trataron de ser contrarrestados con planes de energía alternativa y reajustes empresariales, sin que se lograra detener el deterioro del franco o el crecimiento del paro. El proceso político francés adquirió entonces un matiz particular respecto a los demás países comunitarios. El liberalismo giscardiano empezó a perder posiciones a medida que se agudizaban sus dife-

rencias con el RPR, el nuevo partido fundado por el gaullista Chirac.

La crisis de la derecha junto a la presión de la izquierda
condujo a un reforzamiento del presidencialismo y a una
mayor desunión del bloque liberal-conservador. No obstante, el propio Chirac resulta elegido en 1977 alcalde de
París y al año siguiente los gaullistas, después de que los
comunistas rompieran el programa de la izquierda, obtenían, aunque por escaso margen, una nueva victoria en las
legislativas de marzo. En los años ochenta, la fluctuación
electoral francesa llevaría al Elíseo a gaullistas y socialistas,
de modo alternativo, siendo presidente de la República el
líder del PSF François Mitterrand.

La Italia de la crisis fue también, y sobre todo, la de la
inestabilidad política. Las acciones del grupo armado Brigadas Rojas, y el difícil compromiso histórico entre el Partido Comunista y la Democracia Cristiana, no encontraron resolución en medio de fuertes presiones sindicales y
continuos cambios de gobierno. La división de las preferencias electorales entre cristianos y comunistas obligaba
al Partido Socialista a ejercer un incómodo trabajo de bi-
sagra política, hasta que en 1977 se consiguió un acuerdo
multipartito entre las siete formaciones principales, para
atajar la crisis y enfrentarse a la subversión.

En los años ochenta el Partido Comunista, que perdería
a su secretario Berlinguer, conseguía mantener una disciplinada clientela, pero sus posibilidades políticas fueron
contrarrestadas por el agrupamiento conservador. La Democracia Cristiana recobraba posiciones, junto a los socialistas, en las elecciones de 1987 y la fórmula del pentapar-
tido (DC, PS, republicanos, socialdemócratas y liberales)
seguía siendo la única aceptable ante la división electoral.

En otro país, que por aquellas fechas ingresaba en la
Europa comunitaria, se registraba un vuelco conservador
espectacular. Los portugueses, que habían abrazado la re-

volución de los claveles de 1974, se inclinaban con manifiesta regularidad en favor de los candidatos reformistas o
de izquierda. Sin embargo, la inestabilidad política del Estado había obligado a diez cambios de gobierno en los últimos once años, cuando en 1987 la derecha de Cavaco
Silva, recogiendo el cansancio político del país, arrollaba a
todas las opciones adversarias salvo al Partido Socialista.
Éste, sin embargo, padeció un castigo electoral semejante
al de 1985 y quedaba como segundo a gran distancia del
PSD de Cavaco.

En otras naciones europeas como Dinamarca, Finlandia, Irlanda, Islandia o Malta, se registraban durante 1987
las mismas reacciones precavidas del electorado que relegaban a los partidos socialistas o socialdemócratas a los escaños opositores. Eran los últimos coletazos del cometa
conservador que había aparecido en el firmamento político occidental a comienzo de la década.

Gigantes con pies de barro

A finales de los años ochenta los que mejor habían sor-
teado las dificultades económicas se estaban distanciando
del resto en proporciones no observadas desde la Segunda Guerra Mundial. Algunos factores positivos, como el
abaratamiento del precio del petróleo y otras materias primas, aparecidos a partir de 1985 y de los que se esperaba
una repercusión positiva general, sirvieron en realidad
para favorecer las diferencias entre los gigantes mundiales
y sus ya lejanos competidores. Estados Unidos, los países
líderes del Mercado Común y sobre todo Japón se situaban a la cabeza de esta tendencia al filo del nuevo período
que se abría ante el fin de siglo. Pero no todos los elementos eran tan favorables que permitieran bajar la guardia a
los responsables de la política económica. Por el contra-

rio, la potencia económica en algunos casos estaba acompañada de tensiones y factores de inestabilidad social que podían debilitar en un siguiente ciclo las posiciones sustentadas en pies de barro.

La condición de supervivencia del sistema capitalista es una continua renovación y reconversión de sus fuerzas productivas, en la cual el elemento primordial lo constituye la necesidad de competir por un mercado del que se espera aporte por sí mismo una regularización suficiente de la vida socioeconómica. Esta condición, que se opone *per se* a la planificación socialista, ha facilitado en el proceso de salida de la crisis de los setenta la polarización mundial de la que hablamos. A causa de ella, la tendencia al mantenimiento de hegemonías y diferencias entre los países del bloque occidental se ha afianzado negativamente. Los Estados del Tercer Mundo estaban entrando, desde mediados de los ochenta, en una dependencia terminal, agudizada por sus compromisos financieros y por la caída de los precios en origen. Mientras, los países de economía intermedia por su parte, aunque con mayor liquidez importadora, ofrecían un panorama tecnoindustrial entero y más supeditado que nunca al potencial comercial de unos pocos. Sólo Japón y algunos comunitarios (Alemania sobre todo) podían sostener la pugna con el coloso del bloque, los EEUU, al que disputaban una feroz guerra industrial y comercial.

La política monetarista de la administración Reagan, a través dc una notable subida del tipo de interés, había servido para atraer la atención de los capitales flotantes del resto del mundo. De este modo, un contingente enorme de eurodólares y petrodólares tomaron de nuevo el camino americano, pero esta vez para convertir a los USA en el país más endeudado del planeta. Al dejar la presidencia, en enero de 1989, Reagan entregaba a Bush las cuentas de la deuda nacional con unos números rojos que pasaban de los dos billones ochocientos mil dólares. Lo que representaba tres veces más que siete años antes. Era la otra cara del milagro americano elaborado a base de un incremento extraordinario de la oferta monetaria y del sostenimiento a bajo precio de las materias primas tercermundistas.

Es cierto que la deuda era en su mayoría de carácter interno y que los Estados Unidos, a diferencia del bloque de subdesarrollados, tienen capacidad suficiente para atender a su pago. Pero no lo es menos que su peso sobre el presupuesto resulta cada vez más grave, del orden de un 20 por 100, y que la satisfacción de intereses a extranjeros o americanos se cifraba en 1989 en más de 160.000 millones de dólares. Esta carga, junto a la reducción fiscal llevada a cabo por el programa presidencial que supuso un 33 por 100 en los años de reaganismo, ha disparado el déficit público en 1988 hasta la peligrosa cifra de 155.000 millones de dólares. El doble que en la administración anterior, que no «disfrutó» de los descomunales gastos militares, del programa de guerra de galaxias, etc., incluidos en los planes americanos de esta década.

El «regalo» fiscal fue compensado con una contrapartida social de consecuencias políticas gravosas para los republicanos en el futuro inmediato. Los recortes y restricciones al programa de ayuda social estatal se han dejado sentir en los Estados Unidos del «enriqueceos». A pesar de la importante creación de nuevos empleos, unos 15 millones entre 1981 y 1988, especialmente en el sector servicios, hay sin embargo más americanos pobres que nunca. Se han calculado en unos 35 millones, en su mayoría negros e hispanos, los ciudadanos que padecen condiciones ínfimas o carencias cercanas a la miseria social y económica. El reparto de la crecida tarta Reagan ha sido tan desigual como para justificar todas las críticas de la oposición en la última campaña electoral. El acopio de rentas de las clases altas se ha visto favorecido con incrementos jugosos, entre el 70 por 100 de las oligarquías y el 30 por 100 de la burguesía, al mismo tiempo que los ingresos reales de las clases bajas se han reducido en no menos del 10 por 100. Mientras tanto, lacras sociales como el analfabetismo rebrotaban hasta alcanzar a 23 millones de personas. Según denunciaría Dukakis, el candidato demócrata en su campaña de 1988, la degradación social y cultural afectaba a la estructura misma del sistema basado en una constante revolución tecnológica, al encontrar dificultades para cubrir los nuevos puestos cualificados que demandaba la expansión económica.

Ha sido la clase media, sobre todo el segmento conocido como «yupi» (*young urban professional),* es decir, el estamento que apetece seguridad frente a novedad aun a costa de estancamiento político, y que practica un desaforado consumismo, el que más se ha identificado con el modelo conservador del presidente. El bienestar medio de esta mediocre mayoría se ha estabilizado y mejorado en estos años al mismo ritmo de recuperación de la economía americana. Con este apoyo sociológico, atendido y alentado con frecuentes tirones nacionalistas, Reagan renovó su mandato en 1984 y dejó servida en bandeja la victoria a su vicepresidente Bush. Los USA se convertían así en la mayor mesocracia del mundo, con todas las ventajas materiales y desventajas sociales de este modelo político.

Sin embargo, el capítulo que más pesará a corto plazo en la vida económica norteamericana lo constituye su actual debilidad comercial comparada, desconocida desde el período de la crisis de los años treinta. La capacidad de su mercado interno se ha mantenido a merced de la imponente entrada de capitales ante la subida del tipo de interés, por la expansión de la oferta monetaria o la sustanciosa apreciación del dólar, que durante el período Reagan alcanzaría cotas históricas, y gracias a la evolución favorable de los precios petrolíferos en el último lustro. Factores

que, sin embargo, empezaban a reciclarse a finales de los
ochenta.

La disponibilidad de una enorme masa monetaria, sin
precedentes en la historia norteamericana, ha desarrollado una monstruosa sociedad compradora y promociona-
do negocios especulativos o empresas del sector terciario.
Pero algunos importantes renglones de la producción que
habían situado a los Estados Unidos a la cabeza del mundo desarrollado, como bienes de equipo, automóvil, electrodomésticos, etc., han sido semiabandonados en favor
de peligrosos competidores.

La vertiente negativa de esa capacidad demandante,
por tanto, la constituye una importante penetración en el
mercado USA de las nuevas economías del Pacífico (Corea, Taiwán, Hong Kong...). Mientras que su competitividad industrial fuertemente disputada por sus rivales del
MEC y Japón sólo puede mantenerse a duras penas con
contradictorias medidas proteccionistas, que en determinados momentos desembocan en una auténtica guerra comercial.

El secreto japonés

Japón, la economía japonesa, ha pasado de milagro a
potencia en menos de veinte años. El período que transcurre entre la recuperación de los años sesenta y el salto
de los ochenta ha sido el de la confirmación internacional
de las posibilidades japonesas, que en aquellos años eran
sólo una alternativa entre otras. Pero en términos más amplios, los últimos años del desarrollismo nipón corresponden en realidad al período final de su apertura occidental
iniciada en el siglo pasado, y de cuyos pasajes de postguerra hemos hablado antes.

Los años cenitales de la modernización japonesa corresponden a su confirmación como potencia económica mundial, que alcanza precisamente a la salida de la crisis de los setenta. En el tramo final de la década, Japón, con un PNB de más de 2 billones de dólares en 1988 (el 12 por 100 mundial), sólo superado por los EEUU y la URSS, o una renta por habitante de 20.000 dólares, que es la mejor después de la suiza, está culminando un gran periplo histórico, iniciado en 1868 con la revolución Meiji.

Las cifras que acabamos de citar han sido posibles gracias a un desarrollo industrial y a una agresividad comercial sin parangón en los últimos cuarenta años. El superávit de ventas, con un récord de más de 96.000 millones de dólares en 1987, se corresponde al casi equivalente déficit norteamericano y proporciona un saludable aspecto a las reservas niponas de divisas. Japón, que es el mayor importador mundial de crudo, estaba viviendo su mejor ciclo económico gracias al mantenimiento de precios bajos en el mercado petrolífero. Además, sus excedentes financieros, procedentes de este saneado panorama mercantil, le habían convertido en el primer acreedor mundial a finales de 1988.

Los países industrializados asistían impotentes a este ascenso, creyendo conocer pero sin justificar ni comprender los ingredientes de la apabullante fórmula japonesa. El secreto japonés, según la óptica occidental, residía en la ingeniosidad y laboriosidad nipona. Y en el tradicional sentido de la disciplina y responsabilidad nacionales, aplicado tras la guerra mundial al mundo del trabajo y de las relaciones comerciales, en los que Japón ha buscado colmar la frustración por la derrota militar. No obstante, si este tópico más o menos cierto fue una realidad imperante durante la primera fase del «milagro» a que nos hemos referido más arriba, en los años ochenta el salto cualitativo japonés hace pensar en otros factores de desarrollo menos atávicos. No deberíamos olvidar, respecto a esto el gran esfuerzo cultural y formativo que Japón lleva realizando desde hace décadas. El apoyo público y privado a la investigación y a la universidad supera a la mayoría del mundo occidental haciendo posible que en algunos aspectos de la revolución informática los japoneses estén ya disputando ventajosamente con los mismos Estados Unidos.

Las contrapartidas del desarrollo japonés se sitúan en cambio en las actitudes que sus aliados políticos y adversarios comerciales (EEUU y MEC) están empezando a adoptar ante la incesante invasión de sus productos. La reacción proteccionista occidental puede desembocar en una rápida caída de las ventas niponas, si no se logra consolidar el cada vez mejor dispuesto mercado interior. Por otra parte, este mercado que se mantiene protegido con celosas medidas arancelarias está pagando a altos precios sus compras en el exterior, sobre todo los productos alimenticios que tanto demanda. Y el precio de algunos bienes y servicios resulta ya prohibitivo, incluso para el nivel medio de renta per cápita japonés.

El plano de los problemas sociales en Japón empieza por una demografía irregular y por la escasez de suelo edificable. La relación entre superficie y población es de las más desproporcionadas del mundo. Los casi 123 millones de japoneses de 1989, además, apenas pueden disponer del 20 por 100 del territorio del archipiélago, lo que provoca las concentraciones humanas más espectaculares del globo. La connurbación de la capital, Tokio, acoge a más de 30 millones de habitantes, que dan una densidad de 5.500 personas por km². La urbanización y las viviendas, que apenas han contado con la intervención estatal, presentan grandes desajustes y una notable baja calidad, que no impiden un precio inalcanzable para la media de ingresos salariales. La especulación del suelo en las capitales japonesas resulta ser de las más desenfrenadas del mundo, lo que provoca el alejamiento de las viviendas de los lugares de trabajo céntricos.

El mundo laboral y sindical japonés es quizá el más domesticado del planeta, y su grado de adhesión al sistema incluso supera al de los sindicalismos oficiales del bloque socialista. Las estadísticas laborales son siempre desfavorables si las comparamos con los países occidentales. El obrero japonés trabaja, por término medio, quinientas horas más al año que los alemanes, franceses o españoles... En este horario se incluye un exiguo período vacacional de apenas semana y media, o la casi inexistencia de días festivos en algunos sectores de la producción. Partiendo de estas condiciones, el problema japonés a medio plazo se centraría en asumir un ritmo social semejante al europeo, sin por ello reducir el alto grado de productividad y eficacia que le ha conducido a ser una superpotencia económica.

Además, Japón va a tener que enfrentarse, a no tardar mucho, con sus imitadores orientales, a los que ahora ayuda con fórmulas crediticias y transferencias tecnológicas. La copia del modelo desarrollista japonés que actualmente se aplica en la ribera asiática del Pacífico está haciendo surgir importantes competidores que utilizan el mismo sistema productivo-laboral. Las perspectivas futuras de estos países, entre las que podemos incluir las extraordinarias posibilidades del coloso chino, van a significar una dura competencia para el hasta ahora aislado ejemplo nipón.

La Europa de los negocios

En un continente en el que se están produciendo cambios de tendencia apreciables y en el que se vislumbra un acercamiento de posiciones nacionales, a finales de los ochenta se mantenían en vigor las formaciones salidas de

la Segunda Guerra Mundial. El bloque socialista, del que
luego nos ocupamos, experimentaba desde mediada la
década una de las más interesantes y sorprendentes evoluciones que recuerda su historia. Caminando junto a este
reto, el proyecto de unidad de la Europa capitalista, la del
Mercado Común, vería en 1986 sumarse otros dos nuevos
miembros, España y Portugal, con los que se completaba
la Comunidad de los doce.

A pesar de los distintos matices, el conjunto económico
formado por los doce se encontraba a finales de la década
en un ciclo benéfico de recuperación económica. Después
de traumáticas reconversiones y duros ajustes socioeconómicos, de los cuales algunos Estados salieron mejor libra-
dos que otros, los indicadores de coyuntura registraban en
1988 una marcha favorable de la economía. De acuerdo
con el informe anual de la Comisión Europea, la economía del MEC había entrado en otro período de esplendor
semejante al de los años sesenta, con franca recuperación
de la demanda y la producción. El crecimiento medio del
PIB comunitario se estimaba en un 3,5 por 100, el más
alto en diez años, al mismo tiempo que la tasa de inversión
en torno al 7 por 100 representaba la mayor obtenida en
las dos últimas décadas. Las tensiones inflacionistas, mayores en los socios mediterráneos, se trataban de contrarrestar con controles salariales y subidas de los tipos de interés, pero no impedían una visión optimista del conjunto
europeo capitalista.

España era el socio que ofrecía mayores tasas de crecimiento en esas fechas, pero también en el que con más insistencia repuntaba la inflación (5,8 por 100 en 1988) y
donde se mantenían las mayores cifras de desempleo, por
encima del 20 por 100 sobre la población activa. La interpretación más extendida del crecimiento español señalaba
como responsables a la contención salarial y a la mejora de
las expectativas empresariales, junto a una mayor eficacia

de la gestión fiscal del Estado, que había permitido estabilizar el déficit del presupuesto.

En el camino que le había llevado a esta recuperación, el MEC había tratado de enderezar agudas controversias como la de la Europa verde. Los problemas agrícolas dividieron a los miembros de la Comunidad hasta el primer semestre de 1988, en que se aprobó una importante reforma de la política común dirigida a las producciones agrarias. La limitación de la producción y el almacenamiento, la reducción de subvenciones o el control de los precios a la baja, trataban de incentivar un descenso de los excedentes comunitarios en este sector, aunque amenazaban con crear nuevos desajustes sociales.

En el supuesto de la industria, los planes de reconversión afectaron más a los últimos incorporados, y a los que, como España, habían mantenido una mayor tradición proteccionista. Astilleros y grandes siderúrgicas padecieron el choque de la incorporación en los convulsos años ochenta, sufriendo en algunos casos un importante desmantelamiento. El reciclaje tecnológico del sector industrial constituye todavía un reto para los socios del club menos desarrollados, en una Europa que desde 1992 trata de presentar un aspecto más homogéneo. En esa fecha la eliminación de barreras comerciales creó un mercado único comunitario, ahorrando más de 100.000 millones de pesetas en aranceles, otros tantos en gestiones fronterizas y no menos de un billón en costos de administración comercial.

No obstante, los desequilibrios regionales presentarán factura en el tramo final de siglo si la política comunitaria de inversiones o las decisiones sobre infraestructura y comunicación no se encaminan a corregir las grandes desigualdades. Hasta el momento los planes de subvención, si bien han evitado deslizarse en el tercermundismo a las regiones más atrasadas, no han conseguido que éstas entren en la fase de despegue. El sur de Italia, el suroeste español, grandes zonas de Grecia, Irlanda y casi todo Portugal amenazan con formar la Europa de los parientes pobres, frente a los socios hegemónicos que son los que hasta el momento se han beneficiado de la extensión efectiva del mercado.

En la Europa de los negocios o de los mercaderes, sin embargo, no faltan voces discordantes representando intereses sociales, laborales o sindicales de peso. Para estas críticas el mantenimiento de las diferencias socioeconómicas intraeuropeas resulta una evidencia, que coincide con el abismo tecnoindustrial que separa a los diversos socios. Los países de mayor especialización agrícola, que se han visto obligados a notables sacrificios económicos para avalar su adhesión, no estaban consiguiendo a cambio una mejora en su competitividad industrial. Las balanzas comerciales de estos Estados, como era el caso del español en 1988, reflejaban este problema acusando el impacto comunitario mediante un aumento peligroso del déficit. En una primera fase, con la llegada de capitales ansiosos de «colonizar» las nuevas fronteras y profundizar en los nuevos mercados, se conseguía no obstante una compensación engañosa de este desnivel. Desde 1992, la existencia real de un mercado unificado acentúa sin duda este espejismo, amenazando con fosilizar las desmedidas diferencias regionales de la Comunidad.

Como consecuencia de esta tendencia y de la inexistencia de una política social conjunta, cada país miembro sigue manteniendo sus estructuras laborales y profesionales anteriores. La resistencia a crear un espacio sociolaboral común es, al mismo tiempo, consecuencia y causa del mantenimiento de las desigualdades nacionales. Los sindicatos constataban la evidente dejadez en ajustar y reglamentar los términos de un mercado de este tenor, frente al interés por acelerar la integración de negocios. Y denunciaban la desprotección social y obrera en particular, en una confrontación meramente económica.

Según estos diagnósticos, el ideario europeísta inicial basado en una meta unitaria en lo político, social y económico, estaba siendo devaluado e invertido cuando no tergiversado. Para sus defensores, en cambio, la Europa de las economías, además de solucionar problemas como el paro o la desigualdad, servirá de tirón para los siguientes pasos. Como consecuencia de un mayor equilibrio en el reparto del trabajo, la renta y los salarios, Europa demandará homogeneidad social y política, según estas versiones.

A finales de siglo no parece, sin embargo, que el proyecto europeo esté amenazado por graves zozobras. Se mantiene entre singladuras difíciles, con tensiones centrífugas y algunas desconfianzas nacionales, que en realidad encubren intereses estatales dentro de una suma de particularidades. Pero cada vez resulta más impensable, salvo catástrofe económica que no se adivina próxima, el que alguno de los doce trate de buscar su salvación fuera de esta tabla de Medusa.

Por otro lado, se mantiene latente y cada vez reclama mayor protagonismo el espíritu que acuñó la voluntad política de unificación europea después de la Segunda Guerra Mundial. Un hálito que hoy se refugia en organismos supranacionales o instituciones como el Parlamento de Estrasburgo, en espera de una oportunidad que va más allá de la intención mercantil. Esta todavía Europa de la impotencia frente a la de los aduaneros es, sin embargo, La auténtica depositaria de la posibilidad de hacer algo más que reformas arancelarias o servicios económicos a los Estados. Sus componentes representan a las diferentes clases sociales a través de grupos políticos y de personas elegidas en sufragio directo, y deben hacer valer su independencia frente a los gobiernos nacionales en el forcejeo por obtener el cetro dirigente europeo.

El invierno romano

El pontificado de Pablo VI, del que nos hemos ocupado en anteriores páginas, acabó con el fallecimiento de éste en el verano de 1978. Su sucesor, Juan Pablo I, apenas estuvo unas semanas en la titularidad vaticana, muriendo a su vez víctima de un ataque cardíaco. Aquel año de los tres papas, como fue llamado, vería finalmente el ascenso al solio de San Pedro del arzobispo polaco Karol Wojtyla, que adoptaría el nombre de Juan Pablo II.

El nuevo Papa, que ha llenado el período católico correspondiente a la década de recuperación conservadora, supondría un cambio considerable respecto a los rumbos evangélicos anteriores. A los veinte años de la celebración del recordado Concilio de los años sesenta, el balance de la restauración en el seno de la Iglesia no ha dejado de conmover al sector católico más crítico, empeñado en no dejar arrastrarse por la marea conservadora que surge a partir de 1979, desde el fondo de la cripta vaticana.

Algunas reformas y pasos firmes encaminados en una dirección progresista son ya muy difíciles de desmontar, por su arraigo en una comunidad que los siente como propios y los entiende como respuesta adecuada a sus necesidades. Pero otros adelantos del período anterior, en cambio, menos sólidos y con menor capacidad de enganche, eran liquidados sin la menor consideración a las consecuencias pastorales ni a la ruptura de vínculos sociales que provocaban. En una planificación fría y poco creativa, el nuevo poder atendió sobre todo a la recuperación de la moral y las costumbres, del recogimiento y la práctica oracional, antes que a la profundización de la misión temporal de la casa cristiana. Sucedía esto al mismo tiempo que el recuerdo de las figuras de Juan XXIII y Pablo VI se agigantaban, por la ventaja que adquirían en la comparación.

La involución restauracionista resultó coincidente, además, con la embestida conservadora que envolvió al planeta en la década de los ochenta. Desde la victoria de la nueva derecha americana, hasta la reflexión autocrítica y mercantil del bloque comunista, pasando por el esplendor de las iglesias electrónicas, un reverdecer despiadado de metafísicas y transcendencias uniría de Este a Oeste a seres tan dispares como Teng-Siao-Ping, Reagan o Karol Wojtyla.

El tándem formado por Juan Pablo II y el cardenal Ratzinger, su principal doctrinario, incorporó al mensaje papal una revisión crítica de todo el período postconciliar, concluyendo en la necesidad de fumigar los fondos de la interpretación progresista realizada por el Vaticano II. La transformación, que había tenido consecuencias saludables al asumir un ecumenismo pluralista, en el que pudieron expresarse las diversas tendencias, fue calificada de disgregación y retroceso. El mismo fenómeno, que la Iglesia considera conveniente en la sociedad civil como expresión del juego democrático y que Juan Pablo II tanto ha reclamado para el mundo socialista, es, sin embargo, considerado nefasto en la propia casa.

El Papa de los viajes y de los atentados, no obstante, ha tenido que hacer más concesiones de las previstas a una temporalidad que en América Latina, por ejemplo, resulta imposible de esquivar. Si en su crisis de confianza con los jesuitas ha salido mejor librado, gracias a que Pedro Arrupe, General de la Compañía, supo poner en juego toda su inmensa capacidad de mansedumbre, frente al océano de las teologías liberadoras que baña las iglesias de habla hispanolusa, el Vaticano ha utilizado a fondo el bisturí restaurador mediante expedientes, expulsiones y recomendaciones.

Capítulo aparte en esta crónica de la involución católica merece la actitud de la poderosa iglesia estadounidense. El episcopado norteamericano, con 270 componentes,

es el más numeroso del rebaño de Cristo. Las noticias o
rumores acerca de la capacidad financiera y del flujo de
ayuda entre estas diócesis y la plaza de San Pedro, no hacen sino reforzar la impresión sobre la decisiva influencia
y el peso «teológico» de esta iglesia en el total de la religión católica. Por otra parte, la evolución ideológica de la
jerarquía americana en aspectos temporales tan decisivos
para la suerte de sus fieles como puede ser el armamentismo nuclear, ha experimentado un vuelco sustancial. Desde la defensa de una «guerra justa» que el cardenal Spell-
mann realizaba en los años sesenta, hasta la objeción fiscal
antinuclear del arzobispo de Seattle, Hunthausen, transcurren quince años, al cabo de los cuales las diferencias y
los roces no escasean.

El más espectacular de todos se produjo al asumir oficialmente Wojtyla, en 1982, las tesis disuasorias de Reagan
que justificaban la demencial escalada de la «guerra de las
galaxias». El episcopado USA, que se hallaba inmerso trabajando codo a codo con las organizaciones pacifistas, intentando desmontar los planes de la administración belicista, recibió la aprobación del Vaticano como un desaire
monumental. Era la primera vez en la historia de los Estados Unidos que los católicos aparecían claramente opuestos a los planes mesiánicos de sus dirigentes políticos. La
explícita declaración de «inmoralidad» para la intención
nuclear, realizada en diversos documentos entre 1982
y 1983, podía surtir el mismo efecto en el impresionable
electorado americano que una excomunión ético-social.

Las presiones que partirán del corazón más conservador de la Curia se producen en términos duros para los
americanos. Los obispos USA son acusados de irrespon-
sabilidad pastoral y de tentar una peligrosa escisión. Finalmente, se pone de relieve el asombroso interés políti-
co-temporal del Vaticano en este asunto, cuando treinta
representantes episcopales son reunidos en Roma y aco-

sados hasta la rendición moral. En mayo de 1983, cuando se hace público un texto definitivo sobre la guerra nuclear y su implicación teológica, se observa lo que Giancarlo Zizola ha llamado «frustración por autoridad».

Años después, la involución papal iba a ser denunciada con epítetos como «ofensiva neoconservadora», «nueva inquisición»..., casi por las mismas fechas en que se cumplían los veinte años de la *Populorum progressio.* Fechas en las que Juan Pablo II, entre viaje y viaje, sumaba a su actividad un gesto confuso que más parecía una operación de imagen que una auténtica recuperación doctrinal. El 30 de diciembre de 1987, a los diez años de pontificado, Wojtyla publicaba la encíclica *Sollicitudo rei socialis,* de la que lo más destacable resultó ser su paso desapercibido entre una comunidad que la recibió entre la obediencia y el desengaño.

En ella se trataba de enlazar con la historia de preocupación social de la Iglesia reconociendo el magisterio de los León XIII, Juan XXIII o Pablo VI, pero se subrayaba en especial la necesidad de la continuidad sobre la renovación. En lo fundamental se matizaba la doctrina social cristiana, negando su ideologización y su utilización como tercera vía, al mismo tiempo que marcaba la imposibilidad «técnica» de encontrar en la Iglesia la solución al subdesarrollo económico. El reconocimiento de las desigualdades y de la pobreza no sonaba ya a denuncia como hacía veinte años y, obviamente, no escandalizaba a nadie. En cuanto a la vía intermedia rechazada se sustituía por otra similar, sólo que más confusa y evasiva. Los pasajes más felices resultaban ser una paráfrasis de la *Populorum,* cuya influencia en el Tercer Mundo, no obstante, se criticaba a través de la condena de los excesos y desviaciones de lo que se conoce como Teología de la Liberación.

La involución romana alcanzaría también a otros aspectos avanzados en el discurso católico de fin de siglo. El

control de natalidad y la contracepción, la incorporación
de la mujer al sacerdocio o la desaparición del celibato
fueron otros tantos puntos de conflicto entre la inteligencia vaticana y el sacerdocio o las comunidades cristianas
que habían marchado por el ancho de vía postconciliar.

La vieja dictadura

Las características espirituales del poder fáctico de la
Iglesia vaticana, aunque no puedan subsistir sin una apo-
yatura material como es lógico, impiden que en el seno de
la comunión de los católicos se susciten contrastes acerca
del modo político de dirigir la Iglesia. La apelación a lo
transhumano y el refugio en la incorpórea obediencia sirven, de este modo, de amortiguador a las tensiones cíclicas. Las teocracias, por definición, se autojustifican mediante la apelación a la «verdad fundamental» o a la «revelación de Dios», como insiste en hacer Juan Pablo II.
Pero eso no evita que en los períodos de mayor abuso de
poder, las ajadas investiduras divinas tengan que soportar
las protestas del pueblo religioso.

El enorme poder decisorio que obtienen los papas al
aceptar administrar la dictadura más antigua y hermética
del mundo, puede ser usado a discreción por la personalidad del elegido, plegando velas según los vientos humanos
que soplen sobre el rebaño de Cristo, o fulminando expe-
ditivas ordenanzas excomulgatorias contra las disidencias.
Pero raras veces se someterá a discusión el modelo jerár-
quico o se fomentarán los cauces participativos, en el rec-
torado teocrático que no rinde cuentas, publica balances o
presupuestos, y carece del contrapoder de un parlamento.

El papado de Wojtyla, que no había acusado controversias públicas más serias que la escisión del integrismo francés, estaba entrando a finales de los ochenta en un perío-

do de enfrentamiento con el sector otrora más activo de la Iglesia y que hasta entonces había mantenido una actitud expectante pero sumisa, frente a las decisiones autoritarias de Roma. Sin embargo, ya antes de 1989 se habían acumulado algunas graves iniciativas, cuyo talante de imposición y ruptura del diálogo empujó a un enfrentamiento abierto de los teólogos europeos.

En enero de ese año se hacía público un documento que firmaban casi 200 teólogos de Alemania, Austria, Suiza y Holanda, en el que se vertían duros ataques a la orientación tutelar dada por Juan Pablo II a su doctrina. Se subrayaba el sometimiento centralista, el rechazo teológico o la marginación del apostolado laico y se denunciaban las medidas disciplinarias que se estaban tomando en algunos países, en contradicción con el mensaje fraternal del Evangelio. Diversas intervenciones papales en materias como natalidad se consideraban auténticas intromisiones y se criticaba en especial la política de nombramiento de jerarquías, que ignoraba las necesidades y demandas de las iglesias locales. Los firmantes, que formaban la punta del iceberg católico de una mayor oposición a la dictadura vaticana, terminaban dudando de la obediencia debida cuando el Papa traspasa los límites de su incumbencia. Los términos de la «Carta de Colonia», nombre dado a este documento, no dejaba lugar a duda sobre los términos del profundo descontento que había provocado la actitud del ocupante del solio pontificio a finales de los años ochenta. La respuesta de Roma, no obstante, se produciría a renglón seguido en forma de prohibición a la publicación de las actas del congreso de teólogos y moralistas celebrado para reflexionar sobre la encíclica *Humanae vitae*. En él se había producido un enfrentamiento entre los flexibles, que encabezaba Häring, y los intolerantes que, dirigidos por Caffarra, inspiran el rigor de la doctrina vaticana sobre el sexo y la concepción.

El mundo mira a Moscú

Afectos y rechazos

En toda la historia del siglo XX es difícil encontrar un país que haya despertado mayor interés político y tantas expectativas sociales como la Unión Soviética surgida de la revolución rusa de 1917. Mitificado por unos, denigrado por otros, entre odios y simpatías, el Estado soviético ha sido sin ninguna duda el punto de referencia internacional preferente desde su constitución como primer país socialista en la historia universal. Los afectos y emociones que desataron Lenin, Trotski y sus camaradas en la década de los veinte, iban a conocer un verdadero clímax durante la resistencia victoriosa de los años de guerra mundial, para hundirse después con las crueles directrices estalinistas. Al filo del cambio de década, entre los cincuenta y sesenta, la renovación de Kruschev que habría de significar para el socialismo la ruptura entre chinos y rusos, prometería un rebrote de los anteriores fervores para terminar no obstante cayendo en la petrificación del período de Brezhnev.

Este último habría de ser también el intérprete de una fase de decadencia socialista, durante la cual la URSS, aún sin embarrarse en los desatinos estalinistas, acusó una grave parálisis política, aderezada además con la poca fortuna de dos intervenciones en Checoslovaquia (1968) y Afganistán (1979), que han dado el tono internacional más amargo que pudiera corresponder a una gestión ya de por sí nefasta.

Sin embargo, tras el relevo político de los años ochenta la URSS volvería a reclamar la atención mundial, gracias a un nuevo y más avanzado programa de reformas en el que se entraba después de reconocer los profundos fracasos existentes en el modelo de desarrollo económico. La gestión del equipo Gorbachov, inspirada en la mejor vena del socialismo ruso, trataría entonces de devolver a la revolución su imagen participativa y su carga de ideales honestos y pacifistas, como primer peldaño para abordar otros graves problemas socioeconómicos. Con ella se completan más de setenta años de crónica revolucionaria, en la que el mundo ha mirado atentamente a Moscú.

La crisis roja

El deshielo y la coexistencia entre la URSS y los EEUU, que se abre a partir de la tensión cubana de 1962 y en especial tras el tratado de agosto de 1963 para la prohibición de pruebas atómicas en la atmósfera, tuvo una consecuencia inesperada en las relaciones ruso-chinas. El coloso asiático, en plena ascensión de su proceso revolucionario, tras la muerte de Stalin no reconocía en sus sucesores el mismo liderazgo. El maoísmo, además, parecía responder mejor a las necesidades políticas de las luchas en el Tercer Mundo que la doctrina contemporizadora exportada por Kruschev. Las aspiraciones chinas a convertirse en foco de irradiación de una nueva ola revolucionaria mundial, en la que se mantenía el dogma de lucha a muerte contra el capitalismo, contrastaban con la ambigüedad de la política exterior del Kremlin o con las frivolidades y devaneos atómicos de los soviéticos.

El primer punto de fricción lo constituiría el repliegue cubano, tras el cual Kruschev fue acusado oficialmente por primera vez de haber retrocedido ante las arrogancias imperialistas. El abandono ruso fue entendido en Pekín como el inicio de un revisionismo doctrinal que permitía mantener una doble moral política y abandonaba a un pequeño país (Cuba) a su suerte, frente a la amenaza yanqui. Las acusaciones de aventurerismo, revisionismo o sectarismo menudearon entre los ideólogos del lado maoísta, y en el plazo de un año, entre 1962 y 1963, produjeron una grave fractura en el conjunto comunista.

Las naciones del bloque europeo, salvo el caso particular yugoslavo y la alineación de Albania junto a China, permanecieron al lado de la nueva ortodoxia moscovita. Al mismo tiempo los partidos comunistas occidentales apoyaban oficialmente las posiciones del PCUS, aunque veían surgir en su seno importantes escisiones de grupos y militantes que abrazaban las orientaciones chinas. A finales de 1962, los órganos oficiales del PCCh denunciaban el revisionismo soviético y lo situaban a la altura de una nueva socialdemocracia, acusando a Moscú de apadrinar una coexistencia innecesaria, que frenaba las aspiraciones revolucionarias de los pueblos. A las acusaciones de dejación de las mejores esencias del leninismo, se unieron las quejas por el apoyo del Kremlin a la India durante el conflicto fronterizo chino-hindú de 1962.

En el orden estratégico, la crisis china ponía el acento en el abandono por los programas de los PC occidentales del recurso a la lucha armada y su conversión al parlamentarismo político que desarmaba al pueblo y aplazaba la revolución hasta una utópica conquista electoral. La deserción comunista frente al «tigre de papel» que para los chinos era el imperialismo se calificaba de traición y cobardía, con lo que se iniciaba una fase de enfrentamiento latente de nuevas e imprevisibles perspectivas para la paz mundial. Al mismo tiempo, los ideólogos maoístas resucitaban la memoria de Stalin y su dureza antioccidental, para oponerla a Kruschev y a sus excelentes relaciones con los Estados Unidos. Ello, en cambio, no era obstáculo para un acercamiento propio a la Francia capitalista del general De Gaulle, que llenaba de confusión a toda la izquierda de los países no comunistas.

En 1963 se dieron algunos pasos tratando de suavizar la tensión ideológica, que amenazaba con provocar escisiones importantes en el bloque socialista. Pero una conferencia de los dos partidos, convocada en Moscú, sólo sirvió para establecer acusaciones corregidas y aumentadas, y afirmarse el mutuo recelo por la disputa del primer puesto en la dirección revolucionaria. El fracaso, al que siguió el acuerdo ruso-yanqui sobre pruebas nucleares y los renovados ataques chinos, señalaba el punto de ruptura entre ambos Estados.

Las acusaciones mutuas continuaron durante 1964, después de que Moscú trató de organizar una reunión de los partidos comunistas de todo el mundo, para pedir la condena de China, y de que Mao contestara acusando a Kruschev de «seudocomunista» y de haber usurpado el poder en la URSS. Los intentos de mediacion de algunos partidos comunistas europeos (italiano, francés...) para evitar la radicalización de posiciones y las grietas en sus propias filas resultaron baldíos. En octubre de ese año.

Kruschev era removido de su puesto como hemos visto, pero los que le sucedieron apenas hicieron sino agravar el enfrentamiento, después de alguna tentativa de acercamiento no correspondida.

La crisis checoslovaca de 1968, de la que nos ocuparemos más adelante, sirvió entonces de nuevo punto de fricción, apenas un año después de que China hubiera hecho estallar su primera bomba atómica alcanzando así la independencia armamentística de su antiguo aliado. La URSS fue acusada de expansionismo e imperialismo después de enviar sus tanques a Praga, y los dirigentes del Kremlin motejados de «nuevos zares». En 1969, la tensión llegó a su cenit durante la disputa fronteriza en el río Ussuri, que había comenzado varios años antes al enfrentarse en algunas escaramuzas las tropas de ambos países. Durante un período de tiempo se temió por una declaración de guerra o por una escalada de las agresiones, que finalmente no se produjo.

En junio del mismo año, tiene lugar el último acto del enfrentamiento en el escenario de la Tercera Conferencia Mundial de Partidos Comunistas, a la que no asistieron China, Albania y Yugoslavia. Tras trece días de discusiones, los soviéticos no consiguieron la condena oficial del régimen de Mao por la oposición de países como Rumanía o Italia.

Desde entonces el enfriamiento de relaciones, la desconfianza y algunos brotes esporádicos de tensión se han alternado con otros intentos de acercamiento, que sólo parecían poder cuajar tras la desaparición de los líderes históricos enfrentados, Mao y Brezhnev. A comienzos de 1989, en pleno desarrollo de la nueva coexistencia que patrocinaría Gorbachov, se registraba un apreciable acercamiento entre Pekín y Moscú, siendo invitado el premier soviético a realizar una visita oficial a la capital china.

La primavera marchita

Los acontecimientos checos del verano de 1968 han sido incluidos con frecuencia en la oleada de crisis y protestas de aquel año, queriendo precisar de ese modo la integración de un mundo en pleno proceso de revisión política y moral. Sin embargo, a pesar de la insistencia en montar un eje Berkeley-París-Praga que para algunos incluso se alargaría hasta Pekín, y que respondería a una misma intención, no resulta fácil desde hoy obviar las sustanciales diferencias entre las protestas checas y las occidentales. La mera coincidencia cronológica no debe oscurecer el verdadero intento de reforma del socialismo en Praga, y la magnitud de la protesta euroamericana contra el sistema adversario por razones muy diferentes. En realidad el conflicto checo pertenece por derecho propio a la evolución general del bloque socialista europeo, con el que se identifica mucho mejor que con las revueltas occidentales del sesenta y ocho. En este sentido, la primavera fue en Praga un precedente histórico de posteriores florecimientos en el bloque, que sólo comenzarían a apuntar a mediados de los ochenta.

En 1948, como ya hemos señalado, se produjo en Checoslovaquia la quiebra del proceso de democratización «a la occidental» iniciado tras la guerra mundial. El Partido Comunista, vencedor en las elecciones de postguerra, en cuanto tuvo el poder en sus manos aplicó una copia del modelo estalinista, en el que no faltaron purgas políticas y eliminación de los elementos opositores. Al mismo tiempo, el gobierno checo se alineaba junto a Moscú en su enfrentamiento a Tito, y renunciaba de este modo a construir un socialismo particular o nacional, independiente de las directrices soviéticas. La aplicación tensa de este modelo crearía una gestión rígida, aislada de los problemas reales del país y con una práctica política monolítica en favor exclusivo del aparato del partido.

Una vez desaparecido Stalin, y tras la repercusión de las denuncias hechas por Kruschev en el XX Congreso del PCUS, Checoslovaquia sería una de las primeras en alinearse con el nuevo estado de cosas. Un movimiento sociopolítico, integrado por filósofos, escritores, intelectuales, artistas, periodistas..., empezó a exigir rehabilitaciones y pluralidad. Durante los años de coexistencia esta oposición fue madurando, hasta que adquiriendo forma de plataforma cultural la marea contestataria se aprovechó de un congreso de escritores, en 1967, para denunciar abiertamente la política del secretario del partido y presidente de la República Antonín Novotny.

El primer paso en términos de enfrentamiento serio lo dieron, como en París, los estudiantes. Las protestas y manifestaciones callejeras de éstos fueron reprimidas con dureza por la policía del régimen, durante octubre de 1967. Sin embargo, el clima de libertad había calado y de la calle saltó a los disconformes en el seno del partido. Las críticas contra la gestión de Novotny arreciaron desde todos lados: los estalinistas le reprochaban sus veleidades «liberales» (rehabilitaciones, tolerancia con los escritores, concesiones en política económica...), mientras los progresistas veían llegado el momento de acometer profundas reformas y rechazaban el excesivo centralismo del Estado y del partido.

A comienzo de 1968, el Comité Central del PC checo decide el relevo del secretario al que los nuevos aires moscovitas tras la salida de Kruschev tampoco sostienen. Se decide, no obstante, mantener a Novotny como presidente de la República, aunque separado de su función en el partido. Entre los candidatos a sucederle no hay figuras relevantes, y la división de preferencias terminará por favorecer el encumbramiento de un «segunda fila». Alexander Dubceck sería elegido pensando en una fase de transición y en espera de que el nuevo orden soviético fijara los rumbos generales a seguir por el bloque. Sin embargo, los hechos iban a sorprender, como en tantas ocasiones, las previsiones que todos los observadores habían formulado tras la inesperada ascensión del nuevo secretario del partido.

Dubceck, que no contaba con la aprobación explícita del Kremlin habiendo sido nombrado en un período de reblandecimiento del control anterior ruso sobre los países socialistas, se encontró gracias a ello con mayor margen de maniobra y con menos compromisos establecidos que sus predecesores. El movimiento de intelectuales cobró nuevos bríos interpretando que los cambios propuestos desde la Secretaría del partido afectaban en profundidad a la estructura política y arrastró consigo a la opinión pública. Pronto Dubceck se vio convertido en el representante de un período de reformas, de discusión y diálogo, en el que lo más notable fue la tolerancia y la desaparición en la práctica de los métodos de censura.

Las tendencias aperturistas encontraron firmes aliados en el ala progresista del partido, pero encarnaron mejor que en nada en las nuevas generaciones. Los jóvenes que no habían conocido la guerra, pero que vivían desde hacía veinte años lastrados por las prohibiciones políticas y sometidos a un tenso control ideológico, abrazaron con entusiasmo el nuevo talante oficial. La primavera política apareció en pleno invierno, y a ella se incorporó el movimiento ciudadano con sus mejores armas críticas y reivindicativas.

En abril de 1968, en medio del fervor progresista, el Comité Central del partido aprobaba un programa político que trataba de encauzar estas energías populares y mantener al Estado en límites tolerables para la URSS y el resto de los países del bloque. A pesar de que en aquel momento la ansiedad política de los checos superaba al contenido del proyecto, es necesario subrayar su enorme trascendencia y su acusado realismo político. Se trataba además del primer documento programático redactado al margen de las directrices oficiales del Kremlin, y se convertía así en precedente de oro de posteriores corrientes reformadoras en el bloque y en la propia Unión Soviética.

El programa seguía manteniendo la hegemonía política del partido, pero reconocía cierta pluralidad de colaboración para construir el socialismo lo que significaba acabar con el monopolio comunista checoslovaco. Proyectaba además construir un sistema de socialismo democrático, en el que se recogía el modelo de sufragio electoral secreto y la constitución de consejos obreros autogestionarios, que hicieran posible la participación directa del pueblo. El fortalecimiento de la independencia sindical, el derecho a la huelga y otras garantías sindicales formaban también parte del programa de abril.

En el capítulo económico se preveían reformas importantes, con las que se trataba de eliminar la recia burocracia estalinista y aumentar la intervención de obreros y técnicos en las decisiones empresariales. Sin renunciar a los modelos planificadores, entonces en pleno desarrollo, se ponía el énfasis en una mayor libertad de producción y mercado con el fin de que los consumidores tuvieran más participación en la economía global a través de una mayor opción de compra.

El apartado de política internacional contenía alusiones al ejercicio de unas relaciones estables y en plano de igualdad con la URSS y los demás países socialistas, denunciando el imperialismo y afirmando el derecho a la independencia y la coexistencia pacífica. Otras reformas alcanzaban a los sectores religiosos culturales o científicos en los que se abogaba y defendía la necesidad de una completa libertad.

La aceptación y popularidad de los contenidos aprobados pusieron en guardia a los más duros del Kremlin y contaron pronto con los ataques del ala ortodoxa del comunismo checo. Las semanas siguientes fueron de enorme tensión política y de agrias discusiones entre representantes de las distintas tendencias del Comité Central. La opinión progresista cada vez apoyaba con mayor vigor las tendencias aperturistas y presionaba sobre el propio secretario del partido para que eliminara a los elementos contrarios al programa. Finalmente, Dubceck se decide por convocar un Congreso extraordinario en el que se trataría de aclarar las filas dirigentes, excluyendo a los principales implicados en la defensa estalinista del régimen.

Sin embargo, antes de ponerse en marcha el Congreso una reunión del Pacto de Varsovia, a la que no acude Dubceck, formula una condena tajante del rumbo político checoslovaco en la que se acusa de contrarrevolucionario al gobierno de Praga. A primeros de agosto, no obstante, en una entrevista entre los principales líderes del bloque comunista, el dirigente checo se avendría a firmar un documento de compromiso y a efectuar algunos cambios en el ejército, cediendo a presiones del propio Brezhnev. Pero la organización del Congreso no se detendría, provocando la decisión de intervención armada del Pacto. El primer día de las sesiones, los tanques atravesaban la frontera y se acercaban a Praga.

Las tropas detuvieron a Dubceck y a otros miembros del partido, conduciéndolos a territorio soviético. Durante siete días los tanques de Varsovia ocuparon las calles checas y se situaron estratégicamente en espera de acontecimientos. Mientras tanto la población se manifestaba contra la intervención hostigando a los soldados, y el Parlamento se reunía para condenar la agresión. De forma semiclandestina se convocaba el proyectado Congreso, que denunció la actuación del Pacto, pidió ayuda a los partidos comunistas de todo el mundo y aclamó la reelección

de Dubceck, que mientras tanto permanecía secuestrado
en la URSS.

A pesar de la aparatosa presencia de los tanques y del
estado de emergencia, la actitud beligerante de checos y
soviéticos no cuajaría en excesos represivos ni en incidentes destacados. Hubo, sí, ataques a las tropas y respuestas
mortales de los soldados, pero en número no desmesurado, si tenemos en cuenta la excepción del momento. Algunos muertos y heridos (las fuentes occidentales habla-
ron de 23 muertos en los primeros días) dieron el tono
dramático a la situación. Pero, en general, la resistencia
fue de las denominadas «pasivas», mezclando gestos de
indiferencia o rabia, incluso con discusiones entre invasores e invadidos, insultos recíprocos, piedras y manifesta-
ciónes.

La desobediencia civil fue notoria y decisiva para evitar
una mayor contundencia en la intervención. La clase política no sólo denunció y se opuso a la presencia rusa, sino
que además se negó a formar ningún gobierno provisional
desoyendo las presiones moscovitas. Al mismo tiempo los
partidos comunistas de Occidente formularon duras críticas a la actuación del Pacto, poniéndose en su mayoría del
lado de las reformas de Dubceck. Este clima finalmente
desconcertó a Moscú y obligó a los soviéticos a contar con
el detenido secretario general para encontrar una salida
negociada a una crisis que amenazaba con convertirse en
un grave error de cálculo.

Dubceck participaría en los últimos días de agosto en
las negociaciones del Kremlin, que pusieron fin al conflicto. De ellas salió el compromiso checo de «normalizar» la
vida política del país desmontando las reformas o previsiones de reforma, mientras los progresistas mantendrían
sus puestos en el gobierno durante el tiempo necesario
para desdecirse de todas sus pretensiones. Era la solución
para evitar la ocupación permanente y quizá la guerra, al

mismo tiempo que se desmantelaba la resistencia y el movimiento por las libertades.

Las protestas y manifestaciones siguieron durante algunos días más, pero la actitud conciliadora y en retroceso de Dubceck, producida entre el desencanto y desesperación de la mayoría, tuvo la virtud deseada por los dirigentes rusos: el ocaso de la primavera y el propio desprestigio político de su líder. Con su presencia y aval se restableció la censura, se anularon las principales reformas, se tachó de contrarrevolucionario al Congreso clandestino y se hicieron los cambios políticos adecuados para impedir el rebrote liberal en el Comité Central. Las aisladas, aunque masivas, protestas estudiantiles de fechas posteriores serían ya insuficientes para detener el proceso de recuperación del autoritarismo.

Poco a poco se fueron encontrando las personas dispuestas a sustituir a los cesados y en abril de 1969 Dubceck era relegado en favor de un nuevo secretario: Gustav Husak, que pertenecía al ala moderada de la «primavera» y que hizo gala de realismo político aceptando conducir el retorno a la normalidad. Meses antes, un terrible suceso conmovía al mundo: el estudiante Jan Pallach, protestando por la tragedia política del país y simbolizando la frustración de sus compatriotas, se quemaba vivo en el centro de Praga. Su entierro, con más de 100.000 personas, se convirtió en el último acto popular de la primavera checoslovaca.

Brezhnev, estancarse y morir

Después de la caída de Kruschev la Unión Soviética vivió un período de incertidumbre política durante el cual sus sucesores trazaron una política ambigua. Si en el plano internacional se mantuvo la tensión armada dentro de un clima de deshielo, en el interior algunas de las reformas anteriores fueron reconsideradas a la baja. La nueva dirección colegiada, en la que destacaron desde el principio Brezhnev y Kossyguin, supondría un freno para el reformismo anterior. Una mayor represión sobre los intelectuales, artistas y disidentes se conjugó con el cese de los ataques a la figura de Stalin, al mismo tiempo que se ponían en marcha los tristemente célebres centros de tratamiento psiquiátrico para «contrarrevolucionarios».

Las relaciones internas del bloque comunista se vieron afectadas también durante los primeros años de la época de Brezhnev por los acontecimientos de Checoslovaquia de 1968 y por los graves conflictos obreros de 1970 en Polonia. La intervención soviética en este último caso trataría de evitar una repetición de la primavera checa, excluyendo el envío de tropas. La solución del conflicto se logró con incrementos salariales, con aumentos de la ayuda económica a los polacos y con un relevo a favor de un gobierno más proclive a aceptar las demandas laborales.

Sin embargo, una vez que se hubieron solucionado estas crisis y el Kremlin aseguró a sus aliados que mantendría la misma política exterior flexible del gobierno anterior, la URSS entró en un período de estabilidad política desconocido desde la revolución de 1917. La década de Brezhnev se caracterizó por una calma plomiza y por la permanencia de un control interno sobre la disidencia, asfixiante pero no demasiado cruento. Se intentó fosilizar esta situación mediante la nueva Constitución de 1977, que no obstante serviría por su carácter inmovilista para facilitar el deslizamiento de la Unión Soviética hacia los graves problemas de la década de los ochenta.

En el plano internacional, Brezhnev pudo presentar como frutos positivos el primer tratado SALT (Strategic Arms Limitation Talk) de 1972 o la Conferencia sobre Seguridad y Cooperación en Europa celebrada en Helsinki en

1975. Pero hubo de asumir la responsabilidad del enfriamiento de las relaciones USA-URSS, tras la intervención soviética en Afganistán en diciembre de 1979. A pesar de
todo, el balance general de la distensión internacional durante su mandato resulta favorable sin duda, aunque muy
corto para el ritmo que después se iba a imponer desde la
Plaza Roja. En él podemos incluir también el afianzamiento
de la cultura del desarme, profundamente extendida entre
los ciudadanos soviéticos durante los setenta, que ha permitido algunos pasos espectaculares en los años posteriores.

Menos afortunada resultaría la gestión económica del
período Brezhnev. Los ambiciosos planes y las excelentes
perspectivas que muchos vieron abrirse durante el mandato de Kruschev se frenaron de forma sustancial bajo el
peso de increíbles dificultades naturales o artificiales, y
por la necesidad de seguir manteniendo una pugna armamentista cada vez más ruinosa. Los sectores más resenti-
dos fueron el eterno «talón de Aquiles» de la agricultura,
y otros como la química o maquinaria que habían constituido antes las puntas del desarrollo soviético. A pesar de
que no cesó la explotación de las riquezas siberianas y de
los avances reconocidos en investigación, la URSS parecía
un gigante torpe dando manotazos sobre montañas de petróleo, gas natural o acero, pero incapaz de cultivar un de-
licado grano de trigo.

En 1974 se convertía en el primer extractor mundial de
crudo y gas, y seguía produciendo acero o minerales como
nadie en el mundo, pero todo era poco para compensar la
prioridad alimenticia de los 250 millones de habitantes de
las quince repúblicas. La tendencia demográfica urbanís-
tica además era aplastante en estos años. No menos del 65
por 100 de los soviéticos vivía en ciudades, creando constantes dificultades de habitación y alojamiento. El problema de la vivienda, uno de los reconocidos abiertamente
por el régimen, se trataba de solventar mediante colosales

404 Historia del mundo actual (1945-1995)

planes de construcción de núcleos masificados. En ellos brillaba un entorno de servicios y zonas verdes, pero la oferta de espacio habitable era sumamente avarienta para las necesidades de los usuarios.

Otro problema nada circunstancial, cual era la incapacidad de la URSS para asegurar la continuidad de cosechas cerealísticas suficientes, no pudo ser contrarrestado con algunos importantes esfuerzos inversores. En los años de catástrofes meteorológicas se acentuaba la dependencia del suministro occidental, y se reproducía la escasez en las grandes ciudades industriales. Las eternas promesas de mejorar la calidad y cantidad de los bienes de consumo jamás se cumplían, sin que la desesperante lentitud burocrática de los transportes o el corrupto sistema de abastecimientos se inmutara por ello. Iniciados los años ochenta, la productividad del modelo soviético y la calidad de sus fabricaciones habían entrado también en un ocaso imparable.

La alargada gestión de Brezhnev, considerada más o menos entre 1965 y 1982, fecha de su muerte, ha sido uno de los períodos más estancados y degenerativos en el orden interno de la historia de la Unión Soviética. Caracterizada en el plano político por una concentración de poderes sólo comparable a la de Stalin, estableció un estilo de gobierno sin grandes complicaciones, pero carente de ideales y apoyado en camarillas familiares. Las continuas concesiones al apetito armamentístico del ejército hicieron de éste el más celoso guardián del Estado y sirvieron de garantía de continuidad para un régimen plano y poco dado a la autocrítica.

La burocracia y la venalidad se adueñaron del aparato hasta extremos desconocidos en la Unión Soviética, más por el relajo y la indolencia de la administración o el partido que por una intención definida de antemano. La sensación de esclerosis política y civil junto a la sequedad cultural, definían mejor que nada la vida cotidiana en el Estado que había nacido para iluminar al mundo con su ejemplo revolucionario. Por otro lado, resulta difícil encontrar en toda la trayectoria del socialismo mundial un líder que provocara menos fervor popular y entusiasmo que el hierático Brezhnev. Su ausencia de carisma político y la escasez de sus recursos personales se agravaban con un marcado inmovilismo aparente, a través del cual, sin embargo, el país de los soviets se encaminaba hacia la crisis y la quiebra.

La modernización al poder

El inmediato sucesor de Brezhnev, Andropov, apenas pudo esbozar un leve intento de reforma interna a partir de 1982, cuando le sorprendió la muerte en pleno proceso de descubrimiento crítico de las carencias del régimen. El fracaso del plan económico se calculaba en un desfase del 30 por 100 de error sobre las previsiones a la altura de 1981, lo que resultaba aún más sangrante después del enorme esfuerzo financiero del Estado, sobre todo en algunos sectores como la agricultura. Hasta finales de los setenta, la realidad de algunos años de climatología adversa había sido la disculpa oficial que encubría las incompetencias y algunas interferencias delictivas continuamente presentes. Pero no servía para atajar la desmoralización de un pueblo que cada vez veía más lejos el paraíso socialista prometido durante los años de desarrollo.

La debilidad del crecimiento oficial reconocido en los años finales de la administración Brezhnev (3 por 100 del PNB y 2,9 por 100 del producto industrial en 1982), la desviación de un alto porcentaje del producto agrícola hacia el mercado paralelo o el absentismo laboral se habían convertido en los principales enemigos de la planificación, cuando Andropov trató de enfrentarse a ellos antes de morir en 1984. Por otra parte el diseño planificador se encontraba petrificado en los años cincuenta, sin que existieran previsiones para diversificar la producción, mejorar los rendimientos o evitar el despilfarro de energía. La investigación y el diseño industrial en tecnología de alcance medio habían sido despreciadas y la URSS se veía obligada a importar cada vez mayores contingentes de bienes de equipo y maquinaria electrónica, con el consiguiente derroche de divisas.

La colosal fuga de potencial económico que se producía por culpa de la rigidez administrativa, el desaprovechamiento elefantiásico de recursos y la venalidad galopante eran la peor cara de la moneda en la desmoralización brezhneviana, cuando un sector del partido y la sociedad soviética empezaron a ser conscientes de la urgencia de un cambio estructural en la economía y en la vida del país. Las posibilidades de este sector comenzaron a afianzarse en 1985, después del breve interregno de Chernenko, al asumir el poder el patrocinador de la *perestroika* y la *glasnost.*

El nuevo premier soviético, Mijaíl Gorbachov, tenía 54 años cuando llegó al poder el 11 de marzo de 1985. En sus pasos iniciales se limitaría a seguir el camino iniciado por Andropov en su lucha contra el caos interno. Pero la reunión de noviembre con el presidente Reagan en Ginebra, primera cumbre ruso-americana desde 1979, y los reiterados mensajes antinucleares del nuevo jefe del Kremlin, hicieron concebir ciertas esperanzas. Sin embargo, las reformas y tomas de posición en el aparato político no indicaban todavía en aquella fase la decisión con que Gorbachov iba a revolucionar el planeta ruso y a sorprender cualquier expectativa hecha sobre su mandato.

Hasta la celebración de la cumbre del Comité Central del PCUS de junio de 1987, Gorbachov estuvo colocando sus peones en el partido y en la administración, tanteando la disposición de los militares e incluso esperando el apoyo del bloque socialista y de sus adversarios del lado occidental. En este pleno se libró una auténtica batalla política alrededor de las propuestas reformistas, que contemplaban la democratización del partido y la sustitución de la gerontocracia, pero sobre todo la necesidad de una reforma apreciable del modelo de desarrollo soviético. Para esas fechas ya se estaba difundiendo en Occidente y en la propia Unión Soviética el término ruso equivalente a reestructuración *(perestroika) y* se empezaba a hablar de *glasnost* o transparencia informativa y política, para el período de cambios que se anunciaba.

El concepto de *perestroika* ha servido desde entonces para señalar el programa de Gorbachov, y ha sido asumido por el Kremlin para dar contenido a todo el proceso histórico de modernización en que está inmersa a finales del siglo XX la revolución rusa. A la hora de reconocer los problemas existentes, la *perestroika* sin embargo no hace otra cosa que recoger los frutos extendidos de una anterior cultura crítica, siempre presente en el mundo socialista. Pero la novedad radica ahora en el reconocimiento oficial y en su incorporación al programa de reformas del partido y del gobierno.

Leninismo y mercado

Durante la época de Brezhnev, los errores políticos o administrativos y la situación que hemos descrito tuvieron la virtud de acelerar la formación de una corriente de oposición interna de la que el mismo Gorbachov era tributario. Sin embargo, resultaba difícil aglutinar esta disidencia que no renunciaba al marxismo, en los cauces del aparato abrumados por la burocracia y la ortodoxia. Estos remolques lastraban y enquistaban todo género de problemas económicos y sociales, extendiendo el descontento entre

408		Historia del mundo actual (1945-1995)

ciudadanos y militantes comunistas. El Estado del bienestar soviético, que aseguraba el trabajo, la educación o la salud (los tres pilares más abandonados por el capitalismo), no era capaz en cambio de satisfacer necesidades nimias de consumo medio. En el país que se preparaba para conquistar Marte, que ocupaba la cabecera de la investigación espacial y desarrollaba programas científicos de punta, podían suceder cosas tan inauditas y exasperantes como la inexistencia de jeringuillas desechables en hospitales y clínicas, o la escasez de fruta fresca en las tiendas de Moscú. Mientras acaparadores y especuladores se arrastraban por un mercado negro abastecido de objetos y fetiches occidentales, que trastornaba aún más la marcha de la economía.

La tiranía del mercado capitalista estaba aquí representada por la de la planificación, que si había sido beneficiosa en la postguerra se había fosilizado imponiendo al consumidor la dictadura de los burócratas. La evolución de las necesidades y los más elementales cambios del gusto fueron ignorados durante decenios, mientras todo el edificio socioeconómico seguía construido sobre la negación de los derechos del comprador-trabajador.

En la URSS no cabe la medición de la riqueza social con los mismos parámetros que en Occidente, puesto que los ingresos salariales son mucho menos indicativos del disfrute de bienes que entre nosotros. Hay multitud de servicios, como educación, deportes, vacaciones, cultura, espectáculos o sanidad que funcionan exclusivamente en la esfera estatal o empresarial y no suponen gasto alguno para el usuario. Pero la satisfacción de éstos en un grado que en el capitalismo resulta muy inferior, no impedía una asombrosa y terca precariedad cotidiana en los principales artículos básicos.

El camino escogido por la *perestroika* para intentar remediar esta insuficiencia no ha sido otro que el de resucitar la nueva política económica, la NEP, defendida y aplicada por Lenin y Bujarin en los años veinte, para salir del primer atasco agrícola de la URSS. En síntesis, la orientación leninista de la economía era mucho más flexible que la practicada desde la época de Stalin, con su bagaje de colectivizaciones forzosas y duras imposiciones al campesinado o a los obreros industriales.

Las reformas económicas de Gorbachov se inspiran más en la apertura de la producción mediante estímulos a la iniciativa privada en los sectores agrícola y servicios, que en una sofocante centralización y estatalización. En este aspecto son destacables las medidas sobre comercialización agraria, que han facilitado el acceso al mercado urbano de algunas especialidades obtenidas en régimen de producción privada por el campesinado soviético. Los excedentes agrícolas de las pequeñas explotaciones que los campesinos usufructúan, vendidos en régimen de libertad de precios, además de proporcionar nuevos alicientes y sabrosos ingresos a éstos, permiten un mejor abastecimiento en las grandes ciudades.

Junto a ello destacan las disposiciones que legalizan el trabajo individual autónomo o las cooperativas privadas. Sólo en 1988 unas 500.000 personas se beneficiaron de este reconocimiento laboral, junto al que un nuevo estatuto empresarial descentralizador permite a las fábricas gozar de mayor autonomía y capacidad de gestión. El gobierno ha tratado de justificar su política económica, las modificaciones comerciales y de modo especial las directrices descentralizadoras o antiburocráticas, presentándolas como una revitalización del papel de los soviets, los consejos obreros y ciudadanos que impulsaron la revolución en sus primeros años.

Otros, estirando en demasía sus buenas o malas intenciones críticas, han querido ver en la «liberación» del mercado una brecha capitalista en el corazón del sistema económico soviético. Mientras que los más ardientes defensores de la *perestroika* afirmarían que se trataba tan sólo de perfeccionar el mercado socialista recuperando la flexibilidad de la praxis leninista y salir al paso de la urgente necesidad de abastecer a las grandes ciudades, incentivando la labor de los pequeños productores agrícolas. En cualquier caso, el trabajo asalariado de contratación privada se pone siempre fuera del límite en esta recuperación de la antigua NEP, con el fin de impedir la vuelta de las relaciones de producción capitalistas. Los más escépticos, en fin, no creían posible una liberalización económica específicamente socialista, que pudiera constituir una tercera vía y que fuera además administrada desde la rigidez política del sistema soviético.

Privilegios socialistas

Entre el declive de los servicios o la disminución de la renta real se incubaba el desengaño ciudadano y la disconformidad de los disidentes. De otro lado, la falta de cauces político-civiles de reivindicación y la represión sobre cualquier forma opositora crearon las condiciones para el desarrollo del absentismo social y laboral, la corrupción, el abandono o el alcoholismo, como fórmulas de evasión de la realidad. Los hombres de la *perestroika,* con Gorbachov al frente, comprendieron pronto que la degradación económica había conducido a un similar estrago de los ideales políticos que inspiraron la revolución, y que era imprescindible integrar en un mismo proyecto a la disidencia recuperable y a los hombres más críticos del partido y el aparato.

El panorama en este sentido presentaba los mismos síntomas alarmantes que en el plano económico. El objetivo revolucionario de sustituir el patrón político de la burguesía, con su sistema de partidos y su jerga engañosa y mani-

puladora, había fracasado rotundamente. Durante los
años de Brezhnev, el lenguaje y la política habían dejado
de tener cualquier sentido real para el ciudadano. Nada
quería decir lo que decía y la mentira o la disculpa se habían encaramado al discurso habitual de los dirigentes.
Bajo la imperiosa necesidad de mantener el poderío nacional y de armarse frente a los agresores, se aplazaban
una y otra vez la perspectiva socialista y las promesas de
democracia popular. Todo se prometía y confundía, pero
nada llegaba en el imperio de 18 millones de funcionarios,
que frenaban más que conducían la máquina del Estado.

Mientras tanto, la sociedad soviética, mezcla de resignación y fatalismo, esperaba su redención confiando en la
tradición elitista de su historia y en la llegada de un reformador. En contra de lo que pueda hacer creer la hazaña
de 1917 y toda la épica que ha suscitado, el pueblo ruso
no posee una crónica especialmente pródiga en gestos reivindicativos de orden colectivo. La lucha contra sus penalidades le han venido casi siempre de la mano de minorías
ilustradas o vanguardias de revolucionarios profesionales,
según el esquema leninista. Octubre fue en realidad la
obra de unos pocos que supieron sublevar a los soldados
y a las minorías urbanas más politizadas, en medio de un
país de docenas de millones de campesinos aletargados.

En la ocasión de los años ochenta la transparencia del
lenguaje de la nueva vanguardia empezaría por reconocer
el mismo problema de decaimiento político. Y por denunciar la existencia de clases y grupos sociales diferenciados
en la URSS gracias a su favorable situación política que les
confería mayor capacidad de rentas y más fácil acceso a
los bienes materiales.

No se trataría de las clases tradicionales que en Occidente llevan el peso y la lucha de la historia. En la Unión
Soviética no hay propiedad privada de los grandes medios
de producción, cuya titularidad corresponde al Estado o a

los organismos por él delegados, y que entre nosotros sirve de referencia clasista. Pero existen castas de privilegiados que controlan estos medios «en nombre del socialismo», desviando en beneficio propio las principales decisiones sobre la organización del trabajo, la inversión o los beneficios y gozando de una mejor situación socioeconómica derivada de su posición preferente en la administración o el partido. Con ellos se reproducía el modelo de sociedad contra el que lucharon los alzados en el invierno de 1917, pero sin que recibiera respuesta antagónica de clase.

El año electoral

La ofensiva política del líder soviético contra estos privilegios se concretó en la XIX Conferencia del PCUS, celebrada durante el verano de 1988 en Moscú. La audacia de los ataques y de las propuestas de reforma sorprendieron a la opinión mundial por su contundencia y por la publicidad interesada con que se permitió a la prensa seguir las sesiones. No se pudo evitar la comparación con el XX Congreso en el que Kruschev pasó cumplida revista a la gestión de Stalin, pero en esta ocasión las invectivas de los oradores, y muy especialmente del propio Gorbachov, estuvieron dirigidas en plural a toda la militancia comunista y al aparato funcionarial.

En los cuatro días que duró la Conferencia se registró una inusitada expectación política en todo el país, todavía incrédulo e inexperto en las tareas participativas. Finalmente, el grupo reformista consiguió sacar adelante sus proposiciones de cambio. Con la adopción de seis resoluciones, Gorbachov y su equipo acabaron con la resistencia de los más recalcitrantes y sentaron las bases para la modificación del sistema político. La reforma del partido con limitaciones en los cargos y la revitalización de los soviets, tan marginados desde el período estalinista, son los pilares sobre los que se quería avanzar hacia un socialismo democrático.

Después de la Conferencia del PCUS, en una reunión del Comité Central celebrada en octubre de 1988, Gorbachov, en un golpe de mano, acaba con los dirigentes que todavía se identificaban con la ortodoxia anterior y muestran hostilidad a los cambios. Se producían algunos importantes relevos en el Politburó y se caminaba con decisión hacia el proceso electoral que en la primavera de 1989 permitiría a los soviéticos elegir a sus representantes en la Cámara sin la mediación monolítica del Partido Comunista, por primera vez desde 1917. Al mismo tiempo se reafirmaba plenamente la necesidad previa de cambios políticos para poder llevar adelante las reformas económicas sin obstáculos ni reservas partidistas.

Las transformaciones políticas en la Unión Soviética tomarían carácter oficial durante las elecciones del año 1989. Por primera vez desde el período estalinista, la libertad de expresión política marcaba la pauta cotidiana en la URSS. El propio PCUS con el equipo Gorbachov al frente, fue el mayor propagandista y el mejor animador en los comicios, proponiendo a los soviéticos la elección de una nueva generación de diputados abiertos al diálogo y con posibilidades de hacer progresar el país.

No obstante, se fijaría un calendario y un sistema electoral bastante complicado y en pirámide, que fue estimado en Occidente como colchoneta de posibles sorpresas anti-*perestroika*. Según la consigna política lanzada por el propio premier ruso, se trataba de devolver a los soviéticos «el poder con que se batieron en las barricadas de 1917»: pero con la salvedad de que en el futuro inmediato las bayonetas de la revolución se sustituirían por papeletas de voto.

El poder político del Estado, después de las elecciones

de 1989, lo constituyeron dos parlamentos. Uno conocido
como Congreso de los Diputados Populares, con 2.250
miembros, y otro de 500 diputados, de carácter permanente, que recibirá el nombre de Soviet Supremo de la
Unión Soviética. A pesar de todo, la participación electoral del censo soviético no era todavía abierta y contaba
con cien escaños reservados a los candidatos del PCUS, y
otros 750 a organismos como el Komsomol, Veteranos
del Trabajo, etc. A los ciudadanos no integrados en los
anteriores les quedaba la opción de escoger sus propios
candidatos a los 1.500 escaños reservados a las territoriales y nacionales, quienes después de dos consultas constituirán el Congreso. Finalmente, en las repúblicas, depar-
tamentos, ciudades y localidades de cualquier tamaño se
votarían a los soviets, representantes directos de los electores.

A pesar de la complejidad y el control que desde el poder dirigente pudo ejercerse en las distintas fases electorales, el carácter pluralista que por primera vez adquirieron
unas elecciones soviéticas despertó un justificado interés y
una participación popular desconocida hasta ahora.
Asambleas de fábricas, reuniones de ciudadanos, organismos de intelectuales o artistas, etc., participarían con un
entusiasmo y un calor político, que constituían el mejor
aval para la continuidad de las reformas.

La reestructuración del modelo político de partido único en la URSS no podía hacerse, salvo fórmulas aún sin
descubrir, más que acudiendo al pluralismo formal que
domina en Occidente. Sin embargo, en los países capitalistas, tal sistema se correspondía con una pareja estructura económica y social de tipo mixto, provista de intervención estatal y liberalismo, mientras que en la URSS se pretendía aflojar la intolerancia política, pero mantener el
rigor en la base económica, sin rozar el peligroso margen
de la transformación del sistema.

Perestroika a la carta

Antes que en los países socialistas, la *perestroika* se dejó sentir con fuerza en algunas repúblicas soviéticas y en los sectores más dinámicos de la sociedad rusa. En general la respuesta fue positiva y una mayoría de los elementos más avanzados del país apoyaba la consolidación de las reformas e incluso apostaba por una mayor profundidad en las mismas.

La creación de clubs juveniles, asociaciones culturales y ciudadanas y toda una gama de iniciativas editoriales, centros y mesas de discusión protagonizaron el ambiente sociopolítico soviético durante 1987 y 1988, intervenciones públicas de disidentes como Sajarov o el radical Yeltsin, voces de académicos e historiadores pidiendo una revisión sin precedentes en la crónica socialista de la URSS, o aperturas inusitadas en el campo artístico, abundaron en el marco de una tolerancia de facto. Con frecuencia, estos sectores se manifestaban en favor de la posición del premier Gorbachov frente a la retranca conservadora, y fueron utilizados a su vez como capital político por los propios reformistas del partido.

Las enmiendas constitucionales promovidas por Moscú en 1988 tratando de sujetar las tensiones nacionales surgidas en algunas repúblicas bálticas e islámicas, originaron conflictos y problemas que alcanzaron grave relieve en regiones como Armenia, Georgia, Azerbaiyán o Estonia. Durante algunas semanas la explosión nacionalista en la URSS amenazó con convertirse en el peor enemigo del programa de reformas, además de poner de relieve el fracaso del socialismo ruso en la disipación o contención de las reivindicaciones autonomistas históricas. Manifestaciones, oposición política en los parlamentos respectivos, disturbios sangrientos e intervención del ejército constituyeron los principales elementos de la crisis nacionalista.

Por lo que respecta a los países del Pacto de Varsovia, los nuevos inquilinos del Kremlin se apresuraron a encaramarse a la tradición «liberalista» postestaliniana, asegurando que no tratarían de imponer al bloque ningún modelo específico. A pesar de lo cual, los miembros del Pacto acusarían el influjo de la renovación reproduciendo a menor escala las mismas tensiones señaladas en la Unión Soviética. Los principales representantes de la ortodoxia brezhneviana, encaramados en puestos de privilegio, opusieron dura resistencia a los cambios y se enfrentaron a los políticos e intelectuales que recogiendo el ejemplo moscovita alentaban una apertura política y económica del sistema.

La URSS, a través de la estructura del CAME (el mercado común de la Europa socialista), mantuvo un papel hegemónico en los intercambios dentro del bloque. Sin embargo, a pesar de su peso político y económico algunos Estados, como Hungría o Polonia, llevaron a cabo experimentos y tentativas de reformas separadas de las exclusivas directrices de Moscú. La fase de modificación en las relaciones económicas de estos países tiene su origen en la crisis de finales de los sesenta, cuando a la rebelión yugoslava se sumaron los casos particulares de Rumanía y el intento checoslovaco de 1968.

Hungría, que para muchos ha sido el pionero en la reestructuración económica del bloque, se inició en las prácticas de economía privada en 1983 al autorizar la existencia de pequeñas empresas particulares, que cinco años después participaban con cerca del 10 por 100 en el PIB. Tras esta brecha se produjo la descentralización financiera, que dio lugar a la formación de una abierta oferta bancaria representada por cinco bancos y 20 entidades crediticias menores. El funcionamiento y la estructura de estas empresas apenas se diferenciaba de sus homónimas capitalistas, con propiedad accionarial, reparto de dividendos y una bolsa de valores, con actividad no oficial. El Estado húngaro entraba también en el mercado de capitales emitiendo deuda y certificados de depósito, mientras preparaba una sustancial transformación del sistema productivo, en la que se incluyen cierre de empresas no rentables, desaparición de subsidios, liberalización de precios y flexibilización de la contratación salarial.

La evolución de este «capitalismo» socialista, que en Europa y en Moscú se contemplaba con lógico interés, apoyó con sus buenos resultados iniciales el impulso reformador de la *perestroika*. Al mismo tiempo, el triunfo de las tendencias aperturistas en la Unión Soviética alentaba a los húngaros a profundizar en el camino emprendido mediante nuevos y más arriesgados cambios. De este modo, en mayo de 1988 fueron separados del poder los elementos que se consideraban un estorbo para culminar la modernización del país.

El propio jefe del partido, Janos Kadar, que se mantenía en la cúspide desde la revuelta de 1956, sería sustituido por Karoly Grosz, consolidado como representante de las tesis renovadoras. El nuevo dirigente, que recibió el apoyo del Frente Patriótico, organismo aglutinador de diversas tendencias culturales y religiosas, dentro de la ortodoxia socialista, desde su llegada al cargo imprimiría un ritmo intenso al desarrollo político del país. A comienzo de 1989, el Partido Socialista Obrero Húngaro, admitía un futuro en el que convivirían con otros partidos, y formulaba una revisión histórica del levantamiento popular de 1956, al que rendían tributo y dejaban de calificar como conspiración contrarrevolucionaria. Las declaraciones políticas de la cúspide del PSOH no dejaban lugar a dudas, cuando reconocían que el pluralismo era más eficaz para el sistema socialista que el monolítico modelo vigente desde la represión de la revuelta de los años cincuenta.

En Polonia, el marco reformista estaba siendo impuesto por la movilización de los obreros industriales, entre los que el sindicato clandestino Solidaridad se había extendido desde los años setenta. A comienzo de la década de los ochenta, las tensiones políticas y los disturbios laborales originados por las acciones reivindicativas obreras, empujaron a la intervención del ejército, quien con el general Jaruzelski se hacía cargo del poder. En diciembre de 1981 se imponía la ley marcial, se ilegalizaba al sindicato y se detenía a su dirigente Lech Walesa y otros líderes.

Sin embargo, a lo largo de los ochenta se mantenía una oposición latente y en 1988 la fuerza sindical volvía a rebrotar con fuerza en los astilleros de la legendaria Gdansk en torno al primero de mayo. El descontento general debido a la situación económica había saltado en febrero con la última subida de precios haciendo inevitable nuevas alzas salariales, que ponían en peligro las previsiones económicas globales del gabinete. El gobierno de Jaruzelski, que se había manifestado favorable a la apertura y dado muestras de mayor tolerancia política o sindical que sus homólogos del bloque, trataría de consensuar un paquete de medidas con los medios oficiosos de la oposición. Durante el verano de 1988 se buscaría un «pacto anticrisis», abriendo las conversaciones con elementos de la Iglesia y del propio sindicato.

El Comité Central de Partido Obrero Unificado, el PC polaco, declaraba en junio que las reformas encontraban dificultades y reconocía «el deterioro social» en el último año. En septiembre, el parlamento polaco daba paso en la dirección del ejecutivo a Rakowski, un hombre de características favorables para preparar un diálogo definitivo con la oposición política y sindical. En enero de 1989, el nuevo primer ministro obtenía del partido el mandato negociador y la aprobación de un necesario pluralismo. Seguidamente, Solidaridad aceptaba constituir una mesa de conversaciones y se iniciaba un ciclo negociador encaminado a establecer algunas reformas sustanciales, en el marco de la legalidad constitucional exigida por el parlamento. En febrero de 1989, la oposición política y el gobierno se sentaban para tratar un calendario de reformas constitucionales y las fechas de las elecciones.

A principio de 1989 la situación en los países socialistas se definía mejor que por sus dificultades económicas internas, por la referencia de aceptación o resistencia a los procesos de cambio que se estaban produciendo bajo la sombra renovadora del Kremlin. Además de los casos que acabamos de ver, en otros Estados como Checoslovaquia o Bulgaria se estaban poniendo en marcha las primeras medidas de los nuevos tiempos, aunque a un ritmo atemperado por las resistencias conservadoras en el seno de los propios partidos en el poder.

La excelente imagen internacional que Gorbachov había difundido con sus continuas manifestaciones en favor de la apertura y la reforma de su régimen, calaba entre las nuevas generaciones y producía espontáneas muestras de simpatía o apoyo. Esta identificación popular con los purificados aires moscovitas encerraba no pocas dosis de rebeldía contra las resistencias conservadoras, que algunos ortodoxos y estalinistas tardíos estaban oponiendo al estilo renovador. Trabajadores de los astilleros polacos, jóvenes manifestantes de Praga, grupos de berlineses orientales que se acercan a escuchar música moderna por encima del «muro», o húngaros que portan insignias pro-*perestroika* admiran a Gorbachov y sus reformas, más por el reto esperanzador que suponen que por una identificación política con los intereses históricos de la URSS.

El nombre e incluso el retrato del líder ruso se convirtió en símbolo de resistencia y ataque, según los casos, contra los reductos conservadores del Este. Ello hizo que la ofensiva moscovita traspasara los límites de la mera transformación comunista, convertido en mensaje de reforma social y moral. Las resistencias en la RDA y en Rumanía, los titubeos en Bulgaria, Checoslovaquia o la franca desconfianza castrista, tuvieron el efecto de poner del lado de los rusos a todas las generaciones renovadoras del bloque. A finales del 88 la presión social y política en favor de las reformas era incontenible y todos los Estados trataban de aplicar soluciones propias o diferenciadas, pero de cualquier modo encaminadas a obtener un consenso nacional político que permitiera adoptar cambios económicos sustanciales, con los que eliminar el descontento y mejorar las condiciones del socialismo real.

Entre las naciones del Pacto de Varsovia, sólo Alemania Oriental y Rumanía se mostraban recalcitrantes con el tiempo de cambio. La RDA permanecía a la espera de cómo se desarrollaban los hechos, mientras en el país de Ceaucescu la posibilidad de cambios ni siquiera se vislumbraba. Por el contrario, Hungría anunciaba un referéndum político para 1990 y en Polonia se sugería la formación de partidos políticos. Mientras en Checoslovaquia se empezaba a marginar a los «resistentes» estalinistas y en Bulgaria los cambios en el «buró» político daban paso a un prometedor período de reformas.

El Tercer Mundo

Un concepto moderno

El término Tercer Mundo ha gozado de gran fortuna literaria durante las últimas décadas gracias a su sutileza operativa, más que por una fidelidad del concepto a la realidad histórica que supuestamente quería designar. A pesar de que con él se trata de identificar a todo un conjunto de países subdesarrollados situados en África, Asia o América Latina, es preciso establecer algunos matices que sobreviven bajo una supuesta homogeneidad tercermundista.

Por una parte, la denominación surgió en los años cincuenta en el campo de la sociología política, para calificar al grupo de países que por aquellas fechas en torno a la Conferencia de Bandung, entraba en la disputa histórica con características políticas y económicas parecidas, y desde luego enfrentadas a los otros dos mundos existentes. Constituía una referencia clasista, extraída por comparación con el tercer estado de la Francia revolucionaria, que olvidaba subrayar lo ilusorio de la imagen. En la realidad no hay más que un mundo, aunque dramáticamente fragmentado.

Admitida esta perspectiva, se debe reconocer que, en su contexto geográfico, lo que llamamos el Tercer Mundo se identifica con las zonas históricas colonizadas, en las que a pesar de la emancipación política no se han podido evitar las relaciones de dependencia económica con los antiguos ocupantes. A pesar de esto, pronto se vio que la realidad tercermundista encubría de hecho variantes de muy diversa factura, y que resultaba imposible la homologación perfecta Norte igual a riqueza, Sur igual a pobreza. Este reduccionismo amenazaba con desconocer el perfil interno de los recién descolonizados, confundir sus posibilidades políticas y distinguir las variantes dentro del bloque.

Las naciones que habían obtenido la independencia tras la Segunda Guerra Mundial no podían ser analizadas con el mismo patrón sociológico con que se estudiaban los antagonismos de clase. El Tercer Mundo no era una clase socialmente compacta, sino una eventual alianza de Estados que a su vez contenía problemas de tensiones internas como sus paralelos Primer y Segundo Mundo. No obstante, tenían sustanciales puntos de contacto y sobre ellos se intentó la gran aventura de la «no alineación». El más indiscutible de ellos lo constituía sin duda el fenómeno del subdesarrollo, que oponía de modo general a todos y cada uno de estos países con las naciones euroamericanas industrializadas.

Desde la aparición del movimiento tercermundista, los teóricos se han preocupado de señalar las características bajo las cuales un país podía considerarse miembro de él.

Se convino en incorporar al concepto de subdesarrollo notas como desigualdad de crecimiento y estancamiento económico, concentración de la producción en una o unas pocas especialidades, macrocefalia de los sectores primario y de servicios, industria semiartesanal, debilidad de infraestructura, bajos niveles de renta per cápita y aumento demográfico por encima del económico. Junto a estos factores encontramos carencias sociales como subalimentación o dieta desproporcionada, endemias y enfermedades, retraso técnico y cultural, con déficit de cuadros dirigentes. Naturalmente, todos estos factores se estimaban en relación con el patrón de modernidad que ofrecían los países adelantados de Occidente, y su superación o amortiguación se constituyeron en meta obligada después de la emancipación de postguerra.

En aquellas fechas los recién liberados tuvieron que escoger entre las ofertas que presentaban las ideologías occidentalistas en juego. El muestrario capitalista defendía medidas técnico-económicas para poner al Tercer Mundo en situación de despegue industrial. Planes de inversión con entradas masivas de capitales, ayudas tecnológicas y formación acelerada de una elite tecnócrata gobernante. Este despegue no habría de afectar al mantenimiento del reparto internacional de labores, de modo que los países tercermundistas debían poner el énfasis en desarrollar sus fuentes autóctonas de riqueza, basadas en la exportación de materias primas.

Por su parte, la receta socialista propugnaba una salida global a través de una revolución política, sin la que sería imposible acometer la liquidación de la pobreza. Para los seguidores de Marx, la solución económica debe partir de una previa sustitución del modelo capitalista en vigor durante la colonización. Entre ellos, no obstante, existen dos grandes divisiones. Por un lado, los que propugnan la colaboración de clases en un frente nacional para expulsar a

424					Historia del mundo actual (1945-1995)

los nuevos colonizadores. Y por otro, los que defienden la lucha directa por el poder descartando la coexistencia pacífica.

Existían también algunas terceras vías, entre las que podemos citar la ofrecida por las iglesias católica y protestante, representada con exactitud en los principios que Pablo VI expuso en su *Populorum progressio* ya citada. La línea moral de estas confesiones defendía la obligación de una redención histórica, que compensara lo que Occidente había arrancado en los siglos de colonización. Esta propuesta se decantaba por la solidaridad ética, excluyendo las transformaciones sociales o políticas violentas, pero admitía en casos particulares, como el Brasil del obispo Cámara, la revolución pacífica de las estructuras de un capitalismo desenfrenado.

Los más reduccionistas de estas escuelas resumían sus posiciones con cierta simpleza pensando que, o bien la llegada masiva de capitales sería suficiente para propiciar por sí sola un desarrollo encadenado, o que el hombre nuevo que crearía la revolución proporcionaría de facto la solución de los problemas económicos. En cuanto a los cristianos, predicaban el reino de la justicia con el ejemplo supuestamente persuasivo de la generosidad y la mansedumbre. La historia de los últimos años con la crisis a cuestas, el endeudamiento atroz de los ochenta o la impotencia revolucionaria en los Estados en que los reformistas tomaron el poder, han terminado frustrando, sin embargo, no pocas de estas expectativas.

El agujero negro

A final de los años sesenta, en plena euforia desarrollista occidental, se pensaba que la raquítica presencia de capitales y las dificultades para obtenerlos en los países avanzados eran los culpables máximos de la incapacidad tercermundista. En años posteriores se incrementarían los préstamos al subdesarrollo, coincidiendo con el período de aumento de la oferta monetaria mundial. En plena huelga de inversiones y deserción de capitales en Occidente, la crisis desvió la masa crediticia hacia las áreas más rentables y con una mayor estabilidad política, de la periferia mundial.

Muy pronto, sin embargo, se constataría que la afluencia de inversiones carecía del elemental altruismo que las Iglesias habían pedido a Occidente. Las multinacionales, sustituyendo a los Estados occidentales en la nueva colonización, encauzaban la mayor parte del contingente monetario para controlar las economías nacionales en su propio beneficio. Se desviaban ostentosamente de la planificación estatal y repatriaban los réditos obtenidos, creando un flujo desfavorable para el Tercer Mundo. En estas operaciones estaban complicados políticos y dirigentes indígenas, que se aprovechaban del flujo de dólares y no titubeaban en poner a buen recaudo sus fortunas personales. De este modo la evasión de capitales, provocada por la zozobra política y el egoísmo de las clases altas, constituye uno de los peores cánceres económicos del Tercer Mundo. La cumbre de esta situación y su consecuencia más onerosa la constituye el agravamiento del peso de la deuda, a cuyos términos nos hemos referido en el apartado dedicado a Sudamérica.

En el resto de las naciones pobres, en especial africanas, las consecuencias de la crisis tomaban incluso peor aspecto. El continente negro acusaba una caída de la renta regional hasta los márgenes de los años sesenta, la primera década de independencia. Las estadísticas de la mayor parte de los países señalaban fuertes pérdidas en capítulos como exportaciones, inversiones, consumo, renta por habitante... En los menos dañados, se lograba mantener el esfuerzo vendedor a costa de grandes explotaciones ex-

tensivas que perjudicaban notablemente al medio natural.
El agujero negro del servicio de la deuda engullía, en los
años ochenta, los penosos esfuerzos del Tercer Mundo,
que se veía obligado a transferir a las naciones ricas de Occidente todos los años no menos de 120.000 millones de
dólares. Esto significaba que desde comienzo de la década más de 700.000 millones habían pasado de las manos
escuálidas a los poderosos bancos centrales de Euroamé-
rica y Japón.

En los países en que una suerte de revolución había alcanzado el poder siguiendo el doctrinarismo socialista o
socialdemócrata, las pretensiones de crear un mundo nuevo han chocado muchas veces con obstáculos insupera-
bles. En estos casos se trataba de la superposición de una
reforma política, correspondiente a una fase mucho más
avanzada de la estructura socioeconómica que la que tenían los destinatarios. La violenta destrucción del mercado colonial, de sus leyes y relaciones arraigadas. La imposición de colectivizaciones agrarias. Una industrialización
de tiralíneas impuesta por la fuerza, siguiendo el obsoleto
modelo estalinista. Y, finalmente, la hostilidad manifiesta
de los entornos capitalistas, cuando no la intromisión y el
boicot directo a estas revoluciones, que no podían ser
contrarrestados por la ayuda del bloque antagónico en-
frascado en sus propios problemas, provocó el aplazamiento de objetivos o el deterioro de las promesas revolucionarias. Esto produciría bolsas de desencanto social, al
mismo tiempo que un frenazo del impulso idealista encarnaba en algunas burocracias despóticas o corrompidas.

En los años ochenta aparecían algunas rectificaciones de
rumbo en los Estados más representativos del área, mientras se buscaban nuevas soluciones conjugando experimentos liberalizadores con resistencias a seguir soportando la tiranía financiera de los «benefactores» capitalistas.

Pero para entonces la situación en la mayoría de estos

Estados presentaba alarmantes índices de derrumbe. Mientras el espacio que ocupaban las 120 naciones que podíamos considerar tercermundistas se extendía por las dos terceras partes del planeta cobijando al 75 por 100 de sus más de 5.100 millones de habitantes, sólo disponían del 20 por 100 de la renta mundial. Sin embargo, entre ellos se daban también apreciables distinciones. Un grupo minoritario de no más de siete Estados árabes, productores de petróleo, alcanzaba niveles de ingresos medios muy superiores al resto, por encima de los 10.000 dólares anuales per cápita. Mientras un conjunto intermedio de otros 20, entre los que figuran los principales latinoamericanos (Argentina, Brasil, Chile...), que se consideran semiindustriales, apenas rozaban los 2.000 dólares de renta anual por habitante. El resto, es decir, las poco más de 90 naciones que son el corazón de subdesarrollo mundial, difícilmente superaban los 500 dólares por ciudadano.

Para estas últimas, entre las que se contaban la mayor parte de las naciones del África negra, algunos Estados centroamericanos y grandes zonas de la India, el mayor problema era el de la insuficiencia alimentaria. Si cerca del 70 por 100 de los habitantes de la Tierra consumen menos de 2.500 calorías diarias, en estos países situados al final del subdesarrollo la dieta apenas alcanzaba las 1.000. La desnutrición, junto a las carencias y el desequilibrio vitamínico, propios de agriculturas atrasadas no diversificadas, eran responsables de las altas tasas de mortalidad y de la presencia endémica de enfermedades.

Los hijos de Bandung

La existencia de varios escalones de renta en el Tercer Mundo no ha sido obstáculo para que en muchas ocasiones hayan prevalecido las afinidades sociopolíticas y se haya podido mantener una estructura integrada, como bloque no alineado frente a las grandes potencias. En páginas anteriores hemos asistido al alumbramiento de un original proyecto, que sirvió no sólo para una toma de conciencia tercermundista, sino para establecer un modelo reivindicativo de resultado desigual.

La Conferencia de Bandung, celebrada en medio de la euforia de la descolonización de postguerra, apadrinó la cuña tercermundista que penetró con fuerza en la ONU desde la convocatoria de la UNCTAD (Conferencia de las Naciones Unidas para el Comercio y el Desarrollo), celebrada en Ginebra en 1964. Eran fechas de verdadero fervor independentista, en plena segunda oleada emancipadora, pero también de asentamiento de los neocolonialismos después de que en Occidente hubieran cuajado las integraciones (EFTA, MEC, expansión USA...).

A pesar de ello se mantenía firme la creencia en las promesas liberadoras de los aliados, en la colaboración de los socialismos y en las propias fuerzas y riquezas, para impedir un futuro de hambre y opresión. En la Europa cultural tronaban con vigor las voces que condenaban el eurocentrismo colonizador y parecía llegado el momento de la realización de los siempre pospuestos ideales de amistad, ayuda y paz internacional.

Sin embargo, bajo la prometedora y falsa superficie de los discursos políticos, los organismos occidentales (OCDE, FMI, Banco Mundial, GATT...) encargados de mantener la estructura montada tras la descolonización, se afanaban por ganar terreno a su favor en la relación mundial de intercambios. Las jóvenes aprendices de nación comprendieron, demasiado tarde y dramáticamente, que estaban presas en la red internacional de necesidades creadas por el modelo de desarrollo que habían copiado de las viejas metrópolis. Su participación en las Naciones Unidas y en los organismos socioeconómicos dependientes les había desorientado y cerrado a otras ofertas que no fueran las que mediatizaban los antiguos o modernos imperios.

En la encrucijada de estos años, retomando el espíritu de Bandung, se constituye la UNCTAD, que trata de identificar a los socios de la ONU con las necesidades del movimiento de no alineados y se presentará como una formación antagónica frente a los Estados industrializados. De este modo, la reivindicación de un nuevo orden económico internacional obtuvo una tribuna propia y diferenciada, en la que los grandes tuvieron que oír las voces acusadoras de los Prebisch, De Castro o Guevara entre otros. Finalmente, la reunión de Ginebra acabaría entre desacuerdos y dilaciones, desilusionando a la mayoría. La coalición euroamericana se conformó con reconocer la existencia de graves problemas de subdesarrollo, pero se negaría a nada que no fueran declaraciones de principios.

De la decepción ginebrina y la displicencia occidental surgirían las «conferencias del subdesarrollo», como se conocería a las celebradas en los años sesenta y setenta, por el grupo denominado de los «77». En ellas se empezaron a tratar de forma autónoma los problemas tercermundistas y se dieron algunos pasos en el plano internacional o en el de la cooperación económica. Argel, Nueva Delhi, Santiago de Chile o Manila acogieron distintas reuniones más o menos infructuosas de los «77», que finalizaron sin mayor repercusión que las reiteradas y ya rutinarias llamadas a la solidaridad internacional. Las respuestas de los países industriales, fueran capitalistas o socialistas, eran de forma predominante consejos de paciencia y comprensión, sin repercusión alguna en la liquidación de las abismales distancias. Por otro lado, las mismas diferencias entre los miembros, algunos de los cuales gozaban de acuerdos preferenciales con los organismos occidentales (MEC, EFTA...), y

la falta de acuerdo para adoptar medidas de presión efica-
ces, han impedido siempre resultados efectivos.

A mediados de los años setenta, en el verano de 1974,
la Asamblea General de la ONU, cediendo a las presiones
tercermundistas, celebraba una sesión dedicada a discutir
los términos de un nuevo orden económico mundial. El
carácter no vinculativo de estas sesiones y sus acuerdos facilitaron la serie de declaraciones que urgían un cambio
en la relación de intercambios, en el umbral de los años
ochenta. Se pedirían, entre otras medidas, el establecimiento de precios más equilibrados entre materias primas
y productos elaborados. Mayor participación del Tercer
Mundo en el producto industrial, que en 1979 era sólo de
un 9 por 100. Tratos comerciales preferentes, mediante
cesiones de los países ricos. Transferencias tecnológicas y
reconocimiento del derecho a las propias riquezas.

En 1977, sobre la base de estas declaraciones, se creaba
una Comisión Norte-Sur tratando de hacerse cargo de la
incapacidad de la comunidad internacional para promover cambios profundos en la socioeconomía mundial. Sin
embargo, a pesar de la renovación de las denuncias, del
mantenimiento de conversaciones y conferencias o de la
proliferación de declaraciones de compromiso, las demandas tercermundistas no sólo no han sido satisfechas
durante la década de los ochenta, sino que se han hecho
más acuciantes. El descenso de los precios del petróleo y
otras materias primas, a los que hemos aludido en repeti-
das ocasiones, había provocado una recesión económica
sin precedentes en algunos casos. El área sudamericana
era una de las más perjudicadas por este ciclo desfavorable, e incluso alguna de sus principales repúblicas (Brasil,
Argentina, México, Venezuela...) veían fracasar anteriores
avances, devorados por la inflación y el peso de la deuda.

A finales de 1988 los informes de situación sobre los
países pobres subrayaban la pésima evolución de la co-

yuntura de los últimos años en esta región. El Fondo de las Naciones Unidas para la Infancia (UNICEF) destacaba el declive económico del Tercer Mundo con desplome de la renta y de los ingresos familiares. El Fondo denunciaba también el recorte en los gastos sociales y el incremento de la precariedad alimenticia, muy acusada en la población infantil. Significaba el fracaso más estrepitoso de las ilusiones alumbradas desde la postguerra, al cabo de casi cuatro décadas de perseguir las condiciones de bienestar que disfruta la humanidad desarrollada.

China comunista

Las características demográficas y socioeconómicas de la República Popular China la hacen entrar de lleno en el paquete de naciones que estamos considerando del Tercer Mundo. Incluso la relevancia de estos mismos elementos la convertirían, junto con la India, en uno de los Estados más representativos entre todos los que se pueden adjudicar esta pertenencia. Y ello a pesar de que el triunfo revolucionario de 1949 invitaba a incluir a los chinos comunistas en el bloque socialista, que con esta incorporación se convertiría durante los años cincuenta en el mayor conjunto de este signo político del planeta.

En efecto, los casi 600 millones de chinos que poblaban este inmenso país en 1950 componían la mayor nómina oficialmente comunista de la historia. Pero, por encima de cualquier estimación política, la gravedad y urgencia de los problemas más elementales apenas dejaban al PC chino resquicio para detenerse en alegrías estadísticas. De la cifra citada (la cuarta parte de la población mundial) un 80 por 100 se dedicaba a la agricultura, y alrededor del 40 por 100 tenía menos de 18 años. La guerra había sumido en la destrucción a las regiones industriales del país, el rico comercio de la costa estaba casi paralizado y el producto campesino era insuficiente para atender la gigantesca demanda alimenticia.

Las estadísticas poblacionales chinas son generalmente consideradas defectuosas por la opinión occidental, pero cualquier estimación que se haga para los años postrevolucionarios no cede de un incremento anual de 12 a 15 millones de personas. La doctrina oficial del régimen maoísta, sin embargo, seguiría al principio el perfil antimalthusiano de Marx, considerando que no era necesario ningún control de natalidad, sino revolucionar las estructuras e incrementar la obtención de alimentos, para lo que se necesitaban cada vez más brazos.

En 1950, después de firmarse un tratado de cooperación con la Unión Soviética, se pone en marcha una reforma agraria sin precedentes en la historia asiática. Las grandes propiedades en poder de latifundistas, burguesía campesina o monasterios fueron expropiadas y repartidas entre los agricultores. En 1953, con la reforma prácticamente terminada, se lanzaría el primer Plan Quinquenal durante el cual la producción agraria conoce un impulso sustancial. A pesar del déficit de maquinaria y bienes de equipo, durante estos años se consigue el autoabastecimiento de la enorme masa demográfica que seguía creciendo bajo el estímulo productivo impuesto desde el poder. Una sucesión de excelentes cosechas acompañaría a los primeros años del fervor revolucionario, favoreciendo altas cifras de nacimientos.

Los primeros años cincuenta fueron también los de la reconstrucción económica y financiera. Se consiguió controlar la grave inflación heredada del período de guerra, mediante adecuadas medidas fiscales y salariales, apoyadas por presupuestos equilibrados. Al mismo tiempo se recuperaban los principales renglones de la producción industrial, iniciándose la reparación del ferrocarril y otras vías de comunicación. No obstante, la principal característica de esta recuperación era el bajo rendimiento por obrero empleado. La abundancia de excedente laboral conducía al empleo de grandes contingentes de mano de obra, lo mismo en la agricultura que en la industria. Con lo que se intentaba compensar la ínfima mecanización de la producción.

La piedra angular de la política económica china fueron los planes quinquenales y el énfasis puesto en el desarrollo de la industria pesada, siguiendo el modelo estalinista. La cooperación soviética fue decisiva en este capítulo, mediante transferencias tecnológicas, asesoría industrial y financiación de las plantas fabriles fundamentales. La misma inspiración serviría para colectivizar la vida campesina, que se organizaría en forma de comunas populares, con el fin de racionalizar e incrementar la producción.

Vocación internacional

El primer sobresalto de graves consecuencias con el que tuvo que enfrentarse la joven república fue la guerra de Corea de 1950 a 1953. China actuó en Corea como testaferro de los intereses de la URSS, ayudando al gobierno del norte en su intento de unificación peninsular. Durante el conflicto la alianza con los soviéticos se reforzaría, al mismo tiempo que China rompía definitivamente con los EEUU y sus aliados. Quedaba así perfilada la alineación internacional en el campo socialista de la China de Mao.

La muerte de Stalin y el final de la guerra, en 1953, iban a suponer el comienzo de una nueva era para las expectativas chinas y su papel como gran potencia en el campo internacional. A finales de los años cincuenta el régimen estaba suficientemente asentado y había probado su eficacia social y económica, con los resultados más que aceptables del primer plan. La presencia de Chu-En-Lai en la Confe-

rencia de Bandung, rodeado de la expectación mundial y
con las bazas del ciclo benéfico por el que atravesaba su
país, iba a suponer el espaldarazo de China entre los países que comenzaban a formar la no-alineación.

Poco después la ruptura ideológica y diplomática con la
URSS del deshielo y la coexistencia, que hemos visto anteriormente, dejaban a Mao y su régimen las manos libres
para intentar jugar un papel más influyente entre sus compañeros tercermundistas. La China comunista es entonces
el único gran Estado que siendo excluido del concierto de
la ONU se declara enemigo irreconciliable de los norteamericanos y se enfrenta con su ortodoxia revolucionaria a
los «traidores» del Kremlin. El peso del maoísmo y de su
doctrina se extienden en los años de la segunda oleada independentista en Asia y África o durante el decenio guerrillero e incluso después en Sudamérica. La ruptura de la
familia comunista tiene también importantes repercusiones en la militancia de izquierdas occidentales, creándose
partidos y grupos que adoptan la ideología maoísta y se
enfrentan a las directrices moscovitas.

Flores y saltos

La consolidación del Partido y la puesta en marcha de
las principales instituciones del régimen coincidirán con
esta extensión internacional de la imagen de la China revolucionaria. En 1956, además, los dirigentes maoístas tratarán de cubrir las responsabilidades de su proyección ideológica mundial, procurando integrar a los intelectuales en
la construcción de un socialismo humanizado. Se lanza la
consigna del florecimiento paralelo de «cien flores» y «cien
escuelas», mediante la cual se pide a los científicos, pensadores, escritores o artistas incorporen sus diferentes puntos de vista para enriquecer al marxismo-leninismo.

Se trata de un momento favorable que coincide con la convulsión del XX Congreso del PCUS y el comienzo de los ataques al estalinismo. Sin embargo, los intelectuales no comunistas se muestran reticentes y desconfiados en los primeros momentos. Finalmente, cuando se destapan las críticas más duras al régimen, los conservadores del Partido reaccionan y detienen la marea opositora. Muchos intelectuales son acusados de contrarrevolucionarios y elitistas, produciéndose algunas condenas y castigos a los más significados. El resultado de este intento liberalizador de extraordinario valor por su carácter pionero fue, sin embargo, el fortalecimiento de las líneas duras en el Partido, la recuperación de la ortodoxia intransigente y la adopción de posiciones críticas ante el reformismo soviético.

En el orden interno la reacción se concretaba en campañas de rectificación y aceleración del proyecto socialista. La necesidad de quemar etapas en la construcción del comunismo, de satisfacer las necesidades de los cada vez más numerosos chinos y de tener que avanzar sin la ayuda soviética estuvieron presentes en la planificación conocida como «el gran salto hacia adelante», entre 1958 y 1965. El inveterado optimismo de Mao Tsé-tung trataría de sacar provecho de las enormes dificultades, proponiendo a su pueblo un esfuerzo sin precedentes mediante los tradicionales estímulos socialistas.

El gran salto cuenta con la precariedad de medios técnicos, pero también con la capacidad de trabajo y sacrificio del pueblo chino. No se trata de corregir los bajos índices de productividad, sino de incorporar a la producción todos los brazos y todos los medios disponibles, incluidos los más atrasados o artesanales. Se movilizarán por millones los campesinos que trabajarían con las más elementales herramientas o poniendo en marcha los desechados sistemas industriales del siglo pasado.

En la agricultura se reagruparon comunas y cooperati-

vas, quienes bajo estricta disciplina y con agotador esfuerzo consiguieron aumentar en forma notable la superficie
cultivada y la producción de los principales artículos agrícolas. La comuna se convirtió en el eje de la vida campesina, formando una unidad rural de carácter autónomo y de
tal eficacia que pronto se extendería a las ciudades. Durante tres años duró este fervor más idealista que basado
en las posibilidades reales, hasta que a finales de 1959 se
constataba un grave estancamiento productivo, un deterioro acelerado de la calidad en las labores y un enorme
cansancio político provocado por la tensión ideológica y
la agitación de masas.

Los errores en la planificación, en el control técnico o
en el apresuramiento agrícola se unen en algunos años a
las catástrofes meteorológicas, para provocar una aguda
crisis al comienzo de los años sesenta. Las previsiones del
«gran salto» no habían podido alcanzarse salvo en sus dos
primeros años, y se empezaba a admitir que la construcción del socialismo era algo mucho más costoso y complejo. Con una perspectiva más amplia, hoy podemos decir
que aquellas pretensiones carecían de base real y sólo pudieron abordarse a partir de una desmesurada ideologización de las posibilidades. Desde 1960 se registraba un se-
midesmantelamiento del modelo comunal y una redistribución del marco productivo más realista y eficaz, pero
las consecuencias del fracaso no se iban a cancelar fácilmente.

Revolución en la revolución

La imagen de Mao por fuerza habría de sufrir un notable desgaste durante la crisis de los años 1960-1961.
Su distanciamiento idealista y su pensamiento anclado
en el período pre-revolucionario contribuyeron a en-

frentarle con los miembros más tecnócratas del gobierno y del partido, en especial con Teng-Siao-Ping. Las diferencias en la política económica a seguir, que propugnaba este grupo frente al rígido modelo maoísta, desataron la lucha por el poder. En el alineamiento de fuerzas el titular de Defensa, Lin-Piao, apoyaría las tesis de Mao, criticando la burocracia y las tentativas de liberalizar la economía.

Entre 1962 y 1966 se desataba un acre enfrentamiento ideológico, en el cual Mao y sus partidarios llevaron a cabo campañas de agitación política, sin precedentes desde el triunfo de la revolución. En 1966 la Asamblea del Comité Central del PC chino decide la publicación de una antología del pensamiento maoísta en el conocido como «Libro Rojo», y la formulación de un programa de Revolución Cultural. Por otra parte, ante la imposibilidad de controlar el aparato político del partido, la ofensiva maoísta se había apoyado en la organización juvenil del PC que formaba la Guardia Roja.

La movilización de millones de jóvenes desde mayo de 1966 a comienzo de 1967, bajo la inspiración del propio Mao y en su apoyo, serviría como elemento de presión popular para defenestrar a los opositores. Mediante concentraciones, manifestaciones y acciones violentas contra las oficinas del partido o del gobierno a los que acusaban de revisionismo y burocracia, los guardias rojos sembraron el terror entre los dirigentes que se habían opuesto al líder. Las acusaciones y críticas públicas contra Liu-Shao-Chi, presidente de la República, o contra Teng-Siao-Ping, secretario del partido, junto al constante acoso de los jóvenes, termina por facilitar la depuración del aparato. Los burócratas y los revisionistas de ultraizquierda son encausados y encarcelados.

El vuelco fundamentalista de Mao se encamina entonces a programar un igualitarismo riguroso, con furiosos

ataques a las veleidades individualistas o al elitismo intelectual. El programa de la Revolución Cultural fijado en
16 puntos por el Comité Central del partido, pero sobre
todo extendido gracias a la difusión del Libro Rojo, atacaba el economicismo y el aburguesamiento, proponiendo
la necesidad de una constante autocrítica.

La concentración de poderes quedó confirmada en el
IX Congreso del Partido, celebrado en abril de 1969. El
buró político fue ocupado por elementos fieles a Mao,
mientras quedaban relegados Liu, Teng y otros líderes de
la oposición. El héroe de la guerra Lin-Piao fue nombrado sucesor de Mao, al mismo tiempo que Chu-En-Lai y
su grupo conseguían sobrevivir a la tempestad revolucionaria.

Los años finales

Una vez que desaparecieron los principales opositores
y Mao reasumió el control político del país, China comenzaría una nueva fase caracterizada por una mayor apertura a Occidente y un absoluto desafecto hacia el Estado
que entonces era su mayor enemigo, la Unión Soviética.
Después de la ruptura con la URSS y durante el período
de la Revolución Cultural, China estuvo más aislada que
nunca del mundo exterior. Como una nueva muralla china, esta vez ideológica, el maoísmo cerró los canales de comunicación del país, que se replegó sobre sí mismo convirtiéndose para los occidentales en un fenómeno inquietante y poco conocido.

Sin embargo, a comienzo de la década de los setenta se
produjo un cambio de orientación imprevisible que rom-
pería de forma espectacular el aislamiento e iniciaría un ciclo de acercamiento prooccidental. Se iniciaba así un ciclo
renovador en la historia china que continuará durante los

años ochenta tras la desaparición de Mao. Después del oscuro episodio de la huida y muerte del delfín Lin-Piao, acusado oficialmente de un intento de golpe de Estado, el acomodaticio Chu-En-Lai asumirá un papel más relevante aplicando a la esfera diplomática su proverbial pragmatismo y poniendo en franquicia el reconocimiento internacional de la República Popular.

Después de una fase de deshielo en las relaciones con los EEUU, China era admitida en las Naciones Unidas el 25 de octubre de 1971 con los mismos derechos que antes gozaba la China nacionalista, a quien sustituyó en el Consejo de Seguridad. Meses después el presidente Nixon visitaba Pekín y, aunque hasta 1979 no se restablecían las relaciones plenas entre ambos Estados, el maoísmo dedicaría desde entonces sus más sofisticados ataques al imperialismo soviético, al que señalaba como el mayor peligro para los pueblos libres.

Los años de apertura y aceptación internacional coincidirán con la rehabilitación de algunos líderes defenestrados durante la revolución cultural. En 1973, en el X Congreso del PCCh, Teng se reincorpora al Comité permanente y es nombrado jefe del Estado Mayor del ejército, desde donde comienza a situar sus peones para la difícil contingencia de la sucesión maoísta. En 1976, en efecto, moría Mao Tsé-tung, sólo unos meses más tarde que Chu-En-Lai. Con ellos desaparecían más de cuarenta años de historia revolucionaria y prácticamente la posibilidad de continuidad del sistema. En los meses siguientes se desataría una cruel lucha por el poder entre los más fieles maoístas y el grupo de Teng, que acabaría con la detención de la viuda de Mao y sus compañeros. En 1977, Teng-Siao-Ping era repuesto en todos sus cargos y al año siguiente se promulga una nueva Constitución que entierra el período anterior.

A la muerte de Mao, China se había convertido en una

potencia mundial. Su población, que ya sobrepasaba los 900 millones, había dejado atrás una difícil singladura política y social. El carismático líder, el mejor hombre para la revolución, quizá no había rendido lo suficiente en la paz pero el país que dejaba tras de sí resultaba irreconocible en sus aspectos fundamentales. El hambre y las enfermedades, las mayores plagas durante el régimen anterior, fueron vencidas gracias a un empleo más racional de los recursos y de la fuerza de trabajo. La agricultura seguiría siendo el sector predominante y con capacidad suficiente cuando las condiciones climáticas no eran excesivamente adversas, pero el sector industrial conoció también un favorable desarrollo. Las fábricas maoístas habían conseguido a principio de los setenta un autoabastecimiento apreciable y en ramas como la química o la investigación nuclear los avances chinos eran espectaculares. En los últimos años de Mao, la evolución económica del país suponía una recompensa para tantos esfuerzos y sinsabores anteriores. Los dirigentes comunistas chinos, mal que bien, podían presumir de haber transformado a un coloso atrasado, corrompido y feudal en una potencia de indudable relieve. Y el alimentar, cobijar y vestir, aunque fuera de modo uniforme, a casi mil millones de personas constituía por sí solo una hazaña histórica que el régimen esgrimía ante un asombrado mundo.

En el plano internacional, después de su espectacular separación de la URSS, China asumió el esfuerzo de vencer la oposición occidental a su reconocimiento. El régimen de Pekín a comienzo de los setenta, como hemos dicho, de la mano de Nixon-Kissinger entraba en una fase de afianzamiento imparable, más meritorio por cuanto tuvo que sortear la manifiesta hostilidad del Kremlin. En la obtención de este asentimiento, los chinos pusieron en práctica un complejo y contradictorio modelo diplomático que fue denunciado por su oportunismo, pero que no se diferenciaba demasiado del patrón de la coexistencia moscovita.

La China de Mao, en cambio, trataría en todo momento de ser un ejemplo y guía para los países tercermundistas que luchaban contra los mismos problemas de atraso y subdesarrollo. No empleó su enorme potencial militar en aventuras imperiales, que le pudieran desprestigiar o distraer de sus gigantescas tareas. Y en las guerras localizadas que libraría en Corea, contra la India o luego en Vietnam, se preocupó de retirar a tiempo sus tropas. Este comportamiento, junto a los éxitos sociales obtenidos en la lucha por mejorar las condiciones de los cientos de millones de seres que la habitan, afianzaron su imagen y amistades en todo el mundo.

No obstante, el aspecto más llamativo del período maoísta lo constituyó el triunfo ideológico sobre un pueblo convencido en su mayoría de la necesidad de seguir a su líder. El maoísmo, que nunca supo ser una teoría socioeconómica ni un acabado modelo político para la toma y mantenimiento del poder, era, sin embargo, un pensamiento impregnado del mejor espíritu revolucionario y profundamente ético. Su aceptación por el pueblo chino, proclive al panteísmo moral y al optimismo de las grandes síntesis filosóficas, junto a su aplicación a la vida cotidiana de tantos millones de seres, es sin duda uno de los hechos de mayor calibre político de nuestra era. La utilización de sus principios o aforismos como espina dorsal de la revolución china, aunque le daban a ésta un aspecto trasnochado y romántico, no cabe duda de que la rebosó de ideales y de un elevado tono humanístico. Con la muerte de Mao desaparecía también el último poeta de la revolución y se corría un velo espeso sobre un gigantesco episodio de la historia, para dar paso al turno del realismo tecnocrático mucho más capacitado para dar de comer a los hombres, que para hacerlos soñar con un futuro mejor.

La derrota de las ideologías

Si la revolución necesitó veinte años para cambiar drásticamente la realidad china, el postmaoísmo en la mitad de tiempo ha llevado a cabo un vuelco de características semejantes. La tarea de desmontar el régimen y su obra se puso en marcha apenas un año después de la desaparición física del «gran timonel», tras la detención del grupo que pretendía la continuación de su labor. Durante los años 1977 y 1978 se realizó una campaña de desideologización antimaoísta con duros ataques a la Revolución Cultural y al idealismo del líder fallecido.

El nuevo poder en manos de Teng-Siao-Ping propuso la modernización general del país con una planificación más realista que hiciera avanzar la agricultura, la industria, las ciencias y fortaleciese las fuerzas armadas. La desmaoización puso el énfasis en la lucha contra el estímulo ideológico, apoyando el perfeccionamiento técnico o la puesta al día de los profesionales mediante la ayuda y asistencia extranjera. Las relaciones con los EEUU o Japón mejoraron y fueron utilizadas para la admisión de inversiones o la colaboración tecnológica.

Cuando la campaña contra la ideología hubo cumplido su objetivo, la sociedad china aparecía preparada para algunas transformaciones económicas de indudable trascendencia. A finales de los ochenta, China alcanzaba los 1.100 millones de habitantes, convirtiendo el fenómeno demográfico en uno de los problemas más espeluznantes del Estado. Se recrudecieron las medidas contra la expansión demográfica, que habían sido puestas en marcha en el último período maoísta, con duras coacciones fiscales para las familias que tuvieran más de un hijo, y se tomaron medidas aperturistas en lo económico.

Los resultados alcanzados por las primeras reformas aplicadas desde 1980 animaron al partido a proseguir y profundizar en esta nueva vía. Los datos de un gran debate sobre la política económica, efectuado por el nuevo parlamento que cuenta entre sus casi 3.000 miembros con 863 elegidos por el pueblo, confirmaron el deseo general de transformar una parte de la economía en sentido capitalista. En 1988 se tomaban medidas sin precedentes legalizando la propiedad privada de la tierra, su arrendamiento y transferencia.

Para entonces ya funcionaban a pleno rendimiento las llamadas Zonas Económicas Especiales, enclaves industriales en los cuales se experimentaba con la recuperación del modo de producción burgués. Junto a ellos el sector de la pequeña empresa estaba conociendo un desarrollo impensable. Más de 225.000 sociedades privadas, aunque con un peso específico escaso en el total del PNB, estaban autorizadas y legalizadas por la nueva Constitución que las consideraba un excelente complemento para la economía pública.

La China de fin de los ochenta se disponía, por tanto, a una experiencia reformadora contando con la magnitud de sus problemas materiales y con el conglomerado enfrentado de ideologías que convivían juntas. La lucha contra el igualitarismo maoísta estaba obteniendo resultados favorables, pero a costa de reintroducir el virus de la desigualdad contra el que se había hecho la revolución. A pesar de la vigilancia del Estado, que prometía la Constitución sobre las actividades privadas, el espíritu solidario todavía mayoritario desconfiaba y se resentía de la consigna («enriquecerse es glorioso») que el propio Teng había lanzado en pleno período de reformas.

El Islam fundamental

Los países islámicos se suelen incluir en bloque dentro del movimiento tercermundista, pero sin duda constituyen un conjunto separado de características culturales y

444 Historia del mundo actual (1945-1995)

religiosas diferenciadas. Durante los últimos decenios, como ya hemos dicho, la personalidad árabe y el mantenimiento de una particular homogeneidad ha permitido que este grupo sea considerado como una realidad internacional aparte. En ella debemos distinguir, sobre todo, la promoción mundial que han tenido los Estados productores de petróleo desde 1973, o el potencial de naciones que como Pakistán, Irán, Egipto o Indonesia ejercen una intensa influencia entre los pueblos del Tercer Mundo.

Además de esto, han sido la disputa árabe-israelí en Oriente Próximo desde 1948, junto al desarrollo de una corriente político-religiosa fundamentalista en los años ochenta, los elementos más destacados de la historia actual islámica. Los acontecimientos en torno a la revolución iraní y su posterior enfrentamiento con Irak, la guerra secesionista de Pakistán-Bangladesh, la contienda por Palestina o la guerra civil libanesa, entre otros determinaron los puntos de la relevancia internacional adquirida por este conjunto. Pero en otros muchos Estados de Asia, África e incluso Europa, el papel del Islam se reafirmaría en multitud de ocasiones como uno de los factores políticos determinantes.

La visión que Occidente tenía del bloque musulmán como un conjunto atrasado y anclado en su esplendor medieval, que sobrevivía de manera provisional gracias a sus exportaciones de crudo y que sólo aspiraba a recorrer el foso que le separaba del mundo desarrollado, empezó a cambiar coincidiendo con la afirmación de una convulsión política de raíces religiosas. La fuerza del Islam como ideología político-social emergió frente a las consideraciones exclusivamente religiosas, de la mano de la recuperación fundamentalista al instituirse en Irán en 1979 la República Islámica, tras el derrocamiento del Sha. Esta fundación supondría la culminación de un ciclo de paciente lucha entre los fieles que conservaban el sentido político-social de la religión predicada por Mahoma.

Se trataba de extender la luz islámica a la esfera política, sacándola del contexto religioso. Para ello era preciso volver a los orígenes, a los fundamentos y recuperar el auténtico sentido de la raíz islámica, que en opinión de la secta chiíta estaba tergiversado desde la muerte de Mahoma. Entre los actuales musulmanes existen tres sectas con predominio de los sunníes, que son un 90 por 100 del total y practican una religión menos purista y más tolerante. Del resto, los jariyíes creen en un control democrático sobre los jefes religiosos, mientras que los chiítas son legitimistas y obedecen al imán descendiente del profeta, atribuyendo al Islam la ordenación de los principios religiosos, políticos y sociales. Los chiítas forman el núcleo fundamentalista, que ha visto extenderse sus adeptos por el mundo árabe después de la crisis de los años setenta y el triunfo de Jomeini en Irán. Los grupos más activos dentro del movimiento purista islámico, además del que constituye la revolución iraní, son los Hermanos Musulmanes, de gran implantación en Egipto, pero que están también en Sudán, Siria o Jordania: los pakistaníes de la Yami'a Islamiya con extensión a Afganistán y en Líbano, los chiítas de Amal o los intransigentes de Hezbollah, protagonistas de los últimos episodios de la guerra en aquel país.

Los tres practican la *yihad,* es decir, la guerra santa y justa, la colaboración islámica para implantar los preceptos coránicos y la Sharia, la ley que señala el papel social del Islam. En el proceso de la yihad *e*l totalitarismo religioso del Corán y sobre todo de la Sharia, prescriben que la acción de los creyentes debe adaptar la vida pública y privada a la doctrina revelada. La fe y la acción son, por tanto, una misma cosa para el creyente radical, no como en el cristianismo, el budismo o el hinduismo que permiten una separación entre Dios y sociedad. El Islam como mandato religioso se convierte de este modo en el centro rector de la política, la economía o la sociedad. Su antilaicismo es intolerante y de él se deriva la aversión a las corruptas costumbres occidentales y a los países que, como los EEUU, las representan mejor que nadie.

La ideologización fundamentalista impide que se haga nada que no esté en concordancia con la verdad religiosa, y sus intérpretes, los sacerdotes «ulemas» son, por tanto, los más indicados para dirigir al pueblo islámico, presidir sus gobiernos y parlamentos. Para los chiítas, el imán es, al margen de sus cualidades personales, el legítimo sucesor de Alí, el cuarto califa antes de la escisión de los omeyas hace catorce siglos.

Hasta el triunfo del integrismo iraní, los líderes del Tercer Mundo habían tratado de buscar soluciones para sus pueblos, en las que el componente ideológico o técnico occidental era mayoritario. La imitación de los países avanzados, y en concreto de la civilización europea, se había convertido en la única alternativa para entrar en la modernidad y salir del subdesarrollo. Países fuertemente islamizados en el pasado, como Turquía, Egipto o el mismo Irán, habían conocido en el siglo xx, de la mano de sus gobernantes, traumáticos procesos de occidentalización de la economía, la política, los usos y costumbres.

Las elites se educaban en universidades europeas o americanas, y la internacionalización de la economía hacía retroceder constantemente las antiguas culturas y formas indígenas. Al mismo tiempo las universidades islámicas carecían de prestigio y eran despreciadas por las jóvenes generaciones. Los idiomas, la enseñanza, la ideología o el gusto dominante eran occidentales. Las creencias religiosas moderadas dominaban la vida en los países árabes, mientras los grupos radicales del fundamentalismo apenas constituían una minoría fanatizada, clandestina y perseguida por su constante hostigamiento a los gobiernos.

Reinos de Alá

Después de la gran contienda mundial, las guerras palestinas y la crisis petrolífera atrajeron fuertemente la atención internacional sobre la franja árabe. Pero las posibilidades y la fuerza expansiva del Islam como ideología permanecían ocultas a los ojos occidentales. Los Estados de mayoría musulmana, a pesar de confesar el sentido religioso de sus pueblos y gobiernos, no aplicaban estos preceptos en la vida política como aconsejaba el Corán. Naciones como Egipto, que había sido cuna intelectual y práctica del islamismo como alternativa a la modernidad occidental; Argelia, que hizo concesiones religiosas después de la independencia, o Libia, que con Gaddafi se apartaba en 1969 del modelo occidental, apenas mantenían a finales de los setenta un equilibrio inestable en la tolerancia hacia el radicalismo.

En otras, como Indonesia, se combinaba el reconocimiento religioso en la vida privada con la laicidad pública, mientras los partidos islámicos retrocedían en las elecciones o eran reprimidos por el gobierno. En Pakistán los problemas entre fundamentalistas y moderados surgirían pronto tras la independencia. La construcción de este Estado asiático está impregnada de sus controversias teóricas y de sus enfrentamientos prácticos. En 1971 la separación de la parte oriental, Bangladesh, significaría un incremento de la influencia política y las posibilidades del fundamentalismo. Se produjo un reforzamiento de la identidad nacional, ahora sobre la base de una mayor clarificación religiosa, contra lo que el gobierno laicista de Ali Bhutto no pudo sino hacer continuas concesiones políticas. Éstas no impidieron, sin embargo, su derrocamiento y ejecución en 1977 por un golpe de militares fundamentalistas, que llevaron a cabo una islamización más radical de la vida pakistaní.

La proyección del Islam como fuerza política fue también importante en los demás países. Desde el Atlántico al
Índico, por las riberas del Golfo Pérsico, en las montañas
afganas o las selvas tailandesas, el fanatismo religioso se
enfrentó al poder político, fuera religioso o laico. En algunas regiones como el Magreb, el resurgimiento fundamentalista estuvo unido a los desórdenes y protestas provoca-
dos por el fracaso de las políticas económicas de gobiernos pro-occidentales. En otros Estados como Egipto o
Líbano fue la amenaza exterior israelí la que catalizó el
reagrupamiento islámico. Entre los ricos petroleros
(Arabia Saudí, Kuwait, Qatar, los Emiratos...) la prosperidad permitió una acentuación de su religiosidad sin
graves conflictos, especialmente entre los sauditas depositarios de lugares sagrados y más apegados a la tradición
islámica.

Además, los exportadores de petróleo contribuyeron
con su ciclo benéfico y su posición internacional hegemó-
nica a apuntalar las convicciones y el orgullo religiosos,
ofreciendo su propio éxito como algo de toda la nación
musulmana. El prestigio mundial de los jeques o reyes
sauditas era participado por el orgullo nacional-religioso
de los campesinos árabes más desheredados, sin que esti-
maran en lo más mínimo las sangrantes diferencias en el
disfrute real de los beneficios. La riqueza de los menos era
entendida como recompensa a la fe de todos.

La tempestad fundamentalista llegaba también en estas
condiciones a los Estados del Islam europeo que, como
Turquía, Bulgaria o Yugoslavia, reunían condiciones históricas de mayor acercamiento occidental. La modernización turca, como la persa, había sido obra de una penetración económica y cultural europea sin precedentes, que
trastocó por completo la vida de esta nacionalidad. Sin
embargo, durante los años setenta se registraba una recuperación islámica con mayor aceptación electoral para los

partidos religiosos y se producían intentos de acercamiento e integración de Turquía en los proyectos generales del bloque. En 1976, este país incluso organizaba la asamblea anual de la Conferencia Islámica.

En Bulgaria o Yugoslavia, la minoría de religión musulmana fue controlada de diversas formas, aunque no por ello desaparecieron las tensiones político-religiosas en el área balcánica. En Albania, en cambio, declarada oficialmente Estado ateo en 1967, la persecución contra cualquier confesión provocaría el exilio de notables contingentes musulmanes.

En términos generales todas las sociedades mahometanas acusaron de un modo u otro los efectos del resurgimiento islámico. Las naciones más afectadas fueron las del continente asiático, frente a una menor potenciación religiosa en África o el Oriente Próximo. El reflujo del occidentalismo y el avance del integrismo fueron elementos importantes en casi todos los casos, pero de manera sustancial en uno que se habría de constituir durante los años ochenta en el modelo a imitar por la revolución islámica.

La teocracia iraní

Uno de los Estados que más acusaría la evolución favorable de los precios del crudo en la década de los setenta fue el Irán del sha Reza Pahlevi. Hasta 1973, el sha de Persia había conducido un régimen asentado en grandes planes de reformas de corte occidental, que habían industrializado la capital Teherán o sus alrededores y favorecido a una parte de sus habitantes. Sin embargo, la mayoría de la población seguía viviendo en el campo, totalmente ajena a los supuestos beneficios que proporcionaba la explotación y venta del petróleo. Los contrastes entre una monarquía suntuosa y los padecimientos de sus súbditos alimen-

taron el odio fundamentalista durante los años de modernización.

Los Estados Unidos eran los aliados más valiosos de
este régimen, que mantenía en el atraso, el analfabetismo
y el hambre a no menos del 40 por 100 de su población.
La oposición política, en especial la que dirigía el líder integrista Jomeini, era reprimida con pocas contemplaciones, sin que al parecer el sha estuviera en condiciones de
apreciar su auténtica capacidad de reacción. El carácter
autócrata de Reza Pahlewi le empujaba cada vez más por
la placentera vía escogida sin atender las mínimas demandas sociales de su pueblo. Rodeado de una corte de adu-
ladores y de una minoría de comerciantes enriquecidos,
su megalomanía no encontraba correspondencia en un
país en el que el malestar crecía proporcionalmente a los
ingresos. Las ventas de crudo, que proporcionaban 4.400
millones de dólares en 1972, se incrementaron hasta los
más de 20.600 millones de 1975, pero sus efectos no beneficiaban a todos los iraníes.

El Estado se enfrascó en desiguales y desacertados planes
de industrialización o en importaciones masivas de consumo
para las clases altas, mientras crecía el descontento entre los
agricultores, intelectuales o líderes fundamentalistas. Teherán se había convertido, para éstos, en una insoportable capital donde los clubs, casinos o el caos automovilístico ponían de relieve el afán occidentalizante. Desde 1973, además, los efectos de la inflación movilizaron a los obreros
industriales, a los comerciantes y a los empleados contra la
monarquía, que permanecía ajena al deterioro de la situación socioeconómica. La marea social fue creciendo, alimentada por el odio religioso contra la presencia occidental, hasta que en 1978 el estallido se transformó en revolución.

Jomeini, desde su exilio parisino, había mantenido toda
su ascendencia sobre la estructura religiosa del país. Su
condena del régimen extranjerizante, olvidado de su pue-

blo y religión, pronto se convirtió en la bandera del regeneracionismo iraní que repudiaba el derroche, la corrupción moral y las influencias perniciosas entre los fieles. No fue difícil para el fundamentalismo presentar al sha como títere de los intereses americanos y cobijar en un movimiento nacionalista a las dispersas fuerzas antirrégimen. Durante 1978 la oposición se lanzó a las calles por millones, provocando manifestaciones, algaradas, encuentros sangrientos con la policía de Reza Pahlewi y finalmente una presión insoportable para la corona. El sha y sus aliados yanquis se encontraron desbordados por la marea revolucionaria, en un país que resultaba clave para los intereses económicos y geoestratégicos USA.

A comienzo de 1978, después de una dramática manifestación, Jomeini lanzaba desde el exilio la consigna de derribar al sha. El aumento de las protestas y del fanatismo jomeinista desde esa fecha, provocarían la composición de un gobierno militar primero y posteriormente la salida del país del propio Pahlewi. Un Frente Nacional trató de hacerse cargo de la situación, pero el regreso del imán entre muestras multitudinarias de aceptación terminó con la formación de un Consejo Revolucionario Islámico, que se hizo con el poder sin lucha y constituyó una república islámica.

En los meses siguientes, la represión fundamentalista se puso a la altura de las peores actuaciones del despotismo anterior. Fueron perseguidos, juzgados y ejecutados los colaboradores del régimen anterior, la oposición de izquierda y cualquiera que se mostrara opuesto al proyecto islámico. La embajada americana en Teherán fue asaltada y secuestrados sus empleados, para presionar a los norteamericanos exigiendo la extradición del sha. Las gestiones y amenazas del presidente Carter resultaron inútiles y sólo tras la muerte de Reza Pahlevi (julio de 1980) se consiguió la liberación de los rehenes.

452 Historia del mundo actual (1945-1995)

La inspiración jomeinista

El triunfo fundamentalista en Irán tuvo una repercusión extraordinaria en el ámbito árabe. Desde la muerte de Nasser, ningún caudillo musulmán había gozado de tanto prestigio y devoción, aunque por causas diferentes, como el ayatollah iraní. Si el éxito de los jeques petrolíferos, como hemos dicho, era compartido con orgullo, complicidad o ingenua simpatía, la revolución iraní avivó los más ocultos rescoldos del purismo y la intransigencia islámica, amenazando con volverse contra los gobernantes contemporizadores y pro-occidentales. Gracias a Jomeini, el fundamentalismo emergió de sus reuniones clandestinas o iniciáticas y tomó el pulso trágicamente a la realidad política del Islam. El mundo empezó a conocer por sus nombres y caracteres a los representantes del purismo islámico y a sopesar el posible efecto de una resurrección de la temida *yihad*.

El integrismo fundamentalista preocupaba a Occidente, siempre necesitado del grifo petrolífero, pero su presencia e inspiración barrieron sobre todo en Oriente. La ola mística se extendió como un reguero traduciéndose en represión de costumbres, exaltación coránica y prohibiciones drásticas. Los gobiernos que temían enfrentarse al fanatismo religioso se vieron forzados a concesiones políticas. A pesar de lo cual, en los casos en que el purismo estaba más extendido como en Egipto, Nigeria o Argelia, tuvieron dificultades para contener las reivindicaciones de inspiración jomeinista.

Los egipcios Hermanos Musulmanes vieron llegada su oportunidad después de la firma de Camp David por el presidente Sadat, apuntándose al rechazo que cosechó entre la Liga Árabe y a las acusaciones de traición que se le hicieron. La cada vez mayor presencia occidental en Egipto, la generalizada venalidad de las costumbres y el descontento por la insostenible situación social entre los musulmanes, empujó a los Hermanos a movilizar a las masas fundamentalistas. En 1979, una manifestación celebraba en El Cairo el triunfo iraní y mostraba la importancia que estaba adquiriendo la alternativa integrista. La policía del régimen se empleó a fondo en la desarticulación del movimiento, encarcelando, torturando y castigando a los principales líderes, al mismo tiempo que trataba de hacer concesiones fundamentalistas con el fin de evitar el contagio iraní.

No obstante, en 1981, un complot de soldados integristas, entre los que estaba el hermano de uno de los líderes torturados, disparaba contra Sadat y su gobierno en un desfile militar, acabando con la vida del sucesor de Nasser. El nuevo presidente, Mubarak, explicó el atentado como parte de un complot político-religioso que trataba de proclamar una república islámica. Como consecuencia, fueron juzgados y condenados trescientos miembros del movimiento islámico. Egipto podía servir de símbolo de la explosiva situación en el Magreb, con una inflación que superaba el 30 por 100 anual, una tasa de desempleo del 25 por 100 y graves problemas en vivienda, abastecimientos, subvenciones sociales, etc.

En otros países como Marruecos, Argelia o Túnez los movimientos sociales de los años ochenta contra la política económica de los gobiernos estuvieron influidos y participados por el mismo furor fundamentalista. En los disturbios, se mezclaron las protestas por las subidas de precios, la escasez de alimentos o el desempleo con los ataques a hoteles y lugares de esparcimiento occidentalistas. La represión gubernamental fue considerable con cientos de muertos, generalmente jóvenes de los barrios pobres. Pero, además de estas medidas sumarias, algunos gobiernos se vieron obligados a liberalizar el régimen, y a

reconocer el pluralismo social o político, para detener la
pleamar conjunta del fundamentalismo y la protesta ciudadana.

La tragedia palestina

Los años setenta y ochenta han constituido para el pueblo palestino dos décadas de peregrinaje sangriento y
errático, como un nuevo pueblo sin solar, paradójicamente expropiado por quienes han soportado en la historia
con más rigor que nadie el papel de apátridas. La dramática salida de los palestinos del reino de Jordania en 1970-
1971 tuvo como consecuencia su asentamiento y utilización del Líbano para continuar la lucha contra Israel.
Pero la presencia de la OLP y la propia radicalización del
islamismo de izquierda terminaría por desencadenar una
guerra civil entre éstos y los partidos cristianos libaneses.

En pocos meses, la tradicional tranquilidad del Líbano
y sus formas de convivencia política saltaron por los aires,
al mismo tiempo que lo hacían los edificios de Beirut, salvajemente dañados en los enfrentamientos. Musulmanes
libaneses o palestinos, de un lado, y falangistas cristianos,
de otro, convirtieron lo que se había llamado Suiza de
Oriente en un infierno inhabitable. Los combates se extendieron hasta 1976 en que la intervención de Siria, a la
que se sumaría después una fuerza de pacificación árabe,
consiguió forzar la tregua. No obstante, la paz sería constantemente violada y en 1978 un levantamiento cristiano
sumía de nuevo al país en una crisis bélica de graves proporciones.

Los palestinos que habían instalado sus campamentos
en la parte sur, menudearon sus incursiones en Israel hasta 1978, en que los judíos decidieron invadir Líbano, con
grandes medios logísticos. El desenlace de este conflicto,

agravado por la intervención de las milicias chiítas libanesas de Amal, se producía en 1982 con el ejército judío a las puertas de Beirut, mediante un acuerdo por el que las milicias palestinas se retiraron del Líbano. No obstante, bajo la presión de los EEUU y la ONU, y a causa de las pérdidas infligidas por los fundamentalistas de Amal, los israelíes hubieron de regresar también a sus fronteras aunque dejando el terreno a las milicias cristianas antipalestinas, que desde entonces ejercen de franja de protección.

Mientras tanto, se había producido en el bloque islámico la lenta separación de Egipto, a la que nos hemos referido antes. Nada más firmar la paz de 1979, Israel y Egipto iniciaron conversaciones para llegar a un acuerdo definitivo sobre los territorios palestinos ocupados desde la guerra de 1967. Sobre la mesa se discutió la forma de conceder una autonomía política y administrativa a la franja de Gaza y a Cisjordania, sin incluir la formación de un Estado libre, pero todos los intentos y negociaciones contaron con el rechazo de la Liga Árabe y con la negativa de la OLP a reconocer la existencia de Israel. Otras propuestas posteriores, patrocinadas por rusos o americanos, chocarían con las mismas razones negativas.

Por parte de los hebreos se mantuvo la política represiva en las áreas ocupadas, mediante una constante presencia militar y la política de asentamientos de colonos. El tono agresivo de la diplomacia judía y las respuestas contundentes de su ejército desprestigiaban a Israel cada vez más a los ojos occidentales, sin conseguir ningún avance hacia una solución pacífica del problema. La guerra de Oriente Medio se fue convirtiendo poco a poco en una contienda en la que sólo caían palestinos.

Mientras en el lado árabe, tras la muerte de Sadat, se produciría un lento reagrupamiento al aceptarse las líneas pacifistas defendidas por Egipto. Se fueron restableciendo las relaciones entre los Estados islámicos, salvo Libia,

Siria y Líbano, con el gobierno de El Cairo y los dirigentes palestinos expulsados del país de los cedros encontraron acomodo en Túnez, el último peldaño de una dramática diáspora. El exilio palestino se repartía entre Jordania, Siria, Líbano y Túnez, que acogían a no menos de dos millones de personas. Otros dos permanecían en las zonas de ocupación judía, mientras en el mismo Israel vivían cerca de 800.000. Desde su llegada a la capital magrebí en 1983, la OLP pasaría por momentos difíciles hasta lograr un reconocimiento entre los diferentes grupos palestinos y el mayor asentamiento internacional. En 1987, la legitimidad del grupo que lidera Arafat como representante más caracterizado de los palestinos, sólo era cuestionada por el propio Israel y sus más recalcitrantes aliados.

Piedras por la paz

Ese año, al cumplirse el cuarenta aniversario de la creación del Estado judío y los veinte de ocupación, una nueva generación de palestinos nacidos bajo el dominio hebreo protagonizaba una revuelta espontánea. La situación en Gaza y Cisjordania, con una autonomía fantasmal y una absoluta opresión militar y económica, resultaba insostenible a finales de los ochenta. Los palestinos habitantes de las zonas ocupadas, que carecían de elementales derechos político-sociales, que habían visto confiscadas el 50 por 100 de sus tierras y propiedades, se rebelaron a finales de 1987 intentando salir de la desesperanzada situación en que se encontraban. Concentraciones, manifestaciones, huelgas, desobediencia civil, barricadas, muertos y heridos.., fueron la consecuencia del cruel desamparo en que los países implicados habían dejado a los palestinos. Ni las Naciones Unidas, ni los foros internacionales, los grandes o los mismos aliados árabes parecían capaces de propuestas imaginativas para solucionar el largo y angustioso problema de la ocupación.

A lo largo de 1988 el levantamiento popular, que se conocería por su nombre árabe de Intifada, se hizo permanente protestando contra la presencia israelí y denunciando la actitud inhibida de los demás. La situación en Gaza y Cisjordania se cobraría en un año la vida de trescientos palestinos civiles, que con piedras y gritos se enfrentaban a los fusiles automáticos del ejército judío. Este tributo sangriento consiguió, a tan alto precio, colocar de nuevo la cuestión palestina encima de la mesa de las preocupaciones mundiales.

La represión israelí, que trataría sin contemplaciones lo que entendía como un asunto de orden público, cosechó las protestas unánimes de la comunidad internacional. Los episodios dramáticos vividos en la Palestina ocupada con mujeres apaleadas, ancianos detenidos, jóvenes y niños abatidos, junto a la firme decisión de continuar con la rebelión, produjeron a finales de 1988 una inesperada y espectacular ofensiva de paz en el bando árabe.

El Consejo Nacional Palestino, limando asperezas internas, agrupándose en torno al liderazgo de la OLP y rindiéndose a la patética reclamación de la Intifada, adoptaba en noviembre una decisión histórica que suponía un giro total en las posiciones hasta entonces sostenidas. Aceptando las resoluciones 242 y 338 de las Naciones Unidas en todos sus términos, el Consejo proclamaría la existencia de un Estado palestino independiente en las zonas ocupadas y reconocía el reparto de 1947, junto a los derechos israelíes hasta entonces negados. El acuerdo, que constituye sin duda uno de los acontecimientos políticos de mayor relieve de las últimas décadas para Oriente Medio, despertó la esperanza de los palestinos y la solidaridad de la mayoría de los países.

Entre el recelo israelí varios países empezaron a reconocer al nuevo Estado, aún con sus territorios ocupados, un

Historia del mundo actual (1945-1995)

parlamento en el exilio y sin gobierno formalmente constituido. Los primeros en hacerlo serían los islámicos (salvo Siria e Irán), seguidos por la URSS y los países socialistas. Mientras el MEC, la mayoría de cuyos miembros mantienen relaciones con la OLP, titubeaba sometido a las presiones británicas y holandesas, incluso los Estados Unidos adoptaban una decisión histórica cuando reconocían la buena voluntad árabe y se sumaban al grupo de países que aceptaban públicamente al interlocutor palestino. A mediados de diciembre, Arafat era recibido en la sede ginebrina de las Naciones Unidas, donde reiteraba sus ofertas de paz, condenaba explícitamente el terrorismo y adelantaba un plan para una solución estable del problema de su pueblo.

No obstante, el empecinado recelo israelí resistía todas las presiones y todas las propuestas. La Intifada continuaba su sangriento goteo a comienzo de 1989, al mismo tiempo que el gobierno norteamericano (ahora presidido por Bush) acusaba a Tel Aviv de graves violaciones de los derechos humanos. En un informe del departamento de Estado se denunciaba el número de muertos, cerca ya de 400, los detenidos, que sumaban más de 10.000, la vesanía de la intervención militar con aumento de civiles apaleados, la destrucción de más de 150 casas árabes o el permanente toque de queda en los pueblos palestinos.

Era un buen resumen de la intransigencia política de Tel Aviv, apoyada por un buen porcentaje de sus ciudadanos fanatizados por tantos años de violencia. A pesar de todo, el giro significativo de la posición palestina empezaba a hacer mella en los sectores judíos más inclinados al entendimiento que a la guerra. Algunos contactos oficiosos entre la OLP y diputados laboristas israelíes trataban de preparar encuentros en la cumbre, mientras un 53 por 100 de los hebreos se mostraba partidario de aceptar la negociación ofrecida por Arafat.

El mundo de fin de siglo

El planeta desigualdad

Una gran mayoría de la humanidad es pobre. Incluso para la mayor porción de esa mayoría, el concepto de pobreza no pasa de ser un eufemismo bien intencionado. Entre estos que sobreviven en el límite de las condiciones humanas de resistencia, cualquier mínima eventualidad supone la muerte por decenas de miles. Situaciones que en las áreas desarrolladas no pasarían de ser una relativa emergencia clínica o una estadística meteorológica, se convierten en catástrofes históricas para pueblos que todavía dependen en absoluto del cielo y la tierra como agarraderos vitales.

A finales del siglo XX, las riquezas y bendiciones terrestres son disfrutadas en más del 60 por 100 por tan sólo el 15 por 100 de las personas. Sin temor a exagerar, se puede afir-

mar que escasamente uno de cada cuatro seres humanos
cuenta con las oportunidades y condiciones adecuadas para
proveer su propio progreso y el de su especie. Vivimos, por
tanto, en un mundo poco competente y nada dichoso. Pero
que muy a menudo presenta una estampa más favorable
que la que corresponde a su auténtica realidad, porque esa
porción menor de la humanidad que se malreparte con avaricia lo que a todos corresponde, es también la que suminis-
tra y controla la imaginería de la distorsión informativa. Así,
las sensaciones dominantes terminan siendo las sensaciones
de la radiante minoría. Por eso, aunque la generalidad de
los hombres pertenecen de hecho a una cultura de la pobreza, son el discurso y el arte de la satisfacción los que pre-
valecen en la totalidad de los mensajes educativos, y los que
pretenden dar el tono a este mundo nuestro.

Esa cultura de la opulencia primermundista es la que
hace posible, a través del dominio desproporcional de los
medios, que sus problemas y accidentes parezcan los más
relevantes y extendidos del globo. De ese modo las crisis cíclicas, el desempleo, la inflación, el cáncer, el infarto, la
muerte en carretera, la droga, las oscilaciones de la bolsa, o
el terrorismo.., y pronto el ocio o la tercera edad, se han convertido en asuntos mundiales, cuando son en realidad dramas que interfieren el plácido desarrollo de una minoría.

Lo cierto es que a fin del segundo milenio, las dos terceras partes de los humanos tienen su presente o futuro
pendiente de más atrasadas, aunque igualmente horroro-
sas, plagas, como el hambre, el paludismo, la tuberculosis,
el cólera... Y toda clase de enfermedades derivadas de la
malnutrición o la falta de condiciones higiénico-sanitarias.
Cientos de millones de personas todavía en el siglo XXI no
tendrán la oportunidad de optar a una «cualificada»
muerte moderna por exceso de alimento o velocidad, cayendo víctimas de catástrofes o epidemias, que entre esa
minoridad han sido desarraigadas hace tiempo.

Teología de la pobreza

Es la visión y presión de ese no-mundo la que ha inspirado durante los años que han transcurrido desde la última guerra, algunos intentos agónicos diseñados para desviar el patético camino de la historia por derroteros más igualitarios. A lo largo de este libro hemos anotado, en forma de esperanza o fracaso, varios de ellos. Ahora queremos consignar el realizado en el seno de la Iglesia católica, que se debate entre crispadas contradicciones internas, y se inscribe con derecho propio en una parte apreciable de la historia actual.

En páginas anteriores hemos dejado planteadas las dos grandes líneas que dividen a la Iglesia en el «sprint» final del siglo. Por una parte, la «revolución» conciliar, con su amplitud ecuménica y modernizante, que acercaba el cristianismo a los pueblos y a sus necesidades materiales. Por otra, la reacción vaticana de la mano de Juan Pablo II y de la Congregación para la Doctrina de la Fe, que ponía el acento en la cirugía del contagio socialistoide, aparecido en el rebaño desde el magisterio de los Juan XXIII y Pablo VI.

A finales de los sesenta el problema de los católicos en los países desarrollados se centraba en un forcejeo por la identificación del ser humano con el ser religioso. La búsqueda de una garantía permanente como vínculo que «religara» cuerpo y alma mediante la fe. El contraste entre evangelio y descubrimiento de la nueva libertad. O la racionalización de la verdad revelada y de la misma idea de Dios, componían los elementos fundamentales de la discusión en un feliz Primer Mundo.

Éste era el marco espiritual dominante, en el que los asuntos de la fe constituían adornos de bienintencionadas y voluntariosas tertulias de sacerdotes o intelectuales católicos, en países ricos con problemas pobres. Como precisaba el peruano Gustavo Gutiérrez, a quien se considera precursor de la teología de la liberación, la preocupación en Europa era anunciar a Dios en una sociedad descreída.

Sin embargo, para ello, el esfuerzo conciliar había abierto las murallas del dogma y tendido los puentes evangélicos, humanizando la forma y el fondo de la buena nueva. Y el diálogo así establecido alcanzaba por primera vez una expresión comunitaria amplia y disolvente, en relación al conservadurismo anterior. En muchos países de Europa, a pesar de la afirmación de Gutiérrez, la nueva teología se procesaba también en clave social. Avanzadillas de una doctrina de la pobreza y liberación, como los sacerdotes obreros, los cristianos por el socialismo, las JOC, los curas opositores al régimen español o el compromiso de intelectuales cristianos con la misma renovación vaticana, teñían de realidad sustancial el panorama católico.

Sin embargo, era cierto que el mensaje liberador iba a confrontarse como en ningún otro lugar en el continente católico por excelencia. El área latinoamericana, el mayor conjunto de súbditos católicos del planeta, era también el más adecuado para que fructificara la opción conciliar por los pobres. Y no por casualidad habría de ser al final de los años sesenta, el decenio guerrillero, en el que sublevados civiles y sacerdotes armados regaban con su sangre el anuncio liberador, cuando los obispos perfilaran su arriesgada denuncia del poder.

En Iberoamérica, como dijera y predicara con ejemplar actitud Helder Cámara, no bastaba con «dar limosna» como en Europa o EEUU. Ni era suficiente tampoco con alcanzar la luz de la fe y transmitirla a los pueblos oprimidos con palabras hermosas. Se necesitaba iluminar los resortes de dominación y los mecanismos que conducen a la desigualdad o a la pobreza, con rayos acusadores. Se precisaba la «violencia de los pacíficos» para acabar con la «violencia de las estructuras». Aunque la rebelión de los mansos fuera respondida con reguero de mártires y silencio oficial.

En la misma medida en que se afianza el convencimiento de que el Vaticano II constituye uno de los momentos de mayor envergadura histórica en la crónica de la Iglesia actual, se acepta que el movimiento de teólogos por la liberación y la pobreza es una de sus consecuencias de mayor alcance. El concilio cuaja cuando ya el alboroto de los pobres se ha convertido en un clamor, que exige una respuesta de la institución que había hecho del amor a los desposeídos su mandamiento terrenal. Y cuando otras doctrinas han dado pasos firmes en la estrategia liberadora.

La mano de Dios se esconde y es la idea del Cristo contestatario, perseguido y condenado el que lidera la nueva teología. Se depura la historia y aparece la atracción por los orígenes. El fundamentalismo cristiano se separa del poder y la riqueza, para arraigar en el corazón de la demanda social. Al mismo tiempo, la opción por los pobres se transforma en preferencia por los obreros y por sus métodos de reivindicación. Entonces el diálogo y la colaboración con el marxismo ponen en marcha las alarmas, porque no se trata de esporádicas y fugaces deserciones, sino del bandazo de todo el cuerpo místico de un continente hacia posiciones de izquierda.

Entre 1969 y 1980 la fuerza de la presión social de la Iglesia latinoamericana es advertida por los intereses del Norte y destacada en diversos informes norteamericanos sobre la evolución social en Sudamérica. El papel de los curas y obispos «rojos» o el acercamiento de la religión al marxismo se convierten en elemento de preocupación para los responsables políticos de Washington. En la comunidad católica la corriente conservadora también se agita, pero durante el pontificado de Pablo VI sus presiones son apartadas o integradas en una voluntad dialogante.

En cambio, cuando se produce el relevo papal, la visión

integrista del nuevo sucesor de san Pedro y de su equipo
va a apadrinar una dura reacción contra el catolicismo social latinoamericano. En 1982, la ofensiva toma cuerpo en
la recusación contra los ministros-sacerdotes del gobierno
sandinista en Nicaragua, o en el encausamiento del brasileño Leonardo Boff. El papa distingue a Iberoamérica con
frecuentes viajes, aprovechados siempre para desautorizar
el compromiso temporal de algunas prelaturas. Países
como Perú o Brasil, en los que la teología de la liberación
ha cimentado, constituyen el punto de mira preferido de
las baterías romanas.

   Durante los años 1984 y 1985 se propone a las asambleas episcopales la condena de los «desviacionismos» li-
beradores, o se interviene directamente desde arriba, imponiendo silencio a Boff y a otros. Con posterioridad, el
brazo de la fe sigue presionando sobre las bolsas de rebeldía que amenazan con desbordar la capacidad represiva
de las Congregaciones. Profesores teólogos son apartados
de la docencia en España, obispos brasileños conminados
al silencio, el catecismo ecuatoriano vetado por Ratzinger... Los puntos de desacuerdo siguen siendo los que la
teología de los pobres observa imprescindibles: crítica de
la injusticia social, reconocimiento de los antagonismos de
clase, denuncia de los monopolios y de la opresión de la
mujer o la primacía del amor sobre las formalidades sacra-
mentales. A comienzos de 1989 todo parecía indicar una
franca ruptura de la comunicación y una gigantesca separación en la interpretación teológica de la Iglesia sobre la
historia de los pobres y su propio papel en ella.

Tecnología y sociedad postmoderna

   Los años sesenta fueron la década del desarrollo y la fe
ciega en el progreso. La distensión internacional, la consolidación de la paz en el viejo continente, el asentamiento

de su integración económica, las esperanzas de cambios en América Latina, la renovación católica, el ciclo obrero, la moda de los marginados, el ascenso social de la mujer, las independencias africanas, la conquista del espacio, el aumento general del bienestar... Fue también el gran momento de las izquierdas y las reivindicaciones progresistas de cualquier género, en el decenio de postguerra que presenta mejor currículum.

Los setenta, en cambio, iban a suponer la apertura de una alternativa diferente. Primero la crisis de los valores tradicionales, de las reglas políticas y sociales... Luego la acidez de la depresión económica, la desazón general, la incertidumbre o el desconcierto se impusieron al feliz recuerdo de la década anterior. Es cierto que en el calidoscopio internacional se mantuvo la política general de distensión, aunque con manchas trágicas como Vietnam o Bangladesh. Que la humanidad siguió avanzando en la conquista de su entorno espacial o que recuperaron la libertad las últimas dictaduras europeas. Pero fueron más espectaculares los avances de la pobreza, el desempleo, la drogadicción o los fascismos latinoamericanos. Además, los fracasos posteriores al intento de Helsinki de 1974 y la desafortunada decisión afgana de los soviéticos, provocarían el comienzo de una segunda versión de la guerra fría, acentuada desde el recambio Reagan en los ochenta.

En el plano económico, la inflación devoraba las ilusiones de avance y ahorro, mientras el planeta monetario temblaba entre negras perspectivas. Los enfrentamientos sociales y laborales se enconaban en los países más desarrollados, creándose un clima de desacuerdo y de disputa feroz por la propiedad y la riqueza. Incluso los movimientos civiles, del tipo de los feminismos o ecologismos, surgían o se reavivaban como reacción al empeoramiento de las condiciones sociales y ambientales. Una desaforada competencia industrial dejaba fuera de combate a las viejas fábricas y a los diseños antiguos, agrandando las grietas obsoletas del sistema. La sociedad emergida a finales del siglo XIX después de su largo recorrido secular, se estaba quebrando con estrépito a las puertas del futuro, en medio del desasosiego de sus hijos.

Los idealistas que creían en una historia humanizada, o que habían confiado en hacer de la cotidianidad una gran aventura científica guiada por la razón, fueron relegados y sus teorías pasaron de moda. Las grandes instituciones y los grandes sistemas atravesaron por momentos de pánico, mientras la inestabilidad se convertía en noticia diaria. Aquellos que habían sido pioneros del futuro, científicos, inventores, políticos y pronosticadores de felicidad fueron trasladados a recónditos museos cuando no odiados por las generaciones defraudadas.

Sin embargo, no habría de ser el odio ni el pánico, ni siquiera la droga o la violencia el elemento más generalizado y característico de la respuesta social a la crisis. El fenómeno más extendido y de peores consecuencias fue la reactivación del egoísmo individual y colectivo. Las nuevas cohortes generacionales tuvieron que aprender en su propio desamparo a ocuparse sólo de sí mismas, marginando los ideales trasnochados del período anterior y pagando un duro precio por ocupar su lugar en el club. Los nuevos ídolos resplandecían con el barniz dorado del dios Mammón, al que se adora con total entrega y ninguna alternativa. El mundo de fin de siglo se desgarraba con estos perfiles insolidarios, al mismo tiempo que sus problemas y contradicciones objetivas no cesaban de aumentar.

Mientras se conmemoraba el 40 aniversario de la promulgación de los derechos humanos, se denuncia su infracción en la mayoría de los países firmantes de la declaración. Entre ellos algunos de los que más se jactan por sus avances democráticos. La desasistida explosión demográfica del Tercer Mundo convivía con el envejecimiento narcisista de las naciones ricas. La destrucción de alimentos y riquezas, con el hambre en África o la miseria en Asia y Latinoamérica. El derroche armamentístico, con el déficit cultural y educativo. El despilfarro energético, con la degradación ambiental. Y el derecho al trabajo insatisfecho, con la mayor revolución tecnológica de la historia.

Las aplicaciones de las innovaciones técnicas habían desfigurado en menos de una década el panorama de las relaciones laborales, amenazando con intervenir en los cimientos del antiguo edificio social. Desde el comienzo de la revolución industrial hace más de cien años, no se conocía un vuelco similar. No obstante, el progreso en la automoción serviría para racionalizar la producción o hacer más rentables y llevaderas las antiguas condiciones de trabajo. Pero se mostraba ineficaz para crear un nuevo ciclo de ilusión y confianza. Se sistematizaron o perfeccionaron máquinas y programas, liberando al hombre de algunas penosas servidumbres laborales. La revolución tecnológica suprimió también distancias e incomodidades administrativas, pero no construyó una humanidad más segura de sí misma, ni se convirtió en el talismán soñado. Detrás de cada avance asomaba en seguida la limitación correspondiente y el recuerdo de las anteriores frustraciones. Con cada satisfacción llegaba la saturación inmediata o el hastío; y la novedad se borraba una y otra vez de la promesa del horizonte.

La máquina, en efecto, parecía capaz y a punto de liberarnos de grandes penalidades bíblicas, pero se mostraba insolvente para proporcionar la felicidad necesaria o restar un gramo a la insatisfacción. E incluso el criterio de bienestar tejido en torno suyo seguía siendo alienante e inestable. Las nuevas tecnologías amontonaban la información y las respuestas, pero no las seleccionaban ni las traducían. Además, su peor frustración era ofrecer más de lo que pueden dar a una sociedad inadaptada que no sabe en qué utilizar el ocio y el desempleo que se le ha echado encima.

La crisis de valores tradujo entonces el desengaño humano por el fiasco de las esperanzas depositadas en las posibilidades de la técnica. El escepticismo y la crítica se adueñaron del espacio cotidiano, al mismo tiempo que la ambigüedad cultural y artística destronaban a la modernidad. Tronaron nuevas voces filosóficas contra el espejismo racionalista y se atacó a la ilustración moderna en nombre del lustre postmoderno.

La unidad del logos racional se superaba con la experiencia de la diversidad. Todo se hizo relativo, como quería Einstein desde sus campos nucleares. Se forcejeaba por una sociedad más receptiva y tolerante, con diferencias o pluralismos, pero sobre todo menos dependiente de la idea racionalista de progreso. La nueva filosofía pretendería redescubrir al individuo desigual en el flujo de la masa uniforme, que perdida su identidad colectiva ya no se rebelaba como conjunto, sino que se achicaba o despedazaba. Así, la idea de aglomeración modernista se convertía en un concepto operativo pero falso que, si había representado hasta los setenta «lo social» por excelencia, encubría de hecho la resta y no la suma de individualidades o de clanes reducidos. El ciclo consumió sus pasos: de la tolerancia nos condujo al relativismo y de éste a la trivialidad. Las doctrinas dejaron de creer y prometer el hombre nuevo, se tornaron pesimistas y tuvimos que contentarnos con lo que teníamos.

A tales súbditos, tales gobiernos. Los organismos e instituciones solidarias nacidos del desamparo de la Segunda Guerra Mundial, o mantenidos por el terror de una más temible conflagración, se iban derrumbando ante la realidad de la coexistencia y con la distribución desigual de los efectos de la crisis. La misma marea cuestionaría la validez del Estado protector, notorio incapaz a la hora de prevenir o curar las depresiones económicas. Que además confesaba sus dificultades para mantener en el futuro el ritmo óptimo de la subsidiariedad social. Conceptos como descentralización o autonomía pueblan el espacio político, compitiendo con el protagonismo de los grandes espacios federados (EEUU, la URSS, el MEC...). Se refuerzan entonces algunos mitos tribales y se vaticina el ocaso del Estado renacentista, en favor de la privatización de lo público y de la desestructura de los núcleos estatales, en lo que algunos ven escondida la amenaza hacia un retroceso medieval pre-moderno.

Si vis pacem para pacem

En las primeras semanas de 1989, cuando se escriben estas líneas, la mejora del clima de distensión internacional está apoyada en una serie de factores de diálogo aparecidos a lo largo del año anterior. La resolución de Irán e Irak de sentarse para tratar de poner fin a su largo conflicto, la retirada cubana de Angola y la vietnamita de Camboya, las conversaciones entre Marruecos y el Frente Polisario, la paz afgana, el paso histórico de la OLP reconociendo a Israel, algunas iniciativas de paz en Centroamérica..., unidas al cariz dialogante que han tomado otros enfrentamientos «menores», como el polaco o el español, han sido dignos embellecedores de las espectaculares decisiones sobre el desarme nuclear y convencional de las grandes potencias.

Toda una suerte de conflictos adoptaron la vía de la solución política y negociada a partir de la sucesión de cumbres rusoamericanas celebradas entre 1985 y 1988. No hay nada parecido en toda la historia anterior desde la Segunda Guerra Mundial. Las dos superpotencias, acucia-

das por sus necesidades internas y por las constantes amenazas de crisis económica y financiera que supone el mantenimiento de monstruosos déficit estatales, han optado
por el recorte militar y la negociación. Desmintiendo al clásico que tanto adoran los fabricantes de armas, gobiernos
de todo el mundo decidieron «*si vis pacem para pacem*».
Las noticias sobre reducción de tropas en el extranjero se
suceden durante las primeras semanas de 1989, cuando
se han empezado a confirmar las condiciones políticas de
una nueva cultura económica menos basada en los gastos
militares.

La ONU, tantas veees marginada y devaluada desde su
creación, ha sabido estar a la altura de los tiempos y encaramarse en el vehículo pacificador como corresponde a
sus fines y objetivos. La particular resurrección de este organismo en el último momento ha salvado el balance de
su mediación en asuntos como los del Golfo Pérsico, Palestina, Afganistán, Chipre, Sahara..., que ha valido para
sus cascos azules, lo que no deja de ser paradójico, el Nobel de la Paz en 1988.

No ha sido desdeñable tampoco la insistencia y extensión de los movimientos pacifistas, antimilitaristas y antinucleares consolidados desde los años setenta. Manifestaciones y protestas en las principales capitales del mundo,
y sobre todo en la victimaria Europa, denunciaron durante la primera mitad de los ochenta las posiciones agresivas
e «imperialistas» de los bloques mundiales y exigieron la
desnuclearización total.

Aun admitiendo la carga de imposición económica que
tiene esta repentina conversión al pacifismo de halcones
como Reagan o los duros del Kremlin, debe ser saludada
con moderado contento pensando que podemos estar
ante una fase menos bélica en la historia humana. La cumbre celebrada en Moscú en junio de 1988, entre Reagan y
Gorbachov, recogía y ratificaba el impresionante cambio

de rumbo de la política internacional en los tres años anteriores. Algunos resultados tangibles de las conversaciones empezaron a notarse sólo unas semanas después, al iniciarse el desmantelamiento de unos 2.500 misiles de corto y medio alcance estacionados en Europa. La reunión serviría también para que la Casa Blanca diera un espaldarazo internacional a la *perestroika* rusa, de la que Reagan se manifestaba partidario incondicional.

Las «cumbres», además, iban a ser antesala de nuevas y más pacifistas iniciativas soviéticas, que quedaban confirmadas en enero de 1989 durante la Conferencia sobre Seguridad y Cooperación en Europa (CSCE). El reconocido éxito de la CSCE ya se puede adjudicar al extraordinario cambio de perspectiva provocado en la esfera internacional por las iniciativas de paz soviéticas. Lo que apenas se atisbaba en Helsinki en 1974 era una sólida esperanza en Viena en 1989. Los treinta y cinco países que se reunieron en las dos oportunidades para firmar las actas, con la salvedad rumana, estaban de acuerdo en destacar los importantes avances logrados en la distensión europea.

En Viena se alcanzaron acuerdos sin precedentes en la historia de las Conferencias de Seguridad, después de que la URSS anunciara su decisión de retirada unilateral de tropas y armamento nuclear, además de una reducción importante del 14 por 100, en su presupuesto de defensa. Los avances vieneses en el capítulo de derechos humanos, libertad religiosa o nacionalidades, garantías procesales y cooperación económica, que durante años habían bloqueado el diálogo Este-Oeste, fueron el pórtico de posteriores reuniones sobre desarme convencional en Europa acordadas por la OTAN y el Pacto de Varsovia.

Al comenzar el año, las grandes potencias parecían inmersas en una nueva rivalidad. Pero esta vez la competencia no era amenazante, sino todo lo contrario, como si hubieran empezado a disputar por ofrecer continuamente cada una mejores muestras de intenciones que la otra. Los americanos trataban de no quedarse atrás en esta carrera desmanteladora y pacífica. Queriendo recuperar parte del terreno ganado por los rusos ante la opinión internacional, el nuevo secretario de Defensa del presidente Bush anunciaba, en enero de 1989, la intención de abandonar el proyecto reaganiano de escudo defensivo espacionuclear. Por las mismas razones, el presupuesto de la administración yanqui para 1989-1990 proyectaba un crecimiento cero de los gastos de defensa.

¿La paz al fin...?

Si las perspectivas internacionales a comienzo de 1989 siguen su curso, no es difícil aventurar que al término de la presente centuria la humanidad tenga algunos elementos consistentes con los que hacer un balance más positivo de su segunda mitad. Desterrados los jinetes apocalípticos de una parte del planeta, relegada la experiencia atroz de las guerras mundiales al recuerdo de la generación que nos abandona lentamente y creciendo con fuerza las voces exigentes de una paz general, es de confiar que las desesperantes diferencias que enfrentan entre sí a pueblos y clases sociales puedan ser enfocadas con más racionalidad y menos estrechez de miras.

El mundo de fin del segundo milenio no debe renunciar a perfeccionarse en el camino que le han señalado en los últimos cincuenta años tantos de sus líderes y protagonistas. Debe seguir reivindicando con fuerza y rigor el horizonte de fraternidad que le demanda el sueño utópico que lleva dentro. Para ello cuenta con el ejemplo de quienes han ido cayendo en estos últimos decenios por conseguir una convivencia basada en la igualdad, la felicidad, la solidaridad y el reparto del bienestar. Aquellos que, entregando sus vidas con generosidad por mejorar el destino de los desposeídos, vivieron y murieron con la esperanza de haber acertado en su elección, y se han constituido en las glorias patrimoniales de esta historia que acabamos de ver. Seres como Gandhi, Luther King, Juan XXIII, Patricio Lumumba, «Che» Guevara, Camilo Torres, Nelson Mandela, monseñor Romero, Andréi Sajarov, Helder Cámara o Salvador Allende.., representan, desde atalayas diferentes, a millones de hombres y mujeres que se han convertido en símbolos de esta formidable esperanza. Simbolizan también la gigantesca y aislada lucha de muchos idealistas contra los estadistas hipócritas y tenebrosos, que firman tratados de derechos humanos y vociferan programas grandilocuentes, mientras nutren sus arcas en el mercado de la miseria ajena o administran en su beneficio la calamidad y desigualdad de sus pueblos.

Sin despegarnos un instante de la cruda realidad y sin caer en el espejismo del progreso ilimitado, creemos necesario no obstante subrayar las posibilidades de avance que la humanidad de fin de siglo acaricia con los dedos. Continentes que, como Europa, han visto distanciarse los temibles espectros de antaño y que poco a poco con trabajo y lentitud ven alejarse la amenaza y la pesadilla nuclear, disfrutan hoy de un bien ganado período de paz sin parangón en su rica y turbulenta historia. Enormes regiones que, como Asia, son depositarias de milenarias culturas y pacíficas religiones, se enfrentan todavía al reto de la modernización y al sufrimiento de sus necesidades diarias. Pero se acercan al giro secular bajo el liderazgo de grandes países (Japón, India, China, Indonesia...), que, aunque de trayectoria diversa, aun siendo depositarios de abundantes problemas y desigualdades, cuentan cada vez más con un horizonte de expectativas positivas.

Zonas de emergencia, como África o América Latina, esperan todavía un impulso generoso de sus hermanos mayores más ricos y poderosos, que repare anteriores injusticias, deseando ser tratados como iguales y queridos por sus valores humanos, no sólo por las posibilidades de explotación favorable que ofrecen su desamparo y desvalimiento.

Los grandes de la Tierra (EEUU, URSS, Japón, Mercado Común...) tienen ante sí la responsabilidad histórica, tantas veces malograda antes, de encauzar las alternativas reales de un mundo mejor, sin padecimientos ni diferencias: de evitar el sufrimiento ajeno y el propio envilecimiento. Los políticos y dirigentes del Primer Mundo no pueden permanecer por más tiempo impávidos y cóncavos, recluidos en la coartada de sus problemas domésticos cuando el hambre y la incultura siguen siendo el azote de grandes masas humanas y cuando la muerte de miles de niños por inanición es el tópico más monstruoso de nuestra era y llama con desesperación a la puerta de todas las conciencias sensibles.

Si la guerra es evitable, sólo puede serlo a través de una voluntad política de transformación tal que haga innecesarias las revoluciones cruentas, y que convierta las conferencias y cumbres inoperantes en acuerdos coactivos de solidaridad. Es acuciante, por tanto, antes de entrar en el siglo próximo, la promoción de un gran cambio político y moral que coloque en primer plano los valores de la razón y la generosidad, desautorizando y persiguiendo los abusos de los más dotados. Un giro radical que deje fuera de nuestro código los individualismos, las desidias y el desprecio por la suerte que puedan correr aquellos que no están al alcance de nuestra miope visión de la historia presente. Una revolución ética que ponga de moda y legalice la paz y la igualdad, por encima de las razones de Estado, de los intereses nacionales o de los egoísmos de clase: que proscriba y expulse de la sociedad a los que se opongan a ellas. Esta transformación que está exigida desde el fondo común del pensamiento humano racional, lo mismo en Buda que en Cristo, en Smith o Carlos Marx, puede todavía salvar la situación si sabemos aprovechar las oportunidades que nos quedan, mientras llega el siglo XXI.

El mundo imprevisto

El pecado eurocentrista

Ni siquiera al comienzo de 1989, cuando las expectativas de acercamiento y distensión internacionales auguraban un excelente futuro político, se podían prever en toda su dimensión los acontecimientos de este año. Por unanimidad, 1989 será el símbolo de los cambios de una década, por lo demás mediocre. Y aunque todavía no sabemos si servirá para señalar el punto de partida de algo más consistente, por ahora este guarismo se ha tratado de situar entre los más memorables del siglo. Además, el 89 se ha querido desvincular de otros nueves de peor recuerdo. Desde 1929 hasta 1979, dos fechas para el redondeo de las más recientes depresiones económicas, pasando por el 39 con el comienzo de la guerra mundial, los finales de década eran esperados con temor por astrólogos sociales y sus adyacentes políticos.

Naturalmente esta distinción, que ahora celebramos, no se debe a la consolidación ni profundización de factores y elementos oficiales, ya avanzados a finales del 88. Tampoco a especiales acuerdos o remates que permitan brindar por una paz definitiva o duradera, en un cuadro de libertad e igualdad generales. La escena diplomática internacional y los actos gubernamentales no han mostrado más abrazos de los previstos, más conversaciones que las concertadas, ni más amores que los cantados a fines de 1988. Mientras, el mundo real trataba de caminar con otro tono, en el corto espacio de poco más de trescientos días.

Por eso, si estamos ante una fecha histórica se debe en exclusiva al imprevisto vuelco promovido por presiones populares, de todo un mundo político-social, que durante decenios parecía pertenecer *per se* a esa inmutable Europa de los Estados viejos y estables. Seis naciones del bloque socialista, el telón de acero o las fronteras artilladas de las dictaduras «populares», que aún limitan al oeste con nuestras penosas democracias, se han desgajado una a una, con el mimetismo y la rapidez que sólo puede proporcionar el contagio del sarampión ideológico. La concentración de esta cascada en la segunda mitad del año ha sumado un efecto de intensidad a la de por sí vistosa transformación política. El fenómeno, por lo demás, ha sido unilateral y, salvo en un caso, incruento, con lo que el estupor occidental ha competido con la complacencia de los listos o el desconcierto de los compañeros de viaje.

No obstante, si queremos regatear el terremoto informativo occidental y sopesar todos los factores, no sólo los de escaparate, debemos pensar con mayor frialdad y más alcance. En términos de esta aldea universal en la que vivimos desde el desarrollo de las comunicaciones, las cosas han sido más complejas. Cuando nos hablan de

modificaciones espectaculares del eje político de la Tierra, de alteraciones universales de la historia, debemos
tener en cuenta que de momento se trata de transformaciones de alguna profundidad en unos seis países europeos. Y así evitaremos hacer de ellos el parto en falso de
un nuevo mundo, reeditando nuestros pecados eurocén-
tricos que a tantos disgustos nos han conducido antes de
ahora.

La recolocación política de estas repúblicas del Este,
una vez que pasen las resacas correspondientes, supon-
drá verdaderamente una nueva configuración del mapa
político del Este continental. Pero se trata del tablero europeo en solitario, incluso de una parte menor de él, sin
que sea legítimo ni acertado intentar que Europa vuelva
a las andadas, como oráculo del planeta. El movedizo
conjunto socialista se pasó de moda, conforme, pero la
abrumadora mayoría del mundo, desgraciadamente,
apenas ha variado un ápice en el calendario que acabamos de dejar.

Esto significa que unos cuantos millones de ciudadanos
«socialistas» (unos ciento diez si dejamos fuera por el momento a la URSS, Yugoslavia y Albania) se situaron a la
cabeza de las reformas políticas mundiales y atraen la
atención de todos. Pero de ningún modo pueden distraer-
nos del discurrir de ese resto de más de 4.900 millones
que quedan en la nave Tierra. Nadie puede negarles su intervención en el presente y el futuro de la humanidad a
esos seres aparentemente sin voz, que pueblan la desolación sudamericana, asiática o africana. Entre ellos también se están escribiendo las páginas de esta historia del
presente.

Pensemos en Japón, un coloso que sigue creciendo,
vendiendo cada vez más aparatos, comprando carísimos
objetos de arte y haciendo trabajar a modo a sus hacinados habitantes. Con una oreja puesta en las declaraciones

sudamericanas sobre la imposibilidad de pagar los créditos, en los que los nipones tienen apostados los sabrosos ingresos de esta década, y la otra en los descubrimientos del negocio de placer entre sus políticos y gheisas.

Digamos los USA, donde todavía la gran mesocracia se juega a una carta bursátil el sueño americano, en un envite que le puede llevar a engrosar la nómina de sus treinta y tantos millones (casi Rumanía y media) de *sans culottes.* Hambrientos, marginados y *homeless,* en su mayoría negros, ¡cómo no!, ni siquiera tienen el consuelo de poder sublevarse contra una tiranía política. Aunque alguno de ellos siempre podrá enrolarse en la gendarmería caribeña, vista la reedición del papel justiciero de su país en esa zona del mundo. Pero la mayoría tendrá que conformarse con el «derecho» a la búsqueda de la felicidad, prometido por la Constitución y dependiente de cualquier golpe de suerte muy poco constitucional.

Contemos con África, convulsionada al norte por el islamismo, la demografía y un subdesarrollo de mil caras, al sur por el racismo y la intolerancia política y en medio por el caciquismo, el neocolonialismo y el olvido. Un continente impávido desde hace décadas, pero acosado por la desatención y la búsqueda de nuevas explotaciones, que hemos convertido en reserva de caza y prehistoria, para el lujo de nuestros turistas y documentales de televisión primermundista. Mientras, en suelos como el Sudán se libran guerras «clandestinas», si nos atenemos al alarde de desconocimiento que se hace de ellas en el mundo desarrollado. Desde 1983 una confrontación ignorada se ha cobrado millares de vidas en este Estado africano y desde junio de 1989 un golpe militar está facilitando una represión indiscriminada a lo largo del país.

Ensayemos con Latinoamérica o Asia, récords mundiales del irredentismo de todos los tiempos, donde se estrellan soluciones y voluntades a prueba de bomba. Tercer

Mundo que limita al este del Edén con la tierra de fuego del Líbano. Donde algo que en la Europa del Este es noticia y escándalo (la muerte de civiles) aquí hace tiempo que ha dejado de serlo. Nuestro alabado 1989, aunque pueda parecer imposible, ha sido para el país de los cedros el ejercicio más sangriento, cruel y vengativo de una guerra civil abierta en 1975.

Círculo reservado también para el club de menesterosos titulares de la escalofriante cifra de deuda externa, que sólo para los latinoamericanos se contabiliza en más de 416.000 millones de dólares a finales de 1989. Un estremecimiento semejante provoca la tasa de inflación media de esta misma región, que para el «feliz» fin de fiesta de la década acaba de registrar el histórico 1.000 por 100 de elevación sobre el año precedente, con unos espeluznantes 4.000 por 100 argentinos, 3.500 nicaragüenses o 3.000 peruanos, entre los primeros.

Citemos el Mercado Común, donde los de arriba venden cada vez más a los de abajo. Donde las balanzas comerciales instrumentan un colonialismo interior que refuerza el concepto de soberanía nacional. Y mientras los padres de la cosa dicen que todos somos europeos, *ergo* iguales, la franja mediterránea se convierte en la Europa de los servicios. Eufemismo que encierra no pocos dramas económicos, sociales y personales. Pero única forma con la que saldar la dependencia nacional consumista del norte y las costosas mercaderías o lujosos artefactos, que nos llegan de Londres, París, Munich...

Conjunto afectado a las primeras de cambio, léase crisis de los setenta, de lo que se ha dado en llamar «euroesclerosis», trata de recuperarse con documentos mágicos como el Acta Única y mejores promesas para el 92. Pero, donde no desaparecen las dificultades para la unidad monetaria y los planes de igualación de economías hacen sonreír a los mejor pensados. Foro donde ni se quiere negociar la Carta Social, ni se piensa ya con seriedad en la ósmosis política y al que, para colmo, le ha salido la alegría o el despiste de la ruta oriental, por donde los alemanes federales se teme puedan empezar una nueva vida.

Ni Malta ni Yalta

El Parlamento Europeo de Estrasburgo mantenía intacta en 1989 toda su capacidad política, por inutilidad manifiesta de la misma. Después de nuevas elecciones, celebradas en la más íntima indiferencia, seguía representando, como característica general, su papel estable de parlamento ficción. El paso de los años, por encima de treinta, no parece haber prestado alas a esos míticos Estados Unidos de Europa, con los que se sueña a falta de mejor alternativa. Concedamos, no obstante, que se trata de una apuesta y experiencia históricas singulares, más preñadas por el momento de ilusión que de posibilidades reales, que habrá de sazonarse con mucha imaginación, innovación y generosidad políticas. Virtudes que no adornan precisamente a todos y cada uno de los actuales mandarines europeos.

Incapacidad política también, para resolver esas «guerras» europeas, lentas y descafeinadas, como la irlandesa o la vasca, que se mantienen enquistadas a caballo de historicismos nacionalistas o religiosos. Conflictos que reclaman con urgencia una mayor grandeza de Estado y una mejor disposición y generosidad políticas, para reconducirlas por las mismas vías dialogantes que la Comunidad o sus miembros apoyan y exigen para el Tercer Mundo.

España, uno de los Estados de más reciente ingreso en el aula europea, se registraba en el libro de los récords en octubre de 1989 al ser elegido, por tercera vez consecutiva gracias a ocho millones de reincidentes, un gobierno socialista que llevaba dos legislaturas haciendo las delicias de la derecha económica. Es el único gabinete de la historia del mundo actual contra el que su propio sindicato (UGT aliada a CCOO) ha convocado unas huelgas generales que paralizaron el país, y sin pestañear se permite el lujo de autoconfirmarse después de las elecciones. Con una mayoría parlamentaria discutida en urnas y tribunales, acosado por su propio modelo de administración venal, el PSOE trataría mediante el espejismo del 92 (Europa más olimpiadas) de gestionar el que podía ser uno de sus últimos cartuchos en este siglo.

A finales de curso el informe anual, una vez más, inquietante, de Amnistía Internacional, calificaba a la década de los ochenta como la de la transgresión de los derechos humanos por los gobiernos constituidos de todo el mundo. Empeñada en torpedear la digestión navideña de la clase política mundial, esta institución hacía público su horror por el «extraordinario nivel de asesinatos individuales y de masas por fuerzas gubernamentales». Más de la mitad de los países del mundo siguieron vulnerando los derechos de los detenidos, torturándolos o eliminándolos en la más desesperante impunidad. Esos mismos Estados, en un decenio que se cierra con más ilusiones de libertad que ningún otro de este siglo, mantenían presos políticos o de conciencia en sus cárceles. Es francamente difícil no estar incluido en alguna de estas aberraciones, de las que según el informe no se libran ni siquiera «angélicos» Estados como Suiza o Austria. Pero son los sudamericanos, israelíes o iraquíes quienes parecen destacarse año tras año en estas inculpaciones, que en casos concretos se pueden calificar de auténticos genocidios.

También las Naciones Unidas hicieron público su pesimista informe, en las primeras semanas de 1990. La ONU, que relega en otros el énfasis sobre las violaciones gubernamentales, ha preferido calificar a los ochenta como la década de la drogadicción. Elevando una petición de declaración de guerra contra el narcotráfico, a sabiendas de que así rompe con su pacifista carta fundacional, esta institución internacional pone de relieve el trastorno político y el peligro que para la salud mundial tiene el consumo de sustancias alienantes. Sin entrar en el detalle moral de culpabilidades entre países productores y consumidores, se subrayaba la extensión de las dependencias y el aumento incesante del poder mafioso en torno al comercio de narcóticos.

Pocas ocasiones para la alegría, en verdad, salvo que se sea superviviente rumano, polaco, alemán «democrático», etc., para quienes ahora todas las bendiciones son pocas. Y aun a éstos, el futuro inmediato, si no mejora, tampoco les resultará muy alentador. En 1989, esta Europa de la esperanza se encaramaba al muro de Berlín para pedir su parte de protagonismo y riqueza a la Europa de la espera, en la que poco antes el inefable Mitterrand se había coronado rey de todas las patrias postgaullistas. Con la mueca lujosa de un bicentenario que certificaba en 1989 la satisfacción de pertenecer al menos malo de los sistemas, se daban gracias y bendiciones a los padres revolucionarios de otro 89. Gentes de ambos mundos, citados en París bajo el arco de la postmodernidad, asistían a los actos. Políticos al habla y plumas al acecho. Centristas de la cultura, socializantes y democratizadores, exorcistas de julio y campeones de mayo, unidos por la comunión y el recuerdo, elevaron así un monumento a la burguesía en nombre y a cargo de la humanidad agradecida.

El mundo imprevisto no lo era tanto. Quedaba por cierto sin resolver la criminal tozudez del gobierno israelí, empeñado en disparar mortalmente a niños y mujeres palestinas por algo que, como el derecho de autodeterminación, en otros lugares más «civilizados» y próximos, resultaba casi toreo de salón. Todo el escenario de Oriente Me-

dio se convertía en un rojo charco estancado por el que los
grandes parecen haber perdido parte de su interés.

No sólo Líbano se desangra ante una indiferencia meri-
diana, también las propuestas pacíficas de la OLP cumplían un año sin avances apreciables y sin gestiones de urgencia, entrando en un peligroso fin de plazo de conse
cuencias imprevisibles. Si en alguna parte las favorables
previsiones de finales del 88 se estaban viendo frustradas
era en el caso palestino y colaterales. La venganza israelí
contra la Intifada contabiliza seiscientos muertos, mientras el gobierno judío reprime incluso a sus ministros moderados, por sospechas de diálogo.

Se conocían escasos datos, pero tranquilizadores, sobre
la que se presumía difícil sucesión del imán Jomeini, que
se reunió con Alá en 1989 llevándose para su viaje la
ofrenda del último anatema contra un escritor indo-britá-
nico. La prédica anticultural contra las irreverencias de
éste ha sido por ahora el último disparo del integrismo jomeinista, que después de la desaparición de su principal
imán parece haber entrado en una fase de reflujo y retiro
espiritual.

El cumplimiento del mandato de Reagan, satisfecho en
olor y para descanso de multitudes, dejaba paso a un pri-
merizo Bush al que nadie hubiera imaginado un rompe-
platos, hasta que en vísperas de Navidad tiró por la venta-
na toda la vajilla con la prepotente invasión de un país «libre» como Panamá, ahora caído en desgracia. No se
alteró por eso la siesta internacional y las cuitas domésticas de la URSS convirtieron lo que no hace mucho hubiera sido un *casus belli,* en un puchero de niño pequeño. La
ONU, engalanada para la ocasión por la dictadura del
Consejo de Seguridad, se servía recuperar su papel de ce-
nicienta, aunque no pensaba en devolver el zapato de cris-
tal de la paz concedido el año anterior, en un descuido de
la madrastra. Se producía el minibanquete sangriento del

istmo panameño, en medio de otro silencio cómplice por los crímenes de El Salvador, en los que si no los dedos, sí eran yanquis los gatillos y que en estas páginas tiene un capítulo aparte.

No hay, no, *perestroika* occidental. Las cañoneras siguen donde estaban y, salvo acuerdos secretos con los amigos del Este, ahora sólo especulados, el trabajo puede no haber hecho más que empezar. En el punto de mira Nicaragua, Colombia, o tal vez Cuba... Todo el fantasma del siglo XIX se le viene encima al cono Sur, que sigue desempeñando la función de suelo de cuadra norteamericana bajo los cascos del caballo de Monroe. Un cuadrúpedo que por cierto primero fue antiimperialista, luego antifascista, después anticomunista y ahora probablemente de la brigada antivicio. Corcel que, entre barras y fusiles, conoció la fusta de Monroe y Truman, de Kennedy-Nixon y finalmente de la inolvidable pareja Reagan-Bush.

Entre deuda y garrotazo, comedores de auxilio social y caras pintadas, se revolvía también la doliente sociedad argentina, cada vez más parecida a un pueblo pobre. Entre los grandes latinoamericanos, Argentina, México, Venezuela o Brasil, ya no cabe más competencia que la que se disputa los primeros lugares de la tabla de inflación o devaluación monetaria, la deuda, el desempleo o la caída comercial. Restricciones, racionamientos y hambre afincados durante toda la segunda mitad del siglo en estas tristes tierras sureñas, no acaban de recruzar el Atlántico para volver al lugar desde donde llegaron a bordo de unas pocas carabelas, procedentes del alba de la modernidad.

Plazo de confianza para un Chile de alamedas arrepentidas en la democracia cristiana y recuperadas en el recuerdo socialista, donde parece haber terminado el «zarandeo» fascista, que cortó la vida de Víctor Jara y de tantos otros chilenos. O para el Paraguay de silenciosa y extraña transición. Pero dolor, desafío y tragedia para el

desastre colombiano. Sólo Perú, otra de esas «democracias» cuarteleras vigiladas donde el gobierno civil acaba la
década enfeudado al orden militar, si se empeña y nadie lo
remedia, podría alcanzar al desgarramiento colombiano,
que recicló su economía del deprimido cafetal al emergente polvo blanco.

Cuando los mercados internacionales, tan libérrimos y
perfectos controladores del desarrollo, cuyas excelencias
se cantan más que nunca, «decidieron» que había que bajar o congelar el precio del café, no fue difícil convencer al
campesino de Colombia o Perú para que dedicara sus
desvelos a otro cultivo más rentable. Daba igual grano negro que flor blanca, el mercado «gringo» así lo imponía,
después de haber hundido el precio del aromático en origen de los 4,7 dólares por kilo de 1977 a los 1,4 de 1989.

Atado y bien atado, junto al muelle maltés, quedó el
nuevo reparto del mundo a primeros de diciembre. Su
brevedad de amarre y sus límites comunicativos no han
impedido a las plumas cotidianas jurar y perjurar, antes,
durante y después, que estábamos ante la nueva era. Malta después de Yalta no parece, sin embargo, más que un
juego de palabras, facilón en el ripio. Aunque el eslogan le
haya servido una vez más a Gorbachov, junto a otras recientes entrevistas como el «vis a vis» con Wojtyla.

El líder ruso, con dificultades pero quizá sumido en
menos problemas de los que le quieren cargar las agencias
occidentales, asistió entre un millón largo de personas al
último adiós del físico Sajarov, fallecido en Moscú en las
últimas semanas de 1989. El viejo resistente es quizá el
único que puede disputar al premier moscovita el papel
histórico de anunciador de los nuevos tiempos soviéticos.
El conocido disidente, verdadero símbolo de la oposición
tenaz al despotismo sin abjurar de sus convicciones revolucionarias ni desertar de las necesidades de su pueblo,
dejó lo mejor de sí en la colocación de las primeras pie-

dras del nuevo país. Su corazón se rindió al sueño de un Estado que, en el programa que defendía, debe proporcionar al ciudadano «una vida feliz y llena de sentido, la libertad material y espiritual, el bienestar, la paz y la seguridad». Mientras, el inquilino del Kremlin con su aspecto de joven triunfador, que tanto impacta en Occidente, sigue ganando tiempo, sonriendo y sobreviviendo a su propia revolución.

El Vaticano ha mantenido el ritmo de los últimos años con su característico una de cal y tres de arena, rematado al comenzar 1990 con un poco glorioso sometimiento al gran patrón, tras la invasión de Panamá. Se ha mantenido el vigor de los entredichos contra teólogos «librepensadores» y las suspensiones profesorales que afectan a muchos de ellos. Ofensivas moralizantes, a cargo por lo general de la Congregación para la Fe, se han puesto al lado de declaraciones modernizantes en favor de los oprimidos, por los derechos humanos e incluso de tinte ecologista. Nada tiene que ver con estas actitudes oficiales del catolicismo el generoso derroche de vidas y ejemplos que otros cristianos, sacerdotes o seglares, ofrecen en las mismas latitudes bajo fuego del mismo origen que se cobra un caro tributo en vidas humanas.

De Tiananmen a Timisoara

El 17 de mayo de 1989, las agencias de prensa de todo el mundo comunicaban la noticia de la concentración de personas más numerosa de la historia de la humanidad, reunidas en torno a una reivindicación política. Más de tres millones de chinos se manifestaban pacíficamente en la también más amplia plaza de cualquier ciudad del mundo. Tiananmen, en el centro de Pekín, empezó a unir su nombre desde entonces a otros vocablos que nos iban lle-

gando de un Este agitado y prometedor. La plaza principal de la capital china aglutinó los sucesos más importantes de lo que se empezaba a llamar el mayo chino, iniciado
en una forma ya conocida entre nosotros.

Los estudiantes, como sucediera en el espejismo occidental de 1968, animaron y encabezaron un movimiento
que pronto fue engrosado por trabajadores y ciudadanos
de todos los puntos del gran país. La gota de agua que
puso al descubierto todo el gran embalse del descontento
popular fue el fallecimiento de Hu-Yao-Bang, ex secretario del Partido Comunista, defenestrado por su talante
aperturista y sus apoyos a algunas reivindicaciones estudiantiles. Las manifestaciones de duelo concentraron en
Pekín y otras grandes ciudades, primero a miles y luego a
millones de personas, en un gran movimiento que duraría
seis semanas.

El postmaoísmo, encabezado por Teng-Siao-Ping, un
dictador de geriátrico, en su intento patético de superar la
imagen y la ideología anteriores, había optado por reintroducir paulatinamente el sistema capitalista en las relaciones económicas, sin atender a la apertura de unas mínimas
ventanillas políticas o sociales. Una década experimental,
en la que la posibilidad de hacer negocios fue aprovechada por sectores y clanes familiares próximos al gobierno,
hizo surgir de la nada una capa de privilegiados y nuevos
ricos chinos apiñados en torno a la dictadura tecno-militar
del Gobierno. En medio del incremento de la riqueza,
ésta empezó a favorecer sólo a los más dotados y mejor relacionados, mientras una mayoría que la desconocía tampoco podía manifestar su disgusto social por los oxidados
cauces políticos.

En este modelo descontrolado, los peores elementos
del mecanismo mercantil occidental (inflación, desequilibrios sociales y regionales) empezaron a sentirse con fuerza a finales de 1988. Tras un decenio de capitalismo de la-

boratorio se había restablecido la propiedad privada en el campo y mecanizado en parte la agricultura o la industria, pero habían reaparecido también algunas servidumbres. inevitables en todo aquel que pretenda reglarse por el mercado. El nuevo sistema favorecía el endeudamiento exterior, el desequilibrio comercial, la inflación o el desempleo, que eran desconocidos o reprimidos en el período de Mao. Permitía también una irregular distribución de la renta y un desarrollo regional desigual, originando una China costera en franco crecimiento y otra continental atrasada y agraviada. Algunos de los peores efectos sociales que la revolución había desterrado oficialmente, como la delincuencia o la prostitución, reaparecieron al calor de las consignas de egoísmo y lucro que proclamaba el propio régimen. Los casos de corrupción, de nepotismo o de favoritismo políticos eran secretos a voces.

El descontento popular encarnó, entonces, como una mancha de aceite en pos de las protestas de Tiananmen. Las peticiones estudiantiles, para una rehabilitación póstuma de Hu-Yao-Bang, pronto se completaron con protestas por la situación social y política, o con reivindicaciones de libertad política y democracia. Se trataba de dar así continuidad al movimiento del otoño de 1986, en el que se reclamaba añadir una quinta modernización política a las cuatro modernizaciones del país, prometidas por el gobierno.

Los universitarios acamparon literalmente en la gran plaza, intentando llamar la atención de las autoridades, de la opinión internacional y del pueblo con la dureza de sus huelgas de hambre. La situación de crisis se alargará, para hacer coincidir las concentraciones con la visita a Pekín del dirigente soviético Gorbachov, a quien los manifestantes eligen como referencia para la apertura del sistema. La relevancia histórica de esta visita, que ponía fin a treinta años de separación diplomática efectiva, fue oscurecida y

superada, sin embargo, por la presencia popular en las calles de la capital.

El día 17 de mayo, cuando el premier moscovita se reunía con los líderes chinos, se producía la gran concentración a que antes nos hemos referido. Millones de obreros,
funcionarios e intelectuales a lo largo del país se ponían del
lado de los estudiantes huelguistas y se sumaban a sus peticiones de dimisión de los viejos dirigentes y de apertura democrática. El gobierno, coartado por la propia presencia
de Gorbachov y sabiéndose observado por todas partes,
trata de ganar tiempo haciendo amagos de negociación,
mientras intenta superar las fisuras que empiezan a surgir
en el seno del partido. El primer ministro Li-Peng y el secretario del PCCh, Zhao-Ziyang, reconociendo la gravedad
de la situación aceptan el diálogo con los estudiantes pero
se niegan a atender las peticiones políticas de éstos.

En los días siguientes la protesta juvenil se transforma
en abierta rebelión social. El viejo Teng desaparece de la
escena pública tras la partida de Gorbachov y se desata
una lucha sorda entre los delfines, llamados a sustituirle,
mientras aumenta el número de huelguistas y crece la intolerancia de los elementos conservadores del gobierno.
Finalmente, triunfan las recomendaciones represivas ex-
presadas por Teng-Siao-Ping en los primeros días de la revuelta, y se acuerda el empleo de la fuerza para desalojar a
los estudiantes de Tiananmen. De los cinco miembros del
comité permanente del partido, responsables de la decisión, sólo su secretario general Zhao-Ziyang se opone a
ella, presentando la dimisión.

Pocas horas después los camiones militares avanzan sobre la plaza, pero en su trayecto son abordados por una
masa pacífica de pekineses que les impiden el paso. Se decreta la ley marcial, que es ignorada, y las calles se llenan
de gente dispuesta a apoyar a los ocupantes de Tiananmen. Por un momento la presión popular parece capaz de

dar un vuelco a la situación, pero para entonces ya se ha fabricado el argumento de la conspiración contrarrevolucionaria y el viejo Teng prepara la ofensiva final. Como en un manual antisubversión, el dirigente chino imita al De Gaulle del 68, viajando a la provincia militar de Wuhan para conseguir el apoyo del ejército.

El trágico desenlace de los acontecimientos tuvo lugar la noche del 3 al 4 de junio, en la que el ejército obedeció la orden de disolver a los manifestantes. Sangre y muerte, probablemente varios miles de vidas civiles y algún soldado (las fuentes occidentales subían hasta 7.000 el número de víctimas), cerraban la primavera china de 1989. Una vez más quedaba aislada la república del resto del mundo. Una reedición de la muralla china se ponía en marcha a partir de los acontecimientos que hemos relatado. La derrota del movimiento estudiantil se aprovechaba para dar un golpe mortal al sector reformista del partido, el más interesado en el modelo de apertura soviético, al mismo tiempo que eran detenidos y condenados numerosos participantes en la revuelta. Ejecuciones, cárcel o exilio esperaban a los más significados acampados de Tiananmen, mientras las versiones oficiales hablaban del triunfo sobre una conspiración extranjera.

En términos de bloque comunista, después de junio de 1989, el caso chino podía permitir hablar de primera derrota de la *perestroika* fuera de su país. Sin embargo, no tardarían mucho en aparecer nuevos movimientos populares que, enganchándose al carro reformista abierto por los soviéticos, llevarían mucho más allá cualquier previsión de transformación política de los regímenes del socialismo real. Desencadenados a remolque de la apertura polaca o húngara, pronto los acontecimientos políticos de Alemania Oriental, Checoslovaquia y sobre todo Rumanía, iban a marginar, por su profundidad y espectacularidad, a los sucesos de la primavera china.

Es cierto, como reconocen casi todos, que la Unión Soviética estaba oficiando de locomotora del cambio. Este país tiene una vieja tradición de autocrítica y de admiración por lo occidental. Sin tener necesidad de recurrir al rey Pedro, aquel que quiso aprender en directo los trabajos de los astilleros holandeses en el siglo XVII para occidentalizar Rusia, podemos fijarnos en un ejemplo-antecedente de hace sólo una treintena de años.

El relevo estalinista en la URSS, al que hemos dedicado la atención que se merece en páginas anteriores, estuvo señalado por el famoso informe de Kruschev al XX Congreso del PCUS, en el que por referencia al sistema anterior se hacía una profunda revisión de lo actuado hasta entonces, en materia económica y de intolerancia política. Este documento, sin duda uno de los más significativos e históricos de la crónica actual de la URSS, y la posterior desestalinización han justificado las comparaciones que todavía a principio de 1989 se hacían entre Kruschev y Gorbachov.

Pero al mismo tiempo que los sucesores del «zar» rojo trataban de acometer la loable tarea de modificar positivamente las condiciones soviéticas de los años cincuenta, la misma necesidad de distensión les condujo a una imitación no muy reflexiva del patrón consumista occidental. Al proclamar que no era preciso recurrir a la guerra revolucionaria para imponer el comunismo, los ideólogos del Kremlin, además de acaparar las iras maoístas, tuvieron que diseñar un modelo de superación ante el adversario capitalista que se basaba en el puro crecimiento cuantitativo. Con él esperaban demostrar pacíficamente la superioridad de la planificación y la racionalidad de las economías socialistas, por encima de la libertad de mercado contaminada, que defendían y usaban los occidentales.

Cayendo en la aberración tecnocrática, según la cual el que más produce es el mejor, olvidaron el «lastre» de los contenidos ideológicos aportados por la revolución, entregaron el poder a ingenieros y centuriones, desterrando o encarcelando a pensadores, filósofos y políticos. Con ellos se creó la sociedad apartada de los disidentes, eufemismo que designaba a los perseguidos por sus críticas al socialismo real.

Sin embargo, ninguna sociedad tecnocrática histórica ha conseguido satisfacer a todos sus miembros con mediana equidad. Por el contrario los objetivos exclusivamente materiales, alentados desde el poder, sólo han servido para crear la frustración de los apetitos insatisfechos. En el bloque socialista fue peor aún. Como en el sistema capitalista, su propio motor interno empujaba a los soviéticos y a su entorno a una renovación incesante del consumo, en un intento vano de imitar el caótico y destructivo mercado occidental. Si todo lo sólido se desvanece en el aire, en palabras de Marx, sarcásticamente la nación más «marxista» de la historia podía comprobar la realidad de esta metáfora en el continuo fracaso de su intento de satisfacer en lo material a sus ciudadanos.

Al mismo tiempo la clase política soviética se hacía acreedora a las acusaciones de corrupción, que si en el plano económico administrativo era delictiva, en el político social representaba una regresión de proporciones históricas, que iba a corroer las mismas bases ideológicas del sistema. Estas reflexiones están a la grupa de todos los sucesos acaecidos durante 1988 y 1989 en los países del bloque europeo oriental, liderados por la URSS de Gorbachov.

En febrero de 1989, a pesar de todas las premoniciones, occidentales por supuesto, el ejército rojo se retiraba de Afganistán, con relativo orden, evitando así que las secas cordilleras asiáticas se convirtieran en un Vietnam soviético. Ni el carácter, ni las cifras, ni la resonancia internacional de esta guerra han sido comparables al gran conflicto sudasiático de los sesenta-setenta a pesar de todos los esfuerzos desinformativos para homologarlos. Tampoco se acertaba en los pronósticos sobre la caída inmediata del gobierno procomunista. El régimen de Najibulá, a pesar de no contar con los mismos medios que en su día distinguieron a los sudvietnamitas, resistía mal que bien durante un año el asalto de la guerrilla musulmana alimentada por EEUU, Irán y Pakistán, pero muy distraída por sus divisiones internas.

En 1989, se hicieron públicas las cifras de bajas que el Kremlin admite como oficiales para la intervención soviética en Afganistán. Según ellas, se produjeron cerca de 16.000 muertes de soldados y oficiales, desde 1979 hasta la retirada. La aparición de esta estadística se acompañaba, ya en pleno desarrollo de la *glasnost* informativa, con un reconocimiento de culpas y la calificación de error para la invasión. Cargos que pasaban a engrosar las críticas que la *perestroika* hacía al régimen anterior.

Durante 1989, los dos países que habían abierto el cielo de las libertades políticas, Polonia y Hungría, se afianzaban en este camino. En enero el parlamento magiar aprobaba la ley que autorizaba los partidos políticos y regulaba las manifestaciones. Una semana después eran los polacos los que legalizaban el pluralismo político y al sindicato Solidaridad. El ocaso del invierno coincidía también con nuevas noticias de deshielo: los comunistas húngaros renunciaban a su papel dirigente constitucional y la URSS reconocía la jurisdicción de La Haya en materia de derechos humanos. El nuevo primer ministro yugoslavo, Markovic, se sumaba a las declaraciones sobre una necesidad de democratización, poco antes de que entre marzo y abril en la Unión Soviética se eligieran a los nuevos diputados del Congreso, uno de los cuales fue Andréi Sajarov.

El 25 de abril se produce otro hecho doblemente satisfactorio. Las tropas de ocupación rusas salen de Hungría pacíficamente, dando por terminada así la situación provocada en 1956. Es la segunda retirada del Ejército Rojo en el mismo año y en toda su historia. Mientras, la revisión de la crónica nacional oficial, entre los húngaros, continúa a buen ritmo al ser rehabilitado el líder de la revolución Imre Nagy y conmemorados los sucesos de 1956 con la institución del día de la fiesta nacional.

Nuevas rehabilitaciones políticas y amnistías se adelantaban a la proclamación, el 22 de octubre de 1989, de la República Húngara que liquidaba el régimen político socialista existente desde 1948. Pero no sólo se «refundaba» la república. El mismo Partido Comunista pasaba a denominarse Partido Socialista, poco antes de que los húngaros decidieran en referéndum convocar elecciones libres para 1990. Entre los diferentes opositores al reconvertido partido destaca el Foro Democrático, que desde hace un par de años estaba a la cabeza de las reivindicaciones populares.

Mediado el año, la República Democrática de Alemania había formado con Rumanía y Checoslovaquia un minibloque de oposición a las reformas políticas que estaban teniendo lugar en Hungría. Todo parecía indicar que las posibilidades de una evolución interna y pacífica del régimen de Honecker eran nulas a comienzo del verano de 1989. Quizá por este convencimiento, miles de alemanes orientales decidieron aprovechar sus vacaciones en Checoslovaquia, Hungría o Polonia para pedir asilo político en las embajadas de la Alemania Federal. Una auténtica masa de refugiados empieza a inundar los jardines y dependencias de estas legaciones diplomáticas.

Los alemanes orientales, tradicionalmente considerados los ricos del Este por su alto poder adquisitivo gracias a un férreo control sobre los precios, empezaron a «votar con los pies», algo que ya conocían algunos miles de ellos desde aquel otro verano de 1961, antes de levantarse el muro de Berlín. En unas pocas semanas un verdadero di-

luvio de familias enteras consiguió trasladarse al Oeste, en
una auténtica fiebre occidental, por sus propios medios o
en trenes especiales, gracias a la flexibilidad de las naciones que les acogían. A comienzos de noviembre, en vísperas de la apertura del muro, se calculaba en no menos de
200.000 los «democráticos» acogidos en campos de refugiados de la Alemania Occidental.

Esta manifestación del exilio provocó la crisis en el Estado y la aparición de las primeras grietas en el partido. El
6 de octubre, Gorbachov llega a Berlín para participar en
los actos del 40 aniversario de la constitución de la República. Sus primeras recomendaciones a Honecker sobre
las reformas necesarias no dejan lugar a dudas sobre la conocida actitud del Kremlin. A pesar de todo, en los días siguientes, la sombra china y el recuerdo Tiananmen aparecen inevitablemente en el pensamiento de muchos. Sin
embargo, el 18 de octubre se anuncia el retiro de Honecker, y su sustituto Krenz, tratando de contener la evasión,
promete la apertura fronteriza para los que quieran salir al
extranjero.

En los días posteriores, los alemanes orientales parecen
decididos a dar la batalla en su propio país. Se multiplican
las declaraciones para impedir nuevas fugas y las convocatorias a manifestarse para la transformación democrática
del Estado. A finales de octubre, Leipzig se convierte en la
ciudad reivindicativa del proceso. Más de 200.000 personas reclaman en ella elecciones libres, mientras en otras
capitales (Dresde, Berlín...) son imitados por otras decenas de miles de manifestantes. Es el preámbulo de la gran
concentración del 4 de noviembre en la capital, que reúne
a un millón de personas para solicitar reformas políticas.

Los acontecimientos siguientes se suceden en horas. En
medio de constantes denuncias de los dirigentes anteriores, de acusaciones o encarcelamientos, el día 8 cae Krenz
y un nuevo buró político nombra a Modrow primer mi-

nistro. En la noche del 9 de noviembre, inesperadamente, se abren los portillos del muro de Berlín. Toda la capital y media Alemania pasan las horas pendientes del hilo de las noticias. En la noche alemana sin almohadas, oleadas de orientales desembocaban en los escaparates capitalistas, que sólo conocían por televisión, mientras sus compatriotas del otro lado les hacían un pasillo triunfal de abrazos y saludos. El obstáculo que se había convertido en símbolo, no sólo de la división alemana sino también de la europea, caía bajo la presión popular en una inolvidable jornada.

Los checos iniciaban 1989 con un recordatorio, reprimido una vez más, al inmolado Pallach, a los veinte años justos de su muerte. Para los grupos de la oposición, sin embargo, las que se abrían eran las condenas judiciales y las puertas de las prisiones de un régimen que se mantenía sordo y firme, a pesar de los acontecimientos exteriores y las protestas interiores. En agosto, el aniversario de la primavera de 1968 conoce una nueva muestra de la capacidad represiva del Estado con más de trescientos detenidos. Pero ya en las semanas siguientes se registraban las primeras pruebas de tolerancia en el caso de los refugiados alemanes.

Todavía el 28 de octubre, la policía detenía a otros trescientos cincuenta manifestantes, muchos de ellos heridos, que se concentraban en la praguense plaza de San Wenceslao. Desde ese día no cesaron las convocatorias y las protestas de la oposición checa, confiada en la inminente caída de un régimen que cada vez mostraba menos resistencia al efecto dominó. A comienzos de diciembre, después de varios días de protestas y manifestaciones, dimitía el gabinete de Milos Jakes y se formaba el primer gobierno sin monopolio comunista desde 1948.

Se trataba de un gobierno consensuado de unidad nacional, que convocaba elecciones libres para 1990. Casi entrando en el nuevo calendario, Alexander Dubceck, el líder del 68, volvía a la vida política como presidente del

parlamento, mientras Václav Havel, un conocido dramaturgo, era nombrado presidente de la República. Además
del Partido Comunista, que se había apresurado a denunciar también a estalinistas y corrompidos, protagonizaron
el nuevo pluralismo checo otros grupos entre los que sobresale el Foro Cívico.

Al día siguiente de la apertura del muro berlinés, Bulgaria se uniría al bloque reformista con la dimisión del gobierno de Zivkov. Con menos espectacularidad que en
otros casos, pero con igual sentido común, el Comité Central del PC búlgaro prometía elecciones libres para 1990.
Una importante actividad política opositora, aún desconocida en Europa, se reparte en más de media docena de
agrupaciones políticas, culturales o religiosas, preparadas
para competir en los comicios. El actual primer ministro
Mladenov, miembro del PC y anterior encargado de la
cartera de Exteriores, ha prometido poner en marcha un
proceso de democratización progresiva del Estado.

En los primeros días de junio se producía la primera
confrontación electoral en un país «socialista», entre el
partido en el poder y la oposición. El POUP polaco termina con su agonía política entregándose a las urnas y cayendo estrepitosamente ante los candidatos de Solidaridad,
que copan los puestos parlamentarios (todo el Senado y la
mayoría del Congreso). Como consecuencia del resultado
de los comicios, es elegido en agosto nuevo primer ministro de Polonia el intelectual católico militante del sindicato Tadeusz Mazowiescki.

El general Jaruzelski, aunque deja la secretaría del partido, sigue al frente del ejército, garantizando la transición,
y mantiene la presidencia de la República. El primer dirigente no comunista de un país del bloque, en sus inmediatas declaraciones, aseguraba una evolución moderada del
régimen y hacía pública la decisión de respetar los compromisos nacionales, además de la conveniencia de per-

manecer en los organismos del bloque, como el Pacto de Varsovia o el CAME. En sus palabras a la dieta polaca, Mazowiescki no olvidaba dar prioridad a la gravísima situación económica del país, para cuyo remedio anunciaba reformas estructurales y medidas de austeridad.

Un mes sí y otro también, los medios de comunicación y los analistas del ramo correspondiente nos anuncian la entrada de Gorbachov en «el momento más comprometido de su carrera». En los primeros peldaños de 1990, aprovechando las reivindicaciones nacionalistas con la consabida fórmula de la gravísima situación económica, las presiones de los pretorianos del Kremlin o los picotazos de Yeltsin y los radicales, se ha sentenciado el final del imperio. Gorbachov ante la desmembración amenaza con el entierro de la *perestroika.*

Los pasos dados por las repúblicas bálticas para recuperar su soberanía, las burbujas islámicas o los sangrientos apuntes caucásicos parecen haber puesto de acuerdo a todos. Nadie lo explicaba muy bien y el que menos de todos el propio líder soviético, pero se estaba haciendo un dogma de la unidad soviética, por encima de los derechos republicanos, de la opinión nacionalista en la que se incluyen algunos oportunistas PCs, de la letra de la constitución de la URSS o del sentido antiimperialista de la historia actual, agradecido y bendecido por todos desde 1945.

No se sabe exactamente por qué la tradición del imperio zarista o el centralismo represivo de Stalin a Brezhnev tienen que prevalecer sobre el programa liberador de la *perestroika.* Tampoco se alcanza a entender la «tragedia» que puede suponer para Rusia convivir en una relación de igualdad e intercambio, y no de superioridad, con los hermanos federados del norte y del sur, si esta relación se alcanza libremente. Una vez que la URSS ha llegado a decidir «por sí sola» una pausa racional y humana en la carrera de armamentos y a ofrecer un proyecto de pacificación, si es preciso unilateral, que la eleva sobre su propia historia, nadie puede rasgarse las vestiduras por una eventual «debilidad» territorial, si al mismo tiempo fortalece su sentido universal y se acerca como nunca desde los años revolucionarios a la promesa de libertad con que esperanzó a tantos pueblos oprimidos.

Cuando en enero Gorbachov viajaba a Lituania, considerando la «rebeldía» del Partido Comunista en este territorio como piedra de toque de todos los problemas secesionistas, no hacía sino reconocer otro de los puntos muertos de la carta fundacional del Estado soviético: el del derecho a separarse de las naciones anexionadas, ocupadas o federadas, reconocido en el momento revolucionario del 17, pero jamás insinuado en la práctica. La decisión del viaje fue tomada después de que el parlamento de Vilnius prometiera un referéndum para la autodeterminación y de que el Partido Comunista Lituano se desvinculara del PCUS.

La reforma del Estado, como admitiría el propio primer ministro soviético en su visita, es ya inevitable si se quiere frenar el sentido negativo de la explosión independentista y llevar las reformas políticas emprendidas a sus lógicas consecuencias. Antes de despedirse de las frías orillas del Báltico, que acogen a otras minorías étnicas expectantes, Gorbachov prometía un nuevo diseño federativo con una ley que contemplara el efectivo derecho a la separación nacional. Se trataba de un nuevo intento de ganar tiempo en el vértigo de la carrera descentralizadora de la URSS, después de que durante el verano se hubiera concedido un nuevo estatuto de autonomía económica a Estonia y Lituania o de que en noviembre el parlamento letón hubiera declarado nulo el pacto de anexión a la URSS de 1939.

El complejo estatal soviético era un auténtico conglomerado de pueblos, razas, etnias y naciones. Un total de quince repúblicas federadas formaban la Unión, teniendo en su interior otros veinte territorios autónomos que con ocho regiones y diez comarcas más componen la caja de Pandora que la *perestroika* no ha hecho más que entreabrir. La rebeldía báltica es en estas fechas tibia y se viene manifestando en la utilización radical de los marcos jurídicos o en la presencia callejera de reivindicaciones pacíficas. Sin embargo, en las repúblicas islámicas la fiebre nacional suele estar apoyada por la fe fundamentalista, contagiada desde el vecino territorio de Irán y agriada por una violencia política desconocida en otras áreas de la Unión Soviética.

Las naciones uzbekas o azerbaiyanas han conocido esporádicos levantamientos, manifestaciones y peticiones de independencia o integración con los iraníes, de difícil negociación en el actual marco geopolítico de la URSS. Varias decenas de muertos, entre 1988 y 1989, son el saldo reconocido de los duros enfrentamientos entre las tropas soviéticas y los ciudadanos islámicos de estas repúblicas, cuyo estatus exige también una revisión a fondo. Sin embargo, mucho más cruenta ha sido la rivalidad entre las propias etnias, que el ejército no puede controlar sin producir un baño de sangre. A mediados de enero de 1990, se recrudecía otro de los sangrientos enfrentamientos soviéticos. Manifestantes azeríes de la República de Azerbaiyán, que venían disputando con sus vecinos, atacaban a la población de origen armenio, causando la muerte de docenas de personas. La respuesta popular armenia ponía a esta región al borde de la guerra civil.

Uno de los elementos primordiales del efecto Gorbachov en las naciones socialistas ha sido el desmantelamiento del modelo político de partido único y el rechazo de la dirección exclusiva de éste. En los distintos países se está revisando a fondo no sólo el pasado del histórico partido, sino sobre todo sus posibilidades actuales y futuras.

Mientras en Checoslovaquia o la Alemania Oriental se mantiene a duras penas el protagonismo político de esta formación, en otros países, como Rumanía, incluso se ha dado, a comienzos de 1990, el paso radical de ponerlo fuera de la ley.

Para la Unión Soviética, como eje y garante del proceso global de liberalización del Este, el cuestionamiento del liderazgo comunista es un arma arrojadiza que amenaza con volver contra ella las consecuencias positivas del ejemplo de la *perestroika*. Todavía sin cuestionar la primacía del PCUS, ya se habían alzado voces en el Soviet, entre ellas la histórica de Sajarov en vísperas de su fallecimiento, que solicitaban la anulación del artículo 6° de la Constitución que reconoce el papel dirigente del partido de los comunistas, que fundara Lenin.

Todas las reformas y transformaciones políticas en la Europa centro-oriental estaban teniendo lugar, hasta el 17 de diciembre de 1989, con el denominador común de la ausencia de conflictos extremos, muertos o heridos de grave consideración. No obstante, ese fatídico día, una manifestación convocada en la ciudad rumana de Timisoara en petición de reformas políticas es atacada por la policía del régimen. que provoca cuatro mil muertos. La increíble noticia, que impresiona a la confiada Europa, va a representar también el inicio de una semana sangrienta en la nación latina. La ciudad del norte de Rumanía, conocida por los problemas de su minoría de origen húngaro, constantemente hostigada y amenazada por la dictadura, venía así a unir su nombre en este fin de año trágico al de la plaza china de Tiananmen.

Se destapaba, de este modo, la brutalidad de un gobierno que se había opuesto radicalmente a todo el proceso reformista y cuyas continuas violaciones de derechos humanos le habían hecho acreedor a diversas sanciones económicas internacionales. Desde hacía meses la población de origen húngaro mantenía un duro forcejeo con el régimen, que se había visto obligado a reforzar su frontera con el vecino país para evitar las constantes huidas de rumanos a Hungría. Desde comienzos de 1989 hasta el mes de junio, no menos de 30.000 personas habían escapado de la dictadura en busca de la mejor atmósfera magiar.

Sin embargo, aunque nada parecía indicarlo entonces, la masacre de Timisoara iba a constituir el principio del fin para el largo mandato de más de veinticuatro años, que detentaba el dirigente rumano Nicolae Ceaucescu. A los pocos días, la reacción hostil de los habitantes de Bucarest en una alocución pública, convocada en apoyo del régimen, provocaba más serios enfrentamientos y la rebelión del ejército que se enfrentó a la Securitate, o policía rumana. Tras unos días de incertidumbre y duros enfrentamientos en la capital y otras ciudades, los partidarios del dictador eran derrotados. El día 24 de diciembre la televisión rumana ofrecía al mundo entero las imágenes históricas y justicieras de la ejecución inclemente de un altivo Ceaucescu y de su mujer. La versión oficial disculpaba el sumarísimo proceso con alusiones a los 60.000 muertos que habría provocado la dictadura entre el pueblo rumano.

El que hasta hace unas pocas semanas había sido el novio de Occidente, mimado y cortejado por todos los mandatarios capitalistas debido a su actitud rebelde ante Moscú, se convertía en las horas de su derrocamiento en la suma de todos los horrores y en el odiado «conducator»,que muchos detestaban o ridiculizaban. Abundantes datos sobre la condición precaria y escalofriante en que se desarrollaba la vida cotidiana de los rumanos asaltaron las hasta entonces ciegas y mudas agencias de prensa occidentales, para mostrar el verdadero rostro de una insostenible situación. La sorpresa iba del brazo de la indignación, tanto más cuanto una desinformación interesada había estado ocultando la verdadera realidad rumana, haciéndola pasar por progresista a causa de los plantes de Ceaucescu, frente al dictado del Kremlin.

Casi sobre la marcha y durante los días de la espontánea insurrección se formaba un Frente de Salvación Nacional, controlado por antiguos disidentes represaliados del Partido Comunista, en el que entraron también las restantes fuerzas políticas rumanas. El nuevo presidente Ion Iliescu, flanqueado por su primer ministro Petre Roman y demás compañeros de gobierno, anunciaba a los pocos días de caída la dictadura la celebración de elecciones libres para el mes de abril de 1990.

La espina de hormigón

Es muy difícil que algo suceda en el continente americano, en contra o al margen de los deseos e intereses estadounidenses. El largo ejercicio de un dominio indiscutido y mantenido por más de siglo y medio ha creado en la administración y en la política norteamericana el espejismo de propiedad privada y de arrogante tutela sobre este pedazo del planeta. Una espina dorsal de cemento armado recorre el coto americano de norte a sur. Desde el estrecho de Bering, en Alaska, hasta la Tierra de Fuego, en Patagonia, siguiendo la dirección de la cordillera interamericana, la pesada prótesis política impide a los pueblos americanos cualquier movimiento no autorizado.

En las fechas en que Europa celebra la caída del necio y nefasto telón de acero, los estrategas del Pentágono mantienen este corsé de mortero y cañoneras, con menos holgura que nunca. Mientras el acero, difícil de derrotar desde fuera, recibe los peores ataques de su propia corrosión interna que lo degenera y oxida, el cemento, penetrando y escurriéndose por todo el entramado sociopolíti-

666

666

co iberoamericano, sólo puede ser destruido con millones de uñas y dientes actuando durante decenios contra él.

El poder del dólar que descansa sobre las espaldas de las repúblicas del sur, no se fundamenta sólo en la defensa de principios e intereses económicos, políticos o sociales. Se constituye, sobre todo, como el mantenimiento de una actitud de autoridad, más allá de la vulneración o el incumplimiento de aquéllos. Una tensa conexión autoritaria preside, desde las bocachas de los fusiles, el comportamiento de las relaciones internacionales en Latinoamérica, por encima de cualquier diálogo o negociación, que se consideran síntomas de debilidad política.

Es la defensa a ultranza de estos «derechos» tutelares, llamados a encubrir otras apetencias menos confesables, la que ha impedido un desarrollo histórico normal de la revolución mejicana, chilena o cubana y estaba obstaculizando la salida negociada en los casos de Nicaragua o El Salvador. Es también la culpable de la inestabilidad política de los países en crisis, de la tendencia a la fagocitosis de los militares criollos y en general de la consolidación de los problemas sociales y económicos del cono. Que su país sea el más fuerte, contra viento y marea, pero sobre todo contra el comunismo o a costa de la independencia de los demás, ha sido el sueño del americano medio, desde la calenturienta persecución maccartista. Que para ello se disponga de un campo de maniobras reservado, cerca de casa, le parece también lo más lógico al «sufrido» ciudadano del norte.

La crisis soviética y su descomposición ideológica, según se presume, terminarán confirmando a corto plazo la prepotencia y los abusos del modelo americano, afianzando la reserva del derecho de admisión sobre esta parcela acotada. La debilidad manifiesta del gran patrón socialista ha tenido ya sus repercusiones indicativas en el continente. Lo evidencian, en 1989, la guerra de la coca colombiana, la invasión de Panamá, o las instrucciones al gobierno monigote de El Salvador para contener a la guerrilla en las trincheras, sin aceptar el diálogo ofrecido por ésta, junto al mantenimiento de la tensión bélica en la frontera nicaragüense.

En agosto el asesinato en Colombia del líder liberal Galán, empeñado en la denuncia del narcotráfico, era la gota que rebosaba la paciencia institucional y hacía posible aplicar las medidas de excepción que Washington estaba reclamando. El gobierno del presidente Barco declaraba la guerra a los traficantes de cocaína, representados por auténticas mafias de amplia ramificación, y aceptaba extraditar a EEUU a los responsables, reclamados por los tribunales. Los extraditables, a su vez, contestaban con la ruptura total de hostilidades y una serie de atentados indiscriminados, cobrándose docenas de muertos en el penúltimo episodio de la sangrienta historia colombiana.

Mientras tanto en Nicaragua, el sandinismo, un frente popular que cobija tendencias socialistas, cristianas y de izquierda marxista, pero que no ha tratado de imponer un modelo socioeconómico importado de filiación comunista, seguía siendo hostigado por grupos «contrarrevolucionarios» alentados y armados por el presupuesto yanqui. Una larga guerra civil, sostenida por la intervención y la ayuda extranjera, ha tenido como resultado el hundimiento de la economía sandinista y la pérdida de 70.000 vidas humanas en los últimos diez años.

El final del proceso bélico, no obstante, parecía posible al ponerse en marcha los acuerdos de Esquipulas (agosto de 1987) y aceptar el gobierno sandinista la apertura de un proceso electoral, con amnistía política y regreso de los opositores al régimen. El presidente nicaragüense, Daniel Ortega, acuciado por la necesidad de atajar el desastre económico, propone en febrero de 1989 adelantar las elecciones, a cambio de la desmovilización guerrillera. Sin embargo, la persistencia de los ataques de la «contra» y las reticencias americana y de Honduras, país donde tienen sus bases las guerrillas, a cumplir lo pactado, complicaban el camino de la normalización política en Centroamérica. Los sandinistas, a pesar de las dificultades, se comprometen a culminar el plan electoral en febrero de 1990, en el que su principal adversario es la UNO, amalgama de restos del somozismo, «contras», miembros del partido socialista y comunista, etc., liderados por la viuda del periodista Chamorro, asesinado por la dictadura de Somoza.

La salida pacífica de la crisis nicaragüense vendría a ser un factor de notables consecuencias en toda el área centroamericana donde se mantenía otros graves conflictos «desconocidos», como la represión guatemalteca sobre una población diezmada por los gobiernos dictatoriales o el enfrentamiento abierto de El Salvador. Las negociaciones de Esquipulas, cuya iniciativa le proporcionó en 1987 al presidente costarricense Arias el Nobel de la Paz, tenían como objetivos principales liquidar los graves contenciosos militares en Nicaragua y El Salvador, dentro de un proyecto más ambicioso que apuntaba a estabilizar el área centroamericana.

Los salvadoreños arrastraban también una costosa y dilatada guerra civil surgida del levantamiento armado de hace diez años, que protagonizó el izquierdista Frente Farabundo Martí para la Liberación Nacional. La intermediación norteamericana se logra en este pequeño país a través de la relación con el mayor Roberto D'Aubuisson, representante de la extrema derecha, quien controla el poder militar y el político mediante gobernantes interpuestos. Uno de éstos, el presidente Cristiani, al frente de la lista del partido ARENA, ganaba las elecciones y juraba su cargo en junio de 1989, después de unos comicios complicados boicoteados por la guerrilla. El nuevo presidente, a pesar de tener una imagen menos moderada respecto al mandatario anterior, el democristiano Duarte, iniciaría conversaciones con el FMLN aceptando la carta de Esquipulas.

Sin embargo, ya durante la primera fase de la negociación se puso de manifiesto la verdadera intención del gobierno, que, presionado por los militares y los EEUU, trataba de obtener la rendición pura y simple del Frente, sin apenas concesiones a cambio. Al mismo tiempo, la debilidad del gabinete Cristiani y su papelón de títere se pone de manifiesto en la imposibilidad de controlar las actividades criminales de los hombres de D'Aubuisson. Éstos, que se oponen a todo lo que no sea la derrota incondicional de la insurgencia, atacaban en octubre salvajemente la Federación Salvadoreña de Trabajadores, matando a varios sindicalistas en su intento de boicotear las conversaciones.

El 11 de noviembre, la guerrilla trata a su vez de apoyar por la fuerza las escasas bazas que le quedan en la negociación y lanza un violento ataque contra la capital San Salvador, ocupando algunos barrios y poniendo en peligro la integridad del régimen. En el momento de la ofensiva lanza la consigna de insurrección general, que no es correspondida en la medida esperada por los dirigentes del FMLN. No obstante, el ejército contesta a sangre y fuego, bombardeando los barrios populares donde se atrincheran los rebeldes, y dejando rienda suelta a sus elementos más carniceros.

Cinco días después de iniciada la ofensiva guerrillera, un suceso que tiene una enorme repercusión sobrecoge a la opinión mundial, con especial reflejo emocional en los países de cultura hispánica y entre los católicos de todo el orbe. En la capital salvadoreña, y en las dependencias de la UCA, la Universidad Centroamericana regida por la Compañía de Jesús, son torturados y muertos por tropas del ejército seis sacerdotes (entre ellos el rector, el vasco

Ellacuría) y dos mujeres del servicio doméstico de la universidad.

Pasarán casi dos meses, en medio de las muestras de indignación general y las presiones de diversos gobiernos, hasta que el presidente Cristiani se vea obligado a reconocer la autoría castrense del crimen. En esas fechas, el FMLN considera alcanzados sus objetivos mínimos y, ante la imposibilidad de derrocar al régimen, se ha retirado de las ciudades atacadas, después de sangrientas escaramuzas que produjeron más de 2.000 muertos, la mayoría de ellos civiles víctimas de los bombardeos del ejército.

En Latinoamérica la Iglesia católica y otras profesiones religiosas mantienen hace tiempo una lucha sorda contra la situación sociopolítica y las desigualdades económicas. Por su lado, la extrema derecha y las organizaciones paramilitares han declarado una guerra total contra los elementos más destacados de esta lucha. En esta beligerancia se encuentran incluidos sacerdotes, jerarquías y seglares sin más distinción que el énfasis que puedan poner en sus denuncias o el grado de peligrosidad que los escuadrones de la muerte les puedan atribuir.

De todos los sucesos criminales en los que han intervenido estas fuerzas incontroladas, los dos más significativos han tenido lugar precisamente en El Salvador. El asesinato del arzobispo Romero, por miembros del partido hoy gobernante ARENA, y la matanza de jesuitas son los dos episodios más representativos de este enfrentamiento desigual. El primero de ellos, después de diez años, sigue sin ser resuelto oficialmente, y se tienen fundadas dudas sobre la aplicación de una condena justa en el segundo, por un gobierno que como en otros muchos casos del área no es sino un apéndice del poder de los cuarteles.

Los Estados Unidos han sido señalados por unanimidad como responsables últimos de las desgracias salvadoreñas, nadie pone en duda la inconsistencia de cualquier régimen en esta zona, que no cuente con las bendiciones ovaladas del despacho USA, como acaba de evidenciar el caso panameño. También el senado norteamericano se está tiñendo de sangre y responsabilidad en ese pequeño rincón tropical, al que envía diariamente un millón y medio de dólares, con el que se mantiene una permanente guerra contra el FMLN y una constante agresividad mortal contra los civiles disidentes.

Los jesuitas de la UCA, algunos de ellos representantes cualificados de la teología de la liberación, habían desenmascarado con su actitud dialogante y sus análisis políticos la dependencia del gobierno de las fuerzas extremistas. Pocos hombres quedaban en El Salvador tan capaces como Ellacuría, Montes o Martín Baró para facilitar una salida política negociada. Su trabajo independiente, en medio de una tormenta de incomprensión y amenazas, era una garantía reconocida de mediación en el proceso pacífico que necesita El Salvador. No cabe duda de que, tras la ofensiva del FMLN, el pánico y el ansia vengativa de los militares condujeron su impotencia ante la guerrilla a ensañarse con las vidas de intelectuales progresistas, a los que identificaban ciegamente con la subversión.

Todavía sin levantarse el toque de queda en El Salvador, la cercana Panamá saltaba a las primeras páginas el día 20 de diciembre, cuando tropas estadounidenses invadieron el país del canal. Un largo enfrentamiento oponía al gobierno panameño y a su principal mentor, el general Noriega, con los EEUU. Las anteriores relaciones de complicidad y complacencia entre éstos y el ahora derrocado militar, antiguo «empleado» de la CIA, empezaron a deteriorarse por la falta de colaboración panameña en el caso sandinista.

A esta poco conocida posición, habría que añadir la posibilidad de graves dificultades para los norteamericanos si se llegaran a cumplir las condiciones del acuerdo Carter-Torrijos, que prevé el traspaso de la soberanía del canal y la retirada de las bases para el año 2000. A la espera del juicio contra el ex mandatario centroamericano, las acusaciones vertidas por la Justicia americana le señalan también como uno de los puntos de conexión del narcotráfico, lo que ha servido como pretexto para la desmesurada irrupción de diciembre.

El tramo final del drama panameño se inició con las elecciones manipuladas de mayo, en las que la oposición liderada por el ahora presidente pro-norteamericano Guillermo Endara habría ganado según los observadores internacionales. Fiel a su talante autoritario y castrense, Noriega no sólo no reconoció la derrota de los suyos, sino que en un golpe de mano anuló los comicios y desató una persecución brutal contra los componentes de la Cruzada Civilista, movimiento que se le oponía en las urnas.

Pocos meses después, en octubre, se registraba el primer intento estadounidense para resolver el caso por la fuerza. Un golpe militar, procedente de alguno de los elementos de confianza del propio Noriega, en coordinación, no muy buena por cierto, con las bases americanas del canal, fracasaba entre acusaciones, amenazas y ejecuciones que parecían consolidar al general y animarle a un mayor endurecimiento del régimen. Pero sólo unas semanas más tarde, los *marines* del Comando Sur recibían la orden de actuar sin intermediarios y acababan con la leve resistencia de los escasos partidarios de Noriega.

El pulso sobre el canal se liquidaba, de momento con dos mil muertos, algunas casas destruidas y el militar panameño entre rejas americanas, después de un tenso y breve asilo en la nunciatura de la capital. El nuevo presidente, que intenta hacer valer una legitimidad electoral de la que muchos no se acordaban, ofrecía una imagen controvertida y patética jurando su cargo en una base americana, bajo la mirada atenta del águila yanqui. Le espera una singladura nada fácil con tan pesado patronazgo y la obligación de responder a los deseos de soberanía de un pueblo del sur que, como a tantos otros, no le favorece nada ser una estrella más de la Unión.

Tenemos la palabra

En nuestro intento de ofrecer un análisis desmitificador y menos triunfalista, con una identificación más crítica de los hechos (no es lo mismo la esperanza que la realidad), debemos destacar, no obstante, que los principales destellos del 88 se han mantenido en plena vigencia en los últimos meses. Los ochenta, además de ser la década de la superación de la crisis en los países capitalistas y del estancamiento de las economías dependientes, se recordarán también por sus avances en materia de desarme, por la desactivación de la guerra fría y por la aparición de posibilidades reales de entendimiento internacional.

Catorce años después del Acta de Helsinki, la evolución de los acontecimientos en suelo europeo ha venido a reforzar la creencia en la necesidad de asentar un sistema de libertades políticas, para mantener una mejor relación general de convivencia. La simbólica y casi tópica apertura del muro berlinés representará en el futuro la confirmación de que al menos la paz es posible.., ahora como nunca. Los pasos dados en el bloque socialista no sólo deben desarmar a sus ejércitos, sino también los argumentos de los halcones occidentales y los beneficios de sus industrias bélicas. Cada vez se afianza más entre nosotros el argumento de que cerrada la contienda fría y desaparecida la coartada del anticomunismo, la OTAN y las garras nucleares norteamericanas, soviéticas, francesas o británicas tienen sus días contados.

Entendiéndolo así, la ONU celebraba en septiembre su

44 Asamblea General con un optimismo inédito en los aspectos políticos, gracias a la resolución coyuntural de algunos conflictos regionales. El arreglo particular entre los grandes también dejaba a las Naciones Unidas mayor margen para ocuparse de algunos asuntos que, con toda seguridad, constituirán su materia de preocupación en el futuro inmediato, como son las cuestiones sobre medio ambiente o drogadicción.

Nadie está obligado a creer en nada, salvo que desee seguir manteniéndose en pie junto a la historia y en lucha por un mejor presente-futuro. Para eso, a veces la razón no es suficiente, no lo explica todo. Cuando no conduce a callejones sin salida. Sin embargo, no podemos renunciar a este ordenador personal, todavía no mejorado, con que la naturaleza nos ha dotado, aunque a menudo nos niegue las expectativas más agradables. Lo que sucede es que, a veces, cuando se hunde la construcción idealista que nuestra razón ha provocado con su partidista elección de artilugios y ladrillos favorables, tenemos que recurrir a otros cajones más difíciles de abrir. Son los que guardan infalibles argumentos como la emoción, los sentimientos, la esperanza...

A finales de 1988, de repente el mundo se había iluminado con una sinfonía de ilusiones. Un himno beethoveniano a la alegría confundía a toda la actividad diplomática y política. Nadie tenía motivos para ser malo. Ni siquiera Pascual Duarte, aunque por el momento no lo supiera. La paz amenazaba con estallar por todas partes, arreglando descosidos regionales y parciales desavenencias. Los fabricantes de armas dejaban de frotarse las manos por primera vez en este siglo. Los generales pensaban en carreras con mejor «salida» para sus hijos. El desempleo amenazaba a los físicos nucleares, a los artilleros y a los sastres militares. Alguien en el Tercer Mundo soñaba con comer todos los días. Ni una sola jornada sin una noticia de paz, un diálogo o una negociación.

Después, el último verano vino a completar increíblemente la escena. Cada semana caía un dictador, cada día se abría una frontera, cada hora se producía una manifestación popular... Y, por un momento, nos dejamos llevar hacia el espejismo. De repente el planeta había estallado al revés. Estábamos en el país de Alicia y nadie quería preguntarse por qué al otro lado del espejo... Había que recuperarse de tantas fechas de inquietud e incertidumbre, que lo de menos era el pasado. Todo debía empezar de nuevo y con tantas ganas que lo primero era la esperanza. Por un momento parecía que lo demás podía aplazarse, que las gentes obtendrían una moratoria para sus sufrimientos, sus obligaciones o sus dependencias...

Pero sólo era el reflejo de una ilusión. De mayo a diciembre, hubo quien se encargó de hacernos regresar donde estábamos al principio: Tiananmen, Timisoara, Colombia, El Salvador o Panamá.., fueron también nombres de ese año inolvidable. El mundo seguía sin resolver muchas cosas. Donde más se temía, aparecieron los «heraldos negros» para recordarnos que en 1989 sólo se había hecho el trabajo de un año. Como hace veinte, como en la década pasada, como tantas veces... la historia nos dejaba sólo con el derecho a la esperanza. En muchos lugares de la Tierra se lucha por él. En algunos se ha recuperado, quizá para siempre. En otros aún se desconoce totalmente. En todos todavía... tenemos la palabra.

Memoria de un mundo peor

Pocas veces nuestra generación ha tenido la sensación de que la historia se dividía en un antes y un después como durante los acontecimientos en la Europa del Este de finales de los ochenta y la crisis del Golfo Pérsico, entre agosto de 1990 y febrero de 1991. Muchos factores de las relaciones políticas apoyaban esta convicción, que en el lenguaje de análisis internacional muy pronto empezó a llamarse enfáticamente «nuevo orden mundial».

Cuando a primeros de agosto de 1990, el régimen iraquí y su presidente Sadam Hussein tomaban la temeraria opción de resolver sus contenciosos con el vecino reino kuwaití *manu militari,* nadie podía pensar, y menos que nadie el propio Sadam, hasta qué punto se iba a poner a prueba este supuesto orden nuevo. Sólo la rápida respuesta norteamericana, sin precedentes en número y alcance geopolítico desde 1945, proporcionaba inmediatamente lo sustancial de las claves de un mundo peor, que volvía a estar pendiente de la posibilidad de un enfrentamiento total, como lo había estado en los inquietantes años de la guerra fría.

A partir de esta actitud estadounidense, sin embargo, se empezaban a despejar algunas dudas de la mortífera ecuación. Los que con galopante apresuramiento compararon a Sadam con Hitler y a su ejército tercermundista con la Wehrmacht, sin observar la delicadeza de salvar las distancias ni evitar la complicidad con Washington, terminaron por convertirse, al no querer rectificar, en coartada de otro Hiroshima y en cómplices de una masacre, cuyo alcance humano y material es posible que nunca lleguemos a saber del todo.

La guerra del Golfo Pérsico, convertida de supuesta guerra mundial en desproporcionada guerra desigual a causa de la avalancha USA, el colaboracionismo soviético y la ayuda euronipona, costó al Estado que la había provocado al menos 100.000 vidas. A los contribuyentes de los países que la hicieron, unos 43.000 millones de dólares que repercutían en los presupuestos nacionales de varios años, y a la ONU, el organismo que la declaró y la impunizó, el peor borrón de su no muy brillante historia. Todo para que resultara diáfano que, a partir de la *perestroika* el «new order» se escribe al dictado de las barras y estrellas.

En el firmamento de certezas, sólo quedaba una pequeña incógnita sin resolver. Los pueblos asombrados, indecisos o aplaudiendo, se preguntaban si los cuerpos expedicionarios invasores eran euroamericanos, como en los últimos doscientos años, si las Naciones Unidas, fundadas
para la paz y no para la guerra, funcionaban al compás bélico del totalitarismo de los cinco miembros permanentes
de su Consejo de Seguridad, como desde 1945 y si los perjudicados por la nueva situación seguían siendo los del
sur, amarillos, negros o mestizos, como desde los albores
de la modernidad... ¿Cómo presentar este continuismo
histórico, disfrazado de novedad?

Para ello no quedaba otra solución que seguir insistien-
do en que el descalabro comunista en Europa y la elección
por los países del ex bloque en favor del modelo occidental, constituían el hecho fundamental de nuestra civilización y el fin de los tiempos contemporáneos.

1989 había sido realmente el año de la búsqueda y de la
recuperación del protagonismo popular en esta parte del
mundo, que antes llamábamos Europa socialista. Pero
1990 y 1991 han sido ejercicios más duros de lo que esperaban los pueblos y prometían los libertadores. Países
como la URSS, Polonia, Rumanía, Yugoslavia, y quizá ya
Albania y otros, creyendo que buscaban democracia han
caído en la peor de las libertades inventadas: la del liberalismo económico.

La búsqueda de un recambio para el ineficaz y corrupto neoestalinismo se ha convertido al fin en una mala copia del capitalismo del desempleo, la lucha por enriquecerse, el productivismo antisocial o la prepotencia de los
avispados. Los críticos del socialismo ironizaban asegurando que para ese viaje no eran necesarias unas alforjas
de setenta y cinco años «revolucionarios».

A pesar de todo, no parece muy sensato provocar la
suerte de la adivinación —alarde absolutamente prohibi-

do a los historiadores— afirmando que todo está resuelto y aceptando, sin más, que el medio mundo anteriormente disidente haya capitulado para ser un replicante de Occidente.

La evolución política en la ya ex URSS o en los Balcanes, por citar sólo dos ejemplos presentes en 1991, contiene todavía en su integridad todos los elementos históricos, junto a los resortes sociales, que hace tantos años dieron vida y luz a la experiencia popular en el área.

Además de los errores propios, estos países y todos los que ahora se reconvierten cargan también con la nequicia y la falta de escrúpulos ajena. La apresurada, cuando no interesada elaboración del mapa político europeo durante este siglo, ha estado siempre acompañada de tragedias humanas y dramas nacionales. A consecuencia de guerras de reparto, que ahora queremos considerar civiles desde la perspectiva europea integracionista, hay una carga de responsabilidad en los Estados herederos de los imperios históricos y en la forma de distribuirse la vida y la hacienda de los pueblos menores.

Los eurócratas, algunos, son conscientes de esta perversión del pasado y se apuran, acudiendo a la hoguera yugoslava con buena intención y mala conciencia. Pero el Mercado Común del desarrollo y la estabilidad política titubea y se divide al convalidar las fronteras que, en los años cuarenta, diseñaron los partidos comunistas controlados por Stalin. De ese modo, siguen taponando su propio contrasentido intraimperial y evitan el fantasma del posible efecto dominó, que bien pudiera amenazar su éxito mercantil.

Después de que en agosto de 1991 fracasara un golpe de Estado blando y desastrosamente planeado en la URSS, la desintegración nacionalista del bloque ha recibido un impulso. La inevitable independencia de Estonia, Lituania y Letonia se «arregló» en cuestión de horas, al mismo tiempo que Boris Yeltsin emergía como auténtico hombre fuerte en Moscú, por su afortunada oposición a la intentona que retuvo el poder y a Gorbachov durante tres días.

Detrás de la rebelión báltica, toda la Unión parecía saltar en pedazos al producirse una cascada de declaraciones de emancipación y soberanía. El tratado de la Unión, que Gorbachov pensaba firmar al día siguiente de su detención, el 19 de agosto, hubo de ser modificado de urgencia y sometido, de nuevo, a la aceptación de los miembros de la nueva Unión Soviética, cuyas siglas pasaron a suprimir la palabra Socialista.

Una vez fracasado el intento involucionista, Gorbachov se vio obligado a pactar con las fuerzas pro-capitalistas. que representa Yeltsin. Las reformas han acelerado su ritmo y han desaparecido los principales obstáculos para la total apertura de la Unión al sistema de libre mercado y a la integración en el nuevo orden. El certificado de defunción del sistema soviético ya lo habían adelantado, tras la caída alemana, la disolución del COMECON y la liquidación del Pacto de Varsovia en 1991, pero fue necesario un paso en falso de los representantes del anterior modelo para que el derrumbe socialista se mostrase en toda su dimensión.

Alguno de los peores pronósticos se han hecho ya realidad en la Alemania reunificada. Un año después de la caída del muro, entre brindis financieros y promesas electoralistas, la decepción hacía presa de esos alemanes de segunda, a que han quedado reducidos los del Este, entregados ahora al ritmo implacable del mercado libre.

En lugar de promediar con la opulencia occidental la austeridad oriental, se optó por incorporar de golpe a 17 millones de personas, al extravío y al despilfarro. El resultado está siendo un costo más del doble superior a lo proyectado, en unos planes evidentemente impregnados de la necesidad de éxitos aparentes, pero sin asomo de racionalidad. Hacer de un ex comunista un desaforado consumidor no era tan sencillo como parecía. En la realidad costará unos 9.000 marcos per cápita, frente a los 4.000 previstos en los discursos electorales. Pero el triunfo del sistema, por cuya dirección ya nadie se pregunta y de cuyas consecuencias apenas se habla, así lo irremediaba.

En los Estados capitalistas, dos siglos de lucha contra las nefandas consecuencias sociales del mercado libre no han sido útiles siquiera para garantizar un porvenir del tamaño de una vida humana. En el derrumbe socialista, el enfrentamiento desigual entre la voracidad neoliberal y la ausencia de defensas orgánicas contra ella, está teniendo el efecto de una dura fase de frustración popular, cuyo límite nadie parece en condiciones de señalar todavía.

El mundo peor se encaminaba tras la debacle del Este a certificar una de las más temibles consecuencias de la relación humana. La caída del muro de Berlín, y su reparto en trozos de souvenir por todo el mundo, han folklorizado un tanto la gravedad y preocupación con que otros contemplan la evolución europea. Renovando un pasado que se presumía superado, la cinta de acero y alambre ha sido trasladada al Mediterráneo, transformada en una compacta legislación que amenaza con seguir dividiendo la suerte y el destino de la humanidad.

Las riberas de la Europa comunitaria han acogido a nuestros espaldas mojadas, casi sin interrupción, desde el período de desarrollo de los años cincuenta. Un continente dentro de otro nos enseña a entender la pluralidad de un recinto cada vez más pequeño llamado Tierra, que los ilusos creían heredado por todos. Norteafricanos, turcos, asiáticos con «passport», refugiados políticos y culturales de América... Todos habían cambiado trabajo agradecido por una displicente caricia de bienestar industrial.

Pero la apertura de la otra Europa y el presumible aluvión de inmigrantes, calculado sobre la experiencia alemana, han tenido como consecuencia el endurecimiento hasta el límite de las exigencias de entrada en los países del Mercado Común. Esto, unido a la persistencia de la crisis en algunos indicadores como el desempleo, ha generado brotes de racismo y xenofobia en lugares, como España, en los que oficialmente estaba saldada esta lacra histórica.

Gran Bretaña, con un proceso histórico de amalgama racial, es uno de los Estados pioneros en cuanto a las reticencias antimigratorias. Después de haber favorecido en épocas anteriores el trasiego humano en el seno de la Commonwealth, y adelantarse también en la programación de una «revolución conservadora» de signo contrario, ha sido la primera en ver cómo caía el personaje protagonista de todo un decenio. Margaret Thatcher, jefa del gobierno durante los años ochenta, superviviente de la guerra de las Malvinas, las huelgas mineras salvajes o los disturbios socio-raciales no ha podido resistir, en cambio, la confabulación interna en su propio partido.

La pérdida de popularidad por asuntos domésticos como el «poll tax» o impuesto municipal, junto a sus reticencias al proyecto europeo, servirían de ocasión para relevarla de su cargo político y permitir el ascenso de un Major, con parecidas pero más sibilinas intenciones.

Para España, los últimos meses de 1991 fueron los del descubrimiento de corrupciones políticas y financieras, a derecha e izquierda. Los del reverdecer del clientelismo y los de la pérdida de seriedad y aceptación del sistema, que cada vez menos se atreven a llamar democrático cuando está a punto de cumplir quince años constitucionales.

El gobierno del PSOE, los partidos, sus agentes o familiares se han visto implicados en denuncias públicas y escándalos privados. Abundan las visitas al juzgado de funcionarios del Estado, de ex ministros y de otros implicados en la res-pública. La situación ha llegado a provocar una inusual intervención de la corona, en tono de severa y reiterada advertencia, en una situación general en la que no han faltado torpezas políticas como la programación contradictoria de los viajes reales, casos de Cuba y Marruecos.

En Latinoamérica, eran México y Octavio Paz con el Nobel de Literatura quienes servían de disculpa. El mundo noble premiaba insistentemente a los vates hispanos, mientras olvidaba a sus compatriotas hambrientos del subdesarrollo. Muy pocos avances se han concretado, en los últimos meses, para solucionar el problema de la deuda o el de la dependencia desproporcionada. La guerra del Golfo, como se temía fundadamente, ayudó a esta desviación del interés solidario por el Tercer Mundo, presentando a uno de sus componentes como enemigo de la humanidad.

Un continente que ha experimentado con resignación desde el populismo a la dictadura, pasando por la revolución, la democracia y el sálvese quien pueda, tenía todavía recursos en 1991 para el mini-ensayo haitiano. En la isla, un gobierno dirigido por un sacerdote trataba de evitar con recetas populares la atroz situación heredada del anterior régimen de Duvalier. O se abraza, en Perú, a la ficción a la japonesa de Fujimori, con soluciones todavía apoyadas en las urnas, pero con una sociedad militarizada de hecho. La paz colombiana llegó, en cambio, en las últimas semanas de 1991 a prometer constitucionalmente mejores tiempos. El presidente Gaviria pacta con la guerrilla y con los «narcos», y se autoconcede un plazo prudente para realizar su programa liberal.

El mundo era peor también en Cuba, con el cinturón norteamericano apretado al máximo y el abandono soviético de la isla revolucionaria. Los expedicionarios cubanos salían de África, mientras Namibia se recreaba en su primera libertad y el *apartheid* sudafricano se agrietaba y se-

caba, hasta romperse legalmente en el verano de 1991.
Nelson Mandela, treinta años de cárcel y uno de libertad,
mantenía su liderazgo en el Congreso Nacional Africano,
mientras el agonizante racismo oficial convivía con sangrientos enfrentamientos tribales, preludio de las dificultades de la nueva época.

El período que cerramos con este epílogo «peor» ha
sido también el de un áspero e incrementado trabajo para
los militantes de Amnistía Internacional. Su informe de
1990, conocido en el verano de 1991, subrayaba el empeoramiento de las condiciones políticas y sociales en 141
naciones, que violaban reiteradamente los derechos humanos.

A pesar de los buenos comienzos del curso, con la caída del muro o la liberación de Mandela, los datos finales
revelaban la decepción de los componentes de la institución, que no podemos menos de compartir. En el informe
se denuncia que los presos de conciencia o presos políticos eran torturados en unos 100 países. Varios millares de
personas fueron ejecutadas, sin ninguna garantía judicial.
Otras tantas desaparecieron, mientras que todavía en 90
Estados analizados se aplicaba la pena de muerte.

Una vez más, aunque estas cifras alcanzan en el Tercer
Mundo sus peores exponentes, las democracias avanzadas
seguían sin poder controlar la vehemencia de sus funcionarios. Aparecen de nuevo en la memoria de Amnistía, los
casos de Gran Bretaña, España, Grecia, Portugal o Italia,
entre otros.

Sin duda, la cuestión que más ha perjudicado los avances humanitarios o la tolerancia política en general ha sido
el conflicto del Golfo. Sus consecuencias en los países directamente afectados, como Irak y Kuwait, han quedado
reflejadas en el drama kurdo y su intento de sublevación,
reprimida sin contemplaciones por Sadam, ante la, esta
vez, ineficaz intervención occidental. También asistieron

impasibles, las flamantes fuerzas de la Alianza, al espectáculo aterrador de los juicios kuwaitíes, como lo había hecho antes con los casos chinos post-Tiananmen. No era necesario, pero la guerra del Irak y sus bombardeos a los campos petrolíferos colocaron de nuevo en primer plano la catastrófica gestión humana de los recursos naturales. Junto a la contaminación del Pérsico, el arboricidio de la Amazonia se ha convertido, como antes lo fuera el debatido asunto del ozono, en el emblema de la lucha ecológica en un mundo empeorado, desde muchos puntos de vista.

De esta forma 1992, el horizonte deseado, se transformaba en un epílogo de incertidumbre, amenazando truncar los deseos y las felicitaciones de un mundo organizado con demasiadas ramas de las anteriores estructuras y que persistía en no pocos de sus errores, insolidaridades e injusticias.

Responsabilidad a medias

Las noticias de un mundo convulso se han sucedido con rapidez hasta hoy. Simples crónicas del año para algunos, un doloroso vía crucis para otros: estaciones, en fin, de ese interminable tren de la historia que nunca se detiene y que es, ahora más que nunca, un tren de alta velocidad.

En el verano de 1991, cuando aún humeaba la guerra del Golfo, se podían ya divisar las hogueras que en seguida quemarían Yugoslavia. El estío argelino estuvo presidido por la violenta irrupción del integrismo. Mientras el ejército y los simpatizantes del Frente Islámico de Salvación se enfrentaban en las calles, después de un proceso electoral anulado por el gobierno tras la victoria integrista. Gorbachov pedía ayuda desde Moscú y negociaba el Tratado de la Unión con las Repúblicas. La tradición so-

viética no era la única que se estaba resquebrajando: Sudáfrica derogaba las leyes del *apartheid,* corriendo, como
afirmaba Mandela, su última milla hacia la libertad. Libertad que se reflejaba en las elecciones de la primavera de
1994, en las que el líder del Congreso Nacional Africano
era elegido presidente de su país. Eslovenia y Croacia se
declaran independientes y el ejército yugoslavo interviene
sin prudencia por vez primera en un conflicto que habría
de complicarse dramáticamente en los próximos meses. A
partir de ahora las noticias de la guerra aturden a los europeos, que se alegran cuando los sandinistas y la «contra»
deciden darle una oportunidad a la paz en Nicaragua y
negocian el desarme. La buena voluntad del planeta hispano rubricó también la declaración de la cumbre mexicana de Guadalajara.

Un golpe de Estado conservador, la víspera de la firma
del Tratado de la Unión, reclamaba la atención del mundo hacia la URSS, que no logra retener en su rebaño a las
soberanas Estonia y Letonia. Frenados los golpistas, la
apertura, irreversible ya, le cuesta el puesto al propio Gorbachov, su principal animador, y pone contra las cuerdas
al PCUS, que se deshace. La inquietud de los rusos por la
escasez de alimentos hizo que apenas si reparasen en la visita de Bush y en los preparativos de la conferencia desti-
nada a negociar la eliminación del 30 por 100 de las armas
nucleares.

Ese otoño demostró que no era sólo en Zagreb donde
se resucitaban viejos símbolos del fascismo, ni eran los
serbios los únicos en anhelar una limpieza étnica: la violencia neonazi alemana comenzaba a escandalizar a la liberal y civilizada Europa. Malos tiempos para los inmigrantes y malos tiempos también para los cubanos, ante la
sordera política de un Fidel Castro que en el Congreso
del Partido Comunista seguía proponiendo una sola disyuntiva: «socialismo o muerte». Simultáneamente el viejo

aliado disolvía la KGB. El parlamento bosnio se disponía a proclamar su soberanía, y los europeos ultimaban los detalles del mercado único. La Polonia de Walesa intentaba formar gobierno. En medio de semejante marejada pocos repararon en que los kurdos habían sido de nuevo atacados, esta vez por Turquía. Mientras tanto la diplomacia internacional sostenía en Madrid la mesa de negociaciones, en la que judíos y palestinos buscan la paz del Oriente Próximo.

Agobiada por la devaluación del rublo y la multiplicación por seis del precio del pan, Rusia despide a Gorbachov pero no llamará a ningún descendiente de los zares sino a Eltsin. Tras el acuerdo firmado en Minsk por las Repúblicas de Rusia, Bielorrusia y Ucrania, la URSS se transforma en CEI (Comunidad de Estados Independientes), a la que llegan nuevas incorporaciones y el rechazo de Georgia. Casi al mismo tiempo del pleno de los Doce en Maastricht con el itinerario de la Unión en el orden del día y los debates de los eurooptimistas y europesimistas en la trastienda.

El «esperado» 1992 se abrió con la paz en El Salvador y la violencia en Georgia, Argelia y Ulster. La actividad del IRA, prácticamente ininterrumpida en los últimos tiempos, había llegado al vecindario de John Major. En Cuba arrecian el hambre y la represión a la disidencia —la escapada hacia Miami se hace incontrolable— y en Venezuela fracasa una primera edición del golpe de Estado. Los Juegos Olímpicos de Invierno proclaman desde Albertville (Francia) el anhelo de concordia que no es lo suficientemente universal como para frenar la guerra en los Balcanes, a donde llegan los cascos azules de la ONU en la hora de la independencia de Bosnia.

En un clima de desconfianza van llegando a Irak los expertos de la ONU a la búsqueda de ingenios nucleares, en cumplimiento de los términos de la rendición de febrero de 1991. Albania vota contra el comunismo mientras Francia castigaba al socialismo en las elecciones regionales y la ultraderecha alemana sorprende por su alarmante aceptación en los comicios de dos de los *länder.* El peruano Fujimori se autoadministra un golpe de Estado y John Major recoge con alivio su cosecha electoral. No hay primavera para los bosnios que soportaban el bombardeo de Sarajevo la misma noche en que Los Angeles vive un estallido de furia, violencia racial y vandalismo que se prolonga durante cuatro días y se lleva por delante sesenta vidas. Los socialistas italianos se desmoronan con el olor a podrido de la corrupción y en plena crisis de gobierno es asesinado por la Mafia el juez Falcone.

Tiembla la Europa optimista al conocer el rechazo danés del Tratado de Maastricht mientras el espíritu verde logra reunir la Cumbre de la Tierra en Río de Janeiro pero no alcanza las metas previstas en el compromiso mundial de defensa del medio ambiente. El verano del 92, aunque olímpico, no resultó más pacífico que el del 91. Continuaron vivos los mismos conflictos del año anterior y el mundo se acostumbró a recibir noticias de violaciones del alto el fuego, bombardeos, francotiradores o de los infructuosos intentos de hacer llegar ayuda internacional a los Balcanes. Irlanda dice sí a la unión de Maastricht el día en que Checoslovaquia decide escindirse en dos Estados: Eslovaquia y República Checa.

Ante la impotencia de sus gobernantes, Alemania vivía el verano de la violencia neonazi por las mismas fechas en que España desagravia a los sefardíes expulsados quinientos años antes. El mundo entero observa desesperanzado la tragedia del hambre en Somalia, inmersa en una guerra de bandos, y se duele de la sangría yugoslava, pero son cantos de amistad planetaria los que despiden los Juegos Olímpicos de Barcelona. La ratificación del Tratado de Maastricht es aplazada después del *petit oui* francés, a instancias de Gran Bretaña o Dinamarca. El Bundesbank, convertido en el *kaiser* de la economía europea, entra en otra de sus fases críticas por la especulación sobre las monedas débiles del SME. Con el otoño prende la idea realista de una Europa de dos velocidades, rechazada... por antieuropeísta.

En noviembre el demócrata Bill Clinton llega a la Casa Blanca para ponerse al frente de unos Estados Unidos que amenazan a Europa con la guerra comercial, por culpa, sobre todo, de los intereses franceses que dificultan las negociaciones del GATT. Mientras los europeístas perseveran en su lucha por la Unión, los cubanos siguen sufriendo, los neonazis resucitan las esvásticas. La ONU intenta romper el cerco del hambre en Bosnia. Somalia agoniza y la reina Isabel II afirma haber vivido su *annus horribilis y* se prepara a enfrentarse a lo que Shakespeare había llamado «el invierno de su descontento». Como los fantasmas locales, el espíritu de Maastricht vagaba desorientado entre las piedras centenarias del castillo de Edimburgo donde se reúnen los mandatarios de la Comunidad con el ruido de cadenas de la recesión económica.

De nuevo una Navidad sin tregua en Jerusalén y ni siquiera se permitirá la ayuda a los palestinos deportados días antes al norte del país. En 1993 el mercado único europeo hace caer las barreras aduaneras, en cumplimiento de tres de las cuatro libertades programadas. Permanecen, sin embargo, con tozudez mal explicada las restricciones fronterizas para la libertad de las personas y, lejos de las utopías políticas, las crisis monetarias demuestran el poder real de los especuladores para condicionar el itinerario de la unificación. Su primera víctima habría de ser el Sistema Monetario Europeo, del que se salen Italia y el Reino Unido.

Como despedida de su presidencia americana, Bush firmaba con Yeltsin un acuerdo de reducción del armamento nuclear y el mundo se sintió aliviado. El problema de las zonas de exclusión aérea fue el contencioso por excelencia entre Estados Unidos e Irak desde principios de año. Se dijo que Sadam Hussein intentaba probar a Clinton y a la vez dar señales de vida. Todo terminó con la retirada de misiles. El invierno acabó igual que había empezado: la comunidad internacional parecía no saber qué hacer con Yugoslavia y, desde luego, tampoco podría hacer gran cosa en Somalia, si primero no se pacificaba el territorio. Comenzaba el goteo de vidas de los cascos azules, aparentemente inútil en ambos países.

La primavera no resultará más tranquila. La sangre se altera en Estados Unidos, un país donde existen más de doscientos millones de armas en poder de particulares, provocando una horrible matanza de fanáticos sectarios en un rancho tejano, ante la pasividad de Clinton, en plena fase de aprendizaje. Las preocupaciones de Yeltsin, por esos días, son bien distintas de las de la mayoría de sus colegas. No tienen nada que ver con luchas raciales ni con hostilidades internacionales ya que se enfrenta a enemigos domésticos, Jasbulatov y el Parlamento ruso, a los que gana en el apoyo de la población seducida por la promesa de un pronto referéndum constitucional.

En junio España celebraba elecciones, y en la disyuntiva entre una derecha triunfalista y antipática o un PSOE desacreditado por la corrupción y la incapacidad ante la crisis económica, el ciudadano se sigue aferrando al menor de los males y opta por el perdón condicional. Felipe González ve aceptado su enésimo eslogan renovador y convalidada su gestión total del país. En los meses siguientes, el partido ganador forzará el concurso de los nacionalistas seducidos por reformas de trasvases tributarios, pero no podrá impedir una nueva acometida de su «propio» sindicalismo, en la huelga general del 27 de enero de 1994.

Si Clinton tiene dificultades para poner en práctica su plan económico, peor se encuentra Fidel Castro, que parece carecer incluso de economía que reformar. Las agencias de prensa insisten en que el hambre y la enfermedad se ensañan con los cubanos, coincidiendo con el aniversario del Moncada, y empieza a ser un «milagro» la resistencia del régimen en el momento en que Castro, que se sabe el centro de todas las miradas, admite algún tipo de privatización de la economía.

1993 va a ser sobre todo el año del horror en la ex república yugoslava. Ante la perplejidad e impotencia de media Europa y la complicidad de la otra mitad, se alarga el drama bosnio, con acoso y ataques a la población civil. La intervención de opereta de los cascos azules, a pesar de las bajas propias, renueva constantemente la impaciencia de quienes ven una y otra vez desbaratarse las iniciativas de paz. Las presiones sobre Clinton para una intervención directa USA, modelo Irak, no prosperan durante este año en un presidente que recuerda algunos de los momentos históricos aislacionistas de los americanos y que no olvida el fiasco electoral de Bush, tras la «excursión» al Golfo.

Para desesperación de pacifistas, cooperantes y opinión pública no cesa el suministro de armas, que alimenta la guerra entre Serbia y sus adversarios, ni es denunciado con suficiente energía por quienes tienen en sus manos acabar con él. Numerosas voces señalan a este tráfico como el verdadero problema, al mismo tiempo que rechazan el peor remedio de la aviación estadounidense.

Otro de nuestros conflictos eternos, el de la vieja Palestina, parecía sonreír a las alegrías de la paz, cuando se conocieron las conversaciones entre la OLP y el gobierno de Tel Aviv. La tesis «paz por territorios» estaba siendo aceptada, con algunas disidencias, por los contendientes. En medio de dificultades, pero con el apadrinamiento y hospedaje de la Casa Blanca y el apoyo de las demás potencias no invitadas, Arafat y su gobierno se reúnen con Rabin y Peres, preparando la formalización de un Estado autónomo palestino en lo que ahora se consideran territorios ocupados.

En Italia casi no sorprendió la merecida derrota electoral de las huestes de Andreotti en las municipales de noviembre, que deja a la Democracia Cristiana (apenas el 14 por 100 de los votos), sin metáfora alguna, en el banquillo de los acusados. Pero sí llaman la atención, en cambio, los avances del neofascismo, o la victoria de una coalición participada por ex comunistas y ecologistas, que abre perspectivas a alianzas progresistas, con un pie entre lo que podía empezar a ser nueva izquierda y otro en la disputa por los despojos políticos de la corrupción. De este modo, se iniciaría una de esas tentativas de supervivencia del socialismo malherido, que se sigue buscando por toda Europa en patéticas tertulias y debates intelectuales.

Durante 1993 y 1994, el sistema de partidos italiano experimentaba una sorprendente transformación. Los grupos tradicionales en el poder, la Democracia Cristiana o el Partido Socialista, pagaban en las urnas su crisis de corrupción y descrédito. El Partido Comunista Italiano, ocultaba su rostro y variaba sus intenciones, después del terremoto soviético. A todos los superaba Silvio Berlusconi, famoso empresario pero inédito político, que con la ayuda de las Ligas del Norte y de los semifascistas del Sur, ganaba las legislativas de marzo.

A lo largo de todo el año, la crisis económica profundizó las diferencias comerciales entre los grandes bloques. De nuevo la amenaza de la sobreproducción asoló a los gigantes USA, Japón o Europa, que veían recrudecerse la pelea por el mercado mundial. El paro y el cierre de empresas rebasaban en los principales países industrializados cualquier expectativa desfavorable. Algunos Estados, hasta hoy de privilegio, como Alemania, sobrellevaban el curso con cifras millonarias de desempleo. Economías de prosperidad, como la japonesa, retrotraían la marcha de sus índices de producción a los peores años de recesiones anteriores. España, es otro ejemplo apropiado, se hundía en la depresión económica con el mayor paro de su historia actual. Y así un largo etcétera, que no excluye a Francia, Italia o Gran Bretaña. Sólo los Estados Unidos parecían, con la presidencia de Bill Clinton, entrar en otra «nueva frontera» y se adelantaban en la recuperación relativa a sus socios occidentales.

Fue, precisamente, un análisis realista de esta situación y la renovación de la voluntad librecambista, que ya inspirara al GATT desde los tiempos de su creación (1949), quienes facilitaron un acuerdo en el tramo final del vencimiento de la llamada Ronda Uruguay, cuyo plazo expiraba en 1993. Los 117 países miembros lograban un éxito, calificado de histórico por muchos observadores, pero que no dejaba de preocupar a otros, al ponerse de acuerdo en una nueva rebaja arancelaria del orden del 33 por 100 de media para diez años, que debería impulsar el comercio mundial hasta aumentar un 5 por 100. El 15 de diciembre, tras el acuerdo, los grandes bloques negociantes en el GATT se felicitaban seguros de haber apostado por el camino del mercadeo, frente a la vieja autarquía o la guerra comercial, pero con la incertidumbre de no saber quién estaba engañando a quién.

Un mercado libre, para algunos analistas en realidad «desguarnecido», es ciertamente la pretensión del gran conjunto norteamericano. En el mes de noviembre, estadounidenses, canadienses y mexicanos creaban, mediante el Tratado de Libre Comercio, el mayor mercado único del planeta en términos de producción. El gran año comercial se redondeaba gracias a la resolución de los problemas que entorpecían el engarce EFTA-Unión Europea. Suiza, en gracia a mantener su permisividad financiera y su intransigencia laboral, finalmente se autoexcluía de un acuerdo que supone la entrada en vigor, a comienzos de 1994, del Espacio Económico Europeo. Es decir, el área de librecambio más nutrida, con mayor volumen de comercio y con mejores niveles de poder adquisitivo: 380 millones de adictos consumidores.

Al sur de todas las posibilidades, los Estados Unidos Mexicanos aparecían como la supuesta víctima propiciatoria del Tratado americano, ante la virtualidad de ser engullido económicamente y sin paliativos de ninguna clase por los poderosos vecinos. Pero con la contrapartida de resolver, mediante las prometidas inversiones, sus gravísimas cifras de pobreza, desempleo y demografía desbocada. En Chiapas, uno de los Estados mexicanos que mejor prueba el triunfo del neoliberalismo inclemente, el denominado Ejército Zapatista de Liberación decidió no esperar la llegada del señor Marshall. Un numeroso contingente de guerrilleros puso, el primer día de 1994, «el llano en llamas» al grito de «tierra y libertad». Si estuviéramos en los siglos medievales deberíamos hablar de *jacquerie,* pero la proximidad del siglo XXI conduce a pensar en una evidencia más del fracaso de un capitalismo, ya sin adversarios, y del fraude de un partido «revolucionario», el PRI, que ya habría renunciado a las esencias de su programa desde la sucesión del recordado Cárdenas, en los años cuarenta.

México es también laboratorio para uno de los experimentos más queridos a la curia romana: el del acercamiento a un poder político históricamente hostil. Tras dos millonarias visitas papales, en las que la gestión social «priísta» quedaba incluida en la bendición *populo et senatui,* Roma conseguía en 1993 el reconocimiento del díscolo Estado. No era extraño, por lo mismo, que en el revival zapatista, un prudente nuncio callara dejando en sus obispos la labor de denuncia y acompañamiento de los infortunios indígenas. Además de un digno y responsable protagonismo negociador, que alcanzaba finalmente el cese de los enfrentamientos y la amnistía para los sublevados.

El Vaticano, de su parte, contribuía al mayor esplendor del fin de los tiempos con una publicitada versión del Catecismo, seguida de una encíclica, la *Veritatis splendor,* en la que se recuerda la supeditación de los teólogos al credo y moral oficiales, negando la posibilidad de una ética civil, independiente de la revelación cristiana.

Otro país con «futuro», la Rusia postcomunista, de momento se debatía en un presente incierto. La crisis entre Yeltsin y su Parlamento se resuelve *manu militari,* después de la disolución decretada por el primero, del encierro de diputados con el presidente Jasbulatov al frente y tras el asalto de los tanques a la Casa Blanca, en el centro de Moscú. Los primeros días de otro octubre registraban sangrientos enfrentamientos que llegarían a saldarse con 147 muertos, según cifras oficiales.

Las secuelas del zarandeo de Yeltsin al constitucionalismo ruso y de las jornadas de octubre, junto con la profunda crisis social y económica, se reflejaron en las legislativas del 12 de diciembre, que anotaron una victoria del Partido Liberal Democrático, del ultranacionalista Vladimir Zhirinovski. En un parlamento dividido entre comunistas, reformistas de Yeltsin y nacional-populistas, Zhirinovski se perfila como el rival de mayor entidad para el actual presidente ruso. Lenin, entretanto, esperaba en su frío mausoleo de la ex plaza Roja la retirada piadosa de sus restos a una tumba más ortodoxa.

Israel y la Organización para la Liberación de Palestina estrenan el año 1994 acusándose mutuamente del incumplimiento de los acuerdos alcanzados en Washington. Aquella fotografía en la que los líderes árabe y judío estrechaban sus manos no parecía plasmarse en nada concreto. El pueblo errante que hace casi cincuenta años encontró la tierra de promisión no consiguió después de todo su paraíso soñado. O, si lo encontró, no tuvo la generosidad de compartirlo. El pueblo del holocausto simplemente hizo que la historia se repitiera con los papeles cambiados. Y ahora el odio es un pergamino viejo que ofrece más crédito que el Tratado de Washington y cada pequeño avance en el entendimiento se desbarata por un nuevo atentado. La matanza de cuarenta y ocho palestinos, de los setecientos que rezaban ante la tumba de los patriarcas de Hebrón, por un colono radical israelí frenaba bruscamente un proceso cuya solución queda aún muy lejana, a pesar de los esfuerzos realizados desde Estados Unidos y Europa. Un esfuerzo encomiable que no impide al primer mundo pensar en su propia seguridad para un futuro donde las amenazas le llegarán precisamente desde los lugares en los que ahora se quiere implantar la paz. La firma del acuerdo sobre los conceptos estratégicos de la OTAN abría una nueva etapa en la Alianza Atlántica. Si en 1990 se ratificó la desaparición del enemigo clásico y en 1991 se invitó a los países del Pacto de Varsovia a incorporarse al nuevo y único orden internacional, en 1994 la Alianza ha establecido las bases que cimentarán su futuro. El vínculo trasatlántico, la identidad europea de seguridad y defensa y el establecimiento de una fuerza militar operativa conjunta definen esta reordenación y maquillan los recelos de la política diaria.

En un capítulo más de la tragedia yugoslava, la Gran Serbia de Milosevic, étnicamente pura, sembró de muertos el mercado de Sarajevo, colmando el vaso de la paciencia de la OTAN, que lanza un ultimátum a los serbios para que retiren su artillería de la capital. A regañadientes obedecieron éstos las exigencias de la organización internacional y la población pudo rehacer provisionalmente su vida sin temor a los morteros o a los francotiradores. La presión militar de la OTAN y el derribo de cuatro aviones serbios consiguieron en diez días lo que la diplomacia no había logrado en dos años. Pero la guerra sigue y los muertos también mientras las negociaciones dan un paso adelante y dos atrás. Con mayor dramatismo aunque con menos sobresaltos para Europa, la guerra civil de Ruanda superaba dramáticas plusmarcas, dejando medio millón de caídos, como no podíamos imaginar que nadie cae este fin de milenio: a machetazos.

Todas las *mediaciones* de la comunidad internacional en conflictos internos de otros países se han caracterizado por una realidad nueva: intervienen los países que tienen influencia en el área, legitimados por la ONU, que subarrienda misiones. Se perfilan así «zonas de responsabilidad», en las que los estados del primer mundo que históricamente han tenido relación con las naciones conflictivas se encargan de la intervención humanitaria o política bajo un neocolonialismo disfrazado. A lo largo de 1994, el Consejo de Seguridad de las Naciones Unidas ha legalizado las intervenciones de la OTAN en Bosnia, Rusia en Georgia, de Francia en Ruanda y de Estados Unidos en Haití. Por el contrario no mostraría igual firmeza ante el deseo independentista de Chechenia y la actuación de los tanques rusos. En todos estos puntos las organizaciones no gubernamentales tienen, cada vez, mayor protagonismo.

Desde marzo de 1994 la Unión Europea cuenta con quince miembros después de haber acogido en su club a Suecia, Finlandia y Austria. Las aguas empiezan a tener un color natural en Sudáfrica, donde Nelson Mandela alcanza la presidencia de un país, libre ya de la lacra del racismo institucionalizado. Cierto que Soweto sigue en condiciones de extrema pobreza mientras los blancos son dueños de los medios económicos pero, al menos, el poder político está hoy en manos de un hombre negro, democráticamente elegido por la mayoría de la población, sin segregación electoral. También Irlanda del Norte parece haber encontrado en 1995 un camino hacia la paz, tras el alto el fuego unilateral del IRA y la negociación de John Major con las fuerzas independentistas. La opinión pública británica e irlandesa comienza a respirar al ver a sus políticos dispuestos a resolver un problema que resultaba ya una carga pesada para todos.

Índice

Historia del mundo actual (1945-1995)
2. Imago mundi

Sección: Humanidades

Fernando García de Cortázar
José María Lorenzo Espinosa:

Historia del mundo actual (1945-1995)

2. Imago mundi

El Libro de Bolsillo
Alianza Editorial
Madrid

Diseño del libro: Marina Romano
Crédito fotos: Agencia EFE; Archivo Gráfico Anaya;
    Agencia Zardoya

Primera edición en «El Libro de Bolsillo»: 1996 (marzo)
Primera reimpresión en «El Libro de Bolsillo»: 1996 (abril)
Segunda reimpresión en «El Libro de Bolsillo»: 1996 (abril)

© Fernando García de Cortázar y José María Lorenzo Espinosa
© Alianza Editorial, S. A., Madrid, 1996
    Calle Juan Ignacio Luca de Tena, 15; 28027 Madrid; teléf. 393 88 88
    ISBN: 84-206-0786-X (Tomo 2)
    ISBN: 84-206-9845-8 (O.C.)
    Depósito legal: M. 11.701/1996
    Impreso en Fernández Ciudad, S. L.
    Printed in Spain

uando el 21 de julio de 1969 el primer humano apoyaba su pie en la superficie lunar, la retransmisión directa, gráfica y sonora de aquel hecho a todo el planeta apenas se consideró un requisito normal, como el de cualquier otra comunicación a la que estábamos acostumbrados desde mediado el siglo. La ausencia de emociones especiales y el desapasionado interés mostrado por la opinión mundial, en la ocasión, eran reveladores de al menos dos circunstancias. De un lado, la humanidad venía preparándose mental y literariamente para esta aventura desde el siglo XIX. De otro, lo más natural y sencillo, dadas las posibilidades tecnológicas de la época, era

poder verla además en imágenes y en el momento de producirse. El hombre había pasado de venerar las ideas a
sucumbir ante las imágenes y la seducción de la inmedia-
tez. La ciencia era, también y sobre todo, visual y con ella
las noticias de la historia.

Para entonces, las cosas se contaban en vivo y en
directo, en un lenguaje audiovisual propio, y llegaban a
los consumidores catódicos en formato cotidiano. A los
avances de la investigación espacial había precedido la
revolución documental. Ya nada sería real si no era televisado, retransmitido o asentado en determinados órganos
de comunicación y opinión. Nada existía sin su correspondiente foto, sin su titular publicado. Y al contrario,
cualquiera que fuera capaz de reproducir gráficamente la
mayor farsa posible contaba de antemano con la seguridad de su difusión como verdadera. El gran juego de la
imagen había comenzado a sustituir a la manipulación de
la opinión que los medios norteamericanos venían trabajosamente poniendo en pie desde finales del siglo anterior. Y la humanidad se había acostumbrado al directo
imaginario de los grandes acontecimientos y de los máximos horrores. Porque no sólo fue la Luna. También estu-
vimos en Vietnam, vimos los desfiles militares en la plaza
Roja —supuestamente obreros—, oímos los discursos
publicitarios de los vendedores políticos de Washington,
creímos en las protestas reprimidas en Berkeley o Chica-
go, nos manifestamos en París y en Praga...Y odiamos a
los policías blancos que apaleaban negros en Sudáfrica o
Alabama. Antes de todo, sentimos las pilas de huesudos
cadáveres arrastradas con palas mecánicas en los campos,
el hongo de Hiroshima o Nagasaki... Un mundo de imágenes del que ya no podría prescindir nuestra generación,
que ganaba terreno sin cesar en todos lo soportes posibles, y al que empezamos a tratar con una familiaridad

que pronto haría pasar a segundo plano su importancia diaria.

La segunda mitad del siglo XX estaba alcanzando el decorado del espacio estelar y las grutas del infierno en la Tierra, pero los sentidos del espectador cada vez eran más difíciles de impresionar. Miles de hombres y mujeres arriesgaban sus vidas y sus afanes por todo el planeta, y se movilizaban inversiones cuantiosas con el solo propósito de dejar bien servido en las cocinas de las redacciones el menú informativo de una Historia que se decantaba en imágenes y documentos escogidos. Sus protagonistas, sus glorias o sus catástrofes tenían rostros obligatorios, manos necesarias, pies ineludibles, bocas animadas. Sus palabras recorrían ahora el espacio de Hertz y de Marconi, en el instante de ser pronunciadas. A eso lo empezamos a llamar, tal vez inmerecidamente, comunicación. Pronto pudo comprobarse que se trataba, en realidad, de una manera unidireccional de conocer lo que sucedía a los demás, de forma cada vez más ajena.

La imagen y el documento, fueron también instrumento de manipulación y de orden letal. La criba de la Historia, a pesar de la revolución de los medios, no había cambiado de intenciones desde los legendarios cronistas de la Antigüedad. Pero concebir hoy un mundo sin «imagos», equivaldría a anular la conciencia histórica de la mayoría de nosotros, enseñados cómodamente a sustituir mil palabras por una instantánea. Creer en una Historia sin verificación documental, sin rostros, apoyada exclusivamente en el anonimato de los grandes hechos colectivos o en la lentitud de paso de las estructuras invisibles, que se disculpa en la masificación, es ya un recurso pasado de moda. En tanto el reticente consumidor de Historia no decida ser su otro mismo, tomar el relevo de los aristos y los dioses, destruir su delegación codificada y dejar de ser

el simple ciudadano de voto e impuesto, deberá seguir
pendiente de la luz y el grafos. Terminado el siglo no se
han cumplido las noticias que auguraban la inmersión
social de la parte en el todo. La rebelión de las masas ha
sido frenada por la nueva estética sin ética del imaginario
colectivo, sugerido por los líderes. Seguramente en perjuicio de la mayoría, los nombres propios, los datos particulares, las fechas y sus signos, sean cara del poder o instrumento de oposición, siguen recorriendo el sistema de los
años y tejiendo el nervio y la sustancia de la historia.

Este libro incluye frases, fotos, discursos, gestos, esencias, iconografías, leyendas sonoras, huellas gráficas, tics
cromáticos y otros conjuros de nuestra inevitable cultura
de seres gráficos, que sobreviven en secuencias de luz y en
frecuencias de sonidos. Un libro que no es solamente un
complemento ágil y necesariamente útil de su hermano
mayor, sino que aspira a tener personalidad propia
haciéndose cómplice de los defectos y virtudes documentales de su tiempo. Por fuerza editorial, esta complicidad
ha debido ser exprimida desesperadamente ante la avalancha de candidaturas. Selección inexorable que los autores
son los primeros en lamentar y que no hace justicia a
todos, pero que se disculpa con algunos indiscutibles y
con otros no tanto, siempre mejorables en el futuro.

El reparto

El reparto

En el principio fue el reparto. Después de 1945, el mundo quedó prácticamente dividido en dos por los EE UU y la URSS. Aparentemente las naciones estaban unidas, pero en realidad la falsa soldadura de San Francisco —con la constitución de la ONU en junio de 1945— ponía frente a frente dos concepciones del mundo y la sociedad. La voluntad bipolar se consagrará mediante un todopoderoso Consejo de Seguridad, en el que no hubo piedad para terceros y en el que fundamentalmente imperaron los intereses del reparto.

En Yalta, en febrero de 1945, se celebró la reunión decisiva. La Conferencia, llamada oficialmente de Crimea, acogió a los mandatarios de EE UU, la URSS y Reino Unido. Aunque este último, representado por Winston Churchill, fue sólo un tercero en discordia. La cumbre constaría de varias reuniones, reflejadas en un documento final que incluía distintos asuntos, como el futuro alemán, yugoslavo o polaco, la creación de la ONU, los derechos soviéticos frente a Japón y una declaración formal de alianza entre los reunidos. Éstos dividieron Alemania, fijaron las reparaciones de guerra, reajustaron las fronteras polacas, decidieron el poder de veto a los futuros miembros del Consejo de seguridad de la ONU y consensuaron una declaración anticolonial en favor de la libertad de los pueblos. También se abrió la posibilidad de proteger la URSS con un cinturón sanitario antifascista, reflejado en la instalación de gobiernos amigos en las repúblicas que la rodeaban.

Una filtración periodística, producida diez años después, aseguraba que la simpatía del presidente norteamericano Roosevelt hacia Stalin fue decisiva para arrinconar algunas pretensiones del premier británico. Resultará absurdo, pero en la era del supuesto poder de las masas todavía unas pocas personas, que ni siquiera estamos seguros representaban adecuadamente a sus países, podían decidir la historia mundial. El reparto, una vez suprimida Alemania y sus aliados, prometía un armónico futuro. Los analistas presumían que el mundo daba al menos para una distribución amigable del poder a dos bandas. Pero pronto la desaparición de los principales protagonistas convirtió la lucha por el botín en tensión y guerra fría.

De aquellas cumbres, nos ha quedado una foto que resumía este equilibrio sostenido. El presidente norteamericano, en el centro, morirá poco después y no llegará a rematar su «autoridad moral» en la reunión final de Potsdam, celebrada en el verano de 1945. Churchill, por su parte, no resistirá la gripe izquierdista electoral de postguerra y será derrotado por un oscuro político laborista. Sólo Stalin permanecerá ante las cámaras otros nueve años y disfrutará del nuevo reparto de papeles.

Pero el nuevo presidente USA, Harry Truman, ya no sentirá ninguna simpatía por el líder soviético.

Ellos lo llamaron «la construcción de la paz internacional». Nosotros vimos luego que se trataba de un reparto, nunca reconocido, pero sospechado desde el principio. El mundo había dejado de pertenecer por entero a sus gobernantes, después de haber sido confiscado a los pueblos. Entonces fue distribuido, con trazos a veces fuertes a veces débiles, entre el Este y el Oeste, eufemismos que ocultaban realmente los intereses y el poder de dos únicas superpotencias. La Conferencia de Crimea entre los tres grandes —Roosevelt, Churchill y Stalin— precedida por otra cumbre en Teherán y rematada en Potsdam vino a representar la comedia que A. Fontaine tradujo como «el arte de disponer de los demás». Jamás antes en la historia de la humanidad había sucedido una simplificación universal semejante.

Europa de los dos bloques

La declaración oficiosa de esta guerra nunca emprendida se atribuye al presidente Truman y a su discurso ante el Congreso del 12 de marzo de 1947, que pronto adquirió cuerpo institucional para las relaciones exteriores norteamericanas. Pero el precedente de esta doctrina fue la señal de alarma que Churchill había hecho pública, un año antes, con su conocida teoría sobre el Telón de Acero.

En términos estrictos, la guerra fría pareció desvanecerse con el «deshielo» protagonizado en la URSS por el premier Kruschev y en los EE UU por la administración Kennedy; pero lo cierto fue que a partir de los años sesenta el rearme atómico, y la entrada en una fase de disuasión por elevación, terminó por alargar el término hasta el umbral de nuestros días y la desaparición de la URSS como Estado.

La guerra fría y el Telón de Acero

Son dos fórmulas acuñadas después de la guerra mundial. La guerra fría fue el título de una serie de reportajes periodísticos de Walter Lippmann —que a su vez utilizó la frase creada por Herbert Swope, otro periodista— en los que durante 1947 se analizaba la política exterior norteamericana. En seguida la expresión fue asumida dentro y fuera de los EE UU para designar una situación que en el periodo de entreguerras anterior se había llamado «paz armada» y que se correspondía con el temor a un nuevo enfrentamiento mundial. Las dos superpotencias que se disputaban la supremacía militar y política mantuvieron a lo largo de casi medio siglo una capacidad de destrucción y un despliegue de tropas y amenazas —sobre todo en el escenario europeo— que a duras penas lograban contener las válvulas de salida de los conflictos regionales de baja intensidad.

El Telón de Acero

«Desde Stettin en el Báltico, a Trieste, en el Adriático, un telón de acero ha caído sobre el continente. Tras esta línea se encuentran todas las capitales de los antiguos Estados de la Europa central y oriental: Varsovia, Berlín, Praga, Viena, Bucarest, Sofía [...].

Por lo que he visto de nuestros amigos rusos, y sus aliados, durante la guerra, estoy persuadido de que no hay nada que admiren tanto como la fortaleza, y nada que respeten menos que la debilidad militar [...] Es necesario que los pueblos de habla inglesa se unan urgentemente para evitar toda tentación a la ambición o la aventura.»

Winston CHURCHILL,
5 de marzo de 1946

Discurso de H. S. Truman ante el Congreso

«Uno de los objetivos fundamentales de la política exterior de Estados Unidos es la creación de condiciones en las cuales nosotros y otras naciones podamos forjar una manera de vivir libre de coacción. Ésta fue una de las causas de la guerra con Alemania y Japón. Nuestra victoria se logró sobre países que pretendían imponer su voluntad y su modo de vivir a otras naciones. Para asegurar el desenvolvimiento pacífico de las naciones, libres de coacción, Estados Unidos ha tomado parte preponderante en la creación de las Naciones Unidas. Éstas están destinadas a posibilitar el mantenimiento de la libertad y soberanía de todos sus miembros. Sin embargo, no alcanzaremos nuestros objetivos a menos que estemos dispuestos a ayudar a los pueblos libres a preservar sus instituciones libres y su integridad nacional frente a los movimientos agresivos que tratan de imponerles regímenes totalitarios [...] En la presente etapa de la historia mundial, casi todas las naciones deben optar entre modos alternativos de vida. Con frecuencia, la decisión no es libre.

Uno de dichos modos de vida se basa en la voluntad de la mayoría y se distingue por la existencia de instituciones libres, un gobierno

Si vacilamos en nuestra misión de conducción, podemos hacer peligrar la paz del mundo...

representativo, elecciones limpias, garantías a la libertad individual, libertad de palabra y religión y el derecho a vivir libres de opresión política.

El otro se basa en la voluntad de una minoría impuesta mediante la fuerza a la mayoría. Descansa en el terror y la opresión, en una prensa y radio controladas, en elecciones fraudulentas y en la supresión de las libertades individuales [...] Ayudando a las naciones libres e independientes a conservar su independencia, Estados Unidos habrá de poner en práctica los principios de la Carta de la Naciones Unidas.

Basta con mirar un mapa para comprender que la supervivencia e integridad de la nación griega tiene gran importancia dentro del marco más amplio de la política mundial. Si Grecia fuera a caer bajo el poder de una minoría armada, el efecto sobre la vecina Turquía sería inmediato y muy grave. La confusión y el

desorden podrían fácilmente extenderse por todo el Oriente
Medio [...] Si dejáramos de ayudar a Turquía y a Grecia en esta
hora decisiva, las consecuencias, tanto para Oriente como para
Occidente, serían de profundo alcance. Debemos proceder
resuelta e inmediatamente. Por lo tanto, pido al Congreso auto-
rización para ayudar a esos dos países por la cantidad de 400
millones de dólares de aquí al 30 de junio de 1948. Además de
dichos fondos, pido al Congreso que apruebe el envío de personal civil y militar norteamericano a Grecia y Turquía, a petición
de aquellos países, para cooperar en las tareas de reconstrucción
y supervisar el empleo de la ayuda financiera y material que se
otorgue [...]

Si vacilamos en nuestra misión de conducción, podemos hacer
peligrar la paz del mundo y, sin lugar a dudas, arriesgaremos el
bienestar de nuestra propia nación.»

12 de marzo de 1947

El deshielo

Kruschev había visita-
do a Eisenhower en
1959. Reanudaba de este
modo las cumbres sovieto-
norteamericanas, interrum-
pidas a causa de la guerra
fría y el empeoramiento
general de relaciones entre
ambos colosos. La muerte
de Stalin y el nuevo rumbo
internacional del Kremlin
favorecieron la apertura de
un proceso de coexistencia,
en busca de una disminu-
ción de la tensión bélica.

Los soviéticos pensaron
que se trataba de una lógica
consecuencia de la propia
doctrina leninista sobre la
coexistencia internacional,
incluso de la práctica de no
enfrentamiento y alianza
llevada a cabo por Stalin;
los norteamericanos creyeron que se trataba de un
nuevo caballo de Troya y

Kruschev ante el
monumento a
Lincoln.
Washington, D.C.

los chinos no dudaron de que el nuevo dirigente soviético era un «revisionista» bravucón e irresponsable, que desprestigiaba toda la anterior épica revolucionaria.

Las fotos de las cumbres, los saludos y sonrisas entre Kennedy y Kruschev dieron el tono internacional a una época distendida en público, pero crítica en privado. Una década en la que se sentaron las hipótesis del estruendoso armamentismo posterior y en la que sólo una reflexión de última hora evitó un desastre nuclear, a partir del conflicto cubano de 1962. Kennedy y Kruschev se encontraron en París o Viena y se evitaron en Berlín (verano de 1961). Después vino la construcción del muro y, en Cuba (otoño de 1962), la crisis de los misiles.

La crisis de los misiles

«Fue durante mi visita a Bulgaria cuando tuve la idea de instalar cohetes con cabeza nuclear en Cuba y de hacerlo clandestinamente, a fin de que Estados Unidos se enterara demasiado tarde para cualquier reacción [...]

Mi razonamiento era el siguiente: si instalábamos los misiles en secreto y Estados Unidos ignoraba su existencia hasta el momento en que ya fueran operacionales, se lo pensaría dos veces antes de intentar aniquilar militarmente nuestras instalaciones. Yo sabía que Estados Unidos poseía los medios para destruirlas en parte, pero sólo en parte; si un cuarto de todos los misiles se les escapara, o un décimo, o simplemente uno o dos grandes misiles, eso sería suficiente para reducir

...no hicimos otra cosa que devolverle —en menor grado— el obsequio.

Nueva York a su mínima expresión [...] Pero no es ésa la cuestión. Lo esencial para mí, era que la presencia de cohetes soviéticos en Cuba disuadiría a Estados Unidos de atacar Cuba para derribar a Fidel Castro y a su régimen. Por otro lado, al tiempo que protegían Cuba, nuestros misiles restablecerían eso que a los occidentales les gusta llamar «equilibrio de fuerzas». Estados Unidos había rodeado nuestro país de bases militares; permanentemente nos tenía bajo la amenaza de sus armas nucleares. Debía aprender lo que se siente cuando te apuntan misiles enemigos; no hicimos otra cosa que devolverle —en menor grado— el obsequio. Y ya era hora de que EE UU se sintiera amenazado a su vez, en su pueblo y su suelo, a fin de saber lo que eso significa exactamente.»

N. S. Kruschev, Memorias

Cuba en cuarentena y reto a Kruschev

«Este Gobierno, tal y como ha prometido, mantiene una vigilancia sobre los dispositivos militares soviéticos situados en la isla de Cuba. Durante la pasada semana, irrefutables pruebas han demostrado el hecho de que en aquella isla prisionera se están realizando preparativos para emplazar una serie de rampas de lanzamiento de proyectiles dirigidos. El propósito de estas bases no puede ser otro que el de proporcionar capacidad de ataque nuclear a la isla en contra del hemisferio occidental.»

J. F. KENNEDY
Discurso televisado a la nación, 22 de octubre de 1962

Los bombarderos se retiran

«He sido informado en el día de hoy por el señor Kruschev de que los bombarderos II-28, que en la actualidad se encuentran en Cuba, serán retirados en el término de treinta días. El señor Kruschev también conviene que estos aviones pueden ser observados y contados al mismo tiempo que abandonan la isla de Cuba. Esta medida reduce evidentemente el grado de peligro que ha venido amenazando a este hemisferio desde hace cuatro semanas. Por lo tanto, he ordenado al secretario de Defensa que haga cesar nuestro bloqueo naval.

Ante esta acción, quiero aprovechar la oportunidad que me ofrecen ustedes para informar al pueblo norteamericano sobre la marcha de la crisis de Cuba y revisar los progresos hechos hasta el día de hoy en cuanto se relaciona con una mutua comprensión entre el señor Kruschev y yo, y con arreglo a nuestras cartas de los días 27 y 28 de octubre.»

J. F. KENNEDY
Conferencia de prensa, 20 de noviembre de 1962

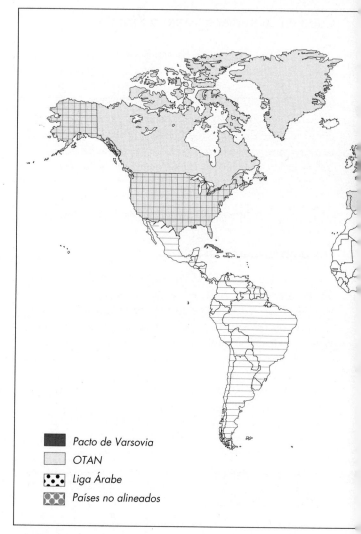

Pacto de Varsovia
OTAN
Liga Árabe
Países no alineados

Alianzas político-militares posteriores a 1945

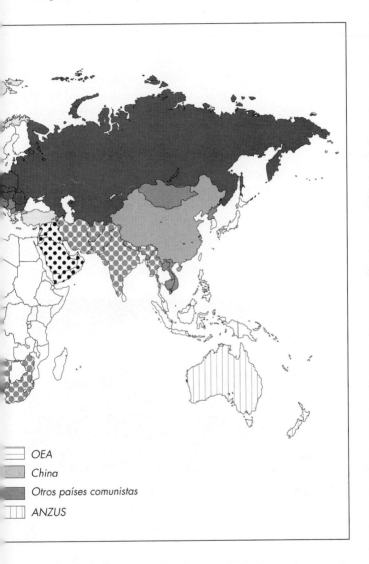

OEA

China

Otros países comunistas

ANZUS

Budapest y Praga

Las condiciones del reparto desde el lado soviético se interpretaban, sobre todo después de la guerra de Corea (1950-1953), como la necesidad de preservar a toda costa lo que se llamó «empate estratégico» en Europa. Esto equivalía al mantenimiento del cinturón sanitario en torno a la Unión Soviética, asegurándose de que los países de la Europa oriental y sus gobiernos estuvieran en manos de los partidos comunistas o de sus similares. Además de con la rebeldía nacional yugoslava, que Tito ejerció de hecho en los años cincuenta, esta proyección exterior de la política de la URSS se puso a prueba en otras ocasiones como fueron las protestas en Alema-

Frente a los tanques del Pacto de Varsovia. Praga 1968

nia Oriental en 1953, la sublevación húngara de 1956 o el intento de revolución desde el sistema de Checoslovaquia en 1968.

Kruschev había iniciado en 1956 una diferente orientación internacional, después de haber leído su informe contra la gestión de Stalin en el XX Congreso del Partido Comunista de la URSS. Los gobiernos orientales se sintieron espoleados en sus deseos de mayor independencia respecto a Moscú y junto a la reconciliación entre el premier soviético y el mariscal Tito (1955), algunos creyeron posible iniciar el periodo de los socialismos de vía nacional separándose de las férreas directrices moscovitas. Polonia y Hungría se enfrentaron al estatus que había consagrado el Pacto de Varsovia en el 55, poniendo en marcha reformas que terminaron adquiriendo, especialmente en Hungría, un carácter de sublevación antisoviética. Finalmente, en noviembre

de 1956, los tanques del Pacto iniciaron la invasión del país magiar. La resistencia duró menos de una semana, al cabo de la cual los principales dirigentes húngaros habían desaparecido, hubo unos 3.000 muertos, más de 200.000 ciudadanos huyeron a Occidente a través de Austria y la URSS mantuvo el control político.

Los tanques fueron también protagonistas de la invasión de Praga, en agosto de 1968. Checoslovaquia fue otro de los estados donde se discutiría la imposición del socialismo soviético, iniciándose un periodo de reformas desde dentro al llegar Alexander Dubceck a la Secretaría General del partido comunista checoslovaco. El intento de liberalizar el régimen comunista checo, a través de un programa que atacaba la burocracia del partido, descentralizaba la gran propiedad en favor de los trabajadores, reconocía la realidad pluripolítica del país, instituía la democracia electoral y garantizaba una mayor libertad de expresión, cultura y religión, fue entendida por Moscú como un intento involucionista bur- gués. Tras la invasión, el gobierno checoslovaco fue obligado a reconocer sus «desviaciones» y, poco después, los partidarios del colaboracionismo con la URSS tomaban el poder.

La revolución húngara de 1956

«Domingo, 4 de noviembre. A las 3.00 de la madrugada, imprevistamente y rompiendo todos los compromisos, decenas de cañones soviéticos comienzan a bombardear Budapest. Pocas horas después, con las primera luces, los destacamentos blindados estacionados en las vecindades irrumpen en las calles de la capital, desfilando ante interminables perspectivas de ventanas cerradas a cal y canto.

Todo ha terminado, pero no del todo. En varios lugares de la ciudad y su periferia se entablan encarnizados combates que duran varios días. Particularmente dura es la batalla en la isla danubiana de Csepel, en las puertas de Budapest, corazón de la metalurgia húngara, donde miles de obreros resisten a las arrolladoras fuerzas soviéticas que ocupan todos los cruces de carreteras, los puentes, los aeropuertos, las estaciones ferroviarias [...]

Entre las muchas imágenes que me han quedado grabadas, están las de aquellos fugitivos húngaros que atravesaban de noche la frontera, llevando en brazos a sus hijos pequeños dormidos, drogados con somníferos de largo efecto para impedir que sus eventuales llantos alarmasen a los guardias. O aquella otra imagen de las mujeres que, tras las barricadas, iban y venían con grandes perolas de sopa y, una cucharada a uno, una cucharada a otro, alimentaban a los jóvenes que seguían disparando.

O el turbador espectáculo de Budapest la noche del 3 de noviembre. En las ventanas de todas las casas ante las cuales pasaba en mi salida de la ciudad, del centro a la periferia, ardían velas. Simples cirios de muerto, de cementerio, por decenas de miles. La ciudad se sentía agonizante y lo expresaba con aquellas pequeñas llamas que oscilaban, tristes, al viento...»

Egisto CORRADI
Corresponsal de un periódico italiano

Declaración del gobierno de Praga

«Por vez primera en la Historia del movimiento comunista se asiste a una agresión contra un Estado soberano dirigido por un Partido comunista: una agresión que está siendo perpetrada por ejércitos aliados de países socialistas.

La crisis se ha iniciado a primeras horas de la mañana y los órganos de la República no se encuentran en situación de actuar. Los miembros del Gobierno, de la Asamblea Nacional, de la dirección del partido y del Frente Nacional no tienen la posibilidad de reunirse ni de establecer contacto con la población que, durante las últimas horas, les ha dado muestras de completa confianza.

Se encuentran detenidos cierto número de miembros del Gobierno, dirigentes de la Asamblea Nacional, así como otras personas. El último enlace sigue siendo una emisora de radio semilegal, que sigue funcionando sólo gracias a incesantes esfuerzos, puesto que las más de las veces es reducida al silencio.

Pedimos la partida inmediata de las tropas de ocupación y el respeto a nuestra soberanía, además de la libertad de nuestros gobernantes checoslovacos.

Pedimos a los gobiernos de los cinco países socialistas que den la orden de poner término a cualquier acto armado dirigido contra nuestro país. Exigimos igualmente la convocación de la

Asamblea nacional en sesión plenaria; en dicha sesión, el
gobierno en pleno presentará sus protestas para la solución de
la situación actual.

Invitamos a los ciudadanos a que no permitan que se
asiente, bajo forma ninguna, ningún gobierno distinto del que
se haya elegido democráticamente y de conformidad con las
normas de nuestra Constitución.

Invitamos a que todos los trabajadores encaminen a quienes
dirijan las fuerzas de ocupación, peticiones en favor del
Gobierno legal checoslovaco.

Contando con la ayuda del pueblo, y sin que se produzca
derramamiento de sangre, todavía es posible llevar a término la
gran obra iniciada en enero.»

*«La invasión de Checoslovaquia. Documentos sobre el fin de
la Primavera de Praga», en* Reportaje de la Historia, *vol. IV*

El muro

El muro que dividió a
la ciudad de Berlín,
desde el mes de agosto de
1961, separando las zonas
dominadas por los aliados
occidentales y la controlada por el gobierno de Alemania Oriental y sus socios
soviéticos, es quizá, junto
con el propio sistema fronterizo que conocimos
como «telón de acero», el
mejor símbolo del reparto

material del mundo entre los dos bloques. El muro fue construido para evitar la fuga de alemanes orientales, entre los cuales numerosos técnicos y otros profesionales cualificados huían de la asfixia política del Este, pero también se sentían atraídos por el señuelo consumista occidental. La explicación oficial sobre la construcción no pudo ser más patética, aunque estuviera avalada por la Unión Soviética. Se trataba de impedir —según el dirigente oriental Walter Ulbricht— que los espías occidentales y otros agentes del fascismo entraran en la zona comunista berlinesa.

En los casi treinta años (1961-1989) que permaneció el muro de Berlín dividiendo a los alemanes, fueron numerosos habitantes del Este los que trataron de pasar al Oeste. Bastantes lo consiguieron, pero otros muchos fueron detenidos o cayeron bajo las balas de los guardias fronterizos orientales. Después de desaparecido el muro se conservan las cruces funerarias con sus nombres. No se sabe, en cambio, de ejemplos de dirección contraria que pudieran confirmar la hipótesis sobre la construcción y vigilancia, que en 1961 expusieran las autoridades de Alemania Oriental.

El hombre más veces asesinado del mundo

Los EE UU no pudieron convencer nunca sobre las razones de su brutal y desmesurada intervención en Vietnam. Ni siquiera a los aliados occidentales, ni mucho menos a todos sus ciudadanos, que terminaron clamando contra la agresión, formaron piña o protestaron por los bombardeos, la protección al régimen sanguinario del Sur o la presencia directa de marines —500.000 en 1968— en la selva vietnamita. La guerra de Vietnam, prueba de la prepotencia USA y su descarnado intervencionismo, fue prácticamente televisada y fotografiada al resto del mundo. La propaganda antinorteamericana casi sólo tenía que limitarse a esperar que los horrores de la guerra y las «hazañas» de los B-52 contra la población civil llegaran a las pantallas domésticas y a las primeras páginas de los diarios. Muchos ciudadanos de los EE UU sintieron vergüenza de su nacionalidad y odio contra sus gobernantes. Un sentimiento inédito entre la hiperpatriótica sociedad americana, que contribuyó a agravar la profunda crisis social y política que los EE UU arrastraban desde los años cincuenta.

Una foto —ganadora del premio Pulitzer en 1968—
sigue conservando para la historia, la biografía del hombre
cuya muerte fue más veces repetida. Un anónimo militante
del Vietcong, detenido por la policía del régimen de Saigón
y asesinado fríamente ante las cámaras, por el general survietnamita Nguyen Ngoc Loan. El guerrillero muerto es hoy
un símbolo del sacrificio y de la resistencia de los pequeños
pueblos del mundo a los repartos de los grandes. Su asesino
vive en EE UU como refugiado político y regenta un próspero restaurante. Sigue considerando que su disparo fue un
acto de justicia policial contra un «terrorista-comunista»,
enemigo de su país.

La CIA en Chile

El continente americano ha seguido siendo durante los últimos decenios dominio tradicional de los EE UU. Desde 1823, en que la doctrina Monroe consideró el área centro y sur como una gran zona de seguridad, los polí- ticos USA se han creído con el mayor de los derechos de intervención para evitar que en cualquiera de las repúblicas latinoamericanas, y en especial la región de América Central y el Caribe, prosperase ningún gobierno hostil a los

intereses de Washington. Una vez solucionada la crisis cubana y controlado el decenio guerrillero, la administración estadounidense se encontró a comienzo de los años setenta con una situación imprevista en Chile. El triunfo del candidato socialista Salvador Allende en las elecciones de 1970 comprometía los negocios USA instalados en aquella república y amenazaba con socializar los intereses de la derecha aliada a las multinacionales del norte. La Agencia de espionaje norteamericana —CIA— colaborando con elementos de las fuerzas armadas chilenas y contando con el apoyo de los sectores más conservadores, tuvo una importante participación en el golpe del 11 de setiembre de 1973 que derrocó al legítimo gobierno chileno e instaló una dictadura militar presidida por Pinochet. Allende murió al defender el palacio presidencial del ataque militar, después de haber contestado el ultimátum de los fascistas sublevados con un mensaje: «Defenderé con mi vida la autoridad que el pueblo me entregó». Miles de chilenos acompañaron a su presidente bajo las balas de Pinochet. El Pentágono no pudo, en esta ocasión, proceder al derrocamiento de un presidente constitucional. La operación fue más rápida de lo esperado por la entusiasta colaboración del ejército y un sector de la propia sociedad chilena, pero a nadie ni dentro ni fuera de los EE UU le quedaban muchas dudas de quien estaba detrás del golpe. Los USA se limitaban a cumplir con el testamento de Monroe, con el reparto tácito de Yalta y con la doctrina Truman, explicando a los interesados y a un buen entendedor mundo de qué proporción era su derecho a considerar suyas las vidas y las materias primas de los otros.

El final del reparto

Antes de acabar su segundo mandato, Ronald Reagan tuvo ocasión de apadrinar el debut internacional del presidente soviético Gorbachov. Juntos iniciaron el proceso de profundización en la tradicional «entente» sovieto-norteamericana mantenida desde Yalta, mientras el mundo asistía a continuos amagos de enfrentamiento, y que nunca llegó a traducirse en conflictos reales, gracias al respeto al *statu quo* nacido de las conversaciones de 1945. De aquellos contactos quedaría una confirmación oficial de la situación de control por parte de ambas potencias y un primer intento de regular la desenfrenada carrera armamentística, con la reducción simbólica de parte del arsenal nuclear.Después de Reagan, el socio obligado de Gorbachov fue el nuevo mandatario USA George Bush, un antiguo director de la CIA elegido presidente en 1988. Durante su mandato tendría lugar el derrumbe del poder internacional de la URSS. Gorbachov y Bush se reunirían en la isla mediterránea de Malta, en diciembre de 1989, semanas después de las primeras reformas en los países del Este europeo, firmando una nueva reducción nuclear y dando por finalizado el periodo largo de tensión entre ambos Estados. La actitud de clara estampida de la influencia soviética, desdibujaba el reparto de postguerra y permitía acciones norteamericanas del tipo de la guerra del Golfo en 1991.

La Guerra del Golfo

El desgaste de la imagen internacional norteamericana, durante los diez años que duró su intervención en Vietnam, fue equivalente a todas las actuaciones anteriores. Algo que no pasó inadvertido a los estrategas del Pentágono y los políticos de la Casa Blanca a la hora de diseñar su participación en la guerra del Golfo a comienzo de los años noventa. En esta ocasión la intervención fue «limpia», convenientemente ideologizada entre amigos y enemigos y sobre todo contundente y corta, de modo que el contrario no pudiera ofrecer resistencia, ni las cámaras de televisión obtener premios Pulitzer. A comienzo de los años noventa el «enemigo» ya no era el comunismo ni los avances sociales en el cono latinoamericano, pero en el horizonte de los intereses mundiales USA y junto a los jugosos pozos petrolíferos de Oriente Medio, empezaba a consolidarse

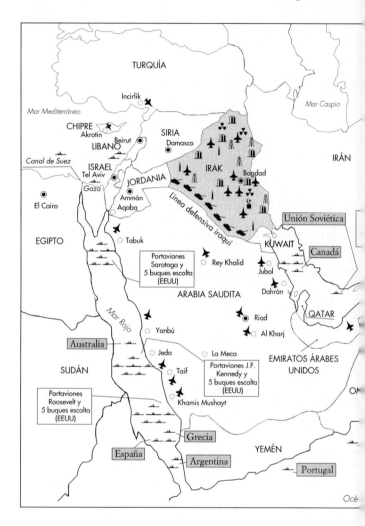

La guerra del Golfo

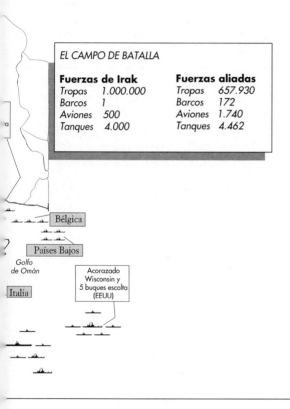

Lanzadores de misiles

Centros de comunicaciones

Bases aéreas

Centro de producción armas químicas

Refinerías

Instalaciones nucleares

EL CAMPO DE BATALLA

Fuerzas de Irak
Tropas   1.000.000
Barcos   1
Aviones   500
Tanques   4.000

Fuerzas aliadas
Tropas   657.930
Barcos   172
Aviones   1.740
Tanques   4.462

Bélgica

Países Bajos

Golfo
de Omán

Acorazado
Wisconsin y
5 buques escolta
(EEUU)

Italia

otra revolución antiocci-
dental. El islamismo integrista, las reivindicaciones
palestinas, la ambición del
dirigente iraquí Sadam
Hussein y en suma la situación político-social del
mundo árabe, explotado
por la alianza de sus jeques
con las multinacionales
extranjeras, se presentaban
como el futuro adversario.
La guerra del Golfo de
1991, después de una invasión nunca bien entendida
del pequeño Kuwait, una
monarquía petrolera y feudal protegida de los USA,
terminó de aclarar las nuevas condiciones del reparto. Los Estados Unidos se
habían quedado solos frente al mundo. La URSS ter-
minaba de replegarse
sobre sus propios proble-
mas y la ONU colaboraba
en la nueva situación. Algo
que se intentó llamar
nuevo orden, o fin de la
historia, pero que era el
mismo orden anterior bajo
una bandera única.

bomba La bomba La
bomba La bomba La
bomba La bomba La
bomba La bomba La
bomba La bomba La
bomba La bomba La
bomba La bomba La
bomba La bomba La
bomba La bomba La
bomba La bomba **La**
bomba La bomba La
bomba La bomba La
bomba La bomba La

E stalló algunos metros por encima del suelo de Hiroshima, ciudad de unos 200.000 habitantes situada a 680 km. al S. O. de Tokio y dedicada a la agricultura y el comercio. Eran las ocho y cuarto del 6 de agosto de 1945. Murieron en el acto más de 70.000 personas y otras 40.000 quedaron heridas. Sólo tres días después, una segunda bomba atómica era arrojada sobre Nagasaki. Casi inmediatamente la URSS declaraba la guerra a Japón y sus ejércitos invadían Manchuria. Japón se rendía el 10 de agosto y así finalizaba la Segunda Guerra Mundial. Empezaba una nueva era en la historia de la humanidad, que todavía sabemos atómica, aunque queramos conjurarla llamándola simplemente Historia Actual.

El descubrimiento científico empleado en la fabricación de la Bomba, consiste en provocar la fisión de un núcleo de uranio 235 mediante el choque violento de un neutrón. La fisión se reproduce provocando nuevos choques y se consigue una reacción en cadena o explosión. El efecto más mortífero es el desprendimiento de una gran cantidad de calor. Fue un científico norteamericano Julius Robert Oppenheimer (1904-1967), quien ayudado por colegas exiliados alemanes, dirigió la fabricación de la primera Bomba A. Una vez conocidos sus efectos y arrepentido de su descubrimiento se opuso a nuevas investigaciones.

Quien no se arrepintió fue el entonces presidente Truman, que unos años después en sus memorias, se reconocía responsable de esta atrocidad tratando de justificar el uso de la energía atómica contra seres humanos:

«Antes de tomar la decisión final de emplear la bomba atómica, convoqué a un comité de las más destacadas autoridades en el campo científico, educativo y político, para escuchar sus opiniones y consejos […]

Era deber mío de presidente obligar a los guerreros japoneses a avenirse a razones con la mayor rapidez y con la menor pérdida de vidas que fuera posible. Entonces tomé mi decisión. Una decisión que sólo a mí me incumbía.

Casi inmediatamente después de la segunda bomba atómica, los japoneses se rindieron. La más terrible guerra de toda la Historia, que arrastraba más de treinta millones de bajas, llegó así a su final.»

«Yo decidí lanzar la bomba atómica»
del libro Mr. Ciudadano *por* Harry TRUMAN

En la mañana de ese día

El mundo tardó en comprender exactamente lo que había pasado y hubo que esperar hasta aceptar que el bombardeo de Hiroshima y Nagasaki, no fueron unas operaciones rutinarias de la guerra contra Japón. En realidad los bombardeos de agosto de 1945, a primera vista, no destacaban sobre otros como el del 9de marzo sobre Tokio en el que se contabilizaron 185.000 víctimas, o el de Dresde del año anterior con otras 200.000. Pero sí tuvieron algo especial. Fueron dos operaciones de laboratorio, experimentales, secas y contundentes. El coronel Tibbs, que pilotaba un avión al que había tenido la ocurrencia de bautizar con el nombre de su madre, comunicó el resultado satisfactorio de la misión. Horas después el presidente Truman, de regreso de la conferencia de Potsdam, recibía la noticia y exclamaba: «Este es el suceso más grande de la historia». Para las víctimas de este sacrificio humano fue sólo el suceso más grande de sus vidas. Algunos testimonios personales de los supervivientes todavía estremecen por su aparente sencillez cotidiana, situadas en el epicentro del comienzo de la historia atómica.

«Una libélula roja pasó volando y se posó encima de una tapia que estaba justamente frente a mi. Me levanté con mi gorra en la mano e iba a tender la mano para cogerla, y [...] en ese momento...»

Fukuhara FIJI,
de la Escuela Secundaria de Sanyo, Hiroshima

«Mi abuela estaba lavando berenjenas en la cocina, y mi hermana menor estaba tomando la leche del pecho de mi madre: "Mamá, quiero que me compres una gorra nueva…"»

Yamamoto MASANORI, *de la Escuela Primaria de Nobori-machi, Hiroshima*

«Yo salí afuera para jugar cuando me di cuenta que mi falda estaba rota: por eso regresé para coserla, cuando…»

Tsuhida HIDEKO, *de la Escuela Primaria de Honkawa, Hiroshima*

«Nuestros vecinos tenían un gato. Todos los días yo le llevaba una pequeña botella de leche. Ese día, como siempre, cuando salí al patio para darle la leche, y jugar con él…»

Fukai MICHIKO, *de la Escuela Primaria de Nobori-machi, Hiroshima*

«Nosotros habíamos comprado tomates en la verdulería: mi madre, mi hermana y yo, y cuando salíamos de la tienda; en ese mismo instante…»

Yoshida SATOMI, *de la Escuela Primaria de Senda, Hiroshima*

«Para evacuar la ciudad, cuatro de nosotros, mi padre, mi madre, mi hermana y yo, fuimos a la Estación de Hiroshima a coger el tren a las 7:30. Por alguna razón el tren no llegaba. Mi padre estaba leyendo el periódico apoyado contra un pilar. Miré el reloj. Eran las 8:30. Yo estaba aburrido y cuando fui a recostarme en la rodilla de mi padre…»

Harada HIROSHI, *de la Escuela Primaria Anexa a la Universidad de Hiroshima*

«Aquella mañana fui a pescar. Cuando bajé del puente Tais-ho-bashi, en ese momento, algo relampagueó. ¡Pika! con un estallido tremendo. Yo mismo entré en el río...»

Ishida TOMIZO,
de la Escuela Primaria de Dambara, Hiroshima

El proyecto Manhattan

La fabricación de la Bomba, el denominado Proyecto Manhattan, fue uno de los esfuerzos financieros más importantes del gobierno Truman. Un programa de dos mil millones de dólares agotado al máximo que convirtió el vuelo de la muerte del coronel Tibbs en una apuesta presupuestaria de la monstruosa industria militar. En el verano de 1945, después del primer ensayo nuclear en Alamo Gordo, nadie podía volverse atrás. La necesidad compulsiva de colocarse a la cabeza del diseño armamentístico y el dinero invertido, crearon una dependencia fatal. Cuando la bomba estalló con éxito infernal, los responsables del proyecto se sintieron aliviados. La entrada en guerra de la URSS, según algunos analistas hubiera podido producir el mismo efecto desmoralizador para Japón, pero la justificación presupuestaria hubiera sido más complicada. Tal vez el Departamento de Guerra norteamericano pudo brindar por la tragedia que acreditaba sus inversiones, pero el mundo mientras tanto comenzó a contar sus días bajo el terror atómico, ya que ni siquiera se logró amedrentar a los soviéticos, sino lo contrario.

Einstein y Russell contra la bomba

U nas semanas antes de iniciarse la Segunda Guerra Mundial, Einstein firmó una carta dirigida al presidente norteamericano Roosevelt advirtiendo de la posibilidad de que los científicos nazis estuvieran construyendo una bomba de uranio y de la bricación en los EE UU. «Era consciente, dice Einstein, del horrendo peligro que la realización de este intento representaría para la humanidad. Pero la probabilidad de que los alemanes estuvieran trabajando en lo mismo me empujó a dar este paso.»

capacidad destructora de la desintegración de éste. El documento proponía también organizar la misma fabricación en los EE UU.

Pero Einstein no sólo creía en la legitimidad de un proyecto atómico «defensivo», también era partidario de la producción nuclear para la paz. Todavía en 1952, en pleno nuclearismo ingenuo escribió:

«El descubrimiento de las reacciones atómicas en cadena no tiene por qué ser más peligroso para la humanidad que el descubrimiento de las cerillas. Pero debemos hacer todo lo necesario para evitar su mal uso.»

A comienzo de los años 50 los pacifistas de todo el mundo empezaron a organizarse contra el peligro de la destrucción atómica. Otro científico europeo, Bertrand Russell, estuvo con frecuencia a la cabeza de esta resistencia civil y fue uno de los principales promotores contra la guerra nuclear. Su participación en manifestaciones, sentadas o protestas ocuparon las primeras páginas de la prensa, sus discursos eran escuchados con respeto: «Si los astrónomos des-

cubriesen un día que un cometa va a chocar con la Tierra y fuese a destruir a gran parte del género humano, todos los hombres unirían sus esfuerzos para hacer frente al peligro. Es así como hay que mirar la perspectiva de un conflicto nuclear: un motivo para unirnos todos en un esfuerzo común contra el peligro general»

El sol antinuclear

El sol es una gigantesca bomba atómica que nadie ha construido y cuyo funcionamiento es, por tanto, natural. A diferencia de las que fabricamos los humanos, la bomba sol es imprescindible para la vida de la Tierra. Con el descubrimiento de la desintegración artificial del átomo de uranio y la posesión de un arma semejante, por las grandes potencias, se ha colocado a la humanidad al borde de una posible destrucción. Contra el uranio, los movimientos ecologistas oponen la imagen de un sol natural. El sol se ha convertido en símbolo del movimiento antinuclear, surgido en los años sesenta, a partir de las anteriores protestas para el desarme. El impulso ecológico que adoptaron estos movimientos pacifistas desde los años setenta ha conducido a un rechazo global del empleo de la energía atómica, incluso con fines industriales. Un aspecto concreto de este problema lo constituyen las centrales de energía eléctrica alimentadas por uranio radioactivo que, a pesar de ser una producción menos contaminante, obliga a unas medidas de seguridad costosas y tiene que soportar la incertidumbre de los posibles accidentes mortales.

La última tragedia conocida, a causa del desdichado empleo de estos «átomos para la paz», ha sido la fuga radiactiva de la central soviética de Chernobyl (1986) en la república de Ucrania y a no mucha distancia de su capital Kiev. Por primera vez, los soviéticos ofrecieron información de esta catástrofe y comunicaron a los demás países europeos las circunstancias del accidente nuclear, cuando la nube radioactiva se dirigía en todas direcciones. Otros accidentes, como el de la central norteamericana de Harrisburg en 1979, y el continuo aumento de la protesta social han hecho posible que en determinados Estados se abra un debate y se replantee la actual política de desarrollo con base atómica. Entretanto, durante las décadas siguientes a la primera explosión atómica la proliferación de países en posesión de la bomba no ha dejado de incrementarse: la URSS (1949), Gran Bretaña (1952), Francia (1960), China (1964), La India (1974), Pakistán...? Israel ?, Irak ?, Argentina ? Durante todos esos años han sido abundantes los tratados y las declaraciones de intención para evitar el arsenal atómico, o para tratar de reducir al máximo el número de países excluidos del club atómico. No obstante, los resultados obtenidos en esta dirección, como podemos ver, son más bien precarios e inestables.

Chernobyl: los años después

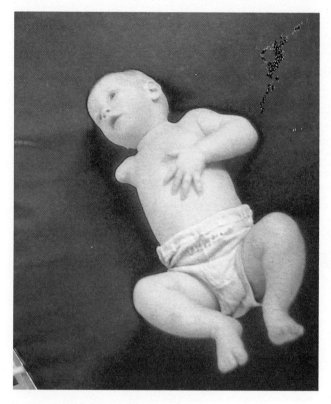

Casi diez años después del accidente nuclear, la central ucraniana está enterrada en un gigantesco ataúd de cemento. Los científicos creen que el núcleo radiactivo seguirá latiendo durante miles de años. Mucho menos tiempo les queda a las víctimas de la tragedia, que como en Japón cuentan con numerosos niños nacidos años después.

El Imperio

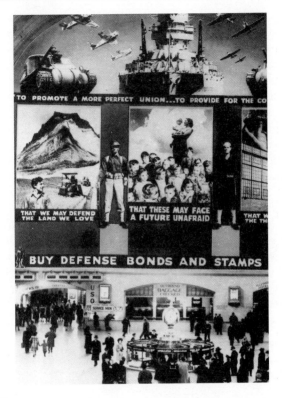

D espués de 1945 el
mundo inclinaba la
cabeza ante los nuevos dioses. No sólo Japón, cuyo
emperador se había visto
obligado a reconocer su
«humanidad» y a entregar
el pomo de la divinidad a

las máquinas venidas del
otro lado del mar, también
Europa y muy pronto los
demás continentes empeza-
ron a sentir las barras y estrellas alcanzando el centro
de los pueblos. La bandera
izada por los marines nor-

teamericanos en Iwo Jima, durante la guerra del Pacífico en febrero de 1945, se convirtió en la imagen del imperio. Entre Iwo Jima y el que por ahora es último desembarco USA en Haití, casi cincuenta años han consagrado el papel interventor y gendarme de la primera potencia mundial.

El imperio Norteamerica extiende su influencia en los cinco continentes y, después de la desaparición de la URSS, su presencia, ya sea militar, económica, política, financiera o cultural es tan abrumadora que puede hablarse con cierta garantía de la primera y única potencia verdadera-mente mundial de la historia, a cuyo lado palidecen ridículamente todos los imperios de la antigüedad, las colonias ultramarinas de los tiempos modernos y las ambiciones comparativa-mente reducidas de Napoleón o Hitler.

La bandera que hizo llorar de agradecimiento a las madres italianas y reír a las muchachas de París y que cubrió las entregas del Plan Marshall, también cobijó el asalto a Japón y a Alemania, el *napalm* disparado contra el pueblo vietnamita o las más de doscientas intervenciones sangrientas en Latinoamérica.

El general presidente

Dos mandatos presidenciales y los dos de transición. Los EE UU aprendieron de él una regla de oro para las relaciones internacionales, la eficacia militar y el pragmatismo político. No en vano fue el hombre que derrotó a Hitler y abrazó a Franco. Cuando se despidió del poder no pudo evitar un cierto remordimiento de conciencia: entregaba a sus sucesores un país, y un mundo, enfeudado a la

industria militar, confiado en su superioridad, en los gobiernos títeres de otros Estados y en los informes de sus embajadores anticomunistas. Los norteamericanos de los años cincuenta habían disfrutado de una larga siesta entre banderas victoriosas, viviendo de la exportación de películas del Oeste y cánones de belleza rubia, hasta que les despertó el «bip bip» de un Sputnik sobre sus cabezas.

Dwight Eisenhower, presidente de los Estados Unidos entre 1952 y 1960

La iconografía imperial

Los mitos y tópicos iconográficos del imperio estaban en circulación antes de los sesenta. Una simbología impecable a la que sería difícil imaginar otra cuna que no fueran los EE UU. El dólar, representante de Bretton Woods y el nuevo orden económico occidental, el severo Tío Sam necesitan-do cada vez más levas militares, Superman, verdadera sublimación de la capacidad americana de llegar a serlo todo, Marilyn o el sex-symbol platino y plastificado, como descanso del guerrero en una sociedad militarizada y consecuentemente machista. Una cultura imperial, hedonista y competitiva, repartida de

lado a lado entre el poder
económico, la efectividad
de la fuerza y el señuelo de
la belleza. Los Estados
Unidos del presidente
Eisenhower, de los chicos
volviendo de la guerra, de
las primeras bandas musi-
cales, de la mistificación
del cowboy y la conquista
del Oeste, de la elevación
de la música negra a buen
gusto cultural, de la persecución de los comunistas,
los coches góticos, los policías sonrientes...

Marilyn Monroe

América rebelde

E nseguida la socie-
dad norteamericana
empezó a pagar por su
imperio. Lo de Hiroshima,
la caza de brujas o macar-
tismo, la expoliación del
Sur y pronto los bombar-
deos de Vietnam abrirían
un foso civil entre los estadounidenses. Primero la
generación beatnik, luego
los hippys... En los años
sesenta se produce un
movimiento de rechazo
generacional a la sociedad
opulenta heredada de la
victoria. Contra las convenciones, contra el abuso tecnológico, por la paz desar-
mada y repudiando las
expectativas de la vida burguesa, como fruto del
imperio, muchos jóvenes
iniciaron la búsqueda de
una nueva identidad, que
luego se transmitiría a
Europa.

Los Estados Unidos del
interior reflejaban todas las
alternativas del imperio,

pero, al mismo tiempo, tenían vida propia. Posiblemente uno de los experimentos sociohistóricos más
complejo y fascinante de
toda la historia, la creación
de la nación norteamericana a base de una mezcla de
europeos de todas latitudes, africanos, asiáticos y
latinoamericanos, con la relegación de las tribus autóctonas, ha dado el fruto
difícil de mensurar que hoy
conocemos. Los EE UU

son la patria de Superman,
pero también de Mouse o
Donald y han sido capaces
de producir, «en el camino», personajes tan específicamente norteamericanos
y contradictorios como
Allen, Monroe, Malcom X,
Galbraith, Chomsky, Jack
Kerouac o Bruce Springteen, y cosas no menos norteamericanas como el senador Mc Carthy, Ronald
Reagan, el tabaco rubio o
los B-52.

«La riqueza no carece de ventajas, y la prueba en contrario,
aun cuando no ha sido presentada en muchas ocasiones, nunca
ha resultado ser completamente convincente. Pero, sin lugar a
duda, la riqueza constituye un
implacable enemigo de la inteligencia. El hombre pobre tiene siempre
una visión precisa de su problema y
de su remedio: no tiene suficiente y
necesita más. El rico puede suponer
o imaginar una variedad mucho
mayor de infortunios y, por lo tanto,
se encontrará muchos menos seguro
de su remedio. Al mismo tiempo, y
hasta que no aprenda a vivir con su
riqueza, evidenciará una perceptible

...la riqueza

constituye un

implacable

enemigo de la

inteligencia.

tendencia a emplearla con fines equivocados o hacer el ridículo»

J. K. GALBRAITH, La sociedad opulenta

«Vivo en la noche y no puedo remediarlo. Nada puedo ofrecer, como no sea mi propia confusión... estábamos todos muy contentos, todos comprendíamos que abandonábamos la confusión y el disparate para realizar la única noble función de la época: movernos. Y ¡cómo nos movíamos!

Había estado estudiando mapas de los Estados Unidos en Paterson durante meses, incluso leyendo libros sobre los pioneros y saboreando nombres como Platte y Cimarrón y otros, y en el mapa de carreteras había una línea larga que se llamaba Ruta 6 y llevaba desde la misma punta de Cabo Cod directamente a Ely, Nevada, y allí caía bajando hasta Los Angeles. Sólo tenía que mantenerme en la 6 todo el camino hasta Ely, me dije, y me puse en marcha tranquilamente.»

Jack KEROUAC, En el camino, *1957*

La metáfora del viaje de Kerouac son los propios Estados Unidos, siempre en el camino hacia nuevos ideales o nuevas fronteras. Tal vez nadie como el presidente John Kennedy resumió la desazón y las contradicciones del viaje americano. Aquel viaje que había hecho posible que "las tumbas de los jóvenes norteamericanos que respondieron al llamamiento de la patria" circundasen el globo. El mundo norteamericano limitaba con los féretros de los soldados de América, pero también con sus víctimas de todo el planeta. Y Kennedy, haciéndose portaestandarte de esta dramática paradoja reclamaba armas para luchar contra "los enemigos comunes del hombre: la tiranía, la pobreza, la enfermedad y la guerra misma".

Fragmentos del discurso de toma de posesión del presidente Kennedy (enero de 1961)

«...Pero tampoco es posible que dos grandes y poderosos grupos de naciones se sientan tranquilos en la situación presente que nos afecta a ambos, agobiadas ambas partes por el costo de las armas modernas, justamente alarmadas ambas por la constante difusión del mortífero átomo, y, no obstante, compitiendo ambas por alterar el precario balance de terror que frena la mano de la guerra postrera de la humanidad.

Empecemos pues, de nuevo, recordando, ambas partes, que la cortesía no es indicio de debilidad, y que la sinceridad debe siempre ponerse a prueba. No negociemos nunca por temor, pero no tengamos nunca temor a negociar.

Exploremos ambas partes los problemas que nos unen, en vez de ocuparnos de los problemas que nos dividen.

Formulemos ambas partes, por primera vez, proposiciones serias y precisas para la inspección y el control de las armas, y para colocar bajo el control absoluto de todas las naciones el poder absoluto para destruir a otras naciones.

Tratemos ambas partes de invocar las maravillas de la ciencia, en lugar de sus terrores. Exploremos juntos las estrellas, conquistemos los desiertos, extirpemos las enfermedades, aprovechemos las profundidades del mar y estimulemos las artes y el comercio.

En vuestras manos, compatriotas, más que en las mías, está el éxito o el fracaso definitivo de nuestro derrotero.

Desde que se fundó este país, cada generación de norteamericanos ha sido llamada a dar fe de su lealtad nacional. Las tumbas de los jóvenes norteamericanos que respondieron el llamamiento de la patria circundan el globo.

Los clarines vuelven a llamarnos. No es una llamada a empuñar las armas, aunque armas necesitamos; no es una llamada al combate, aunque el combate libramos, sino una llamada a sobrellevar la carga de una larga lucha crepuscular año tras año, «gozosos en la esperanza, pacientes en la tribulación»; una lucha contra los enemigos comunes del hombre: la tiranía, la pobreza, la enfermedad, y la guerra misma.

Sólo a unas cuantas generaciones, en la larga historia del mundo, les ha sido otorgado el papel de defender la libertad en su hora de máximo peligro. No rehuyo esta responsabilidad. La acepto con beneplácito. No creo que ninguno de nosotros se cambiaría con ningún otro pueblo ni con ninguna generación. La energía, la fe, la devoción que pongamos en esta empresa iluminará a nuestra patria y a todos los que la sirven, y el resplandor de esa llama puede en verdad iluminar al mundo.

Así pues, compatriotas: preguntad, no qué puede hacer vuestra patria por vosotros; preguntad qué podéis hacer por vuestra patria.

Así pues, compatriotas: preguntad, no qué puede hacer vuestra patria por vosotros; preguntad qué podéis hacer por vuestra patria.

Conciudadanos del mundo: preguntad, no qué pueden hacer por vosotros los Estados Unidos de América, sino qué podremos hacer juntos por la libertad del hombre.

Finalmente, ya seáis ciudadanos norteamericanos o ciudadanos del mundo, solicitad de nosotros la misma medida de fuerza y sacrificio que solicitamos de vosotros. Con la conciencia tranquila como única recompensa segura, con la historia como juez final de nuestros actos, marchemos al frente de la patria que tanto amamos, invocando Su bendición y Su ayuda, pero, conscientes de que aquí en la tierra la obra de Dios debe ser, en realidad, la nuestra propia.»

La muerte de un presidente

«Durante el corto vuelo hasta Dallas, los hombres que iban en el avión fueron hablando de la extraña atmósfera que reinaba en aquella ciudad. El Presidente "parecía perplejo ante la actitud predominante en Dallas", recordaba más tarde el congresista James Wright, "y nos estuvo haciendo preguntas a todos nosotros para tratar de comprender su génesis". El fanatismo era lo que más detestaba, del mismo modo que la razón y la actitud por él encarnadas eran lo que la gente frenética y desarraigada, llevada a Dallas por el clima de alienación y furia, debía considerar más intolerable. La conclusión general, según las propias palabras de Wright, era que el verdadero culpable no era otro que "el constante redoble de la propaganda ultraderechista a la que de manera ininterrumpida se sometía a los ciudadanos"

Cuando llegaron a la Love Field, el congresista Henry González dijo bromeando: "En fin, voy a correr el riesgo. Todavía no me han mandado el chaleco acorazado". El Presidente, bajando del avión, atravesó inmediatamente la pista para dirigirse hacia donde se encontraba la multitud y estrechó las manos de la gente. A continuación la comitiva siguió a los coches para dirigirse desde el aeropuerto al centro de la ciudad. La gente que se reunió en las afueras, dijo posteriormente Kenneth O'Donnell, no era "ni hostil ni muy entusiasta. Los espectadores se limitaban a saludar con la mano, pero tengo la impresión de que se mostraban reservados". Las multitudes fueron en aumento conforme se acercaban a la ciudad…"todavía muy disciplinadas, pero alegres". En el casco de Dallas creció el entusiasmo. Pronto, incluso O'Donnell estaba satisfecho, el coche dobló para salir de Main Street, el Presidente contento y saludando con la mano, Jacqueline erguida y orgullosa a su lado, y la señora Connally diciendo: "No me dirá usted que la gente de Dallas no les ha brindado una buena acogida". El automóvil dobló para entrar en Elm Street y bajó la cuesta para pasar por delante del Depósito de Libros Escolares de Texas, y en ese momento sonaron los disparos, apagados y terroríficos destacándose súbitamente por encima del rugido de la caravana de coches [...] El gesto extraño de la cara del Presidente antes de desplomarse; los gritos de Jacqueline: "Oh, no, no [...] Oh, Dios mío, le han pegado un tiro a mi marido", y el horror, y el vacío.»

Arthur M. SCHLESSINGER:
Los mil días de Kennedy, *Barcelona, 1966*

«*I have a dream*»

«Ayer soñé que llegará un día en que esta nación se levante y viva de acuerdo con el verdadero sentido de su credo, según el cual consideramos como verdad evidente que todos los hombres fueron creados iguales...

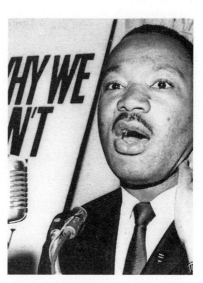

Ayer soñé que llegará un día en que en las rojas colinas de Georgia, los hijos de los antiguos esclavos y los hijos de los antiguos esclavistas puedan sentarse juntos a la mesa de la fraternidad. Yo albergo el sueño de

Martin Luther King

que, un día, incluso el estado de Mississippi, un estado abrasado por el calor de la injusticia, abrasado por el calor de la opresión, se transformará en un oasis de libertad y de justicia.

Yo albergo el sueño de que, un día, allá en la Alabama de

crueles racistas, de un gobernador que destila sólo palabras de interposición y de anulación, un día, justamente allí, en Alabama, niños y niñas negros podrán unir sus manos con niños y niñas blancos como hermanas y hermanos.

Yo albergo el sueño de que, un día, todos los valles se alzarán y todas las colinas y montañas se hundirán, las tierras escarpadas se allanarán, las zonas torcidas se enderezarán, la gloria del Señor se revelará y todos los humanos podrán verlo.

Ésta es nuestra esperanza. Ésta es la fe con que retorno al Sur. Con esta fe podremos extraer de las montañas de la desesperación la piedra de la esperanza. Con esta fe seremos capaces de transformar la áspera discordia de nuestra nación en una hermosa sinfonía de hermandad. Con esta fe seremos capaces de trabajar juntos, rezar juntos, luchar juntos, ir a la cárcel juntos, defender juntos la libertad, sabiendo que un día seremos libres.

Éste será el día en que todos los hijos de Dios podremos cantar, dándole un nuevo significado: resuene la libertad. Sí. Resuene la libertad desde las prodigiosas cumbres de New Hampshire; resuene la libertad desde cada colina y cada cerro de Mississippi, desde cada ladera.

Cuando dejemos que la libertad resuene en cada poblado, en cada aldea, en cada estado y en cada ciudad, podremos acelerar la llegada del día en que todos los hijos de Dios, blancos y negros, judíos y gentiles, protestantes y católicos, podamos estrecharnos las manos y cantar con las palabras del viejo espiritual negro:

¡Libres al fin! ¡Libres al fin! ¡Gran Dios todopoderoso, al fin somos libres!»

Martin Luther KING:
Discurso pronunciado en
el Lincoln Memorial de Washington.
28 de agosto de 1963

«No, yo no soy norteamericano»

«No soy demócrata, no soy republicano y ni siquiera me considero norteamericano [...] Bueno, yo no creo en eso de engañarse uno a sí mismo. No me voy a sentar a tu mesa con el plato vacío para verte comer y decir que soy un comensal. Si yo no pruebo lo que hay en tu plato, sentarme a la mesa no hará de mi un comensal. Estar en Estados Unidos no nos hace norteamericanos. Porque si el nacimiento nos hiciera norteamericanos, no se necesitaría ninguna enmienda a la Constitución, no habría que hacerle frente al entorpecimiento de los derechos civiles, ahora mismo en Washington. No hay que promulgar leyes de derechos civiles para hacer norteamericano a un polaco.

> *No, yo no soy norteamericano.*
> *Soy uno entre los 22 millones de negros víctimas del norteamericanismo.*

No, yo no soy norteamericano. Soy uno entre los 22 millones de negros víctimas del norteamericanismo. Uno entre los 22 millones de negros víctimas de la democracia, que no es más que hipocresía enmascarada. Así es que no estoy aquí hablándoles como norteamericano, ni como patriota, ni como el que saluda a una bandera, no, yo no. Yo estoy hablando como víctima de este sistema norteamericano. Y veo a Estados Unidos de Norteamérica con los ojos de la víctima. No veo ningún sueño norteamericano; veo una pesadilla norteamericana.»

Discurso
de MALCOM X

Olimpia negra

Los atletas Smith y Carlos provocan el escándalo: el puño en alto, guantes negros y la cabeza humillada mientras suena el himno norteamericano, manifiestan su adhesión al Black Power.

Desde 1968, las Olimpiadas reproducen la contradicción sociorracial americana. El estadio repleto de espectadores blancos, sudorosos y bien alimentados, disparando sus fotos y gritando por las victorias de sus «compatriotas» negros. Las pistas están llenas de jóvenes negros —USA, África, el Caribe—. Sobre ellos, la tribuna de la opulencia —reyes, presidentes, embajadores, magnates— reconoce el esfuerzo deportivo de las razas dominadas.

«El puño simbolizaba la unidad del pueblo negro. Quiero hacer a la prensa mundial una declaración y os pido que la reproduzcáis textualmente. Cuando subimos al podium se nos aplaudió como si fuésemos animales o caballos de carrera que habían hecho su trabajo perfectamente. Pero no somos animales que no saben reflexionar ante una carrera. Queríamos demostrar que no éramos animales negros. Cuando levantamos el puño pudimos oír cómo nos abucheaban muchos blancos. Hasta ese momento nos habían tratado como "estupendos muchachos" a quienes se les recompensa con cacahuetes. Si no les interesa lo que los negros piensan en la vida cotidiana, que no vengan a ver cómo corren los negros. Por otra parte, está muy claro que van a ser los negros y los africanos los que están a punto de llevarse todas las medallas en los Juegos olímpicos.»

Declaraciones de John CARLOS, *México, 1968*

«Somos negros y estamos orgullosos de serlo. La América blanca nos reconoce como a campeones olímpicos, pero la América negra ha entendido por qué se levantaban nuestros puños enguantados contra el cielo.»

Declaraciones de Tommie SMITH, *México, 1968*

Watergate

E l edificio donde es-
taban las oficinas
electorales del Partido Demócrata, en la capital de
los EE UU, ha dado nom-
bre a uno de los casos de
corrupción más grave de la
actual historia norteamericana. Se trató de un suceso
de espionaje electoral, directamente promovido des-
de los altos cargos republicanos y que el propio presidente trataría de encubrir,
para evitar un mayor des-
prestigio. No obstante el
desvelamiento de este caso
por parte del periódico
Washington Post, mediante
una forma nueva de infor-
mación llamada periodis-
mo de investigación, terminó por desmantelar los des-
mentidos presidenciales y
sirvió para que finalmente
el presidente Nixon fuera
separado de su cargo. El
Watergate resultó también
un notable correctivo para
el orgullo político norteamericano al poner de manifiesto que cualquier desa-
prensivo podía sentarse en
la Casa Blanca. La imagen

de pureza nacional, que los norteamericanos atribuían a su sistema, fue arrastrada por el barro y la crisis política y moral de los Estados Unidos conoció sus peores momentos. Nixon había sido vicepresidente con Eisenhower, perdió por escasos votos en las elecciones de 1959 frente a Kennedy y finalmente fue elegido para el cargo en 1969 y reelegido en 1973.

La recusación de Richard Nixon

«Artículo 1-...El 17 de junio de 1972, y antes, delegados del comité para la reelección del presidente penetraron ilegalmente en el cuartel general del partido demócrata en Washington, Distrito de Columbia, con la intención de procurarse información política. A continuación, Richard M. Nixon utilizó el poder de su elevado cargo para, personalmente y por medio de sus colaboradores y delegados, aplazar, dificultar e impedir la aclaración de este allanamiento, para encubrir y proteger a los responsables y para ocultar el hecho y las dimensiones de otras actividades ilegales y secretas. Este objetivo se ha perseguido por uno o más de los medios y vías siguientes: Fueron prestadas declaraciones falsas o equívocas ante los funcionarios de los Estados Unidos encargados de la

Esta conducta de Richard M. Nixon es incompatible con sus deberes de presidente...

investigación, legalmente autorizados. Fueron ocultadas a los funcionarios encargados de la investigación pruebas e informaciones; [...] Fue permitido y autorizado el pago en secreto de grandes cantidades de dinero para inducir al silencio o a hacer determinadas declaraciones a testigos y posibles testigos del allanamiento y de otras actividades ilegales. Se intentó abusar de la Central Intelligence Agency de los Estados Unidos. [...] A los acusados y condenados se les ofreció un trato preferente y otras ventajas en recompensa por su silencio o sus falsas declaraciones.

Artículo 2- …Abusando de sus atribuciones como presidente de los Estados Unidos, Richard M. Nixon […] Personalmente y por medio de sus subordinados y delegados, ha intentado obtener de las autoridades fiscales, violando los derechos constitucionales de los ciudadanos, información confidencial sobre declaraciones de impuestos para fines ilegales; y ha dispuesto, violando los derechos constitucionales de los ciudadanos, que se efectúen de modo discriminatorio pesquisas fiscales y demás comprobaciones. Ha abusado del Federal Bureau of Investigation, del Secret Service y de otro personal del ejecutivo, al disponer o autorizar que estas instituciones o personas, violando los derechos constitucionales de los ciudadanos, realizasen vigilancia electrónica y de otro tipo, que no servían a la seguridad nacional, a la persecución de los delitos o a otros deberes legales de su cargo […] Despreciando el dominio de la ley y del derecho e incumpliendo con su deber de velar por la fiel aplicación de las leyes, ha intervenido en la actividad de órganos del ejecutivo, incluidas la Criminal Division del Federal Bureau of Investigation, la comisión especial del ministerio de Justicia para el caso Watergate y la Central Intelligence Agency.

Artículo 3- …Esta conducta de Richard M. Nixon es incompatible con sus deberes de presidente y socava el Estado constitucional en gran perjuicio de la ley y del derecho y en detrimento evidente del pueblo de los Estados Unidos. Justifica la acusación y el proceso (impeachment and trial) y su separación del cargo (removal from office).»

Artículos de la acusación, aprobados por el Comité de Justicia
de la Cámara de Representantes del Congreso
en la última semana de julio de 1974

El Presidente de los ricos

Contra todo pronóstico, Ronald Reagan fue uno de esos mandatarios norteamericanos que pasaron a representar una larga época, la del decenio de los años ochenta en los que resultó elegido en dos ocasiones para la presidencia de los EE UU. Exactor de segunda fila en películas de vaqueros, gobernador de California y probablemente, uno de los políticos que mejor representaba los intereses de las temerosas y reaccionarias clases medias americanas, Reagan gobernó su país durante ocho años en los que milagrosamente salió indemne de conflictos bélicos graves. No obstante, su política agresiva, que recordaba las campañas patrioteras de los años cincuenta, terminó cargando la situación internacional de tal modo que su sucesor G. Bush se vio obligado a provocar la mayor intervención militar de los EE UU desde la segunda guerra mundial.

Con Reagan, las portadas de los medios de comunicación recuperaron titulares olvidados desde la guerra de Corea, la administración USA planteó las relaciones con la URSS en términos de desafío y descontrol nuclear, se proyectó una «guerra de las galaxias» de astronómico presupuesto y ciencia ficción y los pobres norteamericanos cada vez fueron más y con menos recursos. Reagan, precedido de Margaret Thatcher, capitaneó la recuperación occidental del conservadurismo, el neoliberalismo, la reducción del estatalismo y el auge de la privatización. El que fuera llamado «presidente de los ricos», aplicó un duro programa de estabilización tras el que consiguió reducir la inflación, revaluar el dólar e incrementar el decaído PNB estadounidense. Para satisfacer a quienes le votaron, redujo los impuestos e intentó equilibrar el presupuesto mediante substanciosos recortes en la política de ayuda social a las clases menos favorecidas, que la administración demócrata había desarrollado desde los años sesenta, pero no alcanzó a equilibrar el importante déficit federal.

En política exterior, Reagan se dedicó a desmontar la estrategia de cumplimiento de derechos humanos que su antecesor Carter había tratado de imponer en América Latina. Los EE UU de Reagan ayudaron a los gobiernos dictatoriales, financiaron la guerrilla antisandinista. Los marines invadieron la isla de Granada, intervinieron en Líbano y amenazaron constantemente, entre otros, al líder libio Gadafi. Su diseño del enfrentamiento con la URSS y del rearme nuclear fue tan espectacular que provocó una importante reactivación de los movimientos pacifistas y antinucleares europeos.

Bush se fue a la guerra

La imponente presencia física del general Schwarzkopf, el verdugo de Irak, refleja en toda su montañesca fortaleza el abrumador peso del poder norteamericano en cualquier parte del mundo y en la guerra de bombardeos de 1991 contra Irak, en particular. Las provocaciones iraquíes y la necesidad

de disminuir el poder árabe, en el marco de las negociaciones sobre Palestina, aconsejaron al presidente norteamericano Bush hacer la guerra y no la paz. El 17 de enero de 1991 tras una conveniente manipulación sobre la opinión pública, una verdadera guerra ideológica repartida por todo el mundo sin precedente semejante, se producía la avalancha general sobre el Golfo Pérsico. La eficacia de los B-52 americanos recuperó para un ejército, desmoralizado desde Vietnam, el protagonismo principal de la historia de los EE UU. Sin bajas propias y sin fotos que esclarecieran el drama ajeno, sólo con la sospecha de haber cosechado centenares de miles de muertos, el primer ejército del mundo realizaba el mayor despliegue militar desde la segunda mundial, con el apoyo oficial de la ONU y de la OTAN, la tibieza y desorientación de la tambaleante URSS y el estupor aterrado de la mayoría de los países del Tercer Mundo. Los soldados y generales USA, en traje de guerra, no dejaban lugar a dudas sobre el nuevo modelo de imperio.

El miedo del emperador solo

Bill Clinton es el presidente de una nueva era mundial, en la que los EE UU pasean el triunfo de sus tesis capitalistas y de su sistema político. La caída de la URSS ha dejado solo al emperador del Oeste. Clinton, vencedor de las elecciones presidenciales de 1992 ante Bush, ofrecía al electorado la recuperación demócrata, mediante la jerga electoral del partido. New Deal, Nueva Frontera, Nueva sociedad...en la vieja América. En realidad ha sido un presidente continuista, que a duras penas puede enderezar alguno de los desaguisados sociales de sus predecesores republicanos. La doctrina Clinton, además, reafirmará el eterno paralelismo entre la presencia norteamericana en otros continentes y el interés nacional o mantenimiento del «american way of life». Sólo el lenguaje que intenta persuadir y la falta de enemigo localizable, le separan de Monroe o Truman. Pero en todo caso, el emperador sólo sigue actuando por miedo. Ahora no es el comunismo, sino todo el mundo. En cualquier lugar puede estar incubándose el enemigo. Josué de Castro lo dijo, la humanidad se divide en dos grupos: los que no comen y los que no duermen. El imperio apenas puede celebrar el triunfo, espera vigilante la aparición del próximo adversario.

Retos para una nueva era

«Nací en los albores de la guerra fría, en una época de grandes cambios, enormes oportunidades y riesgos inciertos. En aquellos momentos en que los norteamericanos tan solo querían volver a casa y reanudar sus vidas en paz y tranquilidad, nuestro país tuvo que hacer frente a un nuevo tipo de guerra: contener a una URSS expansionista y hostil, que había prometido enterrarnos. En esos años tuvimos que encontrar vías para reconstruir las economías de Europa y Asia, fomentar un movimiento mundial hacia la independencia y reivindicar los principios democráticos de mi país en el mundo frente al nuevo reto totalitario. Gracias al valor y al sacrificio sin límites del pueblo norteamericano pudimos ganar la guerra fría.

En la actualidad, EE UU se enfrenta a tres grandes retos de política exterior...

En la actualidad, EE UU se enfrenta a tres grandes retos de política exterior: reestructurar nuestras fuerzas militares para la nueva era; trabajar con nuestros aliados en la expansión y consolidación exterior de la democracia, y restablecer el liderazgo económico en casa y en el mundo. Es necesario definir una nueva

política de seguridad nacional basada en la victoria de la libertad
en la guerra fría. Aunque la idea del comunismo haya perdido su
poder, el destino de los pueblos que vivían bajo esa idea será incierto hasta que surjan democracias estables de los restos del imperio soviético. Probablemente, las amenazas más graves a las
que tengamos que hacer frente en el futuro sean: las perturba-
ciones en la antigua URSS, que podrían desembocar en conflictos armados entre las repúblicas, o la irrupción en Rusia de un
régimen fervientemente nacionalista y agresivo con armas nucleares de largo alcance; la dispersión de armas de destrucción
masiva, nuclear, química y biológica; el recrudecimiento de tensiones en diversas regiones del mundo, especialmente en la península de Corea y en Oriente Próximo, y el aumento de las riva-
lidades étnicas y violencia separatista dentro de las fronteras nacionales, como se están produciendo entre los Estados de
Yugoslavia o en la India, y que se pueden extender fuera de sus
fronteras.

El tercer gran reto estratégico es el de restaurar el liderazgo
económico de América ayudando al mundo en una nueva era de
crecimiento global. Para ello hay que diseñar una nueva política
económica que sirva al pueblo americano y consiga el relanza-
miento de la economía mundial.»

Bill Clinton
Presidente de EE UU

Los EE UU del mundo

Los EE UU, entre 1984 y 1994, es decir en los años del derrumbe soviético, han recuperado su beligerancia intervencionista de forma espectacular con las invasiones de Granada, Panamá, Irak, Somalia, Haití [...] El control es ahora absoluto y la sociedad USA está persuadida de que los intereses nacionales pueden ser impuestos por la fuerza y a un bajo

costo dada la superioridad del aparato militar propio. Vietnam es ya una vieja historia. Un monolito negro de 50.000 nombres en el cementerio de Arlington.

Pero el imperio ha empleado demasiados recursos materiales para sostener una hegemonía, siempre discutida durante la guerra fría. Para mantener la superioridad política y militar, ha debilitado su economía y su anterior competencia palidece ahora ante los imperios comerciales de Asia —con Japón y el ascenso chino— o Europa —con Alemania al frente—. Los EE UU impusieron su modo neoliberal por la fuerza y la violencia militar, por dictadores interpuestos, por escuadrones de la muerte, aunque sin convencer a los perjudicados sociales del Tercer Mundo. La carrera de armamentos y la competencia por el mundo arruinó a la URSS, hasta hacerla desaparecer junto a sus territorios del Este, pero ha dejado en estado de necesidad al poderoso imperio.

Europa, *Europa*

De paisaje destruido a nueva tierra de promisión, el espacio de los imperios perdidos empezó a recuperarse cuando los EE UU decidieron convertirse en «potencia europea». Habían llegado a través del Atlántico para detener el avance nazi, reordenar el capitalismo e instalarse indefinidamente. Con un juicio (Nuremberg) y un plan (Marshall), los norteamericanos cerraron los hornos crematorios y abrieron un bazar, el mayor del mundo, para hacer de la tierra de sus antepasados un continente comercial. En este lado de Europa se formalizará un bloque capitalista, una situación militar de excepción y una de las mayores concentraciones de riqueza per capita de la historia.

Pero habría otra Europa, después de la guerra. Otro medio continente al este del Edén, que nacía en la

bandera roja colocada sobre el corazón de Berlín, hasta donde había llegado el ejército soviético, y que Stalin pidió como protección territorial para su régimen. En el cinturón sanitario, formado por ocho repúblicas, la URSS no permitirá la existencia de gobiernos enemigos. Impondrá sistemas económicos estatalizados, una férrea unión económica y un pacto militar para asegurar la continuidad espacial de lo que se llamó «socialismo real».

Los juicios de Nuremberg

Del 20 de noviembre de 1945 al 1 de octubre de 1946, durante casi un año, un tribunal internacional de vencedores definió como «crímenes» contra la paz y la humanidad, lo que antes se consideraba legítimas razones de Estado. Por primera vez en la historia se convocaba a la Justicia de todos los pueblos para condenar a los instigadores y responsables de una de tantas guerras de agresión. Una guerra que había acabado con millones de europeos y había dejado desmoralizado a todo un continente. En Nuremberg se juzgaron por procedimientos habituales en la justicia ordinaria hechos e ideologías, doctrinas políticas y responsabilidades históricas. Por primera vez también se condenó formalmente a «criminales de guerra», creando para ellos conceptos jurídicos tales como «crimen contra la paz», «crímenes de guerra» o bien «crímenes contra la humanidad», que eran nuevos en el derecho internacional. Se llegó a establecer una escalofriante lista de acusados que sobrepasaba el millón de nombres, de los que Stalin esperaba que se fusilase a unos 50.000, aunque finalmente en Nuremberg sólo se sentaron 21 responsables de éstos.

El juicio tuvo una publicidad inusitada y se convirtió, a su vez, en una auténtica campaña para la desnazificación del continente. Las condenas, aunque se presentaron como un golpe definitivo contra los intentos futuros de racismo y agresión internacional, fueron lo suficientemente pragmáticas para no satanizar a las naciones vencidas. De hecho, la depuración política posterior —los otros Nuremberg— se realizaron en las zonas de ocupación, de la mano de cada potencia ocupante y con muy distinto resultado. Muchos nazis y colaboracionistas de otros países pudieron escapar, pero no así algunos conocidos políticos como los franceses Pétain y Laval o el noruego Quisling, condenados a muerte. El último «Nuremberg» tuvo lugar a comienzo de los años sesenta cuando Adolf Eichman, —responsable de campos y deportaciones— fue juzgado y ahorcado en Israel.

Condenados y condenas

Herman Goering: condenado a muerte. Se suicidó en la
                               cárcel pocas horas antes de la ejecución.
Joachim von Ribbentrop: condenado a muerte.
Wilhelm Keitel: condenado a muerte.
Alfred Rosenberg: condenado a muerte.
Alfred Jodl: condenado a muerte.
Wilhem Frick   condenado a muerte.
Arthur Seyss-Inquart: condenado a muerte.
Ernst Kaltenbrünner: condenado a muerte.
Hans Frank: condenado a muerte.
Fritz Sauckel: condenado a muerte.
Julius Streicher: condenado a muerte.
Martin Bormann: juzgado en rebeldía y condenado a
                               muerte. No se conocía su paradero
                               al final de la guerra.
Rudol Hess: cadena perpetua.
Walter Funk: cadena perpetua. Fue liberado en 1957.
Erich Raeder: cadena perpetua. Fue liberado en 1955.
Baldur von Schirach: 20 años. Fue puesto en libertad en1966.
Albert Speer: 20 años. Fue puesto en libertad en 1966.
Konstantin von Neurath: 15 años. Fue puesto en libertad en 1954.
Karl Doenitz: 10 años. Fue puesto en libertad en 1956.
Hjalmar Schacht: absuelto.
Franz von Papen: absuelto.
Hans Fritzsche: absuelto.
Robert Ley: se ahorcó en la cárcel el 25 de oct. de
                               1945, antes de iniciarse el proceso.
Alfred Krupp: su caso fue desglosado del proceso
                               general. Condenado en 1948, fue
                               amnistiado tres años después.

Acusaciones del juicio

«El privilegio de abrir el primer juicio de la historia por crímenes contra la paz del mundo, nos impone una grave responsabilidad. Los crímenes cuya condenación y castigo buscamos han sido calculados de tal manera, han sido tan malignos, tan devastadores que la civilización no puede tolerar que queden ignorados, porque no podría sobrevivir a su repetición. Las cuatro grandes naciones a las que la victoria ha sonreído y que han sido heridas por la maldad, limpian sus manos de la venganza, y voluntariamente someten a sus enemigos cautivos al juicio de la ley; éste es uno de los más significativos tributos que el poder haya pagado nunca a la razón, la fuerza al derecho.

En el banquillo de los acusados se sientan unos veinte hombres […]

Lo que hace a este juicio significativo es que estos prisioneros representan siniestras influencias que amenazarán al mundo mucho tiempo después de que sus cuerpos hayan sido reducidos a polvo. Los presentaremos como símbolos vivientes de los odios raciales, del terrorismo y la violencia, y de la arrogancia y la crueldad del poder. Ellos son símbolos de un fiero

Ellos excitaron la ambición alemana de proclamarse la Raza Maestra, lo que desde luego implicaba la esclavización de las demás.

nacionalismo, del militarismo, de la intriga y de la maquinación de las guerras que han envuelto a Europa generación tras generación, triturando su juventud, destruyendo sus hogares y empobreciendo sus vidas. Ellos se han identificado de tal manera con las filosofías que concibieron y con las fuerzas que dirigieron, que toda compasión hacia ellos es una victoria y un estímulo a todos los males unidos a sus nombres.

[…] Ellos arrancaron del pueblo alemán todos los atributos y todas las libertades que consideramos inherentes al ser humano... Llenaron al pueblo de odios terribles contra los que señalaron como sus enemigos. Contra sus opositores, incluyendo a los judíos, a los católicos y a los trabajadores libres, los nazis dirigieron una campaña de tanta arrogancia, brutalidad y aniquilamiento, como jamás había sido contemplada por el mundo desde la era precristiana. Ellos excitaron la ambición alemana de proclamarse la Raza Maestra, lo que desde luego implicaba la esclavización de las demás. Condujeron al pueblo en un loco juego de dominación. Emplearon las energías sociales y todos los recursos en la creación de la que pensaron que sería una máquina de guerra invencible. Aplastaron a sus vecinos. Para sostener a la Raza Maestra en su maquinación de guerra, esclavizaron a millones de seres humanos y los condujeron a Alemania por donde ahora vagan estas infelices criaturas como desplazados, sin pan, sin empleo, sin hogar y sin familia. Tanta bestialidad y mala fe acabó por despertar la dormida fuerza de la civilización en peligro. Nuestros esfuerzos unidos han derribado en fragmentos la máquina guerrera alemana. Pero la lucha ha dejado a Europa, aunque liberada momentáneamente de sus mortales enemigos, una tierra agotada en la que vive, o lucha por volver a la vida, una sociedad desmoralizada. Estos son los frutos, señores jueces, de las fuerzas siniestras que se sientan en ese banquillo junto a los acusados.»

Robert HOUGHWOUT JACKSON
Juez del Tribunal Supremo,
Fiscal del Proceso por Estados Unidos,
Nuremberg, 1945

El Plan Marshall

Entre los planes de reducción de Alemania a un Estado agrícola y pastoril, defendidos por el senador Morgenthau, dentro del debate sobre un nuevo aislacionismo norteamericano, hasta la implicación total en la financiación de la reconstrucción europea, los EEUU escogieron esta última opción en la primavera de 1947, cuando vieron que otra vez se les iba de las manos la evolución política del continente. El Secretario de Estado, general Marshall, hizo pública la intención de su gobierno de «favorecer la vuelta del mundo a una salud económica normal», sin la cual muchos creyeron incontenible el avance de los regímenes socialistas en Europa. Sin duda, el Plan Marshall era la contrapartida económica y financiera sobre la que se asentaría la precedente doctrina Truman, que proclamaba el derecho a la intervención militar.

«Es lógico que los Estados Unidos hagan todo lo que les sea posible por favorecer la vuelta del mundo a una salud económica normal, sin la cual no puede haber ni estabilidad política ni paz asegurada. Nuestra política no está dirigida contra ningún país ni doctrina, sino contra el hambre, la pobreza, la desesperación y el caos. Su fin deberá ser el restablecimiento de una economía mundial sana, de manera que permita la vuelta a las condiciones políticas y sociales en las cuales puedan existir instituciones libres. Tal existencia, yo estoy convencido de ello, no puede ser establecida sobre una base fragmentaria a medida que aparece tal o cual crisis. Toda asistencia por parte de nuestro gobierno debe ser, no un paliativo, sino un remedio. Todo gobierno que consienta en colaborar con nosotros en la tarea de reconstrucción encontrará, yo estoy seguro, una cooperación completa por parte del gobierno americano. Todo gobierno que maniobre para detener la reconstrucción de otros países no puede esperar ayuda de nuestra parte. Además, los gobiernos, partidos políticos o grupos que intentan perpetuar la miseria humana para su provecho político o de otra clase, encontrarán la oposición de Estados Unidos.

Es evidente que, antes de que el gobierno americano pueda avanzar en sus esfuerzos para mejorar la situación y ayudar a los europeos en el camino de la reconstrucción, debe existir un acuerdo entre los países europeos sobre las necesidades de la situación y sobre cómo esos países aceptarán la acción de nuestro propio gobierno. No sería ni conveniente ni eficaz el poner en aplicación unilateralmente por nuestra parte un programa destinado a restablecer las bases económicas de Europa. Eso es asunto de los europeos. La iniciativa, en mi opinión, debe venir de Europa. El papel de

> *Todo gobierno que maniobre para detener la reconstrucción de otros países no puede esperar ayuda de nuestra parte.*

nuestro país debería consistir en ayudar a los europeos a elaborar tal programa, y seguidamente a aplicarlo, en la medida en que nosotros podamos hacerlo. El programa debería ser aceptado por la mayoría, si no la totalidad, de las naciones europeas.

Es esencial para el acierto de nuestra acción que los americanos comprendan el carácter del problema y los remedios a aplicar. Las pasiones políticas y los prejuicios políticos no deberán

intervenir. Con precauciones, y la aceptación, por parte de nuestro pueblo, de las vastas responsabilidades que la historia nos ha
concedido, las dificultades que yo he señalado pueden y deben
ser superadas.»

General MARSHALL,
fragmentos del discurso en la Universidad de Harvard anunciando
oficialmente el programa de ayuda a Europa
5 de junio de 1947

El plan Monnet

Un comerciante de la región de Burdeos, enemigo acérrimo del proteccionismo y convencido de que la mejor manera para no hacer la guerra es tener negocios en común, se convirtió durante las primeras décadas de postguerra en el símbolo de la recuperación francesa y de la construcción europea comunitaria. Fue el cerebro de los planes de desarrollo en los que se conjugaba la intervención inversora del Estado con la permisividad a la iniciativa privada. De este modo, en 1951 con la CECA y en 1957 con el MEC, se iniciaba la era del

capitalismo multinacional europeo, y con ella un periodo de desarrollo económico sin precedentes. El desarme arancelario, las cuatro libertades de circulación (personas, capitales, mercancías y servicios), la frontera común, una mayor racionalización de la producción en una forzosa redistribución de la división del trabajo [...] La integración sigue suponiendo un tratamiento de shock para la economía europea, pero sobrevive a otras planificaciones gracias a su claridad de ideas, al apoyo que recibe de los Estados y al interés vital por asociarse ante otros avances gigantescos en el Este o el Oeste.

Creación del Mercado Común Europeo

Tratado de Roma

«S.M. el Rey de los Belgas, el Presidente de la República Federal de Alemania, el Presidente de la República francesa, el Presidente de la República italiana, S.A.R. la Gran Duquesa de Luxemburgo, S.M. la Reina de los Países Bajos.

Resueltos a establecer los fundamentos de una unión cada vez más estrecha entre los pueblos europeos;

Decididos a asegurar por una acción común el progreso económico y social de sus países, eliminando las barreras que dividen a Europa;

Considerando como meta esencial de sus esfuerzos la mejora constante de las condiciones de vida y de trabajo de sus pueblos;

Reconociendo que la eliminación de los obstáculos existentes exige una acción concertada con objeto de garantizar la estabilidad en la expansión, el equilibrio en los intercambios y la lealtad en la competencia;

Preocupados por fortalecer la unidad de sus economías y de asegurar el desarrollo armónico de las mismas reduciendo las diferencias entre las diferentes regiones y el retraso de las menos favorecidas;

Deseosos de contribuir, gracias a una política comercial común, a la supresión progresiva de las restricciones en los intercambios internacionales;

Queriendo robustecer la solidaridad que une a Europa con los países de ultramar, y deseando asegurar el desarrollo de su prosperidad, de conformidad con los principios de la Carta de las Naciones Unidas;

Resueltos a afirmar, mediante la constitución de este conjunto de recursos, la salvaguardia

Resueltos a afirmar [...] la salvaguardia de la paz y de la libertad, invitando a los demás pueblos de Europa que compartan este ideal común...

de la paz y de la libertad, invitando a los demás pueblos de Europa que compartan este ideal común a asociarse a su esfuerzo,

Han decidido crear una Comunidad Económica Europea y han designado a tal efecto como plenipotenciarios (...), los cuales, después de haber intercambiado sus plenos poderes en buena y debida forma, han convenido las disposiciones siguientes...

Artículo 1.°: Por el presente tratado, las altas partes contratantes instituyen entre ellas una Comunidad Económica Europea.

Artículo 2.°: La Comunidad tiene por misión, a través del establecimiento de un mercado común y del acercamiento progresivo de las políticas económicas de los Estados miembros, promover un desarrollo armonioso de las actividades económicas en el conjunto de la Comunidad, una expansión continua y equilibrada, una estabilidad creciente, un aumento acelerado del nivel de vida y unas relaciones más estrechas entre los estados que reúne.

Artículo 3.°: A los propósitos del artículo anterior, la acción dela Comunidad trae consigo, dentro de las condiciones y según los ritmos previstos en el presente tratado:

a) La eliminación, entre los Estados miembros, de los derechos de aduana y de las restricciones cuantitativas a la entrada y salida de mercancías, así como de cualesquiera otras medidas de efecto equivalente.

b) El establecimiento de tarifa aduanera común y de política comercial común con terceros Estados.

c) La abolición, entre los Estados miembros, de los obstáculos a la libre circulación de las personas, de los servicios y de los capitales.

d) La instauración de política agraria común.

e) La instauración de política común de transportes.

f) El establecimiento de un régimen asegurando que la competencia no se falsee en el mercado común.

g) La aplicación de procedimientos que permitan coordinar las políticas económicas de los Estados miembros y compensar los desequilibrios de sus balanzas de pagos.

h)El acercamiento de las legislaciones nacionales en la medida necesaria para el funcionamiento del mercado común.

i) La creación de un Fondo social europeo con la finalidad de mejorar las posibilidades de empleo de los trabajadores y contribuir a la elevación de su nivel de vida.

j) La institución de un Banco europeo de inversiones, destinado a facilitar la expansión económica de la Comunidad mediante la creación de recursos nuevos.

k) La asociación con los países y territorios de ultramar, con miras a incrementar los intercambios y proseguir en común el esfuerzo de desarrollo económico y social.»

25 de marzo de 1957

De Gaulle, restaurador del viejo tiempo

Dos veces ha entrado el general De Gaulle en la historia de Francia. Con el mismo pie, pausado y grandilocuente, su dos paseos por los Campos Elíseos, arco triunfal al fondo, fueron sendas victorias sobre el colaboracionismo y la mediocridad política. Las dos veces ejerció sus tesis favoritas sobre la salvación nacional y la restauración del viejo tiempo. De Gaulle fue sobre todo una vocación de emergencia, un integrador en paro dispuesto a acudir a las llamadas de concentración nacional.

Dos veces ha salido el general De Gaulle de la historia de Francia. La primera en 1946, cuando París ya no era una fiesta sino un gallinero que se repartía el desastre alemán y Francia uno de los resultados americanos de la guerra. La segunda, cuando su paternalismo demasiado repetido se le indigestaba a los nuevos europeos. De Gaulle dejó el Elíseo en 1969, a pesar de lo cual los franceses no se sintieron huérfanos, aunque muchos fingieran estupor por aquel relevo generacional del 68, cuando ni los suyos entendían cómo podían Francia y Europa arreglárselas sin el general. Tras su desaparición, el militar que no ganó ninguna guerra y el estadista que fue vetado en Yalta, dejaba en marcha un partido civil conservador identificado con la rancia visión bonapartista del Estado, una idea de Francia dirigiendo la sinfonía europea y un estilo en blanco y negro, que no supo preservarse a tiempo.

«El 8 de enero de 1959, me dirigí al Elíseo para asumir mis funciones. El presidente Coty me recibió con ademanes dignos y frases conmovedoras. "El primero de los franceses —dijo— es ahora el primero en Francia." Cuando luego recorrimos juntos en el mismo coche la avenida de los Campos Elíseos, para cumplir el rito del saludo al Soldado Desconocido, la muchedumbre gritaba a la vez: "¡Gracias Coty!" y "¡Viva De Gaulle!" Al regresar, escuché cómo se cerraban tras de mí, cautivo en adelante de mi cargo, todas las puertas del palacio.

Pero, al mismo tiempo, vi cómo se abría el horizonte de una gran empresa. Cierto es que, en contraste con la que dieciocho años antes me incumbió, mi tarea estaría desprovista de los imperativos exaltantes de un periodo heroico. Los pueblos, y el

nuestro en primer lugar, ya no experimentaban en 1958 esa
necesidad de alzarse por encima de sí mismos que el peligro les
imponía. Para casi todos —y nosotros entre ellos—, lo que de
modo inmediato estaba en juego, ya no era la victoria o el aplastamiento, sino una vida más o menos fácil. De entre los hombres
de Estado con quienes tendría
que tratar los problemas del
universo, habían desaparecido
la mayor parte de los gigantes,
tanto enemigos como aliados,
que surgieron con la guerra.
Quedaban los jefes políticos,
que trataban de lograr ciertas
ventajas para sus países, aunque fuese a costa de los demás;
pero se cuidaban de evitar los
riesgos y las aventuras. ¡Qué
propicia es la época, en esas
circunstancias, a las pretensiones centrífugas de los feudos
de hoy: partidos, dinero, sindicatos, prensa; a las quimeras

Por consiguiente, vi que tendría que obrar por la grandeza en un tiempo en que por todas partes imperaba la mediocridad.

de quienes desearían sustituir nuestra acción en el mundo por el
apartamiento internacional; a la corrosiva denigración de tantos
círculos, especuladores periodísticos, intelectuales, mundanos,
liberados de sus terrores! Por consiguiente, vi que tendría que
obrar por la grandeza en un tiempo en que por todas partes
imperaba la mediocridad.

Pero, ¡había que hacerlo! Si Francia, desde lo más hondo, me
había llamado una vez más para que le sirviera de guía, no sería
(lo presentí) para que velase su sueño. Tras el terrible declinar
que había sufrido desde hacía más de cien años, sería preciso
emplear el respiro de que aún, por suerte, disponía, en restablecer su poderío, su riqueza y su influencia, el aire de los tiempos
modernos; de no ser así, algún día una trágica adversidad de la

talla de nuestro siglo la derribaría para siempre. Y los instrumentos para esa renovación eran el Estado, el progreso, la independencia. Mi deber quedaba trazado, para mientras el pueblo quisiera seguirme.»

Charles DE GAULLE
Memorias de Esperanza, *1970.*

Dictaduras en el Sur

Después de la guerra hubo procesos judiciales antifascistas en Europa y Japón. No sólo fue Nuremberg, también Francia, Italia o Japón vieron la condena y depuración de sus políticos e ideólogos fascistas, si no a gusto de todos al menos de forma suficiente para garantizar que en el siguiente medio siglo esta ideología estaría controlada, mediatizada y a veces incorporada al sistema, más como vacuna que como enfermedad. Hubo, sin embargo, dos excepciones históricas: el fascismo se mantuvo en el poder político de dos Estados europeos durante un tiempo inusitado. Las variantes franquista y salazarista del fascismo sobrevivieron tres décadas a la caída del Eje, y a la condena universal de este régimen político. El general Franco, vencedor de la guerra 1936-1939 gracias a la ayuda de Hitler y Mussolini, sostuvo un régimen dictatorial y políticamente pragmático, pero fascista en sus métodos y formas, hasta el año de su muerte, 1975. Su homónimo civil portugués, el profesor Oliveira Salazar, resistirá desde los años veinte con un modelo corporativo-fascista en el flanco Oeste de la Península Ibérica, hasta que una rebelión de militares descontentos y pro-democráticos, se rebelaron contra el salazarismo en 1974. Caídas estas dicta-

duras del Sur y tras sendos
períodos de transición política, en el que se llegó a un

acuerdo básico por parte
de los partidos para evitar
un proceso de revanchas y

nuevos Nuremberg, en los
dos Estados se impusieron
regímenes constitucionales
y democracias parlamenta-
rias. A finales de los años
ochenta, ambos países se
incorporaron al proceso de
integración europea me-
diante su ingreso en la
C.E.E.

Europa socialdemócrata

Willy Brandt es considerado la figura más representativa de la socialdemocracia europea de los últimos cincuenta años. Militante socialista desde la juventud, Brandt llegó en 1957 a la alcaldía berlinesa donde protagonizó los acontecimientos del verano de 1961, con ocasión de la construcción del muro. En 1964 fue elegido presidente del Partido Social demócrata Alemán. Los socialistas del SPD fueron ganan- do cotas electorales duran- te los años sesenta bajo su liderazgo hasta alcanzar en 1969 la cancillería de la República Federal. Brandt morirá en 1992 después de haber iniciado una apertu- ra hacia el Este, la Ostpoli- tik, tener que dimitir por el espionaje de su secretario personal y asistir al derribo del muro sobre el que él ya había saltado políticamen- te. Brandt representa tam- bién la consolidación en toda Europa del giro refor- mista de los partidos socialistas, plasmado en el Congreso del SPD de Bad Godesberg (1959). Representó la renuncia al marxismo, el respeto a las ideologías adversarias, la aceptación de la OTAN, así como la integración definitiva en el sistema de alianzas occidental.

Alemania divide Europa

Europa ha estado dividida por Alemania la mayor parte de este siglo, pero nunca fue tan material la división como después de 1945, cuando el territorio entre el Rhin y el Oder fue modificado por decisión de los vencedores de la guerra. Alemania quedó entonces reducida en su territorio y además repartida en dos Estados, en los cuales se iba a representar el teatro del enfrentamiento mundial de bloques hasta finales de los ochenta. En 1961 además la ciudad de Berlín, situada en el territorio de Alemania Oriental que mantenía una ocupación militar cuatripartita, pero que contaba con una relativa facilidad de comunicaciones interna, se vio a su vez brutalmente seccionada en dos sectores por el muro levantado por el régimen oriental. Entre 1950 y 1961, la República Democrática Alemana había visto como más de dos millones de sus ciudadanos se refugiaban en el Oeste gracias a las facilidades de comunicación. La mayor parte de los huidos eran jóvenes técnicos y obreros especializados y su marcha afectaba negativamente a la economía del sector oriental. Durante el mes de agosto de 1961 estas fugas crecieron de forma desmesurada, a raíz de unas beligerantes declaraciones de Kruschev. Finalmente el 12 de agosto, el régimen comunista decidió levantar un muro que impidiera nuevas marchas a Occidente. El muro era la tercera gran crisis política en Berlín después del bloqueo de 1948-49 o del ultimátum de Moscú de 1958, para la desmilitarización de la capital.

Nuevas naciones en el mapa

Desde la crisis soviética las fronteras
políticas de la vieja Europa
han perdido su anterior
resistibilidad. Los Estados
bálticos, la refundación de
las naciones «soviéticas»
antes desconocidas bajo el
abrazo de Moscú, la sepa-
ración de Checoslovaquia,

El nuevo mapa de Europa

la división yugoslava... En 1994, el mapa de Europa se parecía más al de los años treinta que al de la semana pasada. Tras la fragmentación, algunos pueblos han escogido la libertad. Una independencia siempre inestable, precaria y orientada hacia la inclusión en macro espacios económicos. Hoy es la Unión Europea, desequilibrada hacia occidente, el objetivo de las nuevas naciones, mañana cuando Rusia desperece su tragedia el fiel del continente volverá a desplazarse en busca de un nuevo nivel. Los cuatro grandes ejes de nuestro mapa continental: la fachada atlántica, el Mediterráneo, el Mar del Norte y la gran llanura rusa siguen tirando al mismo tiempo de un centro imaginario que todos los europeos llevamos en el corazón.

Desde que en noviembre de 1989 cayó el Muro de Berlín, el mapa de Europa no ha dejado de cambiar. Primero, en 1990, fue la reunificación alemana. En 1991, la fragmentación de Yugoslavia y la Unión Soviética. Ahora le ha tocado el turno a Checoslovaquia. El mapa de Europa, a comienzos de 1996, muestra la gran contradicción entre un grupo de países occidentales en proceso de integración y un grupo oriental que sufre la influencia de crecientes fuerzas centrífugas.

Él también somos nosotros

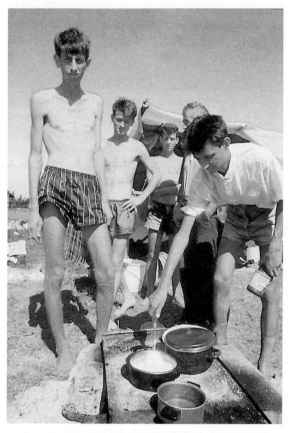

Medio siglo después otra vez la pesadilla de los campos. Un prisionero de guerra de todos los tiempos. ¿Bosnio, serbio…?, ¿Musulmán, cristiano…? Alambradas y campos. Lo que parecía increíble hace apenas unos años, es cotidiano hoy en Saraje-vo, Gorazne, Krajina y decenas de ciudades balcánicas. De nuevo Europa… para vergüenza de la historia.

Europa nunca en paz

El continente donde nació la libertad siempre ha luchado por conseguirla. Un proceso sustituye al anterior, un conflicto enlaza con el siguiente, una guerra suce- de a otra... Los niños de Irlanda del Norte juegan ahora sobre el frontón de la paz. Pero la lucha continúa en los Balcanes o en el limes checheno... y no sabemos por cuánto tiempo.

Un decenio llamado Delors

Puso su apellido a la nueva Europa, cada vez más encaminada hacia la incógnita de la integración final. El francés se despidió entre brindis y problemas, dejando quince pasos dados y otros quince sin dar. Su Libro Blanco pasará a la historia de las buenas intenciones. Testamento de una impotencia contra la crisis del sistema y su peor enemigo social: el paro, propone una transformación que los dirigen-

tes estatales sólo miraron de reojo. Grandes infraestructuras, créditos generosos, distribución de recursos, solidaridad presupuestaria, eliminación de abismales diferencias entre países (en 1992 Grecia tenía 7.385$ de renta per cápita, por 27.724 de Suecia)... Un Marshall intraeuropeo para los tiempos de crisis y desempleo, que quienes siguen no se tomaron en serio. ¿Sabía Delors cuando escribía este brindis al sol para qué futuro estaba pensado?

Más «unidos» que nunca

La bandera europea seguirá teniendo doce estrellas, aunque en la realidad sean quince. No se ha querido modificar un símbolo, que poco a poco va identificándose con la idea de unidad. En 1994, además de la ampliación comunitaria, tuvo lugar otro acontecimiento de la unidad continental. El gigantesco túnel del Canal de la Mancha, el Eurotúnel que enlaza las costas británicas y las francesas, es ya una realidad de 50 kilómetros bajo el mar. La obra del siglo funciona al fin después de graves problemas financieros y retrasos. Por una vez no parece que las cuestiones de rentabilidad económica hayan podido paralizarla. Isabel II, por el Reino Unido, y François Mitterrand —un presidente faraón a la francesa— fueron los encargados de la inauguración política oficial.

Isabel II y François Mitterrand
cortan la cinta que abre el Eurotúnel

No somos el centro

Un «verdadero» mapa de la tierra, elaborado por Arno Peters en 1973, confirmaba las sospechas de que la manipulación eurocentrista de la historia partía de la misma representación cartográfica que nos habíamos hecho del planeta. En muchas ocasiones la ciencia, lejos de ser neutral, ha servido a los intereses que la sostenían y, en la mayor parte del tiempo histórico, ha sido fundamentalmente europea o se ha puesto al servicio de imperios europeos. La historia actual, en cambio, ha dejado de pertenecernos y pasado al otro lado de todas las orillas, de modo que ha hecho insostenible el mantenimiento de teorías y postulados, fundados sólo en la superioridad material del continente viejo. Una vez derrumbada esta, se producía también el reajuste del cen-

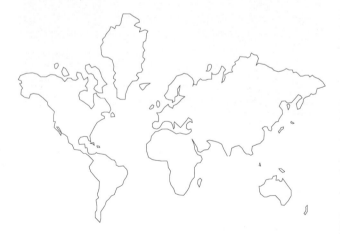

Proyección de Mercator (1569)

Proyección de Arno Peters (1973)

tro y los ejes. El mapa de
Peters sustituye al medieval de Mercator, en el cual
Alemania, su país —y el
resto del continente—,
ocupaba una privilegiada
situación geográfica y mostraba una dimensión supe-
rior a la real. Con las cosas
en su sitio, podemos ver
cómo el «privilegio» cen-
tral corresponde de verdad
a los países pobres y a las
razas postergadas. Por el
contrario, Europa queda
representada en su verda-
dera proporción y desapa-
rece su situación predominante en el mapa, en ade-
cuado ajuste a la mengua
de su papel dirigente en la
historia.

LA REVOLUCIÓN

La revolución más grande jamás contada

En un país sin estadísticas, las estadísticas dijeron que una mañana de octubre de 1949 seiscientos millones de chinos pudieron pensar en comer todos los días. Como todo lo de Oriente en Occidente, la revolución china nunca fue bien contada y se ha resuelto con el nombre de su fundador: Mao. El maoísmo, al fin y al cabo una incógnita sin desvelar del todo, morirá con Mao a mediados de los años setenta.

La asignatura revolucionaria china se ponía a examen el primero de octubre de 1949, cuando se proclamaba en Pekín el mayor Estado comunista de la historia. La revolución daba un salto gigantesco, que luego resultó ser en el vacío. Otra revolución en un medio subdesarrollado, empeñada en contradecir a Marx. Entretanto y durante muchos años, la izquierda del mundo creyó haber encontrado en el campesino el sujeto revolucionario que estaba necesitando el Tercer Mundo.

Socialismo en un solo país

Cuando en marzo de 1953 se conocía la noticia de la muerte de José Stalin, la URSS era ya la segunda potencia industrial del mundo y estaba a punto de conseguir la supremacía militar teórica. Un Estado industrial centralizado y movilizado en una permanente economía de guerra, en el que habían abolido la propiedad privada en los medios de producción pasándola a manos del gobierno socialista. Un país que reproducía la «cárcel de naciones» denunciada por Lenin y que, sin embargo, insistía en creerse «el primer Estado socialista de la historia».

La revolución posible de un sólo país, iniciada por Lenin y Troski en 1917, fue ampliada por Stalin a todo un cinturón de hierro tras el hundimiento del fascismo europeo. En su testamento histórico, el líder del Kremlin dejaba a sus sucesores, una generación de soviéticos sacrificados, las mejores cifras productivas, una situación internacional privilegiada y un pueblo acostumbrado a esperar en largas filas los dividendos de la revolución.

De padre a bandido

Jamás el planeta ruso se conmovió tanto, desde 1917, ni se pusieron boca abajo tantas consignas, creencias, y «verdades» anteriores. Fue en el XX Congreso del PCUS, en febrero de 1956. El «padrecito» Stalin fue atacado hasta el insulto, en un informe demoledor y desmitificador que se atrevió a leer Nikita Kruschev, uno de sus colaboradores fieles. Con la autoridad que le proporcionaba su puesto de primer Secretario del Partido, el nuevo líder desveló el carácter y comportamiento enfermizo de un verdadero tirano, los procedimientos de un Estado policial, o la neurosis y personalismo exagerado de Stalin, a quién terminó acusando de déspota, inepto y traidor.

«Los hechos prueban que numerosos abusos fueron cometidos siguiendo las órdenes de Stalin, en violación de las normas del partido y de la legalidad soviética. Stalin era un hombre muy desconfiado, de una suspicacia enfermiza. Era capaz de mirar a alguien y decirle: ¿por qué sus miradas son tan huidizas hoy? o ¿por qué me vuelve la espalda hoy y evita mirarme directamente a los ojos? Este recelo enfermizo engendraba en él una desconfianza generalizada, incluso respecto a trabajadores eminentes del partido a los que conocía de muchos años. En todo lugar y en todo momento veía "enemigos", gentes de doble faz, "espías". Como poseía un poder ilimitado, adoptaba decisiones arbitrarias y aniquilaba a las personas moral y físicamente. El resultado fue que nadie podía expresar su propia opinión [...]

Hemos de estudiar seriamente y analizar de manera correcta este problema (el culto a la personalidad) a fin de poder prevenir toda posibilidad de un retorno, bajo cualquier forma, de lo que se produjo en vida de Stalin, el cual no toleraba en absoluto la dirección y el trabajo colectivos y practicaba la violencia brutal, no sólo contra todo aquello que se le oponía, sino también contra todo lo que contradecía su espíritu caprichoso y despótico [...]

Stalin fue el origen de la concepción del "enemigo del pueblo". Esta expresión convertía automáticamente en inútil el establecer la prueba de los errores ideológicos del hombre o de los hombres comprometidos en una controversia. Hizo posible una utilización más cruel de la represión, violando todas las normas de la legalidad revolucionaria, contra cualquiera que, de la manera que fuese, estuviera en *Stalin era un hombre muy desconfiado, de una suspicacia enfermiza.* desacuerdo con Stalin; contra aquellos que sólo eran sospechosos de intenciones hostiles, contra los que tenían mala reputación [...]. Esencialmente, y de hecho, la única prueba de culpabilidad que se utilizaba, contra todas las normas jurídicas, era la "confesión" del mismo acusado, y como lo demuestran las investigaciones ulteriores, las "confesiones" eran obtenidas mediante presiones físicas sobre el acusado.»

Informe secreto de Kruschev ante el XX Congreso del Partido Comunista de la Unión Soviética, 25 de febrero de 1956

Revolución de libro

Hacia 1964, el presidente Mao empezó a sentir las consecuencias de su mala gestión económica en el Estado. Revolucionario sin empleo en tiempo de paz, el dirigente chino había sido desplaza-

do lentamente por los sectores más moderados del partido. Las presiones políticas, en el seno del Comité Central, a causa del fracaso de los «grandes saltos» –proyectos descabellados para un modelo de industrialización pretecnológico– estaban a punto de producir algo semejante a una desestalinización en China. Mao llamó entonces a las juventudes del Partido. La revolución sin corromper. Millones de soldados, obreros y campesinos jóvenes, que no habían participado en la Gran Marcha, ni recordaban apenas las grandes jornadas de la revolución, recibieron el pensamiento de su líder en forma de libro de campaña.

Desde agosto de 1966, Mao recuperó el poder en el Comité Central del P.C. Chino. A partir de esa fecha, los «guardias rojos» impusieron un nuevo «orden», supuestamente revolucionario, que se reflejó en una persecución brutal a intelectuales, residuos de la burguesía, políticos moderados o funcionarios. Las detenciones y ejecuciones, muchas veces públicas, pudieron alcanzar a varios millones de persona.

El Libro Rojo, uno de los «éxitos» editoriales de todos los tiempos, inundó las librerías occidentales y las manos orientales. Se trataba de una antología de citas del presidente Mao escritas a lo largo del periodo revolucionario, extractadas a modo de consignas y prontuario mental, para el uso del soldado-campesino de la revolución. El Libro Rojo constituyó una moda, favorecida en Occidente por algunos movimientos de ultraizquierda del 68, pero hoy resultaría difícil encontrar alguna cita o aportación, que sirviera para recuperar esta revolución de manual.

Pensamiento Mao Tsé-tung

«El pensamiento fundamental del marxismo-leninismo es querer la Revolución. ¿Qué significa Revolución? La Revolución significa que el proletariado derroca a los capitalistas y los campesinos a los propietarios de la tierra para que, a continuación, se pueda edificar un poder común entre los trabajadores y los campesinos y continuar a consolidar este poder. Todavía no hemos terminado las tareas de la Revolución. ¿Quién será el vencedor al final? Todavía no es segura la respuesta a este interrogante. En fin de cuentas, en la URSS gobiernan Kruschev y la burguesía. También entre nosotros hay casos en que la burguesía se apodera del poder político; su gente está por todas partes, en muchas brigadas de producción, en fábricas, comités de distrito, de cantón, de provincia; y algunos jefes adjuntos de los servicios de la Seguridad Pública están con ellos. ¿Quién dirige el ministerio de Cultura? todos los films y todas las obras de teatro están a su servicio, y no al servicio de la mayoría de los hombres. Según tú, ¿quién dirige, entonces? Estudiar el marxismo-leninismo significa estudiar la lucha de clases. La lucha de clases existe por todas partes... Por todas partes hay lucha de clases y elementos contrarrevolucionarios.»

El guerrillero que no quiso ser ministro

Ernesto Guevara, el Che Guevara, murió en noviembre de 1967 después de ser apresado por el ejército de Bolivia. Apenas unos meses antes recibía, en su despacho del M.º de Economía de Cuba, a dignatarios de todo el mundo. Nadie duda de que la muerte del Che es un caso histórico de cohe-

rencia política, de alguien que quiso probar hasta el final el resultado de su doctrina sobre la guerrilla revolucionaria. Guevara desapareció repentinamente de La Habana, se despidió por carta y durante un año intentó una nueva Sierra Maestra en el Congo o en las selvas bolivianas. Apareció muerto, fotografiado en un hospital rural. Había sido capturado por el ejército contrainsurgente, herido y asesinado en la escuela-prisión del poblado de Higueras.

Algunos de sus escritos, en particular el Diario, se convirtieron en textos clásicos de la revolución latinoamericana, mientras unos lloraban y otros reían, la escuadra hacia la muerte de un ministro de Hacienda que no quiso serlo.

«Hoy todo tiene un tono menos dramático, porque somos más maduros, pero el hecho se repite. Siento que he cumplido la parte de mi deber que me ataba a la Revolución Cubana en su territorio y me despido de ti, de los compañeros, de tu pueblo, que es ya mío.

Hago formal renuncia de mis cargos en la Dirección del Partido, de mi puesto de Ministro, de mi grado de Comandante, de mi condición de cubano. Nada legal me ata a Cuba, sólo lazos de otra clase que no se pueden romper como los nombramientos.

Haciendo un recuento de mi vida pasada creo haber trabajado con suficiente honradez y dedicación para consolidar el triunfo revolucionario. Mi única falta de alguna gravedad es no haber confiado mas en ti desde los primeros momentos de la Sierra Maestra

...aquí dejo lo más puro de mis esperanzas de constructor y lo mas querido entre mis seres queridos...

y no haber comprendido con suficiente celeridad tus cualidades de conductor y de revolucionario. He vivido días magníficos y sentí a tu lado el orgullo de pertenecer a nuestro pueblo en los días luminosos y tristes de la Crisis del Caribe. Pocas veces brilló más alto un estadista que en esos días, me enorgullezco también de haberte seguido sin vacilaciones, identificado con tu manera de pensar y de ver y apreciar los peligros y los principios.

Otras tierras del mundo reclaman el concurso de mis modestos esfuerzos. Yo puedo hacer lo que te está negado por tu responsabilidad al frente de Cuba y llegó la hora de separarnos.

Sépase que lo hago con una mezcla de alegría y dolor: aquí dejo lo más puro de mis esperanzas de constructor y lo mas querido entre mis seres queridos... y dejo un pueblo que me admitió como un hijo; eso lacera una parte de mi espíritu. En los nuevos campos de batalla llevaré la fe que me inculcaste, el espíritu revolucionario de mi pueblo, la sensación de cumplir con el más sagrado de los deberes: luchar contra el imperialismo donde quiera que esté: esto reconforta y cura con creces cualquier desgarradura. [...]

Tendría muchas cosas que decirte a ti y a nuestro pueblo, pero siento que son innecesarias, las palabras no pueden expresar lo que yo quisiera, y no vale la pena emborronar cuartillas.

Hasta la victoria siempre. ¡Patria o Muerte!

Te abraza con todo fervor revolucionario,

Che»

Fragmentos de la Carta dirigida por el CHE
a Fidel Castro, como despedida

«Fue, sin lugar a dudas, el mes más malo que hemos tenido en lo que va de guerra. La pérdida de todas las cuevas con sus documentos y medicamentos fue un golpe duro, sobre todo sicológico. La pérdida de 2 hombres en las postrimerías del mes y la subsiguiente marcha a carne de caballo desmoralizó a la gente, planteándose el primer caso de abandono, el Camba, lo que no constituye sino una ganancia neta, pero no en estas circunstancias. La falta de contacto con el exterior y con Joaquín y el hecho de que prisioneros hechos a éste hayan hablado, también desmoralizó un poco a la tropa. Mi enfermedad sembró la incertidumbre en varios más y todo esto se reflejó en nuestro único encuentro, en que debíamos haber causado varias bajas al enemigo y sólo le hicimos un herido. Por otra parte la difícil marcha por las lomas sin agua, hizo salir a flote algunos rasgos negativos de la gente.

Las características más importantes:

1.° Seguimos sin contacto de ninguna especie y sin razonable esperanza de establecerlo en fecha próxima.

2.° Seguimos sin incorporación campesina, cosa lógica además si se tiene en cuenta el poco trato que hemos tenido con éstos en los últimos tiempos.

3.° Hay un decaimiento, espero que momentáneo, de la moral combativa.

4.° El Ejército no aumenta su efectividad ni acometividad.

Estamos en un momento de baja moral y de nuestra leyenda revolucionaria. Los temas más urgentes siguen siendo los mismos del mes pasado...

Estamos en un momento de baja de nuestra moral y de nuestra leyenda revolucionaria. Las tareas más urgentes siguen siendo las mismas del mes pasado, a saber: Restablecer los contactos, incorporar combatientes, abastecernos de medicina y equipo.»

Fragmento del Diario del Che, *describiendo la situación de la guerrilla boliviana*

La última izquierda

El 68 se encontró de bruces con la revolución de cartón piedra, el partido burócrata y los sindicatos integrados. A la vieja izquierda, la revolución había dejado de interesarle en su versión doméstica. Era más cómodo, menos peligroso y más rentable, hacer la revolución en Vietnam o en Bolivia, por terceros interpuestos, mientras en casa seguíamos acumulando beneficios procedentes de la expoliación Norte-Sur [...] La ruptura llegaría en forma de nueva izquierda. Fue el canto del cisne.

Por definición, el rechazo a toda forma de poder autoritario (¿alguno no lo es?), o al sistema-establecimiento, consolidaba la marginación como la pesadilla fatal. El pueblo no podía entender semejante alternativa hacia la nada, cuando aún faltaban tantas letras que pagar y tantas ocasiones de nuevo endeudamiento. Mayo estaba derrotado incluso antes de serlo. Luego, la nueva izquierda nos dejó algunas de sus virtudes: el espontaneísmo frente a la burocracia, la libertad asamblearia frente a la jerarquización, la rebeldía racional contra el autoritarismo dogmático [...] Las mismas virtudes fueron incompatibles con la coherencia ideológica, con el aprecio a la organización. Una vez recorrida la fase de ascenso, la mayoría de la militancia espontánea volvió a los lugares de recreo. Una generación entera fue acribillada por la alianza entre la derecha reaccionaria y la vieja izquierda, ahora de centro. Los estudiantes franceses, alemanes, italianos, los obreros jóvenes de la Renault o de la Fiat, no habían conseguido arraigar en la tierra de los mayores. La represión del Estado hizo lo demás. La masacre de panteras negras, de bri-

gadistas italianos, de anarquistas alemanes o de con-
testatarios mexicanos, socialistas de rostro humano
en Praga, de ultraizquier-
distas en todo el mundo...

se completó con la absor-
ción por el sistema de un
buen número de los últi-
mos de Marx, de Bakunin,
de Lenin, de Mao...

Estatua de Pasteur en el patio central de la Sorbona,
convertida en centro de atención «revolucionario», durante
los acontecimientos del 68. Una foto-cartel del presidente
chino Mao Tsé-tung preside el lugar junto al científico
francés, al que se le ha colocado una bandera roja.

Mayo del 68
Barricadas en el Barrio Latino

«Al llegar al bulevar Sant-Michel nos detuvimos; los estudiantes se tumbaron en el suelo y comenzamos a discutir lo que podíamos hacer. Cuando subí a lo alto del bulevar vi que los estudiantes comenzaban a levantar la calzada. Sauvageot estaba allí. Le pregunté qué era lo que pasaba. «Estamos ocupando el barrio», dijo, pero nadie había dado órdenes de levantar barricadas. Lo que sencillamente sucedió fue que en cuanto los estudiantes comenzaron a construir una, todo el mundo se dio cuenta de que era la mejor solución para ocupar un lugar pacíficamente.

[...] Había, en el espíritu de aquellos que construían barricadas, lo que se ha llamado el aliento de mayo: una voluntad de construir una nueva sociedad. Fue esa noche cuando se sintió que todos queríamos algo más, mucho más que la reforma de la universidad: queríamos también unas nuevas relaciones en la calle, en la vida. Era un mundo nuevo, una comunidad nueva.»

Daniel Cohn-Bendit

Consignas de mayo de 68

«Prohibido prohibir»

«Queremos las estructuras al servicio del hombre y no el hombre al servicio de las estructuras»

«La revolución hay que hacerla en los hombres antes de que cristalice en las cosas»

«La acción no debe ser una reacción, sino una creación»

«Si tienes el corazón a la izquierda, no tengas la cartera a la derecha»

«Lo difícil es lo que puede hacerse inmediatamente; lo imposible, lo que necesita un poco más de tiempo»

«La novedad es revolucionaria; la verdad, también»

«Sed realistas, pedid lo imposible»

«Tomemos en serio la revolución, pero no nos vayamos a tomar en serio a nosotros»

«Nuestra izquierda es prehistórica»

«Exagerar, excelente arma»

Queremos las estructuras al servicio del hombre y no el hombre al servicio de las estructuras

«En las facultades, seis por ciento de hijos de obreros. En los reformatorios, noventa por ciento de hijos de obreros»

«Hay que explorar sistemáticamente el azar»

«En toda revolución hay dos tipos de personas: las que la hacen y las que se aprovechan de ella»

«La cultura es la inversión de la vida»

«Profesores, ¡nos estáis haciendo viejos!»

«La amnistía es el acto por el que muchas veces los soberanos perdonan las injusticias que han cometido»

Extracto de la entrevista concedida a Jean Paul Sartre por Daniel Cohn-Bendit

«Para mí no se trata de hacer metafísica y de averiguar cómo se hará "la revolución". Ya he dicho que creo que vamos más bien hacia un cambio perpetuo de la sociedad, provocado a cada etapa por acciones revolucionarias. El cambio radical de las estructuras de nuestra sociedad no sería posible más que si se produjera, de repente, por ejemplo, la convergencia de una crisis económica grave, de la acción de un poderoso movimiento obrero y de una fuerte acción estudiantil. En la actualidad no se reúnen estas condiciones. En el mejor de los casos puede esperarse que se haga caer el Gobierno. Pero no hay que soñar con hacer saltar la sociedad burguesa. Esto no quiere decir que no haya nada que hacer. Por el contrario, hay que luchar paso a paso, a partir de una puesta en tela de juicio global.»

Mayo de 1968

El hombre que disparó contra Lenin

Mijaíl Gorbachov fue un aventajado comunista hasta su llegada al poder supremo de la URSS. Militó en las filas juveniles del Komsomol y en 1971 es miembro del Comité Central del PCUS. Su amistad con Andropov, el sucesor de Brezhnev, facilitará su encumbramiento en marzo de 1985. Una vez allí, y ayudado por un voluntarioso Yeltsin, Gorbachov no tuvo más que apretar el gatillo del arma que hacía mucho tiempo apuntaba contra la obra de Lenin. Gorbachov no fue un revolucionario, pero tampoco un burócrata como sus predecesores. Se encontró con la revolución taponada desde tiempo inmemorial. El futuro que H. G. Wells había visto funcionando en su visita a la URSS de Lenin, era sólo un presente repetido, igual a sí mismo e incapaz de proyectar el porvenir. Un día de los años ochenta, Mijaíl Gorbachov —tarde o temprano alguien habría de hacerlo— puso al coloso al borde de un abismo llamado «perestroika». Su propio peso hizo todo lo demás.

«Queridos compatriotas, conciudadanos: dada la situación creada con la formación de la Comunidad de Estados Independientes, ceso en mi actividad como presidente de la Unión soviética. Tomo esta decisión por consideraciones de principio. [...] Se ha impuesto la línea de desmembramiento del país y desunión del Estado, lo cual no puedo aceptar. [...] Además, estoy convencido de que resoluciones de tal envergadura deberían haberse tomado basándose en la voluntad expresa del pueblo (es decir, un referendum). No obstante, haré todo lo que pueda para que los acuerdos allí firmados (Alma Ata) conduzcan a una verdadera armonía en la sociedad. [...] El destino quiso que cuando me vi al frente del Estado ya estuviera claro que nuestro país estaba enfermo. [...] Había que cambiarlo todo. [...] Hoy estoy convencido de la razón histórica de los cambios iniciados en 1985. [...] Hemos acabado con la guerra fría, se ha detenido la carrera armamentista y la demente militarización del país que había deformado nuestra economía, nuestra conciencia social y nuestra moral. Se acabó la amenaza de una guerra nuclear. [...] Nos abrimos al mundo y nos han respondido con confianza, solidaridad y respeto. Pero el antiguo sistema se derrumbó antes de que empezara a funcionar el nuevo. [...]

El golpe de agosto llevó la crisis a su límite máximo. Lo más funesto en esta crisis es la desintegración del Estado. [...] Creo que es de vital importancia conservar las conquistas democráticas de los últimos años. Son fruto del sufrimiento de toda nuestra historia, de nuestra trágica experiencia. [...] Hoy quiero expresar mi agradecimiento a todos los ciudadanos que apoyaron la política de renovación del país. [...] Dejo mi puesto con preocupación pero también con esperanza, con fe en vosotros, en vuestra sabiduría y en vuestra fortaleza de espíritu. [...] Mis mejores deseos a todos.»

Mijaíl GORBACHOV,
discurso de despedida
Moscú, 25 de diciembre de 1991

La revolución bloqueada

Bloqueo externo, duro y largo. Los EE UU no comercian y prohiben que los demás lo hagan con el régimen cubano. Bloqueo interno. La revolución se repite en su pasado. Los leves cambios impedirán los cambios necesarios. Lo mejor es enemigo de lo bueno, en la versión castrista de la revolución. El naufragio externo y el racionamiento interno de un socialismo milagro, que resiste el embargo, con ayuda de cooperantes.

En los últimos años han sido frecuentes los intentos de abandonar la isla. La lentitud con que se conceden los visados para ingresar en los EE UU ha provocado el fenómeno de «los balseros», cubanos que tratan de agarrarse al espejismo de la emigración como se abraza un bote salvavidas en medio del océano.

Chiapas, por ahora

Después de los años ochenta, en los que la oleada conservadora hubiera barrido cualquier experimento socialista y los militares acabado con los focos armados, las ideas y las balas siguen en alto. El capitalismo ha probado su eficacia en la guerra y en la contrainsurgencia, pero ha seguido siendo ineficaz en la paz. Durante dos decenios ha combatido con éxito a la guerrilla y a los movimientos civiles revolucionarios o reformistas en todo el planeta. Con intervenciones armadas y escuadrones de la muerte, los fusiles de la revolución se fueron silenciando. Pero el mismo sistema no lograba ganar la batalla de la paz, que se le escapa por todos los poros. Los problemas del hambre, la desigualdad y la desesperación, agravados por la crisis permanente en los países desarrollados, el desempleo o las exigencias irracionales del capitalismo financiero creaban una y otra vez motivos para la insurrección.

Chiapas, veinticinco años después de la derrota del foco rural a la cubana, no es un experimento. Chiapas es un estado mexicano, acosado por la pobreza y la desigualdad socio-racial. El primero de enero de 1994, el grito zapatista de ¡Tierra y Libertad!, se volvía a escuchar en la selva de las acciones pobres.

La teología subversiva

Uno de los movimientos sociales de mayor incidencia en el área Iberoamericana es, desde los años setenta, la denominada Teología de la Liberación. Sucedáneo de la revolución y con un protagonismo fundamental de sacerdotes católicos, la Teología de la Liberación enlaza directamente con las previsiones del concilio Vaticano II y su apuesta por el mundo de los pobres, no sólo como destinatario de la palabra evangélica sino como sujeto irredento de la historia. La significación e influencia socio-política de este movimiento ha puesto en tensión las relaciones entre la Iglesia latinoamericana y ha provocado intervenciones de Roma contra algunos de sus defensores.

Subvertir la historia - Rehacer la historia

«La historia (donde Dios se revela y lo anunciamos) debe ser releída desde el pobre, desde los "condenados de la tierra"... El cristianismo tal como ha sido vivido históricamente ha estado, mayoritariamente está todavía, estrechamente ligado a una cultura: la occidental; a una raza: la blanca; a una clase: la dominante. Su historia ha sido escrita también por una mano blanca, occidental y burguesa. Debemos recuperar la memoria de los Cristos azotados de América, como llamaba Bartolomé de Las Casas a los indios del continente americano. Esta memoria que vive en expresiones culturales, religiosas, en su resistencia a aceptar imposiciones de un aparato eclesiástico. Memoria de un Cristo presente en cada hambriento, sediento, preso, humillado, en las razas despreciadas, en las clases explotadas (cf. Mt 25, 31-45). Memoria de Cristo que "nos liberó para hacernos libres" (Gál 5, 1).

Pero releer la historia quiere decir rehacer la historia. Hacerla desde abajo; será, por esto, una historia subversiva. Hay que "vertir" la historia no desde arriba, sino desde abajo. Lo grave no es ser "subversivo", luchar contra el sistema capitalista, sino como hasta hoy un "superversivo", un apoyo a la dominación imperante. Esta historia subversiva es el lugar de una nueva experiencia de fe, de una nueva espiritualidad de la fe. Y de un nuevo anuncio del evangelio.»

G. GUTIÉRREZ, *sacerdote peruano, está considerado desde finales de los sesenta, como el iniciador de este movimiento de base evangélica y popular.*

El Islam

El Islam

Las clases dirigentes islámicas se enfrentaron a la decisión de modernizar sus pueblos tras la caída del Imperio Turco, después de la Primera Guerra Mundial. Desde 1945, la consolidación de una civilización occidental y el resurgir árabe plantean incesantemente el grave dilema de una renuncia a los principios y fundamentos del Islam o de una defensa agónica frente a las imposiciones culturales, políticas y económicas de Occidente. Los islámicos aparecen divididos en fundamentalistas, reformistas y laicos; una encrucijada con frecuencia resuelta en duros enfrentamientos civiles y militares.

Los fundamentalistas están persuadidos de la posibilidad de avanzar sin necesidad de imitar el modelo occidental, y preservando además los preceptos religiosos y morales del Corán. Los reformistas piensan que ambos procesos pueden convivir sin excluirse. Los laicos tampoco renuncian, en el fondo, a todo el impresionante bagaje cultural y religioso de sus pueblos, aunque adopten con ostentación formas occidentales. El Islam es una apuesta histórica sin resolver, que desde 1945 avanza o retrocede con excesiva dependencia de los intereses occidentales y con la paradoja de sus riquezas petrolíferas, su realidad social y su vitalidad religiosa.

El primer pacto

La Liga Árabe o Pacto de la Liga de los Estados Árabes surge en el mundo de postguerra dentro de los procesos de integración de grandes áreas políticas y económicas, que arrancan de la filosofía de bloques entonces vigente. En este proceso, los líderes árabes se adelantaron incluso a la constitución de las Naciones Unidas.

La formación de la Liga fue uno de los hechos organizativos e institucionales clave en un mundo que quería ser libre y sólo podía conseguirlo mediante la unión de intereses, encaminados a facilitar el resurgir musulmán en lo económi-co, lo cultural y lo religio-so. Es decir, en lo nacional. Las independencias de un número importante de Estados árabes eran tan solo un proyecto en marzo de 1945. La ayuda material de los países de la Liga, sus presiones y su influencia internacional como bloque nacido para salvaguardar la independencia de sus miembros jugará sin embargo, un notable papel en la emancipación colonial del mundo islámico.

«Su Excelencia el Presidente de la República Siria, S. A. el Emir de Transjordania, S. M. el Rey de Iraq, S. M. el Rey de Arabia Saudita, S. E. el Presidente de la República libanesa, S. M. el Rey de Egipto y S. M. el Rey del Yemen:

Deseosos de fortalecer las estrechas relaciones numerosos lazos que ligan a los Estados árabes;

Ansiosos de defender y estabilizar esos lazos sobre la base del respeto a la independencia y soberanía de esos Estados y de dirigir sus esfuerzos hacia el bien común de todos los países árabes, la mejora de su situación, la seguridad de su futuro, la realización de sus aspiraciones y esperanzas;

Respondiendo a los deseos de la opinión pública árabe en todos los países árabes;

Han acordado concluir un Pacto a este fin y han nombrado a sus plenipotenciarios, cuyos nombres figuran más adelante, y han convenido en las disposiciones siguientes:

Art. 1.— La Liga de los Estados Árabes se compondrá de los

Estados árabes independientes que han firmado este Pacto.
Cada Estado árabe independiente tiene derecho a llegar a ser
miembro de la Liga. Si lo desea, presentará su candidatura, que
se depositará en el Secretariado Permanente, sometiéndose al
Consejo en su primera sesión desde la solicitud.

Art. 2.— La Liga se propone fortalecer las relaciones entre los
Estados miembros, coordinar sus políticas para realizar la cooperación entre ellos y salvaguardar su independencia y soberanía
y, en general, cuanto afecta a los asuntos e intereses de los países
árabes. También se propone estrechar la cooperación de los Estados miembros con la debida
consideración a la organización y circunstancias de cada
uno, en las siguientes materias:
(A) Asuntos Económicos y Financieros, incluidas las relaciones comerciales, aduanas, moneda, agricultura e industria;
(B) Comunicaciones, incluso
ferrocarriles, caminos, aviación, navegación, correos y te-
légrafos; (C) Asuntos Culturales; (D) Nacionalidad, pasa-
porte, visados, ejecución de
juicios y extradición de criminales; (E) Asuntos Sociales; (F)
Problemas de la Salud.

> *La Liga de los Estados Árabes se compondrá de los Estados árabes independientes que han firmado este Pacto.*

Art. 3.— La Liga tendrá un
Consejo (Majlis) compuesto de los representantes de los Estado
miembros. Cada uno tendrá un solo voto con independencia del
número de sus representantes.

El Consejo estará encargado de la tarea de realizar los objetivos de la Liga y vigilar la ejecución de los acuerdos concluidos
por los Estados miembros en las cuestiones antes enumeradas o
en cualesquiera otras.

El Consejo también tendrá la función de determinar los medios de cooperación de la Liga con los organismos internacionales que se creen en el futuro para garantizar la paz y seguridad y regular las relaciones económicas y sociales.

Art. 4.— Para cada cuestión de las mencionadas en el artículo 2, se establecerá una comisión especial, en la cual estarán representados los Estados miembros de la Liga. Estas comisiones estarán encargadas de la tarea de sentar los principios y el alcance de la cooperación. Tales principios serán formulados en proyectos de acuerdo, para ser sometidos al Consejo, a fin de que éste los examine antes de someterlos a dichos Estados.»

Preámbulo y primeros artículos del Pacto de la Liga Árabe,
firmado en El Cairo el 22 de marzo de 1945.[1]

---

[1] Posteriormente, han ingresado en la Liga: Libia (1953), Sudán (1956), Tunicia y Marruecos (1958), Kuwait (1961), Argelia (1962), Yemen del Sur (1967), Bahrein y Qatar (1971), Omán y los Emiratos Árabes Unidos(1971), Mauritania (1973), y Somalia (1974). Egipto fue excluida tras la firma del Tratado de paz con Israel (1979).

El canal

Los británicos se habían retirado de Egipto a finales de 1946 pero sin dejar por eso de apadrinar a la dinastía colaboracionista del rey Faruk. do de la Revolución, compuesto de nacionalistas, liberales, marxistas e islámicos. Nasser se convertirá hasta la fecha de su muerte en 1970 en depositario del

La participación y derrota egipcia en la guerra contra Israel de 1948 provocará un definitivo desprestigio de la corona y la sublevación de un grupo de militares, que lidera Gamal Abdel Nasser. En 1952 el rey es derrocado y el poder pasa a un Consejo de Mando irredentismo árabe. Egipto capitaneó el movimiento panarabista aderezado con ingredientes de socialismo, en que menudearon los intentos de unidad, nuevas derrotas frente a Israel y una firmeza nacionalista desconocida hasta entonces.

Nasser mantuvo su país bajo la influencia soviética y se enfrentó a los intereses occidentales, negándose a participar en las alianzas defensivas norteamericanas, e iniciando un rearme unilateral. Recibió créditos soviéticos para la presa de Assuan y nacionalizó el Canal de Suez en 1956, para dedicar sus ingresos a la construcción. Desde entonces su prestigio en el mundo árabe y entre los países no alineados le convirtió en un mito.

El presidenta egipcio Gamal Abdel Nasser es todo un símbolo del renacimiento árabe de postguerra. Su capacidad de liderazgo convocó los viejos sentimientos nacionales junto a modernas esperanzas de emancipación social.

«Os anuncio que en la misma hora en que os hablo, el Boletín Oficial publica la ley que nacionaliza la Compañía del Canal de Suez y los agentes del gobierno toman posesión de ella [...] ¡Es el Canal el que pagará la Presa! ¡Yo, en nombre del pueblo, tomo el Canal! ¡Esta tarde nuestro Canal será egipcio y estará dirigido por egipcios!»

Discurso de NASSER, *en Alejandría,*
el 26 de julio de 1956

Una franja de mil millones

La década de los setenta fue decisiva para el resurgir islámico. El modelo social y político que tenía como base las enseñanzas coránicas experimentó un extraordinario fortalecimiento. La población islámica mundial creció al final de ese periodo y hoy alcanza a una considerable parte de la humanidad. En más de veinte Estados los islámicos son una mayoría superior al 85%. En otros siete, su presencia equivale a más del 25%. Y en otra veintena representan una apreciable minoría confesional. La franja poblacional al norte del Ecuador y sobre un eje que une el Mediterráneo con el Índico, con epicentro en la península de Arabia, registra la mayor presencia islámica. En ella, además, se encuentran algunos de los países con mayores reservas y producción de petróleo mundiales. Este último elemento ha servido, sin duda, para apoyar la causa árabe en sus relaciones con los demás, pero su extracción —salvo pequeñas excepciones— no está sirviendo para el gran esfuerzo de modernización y distribución social de la riqueza en que todos los islámicos confiaban.

Los pobladores de adscripción islámica superan hoy los mil millones. Se trata de un grupo humano con índices de natalidad de los más altos del mundo. Algunas de las naciones árabes (Kuwait, Arabia Saudí...) disfrutan, además, de niveles de renta per capita de los más elevados del planeta. Pero en otros lugares, la superpoblación y el excesivo gasto armamentístico mantiene al pueblo en los límites de la pobreza. Sobre la riqueza árabe se cierne además el agotamiento de los pozos de petróleo a plazo fijo, sin que las perspectivas permitan pensar en un mejor futuro.

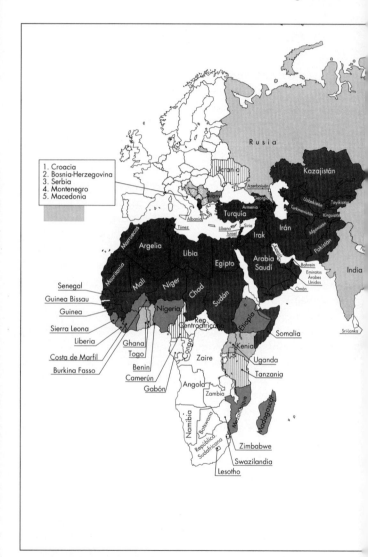

El mundo musulmán

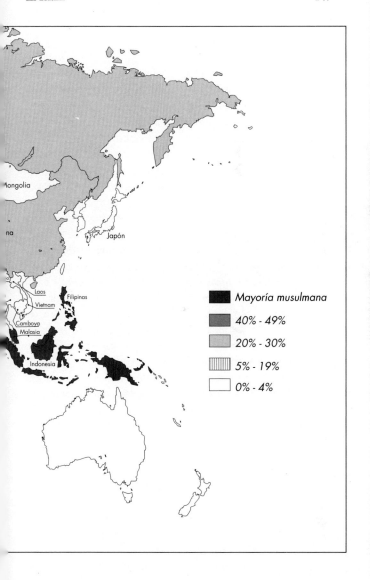

El segundo recurso

En octubre de 1973, dentro del «eterno» conflicto judeo-palestino, estallaba la guerra que la historiografía actual conoce como «guerra del petróleo». El resultado militar no fue favorable a los árabes, pero una década después la subida de los precios del barril de crudo había colocado a los países productores en una ventajosa situación económica. Como diría un jeque saudí, el petróleo se había convertido en el recurso más importante, después de Alá. Un solo país, Arabia Saudí, ingresaba en 1981 más de 100.000 millones de dólares, en concepto de exportación de crudo. Los petro-dólares invadían los mercados financieros o los grandes negocios inmobiliarios y se empleaban sin regatear en desmesuradas compras de armamento. El segundo recurso daba, incluso, para donaciones culturales y benéficas en Occidente. Los jeques petrolíferos se convirtieron en los nuevos mecenas. Fueron respetados y recibidos por los antiguos dominadores y compraron las riquezas y el honor que Occidente subastaba de buena gana. Pero todo su prestigio internacional no lograba conmover un ápice las desigualdades o la inmovilidad social de sus países.

El jomeinismo

En los textos de Jomeini, la guerra santa contra el infiel se justifica como una cruzada purificadora, dirigida contra la corrupción política y religiosa, la inmoralidad de las costumbres y el beneficio personal. Es una actitud radical evangelizadora, de acuerdo con la Ley divina, encaminada a la salvación eterna del pueblo islámico. Los soldados islámicos cifran su mérito en la disposición al martirio y su misión en la desaparición física de los infieles enemigos de Alá. El integrismo jomeinista representa la recuperación profunda de la rebeldía islámica en una región en crisis, que no ha visto satisfechas las expectativas que despertara el proceso descolonizador desde 1945. El integrismo, aplicado a la vida social y política de la segunda mitad del siglo, nos retrotrae a un periodo ideológico medieval y pre-antropocéntrico, chocando de manera frontal con la modernización occidental impuesta de forma abusiva y aberrante a los países orientales, no por la persuasión sino por los intereses económicos y las leyes del mercado.

El imán Jomeini es el iniciador de la revolución islámica en los años ochenta. Un programa de recuperación coránica y de expulsión de los «diablos» occidentales, cuyas últimas escenas se están viviendo durante la década de los noventa en los países del Magreb.

La disciplina de Dios

«El Islam no deja a sus dirigentes y sus generales entregarse a
los placeres o tener un momento de asueto. Así, las vidas y los
bienes del pueblo pueden ser protegidos, y destruidas las bases
de la injusticia en el mundo [...] La guerra santa islámica es una
lucha contra la idolatría, la desviación sexual, el expolio, la represión y la crueldad.

A veces se afirma que el héroe es la esencia de la Historia,
pero quienes lo afirman se equivocan. La esencia de la Historia
es el mártir. Él es el espíritu motor de la Historia. Descubrid por
tanto vuestros pechos ante el Ejército (iraní) porque el Sha em-
pleará al Ejército contra vosotros y el Ejército le obedecerá.
[...]¿Cómo pueden los soldados negarse a obedecer las órdenes
si están sometidos a la disciplina militar? Sin embargo, un día se
liberarán de la disciplina del Diablo y elegirán la disciplina de
Dios. [...] Descubrid vuestros pechos (ante los soldados). Vuestra sangre y el amor que les demostréis al morir les convencerán.
La sangre de cada mártir es una campana que despertará a mil
de entre los vivos.

Hay dos clases de guerra en el Islam: una es llamada Yihad, es
decir, la conquista de territorios en ciertas condiciones, y la segunda es la guerra que se hace para preservar la independencia
de la Tierra y rechazar a los enemigos extranjeros. La Yihad o
guerra santa, que se lleva a cabo para conquistar países y reinos,
constituye una obligación consecutiva a la formación del Estado
islámico en presencia del Imán o de conformidad a sus órdenes.
En ese caso, el Islam obliga a todos los hombres adultos que no
sean inválidos o estén enfermos a prepararse para realizar la conquista de territorios a fin de que los preceptos escritos del Islam
sean observados en todos los países del mundo. La opinión pú-

blica internacional debe saber que la conquista islámica no se
parece en nada a las conquistas llevadas a cabo por otros dirigentes del mundo. Estos querían conquistar el mundo para su
beneficio personal en tanto que el fin de la conquista islámica es
servir los intereses de todos los habitantes de la Tierra. Los con-
quistadores (no islámicos)
quieren dominar el mundo
para propagar todas las injusticias y todas las indecencias
carnales. Por su parte, el Islam
quiere conquistar el mundo
para promover los valores espirituales y preparar a la Humanidad a la justicia y la soberanía divinas [...] Todos los
países conquistados por el Islam, o que serán conquistados
en el futuro, recibirán la marca
de la salvación eterna porque
vivirán bajo la luz de la Ley ce-
leste.

> *...el Islam quiere conquistar el mundo para promover los valores espirituales y preparar a la Humanidad a la justicia y la soberanía divinas.*

Si continuamos permitiendo
a los infieles desempeñar en la tierra su papel de corruptores su
castigo moral será tanto más grande. Si les infligimos la muerte
para poner término a sus actividades corruptoras les rendiría-
mos un preciado servicio puesto que su castigo será menos severo. Dejar a los infieles con vida es permitrles proseguir sus corruptoras actividades. Darles muerte es una operación quirúrgi-
ca que nos ordena realizar Allah el Creador. Y también: La
guerra es una bendición para el mundo y para cada nación. O
reclamándose de autoridades más altas: Las guerras que nuestro
profeta, bendita sea su alma, llevó a cabo contra los infieles eran
presentes divinos para la humanidad [...] Debemos hacer la

guerra hasta que toda corrupción, toda desobediencia a las leyes islámicas, desaparezca. [...] Si Jesucristo, Allah bendiga su alma, hubiera vivido más tiempo él también habría actuado como Moisés y empuñado la espada.»

La guerra...

La guerra de 1967, o «guerra de los seis días», marcaría el punto culminante del poder israelí en Oriente Próximo. Las tropas de David ocuparon el Sinaí y los altos del Golán, inutilizando además el Canal de Suez que no fue recuperado por Egipto hasta una nueva mini-guerra en 1973. En 1978 los acuerdos de Camp-David dieron un vuelco a la situación. La paz firmada entre judíos y egipcios rompía una de las alianzas más sólidas y tradicionales, con que contaban los palestinos. El régimen de Sadat recuperaba el Sinaí, pero a cambio Israel se instalaba indefinidamente en el Golán sobre Siria y los palestinos se refugiaban en las zonas ocupadas o en campamentos. La O.L.P., creada en 1968, iniciaba su larga y sangrienta marcha contra Israel. Por todos los medios a su alcance y durante casi veinte años, los feddayines palestinos atentaron contra objetivos judíos en cualquier lugar del mundo, mientras en Gaza y Cisjordania una nueva generación —la de la intifada— se enfrentaba a los ocupantes de forma desigual.

...y la independencia

El Islam no es sólo un conflicto de cultura o religión. Durante todo el siglo ha sido sobre todo un forcejeo histórico por la libertad territorial y política. El mundo árabe, mayoritario dentro del Islam, conoció un impulso notable con la creación en 1945 de la

importante proceso de emancipación. La causa palestina, en favor de la creación de un Estado independiente, y su larga y trágica disputa con el Estado judío, refleja a la perfección esta tensión. El líder palestino Arafat, un personaje distinguido en este proceso, transportado en el sacrificio de su pueblo, ha sido llevado desde la persecución por terrorismo hasta

Liga Árabe. Las independencias de los países del Magreb o de Oriente Próximo han simbolizado este su reconocimiento como representante de la independencia palestina.

De la revolución a la represión

S i todo el proceso independentista argelino de los años cincuenta y sesenta fue un verdadero ejemplo para el Tercer Mundo, un orgullo para el Frente Nacional de Liberación y una causa de solidaridad para otros pueblos, el giro que ha dado la vida política en los últimos años ha amargado buena parte del sabor de boca del periodo revolucionario. Una guerra dura y cruel la mayor parte de las veces, que daba comienzo en 1954, se resolvía al cabo de ocho años con la obtención de la libertad y de la identidad nacional, después de que los argelinos fueran capaces de desenmascarar el «colonialismo de progreso», que todavía enfeudaba a la izquierda francesa y europea en general.

Argelia, independiente desde 1962, ha visto treinta años después estallar todas las frustraciones sociales y políticas contenidas desde entonces, en una guerra civil a duras penas encubierta, que ha iniciado un sector del poder político, económico y sobre todo militar, al culminar un proceso de errores y degeneración, con la anulación antidemocrática de un proceso electoral adverso en enero de 1992. El Frente Islámico de Salvación, fanática organización político-religiosa consolidada en la oleada integrista islámica, había sabido infundir esperanzas y captar la voluntad popular reflejada en 47,2% de los votos. Sin embargo, la intervención del ejército, seguida de encarcelamientos de líderes y activistas del FIS, ha sido contestada mediante dramáticos atentados y ataques mortales a las fuerzas del estado de excepción y a los europeos, como representantes de la odiada occidentalización de la vida argelina.

Proclama del Frente de Liberación Nacional (1.° de noviembre, 1954)

«Al pueblo argelino, a los combatientes por la causa nacional.

A vosotros que estáis llamados a juzgarnos (el primero de forma general; los segundos, directamente), nuestra preocupación a la presente proclama es la de esclarecer las profundas razones que nos han impulsado a obrar y el fiel propósito de nuestros planes, cuyo fin supremo sigue siendo la independencia nacional en el marco de África del Norte. Es nuestro deseo evitaros la confusión de las ideas, que podría ser fomentada por el imperialismo y por sus agentes administrativos, si no por otros politicastros sospechosos.

Tenemos presente antes que nada que, después de decenios de lucha, el Movimiento Nacional ha llegado a su culminación. En efecto, puesto que el objetivo de un movimiento revolucionario es el de crear todas las condiciones de una acción liberadora, opinamos que en el plano interno el pueblo está ya unido tras la consigna de la independencia y de la acción, en tanto que en el plano internacional el clima de distensión es favorable a la solución de problemas menores, como el nuestro, sobre todo con el apoyo diplomático de nuestros hermanos árabe-musulmanes. En este sentido, los acontecimientos de Marruecos y Túnez son significativos y ca-

> *Así nuestro Movimiento Nacional, […] mal orientado, privado del indispensable apoyo de la opinión popular, superado por los acontecimentos, se disgrega progresivamente…*

racterizan profundamente el proceso de lucha de liberación de
África del Norte. Y no se olvide que, en este terreno, hemos sido
durante mucho tiempo los precursores de la unidad de acción,
aunque nunca realizada entre los tres países.

Hoy, dos de ellos se han encaminado resueltamente por esta
vía y nosotros obligados a quedar atrás, sufrimos la suerte de
quien se ha dejado sobrepasar. Así nuestro Movimiento Nacional, cargado de años de inmovilismo y de rutina, mal orientado,
privado del indispensable apoyo de la opinión popular, superado por los acontecimientos, se disgrega progresivamente con
gran satisfacción del colonialismo que cree haber logrado la mayor victoria de su guerra contra la vanguardia argelina. La hora
es grave.

Ante una situación que corre el riesgo de convertirse en irre-
parable, un grupo de jóvenes responsables y de militantes plenamente informados de los hechos, reagrupando en torno a ellos a
la mayoría de los elementos todavía sanos y resueltos, ha creído
llegado el momento de hacer salir al Movimiento Nacional del
callejón sin salida en que lo confinaron las luchas personales y
de influencia, para lanzarlo, junto a los hermanos marroquíes y
tunecinos, a la gran batalla revolucionaria.

A este propósito tenemos que precisar que estamos al margen
de los dos clanes que se disputan el poder. Conforme a los principios revolucionarios, nuestra acción, poniendo el interés nacional por encima de toda mezquina y errónea consideración personal o de prestigio, está únicamente dirigida contra el colonialismo, el único enemigo que ciegamente se ha negado siempre a
acordar la más mínima libertad si usamos los métodos de la lucha pacífica.

Creemos que hay razones suficientes para que nuestro movimiento renovador adopte el calificativo de Frente de Liberación
Nacional, disociándose de tal modo de cualquier compromiso y
ofreciendo la posibilidad a todos los patriotas argelinos, de to-

das las categorías sociales y de todos los partidos y movimientos
sinceramente argelinos, de integrarse en la lucha de liberación
dejando aparte cualesquiera otras consideraciones.

Para ser más precisos, trazamos seguidamente las directrices
de nuestro programa político.

Fines:

La independencia nacional mediante:

1) La restauración del Estado argelino, soberano, democrático
y social, en el marco de los principios islámicos. 2) El respeto a
todas las libertades fundamentales, sin distinción de raza ni de
religión.»

1 de noviembre de 1954

Descolonización
y guerra

Gandhi

La independencia de La India se resuelve en 1947 con la creación de dos nuevos Estados en Asia meridional: la Unión India y el Pakistán. Veinticinco años después, la parte oriental de este se independizaba a su vez, tras una breve guerra, adoptando el nombre de Bangladesh. Se completaba de este modo la larga fase de afianzamiento estatal del subcontinente libre del imperio británico. Fue casi un cuarto de siglo esperanzado y convulso, a veces dramático y sangriento, que servía para reflejar los principales elementos nacionales que en Asia o en África han seguido a los procesos de descolonización. Enfrentamientos tribales o religiosos, reajustes territoriales y étnicos provocaron guerras con millones de víctimas. La sombra del imperialismo europeo o norteamericano ha permanecido detrás de todas ellas, en forma de intereses económicos o geopolíticos.

La libertad del imperio inglés en la antigua India abrió un periodo de expectativas tras el cual seguiría el desmoronamiento de las grandes posesiones territoriales europeas: Francia, Holanda, Bélgica, más tarde Portugal... En esta lucha de emancipación la figura de Mahatma Gandhi se destaca no sólo como el principal protagonista de la independencia de la India, sino como uno de los teóricos de la resistencia anticolonial más carismático de los últimos siglos. Popularizó diversas formas de lucha antiimperialista, como la desobediencia civil, las huelgas de hambre o el rechazo a la cultura y la industria occidentales. Logró que la violencia de la ocupación se volviera contra los ocupantes y consiguió la integración de las masas en un movimiento nacionalista gigantesco. Todo el es-

fuerzo de Gandhi y los suyos tuvo su mejor recom-
pensa la noche del 14 al 15
de agosto de 1947, cuando

la administración británica
hizo pública su aceptación
de la independencia para la
India y Pakistán.

Asia liberada

Después de la Segun-
da Guerra Mundial
el repliegue europeo en
Asia se realizaba de distinta
forma, según las zonas y los
intereses de las grandes potencias. Hubo, no obstante,
un denominador común a
todos los casos: la sustitución de la presencia europea por la influencia y control de las dos nuevas potencias. La libertad de
Asia, en muchos casos, fue
más nominal que efectiva y,
aunque los enfeudamientos
presentarán distinta forma,
sobrevivieron a las inde-
pendencias. Los dirigentes
de los nuevos Estados trataron, sin embargo, de superar este déficit mediante
la puesta en circulación de
iniciativas como la Conferencia de Bandung y luego
la formación de un bloque
de países No Alineados. El

Comunicado oficial de la
reunión de Bandung repro-
duce esta preocupación casi patética de los antes so-
juzgados, por la paz mun-
dial, por el racismo o por el
respeto a las soberanías recién conquistadas, prácticamente en el primer paso
internacional dado después
de su emancipación.

En Bandung estuvieron
representados las nuevas
independencias orientales,
lideradas por China, La
India o Indonesia, quienes
a través de la proclamación
de neutralidad y pacifismo
pretendían poner fin a los
agravios históricos de la
dominación. Mucho antes
ya se habían rebelado
Japón (1868) o China
(1911) contra Occidente,
pero después de 1945 la
protesta será un clamor
continental. En los últimos

cuarenta años de historia actual, el proceso emancipador no ha cesado en este continente con casos como Vietnam, Malasia o Brunei, extendiéndose a las ex-repúblicas soviéticas del Cáucaso (Georgia, Armenia, Azerbaiyán) y de Asia central (Kazajistán, Uzbekistán, Turkmenistán, Tadzjikistán y Kirguizistán), que alcanzarán su independencia entre 1990 y 1991.

Comunicado final de la Conferencia Afro-Asiática de Bandung

«Durante los días 18 a 24 de abril de 1955 se ha reunido en Bandung una Conferencia de Naciones Afro-Asiáticas, convocada por los Gobiernos de Birmania, Ceilán, India, Indonesia y Pakistán. Además de los países convocantes han participado en la Conferencia los Estados siguientes:

Afganistán, Camboya, República Popular de China, Egipto, Etiopía, Costa de Oro, Irán, Irak, Japón, Jordania, Laos, Líbano, Liberia, Libia, Nepal, Filipinas, Arabia Saudí, Sudán, Siria, Siam, Turquía, República Popular de Vietnam (Vietminh), Estado de Vietnam y Yemen.

La Conferencia afro-asiatica ha estudiado la función de Asia y de África y ha examinado los medios gracias a los cuales los pueblos de los países representados pueden llevar a cabo la más estrecha cooperación económica, cultural y política.

A) COOPERACIÓN ECONÓMICA

1. La Conferencia afro-asiática reconoce la necesidad urgente de impulsar el desarrollo económico de la zona afro-asiática.

Los países participantes han expresado el deseo general de una cooperación económica basada en los intereses mutuos y en el respeto de la soberanía nacional.

Las proposiciones concernientes a la cooperación, económica entre los países afro-asiáticos no excluyen el carácter deseable o la necesidad de una cooperación con los países que se encuentran fuera de la zona afro-asiática, incluidas las inversiones de capitales extranjeros.

Se ha reconocido que la asistencia recibida por algunos de los países participantes en el marco de acuerdos internacionales o bilaterales —asistencia procedente de países exteriores a la zona afro-asiática— ha representado una contribución apreciable para la realización de los programas de desarrollo de los beneficiarios.

2. Los países participantes deciden prestarse una asistencia técnica, en la mayor medida posible, bajo la forma:

De expertos, de proyectos pilotos, de material demostrativo, de intercambios de documentación, de establecimiento de institutos de investigación y de formación nacionales y —si es posible— regionales que prodigarán sus conocimientos técnicos y científicos en cooperación con los organismos internacionales existentes.

3. La Conferencia afro-asiática recomienda:

El establecimiento sin tardanza de un fondo de las Naciones Unidas para el desarrollo económico.

La adjudicación por el Banco Internacional de Reconstrucción y Desarrollo de una gran parte de sus recursos a los países afro-asiáticos.

La rápida fundación de una corporación financiera internacional que deberá incluir en sus actividades el compromiso a realizar inversiones.

Impulsar la organización de proyectos comunes entre los países afro-asiáticos, en la medida en que corresponda a sus intereses comunes.

4. La Conferencia afro-asiática reconoce la necesidad vital de estabilizar el comercio de mercancías en la zona afro-asiática. Ha sido aceptado el principio de la ampliación del ámbito del comercio y de los pagos multilaterales. No obstante, se admite que

algunos países deberán recurrir a meditas comerciales bilaterales en razón de sus condiciones económicas.

5. La Conferencia afro-asiática preconiza una acción colectiva de los países participantes para estabilizar los precios internacionales y la demanda de mercancías esenciales mediante disposiciones bilaterales y multilaterales. En la medida en que fuese posible y deseable los países participantes deberían adoptar una línea de conducta unificada con respecto a este problema en la Comisión consultiva permanente de las Naciones Unidas para el comercio internacional de mercancías, así como en las demás organizaciones internacionales.

6. La Conferencia estima que los países de Asia y de África deben diversificar sus exportaciones manufacturando sus propias materias primas, siempre que ello sea económicamente realizable. Deben organizarse ferias comerciales internacionales y será preciso impulsar el intercambio de delegaciones comerciales y de grupos de hombres de negocios, así como el intercambio de informaciones y de muestras.

Impulsar la organización de proyectos comunes entre los países afro-asiáticos, en la medida que corresponda a sus intereses comunes.

Deberán concederse facilidades de tránsito a los países que no tengan accesos marítimos.

7. La Conferencia concede una importancia considerable a la navegación y muestra su inquietud ante el hecho de que las compañías revisen frecuentemente las tarifas a veces en detrimento de los utilizadores. Recomienda el estudio de este problema, así como una acción colectiva para convencer a las compañías de navegación en la adopción de una actitud más razonable.

8. La Conferencia estima que es preciso impulsar el estableci-

miento de bancos nacionales y regionales y de compañías de seguros.

9. La Conferencia estima que el intercambio de informaciones en el sector del petróleo puede conducir a la elaboración de una política común.

10. La Conferencia subraya la importancia del desarrollo de la utilización pacífica de la energía atómica. Se felicita ante la iniciativa de las Potencias principalmente interesadas que han ofrecido proporcionar informaciones en este campo. Desea un establecimiento rápido de la Agencia Internacional de la Energía Atómica, con una representación conveniente de los países asiáticos. Recomienda que los Gobiernos asiáticos y africanos exploten las facilidades ofrecidas por las potencias que preconizan el desarrollo pacífico de la energía atómica.

11. La Conferencia ha decidido designar oficiales de enlace entre los países participantes para el intercambio de informaciones en las cuestiones de interés común. Recomienda una utilización más completa de las organizaciones internacionales que existen actualmente. Espera que los países que aún no son miembros de estas organizaciones lo sean cuando estén cualificados para ello.

12. La Conferencia preconiza consultas en el plano internacional para favorecer en la medida de lo posible los intereses económicos de los países participantes, pero sin que sea su objetivo la formación de un bloque regional.»

24 de abril de 1955

Naciones para después de una guerra

Quince años después del final de la guerra mundial, el mapa africano resultaba irreconocible. Al comienzo del periodo sólo existían cuatro Estados independientes —Egipto, Liberia, Etiopía y Sudáfrica— mientras que el resto formaba parte todavía de los grandes imperios europeos. Durante el conflicto, muchos pueblos africanos habían obtenido promesas de libertad a cambio de su ayuda a una metrópoli en total estado de carencia. Los grupos nacionalistas supieron, entonces, aprovechar la coyuntura promoviendo movimientos favorables a la total emancipación y obligando a los gobiernos de postguerra a cumplir lo prometido, en la mayoría de los casos. Inglaterra aplicó su política de descompromiso, que saneó su situación y favoreció la penetración norteamericana, Francia aprendió la dura lección recibida en Argelia, Bélgica pronto se encontró aislada y España o Portugal dejaron sus últimas colonias cuando ya eran frutos maduros en los que no estaban interesadas las grandes potencias y se habían convertido en insostenibles adornos de un anacrónico árbol imperial. Desde los años sesenta, algo más de medio centenar de Estados africanos forman la nueva realidad política continental.

Las naciones del África actual

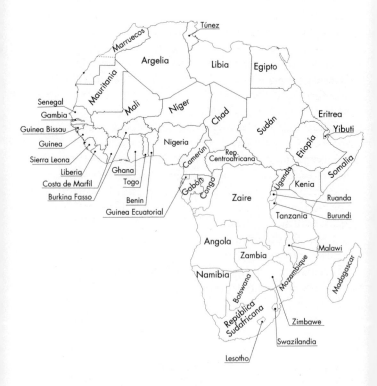

País	Régimen	Independencia
Angola	República	1975
Argelia	"	1962
Benin	"	1960
Botswana	"	1966
Burkina Faso	"	1960
Burundi	"	1962
Cabo verde	"	1975
Camerún	"	1960
Rep. Centroafricana	"	1960
Comores	"	1975
Congo	"	1960
Costa de Marfil	"	1960
Chad	"	1960
Egipto	"	1922
Eritrea	"	1993
Etiopía	"	1975
Gabón	"	1960
Gambia*	"	1965
Ghana	"	1957
Guinea	"	1958
Guinea Bissau	"	1974
Guinea Ecuatorial	"	1968
Kenia	"	1963
Lesotho	Monarquía	1966
Liberia	República	1947
Libia	"	1951
Madagascar	"	1960
Malawi	"	1964
Mali	"	1960
Marruecos	Monarquía	1956
Mauricio	República	1968
Mauritania	"	1960
Mozambique	"	1975

Namibia	"	1990
Níger	"	1960
Nigeria	"	1960
Ruanda	"	1962
Santo Tomé y Príncipe	"	1975
Senegal *	"	1960
Seychelles	"	1976
Sierra Leona	"	1961
Somalia	"	1960
Rep. Surafricana	"	1910
Sudán	"	1956
Swazi (Ngwame)	Monarquía	1967
Tanzania	República	1964
Togo	"	1960
Túnez	"	1956
Uganda	"	1962
Yibuti	"	1977
Zaire	"	1960
Zambia	"	1964
Zimbabwe	"	1980

---

* En 1982 Senegal y Gambia constituyeron la Confederación de Senegambia.

La africanidad

Tras la independencia, sin embargo, no resultará nada fácil recomponer la situación política de estos Estados. Enfrentamientos internos, odios tribales, lucha por la riqueza natural, influencia e intereses neocoloniales de las potencias dominantes etc., han conducido a penosas y cruentas guerras africanas, uno de cuyos ingredientes más común ha sido el nefasto trazado territorial que los colonizadores habían dejado como herencia. África ha tenido que sobrevivir durante los últimos cincuenta años, a pesar del lastre postcolonial, tratando de utilizar los elementos más aprovechables de la modernidad y el progreso pero buscando una identidad africana y un desarrollo proporcionado a sus particularidades, que sean compatibles con su nueva historia y con la hermandad universal que los antiguos esclavos han ofrecido a sus dominadores. Hay ejemplos innumerables, teóricos y prácticos, de este ofrecimiento, que quizá podemos resumir en los documentos que reflejamos o en la portentosa y ejemplar resistencia del actual presidente de Sudáfrica, Nelson Mandela.

Carta de la Organización de la Unidad Africana, 1963

«Nosotros, los Jefes de Estado y de Gobierno africanos, reunidos en la ciudad de Addis-Abbeba, Etiopía; convencidos de que los pueblos tienen el derecho inalienable de determinar su propio destino; conscientes del hecho de que la libertad, la igualdad, la justicia y la dignidad son aspiraciones legítimas de los pueblos africanos; conscientes de que nuestro deber es el de

poner los recursos naturales y humanos de nuestro continente al
servicio del progreso general de nuestros pueblos en todos los
dominios de la actividad humana; guiados por una común voluntad de reforzar la comprensión entre nuestros pueblos y la
cooperación entre nuestros Estados, con el fin de responder a
las aspiraciones de nuestros pueblos de ir hacia la consolidación
de una fraternidad y una solida-
ridad integradas en el seno de *[...] la libertad,*
una unidad más amplia que tras-
cienda las divergencias étnicas y *la igualdad, la*
nacionales; convencidos de que
para poner esta firme determina- *justicia*
ción al servicio del progreso hu-
mano es necesario crear y man- *y la dignidad son*
tener condiciones de paz y de
seguridad; decididos a salvaguar- *aspiraciones*
dar y consolidar la independen-
cia y la soberanía duramente *legítimas...*
conquistadas, así como la inte-
gridad territorial de nuestros Estados, y a combatir el neocolonialismo bajo todas sus formas; consagrados al progreso general
de África; persuadidos de que la Carta de las Naciones Unidas y
la Declaración Universal de los Derechos del Hombre, principios a los cuales reafirmamos nuestra adhesión, ofrecen una base
sólida para una cooperación pacífica y fructuosa de los Estados;
deseosos de ver a todos los Estados africanos unirse para asegurar el bienestar de sus pueblos; resueltos a reafirmar los lazos
entre nuestros Estados creando instituciones comunes y refor-
zándolos; hemos acordado la presente Carta:

Artículo I. Fundación.

1. Las altas partes contratantes crean por la presente Carta
una Organización llamada la «Organización de la Unidad Africana»

2. La Organización incluirá a todos los Estados continentales
africanos, Madagascar y las demás islas que rodean a África.»

Los fundamentos de la africanidad

«Sobre los fundamentos culturales de nuestro destino común
[…] dije, poco más o menos, lo siguiente: fundar una organización común solamente sobre la base del anticolonialismo es darle una base muy frágil. Porque el pasado colonial no nos caracteriza tanto como africanos. Eso es algo que tenemos en común
con todos los pueblos de África y de América. Eso es pasado
[…], sobre todo cuando se trata de construir nuestro futuro.
Este futuro sólo puede reposar en valores que sean comunes a
todos los africanos y que sean, al mismo tiempo, permanentes.
Es precisamente al conjunto de estos valores al que yo llamo
africanidad.

Es mi propósito intentar defi- *[…] la raza, que es*
nir estos valores. Son, esencial-
mente, los valores culturales. *una comunidad*
Pero éstos están condicionados
por la geografía, la historia y la *física; el pueblo o el*
etnografía o el etnos, si no por la
raza. Siempre he definido la afri- *etnos, que es una*
canidad como la simbiosis com-
plementaria de los valores del *comunidad*
arabismo y los valores de negri-
tud. […] Haré un intento para *cultural, y la*
demostrar que esta simbiosis por
mestizaje se ha realizado, prime- *nación, que es una*
ramente, a nivel de raza y de et-
nos […], y trataré de las conver- *comunidad política.*
gencias que descubrí en las cul-
turas árabes y negroafricanas. Este es el momento para
distinguir tres términos que se confunden siempre: la raza, que
es una comunidad física; el pueblo o el etnos, que es una comunidad cultural, y la nación, que es una comunidad política.»

L. S. SENGHOR, Fundamentos de la africanidad, 1972, p. 7

Nelson Mandela es sin duda uno de los líderes actuales que
con mayor merecimiento representa los valores de la africanidad y la larga lucha por su afirmación y emancipación. Sudáfrica, su país, es por ahora la última libertad arrancada a los
blancos que habían hecho del continente negro una finca
apéndice del continente europeo.

Las guerras de Extremo Oriente

E l área de Extremo Oriente se consolidó tras la guerra mundial como zona de interés estratégico para las dos grandes potencias. Los EE UU hicieron ver esta prioridad con dos intervenciones, cuya dureza y decisión no dejaban lugar a dudas. Entre 1950-3, Guerra de Co-

Dos penínsulas asiáticas, divididas e invadidas por pueblos extraños, torturadas por sus propios pobladores, convirtieron su lucha en una de las referencias legendarias de nuestro tiempo.

Los EE UU presentaron a la opinión pública estos conflictos del Extremo

rea, y 1964-74, Guerra de Vietnam, la batalla entre comunismo y capitalismo eligió como escenario estos dos pueblos materialmente débiles por los que expulsar la peligrosa tensión del enfrentamiento latente.

Oriente, como modo de confrontación regional y extensión mundial de la amenaza soviética. Se aceptaban así las tesis del fogoso general Mac Arthur, quien durante la guerra de Corea solicitó la invasión de China ya que, según sus palabras, era en Asia «donde los conspiradores comu-

tres años, y el descalabro material de la economía de Corea, no fue suficiente

nistas habían decidido jugarse el todo por el todo para la conquista del mundo». Corea fue, según todos los analistas de la época, un ensayo que luego hemos visto repetido, para una confrontación limitada lejos de los centros del poder bipolar. El costo humano de esta guerra, más de un millón de muertos en

para mover a la reflexión a quienes siguieron moviendo las piezas macabras de estas «guerras regionales».

La intervención en Corea, y veinte años después en Vietnam, han probado finalmente la escasa virtualidad del modelo ofensivo occidental y la incapacidad de los guerreros victoriosos contra Alemania. Hoy, las dos Coreas viven semienfrentadas en espera de un nuevo estallido, a lo largo de una frontera tensa, donde se suceden periodos de paz y situaciones de alarma, con un cuerpo norteamericano de interposición en la zona desmilitarizada del paralelo 38. Vietnam, reunificado tras la guerra, ha mantenido graves enfrentamientos con otros países del área —como Laos, Camboya o China—, ha sido condenada en la ONU y boicoteada por los Estados occidentales. Sin embargo, tras la desaparición de la Unión Soviética, su principal apoyo, se ha visto obligada a retirarse de Laos (1988) y de Camboya (1989), evolucionando hacia una mayor neutralidad en sus relaciones internacionales e incluso permitiendo iniciativas capitalistas en su economía.

Planes en Palestina

Si en 1947 los árabes, con absoluta fidelidad a su orgullo nacional, rechazaban el Plan de las Naciones Unidas para la creación de un nuevo Estado de Israel en territorio palestino, cincuenta años después una parte de ellos ha cambiado de parecer. A mediados de los años noventa, la OLP organización mayoritaria entre los palestinos, apoyada por otros países árabes como Egipto, Jordania, Arabia Saudí, etc., ha tenido que reconocer a la nación judía y su territorialidad, apostando por la solución posible y repartiéndose a la baja el sacrificio de toda una generación de fedayines y refugiados. Cinco guerras fulminantes y destructivas, que han mantenido esta zona de Oriente Próximo en el punto de mira de la preocupación universal, han dado casi siempre resultados favorables a la estrella de David, que finalmente se ha terminado por imponer a repartos, planes y orgullos. En 1993, con el inevitable patrocinio de los EE UU y con la satisfacción de unos y la desesperación de otros, se ponían a buen recaudo cuarenta y cinco años de guerra incesante y muerte, extendida por Palestina, Líbano, Jordania, Egipto, Siria... Se recordaban los miles de víctimas y se aplazaba el vencimiento del terror mutuo, gracias a nuevos planes firmados contra anteriores guerras.

El hijo del guerrillero

América Latina no puede presumir en el siglo XX de estreno masivo de nacionalidades, como sus continentes hermanos. Las independencias sudamericanas son las decanas de un mundo que se persi-

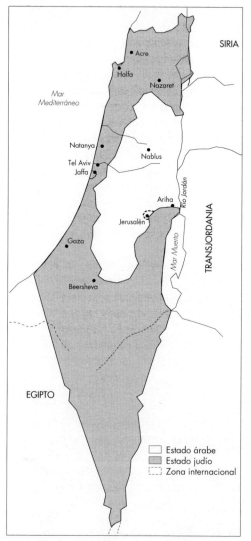

Plan de la Agencia judía, 1946

Plan de la O...

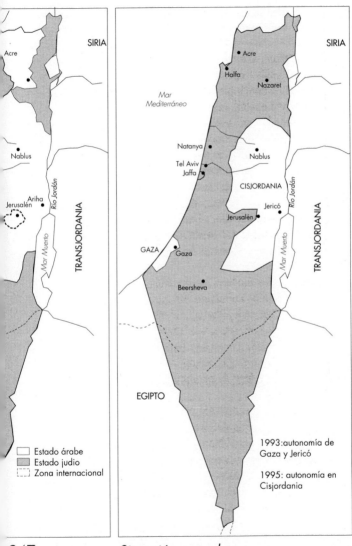

SIRIA

Acre

Nablus

Ariha
Jerusalén

Río Jordán

Mar Muerto

TRANSJORDANIA

Estado árabe
Estado judío
Zona internacional

SIRIA

Acre
Halfa
Nazaret

Mar
Mediterráneo

Natanya
Tel Aviv
Jaffa

Nablus

CISJORDANIA

Jericó

Jerusalén

Río Jordán

Mar Muerto

TRANSJORDANIA

GAZA   Gaza

Beersheva

EGIPTO

1993: autonomía de
Gaza y Jericó

1995: autonomía en
Cisjordania

947   Situación actual

gue a sí mismo en busca de la felicidad, prometida en las constituciones liberales del siglo XIX. Sin embargo, sus años más recientes se encuentran también entre los mapas aciagos de la historia actual. En ellos se contabilizan docenas de golpes militares, de intervenciones norteamericanas, de guerras civiles, de revoluciones internas y de enemigos externos. Jornadas de lucha y miles de muertes, escuadrones nocturnos, torturadores de cuartel y comisaría, sindicalistas perseguidos, luchadores sociales masacrados, campesinos quemados, guerrilleros fusilados, soldados emboscados ...son otros tantos efectos de las revueltas contra la miseria, la desigualdad o el hambre, en los que las viejas repúblicas del sur viven todavía. La pelea sigue, con el incansable vigor de los pueblos siempre nuevos, en los que la alternativa de las armas espera a los hijos de los guerrilleros, como única herencia, en el mismo momento de aprender a dar los primeros pasos.

Guerras médicas

Los hombres de la segunda mitad del siglo XX no sólo se enfrentan entre sí unidos por el deseo de muerte. También luchan por la vida, contra el discurso de la naturaleza y para superar los errores humanos, que no pocas veces actúan como sus adversarios. La ciencia médica ha sido durante nuestra historia actual una de las esperanzas recobradas, desde que en los años cuarenta un descubrimiento milagroso: la penicilina, llegara a nuestras clínicas y hospitales para iniciar la batalla contra los virus y las bacterias. El deslumbramiento científico ha contribuido a crear una exagerada dependencia y una fe ilimitada en los productos de laboratorio y farmacia. Los investigadores, los biólogos, los químicos y los doctores en medicina, representan en la vida cotidiana algunos de los últimos recursos de un género humano que, como nunca antes en la historia, pliación de sus días. El deterioro de la salud en los países más desarrollados, a causa de abusos y sobreabundancias, convive a finales del siglo XX con el mantenimiento de enfermedades y plagas de la pobreza, que afectan a casi las dos terceras partes de la humanidad. Los descalabros de

Nureyev, el bailarín ruso, muerto en 1993 a consecuencia del SIDA.

depende de esta guerra para aliviar su calidad de vida, mejorar sus recursos vitales y esperar una ampliación de sus días. la opulencia, en forma de enfermedades de corazón o cáncer, son comparables a los ataques de la precarie-

*Conflictos en los que ha intervenido
la ONU (1985-1995)*

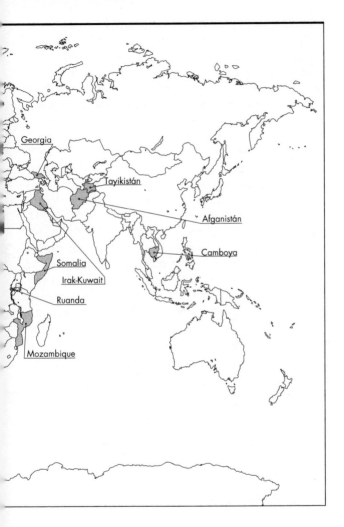

Georgia

Tayikistán

Afganistán

Somalia

Irak-Kuwait

Camboya

Ruanda

Mozambique

dad culpables del hambre, la avitaminosis o el crecimiento físico deficiente de tantos y tantos pueblos.

Durante la década de los ochenta la contradicción se instalaba directamente en el centro de las sociedades occidentales, en forma de enfermedad contagiosa que algunos políticos más reaccionarios y otros tantos moralistas incansables llegaron a presentar como plaga bíblica. El SIDA, un déficit de defensas naturales procedentes del contagio persona a persona, es en estos momentos el escenario de una de estas guerras humanas. Los cuantiosos esfuerzos en su detención, igual que los que se hacen en el caso del cáncer, no conocen éxitos apreciables salvo los que se obtienen con las divulgadas campañas de prevención. Las cifras espectaculares y la forma de propagación del SIDA han ejercido un notable efecto social contribuyendo poderosamente a la modificación de las costumbres o actitudes, descubriendo además la realidad de inseguridad en que se desarrollaba la confiada vida de una sociedad próspera, que se creía a salvo de cualquier contingencia.

Ellas

Ellas

La mujer es el hecho social más relevante del siglo XX. Emancipación, sufragismo, derechos, feminismo, igualdad de sexos... Y sin embargo, a pesar de esa gran revolución de los cabellos largos, los datos actuales siguen siendo aterradores. Los últimos informes de las Naciones Unidas aseguran que las mujeres proporcionan las dos terceras partes del total de horas trabajadas en el mundo. Ellas producen el 44 % de los artículos alimentarios... A cambio sólo reciben el 10% de los salarios y tan sólo el 1% de los bienes patrimoniales están registrados a su nombre. La situación de este «segundo sexo», como lo llamó Simone de Beauvoir, es especialmente grave en el conjunto de los países pobres. Pero su posición social no es menos marginal, todavía, en las naciones del «progreso» y de la modernidad, donde difícilmente llegan a ocupar los puestos de dirección y decisión.

Sexo y trabajo

El trabajo más antiguo de la historia es ser mujer, pero no fue hasta la masificación laboral, la producción en cadena y la tarea minuciosa, rutinaria y pesada cuando se hizo evidente la superioridad femenina en la fábrica. La Segunda Guerra Mundial, pareció establecer una definitiva y brutal división sexual del trabajo: el hombre en el frente era sustituido por la mujer en el taller. Más adelante, la propia historia se encargaría de poner excepciones a esta regla. Mujeres-presidentes en Europa, nobeles de misión y movimientos sociales, mujeres-soldado en Latinoamérica, mujeres sacerdotes que conmocionan, científicos, médicos…

Pero, salvo en casos muy contados, la sociedad del siglo XX no ha permitido la presencia femenina en las grandes circunstancias. Sólo la ley del mercado ha reconocido su papel en trabajos que precisan de mano de obra atenta, dócil y barata. Un eslabón más en la cadena de alfileres de Adam Smith que ha permitido una vuelta en la tuerca de la productividad y el beneficio.

Feria de muestras

Desde Nefertiti hasta Marilyn, Twiggy o Schiffer, ha sido siempre un rostro femenino el canon impuesto por los hombres para ejemplificar lo bello, lo atrayente, lo deseable. Mirar a la mujer como persona, y no como hembra, es todavía un ejercicio social costoso entre la liberal clase media de Occidente. Sometida a estrechas vigilancias culturales en Oriente o en África, sacrificada no menos culturalmente al hogar en Europa o América, el horizonte de la igualdad real es todavía una utopía para muchas de nuestras bellas compañeras.

Reacción feminista ante un anuncio publicitario considerado lesivo para la dignidad de la mujer.

La mitad del cielo*

«Algunas veces me invitaban a sitios para adornar una cena, como se invitaría a un músico para que tocara el piano después de la cena. Y una se da cuenta de que no es invitada por sí misma, sino que es considerada como un objeto de decoración.»

Marilyn MONROE, *días antes de suicidarse en 1962*

---

* Definición china de las mujeres.

«La liberación de la mujer implica necesariamente la liberación de la sociedad. No puede haber mujeres libres en una sociedad de seres oprimidos.»

Gloria STEINEM

«Las mujeres, salvo en ciertos congresos que siguen siendo manifestaciones abstractas, no dicen "nosotras"; los hombres dicen "las mujeres" y ellas retoman estas palabras para designarse a sí mismas, pero no se plantean auténticamente como sujeto.»

El más mediocre de los machos se cree un semidiós frente a las mujeres.

«Todo el mundo está de acuerdo en reconocer que en la especie humana hay hembras, y que éstas constituyen hoy, como en otros tiempos, casi la mitad de la humanidad; sin embargo, nos dicen que "la femineidad está en peligro", y nos exhortan: "Sed mujeres, seguid siendo mujeres, convertíos en mujeres". Todo ser humano hembra, por lo tanto, no es necesariamente una mujer; necesita participar de esa realidad misteriosa y amenazada que es la femineidad.»

«El más mediocre de los machos se cree un semidiós frente a las mujeres.»

«El hombre soberano protegerá materialmente a la mujer vasallo, y se encargará de justificar su existencia; junto con el riesgo económico, la mujer esquiva el riesgo metafísico de una libertad que debe inventar sus propios fines sin ayuda.»

«El hombre que constituye a la mujer en Otro encontrará en

ella, pues, complicidades profundas. Así la mujer no se reivindi-
ca como sujeto, porque carece de los medios concretos, porque
experimenta el vínculo necesario que la sujeta al hombre sin
plantearse la reciprocidad, y porque a menudo se complace en
su papel de Otro.»

Simone de BEAUVOIR, *fragmentos de* El segundo sexo

Si las mujeres mandasen...

Quien crea que con sólo transferir el poder político a manos femeninas «serían balsas de aceite el mundo y las naciones», seguramente ha visto mucha zarzuela pero olvida algunos episodios de nuestra reciente historia. Golda Meir fue primer ministro de Israel entre 1964 y 1974, fechas que podemos situar entre las más comprometidas del actual Estado judío. Durante su mandato tuvo la oportunidad de probar la firmeza de su pulso, gobernando un país en guerra sin tener nada que envidiar al más belicoso de sus generales. Meir y su ministro de Defensa Dayan, fueron las imágenes militares de un Estado en guerra, movilizado contra las reclamaciones palestinas. Esta mujer simbolizó en Oriente y Oc-

cidente un periodo de guerra y muertes. Su efigie encarnó el sionismo repu-
diado en los años setenta y
cuando se tuvo que retirar
del gobierno, tras la guerra
de 1973, dejó una sociedad
en conflicto, antesala de los
graves enfrentamientos que
han llegado hasta hoy.

La Dama de Hierro

Margaret Thatcher
fue elegida presi-
dente del Partido Conser-
vador británico en 1975,
más como un experimento
renovador que como una
auténtica convicción política. En 1979 el experimento
resultó: Thatcher se con-
vertía en la primera mujer
Jefe de Gobierno del Reino
Unido. Su biografía política hasta entonces era insig-
nificante y las expectativas
sobre su mandato eran
extremadamente cautas.
Pero Margaret, con su
actuación política al frente
del ejecutivo, iba a confor-
mar e influir poderosamente durante más de un decenio, en la vida de su Estado
y ciudadanos. Thatcher nos
defraudó en Las Malvinas y
en el Ulster y en su país
encarnó lo que impropia-
mente se llamó reaganismo,
que fue en realidad that-
cherismo. Consiguió popu-
laridad y votos, pero perdió el partido. Nunca la
isla de las mujeres, de las
monarquías femeninas de
larga duración, de Mary

Quant y Sandy Show, estuvo más cerca del populismo, que con esta Dama de Hierro, a la que finalmente le reventaron en el bolso los problemas sociales, los impuestos y la envidia masculina.

La Dama de Arroz

Indira Gandhi, hija del que fuera uno de los constructores de la India actual, Nehru, gobernó su país entre 1966 y 1984, con un paréntesis entre 1977 y 1980. Trató de encaminar el joven Estado por los senderos de la modernidad occidental mediante planes de industrialización y control de la natalidad. La división política y religiosa constituyó fuente de constantes enfrentamientos, ante los que Indira no pudo utilizar el carisma genético que podíamos suponerle. Finalmente en 1984 se convertía en símbolo y víctima de la dramática historia de a India, cuando era asesinada por miembros sijs de su propia guardia personal.

Las niñas 10

En su imparable ascenso social la mujer ha irrumpido en el deporte de competición, haciéndose un lugar propio junto a la supremacía masculina. Belleza, fuerza, rapidez, habilidad o resistencia física ya no son excluyentes y están unidos a la vista de todos gracias a la participación femenina en la gran competición. La rumana Nadia Comaneci asombró en los Juegos Olímpicos de Montreal en 1976 y se convirtió en el símbolo de una nueva generación mundial de mujeres deportistas. Sus calificaciones, siempre máximas y merecidas, hicieron de ella un prodigio de regularidad y perfección en una especialidad reservada a una minoría.

El Nobel del diálogo

Algunos premios Nobel suelen ser reconocidos sin apenas discusión. Son, casualmente, los que se conceden a determinadas personas que han probado una biografía personal llena de humanidad, y dolor, compensado por su impresionante trabajo en favor de los demás. El sinsabor que suelen dejar otros galardones de la Paz, atribuidos a políticos y guerreros, queda equilibrado cuando en la lista de la Academia noruega aparece el rostro apacible y sonriente de una mujer. Este es el caso, sin duda, de la

Rigoberta Menchú

premio Nobel de la Paz de 1992, la guatemalteca Rigoberta Menchú.

Inevitablemente

Las mujeres son mayoría demográfica en casi todas las pirámides de población. Tienen más esperanza de vida que los hombres, en los países desarrollados. Presentan una mayor capacidad biológica y una superior adaptabilidad en las circunstancias más extremas.

No podía ser de otra forma. Cuando nació el primer
bebé-probeta en 1978, superando por primera vez la rígida
cadena humana, fue una niña. El primer nacido tras una
fecundación artificial de laboratorio de reproducción, que
conmocionaba toda la historia de la ginecología, se llamaba Louise Brown. Rubia de ojos azules, será un ser humano inteligente y capaz. Un ser racional que tendrá que
elegir —si tiene la oportunidad— entre el grave dilema
de ser sexual o ser social.

Cultura
(Pensamiento, arte e imagen)

La cultura

La guerra y las persecuciones dejaron un panorama empobrecido en el mundo cultural, heredado del XIX. Europa, que durante tantos decenios, había sido la luz y el enganche de cualquier movimiento intelectual, estaba arruinada y vacía. Los mejores cerebros se habían refugiado en los EE UU. Las musas habían abominado de Hitler y disfrutaban de un mecenazgo de victoria y nuevo rico, al otro lado del mar. Después de la guerra, la humanidad no tenía otra cosa mejor que hacer que prepararse para otra guerra, bajo la sospecha de que esta vez sería la última, con lo que todo esfuerzo existencial parecía relativo. Sin futuro posible, ya que dependía del capricho de quien pudiera apretar el botón atómico, cualquier orgullo humano carecía de sentido y no pasaba de ser una patética presunción. El clima cultural asociaba las

formas estéticas al descubrimiento de la nada como absoluto, pero lo más llamativo era aquella consolidación imperturbable e ignorante de la anunciada cultura de masas. Empeñado en su inconsecuencia triunfal, como correspondía a la ley del vencedor, el modelo cultural americano vulgar e irresponsable resultaba la encarnación de la amenaza de postguerra.

Las complacientes masas empezaron entonces a ser odiadas por sus antiguos cantores. Los jóvenes airados, intelectuales de resuello, habían sido desposeídos de su rebeldía de identidad por un Estado del Bienestar, paternal y aburrido, que prometía encargarse de todo. Apareció el derecho a la diferencia, la lucha por la marginación, el homo solitario y el desprecio por la masificación, seña del nuevo gusto de los bárbaros. Este prurito se tradujo en los intentos de buscar cada vez más la línea vanguardista, el último «post-ismo», la renovación incesante del snobismo y, como consecuencia, la lucha por hacer ostensible el distanciamiento oligárquico ante los esfuerzos de los Estados que pretendían programar una democracia cultural anestesiante.

Filosofía de la existencia

El pensamiento existencialista es tributario de la escuela alemana (Nietzsche, Heidegger...), e incluso en parte de Kierkegaard. Pero han sido los escritores franceses de postguerra los que han dado relevancia literaria y han popularizado las propuestas existencialistas. Jean Paul Sartre es sin duda el más influyente de esta corriente, gracias a la cual el ejercicio de la filosofía dejó de ser una tarea para una elite. El pensamiento sartriano es el desnudo existencial de alguien que ha perdido las identidades clásicas: la fe, la seguridad en lo que le rodea, la confianza en sí mismo... Al perder las creencias básicas, en buena parte a causa de la búsqueda vital de la libertad, acaba considerándose «una pasión inútil» y «un ser que es lo que no es y no es lo que es», cuya autocontemplación le produce la náusea metafísica. Sartre desenmascara las relaciones humanas como piezas de intercambio «cosificadas», cuya única salida posible es la frustración. Más que un producto del horror de la Segunda Guerra Mundial, el existencialista procede de la decadencia y decepción europea de los años veinte y treinta, pero será tras la barbaridad nazi y con los bombardeos del 45, cuando se convierta en conciencia del siglo.

Los autores existencialistas utilizaron abundantemente los recursos literarios y los géneros que con mayor facilidad podían servir para divulgar sus ideas. Uno de los escritores más representativos fue Albert Camus, que junto al citado Sartre, a Marcel y a otros constituye la escuela existencialista de habla francesa. Camus analiza la impasibilidad humana, reforzada por las tragedias que alcanzan al hombre actual. El protagonista de Camus lleva a cabo una huida, un extrañamiento interior, en el que sólo se sostienen los aspectos formales de la realidad. No hay sensaciones vitales externas, el horizonte carece de expectativas reales y el mundo no tiene sentido, en la burocracia existencial que ya había denunciado Kafka.

El existencialismo es un humanismo de J. P. Sartre

«El existencialismo no es nada más que un esfuerzo por sacar todas las consecuencias de una posición atea coherente. No busca de ninguna manera hundir al hombre en la desesperación. Pero si se llama, como lo hacen los cristianos, desesperación a toda actitud de incredulidad, parte de la desesperación original. El existencialismo no es tanto un ateísmo en el sentido de que se extenuaría en demostrar que Dios no existe. Más bien declara: aunque Dios existiera, esto no cambiaría; he aquí nuestro punto de vista. No es que creamos que Dios existe, sino que pensamos que el problema no es el de su existencia; es necesario que el hombre se encuentre a sí mismo y se convenza de que nada puede salvarlo de sí mismo, así sea una prueba valedera de la existencia de Dios. En este sentido el existencialismo es un optimismo, una doctrina de acción, y sólo por mala fe, confundiendo su propia desesperación con la nuestra, es como los cristianos pueden llamarnos desesperados.»

Albert Camus

El mito de Sísifo de Albert Camus

«No hay más que un problema filosófico verdaderamente
serio: es el suicidio. Juzgar que la vida vale o no vale la pena ser
vivida es contestar a la cuestión fundamental de la filosofía. Lo
demás, si el mundo tiene tres dimensiones, si el espíritu tiene
nueve o diez categorías, viene después»

El extranjero de Albert Camus

«Hoy ha muerto mamá. O quizá ayer, no sé. He recibido un
telegrama del asilo: "Madre muerta. Entierro mañana. Sentido
pésame." Esto no quiere decir nada. Podía ser ayer. El asilo de
ancianos está en Marengo, a ochenta kilómetros de Argel.
Tomaré el autobús de las dos y llegaré por la tarde. Así podré
velar y regresaré mañana noche. He pedido al jefe dos días de
permiso y, con una excusa de esa naturaleza, no podía negármelos. Pero no tenía aspecto de estar satisfecho. Incluso le he
dicho: "No es culpa mía".»

De Brasilia a La Defense

La construcción de Brasilia, en los años sesenta, en el centro de la Amazonia, ha terminado por constituir un fracaso político y demográfico, para quedarse en un éxito arquitectónico. Su diseñador principal, el brasileño Oscar Niemeyer, alumno de

Le Corbousier, es sin duda uno de los arquitectos con mayor influencia internacional de nuestra época. De Brasilia a La Defense, es autor de algunas de las edificaciones que mejor representan a la arquitectura

actual. Los principales elementos de este tipo de construcción vienen determinados por el carácter artificial que imprime a la edificación planificada por encargo institucional, la separación entre vida real y vida oficial. Ese es precisamente el problema planteado y no resuelto por Brasilia. La ciudad habitada, la urbe histórica siguió ejerciendo su atracción sobre el ciudadano de este medio siglo, mientras los espacios planeados sobrellevaban una existencia semifantasmal.

La arquitectura actual es el resultado de una sucesión de estilos arquitectónicos que van desde el bloque racional lecorbusiano, hasta el High-Tech y la reacción postmoderna, que sin confesarlo recupera la nostalgia renacentista. Revolucionando constantemente los materiales y su disposición, apostando por la búsqueda del espacio y de la luz, o reflexionando sobre la función y el presu-

tos mercantiles para exposiciones de mercaderías, suburbios con bajo presupuesto y materiales de resistencia limitada, centros medievales rehabilitados, *bidonvilles* que rodean *cities* financieras y siempre la puja por la especulación, la batalla perdida entre planificaciones sociales e improvisadores del corto pla-

puesto, la arquitectura de los últimos cincuenta años no sólo ha dependido del diseño y la creatividad artística. Ciudades nuevas a la francesa, grandes forma-

zo. Cada sociedad construye, a lo largo de la historia, la ciudad que corresponde a su propia estructura socioeconómica.

Arquitectura del cielo

La «segunda orilla» del Atlántico acogió en los años treinta a la diáspora intelectual y artística, provocada por la llegada de Hitler al poder y por el comienzo de la persecución antisemita. Con ella llegarían a los EE UU, los principales miembros de la escuela alemana de la Bau-haus. Entre los arquitectos exiliados, destacaba Mies van der Rohe, que fue sin duda quien más influyó en la caracterización de las nuevas edificaciones de un solo volumen por las que hoy reconocemos paisajes tan familiares como el *sky line* neoyorquino.

Escribir a tres lenguas

L as tres lenguas y con ellas las tres culturas de mayor extensión —si exceptuamos la sobredimensionada China— e influencia en el último medio siglo son todavía de origen europeo. Algunas de las mejores obras literarias de la historia actual han sido escritas en inglés, castellano o alemán. Y han sido los literatos de estos ámbitos lingüísticos quienes con más frecuencia han visto reconocidos sus trabajos en la poesía, la novela o el teatro.

Pablo Neruda es una de las cimas poéticas en lengua española de todos los tiempos e indiscutible en los últimos cincuenta años. Recorre su obra un lenguaje moderno y comprometido, dinámico y enérgico, vertido en versos de militancia política y social, que se ocupan con intensa vitalidad de los problemas del hombre y de los pueblos.

YO SOY
(Testamento I)
Dejo a los sindicatos,
del cobre, del carbón y del salitre,
mi casa junto al mar de Isla Negra.
Quiero que allí reposen los maltratados hijos
de mi patria, saqueada por hachas y traidores,
desbaratada en su sagrada sangre,
construida en volcánicos harapos.

Pablo NERUDA, Canto general

«Muchos años después, frente al pelotón de fusilamiento, el coronel Aureliano Buendía había de recordar aquella tarde remota en que su padre lo llevó a conocer el hielo. Macondo era entonces una aldea de veinte casas de barro y cañabrava construidas a orillas de un río de aguas diáfanas que se precipitaba por un lecho de piedras pulidas, blancas y enormes como huevos prehistóricos.»

Gabriel GARCÍA MARQUEZ, Cien años de soledad

García Márquez encabeza la nómina de la narrativa latinoamericana de habla castellana, que conocerá una amplia divulgación desde los años sesenta. Como Neruda, recibió el Nobel de Literatura que en realidad representaba el reconocimiento internacional de una copiosa generación de autores entre los que no podemos olvidar a Cortázar, Borges, Onetti, Sábato, Vargas Llosa o el también Nobel, el mexicano Octavio Paz.

Mapa lingüístico mundial

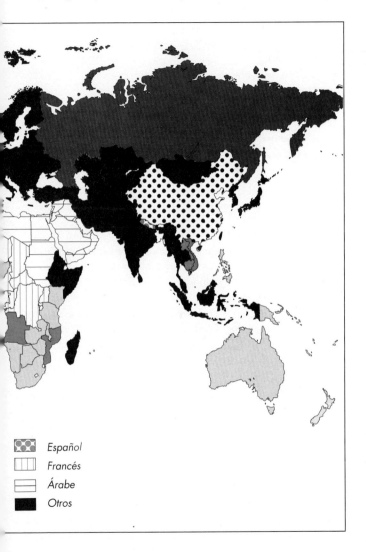

Español
Francés
Árabe
Otros

«La tarde invernal se asienta
Con olor de "bistec" en los pasadizos.
Son las seis.
Colillas quemadas de humeantes días.
Una ráfaga de lluvia envuelve ahora
Los sucios pedazos
De marchitas hojas por los pies [...]
Y a la esquina de la calle
un caballo de punto humea y patalea.
Y se encienden los faroles después.»

T.S. ELLIOT, Prufrock

El poeta, dramaturgo y crítico angloamericano Thomas
Elliot (1888-1965), premio Nobel en 1948, es uno de los
intelectuales que con mayor lucidez ha interpretado el siglo XX.
Uno de los que mejor ha sabido expresar «la consciente
desorientación de una época». Educado en Harvard en el
gusto por los poetas simbólicos franceses, la filosofía y las
religiones orientales, Elliot hizo de la poesía un gran instrumento de comunicación intelectual.

«Sentada junto a la carretera, contemplando el carro que sube
la cuesta hacia donde está ella, Lena piensa: "Vengo de Alabama: buena caminata. Todo el camino, desde Alabama, a patita:
buena caminata". Pensando aunque no llevo todavía un mes de
marcha, estoy ya en Mississippi, más lejos que nunca de casa.
Estoy ahora más lejos del aserradero de Doane de lo que he estado desde que tenía doce años.
    Seis u ocho sábados al año —descalzos los pies en el fondo
del carro, envueltos en un pedazo de papel y, al lado, en el asiento los zapatos— iba al pueblo en el carro con su vestido nuevo
comprado por correo, pero nunca había ido al aserradero de

Doane hasta que murieron su padre y su madre. Se solía calzar un poco antes de que el carro llevara al pueblo. Cuando llegó a ser una mujercita, pedía a su padre que detuviera el carro a la entrada del pueblo, descendía y seguía a pie. No decía a su padre por qué prefería caminar a seguir en el carro. El padre pensaba que sería porque había calles lisas y aceras. Pero la razón era que Lena creía que la gente que la veía, y con la que cruzaba yendo a pie, pensaría que también ella residía en el pueblo.»

W. Faulkner, Luz de agosto

Con sus innovaciones técnicas comparadas a las de Joyce y Proust, la obra del norteamericano William Faulkner (1897-1962), premio Nobel de 1949, ofrece un magnífico retrato del Sur de los Estados Unidos. Los enigmas fragmentarios que recorren sus novelas hacen pensar que la trama sureña, con sus problemas raciales, sus grandes familias arruinadas, su cultura ateniense entremezclada con islotes de ignorancia y crueldad, expresa mejor que ningún otro argumento la condición humana.

«"¡Ah!", dije, "¿Dónde está aquí lo sobrenatural?"
"Schnier", dijo irritado, "creo a pesar de todo que usted es un buen payaso, pero de teología no entiende nada."
"Entiendo lo suficiente para ver que ustedes, los católicos, ante un no creyente como yo son tan inflexibles como los judíos frente a los cristianos, o los cristianos frente a los paganos No oigo más que hablar de ley y de teología, y lo único que se discute es no sé qué documento que el Estado, el Estado precisamente, se encarga de extender."
"Usted confunde la ocasión con el motivo", dijo, "le comprendo a usted Schnier, créame que le comprendo."

"No comprende nada en absoluto", dije, "y el resultado será un doble adulterio. El que Marie cometerá al casarse con su Heribert, y luego aquel en que incurrirá un día, cuando se separe de él y vuelva a mí. Yo no soy ni agudo, ni artista, y ante todo no soy lo bastante cristiano para que un prelado pueda decirme: Schnier, ¿por qué no lo dejamos en concubinato?"»

H. Böll, Opiniones de un payaso

En *Opiniones de un payaso*, Heinrich Böll (1917-1985), premio Nobel de 1972, utiliza la estridente y conmovedora historia de un clown para fustigar el catolicismo de consumo al servicio de la burguesía. Alérgico contra cualquier manifestación del poder, el novelista alemán pertenece a un grupo de escritores, que tuvieron que sacrificar su juventud al mundo hitleriano y que durante toda su vida no tuvieron más que una idea fija, la de alertar a sus conciudadanos de los nuevos miasmas ideológicos.

«Para no tener que habérmelas con ningún género de caja registradora ruidosa, me aferré a mi tambor y, a partir de mi tercer aniversario ya no crecí ni un dedo más; me quedé en los tres años pero también con una triple sabiduría; superado en la talla por todos los adultos, pero tan superior a ellos; sin querer medir mi sombra con la de ellos, pero interior y exteriormente ya cabal, en tanto que ellos, aun en la edad avanzada, van chocheando a propósito de su desarrollo; comprendiendo ya lo que los otros sólo logran con la experiencia y a menudo con sobradas penas; sin necesitar cambiar año tras año de zapatos y pantalón para demostrar que algo crecía.»

G. Grass, El tambor de hojalata

Con *El tambor de hojalata* el alemán Günter Grass, nacido en 1927, se consagraba en 1959 como uno de los mejores escritores europeos de posguerra. En la mejor tradición de la novela picaresca, el expresivo recurso del redoble del tambor sirve para destruir al superhombre con el que soñaba Hitler y los retóricos valores germanos. Burla, sarcasmo, ternura, encono y rabia son los instrumentos empleados por el antihéroe enano en su ataque a la sociedad alemana de entreguerras.

Todo puede ser arte

Posiblemente sea en la pintura, donde el eclecticismo postmoderno haya tenido un reflejo más elocuente. En un medio siglo que ha heredado el prurito vanguardista, la aceptación de estilos, las ambivalencias y la ausencia de criterios formales eran otras tantas pruebas de incertidumbre. La vigencia de todos los estilos hizo posible que la antigua pintura impresionista llegara a renovar ciclos de aceptación y suculentas cifras en las subastas de los especuladores o inversionistas.

La otra faceta del cosmos pictórico lo constituyeron las reproducciones, que multiplicaron la posibilidad de conocer e incluso tener una copia del original, sin tener que visitar museos o ciudades. Los nombres de los grandes de nuestra época se popularizan, su imagen y la de sus obras se exponen en cualquier escaparate o publicación. El arte «democrático» contribuye también a la desorientación de criterios y provocará la aparición del «todo vale», en el que han llegado a incurrir los mejores.

Entre los pintores consagrados de la segunda mitad del siglo XX, Pablo Picasso fue sin discusión el autor con mayor influencia y personalidad artística. A pesar de que la mayor parte de sus obras maestras pertenecen al período anterior, nadie pudo disputar al malagueño el lugar más alto del universo creativo.

La imagen del siglo

La revolución de la imagen es uno de los hechos fundamentales de la segunda parte del siglo veinte. Ya en los años treinta, una generación de fotógrafos entre los que figuraba el húngaro Robert Capa empezaba a superar último poema pictórico sobre la realidad de una sociedad mortalmente enfrentada a la sinrazón bélica, el miliciano abatido de Capa es su contemporáneo en celuloide. Desde entonces, la fotografía, el cine, la televisión o el orde-

el descriptivismo anterior y a disputar con sus fotos de interpretación el arte de los Picasso, Braque o Mondrian. Si el *Guernica* es el nador han completado un mundo de pantallas e imágenes, que ha recorrido todos los caminos posibles entre la denuncia y la evasión. Los años actuales son la transición del texto escrito al mundo imaginado. El esfuerzo se transforma en sensibilidad, el razonamiento en gusto estético y el pensamiento en placer sensual. Un mundo más fácil, sin duda con más adictos y bordeando la locura preocupante del 1984 de Orwell. Un rectángulo inquietante, negro y siniestro, que apenas descansa, es ahora el protagonista robotizado de esta última revolución de la cotidianeidad. Está en todas partes y se vende en todos los tamaños, de modo que el habitante de los países desarrollados, y de los que no lo son, puedan entregarse a un desenfrenado culto, que en ocasiones sobrepasa las cinco horas diarias. Las consecuencias culturales, sociales y políticas de esta inactividad están ya entre nosotros y probablemente empiezan a desbordar cualquier previsión que hayamos podido hacer respecto al ciudadano del presente.

Rosa de los Vientos

ADENAUER, Konrad (Colonia, 1876; Rhoendorf, 1967)

Político alemán y principal artífice de la ya extinguida
República Federal de Alemania. Fue alcalde de Colonia
hasta que los nazis le depusieron en 1933. Durante el
tiempo en que el poder estuvo en manos de Hitler,
Adenauer permaneció dos veces en prisión. Tras la victoria aliada (1945) volvió a la alcaldía de Colonia y fundó
el Partido Democratacristiano, base de su poder cuando
en 1949 llegó a ser el primer canciller de la Alemania
Occidental. Fue uno de los principales promotores del
llamado «milagro alemán», que llevó a la RFA a recuperar su posición en el concierto mundial; introdujo a
Alemania en la OTAN y también en el Mercado Común.
Dejó de ser canciller en 1963. Le sustituyó su ministro
de Economía, Ludwig Erhard.

ALLENDE, Salvador (Valparaíso, 1908; Santiago, 1973)

Político socialista chileno. Médico de profesión, fue presidente de su país durante el trienio 1970-73, y se convirtió así en el primer marxista que accedía a la presidencia de un país del «mundo occidental» elegido en unas elecciones libres. Sin embargo, no pudo llevar a cabo gran parte de sus pretensiones políticas al carecer del apoyo necesario en el Congreso.

Durante su mandato pretendió reestructurar Chile sobre la línea socialista. El continuo hostigamiento y desestabilización de su régimen proveniente del exterior, mantuvo paralizada su labor política, a la vez que daba motivos a la oposición, encabezada por la Democracia Cristiana, para solicitar su dimisión. La negativa de Allende sirvió de coartada al golpe de septiembre de 1973, en el que fue bombardeado el Palacio de la Moneda, residencia presidencial. Allende murió durante el ataque. Tras el golpe, una junta dirigida por el general Augusto Pinochet se hizo cargo del Gobierno.

AQUINO, Corazón (1932)

Política filipina, esposa del asesinado Benigno Aquino (Tarlac, 1932; Manila, 1983), virtual presidente de Filipinas y candidato a la presidencia del país contra el dictador Ferdinand Marcos. Condenado Benigno Aquino a muerte en 1972, consiguió más tarde abandonar la prisión y exiliarse en EE UU. Sin embargo, le asesinaron en el aeropuerto de Manila en 1983, año en el que decidió regresar a su tierra. Su mujer, Corazón Aquino, denunció las elecciones presidenciales en las que Marcos se declaró vencedor, ya que, según observadores internacionales, fueron unos comicios fraudulentos. La retirada del apoyo norteamericano a Marcos, así como el de la Iglesia y el ejército, condujo a una situa-

ción de golpe de Estado pacífico que permitió el trasvase
del poder a Corazón Aquino en febrero de 1986.

ARAFAT, Yasser (Jerusalén, 1929)
   Presidente de la Organización para la Liberación de
Palestina (OLP), desde 1969. Cinco años más tarde
obtiene un éxito diplomático al invitársele a hablar en la
Asamblea General de las Naciones Unidas. A pesar de la
oposición violenta de algunos sectores de la resistencia
palestina, la actitud moderada de Arafat acaba por convencer a los gobiernos occidentales de la vía de compromiso que representa, máxime después del reconocimiento formal del Estado de Israel y de su declaración de
abandono del terrorismo en 1988. Superviviente nato,
capaz de esquivar innumerables atentados y accidentes,
ha logrado neutralizar también los vaticinios que señalaban su muerte política, tras la expulsión de la OLP por
el rey Hussein de Jordania, la invasión del Líbano por
Israel, el enfrentamiento personal con Assad de Siria o el
apoyo a Sadam Hussein en la guerra del Golfo. Con el
presidente Clinton como anfitrión, en noviembre de
1993, firmó la paz con los judíos.

BEN BELLA, Ahmed (Marnia, Oranesado, 1916)
   Hombre de Estado argelino. Sargento mayor en el ejército francés, pronto destacó como uno de los más firmes
luchadores por la independencia de Francia, y llegó a ser
líder de los nacionalistas argelinos en el exilio.
Permaneció confinado hasta la celebración de la
Conferencia de Evian (1962), por la que se concedió la
independencia a Argelia. Ese mismo año, y en un rápido
ascenso al poder, desplazó del mismo a Ben Khedda, y
más tarde (1963) depuso al presidente Ferhat Abbas. Sin
embargo, no duró mucho su estancia al frente del
gobierno, ya que un golpe de Estado dirigido por su

comandante segundo, Bumedián, le destituyó en 1965.
Exiliado desde esa fecha, en 1990 volvió a su Argelia
natal.

BOFF, Leonardo (Concordia, Brasil, 1938)

Teólogo de la Liberación. Perteneció a la orden francis-
cana, de la que se sintió forzado a salir y a dejar el sacerdocio por la persecución vaticana. Tras ser procesado
por la Congregación para la Doctrina de la Fe en 1985 le
fue impuesto un período de silencio docente que derivó
hacia su abandono del ministerio sacerdotal, siete años
más tarde, «para mantener la libertad y continuar un trabajo que le estaba siendo impedido», según sus palabras.
La extensa obra de Boff define la primera cristología latinoamericana, pensada y vivida desde un contexto
sociohistórico de pobreza y dependencia.

BRANDT, Willy (Lubeck, 1913; Unkel am Rhein, 1992)

Político alemán. Se convirtió muy pronto en propagandista de las ideas socialistas. Durante el mandato de
Hitler se estableció en Noruega, regresando a la política
alemana después de la Segunda Guerra Mundial.
Miembro del Bundestag en 1949, alcalde de Berlín en
1957, en 1960 sustituye a Erich Ollenhauer como líder
del Partido Socialdemócrata de la Alemania Occidental.
Canciller en 1967, ratificado en las elecciones de 1972,
debió dimitir en 1974 al verse acusado uno de sus secre-
tarios de colaborar con el espionaje soviético. Fue presidente de la Internacional Socialista. Apoyó las relaciones
con la Europa del Este, y recibió el premio Nobel de la
Paz en 1971.

BREZHNEV, Leonid Ilich (Dneprodzerhinsk, Ucrania, 1906; Moscú,
1982)

Político comunista ruso. Comenzó su carrera política en

la Moldavia ucraniana. Ocupó cargos de responsabilidad en el ejército soviético durante 1933 y 1934; posteriormente perteneció al Comité Central del Partido Comunista en 1950; en 1955, al Presídium de la región de Kazkh, y más tarde (1957) fue nombrado miembro de pleno derecho del Presídium Supremo de la URSS y del Comité Central.

Sucedió a Marshal Voroshilov como jefe del Presídium del Soviet Supremo entre 1960 y 1964. Cuando en 1964 cayó Kruschev, ocupó la secretaría general del Partido Comunista, y en los años siguientes se convirtió en el líder único de la URSS. Durante su mandato se llevaron a cabo las intervenciones militares en Checoslovaquia y en Afganistán.

BUSH, George (Massachusetts, 1924)

Cuadragésimo primer presidente de EE UU. Creador de una compañía de petróleo en Texas, participó en la Segunda Guerra Mundial. Congresista de 1967 a 1970, y embajador en la ONU de 1970 a 1973. Encabezó la delegación oficial norteamericana que participó en las conversaciones con la China comunista (Pekín, 1974-1975). Director de la CIA (1975-1976), vicepresidente durante el mandato de Ronald Reagan (1981-1989) fue elegido presidente tras derrotar al candidato demócrata, Michael Dukakis, en las elecciones presidenciales de 1989.

CASTRO RUZ, Fidel (Mayarí, 1927)

Político cubano. Estudió en la Universidad de La Habana. Opositor al régimen dictatorial de Batista. Condenado a cinco años de prisión por un ataque que dirigió contra el cuartel de Moncada (1953), se benefició de una amnistía decretada dos años más tarde, que le facilitó exiliarse a México y volver a Cuba en 1956. Vivió secretamente en las provincias orientales, donde agrupó

leales suyos y configuró una guerrilla con la que acabó
con el régimen de Batista (1959). Su acercamiento a la
URSS hace que a Cuba se la viera como una base proso-
viética. La reordenación constitucional de 1976, además
de confirmar a Castro en sus cargos de primer ministro y
secretario general del Partido Comunista, le adjudicó el
de presidente.

Desde esa fecha, sin embargo, las dificultades por las
que ha pasado Cuba sometida a un férreo embargo
comercial por los USA y prácticamente sola en un
mundo sin «socialismos reales», han puesto a prueba el
liderazgo del abogado-guerrillero de Sierra Maestra. Con
casi setenta años, Castro sigue siendo en los noventa el
mejor aval de la vieja revolución, que prepara en vida su
transición política.

CEAUCESCU, Nicolae (Scornicesti, Pitesti, 1918; cercanías de
        Bucarest, 1989)
        Político rumano. Formó parte del primer gobierno
        comunista instalado en aquel país (1947) como ministro
        de Agricultura (hasta 1950), y de Defensa de 1950 a
        1954. Líder del Partido Comunista a la muerte de
        Gheorghe Gheorguiu-Dej (1965), se convirtió en 1967
        en jefe de Estado. Supo combinar la política represiva
        con un nacionalismo exacerbado, al mismo tiempo que
        hizo crecer económicamente al país. Sin embargo, su
        popularidad no pudo con los vientos de reforma demo-
        crática que sacudieron al Este europeo durante 1989. La
        revolución rumana acabó con su vida y la de su mujer.

CLINTON, Bill (Arkansas, 1946)
        Cuadragésimo segundo presidente de EE UU. Nace en
        una familia modesta, asiste a escuelas públicas y adquie-
        re su formación religiosa en la Iglesia baptista. Becario

en la Universidad jesuítica de Georgetown (Washington) y en la de Oxford, donde se graduó en Derecho que enseñaría luego en Arkansas. Como estudiante secundó las manifestaciones londinenses contra la intervención americana en Vietnam, influido por el espíritu aperturista de la «nueva frontera», que volverá a resucitar en sus campañas contra la discriminación sexual de los comienzos de su mandato. Gobernador de Arkansas y candidato demócrata en las elecciones de 1992 que ganó en compañía de su esposa Hillary y del ecologista Al Gore. Ante la envenenada herencia del reaganismo, los Clinton deben abordar las reformas tributaria, educativa y sanitaria, necesarias para desactivar la conflictividad social.

Con un comienzo errático en política exterior –Somalia, Yugoslavia, Rusia– la administración Clinton ha mantenido la vocación intervencionista de sus predecesores, desoyendo algunas voces aislacionistas procedentes de las tribunas conservadoras. Acuciado por la proximidad de las elecciones, en 1995 el presidente rubio pisará el acelerador «internacionalista». Las presiones sobre Inglaterra para un acuerdo en el Ulster, con alto el fuego IRA incluido, las gestiones en Palestina para una tregua consolidada a duras penas mediante un proceso autonómico y el reconocimiento israelí de una Alta Autoridad Palestina o la díficil pacificación de Bosnia, son otros tantos logros que Clinton presentará a los electores estadounidenses.

CHIANG KAI-SHECK (Fenghwa, Chekiang, 1886 , Taipeh 1975)
Lider de la resistencia china contra Japón, heredó el poder político a la muerte de Sun Yat-Sen en 1925, enfrentándose a los comunistas, sus antiguos aliados. Después de 1945, la guerra civil obligaría a Chiang y sus seguidores a refugiarse en la isla de Taiwan (Formosa) en

1949. Protegida por los EE UU, la llamada China nacionalista mantuvo su estatus político en la ONU hasta poco antes de la muerte del fundador.

CHURCHILL, Winston (Spencer Winston Leonard) (Blenheim Palace, Oxfordshire, 1874; Londres, 1965)

Político conservador, premio Nobel de Literatura en 1953. Descendiente de una antigua familia de larga tradición política y militar: los Marlborough. Su intransigente librecambismo le hizo unirse a los liberales (1904) y abandonar el Partido Conservador por el que había salido elegido diputado. Con los liberales ocupó además de la subsecretaría de Estado para las Colonias, diversas carteras ministeriales, como la de Comercio, Interior, y le afianzaron al frente del Almirantazgo (ministro de Marina) desde donde consiguió modernizar la armada.

Fue también ministro de Armamentos (1917-1918), de Guerra y Aire (1919-1920) y Secretario de las Colonias (1921-1922). Tras la derrota electoral de 1922 y la ruptura de la coalición liberal, volvió a ingresar en 1925 en el Partido Conservador. Y aunque su negativa a ofrecer concesiones a la India y sus continuos intentos de alertar a Gran Bretaña ante la nueva amenaza alemana le excluyeron de los puestos de gobierno entre 1929 y 1939, sin embargo, al estallar la Segunda Guerra Mundial se encargó nuevamente del Almirantazgo. El triunfo en las elecciones de 1940 le convirtió en primer ministro, y aunque los laboristas se hicieron con el gobierno después de la Segunda Guerra Mundial, la influencia de Churchill, sin embargo, no decayó. Así, por ejemplo, sus discursos en Fulton y Zurich durante 1946, se han considerado como antesala de lo que más tarde será la OTAN y el Consejo de Europa, respectivamente. Un nuevo triunfo en las urnas le volvió a colocar de primer ministro en 1953, puesto en el que se mantuvo hasta 1955, cuando cedió el gobierno a la dirección de su partido que colocó a Eden como sustituto.

DE GASPERI, Alcide (Trento, 1881; Valsugana, 1954)

Político italiano. De 1921 a 1924 formó parte como diputado católico del Parlamento de Italia. En 1926 fue condenado a cuatro años de cárcel por el régimen fascista, cumplidos los cuales trabajó en la Biblioteca Vaticana. Durante la Segunda Guerra Mundial fundó el Partido Cristianodemócrata, y después de la caída de Mussolini (1943) ocupó diversos puestos ministeriales hasta que, en 1945, pasó a ser jefe del gobierno. Activo colaborador con las potencias occidentales, llevó a cabo una política anticomunista y presidió varios gabinetes de coalición.

DE GAULLE, Charles (Lille, 1890; Colombey-les-Deux-Eglises, 1970)

General y estadista francés. Durante la Segunda Guerra Mundial fue el símbolo de la Francia libre. Tras la crisis de la IV República, se convirtió en fundador y jefe de la V República, aprobada ésta por referéndum en 1958.

Estudió en la Academia Militar de Saint-Cyr, y participó en la Primera Guerra Mundial. Durante 1940 fue ascendido de coronel a general, y nombrado subsecretario del Ministerio de Defensa. Se negó a reconocer el armisticio por el que Francia quedaba derrotada y se refugió en Inglaterra, desde donde creó el Comité de los franceses libres, del que fue líder; el Gobierno de Vichy lo condenó a muerte por rebeldía. En 1942, tras el desembarco aliado en África del norte, fue nombrado jefe del Comité de Liberación con sede en Argel. En 1944 entró en París al frente de sus tropas. Ese mismo año fue elegido jefe del Estado, cargo del que dimitió en 1946. En 1947 creó el partido político Rassemblement du Peuple Francais

(RPF), cuyos primeros éxitos electorales no tuvieron
continuidad. Se retiró momentáneamente de la política
hasta que fue nombrado primer ministro con plenos
poderes para reformar la Constitución. Elegido presidente de la V República en 1959, concedió la independencia a Argelia en 1962. Tras los sucesos de mayo del
68, dimitió al ser derrotadas en referéndum sus propuestas de reforma constitucional.

DELORS, Jacques (París, 1925)

Político y economista. Presidente desde 1985 hasta 1995
de la Comisión de las Comunidades Europeas, con más
poder e influencia que cualquiera de sus antecesores.
Católico con conciencia social, trabajó para el Banco de
Francia y fue asesor del primer ministro gaullista
Chaban-Delmas, sin que esto le impidiera ingresar en el
Partido Socialista en 1974 y ser ministro de Economía y
Finanzas siete años más tarde. A la pregunta de si es de
derechas o izquierdas acostumbra a responder definién-
dose como tecnócrata en contacto con la realidad económica.

DUBCEK, Alexander (Uhrovec, Eslovaquia, 1921, Praga, 1992)

Lider del Partido Comunista de Checoslovaquia y principal protagonista del intento de apertura conocido
como «primavera de Praga» o también «socialismo con
rostro humano» en 1968. Tras la invasión del Pacto de
Varsovia, que acabó con la experiencia checoslovaca,
Dubcek fue obligado a reconducir al partido y poco después a dimitir. Tras la caída del sistema comunista, reapareció en 1989 siendo nombrado Presidente del nuevo
Parlamento.

FRANCO Bahamonde, Francisco (El Ferrol, 1892; Madrid, 1975)

Militar y jefe del Estado español entre 1937 y 1975.

Cursó la carrera militar, y ya a los veinte años fue nombrado capitán. Prosiguió su ascenso en el escalafón castrense y tras participar en numerosas batallas, como la del desembarco de Alhucemas durante la guerra de Africa, alcanzó el mando de general. Bajo Primo de Rivera fue el encargado de dirigir la Academia Militar de Zaragoza, clausurada posteriormente por la República. Tuvo bajo su responsabilidad la represión de la revolución socialista de octubre de 1934, y en 1935 se le confió la jefatura del Estado Mayor Central y la reorganización del Ejército.

Con el triunfo del Frente Popular (1936) fue enviado a la Comandancia Militar de Canarias, desde donde participó en el levantamiento militar contra la República, que daría lugar a la posterior guerra civil (1936-1939). Adoptó el título de Caudillo, y en 1973 dejó la presidencia del gobierno en manos del almirante Carrero Blanco, conservando Franco la jefatura del Estado hasta su muerte.

GADDAFI, Muammar al- (Syrte, 1942)

Militar y político libio. Participó en el golpe de Estado que los beduinos asestaron al rey Idris I en 1969, tras el cual se convirtió entonces en el jefe del Consejo del Comando Republicano, órgano desde el cual llegó a ser primer ministro de Libia durante el bienio 1970-1972, y presidente desde 1972 a la actualidad. Dirige un movimiento islámico puritano, así como un régimen prosocialista cercano a la URSS.

GANDHI, Indira (Allahabad, 1917; Nueva Delhi, 1984)

Estadista hindú, hija de Pandit Nehru. Colaboradora de Gandhi, se casó con un discípulo de éste (Feroze Gandhi), y al enviudar (1960) se dedicó activamente a la política. Miembro y posteriormente presidenta del

Partido del Congreso, en el gobierno de Shastri estuvo al
frente del Ministerio de Información y Radiodifusión.
Primer ministro desde 1966, sustituyendo a Shastri.

Política socializante y neutralista, defendió la unificación
frente al particularismo étnico y lingüístico, lo que conci-
tó una fuerte oposición hacia su persona. Y aunque lo
anterior no le impidiera ganar las elecciones de 1967 y
de 1971, sin embargo, en 1975 fue acusada de fraude
electoral, tras de lo que estableció el Estado de excepción y suprimió las actividades políticas. Derrotada en
1977, renunció a seguir gobernando. En 1978, y por discusiones internas del Partido del Congreso, se desgajó
una facción llamada Partido del Congreso I, con Indira
Gandhi como presidente, que le volvió a llevar a la jefatura del país.

Murió asesinada en 1984. Le sucedió su hijo, Rajiv
Gandhi, quien también falleció víctima de un atentado
en 1991.

GANDHI, Mohandas Karamchand (Porbandar, 1869; Nueva Delhi,
1948)

Político y líder popular indio, más conocido como el
Mahatma (Alma Grande). Cursó Derecho en Londres.
De 1893 a 1914 ejerció la abogacía en África del Sur y
allí se erigió en jefe de la minoría hindú que pugnaba por
mejorar su condición. De regreso a su país, fue elegido
jefe del Partido del Congreso. En 1921 dirigió la primera
campaña de desobediencia a las autoridades británicas,
siendo encarcelado en 1922 y condenado a seis años de
prisión.

En 1929 inició otra campaña de desobediencia con el
«boicot» a todo aquello que fuera británico, y también
expresó, mediante prolongados ayunos, su protesta contra dicha ocupación. Al término de la Segunda Guerra
Mundial consiguió la independencia de la India pero no

pudo impedir la escisión del enorme país en dos: uno
hindú (Unión India) y otro musulmán (Pakistán), razón
por la que un fanático hindú le asesinó en 1948.

GORBACHOV, Mijaíl Sergéi (Stavropol, 1931)

Político comunista ruso que trabajó como miembro
organizador del partido en Stavropol en 1978, y desde el
que llegó a ser miembro del Comité Central del PCUS.
También secretario del comité agrícola del partido desde
1978 a 1985, y miembro del Politburó desde 1980. A la
muerte de Chernenko resultó elegido primer secretario
del PCUS. Emprendió reformas económicas y administrativas (perestroika) para modernizar la Unión
Soviética. Recuperó del exilio interior al contestatario
Nobel físico Andréi Sajarov, y encaró una política de
transparencia (glasnost) que suscitó serios problemas
con los sectores más conservadores del Estado soviético,
así como numerosas tensiones nacionalistas. Premio
Nobel de la Paz en 1990. En diciembre de 1991 dimitió
como presidente de la URSS.

GUEVARA, «Che» (Ernesto) (Rosario, 1928; Higueras, Bolivia,
1967)

Revolucionario argentino. Hijo de arquitecto, cursó estudios de medicina. Se convirtió en firme opositor al régimen de Perón. Abandonó Argentina en 1952, y sirvió en
el gobierno del Frente Popular de Guatemala hasta que
éste fue derribado en junio de 1954. En 1956 se encontró en México con Fidel Castro, le acompañó a Sierra
Maestra y pasó a ser más tarde su más directo colaborador. Durante el gobierno de la Revolución Cubana fue
presidente del Banco Nacional (1959) y ministro de
Industria (1959-1965). Abandonó el gobierno cubano en
1965 y desapareció del país. Tras una visita al Congo y
Vietnam del Norte, reapareció en 1967 al frente de una

guerrilla en tierras de Bolivia. En octubre de ese mismo
año fue capturado y asesinado por el ejército boliviano.
Sus diarios fueron publicados en 1968.

HIRO HITO (Tokio, 1901; Tokio, 1990)

Emperador de Japón desde 1926 hasta 1990, en que le
sucedió su hijo Akihito. Siendo príncipe heredero hizo
un viaje de estudios por Europa, después del cual, en
1921, fue nombrado regente por su padre Yoshi Hito.
Tras la derrota de su país en la Segunda Guerra
Mundial, y la imposición a Japón de una nueva constitución, se mantuvo como emperador, aunque con un
poder limitado y destituido de su carácter divino.

HO-CHI-MINH (Kim Lien, Nghe An, 1890; Hanoi, 1969)

Político vietnamita. Su verdadero nombre es Nguyen Ai-
Quoc, y el apodo por el que se le conoce puede traducirse por «el que lleva la luz». Vivió en Francia, donde se
afilió al Partido Socialista Unificado y después al Partido
Comunista. Tomó parte en la Revolución china y fue
miembro del Komintern en el Extremo Oriente. En
1930 fundó el Partido Comunista indochino y en 1941 el
Vietminh (liga pro independencia del Vietnam). Desde
1946, con el apoyo de la URSS y la China comunista,
luchó contra los franceses para conquistar la independencia del Vietnam. Posteriormente fue presidente y primer ministro de Vietnam del Norte. Reelegido presidente en 1960, conservó este cargo hasta su muerte en 1969.

HUSSEIN, Sadam (Takrit, 1937)

Político y militar iraquí. Estudió en las universidades de
El Cairo y Bagdad. En 1957 se adscribió al Partido
Socialista Arabe Baaz, y en 1959 fue condenado a muer-
te por intentar el asesinato del general Abdul Karim
Qassim. En 1962 se sumó a la fracción del Partido Baaz

de El Cairo y, después de la revolución de 1963, volvió a
Irak. Mientras estaba en prisión (1965) fue elegido líder
del Partido Baaz. Jugó un papel destacado en la revolución iraquí de julio de 1968. Formó parte del Consejo
del Comando Revolucionario durante los años 1968 y
1969, y en 1979 fue designado presidente de Irak y también primer ministro. Invadió el emirato de Kuwait el 2
de agosto de 1990 y provocó la llamada guerra del
Golfo, que se saldó con la derrota de su país frente a un
ejército multinacional bajo pabellón de la ONU.

JOMEINI (Jomein, 1900; Teherán, 1990)

Líder religioso y político iraní. Defensor a ultranza del
Corán, se opuso a la occidentalización y secularización
de Irán llevada a cabo por el sha Reza Pahlewi. Exiliado
por estos motivos a Turquía, Irak y Francia (1964-1979),
volvió a Irán en 1979 y promovió la llamada Revolución
islámica que derribó al gobierno del sha. Exiliado éste,
Jomeini llegó a ser virtual jefe del Estado con el apoyo
de su partido de la Revolución Islámica. Después de la
redacción de una nueva Constitución aceptada por plebiscito, Irán ha vuelto a la estricta observancia de los
principios y tradiciones del Islam. Muerto en 1990, le
sustituyó Alí Jamenei.

JUAN XXIII (Angelo Guiseppe Roncalli) (Sotto il Monte, Bérgamo,
1881; Roma, 1963)

Elegido Papa en 1958, fue ordenado en 1904, y de 1925
a 1944 nombrado visitador apostólico en Bulgaria,
Grecia y Turquía, así como nuncio apostólico en Francia
después de la Segunda Guerra Mundial. En 1953, cardenal y arzobispo de Venecia. Su contribución como Papa
a la historia consistió en la convocatoria del Concilio
Vaticano II (Roma, 1962-1964), que puso las bases de la
modernización de la Iglesia y su adaptación a la sociedad

en la que vive. Ha sido el Papa más popular del siglo xx. Fallecido durante la celebración del Concilio, éste prosiguió de la mano de su sucesor Pablo VI.

JUAN PABLO II (Karol Wojtyla) (Wadowice, Cracovia, 1920)

Papa desde 1978, trabajó en una cantera y en una fábrica química antes de ser ordenado sacerdote. Estudió teología en un seminario clandestino, y finalmente se ordenó en 1946. Durante su etapa como capellán y profesor universitario, escribió numerosos libros y artículos. Arzobispo de Cracovia de 1963 a 1978, y cardenal primado de Polonia en 1967. Su elección como Papa en 1978, le convirtió en el primer Papa no italiano desde Adriano VI (1523).

Ha viajado por todo el mundo en olor de muchedumbres, pero su doctrina y praxis suscitan críticas de los sectores más progresistas del catolicismo mundial.

KENNEDY, John Fitzgerald (Boston, 1917; Dallas, 1963)

Trigésimo quinto presidente de EE UU (1961-1963) y primer presidente católico. Durante la Segunda Guerra Mundial sirvió en el Ejército de su país. Congresista de 1947 a 1953, y senador por Massachusetts (1953-1960).

Designado vicepresidente por el Partido Demócrata, comenzó en 1957 su campaña para la presidencia de EE UU, a la que accedió en 1961, tras derrotar a Nixon. De 1961 a 1963 llevó adelante una política reformista que tenía, entre otras directrices, la lucha contra el racismo y la recuperación del prestigio USA en los países menos desarrollados. Protagonista por parte americana de la crisis de los misiles cubanos, murió asesinado en 1963 en la ciudad de Dallas durante el transcurso de una visita preparatoria de la campaña electoral.

KING, Martin Luther (Atlanta, 1929; Memphis, 1968)

Líder negro americano, y uno de los más destacados luchadores en Estados Unidos de los derechos civiles de los hombres de raza negra. Aunque dirigió un gran número de marchas y manifestaciones públicas que los reivindicaban, sin embargo, se opuso siempre a la utilización de la violencia en las mismas. Galardonado con el Nobel de la Paz en 1964, fue asesinado en Memphis (Tennessee) el 4 de abril de 1968.

KOHL, Helmut (Ludwigshagen, 1930)

Político alemán. Estudió en las Universidades de Francfort y Heidelberg. Miembro de la Cámara del Estado de Palatinado durante la legislatura 1959-1976 y presidente del mismo de 1969-1976. Jefe de la Unión Nacional Cristianodemócrata en 1976. Tras derrotar al socialdemócrata Helmut Schmidt en las elecciones de 1982, se convirtió en canciller de la RFA.

Artífice de la reunificación alemana, desde 1990 es el canciller de la Alemania unida.

KRUSCHEV, Nikita Sergeyevich (Kursk, 1894; Moscú, 1971)

Político ruso. Granjero y luego soldador cerrajero, ingresó en el Partido Comunista en 1918, encargado de las tareas organizativas. Miembro del Comité Central del PCUS desde 1934; secretario del Comité del Partido por el distrito de Moscú (1934-1938); en 1939 miembro del Politburó y secretario general de Ucrania, república en la que alcanzó una alta responsabilidad militar cuando fue ocupada por los alemanes. Asimismo, presidente de Ucrania (1944-1947), y secretario general del Partido Comunista de la URSS (1953-1964).

Presidente de la URSS de 1958 a 1964, sustituyó en ese

puesto a Bulganin. Visitó EE UU en 1959, India y China en 1960. Forzado a dimitir en 1964, tuvo una oscura retirada política.

LE CORBUSIER, Charles-Édouard (La Chaux-de-Fonds, 1887, Cap-Martin 1965)

Uno de los arquitectos más influyentes del siglo XX, por sus diseños y sus escritos. Constructor de edificios religiosos como La Turette y Rondchamp, administrativos o de viviendas, revolucionó la concepción del habitat humano haciendo posible una mejor inteligencia entre el hombre y la «máquina para vivir», como llamaba a las casas.

LUMUMBA, Patricio (Katako-Kombé, Kasai, 1925; Elisabethville, Katanga, 1961)

Político congoleño nacido en la provincia de Kasai. Trabajó como empleado postal y agente comercial antes de introducirse de lleno en la política. Fundó en 1958 el Movimiento Nacional Congoleño que con sus numerosas manifestaciones independentistas consiguió su objetivo en junio de 1960. Patricio Lumumba se convirtió ese año en el primer ministro de la recién creada República del Congo.

Su extremado antibelguismo mermó su autoridad de forma rápida, y ya en septiembre había perdido el control del gobierno central, aunque todavía mantuvo su poder en el reducto territorial de Stanleyville con el apoyo de los comunistas. Arrestado en diciembre por tropas militares, fue enviado por el gobierno central a Katanga, donde fue asesinado.

MANDELA, Nelson (Rolihlahia, 1918)

Activista político sudafricano. Abogado de profesión, fundó la Organización Nacional del Congreso Nacional

Africano. Procesado en varias ocasiones desde 1954; en 1964 el gobierno de Pieter Botha le condenó a cadena perpetua. Sin embargo, la serie de reformas contra el apartheid que el presidente de Sudáfrica, Frederick de Klerk, llevó a cabo, permitió su liberación en 1990. Desde entonces, Mandela se ha vuelto a erigir en líder del Congreso Nacional Africano, encargándose de su reorganización. En las primeras elecciones libres de la República Sudafricana, en 1994, fue elegido presidente.

MAO TSÉ-TUNG (Shao-shan, Hu-nan, 1893; Pekín, 1976)

Estadista chino. Hijo de campesino acomodado. De estudiante sintonizó con las ideas revolucionarias y se unió al Partido Comunista, en el que pronto ocupó un puesto dirigente. Tras la ruptura entre Chiang Kai-shek y los comunistas, Mao se retiró con éstos a las montañas de Kiangsi. En 1934-1935 protagonizó la «Larga Marcha», desde la China central a Shensi, lugar donde creó un centro administrativo y se convirtió en jefe indiscutible de los comunistas. Colaboró con el gobierno nacionalista durante la guerra contra Japón (1937-1945). En 1947 se reanudó la guerra civil, que concluyó con la victoria de los comunistas, y resultó elegido presidente de la República Popular China, puesto del que dimitiría en 1959, no así del cargo de secretario general del Partido, desde el que siguió como rector efectivo del país. En 1964 fue el artífice que desencadenó la llamada «Gran Revolución Cultural» que movilizó a los estudiantes y a la juventud en general contra la burocracia del Partido y del Estado.

MITTERRAND, François Maurice (Jarnac, 1916; París, 1996)

Político socialista francés. Muy activo durante la resistencia francesa en la Segunda Guerra Mundial. Diputado en los períodos 1946-1958, 1962-1981, y sena-

dor de 1959 a 1962. Durante la IV República también,
ocupó varios ministerios. Candidato socialista a la presidencia de Francia en 1965 y 1974, puesto para el que fue
elegido en 1981 tras las elecciones en las que derrotó a
Giscard d'Estaing. Posteriormente revalidó su mandato
en 1988 al vencer a Jacques Chirac.

MONNET, Jean (Cognac, Charente, 1888; Bazoches-sur-Guyonne,
Yvelines, 1979)

Inspirador del europeísmo. En 1914, trabajando de via-
jante en su empresa familiar de coñac, es designado para
dirigir los organismos francoingleses encargados de los
suministros de la Primera Guerra Mundial, como lo
hiciera durante la Segunda. En el período de entreguerras ocupa la secretaría general adjunta de la Sociedad
de Naciones y en 1933 interviene en la reorganización
económica de China. Ferviente defensor de la planificación económica y de la unidad de Europa, fue presidente
de la Comunidad Europea del Carbón y del Acero y del
Comité de Acción de los Estados Unidos de Europa.
Propugnó siempre la ampliación de la Comunidad
Europea, la unión monetaria y económica y el
Parlamento europeo.

NASSER, Gamal Abdel (Beni Mar, Asiut, 1918; El Cairo, 1970)

Presidente de Egipto (1956-1958) y de la República
Árabe Unida (1958-1970). Brillante carrera militar, destacó en la guerra contra Israel de 1948-1949. Dirigió la
revuelta de 1952 que depuso al rey Faruk. Tras sustituir
en 1954 a Neguib, se convirtió en presidente de Egipto
(1956). Ese mismo año nacionalizó el Canal de Suez,
medida que provocó la intervención anglo-francesa.
En 1958 se convirtió en el presidente de la efímera
República Árabe Unida, constituida por la unión de
Egipto y Siria. Considerado «padre» del panarabismo,

sus esfuerzos por lograr una Federación Árabe bajo liderazgo de Egipto fueron, sin embargo, baldíos.

PALME, Olof Joachim (Estocolmo, 1927; Estocolmo, 1986)
Político socialdemócrata sueco. Estudió en EE UU, y
desde muy joven participó activamente en política.
Miembro del Parlamento sueco o Riksdag de 1956-1986,
en 1969 sucedió como primer ministro a Tay Eslander,
del que fue secretario. Estuvo al frente del gobierno
sueco de 1969-1976 y de 1982 a 1986, año en el que fue
asesinado en Estocolmo.

PERÓN, Juan Domingo (Lobos, Buenos Aires, 1895; Buenos Aires, 1974)
Militar y político argentino. Presidente de la República
(febrero 1946-septiembre 1955; septiembre 1973-julio
1974). Hizo una brillante carrera militar en la que, a raíz
de la revolución de junio de 1943, y siendo ya coronel, le
fue confiada la jefatura de la Secretaría de Guerra. En
noviembre de ese mismo año fue nombrado secretario
de Trabajo y Previsión. Luego ocupó el Ministerio de la
Guerra y en junio de 1944 la vicepresidencia de la
nación, desde la que desarrolló un programa de fuertes
reformas sociales (justicialismo) en las que desempeñó
un papel crucial su esposa Eva Duarte. El populismo
fruto de esa política social le permitió llegar a la presidencia de la República en 1946, ser reelegido en 1952, y
ejercer el poder de forma dictatorial apoyado en un partido único: el Justicialista.

La fuerte contestación social que suscitó su política condujo al levantamiento que tuvo lugar contra su régimen
en 1955, y que le llevó al exilio en Asunción, Panamá,
Caracas, República Dominicana y, finalmente, Madrid.
Volvió a Argentina en 1973, y, tras el triunfo electoral
ese mismo año del Frente Justicialista, asumió hasta su

muerte la presidencia de la República. Tras su fallecimiento, le sucedió su segunda esposa, María Estela
Martínez de Perón.

PINOCHET, Augusto (Valparaíso, 1915)

General chileno y comandante en jefe del Ejército de
aquel país. Dirigió en septiembre de 1973 el golpe de
Estado contra el presidente Salvador Allende, y durante
1973-1974 estuvo al frente de un Gobierno provisional.
A partir de 1974 se convirtió en presidente de Chile
hasta que en 1990 su régimen dictatorial fuera derrotado
por la democracia y el poder pasara a ser asumido por
un civil: Patricio Aylwin.

REAGAN, Ronald Wilson (Tampico, Illinois, 1911)

Cuadragésimo presidente de EE UU (1981-1989).
Además de político, ha sido anunciante, publicista y
actor de cine. Así, de 1937 a 1964 realizó un total de 54
películas. De pensamiento liberal en sus orígenes, por los
años cincuenta se confesó conservador convencido, par-
ticipando como delator en la «caza de brujas» contra los
actores norteamericanos. Fue gobernador de California
de 1967-1974.
En 1976 apoyó a Gerald Ford en su nominación como
candidato republicano a la presidencia de la Casa
Blanca. Reagan, por su parte, sustituyó como presidente
a Jimmy Carter en 1980 después de una aplastante victoria electoral. Anticomunismo feroz, patriotismo, así
como la defensa de los valores americanos fueron las
consignas promovidas durante su mandato. Logró restaurar la confianza en la presidencia del país, pero se vio
implicado en la venta de armas a Irán y posterior desviación
del dinero a la «contra» nicaragüense (caso conocido
como el «Irangate»). Le sucedió George Bush en 1989.

SAJAROV, Andréi (Moscú, 1921; Moscú, 1989)

Disidente político soviético. Destacan sus investigaciones en el campo de la física nuclear sobre la fusión del hidrógeno, cuyas aportaciones fueron decisivas para la creación de la «bomba de hidrógeno» en 1953, arma que aconsejó no fabricar.

Fue después de 1958 cuando lideró una campaña contra la proliferación de armas nucleares, que le valió ser conocido bajo el apelativo de «amigo de los americanos». Además, en su Progreso, coexistencia y libertad intelectual (1968) abogaba por una convergencia entre el capitalismo y el socialismo.

En 1970 fundó el Comité por los Derechos Humanos, y recibió el Nobel de la Paz en 1975. Su beligerancia política hizo que las autoridades soviéticas le exiliaran a Gorki durante 1980 y permaneciera allí confinado bajo estricta vigilancia policial. En 1986, y ya con Gorbachov al frente de la URSS regresó a Moscú, y se mostró partidario de reformas políticas más valientes que las llevadas a cabo por Gorbachov.

SARTRE, Jean Paul (París, 1905-1980)

Filósofo, el más caracterizado representante del existencialismo filosófico. Su principal obra «El ser y la nada», sus dramas teatrales y sus novelas forman un conjunto filosófico-literario no alcanzado por ningún otro autor de la segunda mitad del siglo XX. Premio Nobel de Literatura en 1964 y posteriormente Premio Lenin, renunció a ambos galardones distanciándose por igual de los compromisos de los bloques, al tiempo que intentaba definir en su obra y en su actividad de intelectual militante una síntesis del marxismo y el existencialismo.

SCHUMAN, Robert (Luxemburgo, 1886; Say-Chazelles, Mosela,
1963)

Político francés, pionero de la unidad europea. Nacido
en Lorena, obtuvo circunstancialmente la nacionalidad
alemana hasta 1919; sin embargo, durante la Segunda
Guerra Mundial luchó contra el invasor alemán. En
1946 fue nombrado ministro de Finanzas y, desde finales
de 1947 hasta 1948, primer ministro. Hasta 1953, y
desde el puesto de ministro de Asuntos Exteriores, propugnó no sólo el acercamiento entre Francia y Alemania,
sino también las bases de la integración europea.
Presidente del movimiento europeo desde 1955, en 1958
fue elegido por unanimidad presidente del Parlamento
Europeo. Abandonó el cargo en 1960 y, hasta su muerte,
fue nombrado presidente de honor.

STALIN (Dhugashvili Iósif Vissariónovich) (Gori, Georgia, 1879;
Moscú, 1953)

Político comunista. Expulsado del seminario de Tiblisi
por sus ideas revolucionarias (1899); encarcelado y desterrado a Siberia en distintas ocasiones por sus escritos,
sin embargo, en 1917 se encarga de editar el diario oficial Pravda, es ayudante de Lenin en Petrogrado y también primer comisario para las nacionalidades (1917-
1922).

Alcanza la Secretaría General de su partido en 1921, que
controla totalmente al conseguir apartar a Trotski del
mismo, y a la muerte de Lenin (1924) se convierte en jefe
del Estado. En 1928 puso en marcha la política encaminada a construir el «socialismo en un solo país» mediante planes quinquenales basados en la colectivización forzosa y la industrialización rápida, que lanzaron
económicamente a la URSS. Pero esta política económica vino acompañada de purgas políticas y la siembra del

terror entre la población campesina, prácticas habituales que configuraron una auténtica cultura en la URSS y fuera de ella: el estalinismo.

En calidad de comisario de Defensa y mariscal de la Unión Soviética dirigió el esfuerzo bélico soviético durante la Segunda Guerra Mundial y asistió a las conferencias de los aliados en Teherán, Yalta y Potsdam. Se erigió entonces en la figura dominante de la Europa oriental, donde apoyó el nacimiento de las democracias populares, a las que controló en su totalidad salvo la excepción yugoslava, que motivó el enfrentamiento con Tito y la ruptura de relaciones con el Estado balcánico en 1948. Murió en 1953 y le sustituyó Kruschev, que criticó con dureza la política llevada a cabo por Stalin e hizo que el marxismo-leninismo volviera a ser la fuente doctrinaria fundamental del comunismo.

THATCHER, Margaret Hilda (Grantham, Lincolnshire, 1925)

Política conservadora británica educada en la Universidad de Oxford. Trabajó como química (1947-1951) y después estudió abogacía. Fue secretaria del Ministerio de Seguridad Nacional y Pensiones (1961-1964), y de 1970 a 1974 ocupó el cargo de la Secretaría de Estado para Educación en el gabinete de Edward Heath.

En febrero de 1975 fue elegida líder del Partido Conservador, y tras las elecciones de 1979 se convirtió en la primera mujer que accedía al cargo de primer ministro, siendo además reelegida en 1983 y 1987. Conocida como la «Dama de Hierro», durante su mandato tuvo lugar la guerra de las Malvinas contra Argentina (1982), que se saldó con victoria británica. El impuesto municipal promovido por ella, «poll tax», le llevó a presentar su dimisión en 1991, siendo sustituida por John Major.

THEILARD DE CHARDIN, Pierre (Orcines, Puy-de-Dôme, 1881 NuevaYork, 1955)

Jesuita, arqueólogo y antropólogo, cuyos escritos llenos de optimismo cósmico tuvieron una influencia decisiva en la generaciones católicas de postguerra. Asustados sus superiores religiosos por sus especulaciones teológicas lo enviaron a China a investigar con la prohibición de publicar sus hallazgos, en los que trataba de conjugar ciencia y religión. A su muerte fueron editadas sus obras en Nueva York y alcanzaron una gran popularidad en Europa, donde no se le había permitido enseñar.

TITO, Josip Broz (Kumrovev, Croacia, 1892; Liubliana, 1980)

Líder yugoslavo. Hijo de croata, fue reclutado en el ejército austrohúngaro durante el transcurso de la Primera Guerra Mundial, y finalmente hecho prisionero y retenido en Rusia para servir al Ejército Rojo durante la guerra civil soviética. De vuelta a Yugoslavia participó en la constitución del Partido Comunista. Después de su encarcelamiento (1928-1934) tomó parte en las actividades que tenía su partido en París y Centroeuropa. También participó como miliciano en la guerra civil española. En 1939 volvió a Yugoslavia, y en 1941, después de que los alemanes ocupasen el territorio, se convirtió en el líder de las fuerzas que lucharon contra los germanos. Simultáneamente, tuvo que combatir contra otro líder yugoslavo que también dirigía la resistencia: el general Mihailovich. Los aliados apoyaron a Tito y, tras la derrota germana, la expulsión de Mihailovich y el rey Pedro, estableció el Estado comunista.

Fue primer ministro de 1945-1953 y presidente de 1953-80. Durante su mandato mantuvo una postura favorable a la apertura del comunismo hacia Occidente, lo que motivó fuertes enfrentamientos con Stalin. Por practicar un socialismo autogestionario, fue acusado de «desviacionista» por Stalin, lo que provocó la expulsión de Yugoslavia del Kominform. Su política autónoma convirtió a Tito en el líder de los países no alineados.

WALESA, Lech (Popowo, 1943)

Líder sindical polaco. Trabajador de los Astilleros de Gdansk; católico practicante. Despedido en 1976 por su intensa actividad antigubernamental, fue cofundador, en 1978, del movimiento clandestino, Sindicalismo Libre del Báltico.

Dirigió en 1980 una huelga de trabajadores de los astilleros en Gdansk que contó con enorme apoyo popular y simpatía internacional. Lo anterior le sirvió como soporte para la fundación del movimiento sindical libre Solidaridad que arrancó significativas concesiones políticas del gobierno polaco. La imposición de la Ley Marcial en Polonia (diciembre de 1981) le llevó a un arresto y posterior encarcelamiento. Puesto en libertad, fue galardonado en 1983 con el premio Nobel de la Paz. Presidente de Polonia al ganar las elecciones generales celebradas en ese país en 1990.

Mediados los noventa, sin embargo, la estrella Walesa parecía iniciar un declive. En 1995, a pesar de seguir manteniendo el apoyo explícito de la iglesia polaca y del Vaticano y cosechar todavía una apreciable parte de los votos, hubo de dejar la silla presidencial a un renacido movimiento político, verdadero ave Fénix del viejo comunismo.

YELTSIN, Boris (Sverdlovsk, República de Rusia, 1931)

Obrero de la construcción, se graduó ingeniero en 1955 y trabajó en la industria hasta 1970, fecha en la que comenzó su dedicación a la política. Tras una larga carrera, en 1985 fue nombrado responsable de construcción en Moscú, y sustituyó al «brezhneviano» Victor Grichim como jefe del PCUS en dicha ciudad. Miembro del Politburó, puso en marcha su particular reforma y «limpió» el aparato de sus miembros más corruptos, política que le costó su destitución en noviembre de 1987. Sin embargo, en 1989 saldría elegido diputado por Moscú en las primeras elecciones pluralistas celebradas en la URSS, y en 1990 será presidente de la Federación rusa, instancia desde la que no ahorró críticas contra el presidente de la URSS, Mijaíl Gorbachov, y su perestroika. Yeltsin, junto al Parlamento ruso, se convirtió en el auténtico líder defensor de la democracia y la perestroika durante el fallido intento de golpe de Estado (agosto de 1991).

Desde entonces la biografía política de Yeltsin parece corresponderse con la misma tambaleante situación en la antigua Unión Soviética. A finales de 1991, tras la dimisión de Gorbachov, asumirá el poder acelerando el proceso de transición política. En 1993 el Parlamento, nutrido de partidarios del antiguo régimen, provoca su destitución. La rebelión parlamentaria es sofocada por Yeltsin acudiendo al ejército que encarcela a los responsables de la sublevación. En 1995 y 1996, entre rumores de nuevas destituciones, enfermedades reales y luchas independentistas en Chechenia, Yeltsin consigue mantener sin embargo entre sus manos los poderosos restos de la que fue gran superpotencia.

Instituciones

ANZUS: Tratado de seguridad firmado por Australia, Nueva
Zelanda y los EE UU en San Francisco el 1 de septiembre de 1951. Se estipulaba la mutua colaboración en
caso de que alguno de ellos fuera objeto de un ataque armado en la zona del Pacífico.

BENELUX: Unión económica de Bélgica, Holanda y Luxemburgo, firmada en Londres en 1944 y ratificada en la Conferencia de La Haya en 1946, si bien no entró en aplicación hasta el 1 de enero de 1948. Sus objetivos eran la total libertad de comercio entre los tres países y la
unificación de tarifas aduaneras respecto a terceros.

BIRD (Banco Internacional para la Reconstrucción y el Desarrollo): Más conocido como Banco Mundial, fue fundado

249

en 1945 con el objetivo de ayudar a la reconstrucción de
países destruidos por la guerra y fomentar el desarrollo
de los Estados facilitando la inversión de capitales. Continúa prestando a crédito a los países subdesarrollados
gracias a las cuotas aportadas por los Estados miembros
en proporción a sus recursos.

CAME/COMECON (Consejo de Ayuda Mutua Económica):
Organización creada en Moscú en enero de 1949 que,
gradualmente, se convirtió en la respuesta soviética a la
creciente interdependencia de las economías de la Europa Occidental, siendo vehículo de la división internacional socialista del trabajo. Junto a la URSS y otros Estados de la Europa Oriental (Albania -hasta 1961-, Bulgaria, Polonia, Checoslovaquia, Hungría, Rumanía, Alemania Oriental-desde 1950) se encuentran Mongolia (desde
1962) y Cuba (desde 1972). El COMECON ha sido
disuelto en 1991.

CECA (Comunidad Europea del Carbón y del Acero): Instituida el 18 de abril de 1951 por el Tratado de París, que
fue firmado por Francia, Alemania Occidental, Italia y
los países del Benelux. Los objetivos eran fomentar las
industrias francoalemanas del carbón, el hierro y el
acero, impidiendo así decisiones armamentistas unilaterales, eliminar aranceles y restricciones y favorecer un
mercado libre de trabajo dentro de los Estados miembros. En 1967 perdió parte de su independencia como
fuerza planificadora, al fusionarse con la CEE y el
EURATOM, bajo la administración de la «Alta Autoridad» de la Comunidad Europea.

CEE (Comunidad Económica Europea): Más conocida como
Mercado Común, nació del Tratado de Roma (1957), firmado por Bélgica, Luxemburgo, Países Bajos, Alemania

Occidental, Italia y Francia. Su objetivo era construir
una asociación económica basada en el libre cambio, una
política social y financiera conjunta, la abolición de prácticas comerciales restrictivas y el libre movimiento de
capitales y mano de obra. De la inicial «Europa de los 6»
se ha llegado a la actual «Europa de los 12» con la integración de Gran Bretaña, Irlanda y Dinamarca (1973),
Grecia (1980) y España y Portugal (1985). El 1 de
noviembre de 1994, en cumplimiento del Tratado de
Maastricht, desaparece la CEE y es sustituida por la
Unión Europea. La unión europea es el objetivo perseguido por el Tratado. Las tres comunidades (CE, CECA
y Euratom) mantienen su identidad, pero la desaparición
del adjetivo «Económica» del nombre de la Unión representa el deseo de alcanzar la unión total (política, social y
económica) de los europeos.

CEPAL (Comisión Económica Para América Latina): Establecida en 1948 por el Consejo Económico y Social de la
ONU para promover el desarrollo económico de los países latinoamericanos. Lleva a cabo actividades de asesoramiento e investigación, elaborando anualmente un
estudio sobre las tendencias del crecimiento económico
de cada región.

FAO (Organización para la Alimentación y la Agricultura):
Organismo especializado de la ONU, creado en 1945
con el propósito de elevar los niveles de nutrición en
todo el mundo mediante el intercambio de información
y asistencia técnica y la aplicación de un programa mundial de alimentación para los países subdesarrollados.

FMI (Fondo Monetario Internacional): Organismo especializado
de la ONU propuesto en Bretton Woods, y constituido
oficialmente en 1946. Ayuda a la expansión del comercio

mundial, facilitando reservas monetarias para compensar los déficit nacionales de la balanza de pagos. Sus recursos se componen de las reservas en oro y divisas que aportan los Estados miembros de forma proporcional a su riqueza.

GATT (Acuerdo General sobre Aranceles Aduaneros y Comercio): Acuerdo firmado por 23 países durante la Conferencia de Ginebra y ratificado en 1948. De hecho, es un organismo especializado de la ONU para facilitar la reducción de las tarifas aduaneras y estimular los intereses comerciales sobre una base de reciprocidad.

LIGA ÁRABE: Organización de Estados Árabes constituida en El Cairo el 22 de marzo de 1945, con el objetivo inicial de favorecer la unidad de los países árabes, apoyar los procesos de independencia en el mundo islámico y coordinar las políticas de los Estados miembros.

OCDE (Organización de Cooperación y Desarrollo Económico): Es la sucesora de la OECE a partir de 1961. De ella forman parte, además de los países de la Europa Occidental, los EE UU, Canadá, Japón —desde 1964—, Finlandia —desde 1968—, gozando de un estatuto especial de asociados Yugoslavia, Nueva Zelanda y Australia. Los objetivos son coordinar la política económica de los Estados miembros, estimular el desarrollo del comercio internacional y, en definitiva, que las principales naciones industrializadas proporcionen ayuda a los países en vías de desarrollo.

OEA (Organización de Estados Americanos): Fundada en el marco de la IX Conferencia Panamericana, celebrada en Bogotá en abril de 1948. El objetivo de esta organización, en la que EE UU ejerce una gran influencia, es mantener una lucha contra los movimientos comunistas. Desde 1977, su anticomunismo va perdiendo intensidad, a la vez que se presta más atención a la cooperación económica.

OECE (Organización Europea de Cooperación Económica): Organismo plurinacional fundado el 16 de abril de 1948, para liberalizar el comercio e impulsar el crecimiento de la producción industrial y agrícola en la Europa occidental. La organización prosiguió la colaboración prevista por el Plan Marshall y estimuló una asociación que a la larga se convertiría en el Mercado Común y en la Asociación Europea de Libre Comercio. En 1961 dejó de existir para dar paso a la OCDE.

OLP (Organización para la Liberación de Palestina): Creada en mayo de 1964 con el fin de mantener la unidad nacional palestina y reagrupar los movimientos de lucha. Dirigida desde 1969 por Yasser Arafat, fue reconocida por la ONU en 1974 y es miembro de la Liga Árabe desde 1976. En 1988 se proclamó «Gobierno provisional en el exilio» de un Estado palestino independiente, reconocido por 60 países.

OMS (Organización Mundial de la Salud): Fundada en 1948 con el fin de asesorar y desarrollar los recursos para la salud familiar y ambiental, así como para fomentar la colaboración internacional y la investigación en la lucha contra las enfermedades.

ONU (Organización de las Naciones Unidas): Organización internacional creada en 1945 para sustituir a la Sociedad de Naciones. Los objetivos son salvaguardar la paz y la seguridad mundiales y conseguir una mayor cooperación entre las naciones miembros. Se diferencia de su antecesora en que el Consejo de Seguridad de la ONU tiene poderes ejecutivos más fuertes, con cinco miembros permanentes con derecho a veto, en la abundancia de organismos específicos (15) y en el requisito por el que los Estados miembros debían aportar fuerzas militares para las misiones de pacificación o para repeler una posible agresión.

OPEP (Organización de Países Exportadores de Petróleo): En una conferencia celebrada en 1960 en Caracas, a la que asistieron Irán, Irak, Kuwait, Qatar, Arabia Saudí y Venezuela, se creó esta organización interestatal. Sus objetivos eran evitar una explotación excesiva por parte de las compañías petroleras, así como mantener la estabilidad de los precios. Posteriormente se incorporaron Abu Dhabi, Indonesia, Libia, Nigeria, Egipto, Siria y Argelia.

OTAN (Organización para el Tratado del Atlántico Norte): Institución militar creada por un tratado firmado por Bélgica, Gran Bretaña, Canadá, Dinamarca, Francia, Islandia, Italia, Luxemburgo, Países Bajos, Noruega, Portugal y EE UU en 1949. Por él se comprometían a ayudarse mutuamente, aunque sin garantizar la intervención militar inmediata, en caso de que alguno de los miembros fuera víctima de un ataque. Posteriormente se adhirieron Turquía y Grecia (en 1952), la República Federal Alemana (1954) y España (1982).

OUA (Organización para la Unidad Africana): Fue creada por 30 países independientes de África, durante la Conferencia de Addis-Abeba, celebrada en mayo de 1963. Los fines de esta organización eran mantener la solidaridad entre los Estados africanos y erradicar del continente todas las formas de colonialismo.

SALT (Conversaciones para la Limitación de Armas Estratégicas): Tras una serie de conversaciones iniciadas en 1969, los EE UU y la URSS firmaron en 1972 un tratado (SALT 1) para la limitación de sistemas defensivos. En Viena en 1979 se firmó el SALT 2, que, sin embargo, no fue ratificado por el Senado americano. Hubo que esperar hasta 1982 para que la URSS y los EE UU reanudaran las discusiones para limitar las fuerzas nucleares en Europa. Así, comenzaron las START (Conversaciones para la reducción de armas estratégicas) que sustituyeron a las desacreditadas SALT.

SEATO: Organización militar fundada en Manila en 1954, que agrupaba a Australia, EE UU, Francia, Nueva Zelanda, Pakistán, Filipinas, Reino Unido y Tailandia. Su objetivo era establecer un sistema colectivo de defensa en el sureste asiático y el sureste del Pacífico. Se disolvió en 1977, una vez terminada la guerra del Vietnam.

SME (Sistema Monetario Europeo): Es el primer paso hacia la consecución de una moneda común dentro de la Unidad Europea. En vigor, desde 1979, el SME obliga a todos los Estados de la CE a mantener una estabilidad en su sistema de cambios y una cierta disciplina monetaria. En tanto no se consigue esta moneda europea el sistema prevé la existencia de una unidad de cuenta -el ecu-, fruto del conjunto ponderado de todas las divisas comunitarias. A pesar de los avances conseguidos en los últimos años, las tormentas financieras de 1993, con sus secuelas de devaluaciones y abandono temporal de Italia y el Reino Unido del SME, alejan el horizonte de este escudo europeo, previsto en principio para 1997-1999.

UNESCO (Organización de las Naciones Unidas para la Educación, la Ciencia y la Cultura): Organismo especializado de la ONU, creado en 1946 para fomentar la educación, el entendimiento y los contactos culturales entre los países miembros.

UNRRA (Administración de las Naciones Unidas para la Ayuda y la Rehabilitación): Creada en noviembre de 1943 con el objetivo de contribuir a la ayuda y a la rehabilitación de refugiados cuando terminara la Segunda Guerra Mundial. Oficialmente sus actividades cesaron el 31 de marzo de 1949, aunque fueron continuadas por otros organismos especializados de la ONU como la FAO, la UNICEF y la OMS.

VARSOVIA, Pacto de: En respuesta a la creación de la OTAN, ocho naciones del bloque comunista (URSS, Albania, Bulgaria, Hungría, Polonia, República Democrática Alemana, Rumanía y Checoslovaquia) firmaron en Varsovia, el 14 de mayo de 1955, un tratado de defensa mutua. Con él se colocaba sus fuerzas militares bajo un mando unificado, a la vez que su parte política justificaba, en ocasiones como la de Hungría en 1956 o la de Checoslovaquia en 1968, la intervención armada para mantener por la fuerza la unidad del bloque comunista. Albania se retiró en 1968. El Pacto fue disuelto oficialmente en 1991.

Cuadro cronológico (1945-1995)

1945

Conferencia de Yalta (Churchill, Roosevelt, Stalin).
Ocupación aliada de Alemania. Rendición de Alemania.
Conferencia de Potsdam (Churchill/Atlee, Truman, Stalin).
La URSS solicita créditos a Estados Unidos.
Hiroshima-Nagasaki. Rendición de Japón.
Las potencias occidentales retornan las colonias ocupadas
    por los japoneses.
Guerra colonial holandesa en Indonesia.
Acuerdo entre China y URSS (Soong-Stalin).
Refugiados judíos van a Palestina.
Ocupación soviético-americana de Corea. División del país.
Se proclama la República del Pueblo Coreano.
Misión Marshall a China.
Creación de las Naciones Unidas: 51 miembros.
Creación de la Liga Árabe: 7 Estados.
Los imperios coloniales continúan en África.
Comienza la IV República francesa.

Gobierno laborista en Gran Bretaña.
Comienzan a establecerse los países comunistas en
   Europa Oriental.

1946

Se extiende la guerra civil griega.
Plan Baruch (EE UU), para la destrucción de todas las
   armas atómicas y el control internacional de la energía
   nuclear.
Resistencia polaca a la hegemonía rusa.
Perón es elegido en Argentina e instaura un régimen
   dictatorial: el «justicialismo».
Independencia de Filipinas; continúa la gran influencia
   norteamericana.
Comienza la Primera Guerra de Indochina: se enfrentan
   Francia y el Vietminh (movimiento de liberación
   vietnamita fundado en 1941).
Se reanuda la guerra civil en China.
Crisis entre Irán y Turquía.
Proclamación de la República italiana.
Proceso de Nuremberg.
Comienza el IV Plan Quinquenal soviético.
Las Naciones Unidas recomiendan el boicot diplomático a
   España.

1947

GATT (Acuerdo General sobre Tarifas Aduaneras y
   Comercio): intento de integración económica en
   Europa Occidental.
Doctrina Truman.
Plan Marshall.
Constitución japonesa.
Kominform (Oficina de información para coordinar las
   actividades de los distintos partidos comunistas).
Conferencia de Petrópolis. Pacto de Río.

Independencia de India y Pakistán.
Guerra civil en Corea del Sur.
1947-1949: fin de los imperios inglés
   y holandés en Asia.

1948

Bloqueo de Berlín y puente aéreo organizado por el
   gobernador militar americano.
Ruptura entre Tito y Stalin.
Guerra en Malasia.
Asesinato de Gandhi.
Proclamación del Estado de Israel por el Consejo Nacional
   Judío.
ONU: Declaración de los Derechos Humanos.
Birmania, república independiente.
Los comunistas toman el poder en Checoslovaquia.
Elecciones italianas: retroceso comunista.

1949

República Federal de Alemania/República Democrática
   Alemana
Consejo de Europa.
OTAN (Organización del Tratado del Atlántico Norte).
COMECON (Consejo de Mútua Ayuda Económica).
La URSS prueba la bomba atómica.
Estados Unidos ayuda a Yugoslavia.
Fundación de la República Popular China.
Independencia de Indonesia.

1950

Guerra en Corea.
Reforma agraria en China.
Constitución de la República de la Unión India.
Japón recobra la soberanía: termina el gobierno militar
   americano y comienza la expansión económica.

1951

   Tratado de Paz de San Francisco entre Japón
      y Estados Unidos.
   Levantamiento Mau-Mau (Kikuyu) en Kenia.
   China ocupa el Tíbet.
   Independencia de Libia.
   Comunidad Europea del Carbón y del Acero.
   Comienza el V Plan Quinquenal soviético.
   Los conservadores británicos suben al poder.

1952

   Explosión de la primera bomba
   de hidrógeno americana (Eniwetok/Pacífico).
   Primera bomba atómica inglesa (Islas de Montebello).
   Revolución egipcia: golpe de Estado militar. El rey Faruk I
   (1920-1965) abdica y es exiliado.
   Isabel II de Inglaterra sucede a Jorge VI.
   Termina la ocupación aliada de Alemania Occidental.

1953

   Proyecto americano: «Átomos por la Paz».
   Muerte de Stalin. Sucesión asumida colectivamente por el
   Comité Central del Partido. Kruschev, primer secretario del
      Comité Central.
   Manifestaciones y motines en Berlín Este.
   Fidel Castro ataca el Cuartel de Moncada. Fracasa y los
      participantes son detenidos.
   Armisticio de Panmunjom: división de Corea.
   Primer Plan Quinquenal en la República Popular China.
   Irán: Mossadeq es derrocado por el ejército.
   Federación de África Central: fracasa a causa de los
      privilegios de los blancos.
   Explosión de la primera bomba de hidrógeno soviética.
   Comienza el «milagro» económico de la Europa Occidental.
   España: Acuerdo de «las Bases» con EE UU.

1954

Nueva ley de Energía Atómica en Estados Unidos.

La URSS lanza un programa de ayuda para el Tercer
    Mundo no comunista.

Golpe de estado en Guatemala.

Dien Bien Phu: capitulación francesa en Indochina.

Conferencia de Ministros del Exterior en Ginebra:

Indochina queda dividida en tres Estados
    independientes: Laos, Camboya y Vietnam.

Guerra de Liberación en Argelia.

SEATO: Tratado de Asia Sudoriental, firmado en Manila.

Los ingleses abandonan sus derechos en
    el Canal de Suez.

Unión Europea Occidental; rearme alemán occidental.

1955

Cumbre en Ginebra entre el Este y el Oeste (Eisenhower,
    Eden, Faure, Bulganin).

Pacto de Varsovia.

La República Federal Alemana entra en la OTAN.

Revuelta militar en Argentina. Caída de Perón.

El primer ministro de Vietnam del Sur (Ngo Dinh Diem)
    instaura un gobierno dictatorial con ayuda americana y
    cancela las elecciones libres. El Vietcong inicia la lucha
    por la liberación del país.

Pacto de Bagdad.

El Bloque Oriental proporciona apoyo armado a Egipto.

Conferencia Afro-asiática de Bandung.

Admisión de España en las Naciones Unidas.

1956

XX Congreso del Partido en la URSS: Kruschev denuncia el
    régimen de Stalin.

Disolución del Kominform. Crisis en Polonia.

Revolución húngara.

«Campaña de las Cien Flores» en China.

Crisis del Canal de Suez.

Reanudación de las relaciones diplomáticas entre la URSS y
    Japón.

República Islámica de Pakistán.

Independencia de Marruecos, Túnez y Sudán.

1957

Tratados de Roma: Mercado Común Europeo; Comunidad
    Europea de Energía Atómica.

Doctrina Eisenhower: garantiza a los Estados de Oriente
    Medio ayuda militar contra los ataques comunistas.

Estados Unidos prueba el ICBM.

La URSS anuncia el primer ICBM operacional del mundo.

Independencia de Ghana; primer Estado negro
    independiente.

Independencia de Malasia.

La URSS lanza satélites espaciales.

Inglaterra prueba la bomba de hidrógeno.

Plan Rapacki: los polacos proponen una Europa central
    sin armas atómicas.

1958

V República Francesa: De Gaulle presidente.

URSS: Kruschev asume la dirección del Estado
    y del Partido.

Intentos de expansión económica en China bajo el lema
    «gran salto hacia adelante».

RAU (República Árabe Unida).

Golpe de Estado en Irak: derrocamiento de la monarquía
    prooccidental.

Comité de Seguridad Pública en Argelia.

El papa Juan XXIII inicia reformas en la Iglesia
    católica.

Creación de la Comunidad Francesa.

1959

Revolución cubana.

Liu-Shao-Chi asume la presidencia de la República Popular China.

Insurrección en el Tíbet.

Inglaterra apoya la Asociación Europea de Libre Comercio.

1960

Primera bomba atómica francesa (Reggane/Sahara).

Estados Unidos realiza embargos de azúcar y de comercio contra Cuba.

Nuevo Tratado de Seguridad entre EE UU y Japón.

Acuerdos de ayuda entre la URSS y Cuba.

Conflicto ideológico entre China y la URSS.

Se organiza el Frente de Liberación Nacional en Vietnam del Sur.

Plena independencia para las colonias francesas de África.

Independencia del Congo; separación de Katanga.

Masacre de Sharpeville.

1961

John F. Kennedy (demócrata) presidente de los EE UU.

Muro de Berlín.

La URSS lanza el primer hombre al espacio (Gagarin).

La URSS explota una bomba H de 5 megatones.

Asesinado Lumumba en el Congo.

Bahía de Cochinos (Cuba): fuerzas invasoras apoyadas por EE UU fracasan en su intento.

Acuerdo de Ginebra sobre Laos.

Siria abandona la RAU.

1962

Riesgo de guerra entre la URSS y EE UU por la cuestión cubana.

Guerra en el Himalaya entre China e India.

Independencia de Argelia.
Disensión chino-soviética.
Comienza el Concilio Vaticano II.

1963

Asesinato de Kennedy; Lyndon B. Johnson es elegido nuevo
presidente.
Vietnam del Sur violentos incidentes entre el gobierno del
católico Diem y los budistas.
Acuerdo parcial sobre la supresión de pruebas nucleares.
Independencia de Kenia.
Proclamación de la Federación de Malasia (14 Estados).
Pablo VI es elegido Papa.
OUA (Organización de la Unidad Africana): 31 miembros.
Mercado Común: veto francés a la entrada inglesa.
Primer Plan de Desarrollo en España.

1964

Manifestaciones estudiantiles en EE UU; extensión del
movimiento antiguerra.
Kruschev derribado, sustituido por Brezhnev y Kossyguin.
China prueba la bomba atómica.
Combate naval del Golfo de Tonkín.
Intervención masiva de EE UU en la guerra de Vietnam.
Crisis de Chipre.
Muerte de Nehru.
Los laboristas en el poder, en Gran Bretaña.

1965

Revueltas raciales en Los Ángeles.
EE UU invade la República Dominicana.
Indonesia: golpe de Estado y destrucción del partido
comunista. Durísima represión anticomunista.
Rhodesia: el gobierno de minoría blanca proclama la
independencia de la Corona británica.
De Gaulle, reelegido presidente de Francia.

1966

Retirada francesa del Cuartel general de la OTAN.
Indira Gandhi, primer ministro de la India.
Comienza la Revolución Cultural china.
La ONU reconoce a Namibia. Nkrumah derribado en
    Ghana.
Ley Orgánica del Estado presentada a las Cortes españolas.

1967

Disturbios en Newark y Detroit.
Tercera guerra árabe-israelí (Guerra de los Seis Días).
Bolivia: muere Ernesto «Che» Guevara.
China prueba la bomba de hidrógeno.
Grecia: dictadura militar.

1968

Manifestaciones de obreros y estudiantes en París.
EE UU: Martin Luther King es asesinado.
Tropas del Pacto de Varsovia invaden Checoslovaquia.
«Ofensiva del Thet» en Vietnam del Sur: ofensiva del
Frente Nacional de Liberación de Vietnam contra las
    fuerzas norteamericanas y sus aliados.
Tratados para impedir la proliferación de armas nucleares:
    firman 61 naciones.
Francia prueba la bomba de hidrógeno.

1969

Richard Nixon asume la presidencia de los EE UU.
De Gaulle dimite como presidente de Francia.
Vietnam del Norte: muere Ho-Chi-Minh.
Gaddafi asume el poder en Libia.
Enfrentamientos fronterizos chino-soviéticos
    en Manchuria.
Irlanda del Norte: enfrentamiento entre católicos y
    protestantes.
Estado de emergencia en España.

1970

Alemania Occidental firma un pacto de no agresión con la
    URSS y Polonia.

Manifestaciones y muertes de obreros en Polonia.

EE UU y Vietnam del Sur invaden Camboya.

República Árabe Unida: Sadat sucede al fallecido Nasser.

Allende es elegido presidente de Chile.

Hussein expulsa a la OLP de Jordania.

Juicio de Burgos contra ETA.

1971

Tratado de amistad entre la URSS y Egipto.

Proclamada la República de Bangladesh.

Fuerzas sudvietnamitas invaden Laos.

Muerte de Lin-Piao (ministro de Defensa chino).

Tratado entre el Este y el Oeste sobre Berlín.

La República Popular China es admitida en la ONU.

1972

Sadat expulsa a los consejeros militares soviéticos de Egipto.

Terremoto de Managua.

Entrevista en Pekín entre Mao Tsé-tung y Nixon.

Primera visita oficial de un presidente norteamericano a la
    URSS: Nixon firma con los soviéticos el acuerdo SALT
    (limitación de armas nucleares).

Caso Watergate en EE UU.

1973

Inglaterra, Dinamarca e Irlanda se unen al Mercado Común.

Las tropas estadounidenses abandonan Vietnam.

Visita de Brezhnev a EE UU.

Golpe militar en Chile. El poder queda en manos de una
    Junta militar presidida por Pinochet.

Cuarta guerra árabe-israelí en octubre (Guerra del Yom
    Quippur)

Crisis del Petróleo. La OPEP, reunida en Teherán, decide
aumentar el precio crudo.

Finaliza el bombardeo estadounidense de Camboya.

Admisión de las dos Alemanias en la ONU.

1974

Portugal: Revolución y fin de la dictadura.

Revolución en Etiopía.

Nixon dimite como presidente de EE UU.

Acuerdo entre Israel y Egipto («Acuerdo del Kilómetro
101»)

Éxito de los primeros ensayos nucleares en la India.

Turquía invade Chipre.

Inglaterra: los laboristas en el poder.

Grecia: fin de la dictadura; la República sustituye a la
monarquía

1975

Conferencia de Helsinki sobre la seguridad europea.

Victorias comunistas en Vietnam del Sur, Laos y Camboya.

Independencia de las colonias portuguesas de África.

Indonesia ocupa la zona portuguesa de la isla de Timor.

Lisboa rompe relaciones con Yakarta.

Estado de emergencia en la India.

Guerra civil en el Líbano.

Guerra civil en Angola.

España muerte de Franco; monarquía constitucional.

1976

Carter es elegido presidente de EE UU.

Nuevas huelgas en Polonia.

Muere Chu-En-lai; sucesor Hua-Kuo-feng.

Muere Mao Tsé-tung.

Arrestada la «Banda de los Cuatro».

Sadat anula el Tratado con la URSS (1971).

Golpe militar en Argentina. El general Videla, nuevo jefe
   del Estado.

Sudáfrica: disturbios raciales en Soweto.

Reunificación de Vietnam del Norte y del Sur con capital
   en Hanoi.

OUA (Organización para la Unidad Africana):
46 Estados.

1977

Sadat visita Jerusalén.

Resurgimiento de Teng Siao-Ping en China.

La URSS adopta una nueva Constitución.

EE UU: Carter amnistía a los desertores de Vietnam.

Elecciones generales en España.

1978

Acuerdos de Camp David entre Sadat y Begin.

Vietnam invade Camboya.

Golpe de Estado militar en Afganistán.

Muere Pablo VI. Le sucede Juan Pablo I, y poco después
   Juan Pablo II.

Constitución española.

Gobierno de Adolfo Suárez.

1979

Firmado el Acuerdo SALT II.

EE UU acuerda reconocer diplomáticamente a la República
   Popular China.

El sha abandona Irán.

Revolución en la isla de Granada.

Revolución Sandinista en Nicaragua.

Golpe de Estado en El Salvador.

La URSS invade Afganistán.

Accidente en la central nuclear de Three Miles Island
   (Harrisburg).

1980

EE UU: embargo de cereales contra la URSS.
Retirada de las tropas españolas del Sahara.
RASD (República Árabe Saharaui Democrática).
Reagan es elegido presidente de EE UU.
Se forma el Sindicato Solidaridad en Polonia.
China: «La Banda de los Cuatro» es condenada.
Egipto e Israel intercambian embajadores.
Independencia de Zimbabwe.

1981

Ley Marcial en Polonia.
Sadat es asesinado.
Atentado contra Reagan.
Duros combates en el Líbano entre las tropas sirias
    y las milicias cristianas.
Atentado contra el papa Juan Pablo II.
Golpe de Estado del 23-F en España.
España ingresa en la OTAN.

1982

Muere Leonid Brezhnev.
Israel invade el Líbano.
Guerra de las Malvinas. Caída del régimen militar argentino.
Golpe de Estado militar en Guatemala.
La URSS y EE UU reemprenden en Ginebra las
    negociaciones para la reducción del armamento
    estratégico.
Triunfo del PSOE en las elecciones españolas.

1983

EE UU invade Granada.
Tratado de paz entre Israel y Líbano.
Yuri Andropov elegido presidente del Soviet Supremo.
Chile: creciente oleada de oposición al régimen del

general Pinochet.

Francia interviene en el Chad para contrarrestar la presencia libia.

Triunfa Raúl Alfonsín en las elecciones generales argentinas.

Llegan al Reino Unido misiles de crucero americanos.

1984

Reagan es reelegido presidente de EE UU.

La URSS prueba los misiles de crucero.

Indira Gandhi es asesinada.

OLP abandona Líbano.

Chernenko, sucesor del fallecido Andropov.

Argentina: Informe Sábato. Unas 30.000 personas fueron secuestradas, torturadas y asesinadas durante el gobierno militar.

Concluye la negociación del Acta de Contadora para la paz en Centroamérica.

1985

Reagan se opone a las sanciones contra Sudáfrica.

EE UU realiza un embargo de comercio contra Nicaragua.

Gorbachov es elegido secretario general del Partido Comunista de la URSS.

El APRA (Alianza Popular Revolucionaria Americana) gana los comicios presidenciales y legislativos en Perú.

El Salvador: victoria de Duarte en las elecciones generales.

El Pacto de Varsovia, alargado veinte años más.

Adhesión de España a la CEE.

Terremoto en México.

Sudáfrica: huelga de mineros negros.

1986

EE UU ofrece nuevas ayudas militares a los «contras» nicaragüenses.

Accidente en la central nuclear soviética de Chernobyl.

Marcos huye de Filipinas.

Estado de Emergencia en la República de Sudáfrica.

España: triunfo del «Sí» en el referendum sobre la
permanencia en la OTAN.

La URSS pone en órbita el primer portaaeronaves del
espacio.

Bombardeo norteamericano en Libia.

Nueva mayoría absoluta para el PSOE en España.

1987

Gorbachov propone ante el Comité Central democratizar el
Partido Comunista de la URSS.

Las seis potencias acuerdan en París tomar medidas para
estabilizar el dólar.

Pieter Botha gana las elecciones para la minoría blanca de
Sudáfrica.

EE UU aumenta su implicación militar en el Golfo Pérsico.

Cumbre centroamericana de Esquipulas II.

Reagan y Gorbachov firman en Washington el primer
acuerdo para destruir armas nucleares.

España y EE UU intensifican los contactos sobre las bases.

África solicita en la cumbre de Addis Abeba una moratoria
de diez años en el pago de la deuda externa.

1988

La URSS inicia la retirada de los misiles instalados en la
RDA.

Desórdenes nacionalistas en Azerbaiyán.

EEUU presiona a Panamá, pidiendo la extradición del
general Noriega.

Asesinado Abu Yihad, jefe militar de la OLP.

Ataque estadounidense a objetivos iraníes en el Golfo.

«Cumbre» en Moscú entre Reagan y Gorbachov.

CEE y COMECON establecen relaciones diplomáticas.

Alto el fuego entre Irán e Irak. Arafat visita el Parlamento europeo.

Plebiscito en Chile; el 54,68 por 100 de los votantes dicen
«No» a Pinochet.

George Bush, nuevo presidente de EE UU.

Benazir Bhutto gana las elecciones en Pakistán y se
convierte en la primera mujer que gobierna en un país
musulmán.

Terremoto en Armenia. Más de 100.000 muertos.

El Tercer Mundo tiene una deuda global de un billón y
300.000 dólares.

El Consejo Nacional Palestino proclama el Estado palestino
y acepta las resoluciones 242 y 338 de las Naciones
Unidas. Arafat interviene en la Asamblea General de la
ONU, en Ginebra.

Huelga general en España.

1989

Muerte del emperador japonés Hiro-Hito. Le sucede su hijo
Akihito.

Es derrocado en Paraguay el general Alfredo Stroessner.

El Partido Comunista Polaco aprueba el pluralismo político
y sindical. Tras el acuerdo entre el gobierno y la
oposición, se legaliza el sindicato Solidaridad, y se
decide la realización de reformas constitucionales y la
celebración de elecciones. Lech Walesa será el nuevo
presidente.

En China, en el mes de Julio, se produce la matanza en la
Plaza de Tiananmen. Fuentes occidentales cifran en
7.000 el número de muertos civiles.

Fallece el Ayatollah Jomeini, y Ali Ackbar H. Rafsanjani es
investido presidente de Irán.

En Nicaragua, gobierno y oposición logran un pacto para
celebrar elecciones libres y desmovilizar a la «Contra».

El presidente de Sudáfrica Pieter Botha anuncia su dimisión
y le sucede Frederick de Klerk.

Estalla la «guerra de narcotráfico» en Colombia tras el
asesinato del político liberal Carlos Galán.
La RDA decide la apertura de sus fronteras a Occidente.
Cae el «Muro de Berlín».
Tras la retirada de las tropas sudafricanas, se celebran
elecciones en Namibia; la SWAPO obtiene la mayoría.
Se da por terminada la «Guerra Fría» al finalizar en Malta la
histórica reunión entre Bush y Gorbachov, que
anuncian un proceso de desarme, sentando las bases
de una nueva Europa.
Elecciones en Chile: Patricio Aylwin será el nuevo
presidente.
El pueblo rumano pide reformas y la apertura política del
régimen de Ceaucescu, que reprime duramente las
protestas. Finalmente, Ceaucescu y su mujer serán
ejecutados, y se dará paso a un gobierno provisional.
Checoslovaquia elige al primer presidente no comunista en
cuarenta años: Vaclav Havel.
Estados Unidos invade Panamá, derroca al general Noriega
y acredita como presidente a Guillermo Endara,
triunfador de los pasados comicios anulados por el
general depuesto.

1990

Sudáfrica adopta una nueva postura frente al apartheid. Por
fin Nelson Mandela es liberado en medio de
manifestaciones de satisfacción en el mundo entero.
La coalición liderada por Violeta Chamorro derrota al FNL
sandinista en las elecciones generales celebradas en
Nicaragua.
Las repúblicas bálticas de Estonia, Letonia y Lituania
acentúan sus pretensiones de independencia de la
Unión Soviética, ante la oposición de Gorbachov.
Las tropas iraquíes invaden Kuwait en Agosto. Comienza la
llamada «Crisis del Golfo Pérsico», que desembocará

en un enfrentamiento armado sobre el cielo y las
arenas del desierto que finalizará con la victoria de la
fuerza multinacional capitaneada por Estados Unidos
y la rendición de Saddam Hussein y sus aliados, tras
un escalofriante tira y afloja que pondrá en jaque a los
países del Golfo, Israel, Palestina, las comunidades
kurdas y chiítas, Occidente y las reservas de petróleo.

Dimite la primera ministra británica, Margaret Thatcher. Le
sucederá su ministro de finanzas, John Major.

Tras la firma en Bonn del tratado de unión entre las dos
Alemanias, se celebrarán las primeras elecciones
generales, con victoria del canciller Kohl.

1991

Se disuelve en Moscú la estructura militar del Pacto de
Varsovia.

Desaparición política del régimen albanés. Llegada masiva
de refugiados albaneses a las costas italianas.

En junio, Eslovenia y Croacia declaran su independencia de
la federación yugoslava. El ejército federal ataca ambas
repúblicas. El polvorín de los Balcanes ya ha estallado.
Los enfrentamientos se suceden en una encarnizada
guerra civil, caracterizada por la violación de los
sucesivos «alto el fuego» y el fracaso de los intentos
mediadores de la CE.

En agosto, golpe de estado en la URSS. Se trata de una
operación para acabar con la Perestroika en la que se
halla involucrado el equipo de gobierno de Mijaíl
Gorbachov, quien es retenido en su dacha de Crimea
mientras el pueblo soviético sale a la calle en defensa
de la democracia. El golpe es abortado y el poder es
devuelto a Gorbachov. Sin embargo, muchas de las
repúblicas comenzarán sus procesos de
independencia, lo que obligará a Gorbachov a
confeccionar un Tratado de la Unión reconociendo la

nueva situación.

Se celebra en Madrid la Conferencia de Paz para Oriente Próximo.

El presidente haitiano, Jean Bertrand Aristide, es derrocado por un golpe militar.

La guerra civil y el hambre se ensañan dramáticamente con la población somalí.

Después de 20 años de lucha, se firma la paz en Camboya.

El FIS (Frente Islámico de Salvación) derrota al FLN (Frente de Liberación Nacional) en las elecciones argelinas. Este ascenso del integrismo provocará una espiral de violencia que culminará en el 92 con el asesinato del presidente Mohamed Budiaf.

Las repúblicas de Rusia, Bielorrusia y Ucrania firman el Acuerdo de Minsk mediante el cual desaparece la Unión Soviética y nace la Comunidad de Estados Independientes. Las demás repúblicas excepto Georgia se unirán a la CEI, con reservas, en Alma-Ata.

Dimite Mijaíl Gorbachov y Boris Yeltsin asume el gobierno de Rusia.

Del 9 al 11 de diciembre se celebra la cumbre de Maastricht.

1992

El 3 de enero finaliza la guerra civil en El Salvador con un acuerdo entre el gobierno y la guerrilla.

Desaparece Yugoslavia como Estado.

Continúan los enfrentamientos en Croacia y comienza a desangrarse Bosnia. Se suceden la destrucción y los crímenes de guerra ante la impotencia de los cascos azules enviados por la ONU.

Se producen dos golpes de Estado en Venezuela: ambos fracasan.

El 7 de febrero se firma el Tratado de la Unión Europea en Maastricht.

El 17 de marzo los electores blancos deciden por aplastante
mayoría poner fin al apartheid en Sudáfrica.

En abril el presidente del Perú, Alberto Fujimori, da su
propio golpe de Estado y recibe el apoyo de la
población.

Cuatro días de disturbios raciales en Los Ángeles arrojan un
balance de 58 muertos.

En Alemania se desata la violencia neonazi. En Europa
Occidental el problema de la xenofobia crece a
medida que aumenta el número de inmigrantes.

En Italia la mafia asesina al Juez Falcone y a su sucesor,
Paolo Borsellino.

Se celebran el V Centenario del Descubrimiento de América
y los XXV Juegos Olímpicos de verano en Barcelona.

El 6 de octubre se decide la división en dos de
Checoslovaquia, que tendrá efecto en 1993.

Bill Clinton es el nuevo presidente de los Estados Unidos.

Con el desembarco de los marines comienza la intervención
de la ONU en Somalia.

La cumbre celebrada en diciembre en Edimburgo
desbloquea las negociaciones acerca del Tratado de
Maastricht.

Conflictos entre Irak y Estados Unidos a causa de la
violación de las zonas de exclusión aérea situadas al
Sur del paralelo 36 y al Norte del paralelo 32.

1993

En enero entra en vigor el Mercado Único europeo.

Estados Unidos y Rusia firman el acuerdo de desarme
START II.

Yasser Arafat e Isaac Rabin firman la paz entre palestinos e
israelíes. Los primeros recibirán los territorios de Gaza
y Jericó.

Boris Yeltsin es destituido por el Parlamento de la
Federación Rusa, que entrega el poder a Alexander

Rutskoi. Sin embargo Yeltsin logra recuperar las
riendas y los responsables de la sublevación son
encarcelados.

El 1 de noviembre entra en vigor el Tratado de Maastricht.
Nace la Unión Europea.

La ONU intenta imponer una salida pacífica al conflicto de
Haití pero los golpistas impiden el regreso del
depuesto Aristide.

John Major y su homólogo irlandés Albert Reynolds
negocian un nuevo plan de paz para el Ulster mientras
el IRA y los protestantes reanudan sus actividades.

Se aprueba el Tratado de Libre Comercio entre Estados
Unidos, Canadá y México.

En Argelia los fundamentalistas emprenden una campaña
de asesinatos de residentes extranjeros.

1994

Una sublevación indígena, reprimida brutalmente, resucita
en el estado mexicano de Chiapas los ideales zapatistas
de «tierra y libertad». También se produce en México
el asesinato del candidato del PRI Luis Donaldo
Colosio.

En medio de un clima de hundimiento de la Democracia
Cristiana y crisis de gobierno se celebran elecciones en
Italia, resultando vencedor Silvio Berlusconi, quien
tendrá que formar coalición con la Liga y los
Neofascistas.

El mundo queda atónito ante el espectáculo dantesco de la
guerra civil entre las etnias Hutu y Tutsi en Ruanda.

Nelson Mandela se convierte en el primer presidente negro
de la historia de Sudáfrica tras la victoria del Congreso
Nacional Africano en las primeras elecciones libres.

Guerra civil entre el Norte y el Sur de Yemen.

Regreso triunfal de Yasser Arafat a Gaza, recién declarada
la autonomía de Palestina.

La difícil situación en Cuba dará lugar a un éxodo marítimo
hacia Estados Unidos que será denominado «crisis de
los balseros» cuando Fidel Castro les abra las puertas
de salida poniendo a Estados Unidos en situación
comprometida.

Israel y Jordania ponen fin a 46 años de guerra.

La ONU autoriza la invasión de Haití para restaurar la
democracia. Carter actúa como mediador para evitar
el derramamiento de sangre.

Ernesto Zedillo sustituye a Carlos Salinas de Gortari en la
presidencia de México y hereda el levantamiento
zapatista. Amado Avendaño es proclamado
gobernador paralelo de Chiapas. Una comisión
encabezada por el obispo de San Cristóbal de las
Casas intenta mediar por la paz. Misterioso asesinato
del secretario general del PRI, José Francisco Ruiz
Massieu.

El IRA decreta el «alto el fuego» e Irlanda del Norte
vislumbra su camino hacia la paz. Comienza la
desmilitarización del Ulster.

Chechenia intenta independizarse de la Federación Rusa.
Yeltsin responde ordenando la invasión de la
república. Los rebeldes chechenos resisten
defendiendo su territorio en pie de guerra.

Se desata de nuevo en Camboya el terror de los Khemeres
Rojos.

Se intenta infructuosamente un plan de paz para Bosnia.

1995

En México se produce una nueva ofensiva militar de las
tropas federales contra los zapatistas, y la población de
las aldeas se refugia en la Selva Lacandona. El pueblo
de Chiapas no renuncia a sus ideales, ante la
preocupación del gobierno y los finqueros. Finalmente
se acuerda la vía negociadora.

Continúan los ataques del ejército de Yeltsin a los chechenos, con la oposición de buena parte de la población rusa, que se niega a enviar a sus hijos a la guerra.

Disputa fronteriza entre Perú y Ecuador por la posesión de territorios de la selva amazónica.

Continúa la masacre y el éxodo de refugiados en Ruanda, cuya guerra civil amenaza con extenderse a la vecina Burundi.

Irlanda: Londres y Dublín negocian un plan de paz para el Ulster. El ejército británico deja de patrullar Belfast después de 25 años de presencia en la ciudad.

Continúa la violencia integrista en Argelia, con los asesinatos de extranjeros, periodistas y mujeres.

Jacques Chirac gana las elecciones presidenciales en Francia.

Actos conmemorativos del 50 aniversario del final de la II Guerra Mundial

Francia reanuda su programa de explosiones nucleares en el Pacífico, entre grandes protestas de gobiernos, instituciones y movimientos sociales.

La OTAN y la UE crean una fuerza de intervención militar en Bosnia, a la que se incorporará Alemania rompiendo su tradicional no intervencionismo.

Cumbre de la Mujer en Pekín con representantes de 180 países.

La crisis de corrupción en la política italiana culmina con el proceso contra el que fuera líder democristiano Giulio Andreotti.

Israel y Palestina firman el cese de casi cincuenta años de enfrentamiento, con la creación de una región autónoma y una Alta Autoridad Palestina.

La ONU celebra su 50º aniversario.

Asesinato del primer ministro israelí, Isaac Rabin, por un judío de extrema derecha.

Derrota de Lech Walesa en las elecciones polacas.

Acuerdo de Dayton (EE UU) entre Bosnia, Serbia y
Croacia.

Huelgas en Francia contra el programa de reformas del
gobierno conservador.

Firma en París del acuerdo de paz en Bosnia.

Victoria comunista en las elecciones rusas, en un marco
general europeo de recuperación de las opciones
socialdemócratas.

Países del mundo

Nombre	Nombre oficial	Capital	Poblaci...
Afganistán	República de Afganistán	Kabul	19.100.0...
Albania	República de Albania	Tirana	3.300.0...
Alemania	República Federal de Alemania	Berlín	80.300.0...
Andorra	Principado de Andorra	Andorra la Vella	50.0
Angola	República Popular de Angola	Luanda	9.900.0...
Anguila			
Antigua y Barbuda	Antigua y Barbuda	S. Johns	66.0...
Antillas holandesas			
Arabia Saudí	Reino de Arabia Saudí	Riad	15.900.0...
Argelia	Argelia	Argel	26.300.0...
Argentina	Argentina	Buenos Aires	33.100.0...
Armenia	Armenia	Eriván	3.500.0...
Aruba			
Australia	Australia	Canberra	17.600.0...
Austria	República de Austria	Viena	7.800.0...
Azerbaiyán	Azerbaiyán	Bakú	7.300.0...
Bahamas	Commonwealth de las Bahamas	Nassau	260.0...
Bahrein	Emirato de Bahrein	Manama	530.0...
Bangladesh	Bangladesh	Dakha	119.300.0...
Barbados	Barbados	Bridgetown	259.0...
Bélgica	Bélgica	Bruselas	10.000.0...
Belice	Belice	Belmopán	200.0...
Benín	República Popular de Benín	Porto Novo	4.900.0...
Bhután	Reino de Bhután	Thimbu	1.600.0...

Km²	Moneda	PIB (mill. dólares)	PIB/hab (dólares)
647 497	Afganí	7.610 c	485 c
28.748	Nuevo Lek	1.919 b	600 b
357.325	Marco	1.695.900	21.119
453	Peseta española, Franco francés	480 e	9.834 e
1.246.700	Nuevo Kwanza	7.579 a	766 a
442	Dólar de las Caribes orientales	355 a	4.770 a
2.149.690	Rial	111.900	7.040
2.381.741	Dinar	48.670	1.851
2.766.889	Austral	91.200 a	2.780 a
29.800	Rublo ruso	7.230	2.150
7.682.300	Dólar australiano	304 .700	17.310
83.850	Chelín (Schilling)	176.700	22.654
86.600	Manat	12.070	1.670
13.930	Dólar bahameño	3.044a	11.720 a
678	Dinar	3.680 a	6.910 a
143.998	Taka	23.450a	220 a
430	Dólar de Barbados	1.718	6.633
30.500	Franco belga	211.200	21.120
22.960	Dólar beliceño	389 a	2.050 a
112.622	Franco CFA	2.130	434
47.000	Ngultrum	260 a	180 a

Nombre	Nombre oficial	Capital	Població
Bielorrusia	Bielorrusia	Minsk	10.300.00
Bolivia	República de Bolivia	La Paz	7.500.00
Bosnia-Herzegovina	República de Bosnia-Herzegovina	Sarajevo	4.515.00
Botswana	República de Botswana	Gabarones	1.300.00
Brasil	Brasil	Brasilia	154.100.00
Brunei	Sultanato de Brunei	Bandar S. B.	270.00
Bulgaria	República de Bulgaria	Sofía	9.000.00
Burkina Faso	República de Burkina Faso	Uagadugu	9.500.00
Burundi	República de Burundi	Bujumbura	5.800.00
Cabo Verde	República de Cabo Verde	Praia	380.00
Camboya/Campuchea	Estado de Camboya	Phnom-Penh	8.800.00
Camerún	Camerún	Yaoundé	12.200.00
Canadá	Canadá	Ottawa	27.400.00
Colombia	República de Colombia	Bogotá	33.400.00
Comores	República Federal Islámica de las Comores	Moroni	590.00
Congo	República Popular del Congo	Brazzaville	2.400.00
Corea del Norte	República Popular Democrática de Corea	Pyongyang	22.600.00
Corea del Sur	Corea del Sur	Seúl	44.200.00
Costa Rica	República de Costa Rica	San José	3.200.00
Costa de Marfil	República de Costa de Marfil	Yamassukro	12.900.00
Croacia	República de Croacia	Zagreb	4.780.00
Cuba	República de Cuba	La Habana	10.800.00
Chad	República del Chad	N'Djamena	3.800.00

Km^2	Moneda	PIB (mill. dólares)	PIB/hab (dólares)
207.600	Rublo ruso	32.130	3.110
1.098.581	Boliviano	6.415	855
51.129	Dinar bosnio	7.870 *	1.756 *
600.372	Pula	3.335 a	2.590
8.511.965	Real	447.300a	2.920 a
5.770	Dólar de Brunei	2.350 c	9.101 c
110.912	Lev	16.320a	1.840 a
274.200	Franco CFA	3.252	342
27.830	Franco burundí	1.210	210
4.030	Escudo caboverdiano	398	1.045
181.035	Riel	1.730 a	200 a
475.440	Franco CFA	11.320a	940 a
9.976.139	Dólar canadiense	594.200	21.686
1.138.914	Peso	45.083	1.350
2.170	Franco camoriano	279	473
342.000	Franco CFA	2.623 a	1.120 a
120.538	Won	27.000 b	1.238 b
99.484	Won	299.200	6.769
50.700	Colón	6.401	2.000
322.462	Franco CFA	8.520 a	690 a
56.538	Dinar croata	16.610 *	3.546
110.861	Peso cubano	16.399 c	1.562 c
1.284.000	Franco CFA	1.220 a	220 a

Nombre	Nombre oficial	Capital	Población
Chile	República de Chile	Santiago	13.600.00
China	China	Pekín	1.188.000.00
Chipre	República de Chipre	Nicosia	720.00
Dinamarca	Reino de Dinamarca	Copenhague	5.200.00
Dominica	Commonwealth de la Dominica	Roseau	72.00
Ecuador	República de Ecuador	Quito	11.100.00
Egipto	Egipto	El Cairo	54.800.00
El Salvador	República de El Salvador	San Salvador	5.400.00
Emiratos Árabes Unidos	Federación de los Emiratos Árabes Unidos	Abu Dhabi	1.700.00
Eritrea	República de Eritrea	Asmara	3.050.00
Eslovaquia	República Eslovaca	Bratislava	5.280.00
Eslovenia	República de Eslovenia	Liubliana	2.000.00
España	España	Madrid	39.100.00
Estados Unidos	Estados Unidos de América	Washington	255.200.00
Estonia	República de Estonia	Tallin	1.582.00
Etiopía	República de Etiopía	Addis-Abeba	53.000.00
Fidji	Fidji	Suva	739.00
Filipinas	República de Filipinas	Manila	65.200.00
Finlandia	República de Finlandia	Helsinki	5.000.00
Francia	Francia	París	57.200.00
Gabón	República de Gabón	Libreville	1.200.00
Gambia	República de Gambia	Banjul	910.00
Georgia	Georgia	Tbilissi	5.500.00
Ghana	República de Ghana	Accra	16.000.00

Km²	Moneda	PIB (mill. dólares)	PIB/hab (dólares)
756.945	Peso	33.200	2.444
9.596.961	Yuan	424.000 a	370 a
9.251	Libra chipriota	6.140 a	8.640 a
43.070	Corona danesa	139.800	26.885
440	Dólar de las Caribes orientales	175 a	2.440 a
283.561	Sucre	12.440	1.121
1.001.449	Libra	33.070 a	620 a
21.040	Colón	5.697 a	1.070 a
83.600	Dirham	37.650	22.147
93.679	Berr		
43.035	Corona eslovaca	11.200	2.113
20.251	Tolar	11.440	5.871
504.782	Peseta	558.700	14.290
9.363.123	Dólar	5.951.000	23.319
45.100	Corona estonia	6.090	3.830
1.221.000	Berr	6.144 a	120 a
18.274	Dólar de Fidji	1.377 a	1.830 a
300.000	Peso	49.350	757
337.010	Marco finlandés	123.900	24.780
547.026	Franco	1.303.400	22.786
267.670	Franco CFA	4.419 a	3.780 a
11.300	Dalasi	381	419
69.700	Se utilizan transitoria-mente cupones	9.000	1.640
238.537	Cedi	6.770	423

Nombre	Nombre oficial	Capital	Població
Granada	Granada	St. George	91.00
Grecia	República de Grecia	Atenas	10.200.00
Guatemala	República de Guatemala	Guatemala	9.700.00
Guinea	República de Guinea	Conakry	6.100.00
Guinea Bissau	República de Guinea-Bissau	Bissau	1.000.00
Guinea Ecuatorial	República de Guinea Ecuatorial	Malabo	370.00
Guayana	República Cooperativa de Guayana	Georgetown	810.00
Haití	República de Haití	Puerto Príncipe	6.800.00
Honduras	República de Honduras	Tegucigalpa	5.500.00
Hungría	República de Hungría	Budapest	10.500.00
India	India	Nueva Delhi	879.500.00
Indonesia	Indonesia	Yakarta	191.200.00
Irak	República de Irak	Bagdad	19.300.00
Irán	Irán	Teherán	61.600.00
Irlanda	República de Irlanda	Dublín	3.500.00
Islandia	República de Islandia	Reykiavik	260.00
Islas Marianas del Norte	Commonwealth de las Islas Marianas del Norte	Saipan	20.5
Islas Marshall	República de las Islas Marshall	Majuro	43.9
Israel	Israel	Jerusalén	5.100.0
Italia	Italia	Roma	56.510.0
Jamaica	Jamaica	Kingston	2.500.0

Km²	Moneda	PIB (mill. dólares)	PIB/hab (dólares)
344	Dólar de las Caribes orientales	198 a	2.180 a
131.944	Dracma	75.330	7.385
108.890	Quetzal	9.755	1.006
245.860	Franco guineano	2.964	486
36.120	Peso guineano	203	203
28.050	Franco CFA	142 a	330 a
214.970	Dólar de Guayana	407	502
27.750	Gourde	2.471 a	370 a
112.090	Lempira	3.935	715
93.030	Forint	28.240 a	2.690 a
3.287.590	Rupia	284.700 a	330 a
1.913.000	Rupia	127.400	666
434.924	Dinar	66.760c	3.652 c
1.648.000	Rial	127.400 a	2.320 a
70.280	Libra irlandesa	47.500	13.571
103.000	Corona islandesa (Krone)	6.510	25.031
471	Dólar de EE UU		
181	Dólar de EE UU		
20.770	Nuevo shekel	59.100 a	11.330 a
301.225	Lira	1.211.000	20.952
10.990	Dólar jamaicano	3.365 a	1.380 a

Nombre	Nombre oficial	Capital	Población
Japón	Japón	Tokio	124.500.00
Jordania	Reino hachemita de Jordania	Ammán	4.300.00
Kazajistán	Kazajistán	Alma-Ata	17.000.00
Kenia	República de Kenia	Nairobi	25.200.00
Kirguizistán	Kirguizistán	Bichkek	4.500.00
Kiribati	Kiribati	Bainiki	74.00
Kuwait	Emirato de Kuwait	Kuwait	2.000.00
Laos	República Democrática Popular de Laos	Vientian	4.500.00
Lesotho	Reino de Lesotho	Maseru	1.800.00
Letonia	República de Letonia	Riga	2.679.00
Líbano	República libanesa	Beirut	2.800.00
Liberia	República de Liberia	Monrovia	2.800.00
Libia	Jamahirya árabe libia popular y socialista	Trípoli	4.900.00
Liechtenstein	Principado de Liechtenstein	Vaduz	30.00
Lituania	República de Lituania	Vilnius	3.755.00
Luxemburgo	Gran Ducado de Luxemburgo	Luxemburgo	380.00
Macedonia	República de Macedonia	Skopie	2.132.00
Madagascar	República Democrática de Madagascar	Antananarivo	12.800.00
Malasia	Federación de Malasia	Kuala Lumpur	18.800.00
Malawi	República de Malawi	Lilongwé	10.400.00
Maldivas	República de las Maldivas	Male	230.00

Km²	Moneda	PIB (mill. dólares)	PIB/hab (dólares)
372.313	Yen	3.509.800	28.191
97.740	Dinar	4.660	1.084
2.717.300	Rublo ruso	41.690	2.470
582.640	Chelín keniata	8.505	340
198.500	Som	6.900	1.550
728	Dólar australiano	53 a	750 a
17.811	Dinar	33.090 c	16.160 c
236.800	Rip	960 a	230 a
30.350	Loti y Rand sudafricano	1.053 a	580 a
64.500	Rublo	9.190	3.410
10.400	Libra libanesa	3.000 a	1.095 a
111.370	Dólar liberiano	1.239 c	497 c
1.759.540	Dinar libio	29.230	5.967
157	Franco suizo	1.000 d	35.587 d
65.200	Litas lituano	10.220	2.710
2.586	Franco luxemburgués, Franco belga	10.170	26.763
25.713	Dinar macedonio	3.700 *	1.756
587.040	Franco malgache	2.560 a	210 a
329.750	Ringgit	45.790 a	2.490 a
118.480	Kwacha	1.961	189
298	Rufiyaa	100 a	460 a

Nombre	Nombre oficial	Capital	Población
Malí	República de Malí	Bamako	9.800.000
Malta	República de Malta	La Valeta	360.000
Marruecos	Reino de Marruecos	Rabat	26.300.000
Mauricio	Mauricio	Port-Louis	1.100.000
Mauritania	República islámica de Mauritania	Nuakchott	2.100.000
México	México	Ciudad de México	88.200.000
Micronesia	Estados federados de Micronesia	Kolia	101.000
Moldavia	República de Moldavia	Chisinau	4.400.000
Mónaco	Principado de Mónaco	Mónaco	30.000
Mongolia	República de Mongolia	Ulan-Bator	2.300.000
Mozambique	República popular de Mozambique	Maputo	14.900.000
Myanmar (Birmania)	Unión de Myanmar	Rangún	43.700.000
Namibia	República de Namibia	Windhoek	1.500.000
Naurú	República de Naurú	Yaren	10.000
Nepal	Reino del Nepal	Katmandú	20.600.000
Nicaragua	República de Nicaragua	Managua	4.000.000
Níger	República de Níger	Niamey	8.300.000
Nigeria	Nigeria	Abuja	115.700.000
Noruega	Reino de Noruega	Oslo	4.300.000
Nueva Zelanda	Nueva Zelanda	Wellington	3.500.000
Omán	Sultanato de Omán	Mascate	1.600.000

Km²	Moneda	PIB (mill. dólares)	PIB/hab (dólares)
1.240.000	Franco CFA	2.412 a	280 a
316	Libra maltesa	2.600 a	6.850
450.000	Dirham	27.440	1.043
2.045	Rupia de Mauricio	2.998	2.725
1.030.000	Uguiya	1.030 a	510 a
1.967.183	Peso	283.700	3.217
692	Dólar de EE UU		
33.700	Rublo ruso	9.530	2.170
1,81	Franco francés	280 g	11.350 g
1.565.000	Tugrik	1.710 c	804 c
783.080	Metical	1.163 a	70 a
676.552	Byat	24.050 a	562 a
824.290	Rand	2.051 a	1.120 a
21	Dólar australiano	81 f	8.070 f
140.797	Rupia nepalesa	3.450 a	180 a
130.000	Córdoba	1.897 a	340 a
1.267.000	Franco CFA	2.361 a	300 a
923.768	Naira	34.060 a	290 a
324.220	Corona noruega	113.000	26.270
268.676	Dólar neozelandés	45.000	12.857
212.457	Rial	11.460	7.161

Nombre	Nombre oficial	Capital	Població
Países Bajos (Holanda)	Reino de los Países Bajos	Amsterdam	15.200.00
Pakistán	Pakistán	Islamabad	124.800.00
Palau	República de Palau	Koror	14.10
Panamá	República de Panamá	Panamá	2.500.00
Papuasia-Nueva Guinea	Papuasia-Nueva Guinea	Port-Moresby	4.056.00
Paraguay	República del Paraguay	Asunción	4.500.00
Pascua			
Perú	República del Perú	Lima	22.500.00
Polonia	República de Polonia	Varsovia	38.400.00
Portugal	República de Portugal	Lisboa	9.900.00
Puerto Rico	Estado Libre Asociado de Puerto Rico	San Juan	3.606.0
Qatar	Emirato de Qatar	Doha	450.0
Reino Unido	Reino Unido	Londres	57.700.0
República Centroafricana	República Centroafricana	Bangui	3.200.0
República Checa	República Checa	Praga	10.300.0
República Dominicana	República Dominicana	Santo Domingo	7.500.0
República Sudafricana	República Sudafricana	Pretoria	39.800.0
Ruanda	República de Ruanda	Kigali	7.500.0
Rumanía	República de Rumanía	Bucarest	23.300.0

Km^2	Moneda	PIB (mill. dólares)	PIB/hab (dólares)
40.844	Florín	313.000	20.592
803.943	Rupia	46.730 a	400 a
493	Dólar de EE UU		
77.080	Balboa (en teoría, de facto el dólar)	5.254 a	2.180 a
461.691	Kina	4.189	1.033
406.752	Guaraní	5.370 a	1.210 a
14.000			
1.285.216	Nuevo Sol	38.295 a	1.020 a
312.677	Zloty	70.640	1.830 a
92.080	Escudo	73.200	7.394
8.990	Dólar de EE UU	22.831 a	6.393 a
11.000	Rial	6.970 b	15.870 b
244.046	Libra esterlina	1.034.600	17.931
622.980	Franco CFA	1.218 a	390
84.845	Corona	56.120	2.536
48.730	Peso	6.807	970
1.221.037	Rand	115.600	2.905
26.340	Franco ruandí	1.930	260
237.500	Leu	31.080 a	1.340 a

Nombre	Nombre oficial	Capital	Población
Rusia	Rusia	Moscú	149.000.000
Salomón, Islas	Islas Salomón	Honiara	342.000
Samoa Occidental	Samoa Occidental	Apia	158.000
San Cristóbal y Nevis	Federación de San Cristóbal y Nevis	Basseterre	49.000
San Marino	República de San Marino	San Marino	20.000
San Vicente-Granadinas	Commonwealth de San Vicente y Granadinas	Kingstown	109.000
Santa Lucía	Santa Lucía	Castries	137.000
Santo Tomé y Príncipe	República Democrática de Santo Tomé y Príncipe	S. Tomé	120.000
Senegal	República de Senegal	Dakar	7.700.000
Serbia-Montenegro	República de Serbia	Belgrado	9.880.000
	República de Montenegro	Podgorica	644.000
Seychelles	República de las Seychelles	Victoria	70.000
Sierra Leona	República de Sierra Leona	Freetown	4.400.000
Singapur	Singapur	Singapur	2.800.000
Siria	Siria	Damasco	13.300.000
Somalia	República Democrática de Somalia	Mogadiscio	9.200.0
Sri Lanka	Sn Lanka	Colombo	17.700.0
Sudán	República de Sudán	Jartum	26.700.0
Suecia	Reino de Suecia	Estocolmo	8.700.0

Km^2	Moneda	PIB (mill. dólares)	PIB/hab (dólares)
17.075.000	Rublo	479.550	3.220
28.446	Dólar de las Caribes orientales	184 a	860
2.842	Tala	156 a	930 a
261	Dólar Caribe-Este		
61	Lira italiana	188 e	8.590e
388	Dólar de las Caribes orientales	187 a	1.730 a
620	Dólar de las Caribes orientales	380 a	2.500 a
960	Dobra	42 a	350 a
196.200	Franco CFA	5.500 a	720 a
88.361	Nuevo dinar yugoslavo	23.230 *	2.352 *
13.812	Dinar yugoslavo	1.230 *	1.924 *
280	Rupia de las Seychelles	399	5.700
71.740	Leone	904 a	210a
618	Dólar de Singapur	43.910	15.682
185.180	Libra siria	14.230a	1.110a
637.660	Chelín somalí	946 b	150 b
65.610	Rupia srilankesa	9.660	546
2.505.810	Libra sudanesa	10.110 b	400 b
449.960	Corona sueca	241.200	27.724

Nombre	Nombre oficial	Capital	Población
Suiza	Confederación helvética (Suiza)	Berna	6.800.000
Surinam	República de Surinam	Paramaribo	440.000
Swazilandia	Reino de Swazilandia	Mbabane	790.000
Tadzjikistán	Tadzjikistán	Dushanbé	5.600.000
Tailandia	Tailandia	Bangkok	56.100000
Taiwán	Taiwán	Taipei	20.600.000
Tanzania	República unida de Tanzania	Doctoma	27.800.000
Togo	República de Togo	Lomé	3.800.00
Tonga	Tonga	Nuku Alofa	97.00
Trinidad y Tobago	Trinidad y Tobago	Pto- España	1.265.00
Túnez	Túnez	Túnez	8.400.00
Turkmenistán	Turkmenistán	Achkhabad	3.900.00
Turquía	Turquía	Ankara	58.400.00
Tuvalú	Tuvalú	Funafuti	12.00
Ucrania	Ucrania	Kiev	52.200.00
Uganda	República de Uganda	Kampala	18.700.00
Uruguay	República Oriental del Uruguay	Montevideo	3.100.00
Uzbekistán	Uzbekistán	Tachkant	21.500.00
Vanuatú	República de Vanuatú	Port-Vila	157.00
Vaticano	El Vaticano		1.50
Venezuela	Venezuela	Caracas	20.200.00
Vietnam	Vietnam	Hanoi	69.500.00

Km²	Moneda	PIB (mill. dólares)	PIB/hab (dólares)
41.288	Franco suizo	238.900	35.132
163.270	Florín de Surinam	1.649 d	3.610 a
17.360	Lilangeni y Rand sudafricanos	874 a	1.060 a
143.100	Rublo ruso	5.670	1.050
514.000	Baht	89.550 a	1.580 a
35.980	Dólar de Taiwán	200.400	9.728
945.090	Chelín tanzano	2.424	100
56.000	Franco CFA	1.530 a	410 a
699	Pa'anga	110a	1 100a
5.130	Dólar de Trinidad y Tobago	5 059	3 999
163.610	Dinar	15.000	1.786
488.100	Rublo ruso	6.390	1.700
780.576	Lira	118.700	2.032
158	Dólar australiano	3 e	326 e
603.700	Karbovanets	121.460	2.340
236.040	Chelín ugandés	2.762	160
176.215	Peso	8.900 a	2.860 a
447.400	Rublo ruso	28.260	1.350
12.189	Vatu	175 a	1.120 a
	Lira italiana		
912.050	Bolívar	60.460	2.993
333.000	Dong	7.129 c	109 c

Nombre	Nombre oficial	Capital	Población
Yemen	República del Yemen	Sanaa	12.500.000
Yibuti	República de Yibuti	Yibuti	470.000
Zaire	República del Zaire	Kinshasa	39.900.000
Zambia	República de Zambia	Lusaka	8.600.000
Zimbabwe	República de Zimbabwe	Hararé	10.600.000

a: 1991; b: 1990; c: 1989; d: 1988; e: 1987; f: 1985; g: 1982

* Producto Material Neto

Fuente: El estado del mundo 1994, *Barcelona, Akal, 1993*

Km^2	Moneda	PIB (mill. dólares)	PIB/hab (dólares)
527.968	Rial y dinar	6.750 a	540 a
23.200	Franco djibutí	492 c	1.236 c
2.345.410	Zaire	8.123 b	220 h
752.610	Kwacha	3.394 a	420 b
390.580	Dólar zimbabwés	6.220 a	620 a

Mapas demográficos

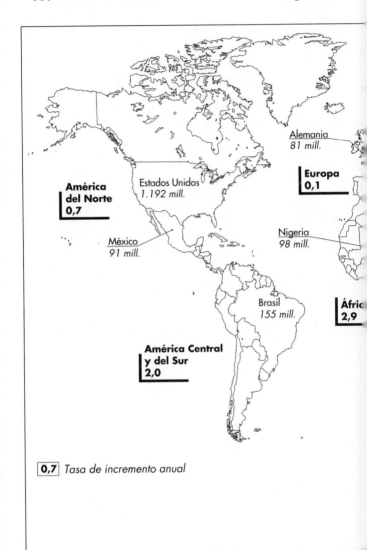

El crecimiento de la población

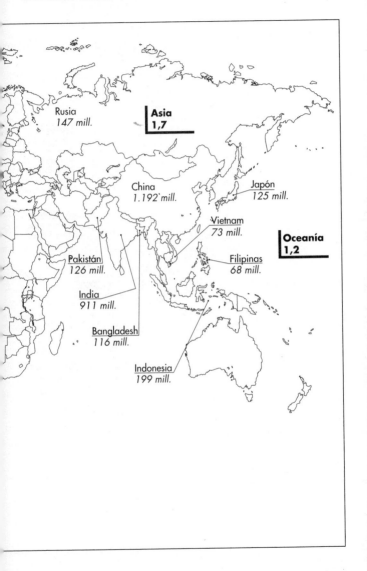

Rusia
147 mill.

Asia
1,7

China
1.192 mill.

Japón
125 mill.

Vietnam
73 mill.

Oceanía
1,2

Pakistán
126 mill.

Filipinas
68 mill.

India
911 mill.

Bangladesh
116 mill.

Indonesia
199 mill.

CANADÁ
País del mundo con mayor
desarrollo humano
(IDH=0,950 sobre
un máx. de 1)

ESPAÑA
Índice de paro más alto
de todos los países
industrializados (23%).
Tasa de fecundidad más baja
del planeta, con Hong Kong
(1,2 hijos por pareja)

EE UU
Hay 82 televisores por cada 100 hab.
El PIB real per cápita
es de 23.760 dólares.

MARRUECOS
Sólo el 41% de la pob.
adulta sabe leer y escribir

NICARAGUA
La deuda externa equivale
al 804% de su PNB.

PANAMÁ
El 20% de la población tiene
un ingreso 30 veces superior
al 20% pobre.

NÍGE
El 87% de
pob. analf

BRASIL
Tiene una deuda externa
de 121.000
mills. de
dólares.

ANGOLA
Tasa de crecimier
demográfico anu
3,6%

PARAGUAY
Sólo el 35% de la población
tiene acceso al agua potable.

El desarrollo humano

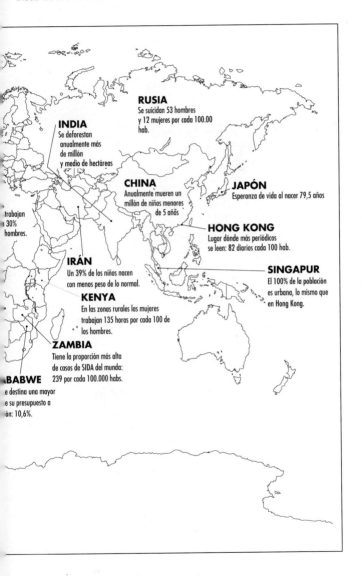

RUSIA
Se suicidan 53 hombres
y 12 mujeres por cada 100.00
hab.

INDIA
Se deforestan
anualmente más
de millón
y medio de hectáreas

trabajan
n 30%
hombres.

CHINA
Anualmente mueren un
millón de niños menores
de 5 años

JAPÓN
Esperanza de vida al nacer 79,5 años

HONG KONG
Lugar dónde más periódicos
se leen: 82 diarios cada 100 hab.

IRÁN
Un 39% de los niños nacen
con menos peso de lo normal.

SINGAPUR
El 100% de la población
es urbana, lo mismo que
en Hong Kong.

KENYA
En las zonas rurales las mujeres
trabajan 135 horas por cada 100 de
los hombres.

ZAMBIA
Tiene la proporción más alta
de casos de SIDA del munda:
239 por cada 100.000 habs.

BABWE
e destina una mayor
e su presupuesto a
ón: 10,6%.

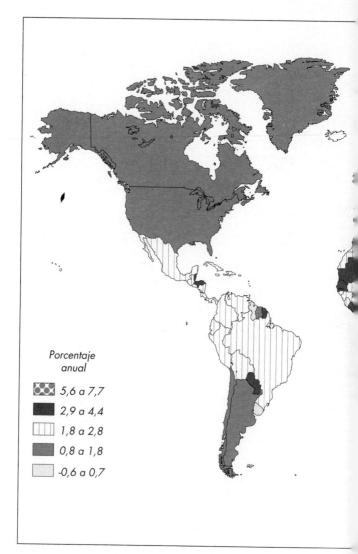

Porcentaje
anual

5,6 a 7,7

2,9 a 4,4

1,8 a 2,8

0,8 a 1,8

-0,6 a 0,7

Tasa de crecimiento de la población

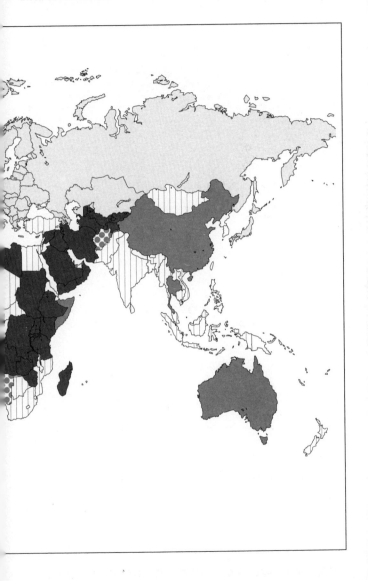

Grandes polos de inmigración

Migraciones internacionales contemporáneas

Principales países de emigración

(1950-1990)

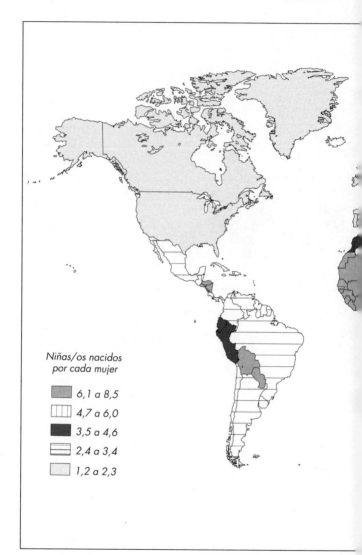

Niñas/os nacidos
por cada mujer

6,1 a 8,5
4,7 a 6,0
3,5 a 4,6
2,4 a 3,4
1,2 a 2,3

Fertilidad

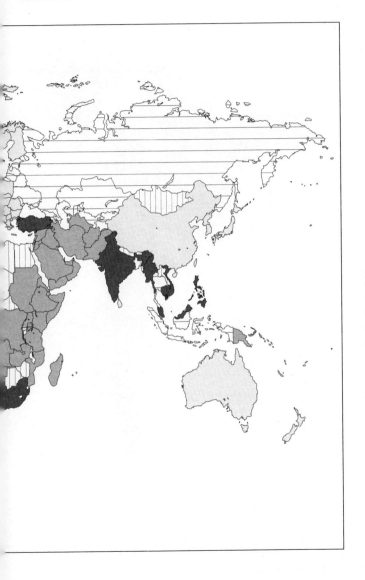

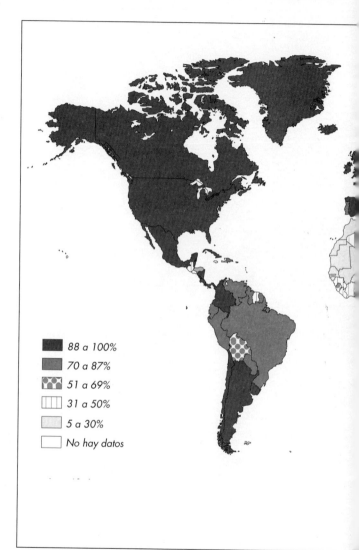

Tasa de alfabetización

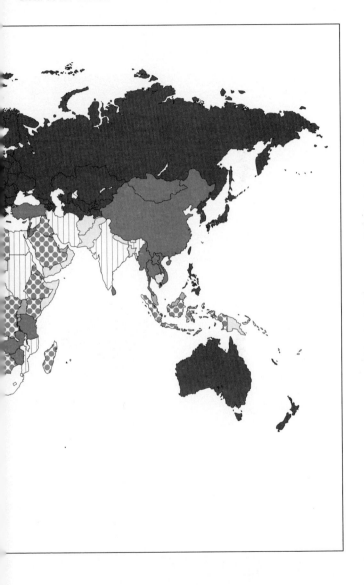

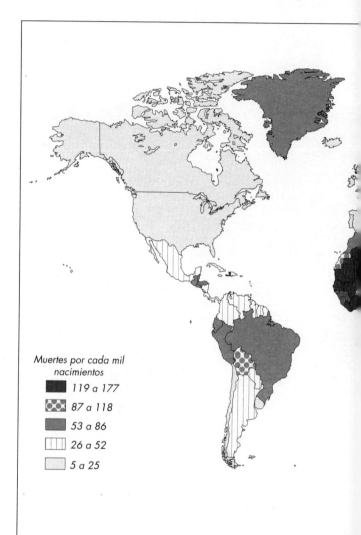

Muertes por cada mil
nacimientos

■ 119 a 177

▦ 87 a 118

■ 53 a 86

▥ 26 a 52

▫ 5 a 25

Mortalidad infantil

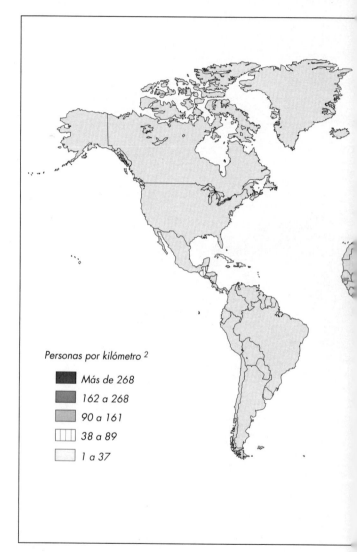

Personas por kilómetro²

- Más de 268
- 162 a 268
- 90 a 161
- 38 a 89
- 1 a 37

Densidad poblacional

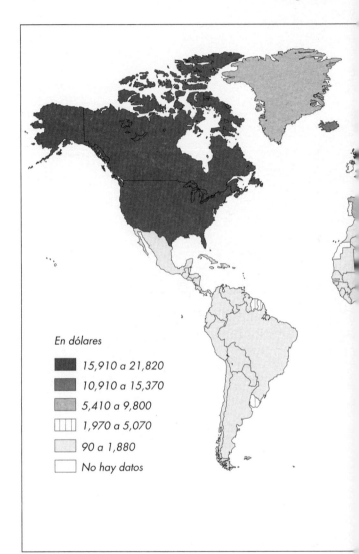

En dólares

15,910 a 21,820
10,910 a 15,370
5,410 a 9,800
1,970 a 5,070
90 a 1,880
No hay datos

Renta per cápita

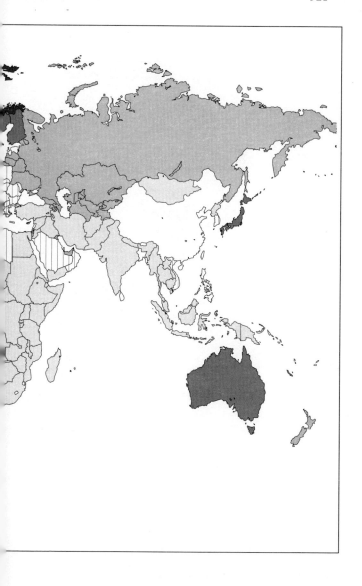

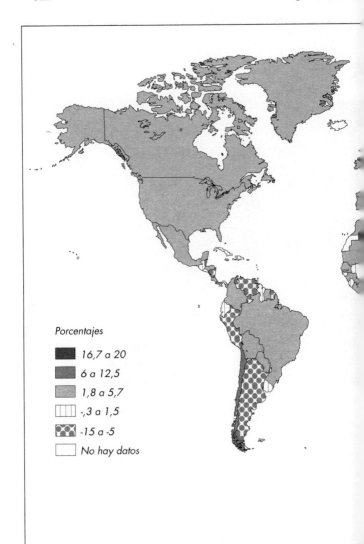

Porcentajes

- 16,7 a 20
- 6 a 12,5
- 1,8 a 5,7
- -,3 a 1,5
- -15 a -5
- No hay datos

Tasa de crecimiento económico

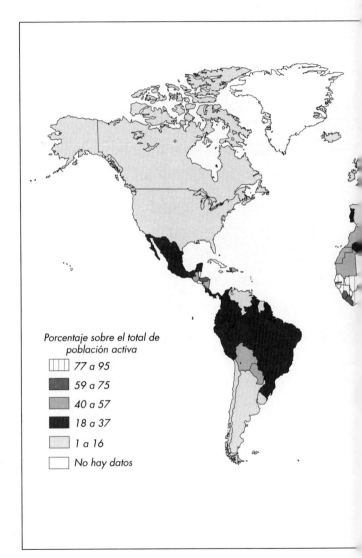

Porcentaje sobre el total de
población activa

77 a 95

59 a 75

40 a 57

18 a 37

1 a 16

No hay datos

Trabajadores empleados en la agricultura

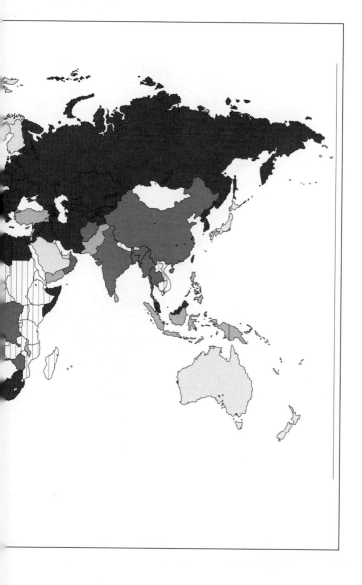

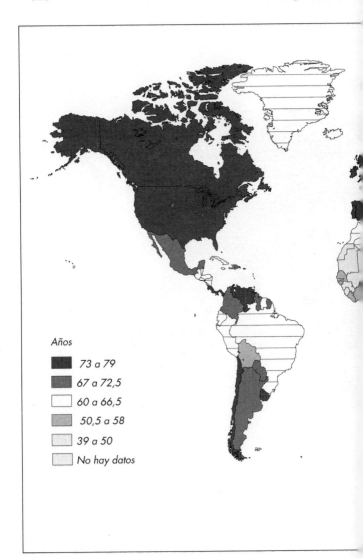

Años

- 73 a 79
- 67 a 72,5
- 60 a 66,5
- 50,5 a 58
- 39 a 50
- No hay datos

Esperanza de vida

Bibliografías

ABELLÁN, J. L.: *Ideas para el siglo XXI.* Libertarias, Madrid, 1994.

ACUÑA, R. L.: *Las tribus de Europa.* Ediciones B, Barcelona, 1993.

ALCÁNTARA, M.: *Sistemas políticos de América Latina.* Tecnos, Madrid, 1990.

ALBIAC, G.: Mayo del 68. *Una educación sentimental.* Temas de Hoy, Madrid, 1993.

ALI, T.: *Los Nehru y los Gandhi. La dinastía de la India.* Javier Vergara Editor, Madrid, 1992.

ALLEN, G.C.: *Breve historia económica del Japón moderno.* Tecnos, Madrid, 1980.

AMBROSIUS, G.; HUBBARD, W.H.: *Historia social y económica de Europa en el siglo XX.* Alianza Editorial, Madrid, 1992.

ANDERSON, B.S.; ZINSSER, J.P.: *Historia de las mujeres. Una historia propia*. Crítica, Barcelona, 1991.

ARON, R.: *En defensa de la libertad de la Europa liberal*, Argos, 1977.

BAÑÓN, R.; OLMEDA, J.A.: *La institución militar en el Estado contemporáneo*, Alianza Editorial, Madrid, 1985.

BELL, D.: *El advenimiento de la sociedad postindustrial. Un intento de prognosis social*, Alianza Editorial, Madrid, 1976.

BEN AMI, S.; MEDIN, Z.: *Historia del estado de Israel.* Rialp, Madrid, 1991.

BENZ, W.; GRAML, H.: *Europa después de la Segunda Guerra Mundial, 1945-82*. Siglo XXI, Madrid, 1986.

—: *Tensioni e conflitti nel mondo contemporaneo*, vol. III, Feltrinelli, Milán, 1983.

BERG, E. *Non alignement et nouvel ordre mondialm*. PUF, París, 1980.

BERLIN, I.: *El fuste torcido de la humanidad*. Península, Barcelona, 1992.

BERSTEIN, S.: *La France de l'expansion. I: La République gaulliene, 1958-1969*. Seuil, París, 1989.

BERZOSA, C.: *La economía mundial en los 90.* FUHEM-Icaria, Madrid, 1992.

BETHELL, L.: *Mexico since independence*. Cambridge University Press. Cambridge, 1991.

BIANCO, L.: *Asia contemporánea.* Siglo XXI. Madrid, 1984.

BLOOM, A.: *El cierre de la mente moderna*. Plaza & Janes, Barcelona, 1989.

BOBBIO, N.: *Derecha e izquierda.* Taurus, Madrid, 1995.

BOGDAN, H.: *La historia de los países del Este*. Vergara, Buenos Aires, 1992.

BOSERUP, E.: *La mujer y el desarrollo económico*. Minerva, Madrid, 1993.

BOTTI, A.: *Italia, 1945-1994*. Marcial Pons, Madrid, 1994.

BRANDT, W.: *Memorias.* Temas de Hoy, Madrid, 1989.

——: *De la guerre froide a la détente, 1960-1975*, Gallimard, París, 1978.

BRUGMANS, H.: *La idea europea, 1920-1970*, Moneda y Crédito, Madrid, 1972.

BUSTELO, P.: *Los cuatro dragones asiáticos*. CSIC, Madrid, 1994.

CABRERA; JULIÁ; MARTÍN ACEÑA: *Europa 1945-1990*. Editorial Pablo Iglesias, Madrid, 1992.

CALVOCORESSI, P.: *Historia política del mundo contemporáneo de 1945 a nuestros días*, Akal Universitaria, Madrid, 1985.

CANTOR, N. F.: *La era de la protesta. Oposición y rebeldía en el siglo XX*, Col. «ee», núm.. 3, Madrid, 1972.

CARPENTIER, J; LEBRUN, F.: *Breve historia de Europa*. Alianza Editorial, Madrid, 1994.

CARRERE D'ENCAUSE, H.: *El triunfo de las nacionalidades y el fin del Imperio Soviético.* Rialp, Madrid, 1991.

CARRILLO, J.A.: *Textos básicos de las Naciones Unidas*. Tecnos, Madrid, 1973.

—: *El Derecho Internacional en perspectiva histórica*. Tecnos, Madrid, 1991.

CENTENO, R.: *El petróleo y la crisis mundial*. Alianza Editorial, Madrid, 1982.

CLAUDIN, F.: *La oposición en el socialismo real.* Siglo XXI, Madrid, 1981.

COLARD, D.: *Droit des relations internationales: documents fondamentaux*, Masson, París, 1983.

COLLIER, P.; HOROWITZ, D.: *Los Kennedy*. Tusquets Editores, Barcelona, 1985.

COOK, C,; STEVENSON, J.: *Guía de historia contemporánea de Europa*. Alianza Editorial, Madrid, 1994.

CORNWELL, R. D.: *World History in the Twentieth century*, Longman, Londres, 1987.

CROUZET, M.: *Le monde depuis 1945*, 2 vols., PUF, París, 1973.

CHARVIN, R.: *Les états socialistes européens*, Dalloz, París, 1975.

CHATELET, F., PISIER-KOUCHNER, E.: *Las concepciones políticas del siglo XX. Historia del pensamiento político*, Espasa-Calpe, Madrid, 1986.

CHOMSKY, N.: *Repensando Camelot.* Libertarias-Prodhufi, Madrid, 1994.

DAHRENDORF, R.: *La crise en Europe*, Fayard, París, 1982.

DE BLAS, A.: *Nacionalismos y naciones en Europa.* Alianza Editorial, Madrid, 1994.

DEUTSCHER, I.: *La década de Kruschev.* Alianza Editorial, Madrid, 1971.

DUBY, G.: *Atlas histórico mundial.* Debate, Madrid, 1992.

DUMONT, L.: *La civilización india y nosotros.* Alianza, Madrid, 1989.

DUVERGER, M.: *Les partis politiques*, Armand Colin, París. 1969.

EGUIAGARAY, F.: *Europa del Este: la revolución de la libertad.* Ediciones del Drac, Barcelona, 1991.

FAIRBANK, J.: *Historia de China: Siglos XIX y XX.* Alianza Editorial, Madrid, 1990.

FERRER REGALÉS, M.: *El proceso de superpoblación urbana*, Confederación española de Cajas de Ahorro, Madrid, 1972.

FETJÓ, F.: *Historia de las democracias populares*, Martínez Roca, Barcelona, 1971.

FLORES D'ARCAIS, P.: *El desafío oscurantista.* Anagrama, Barcelona, 1994.

FONTAINE, A.: *Historia de la guerra fría*, 2 vols., Caralt, 1970.

FONTAINE, P.: *Una nueva idea para Europa. La Declaración Schuman (1950-1990).* Oficina de Publicaciones de las C. C. Europeas, Luxemburgo, 1990.

FONTANA, J.: *España bajo el franquismo.* Crítica, Barcelona, 1986.

FRAISSE, G.: *Musa de la razón. La democracia excluyente y la diferencia de los sexos.* Catédra, Madrid, 1991.

FRANKEL, B.: *Los utópicos postindustriales.* Alfons el Magnànim, Valencia, 1989.

FUMAROLI, M.: *L'etat culturel.* Éditions de Fallois, París, 1991.

FUSI, J. P.: *Franco. Autoritarismo y poder personal.* El País, Madrid, 1985.

GADDIS, J. L., *Strategies of containment; a critical appraisal of postwar American national security policy*, Oxford University Press, Nueva York, Oxford, 1982.

GALBRAITH, J.K.: *Breve historia de la euforia financiera.* Ariel, Barcelona, 1991.

—: *La sociedad opulenta*, Ariel, Barcelona, 1963.

—: *La cultura de la satisfacción.* Ariel, Barcelona, 1992.

GALLO, M.: *Manifiesto para un oscuro fin de siglo.* Siglo XXI, Madrid, 1991.

GARCÍA DE CORTÁZAR, F., LORENZO ESPINOSA, J. M.ª, *Los pliegues de la tiara, La Iglesia y los Papas del siglo XX*, Alianza Editorial, Madrid, 1991.

GARCÍA FERRANDO, M.: *Aspectos sociales del deporte. Una reflexión sociológica.* Alianza Editorial, Madrid, 1990.

GERBER, P.: *La construction de l'Europe*, Imprimerie Nationale, París, 1983.

GIDDENS, A.: *Consecuencias de la modernidad.* Alianza Editorial, Madrid, 1993.

GONZÁLEZ ENRÍQUEZ, C.: *Crisis y cambio en Europa del Este. La transición húngara a la democracia.* Siglo XXI, Madrid, 1993.

GONZÁLEZ MANRIQUE, L. E.: *La encrucijada peruana: de Alan García a Fujimori.* Fundación CEDEAL, Madrid, 1993.

GORBACHOV, M.: *Memoria de los años decisivos, 1985-1992.* Acento, Madrid, 1993.

GORTÁZAR, G. (Ed.): *Visiones de Europa.* Noesis, Madrid, 1994.

GRIMAL, H.: *Historia de las descolonizaciones del siglo XX.* IEPALA, Madrid, 1989.

GROSSER, A.: *Les Occidentaux. Les Pays de l'Europe et les Etats Unis depuis la guerre*, Fayard, París, 1978.

—: *Affaires extérieures. La politique de la France 1944-1984*, Flammarion, París, 1984.

GUÉRIVIÈRE, J. DE LA: *Voyage à l'intérieur de l'Eurocratie*. Le Monde, París, 1992.

HARRIS, M.: *The Catholic Church and the Origins of the Northern Irish State*. Cork University Press, Cork, 1993.

HALPERIN DONGHI, T.: *Historia contemporánea de América Latina*. Alianza Editorial, Madrid, 1990.

HAMMOND, P.: *Cold war and detente. The american foreign policy process since 1945*, Nueva York, 1975.

HEFFER, J.; LAUNAY, M.: *La guerra fría 1945-1972*. Akal, Madrid, 1992.

—: *Histoire contemporaine de 1945 a nos jours*, Hachette Université, París, 1975.

HILLGRUBER, A.: *La Segunda Guerra Mundial*. Alianza Editorial, Madrid, 1995.

INGLEHART, R.: *El cambio cultural en las sociedades industriales avanzadas*. CIS-Siglo XXI, Madrid, 1991.

JAFFRELOT, C.: *Les Nationalistes hindous. Idéologies implantation et movilisation des annés 1920 aux annés 1990*. Presses de la FNSP, París, 1993.

JEANNE, R. y otros: *Historia ilustrada del cine*. Alianza Editorial, Madrid, 1981.

JEREZ, J.: *Che Guevara: el hombre y la leyenda*. Urbión, Madrid, 1983.

JOHNSON, P.: *A history of the modern world from 1917 to the 1980*. Londres, 1983.

JOYAUX, F.: *Enciclopedia de Europa*. Alianza Editorial, Madrid, 1994.

KENNEDY, P.: *Hacia el siglo XXI*. Plaza & Janes, Barcelona, 1993

KEPEL, G.: *Las políticas de Dios*. Anaya & Mario Muchnik, Madrid, 1995.

—: *La revancha de Dios*. Anaya & Mario Muchnik, Madrid, 1991.

KI-ZERBO, J.: *Historia del África Negra.* Alianza Editorial, Madrid, 1980.

KOHN, H.; SOKOLSKY, W.: *El nacionalismo africano en el siglo XX.* Paidos, Buenos Aires, 1968.

LAMBERT, J.: *América latina. Estructuras sociales e instituciones políticas,* Ariel, Barcelona. 1969.

LAQUEUR, J.: *Europa después de Hitler,* Grijalbo, Barcelona,

LAQUEUR, W.: *Terrorismo.* Espasa-Calpe, Madrid, 1980.

LEGUINECHE, M.: *La primavera del Este.* Plaza & Janes / Cambio 16, Barcelona, 1990.

LEMKOW, L.; BUTTEL, F.: *Los movimientos ecologistas.* Mezquita, Madrid, 1982.

LELLOUCHE, P.: *Le nouveau monde.* Grasset, París, 1992.

LEVESQUE, J.: *L'URSS et la politique internationale de 1917 a nos jours,* Armand Colin, París, 1980.

LÓPEZ, B.; FERNÁNDEZ, C.: *Introducción a los regímenes y constituciones árabes.* Centro de Estudios Constitucionales, Madrid, 1985.

LÓPEZ GARCÍA, B. y otros: *Elecciones, Participación y Transiciones Políticas en el Norte de África.* ICMA, Madrid, 1991.

LÓPEZ GARRIDO, D.: *Terrorismo, política y derecho.* Alianza Editorial, Madrid, 1987.

LYNN PAN: *China después de Mao.* Planeta, Barcelona, 1988.

MADGWICK, D., STEEDS, D., WILLIAMS, J. J.: *Britain since 1945,* Hutchinson Education, Londres, 1986.

MALAMUD, C.: *América Latina, siglo XX.* Síntesis, Madrid, 1992.

MANSERGH. H.: *The Commonwealth experience. From British to multiracial Commonwealth,* The MacMillan Press Ltd., Londres, 1982.

MANSFIELD, P.: *The Middle East. A political and economic survey,* Oxford University Press, Londres, 1973.

MEDINA, M.: *La Organización de las Naciones Unidas. Su estructura y funciones,* Tecnos, Madrid. 1972.

MELANDRIE, P.: *La politique extérieure des Etats Unis. De 1945 a nos jours*, PUF, París, 1982.

MARTÍNEZ CARRERAS, J.U.: *El mundo árabe e Israel*. Istmo, Madrid, 1991.

—: *África subsahariana del colonialismo a la descolonización, 1885-1990*. Síntesis, Madrid, 1993.

MESA, R.: *La sociedad internacional Contemporánea. Documentos básicos*. Taurus, Madrid, 1982.

MBUYINGA, E.: *Tribalisme et Probleme National en Afrique Noire*. L'Harmattan, París, 1989.

MONCADA, A.: *La zozobra del milenio*. Espasa-Calpé, Madrid, 1995.

MONNET, J.: *Memorias*. Siglo XXI, Madrid, 1985.

MOREAU DEFARGUES, P.: *Les relations internationales dans le monde d'aujourd'hui. Les dérives de puissances,* STH, París, 1984.

MORENO GARCÍA, J.: *Extremo Oriente en el siglo XX*. Síntesis, Madrid, 1991.

MORGAN, R.: *Mujeres del mundo. Atlas de la situación femenina*. Hecer, Barcelona, 1993.

MORIN, E.: *Para salir del siglo XX*. Kairós, Barcelona, 1982.

—: *Pensar Europa*, Gedisa, Barcelona, 1988.

—: *¿Qué es el totalitarismo? De la naturaleza de la URSS*, Anthropos, Madrid, 1985.

MORODO, R.: *La transición política*. Tecnos, Madrid, 1993.

NASH, G.: *La rebelión conservadora en Estados Unidos*. Grupo Editor Latinoamericano, Buenos Aires, 1987.

NITZE, P.: *De Hiroshima a la Glasnost*. Grupo Editor Latinoamericano, Buenos Aires, 1991.

NOVE, A.: *Historia económica de la Unión Soviética*, Alianza Editorial, Madrid, 1973.

OFFE, K.: *Las contradicciones del Estado del bienestar*. Alianza Editorial, Madrid, 1991.

OROZCO, R.: *Cuba Roja*. Cambio 16, Madrid, 1993.

O'SULLIVAN, N.: *Terrorismo, ideología y revolución*, Alianza Editorial, Madrid, 1984.

PACAUT, M., BOUJU, P.: *Le monde contemporain 1945-1975*, Armand Colin, París, 1974.

PALAZUELOS, E.: *Las economías capitalistas durante el período de expansión. 1945-1970* Akal, Madrid, 1986.

PERLMUTER, A.: *Israel. El estado repartido 1900-1985*, Espasa-Calpe, Madrid. 1987.

PIPES. D.: *El Islam de ayer a hoy*, Espasa Calpe, Madrid, 1987.

PLESTINA, D.: *Regional Development in Communist Yugoslavia*. Westview Press, Boulder, 1992.

POTASH, R.: *El ejército y la política en la Argentina*. Hyspamérica, Buenos Aires, 1986.

PRESTON, P.: *Franco. Caudillo de España*. Grijalbo, Barcelona, 1994.

PRZEWORSKI, A.: *Capitalismo y Socialdemocracia*. Alianza Editorial, Madrid, 1988.

REDERO, M.: *Transición a la democracia y poder político en la España postfranquista (1975-1978)*. Cervantes, Salamanca, 1993.

RENOUVIN, P.: *Historia de las relaciones internacionales*. Akal, Madrid, 1982.

ROGER RIVIERE, J.: *Historia de los movimientos sociales*, Confederación española de Cajas de Ahorro, Madrid, 1971.

ROMERO GONZÁLEZ, J.; PÉREZ ESPARCIA, J.: *Pobreza y desigualdad en los países en desarrollo*. Síntesis, Madrid, 1992.

RUIZ, D.: *Historia de Comisiones Obreras (1958-1988)*. Siglo XXI, Madrid, 1993.

SAENZ DE MIERA, A.: *Mayo del 88, 20 años antes*. Tecnos, Madrid, 1988.

SALVADORI, M. L.: *Storia dell'eta contemporanea della restauratione all'eurocomunismo, vol. III (1945-1970)*, Loescher, Turín, 1977.

SÁNCHEZ RON, J.M.: *El poder de la Ciencia.* Alianza
Editorial, Madrid, 1992.

SARTORI, G.: *La democracia después del comunismo.* Alianza
Editorial, Madrid, 1993.

SEGAL. G.: *Guide to the world today,* Simon and Schuster,
1987.

SEKELJ, L.: *Yugoslavia: the Process of Disintegration.* Columbia
Univ. Press. Nueva York, 1992.

SCOPPOLA, P.: *La republica dei partiti.* Il Mulino, Bolonia,
1991.

SCHLESIGNER, Ph. y otros: *Los intelecutales en la sociedad de
la información.* Anthropos, Barcelona, 1987.

SNOW, E.: *China la larga revolución,* Alianza Editorial, Madrid,
1974.

SOTELO, I.: *El socialismo democrático.* Taurus, Madrid, 1980.

SOUGEZ, M.L.: *Historia de la fotografía.* Cátedra, Madrid,
1988.

SPERO, J. E.: *The politics of international economic relations,*
George Allen, Londres. 1981.

STEINER, G.: *Presencias reales.* Destino, Barcelona, 1991.

SWAN, D.: *La economía del mercado común,* Alianza Editorial,
Madrid, 1974.

TAIBO, C.: *La disolución de la URSS.* Ronsel, Barcelona, 1994.

TAMAMES, R.: *Introducción a la economía internacional,* Orbis,
Madrid. 1983.

TAMAYO. J. J.: *Para comprender la teología de la liberación.*
Verbo Divino, Estella,1990.

TERTSCH, H.: *La venganza de la historia.* El País-Aguilar,
Madrid 1993.

THATCHER, M.: *Los años de Downing Street.* El País-Aguilar,
Madrid, 1993.

THOMSON, D.: *Historia mundial de 1914 a 1968,* Fondo de
Cultura Económica, México, 1959.

TILTON, T.: *The Political Theory of Swedish Social Democracy.
Through the Welfare State to Socialism.*

Clarendon Press, Oxford, 1990.

TODARO, M.: *El desarrollo económico del Tercer Mundo.* Alianza Editorial, Madrid, 1988.

TUÑÓN DE LARA, M. y BIESCAS, J.A.: *España bajo la dictadura franquista.* Lábor, Barcelona, 1980.

TURNER, H.A.: *Germany from Partition to Reunification.* Yale Univ. Press, Londres, 1992.

TUSELL, J.: *La dictadura de Franco.* Alianza Editorial, Madrid. 1988.

TUSELL, J.; SINOVA, J.: *La década socialista. El ocaso de Felipe González.* Espasa-Calpe, Madrid, 1992.

TWITCHETT, C., KENNETH, E.: *Building Europe. Britains partners in the EEC*, Europa Publications Ltd., Londres, 1981.

VADNEY, T. E.: *The world since 1945*, Facts on File, 1987.

VALENZUELA, J.: *El partido de Dios.* El País-Aguilar, Madrid.

VIDAL VILLA J.M.: *Hacia una economía mundial.* Plaza & Janes / Cambio 16, Barcelona, 1990.

—: *Evolución cambios estructurales en la economía mundial 1960-1980*, Banco Exterior, 1987.

VON BEYME, K.: *Teoría política del siglo* XX. Alianza Editorial, Madrid, 1994.

VV.AA.: *Historia Universal del Cine.* Planeta, Madrid, 1990.

—: *El proceso de unidad europea y el resurgir de los nacionalismos.* Euroliceo, Madrid, 1993.

—: *Expansión económica de EE UU, Asia y África*, Academia de Ciencias de la URSS, 1986.

—: *Expansión económica de EEUU, América latina*, Academia de Ciencias Sociales de la URSS, 1987.

—: *Movimientos sociales contemporáneos*, Academia de Ciencias Sociales de la URSS, 1987.

—: *Les politiques extérieures européennes dans la crise*, París, 1976.

—: *La securité de l'Europe dans les années 80*, Institute Français des Relations Internationales, París, 1980.

WICKHAM-CROWLEY, T.P.: *Guerrillas and revolution in Latin America*. Princeton University Press, Nueva Jersey, 1992.

WOODCOCK, G.: *A Social History of Canada*. Viking, Nueva York, 1988.

WOODIWISS, A.: *Postmodernity USA*. Sage, Newbury Park California, 1993.

YAKOVLEV, A.N.: *De Truman a Reagan. Doctrinas y realidades de la era nuclear*. Plaza & Janes, Barcelona, 1987.

YEAGER, L.: *Relaciones monetarias internacionales*. Alianza Editorial, Madrid, 1984.

ZIZOLA, G.: *La restauración del papa Wojtyla*, Cristiandad, Madrid, 1985.

ZHORGHIBE, C.: *Histoire de la construction européenne*. PUF, París, 1993.

Índice

El Libro de Bolsillo   Alianza Editorial   Madrid

Ultimos títulos publicados